2001 2014

陕西高校图书馆年鉴

SHANXI GAOXIAO
TUSHUGUAN
NIANJIAN

雷　震　强自力　张惠君

编

陕西师范大学出版总社

图书代号：ZH19N0331

图书在版编目（CIP）数据

陕西高校图书馆年鉴. 2001～2014 / 雷震，强自力，张惠君编.
—西安：陕西师范大学出版总社有限公司，2019.5
ISBN 978-7-5695-0677-8

Ⅰ.①陕… Ⅱ.①雷… ②强… ③张… Ⅲ.①院校图书馆－
陕西－2001-2014－年鉴 Ⅳ.①G259.256-54

中国版本图书馆CIP数据核字（2019）第066341号

陕西高校图书馆年鉴（2001～2014）

雷　震　强自力　张惠君　编

责任编辑	舒　敏	
责任校对	王淑燕	
出版发行	陕西师范大学出版总社	
	（西安市长安南路199号　邮编：710062）	
网　　址	http://www.snupg.com	
印　　刷	陕西龙山海天艺术印务有限公司	
开　　本	787mm×1092mm　1/16	
印　　张	34	
插　　页	4	
字　　数	692千	
版　　次	2019年5月第1版	
印　　次	2019年5月第1次印刷	
书　　号	ISBN 978-7-5695-0677-8	
定　　价	280.00元	

读者购书、书店添货或发现印装质量问题，请与本公司营销部联系、调换。

电话：（029）85307864　85303629　传真：（029）85303879

前 言

　　进入21世纪以来，信息技术、人工智能、大数据、云计算发展迅猛，全球从传统互联网时代快速进入移动互联网时代，大学图书馆的定位和功能也悄然发生变化。其趋势是图书馆服务泛在化、工作网络化、资源数据化、功能智慧化、空间创意化、用户自主化、阅读移动化、业务规范化、馆藏仓储化、事业社会化。业界学者总结的这些趋势，其实质是图书馆开始了从注重量到注重质、从注重硬件规模向追求服务效能和服务质量的转变。大学图书馆在校园中的地位仍是独特并无可替代的。这一时期，我省各高校图书馆在新技术应用、馆藏形态、管理模式、服务方式、办馆理念等方面有了质的飞跃和发展。

　　为了如实反映陕西高校图书馆的发展历史，并为教育行政部门和各类高等学校制定发展规划、为图书情报界开展业务研究提供依据和参考，上届及本届省高校图书情报工作委员会都把陕西高校图书馆年鉴的续编工作列入计划。本书是一部反映陕西高校图书馆在2001~2014年间建设和发展情况的资料性工具书，内容涵盖图书馆简介、大事记、有关图书馆发展的重要文件、重要会议及业务活动纪要、办馆条件及业务工作统计数据、高级职称人员情况等，力图用事实数据较为全面地反映陕西高校图书馆的发展历程。编写组由雷震、强自力、张惠君三位研究馆员组成。

　　本书第一章由雷震整理编辑；第二章由雷震、强自力、张惠君整理编辑；第三章、第七章由张惠君整理编辑；第四章由雷震整理编辑；第五章、第六章由强自力整理编辑。全书由雷震负责统稿。

　　本书的编辑出版得到了教育部高等学校图书情报工作指导委员会、陕西省教育厅以及全省各高校图书馆的大力关心和鼎力支持，在此谨表谢意。

编 者

2018年11月

编辑说明

1. 《陕西高校图书馆年鉴（2001～2014）》是反映陕西高校图书馆2001年至2014年这一时期建设和发展情况的资料性、专业性工具书，所收录的各种资料和数据截止日期为2014年12月31日。由于出版延迟，考虑到今后续编的一致性，个别高校图书馆提供的该时间之后的相关内容未予收录。

2. 本书共收到陕西省60所高校图书馆提供的相关资料、数据，其中西藏民族学院为西藏自治区所属高校，因其校址在陕西咸阳，该校图书馆是陕西高校图工委成员馆，一直参加陕西高校图工委组织的各种活动，故收入本书。军队院校图书馆不在收录范围。

3. 本书第一章和第四章图书馆的编排顺序按照陕西省教育厅官网2014年的高等学校次序排列；第二章大事记按年、月、日排列，同一日顺序随机排列；第四章各馆历任馆领导收录范围为该馆建馆以来到2014年12月截止的馆领导任职情况。由于个别馆提供的馆领导任职年限缺失或只有任职年份无月份，故该项目下有馆领导任职年份、月份缺失的情况。

4. 本书第二章的收录范围为：图书馆组织机构的重大变化、馆领导人事变动、馆藏布局及业务工作的重大调整、新建馆舍的时间和面积、规章制度的制定和出台、现代技术的应用和项目建设、重要学术交流活动和会议的举办、重大学术成果的取得和出版、国际交流项目及国内外著名学者的参观访问、高校图工委的重要活动、获得校级以上的集体表彰奖励以及其他方面的重要内容。

5. 由于《西北高校图书馆年鉴（1949～1988）》《陕西高校图书馆年鉴（1989～2000）》没有反映历任馆领导的内容，所以本书第四章的收录范围为该馆建馆以来到2014年12月截止的馆领导任职情况。第五章为各高校图书馆在2001～2014年之间新评聘的高级专业技术职称人员，在此之前获得高级专业技术职称人员已在上两本《年鉴》中收录，本书不再收录。

6. 本书第七章图书馆基本情况统计数据来源于《教育部高校图书馆事实数据库》。

7. 凡有学校更名情况的图书馆，本书第二章、第四章、第五章只要涉及的均反映当年当时的名称。2014年12月31日以后更名的不在本书反映，如：陕西中医药大学、西藏民族大学、陕西理工大学。

8．第六章为18位老馆员、老馆长撰写的回忆文章，主要结合陕西高校各图书馆发生的大事、图工委的组织与活动等，结合亲身经历回顾和重现历史，畅谈体验与感受。

9．书中照片主要为2001～2014年间全省高校图书情报工作会议（馆长年会）及图工委组织的业务活动等。

目　录
CONTENTS

第一章　图书馆简介

西安交通大学图书馆

西安交通大学图书馆前身为1896年创建的上海南洋公学藏书楼。1919年10月建成交通部上海工业专门学校图书馆，1921年更名为交通大学图书馆。1956年，图书馆人员及92%的藏书随交通大学内迁西安。1957年9月，图书馆随校分设西安、上海两地。1959年9月，西安部分独立建校，图书馆也定名为西安交通大学图书馆。1961年7月建成北楼，1991年3月南楼投入使用。1995年5月，中共中央宣传部批准命名图书馆为钱学森图书馆，江泽民题写馆名。

2000年4月，原西安交通大学与原西安医科大学、原陕西财经学院合并，三校图书馆重组为西安交通大学图书馆，下设钱学森图书馆、医学分馆、财经分馆。2003年8月，医学分馆和财经分馆合并搬入新建的雁塔校区图书科研楼，形成了目前兴庆校区图书馆（东区）和雁塔校区图书馆（西区）。兴庆校区图书馆仍沿用钱学森图书馆的名称。

图书馆总建筑面积3.95万平方米，阅览座位3518席。累计藏书523万册（件），报刊10,089种，现刊3478种，引进国内外电子资源109个平台近310个子库，中外文全文电子期刊50,286种，电子图书1,464,564种，形成了理、工、管、文相结合，以机械、能源、动力、电气、电子、信息、材料、控制、医学和财经为重点的多学科文献信息资源体系。

自建有钱学森特色数据库、学位论文数据库、开放获取期刊共享平台、重点学科资源导航库、西文生物医学期刊联合目录库、法医学科信息资源平台、西安交大机构知识库等，为全校师生提供多类型、多层次的特色数字资源利用服务。

采用INNOPAC自动化集成系统，拥有45台服务器，48个常用应用模块和338T的光纤存储空间，通过千兆骨干网与校园网连接，实现无线网络全覆盖。图书馆大厅和各个阅览室提供检索终端，读者可以进行馆藏书目和个人借阅信息检索。电子资源全天候为读者提供服务，远程访问系统可以满足本校读者校外访问图书馆数据库的需求。

注重图书馆创新型空间建设，2012年在钱学森图书馆建成Library Space，2014年在雁塔校区图书馆建成PBL Space。

图书馆开通微信公众平台（微信号xjtu_lib），可查询馆藏信息，进行图书预约、续借，获取服务信息和动态等，关注人数逾万。

西安交通大学图书馆是中国高等教育文献保障系统（CALIS）西北地区中心和陕西省中心，是陕西省高等学校图书情报工作委员会主任单位及秘书处所在馆。图书馆还设有教育部电子电力类外国教材中心、教育部科技查新工作站。

西北工业大学图书馆

西北工业大学图书馆由原西北工学院图书馆和原西安航空学院图书馆于1957年10月合并而成。西北工学院图书馆组建于1938年，西安航空学院图书馆的前身是1952年组建的华东航空学院图书馆，其馆藏由交通大学、南京大学（原中央大学）、浙江大学、同济大学四校航空类图书资料组成，1956年从南京随校西迁。1970年哈尔滨军事工程学院航空工程系迁入西北工业大学，该系所藏图书资料也并入图书馆。

经过70多年的建设与发展，西北工业大学图书馆形成了以三航（航空、航天、航海）为特色，以3M（材料、力学、机械）、3C（计算机、电子通信、自动控制）为支撑，兼顾基础学科（数、理、化、生）及管、文、经、法、医相结合的较为完善的文献信息资源保障体系，最大限度地满足了全校师生的文献信息需求。截至2014年12月底，累计纸质馆藏量达330万余册，中外文数据库126种、子库304个、电子图书135万余册。特色馆藏有姜长英航空史料约5000册，历届学位论文2.7万余册。

西北工业大学图书馆由友谊校区毗邻的东、西两馆和长安校区图书馆组成，馆舍使用总面积约4.6万平方米。友谊校区西馆于1958年建成，使用面积约3500平方米；友谊校区东馆建于1993年，使用面积为1.06万平方米。长安校区图书馆于2013年5月4日开馆试运行，使用面积3.2万平方米，设计藏书160万册，阅览座位4000席。周开馆104小时，阅览服务周开放96小时。机构设置为五部一室：办公室、文献建设部、信息技术部、信息咨询与发展研究部、读者服务一部、读者服务二部。全馆在编职工69名，其中副高级职称以上20人，中级职称28人，硕士研究生23人。

该馆现在使用"汇文文献信息服务系统（5.5版本）"，核心服务器为HP RX6600小型机，SAN存储系统总容量为120TB，采访、分编、典藏、流通、检索、借阅全面实现自动化管理，面向全校3万多师生读者提供各类文献信息服务，年接待读者约200万人次，借还阅览书刊约180万册次。

西北工业大学图书馆是中国高等教育文献保障系统成员馆、陕西省高等学校图书情报工作委员会副主任馆、陕西省图书馆学会副理事长单位、陕西省社会科学信息学会副会长单位、中国国防科技信息学会理事单位。

西北农林科技大学图书馆

西北农林科技大学图书馆前身为1934年4月设立的国立西北农林专科学校图书馆。1999年9月，经国务院批准，同处杨凌的原西北农业大学、西北林学院、中国科学院水利部水土保持研究所、水利部西北水利科学研究所、陕西省农业科学院、陕西省林业科学院、陕西省科学院西北植物研究所7所科教单位合并组建为西北农林科技大学。2000年7月，7个单位的图书馆正式合并组建为西北农林科技大学图书馆。

现有建筑面积3.21万平方米，阅览座位2330个，其中电子阅览座位588个。馆藏纸质图书242.02万册（其中外文图书186,410册），电子图书179.5万册（包括学位论文、标准、专利等），中外文数据库141个。馆藏文献形成了以农业、林业、水利、生物、机电、资环、信息等学科为重点，以干旱半干旱地区农业研究为特色的农、工、理、管、文相结合的馆藏体系。工作人员136人，本科及以上人员82人，其中博士2人、硕士26人；高级职称29人，其中正高级职称4人。周开放时间98小时，网上阅览24小时开放，为全校3万多名师生不间断提供图书资料和科技信息服务。

采用江苏汇文自动化集成系统和无线射频识别（RFID）图书自助借还书系统实现了图书借阅自动化、自助化；提供图书流通、书刊阅览、科技查新、文献传递、网络检索、多媒体阅览、参考咨询、文献信息定题服务、信息编译和分析研究等多项服务，是教育部科技查新工作站。承担全校本科生及研究生的文献检索教学工作。

西安电子科技大学图书馆

西安电子科技大学的前身是1949年8月1日在张家口创办的中央军委工校。随着学校60多年的发展和变迁，西安电子科技大学图书馆已逐步形成了以信息和电子学科为特色，理、工、文、管、经等多学科文献并存的馆藏体系。

馆舍由北校区逸夫图书馆和南校区图书馆组成，建筑面积总计约5.97万平方米，阅览座位5650个。下设文献建设部、数字资源与技术部、信息咨询部、馆办公室、北校区借阅部和南校区借阅部六个部门。

截至2014年年底，图书馆馆藏文献约692万册，其中纸质文献约252万余册，电子文献约440万册；中外文现刊近1200种；拥有63种平台的中外文电子资源，数据库超过130个，内容覆盖了学校各个学科或专业。

1985年实现了分类编目工作计算机管理，1995年建成了计算机管理集成系统，采访、编目、流通工作计算机化。自2002年开始使用美国INNOPAC/"新世纪"图书馆自动化集成管理系统，实现了采访、编目、期刊、流通、OPAC公共检索等计算机自动化管理。2014年11月起使用Aleph自动化集成管理系统。

北校区图书馆主要服务于6个学院近1万名研究生和3000名教职工，南校区主要服务于8个学院2.1万名本科生和约1000多名研究生，两校区（相距14千米）实行通借通还、预约送书和按需调配图书。2014年共接待读者约190万人次。

2007年与经管院合作，获批图书馆学硕士点，面向全国招生。同时，为本科生、研究生开设科技信息检索公共选修课。2008年配合经管院申报建设了陕西（高校）哲学社会科学重点研究基地——陕西信息资源研究中心。

2007年获批成为"教育部部级科技查新工作站"，提供科技查新、查收查引、文献传递等服务。

陕西师范大学图书馆

陕西师范大学是教育部直属高校，国家"211工程"重点建设院校，从创始至今已有60余年历史。雁塔校区图书馆建于1956年，长安校区图书馆建于2004年，两校区图书馆总面积6.2万平方米。

图书馆共有纸本藏书353万册，其中馆藏古籍线装图书25万余册，古籍善本700余部、9000余册，其中有14部古籍善本入选《国家珍贵古籍名录》；历代石刻拓片12,000余通；地方志收藏亦较为丰富，尤其是陕西地方志收藏较为完备；另外，大型古籍丛书、古今名人字画收藏丰富。图书馆先后引进国内外电子资源约51个平台74个子库，电子图书195万册，中外文全文电子期刊近3万种。图书馆还通过馆际互借和文献传递两种方式弥补馆藏的不足以满足读者对文献资源的需求。

在编员工73名，内设机构有文献建设部、参考咨询部、长安校区借阅部、雁塔校区借阅部、计算机与信息服务部、图书馆办公室、雁塔校区综合办公室。现有阅览座位3578席，大部分阅览室实行藏借阅一体化，自早八点至晚十点不间断开放。

引进了Aleph500图书馆集成管理系统，建有馆藏中外文书刊书目数据库、馆藏古籍书目数据库和馆藏特色文献数据库。于2014年全面引入RFID模式进行图书文献管理并实现读者借还自助化。

2009年被国务院批准为全国重点古籍保护单位，是中国高等教育文献保障系统成员馆、全国师范院校图书馆联盟副理事长单位、陕西省高等学校图书情报工作委员会副主任馆、陕西省图书馆学会副理事长馆。

长安大学图书馆

长安大学图书馆由原西安公路交通大学、西安工程学院、西北建筑工程学院三所部属院校的图书馆于2000年4月合并组建而成。图书馆随学校多次更名，各校区图书馆先后经历过交通部西安汽车机械学校图书室（1955.5）、西安公路学院图书馆（1958.4）、西安公路交通大学图书馆（1995.3）；地质部西安地质学校图书室（1955.6）、西安地质学院图书馆（1978.4）、西安工程学院图书馆（1996.12）；西安建筑工程学校图书室（1953.9）、西北建筑工程学院图书馆（1978.12）等各个时期。

经过60多年的发展，到2014年11月底，长安大学图书馆纸质馆藏文献253余万册，电子图书总量达63万余册，收藏和在线使用电子图书220万余种，各类专业数据库46个，建立了以公路桥梁、工程机械、汽车工程、交通工程、国土资源、地质、岩土、建筑、环境、经济与管理、人文社科艺术等多学科文献资源保障体系。教育部科技查新工作站可以在全国范围内开展科技成果查新、立项查新、新产品开发查新和科研课题检索、文献查收、查引等多项服务。

馆舍由1982年建成的南校区北院图书馆和1985年建成的南校区东院图书馆、2006年建成的北校区逸夫图书馆以及南校区西院综合阅览室等四个馆舍组成，总建筑面积5.44万平方米，阅览座位6530个，年平均接待读者170万人次。全馆对外服务部门每周开放时间达105小时以上。图书馆设有办公室、教材部、流通阅览部、文献资源建设部、信息部、技术部等部室。在编正式职工105人，其中博士学位9人，硕士学位16人，本科学历37人；副高以上职称24人，中级职称39人。

采用汇文图书馆自动化管理系统，实现了多校区联网办公，服务器为MIS，并在2014年完成了MIS备份及WWW服务器的虚拟化和数据迁移工作，中心机房已完成全部服务器的虚拟化工作且运行稳定。采访、编目、典藏、流通、检索、借阅全面实现了自动化管理，面向全校3万多名师生读者提供各类文献信息服务。2014年逸夫图书馆完成了库位调整并引入了RFID射频技术，完善了图书排架、分拣、自助借还等功能。

长安大学图书馆为中国图书馆学会会员单位，教育部科技查新工作站，陕西省高校图工委副主任委员单位，陕西省图书馆学会理事单位，CALIS会员单位，全国建筑院校情报网副网长单位。

西北大学图书馆

西北大学图书馆源起于1902年始建的陕西大学堂藏书楼。历经百年跌宕沉浮，随学校几经易名更址，先后经历了陕西大学堂藏书楼（1902.5）、国立西北大学图书部（1925.10）、国立西安临时大学图书组（1937.9）、国立西北联合大学图书组（1938.4）、国立西北大学图书组（1939.8）、国立西北大学图书馆（1940.12）、西北大学图书馆（1950.12）等各个时期，1950年12月起名称沿用至今。

一个多世纪来，经过几代人的艰苦奋斗和不断发展，西北大学图书馆现已形成以文史、经济、地质、物理、化学、生命科学为重点的多学科藏书体系。截至2014年年底，累计纸质藏书295万册（包括院系资料室图书49.5万册），中外文数据库56种，电子图书90万种。现已建成纸质资源与电子资源相互并存、互相补充的文献资源保障体系。特藏中尤以16万多册线装古籍的收藏在西北地区独具特色，包括敦煌佛经写本、宋元明清刻本、明清抄本、稿本等，其中25部古籍入选《国家珍贵古籍名录》，67部入选《陕西省珍贵古籍名录》。

现图书馆由1989年落成的太白校区（逸夫）图书馆和2010年落成的长安校区图书馆两部分组成，馆舍总建筑面积5.27万平方米，阅览座位3389席，周开馆时间101.5小时，主要阅览室周开放时间86小时，面向2.8万师生读者提供服务，年接待读者33万人次。机构设置为六部一室：采编部、读者服务一部、读者服务二部、太白校区读者服务部、信息技术部、信息咨询部、办公室。全馆在编职工67人，其中高级专业技术职称18人，中级职称25人，硕士研究生以上学历12人。

采用ILASⅡ（新版）自动化管理集成系统，主服务器为IBM P740小型机，磁盘阵列存储量为54.5TB。采访、分编、典藏、流通、检索、借阅全面实现自动化管理。长安校区图书馆引进了RFID模式进行图书文献管理并实现读者借还自助化。

西北大学图书馆2010年被国务院命名为全国重点古籍保护单位。是中国高等教育文献保障系统成员馆、陕西省高等学校图书情报工作委员会副主任馆、陕西省社会科学信息学会副会长单位、陕西省图书馆学会常务理事馆、陕西省科技信息学会常务理事馆。

西安理工大学图书馆

西安理工大学图书馆起源于1949年的国立北平高级工业职业学校图书馆，其前身是北京机械学院与陕西工业大学图书馆于1972年合并组建的陕西机械学院图书馆，1994年更名为西安理工大学图书馆。现图书馆由1999年建成的金花校区主馆、2005年建成的曲江校区分馆和2004年合校的莲湖校区分馆组成，建筑面积共计3.1万平方米。设有26个阅览室，阅览座位约5000个。近4万平方米的曲江新馆即将落成。

馆藏纸质文献202万余册，电子文献约435万余册，纸质中外文现刊2300多种，全文电子期刊1万余种，业已形成集机械、电气与电子、自动控制、仪器仪表、材料、水利水电、印刷包装以及管理学、法学、外语、艺术等社会科学诸专业学科门类较为齐全的多种载体的文献保障体系，其中水利水电、印刷包装类文献独具特色。

图书馆机构设置为四部两室：文献建设部、金花读者服务部、曲江读者服务部、信息技术部、金花办公室、曲江办公室。全馆在编职工55人，其中高级专业技术职称

6人，中级职称25人，硕士研究生以上学历8人。

有服务器、各种计算机终端和外部设备900余台（套），存储设备容量75T，建成了高带宽的馆内局域网和电子信息服务系统，馆内无线网络全覆盖。基于RFID技术，实现了图书自助借还及排架的智能化管理。采用汇文集成管理系统，TPI学位论文管理系统、博文随书光盘系统，实现了图书馆主要业务管理和读者服务的自动化、系统化、网络化。

开展的服务主要有：文献流通阅览、电子阅览、馆际互借、参考咨询、读者教育、定题服务、文献传递、科技查新代检、教师发表论文著作认证等，"资源统一检索平台"的配置和中外文信息发现系统的上线，进一步提高了图书馆信息服务保障能力。

西安建筑科技大学图书馆

西安建筑科技大学图书馆于1956年学校并校时成立，汇集了原东北工学院、西北工学院、青岛工学院、苏南工业专科学校的馆藏图书109,140册，以20世纪初期中外文建筑类专业文献为特色。其后，根据学校学科建设和专业设置的特点及图书馆藏书建设方针和任务，已经形成以土木、建筑、环境工程、冶金、材料及其相关学科藏书为特色，以工程学科为主体，理工学科相互支撑，文科、理科、工科、管理、艺术等学科有机融合的多科性藏书体系。

西安建筑科技大学图书馆由雁塔校区图书馆、草堂校区分馆、幸福校区分馆三部分组成。馆舍面积共计2.15万平方米，各院（系）图书资料室面积1982平方米，草堂校区新馆规划建设面积为4.3万平方米。三馆实行一体化管理模式，周开馆时间93小时，拥有阅览座位3416个。

1996年起采用深图5.0集成管理系统实行计算机管理，2012年开始采用汇文文献信息服务系统Libsys 5.0进行集成管理。有主要服务器17台，网络设备24台，计算机400余台，磁盘存储空间35TB。三馆网络实行光缆直连，全馆业务工作实行计算机网络化管理，网络数字化资源实行24小时不间断服务。

在编正式职工75人，其中教授1人，副研究馆员以上职称15人，占总人数的20%；馆员职称34人，占总人数的45%。下设机构有办公室、文献资源建设部、流通部、阅览部、信息技术部、参考咨询部、草堂校区分馆、幸福校区分馆和文献检索课教研室。

截至2014年年底，藏书总量达270.4万册，拥有版权电子图书总量达到23.6万册。2014年购买中外文数据库21个，自建馆藏特色数据库5个，包括贾平凹文学艺术库、建筑历史库等。

西安建筑科技大学图书馆是西北地区重要的土建类和冶金类文献信息资源的收藏中心和服务中心，是中国高等教育文献保障体系成员馆，中科院全国中西文期刊联合目录成员馆。

陕西科技大学图书馆

陕西科技大学图书馆于1958年（时名北京轻工业学院图书馆）建馆。1970年随学院由北京搬迁至咸阳，更名为西北轻工业学院图书馆。1987年，新扩建的咸阳校区图书馆投入使用，馆舍面积为0.52万平方米。2002年3月21日经国家教育部批准，西北轻工业学院更名为陕西科技大学，图书馆也随之更名为陕西科技大学图书馆。2008年，西安校区新图书馆投入使用，馆舍面积为2.94万平方米。咸阳校区与西安校区馆舍面积共计3.46万平方米。

陕西科技大学图书馆经过50多年的建设与发展，馆藏图书130万册、电子图书65万册（种）、中外文期刊1079种、购置中外文镜像和网络数据库26个、自建特色资源数据库10个，完整收藏自1907年创刊至今的百年文献《化学文摘》（CA）。形成了文理兼收、多种文献载体并存、轻工类图书文献资源颇为丰富的多学科藏书体系。

图书馆的所有文献资源已实现自动化、网络化管理，局域网已具规模，建立了SAN结构的惠普存储系统，存储容量26T，各种应用服务器14台。建立了具有整体系统网络通传、单机硬盘保护功能的电子阅览室。采用金盘自动化管理软件，实现图书借阅自动化管理。

图书馆积极参与中国高等教育文献保障体系的建设。参与CALIS、国家图书馆、中科院图书馆等联合编目、联合目录项目，形成了本校文献的社会保障体系和资源共享网络。

2010年经教育部批准设立教育部科技查新工作站，充分利用馆内文献资源、人力资源与设备资源的优势，在科研立项、成果评审、申报奖励等方面为学校和地方经济建设、科技创新提供优质的科技查新和信息咨询服务。同时，还承担校内各层次的文献检索课教学任务。

实行藏、借、阅、咨询一体化管理模式，开展阅览、流通、参考咨询、馆际互借、科技查新、定题服务、用户教育等工作，为读者提供文献信息保障服务。

西安科技大学图书馆

西安科技大学图书馆成立于1958年，现由雁塔校区图书馆和临潼校区图书馆组成。雁塔校区图书馆建于1984年，临潼校区图书馆建于2002年，全馆总面积2.3万平方米，共设有18个图书、报刊、电子、多媒体阅览室，阅览座位2740个，学术报告厅3

个、会议中心1个。

馆藏各类文献资料320多万册（其中纸质图书169万册），现刊2000余种，电子版全文期刊45,000余种。形成了以煤炭矿业工程，安全科学与工程为特色，以计算机、通信、电气自动化、机械、材料、地质、环境、建筑等学科为重点，文、管、理、工兼收的多学科藏书体系。实行大开间、全开架阅览，实现了"藏、查、借、阅、参"一体化服务模式。有矿业工程数字图书馆、煤炭数字图书馆、中国知网、万方数据库等30多个中文数据库和Elsevier等15个外文数据库，收藏有6000多种多媒体光盘。

图书馆设办公室、采编部、信息咨询部、信息技术部、学科服务部、雁塔流通阅览部、临潼流通阅览部、临潼期刊阅览部。在编职工64人，其中正高级职称2人，副高级职称9人，中级职称39人，初级职称9人；硕士研究生以上学历27人。

2000年更新图书馆管理系统，使用"汇文文献信息服务系统"，通过校园网为全校师生提供网上24小时的图书目录、电子文献、参考咨询、征订文献、新书刊报道等信息的查阅、检索和链接服务。读者可以通过馆际互借、文献传递服务获取本馆以外的文献。建立了光盘网络查询系统。临潼校区图书馆引进了自助借还机、自助阅报机、电子书借阅机和自助查询机等，初步形成了全方位、多层次、开放式的文献信息服务体系。

西安石油大学图书馆

西安石油大学图书馆前身为1951年成立的西北石油工业专科学校图书馆，时有藏书4000余册。1958年随学校更名为西安石油学院图书馆，时有藏书3.2万册。1969年随学院改厂而停办。1980年学校恢复重建，次年设立图书馆。2003年随学校更名为西安石油大学图书馆。

由校本部图书馆与新校区图书馆组成，分别于1986年和2012年启用，建筑面积总计5.2万平方米（其中本部图书馆6980平方米，新校区图书馆4.5万平方米），共有2000余个阅览座位，周开放时间98小时。

截至2014年年底，馆藏各类纸质文献140万册、电子图书29万册，每年订阅纸质中外文报刊1200余种，可远程访问中外文全文电子期刊约1.9万种、电子图书约330万种（册）。电子文献资源中网络数据库、本地镜像站与光盘数据库相结合，现有中外文网络数据库20余个，并注重OA（开放获取）资源的开发。

职工85人，其中：博士1人，硕士19人，本科以上学历70%。三级教授1人，研究馆员2人，副研究馆员8人，中级职称以上人员占80%。图书馆设办公室、文献建设部、信息技术部、读者服务部、参考咨询部、新校区读者服务部、档案馆业务部等7个部门。

经过60多年的发展，已逐步形成以石油、石化、石油地质为特色，理、工、经、管、文等相结合的多学科、多载体、多类型的文献资源保障体系，为学校教学、科研以及西北各大油田、科研院所提供有效的文献信息服务。开展的服务有：文献借阅、电子阅览、馆际互借、文献传递、参考咨询、情报检索、定题服务、查收查引、读者教育、文献复制等。

采用Melinets图书馆管理系统、方正Apabi学位论文提交系统、畅想之星随书光盘系统，有10余台服务器及100T磁盘阵列。开通了移动图书馆及微信服务，馆内实现有线及无线网络双覆盖。藏、借、阅一体化的开放式管理模式，设有250台电脑终端的电子阅览室、书店、打字复印部、饮水机、饮品吧，有自助借还系统、读报机、电子书阅读机、自助文印系统等自助服务设施。

是陕西省高校图工委常委单位，全国石油高校图书馆联盟成员单位，与兄弟院校图书馆建立了广泛的文献资源共享合作关系。

延安大学图书馆

延安大学诞生于1941年的革命圣地延安。图书馆历经只有一名工作人员、两孔窑洞和以床板为阅览桌的诞生期，1963年各项业务工作全面开展的建设期，"文化大革命"开始以后的瘫痪期，1973年学校恢复招生的重建期，1983年5500多平方米新图书馆投入使用的发展期，2009年总面积3.68万平方米的校本部新馆投入使用的壮大期。

经过几代人的艰苦奋斗和不断发展，延安大学图书馆已形成以自然科学、社会科学、天文地理、建筑艺术、生命科学和医学为重点的多学科藏书体系。截至2014年年底，累计纸质图书127万册，电子图书和博、硕士论文160多万种，各类专题数据库38种。拥有中外文电子期刊2.1万多种，光盘资料2.3万多张。建成了纸质资源与电子资源并存且互相补充的文献资源保障体系。在馆藏中，有4.3万多册古籍线装书和珍贵资料，尤以12万册的陕北历史文化和中共党史图书收藏独具特色。

图书馆由1984年落成的医学院图书馆和2009年落成的校本部图书馆两部分组成，馆舍总建筑面积3.68万平方米。周开馆时间108.5小时。机构设置为五部一室：编目部、技术部、流通阅览部、读者服务部、参考咨询部、办公室。全馆在编职工47人，其中高级专业技术职称19人，中级职称11人；硕士研究生以上学历4人。

采用汇文5.0自动化管理集成系统，主服务器为IBM366，磁盘阵列存储量为30TB。采访、编目、典藏、流通、检索、借阅实行自动化管理，面向全校2.1万多师生读者提供各类文献信息服务。馆内设有门禁系统、图书防盗检测系统、安防监控系统、消防喷淋系统、广播音响系统、信息网络系统、电子资源存储系统、文献信息管理系统。

西安工业大学图书馆

西安工业大学图书馆成立于1956年。随学校几经易名更址，先后经历了西安仪器工业学校图书馆（1956.5～1965.6）、西安工业学院图书馆（1965.6～2005.5）、西安工业大学图书馆（2005.5～）等各个时期。近半个世纪来，经过几代图书馆人的艰苦奋斗和不断发展，现已形成以光学、机电、材料化工为重点的多学科藏书体系。截至2014年年底，累计纸质藏书154万册，中外文数据库12种，电子图书290万册。建成纸质资源与电子资源并存且互相补充的文献资源保障体系。

馆舍由金花校区图书馆和未央校区图书馆组成，总建筑面积4.77万平方米。其中金花分馆1987年建成使用，建筑面积4407平方米；未央分馆2006年建成使用，建筑面积4.33万平方米。机构设置为四部一室：文献建设部、流通阅览部、网络技术部、学科建设部、办公室。全馆工作人员70余人，在编职工50人，其中高级专业技术职称3人，中级职称21人；硕士研究生以上学历19人。

采用汇文自动化管理集成系统，可实现采访、编目、典藏、流通、检索、借阅自动化管理。门禁系统全部实行计算机管理，可以采集进馆人员的数据并产生详细的进馆记录。阅览室20多个，可同时接纳5000多位读者进馆阅览。图书馆网络中心通过万兆光纤与学校网络中心相连，可供上万名读者获取图书馆文献信息。

西安工程大学图书馆

西安工程大学始于1979年创建的西北纺织工学院，2001年更名为西安工程科技学院，2006年升格为现名。西安工程大学图书馆由两部分组成：金花校区图书馆1.1万平方米，设阅览座位1000余席；临潼校区图书馆2.3万平方米，设阅览座位2000余席，2007年启用，有中央空调、自助借阅等多种现代化设施。工作人员50余名，其中高级职称人员9名、研究生学历人员13名。所有馆藏文献开放式借阅，年入馆师生逾百万人次。

学校前身的几经改隶，至图书馆建馆时得以继承原国立西北工学院、交通大学、陕西工业大学等院校纺织学科早期珍贵文献，奠定了馆藏特色基础。经过近40年的不断积累和补充，2014年馆藏文献已达758万册（纸质书刊137万册）。数字资源以SCI、ESI、Ei、Elsevier、IEEE、EBSCO、Emerald、Willey、ACM等国际著名资源平台，以及知网、万方、维普、CSCD等国内知名数据库为主体，形成以纺织印染和艺术设计为特色、覆盖学校各学科、多类型、多语种的文献资源保障体系。

图书馆的现代化建设随自动化、网络化、数字化环境的不断改善而进步。自1984年即进行计算机应用工作，至1995年实现了基础业务计算机全面管理。2002

年图书馆集成管理系统与校园网、Cernet和Internet实现千兆连接，2012年建成VPN系统、无线网络系统，引进自助借还系统，2013年后又相继实现了移动图书馆和微信图书馆服务，学校师生可不受时间和空间的限制，对图书馆各类信息资源统一检索、全文获取。

图书馆重视学术与文献交流，与国内图书馆界保持馆际互借和文献传递关系。积极拓展文献与信息服务工作，是CALIS三期建设与服务示范馆；承担学校机构知识库平台建设与维护工作；按照读者不同类型开展有针对性的信息素养教育和阅读推广活动。

是陕西省高校图工委常委馆、陕西省图书馆学会理事馆、全国纺织服装信息研究会副主任馆。

西安外国语大学图书馆

西安外国语大学图书馆前身为1952年设立的西北俄专图书馆。历经西北俄专图书馆（1952～1958）、西安外国语学院图书馆（1958～2006）、西安外国语大学图书馆（2006年以后）各个时期。

馆藏纸质、电子图书文献总量300多万册，中外文报刊1992种，包括中、英、俄、日、德、法、西、意、韩、阿、葡等30多个语种。初步形成了以外国语言文学为特色，外语工具书和外语教学参考书为重点，多学科、多专业，纸质文献和电子文献相结合的文献保障服务体系。

馆舍由1985年6月落成的雁塔区图书馆和2006年9月落成的长安校区图书馆两部分组成，总面积4.2万平方米。周开放时间为78小时。设办公室、采编部、技术部、期刊部、中文流通部、外文流通部、阅览部、资料中心等9个部门。在编职工48人，人事代理7人，其中高级技术职称9人，中级职称20人，博士研究生1人，硕士研究生学历14人。

图书馆采用大连博菲特图书馆集成管理系统，构建了以富士通全光纤磁盘阵列、IBM服务器为主干设备的网络环境，主要工作流程实现了计算机管理。

西北政法大学图书馆

西北政法大学图书馆是在原延安大学图书馆、西北人民革命大学图书馆、中央政法干校西北分校图书馆基础上发展起来的，正式创建于1958年。1972年随学院撤销而撤销，1978年恢复建馆。1987年5月建成雁塔校区图书馆，2003年10月建成长安校区图书馆。长安校区图书馆全部按开放式借阅一体化模式设计。两馆总建筑面积为3.42万平方米，设计藏书量为180万册。

现有纸质文献144万册，电子图书199万册，拥有电子图书、学术期刊、博硕士论文、中国法律检索系统等全文数据库20余个，并开通了美国Lexisnexis、Westlaw两个外文原版数据库。已形成纸质文献与电子资源相互补充完善、协调发展的馆藏体系，涵盖人文科学、社会科学、商学、工学等学科及相关学科门类。延安时期根据地出版物560余册，线装古籍2.07万多册构成了特色馆藏，其中三部古籍入选陕西省首批古籍名录。

设办公室、技术服务部、文献建设部、信息咨询部、流通部、阅览部。共有开放、半开放书库10个，开放型藏借阅一体化阅览室22个，两个电子阅览室、一个电子化培训教室。阅览席位2800个。两校区图书馆各成局域网，通过学院的网络中心联结，通借通还。周开放时间101小时。

开展馆际互借、参考咨询、信息查新、检索教学等服务，与国内外150多家科研院所建立了文献资料交换关系，是CALIS成员馆。

西安邮电大学图书馆

西安邮电大学创建于1950年，原直属邮电部管理，1999年改为信息产业部和陕西省政府共建，以陕西省政府管理为主的体制，是一所以工为主，以信息科学技术为特色，工、理、经、管、文、法、艺多学科协调发展的普通高等院校。

西安邮电大学图书馆始建于1955年。1996年雁塔校区图书馆建成使用，2004年长安校区图书馆正式启用。馆舍总面积3.2万平方米，其中长安校区图书馆西区面积2.34万平方米、东区面积3533平方米，雁塔校区图书馆面积4986平方米。

经过多年建设，形成了具有鲜明信息科学技术特色的馆藏体系。馆藏纸质图书160余万册，中外文电子图书46万余册，中外文期刊千余种，中外文文献资源数据库35种。建有现代化的多媒体电子阅览室。举办展览、讲座、报告会等，对读者进行文献资源培训。

工作人员共计70余人。设5个部门，包括采编部、流通部、参考咨询部、技术部和办公室。阅览座位4160余席，每周开馆时间98小时。实行开架、借阅一体和分借统还的管理方式。

1997年采用ILAS5.0自动化管理系统，2002年采用北邮Melinets系统。拥有各类专用服务器10台，存储容量66TB。

西安财经学院图书馆

西安财经学院图书馆成立于2001年6月，由原四所院校图书馆合并组建而成。现有4处馆舍，建筑面积总计4.15万平方米，阅览席位2958个。周开放98小时。图书馆设有文献建设部、读者服务部、信息技术部和办公室等部门。

各类纸质文献总量222.35万册，电子图书52.15万册。在订印刷型中外文报刊1490种，电子报刊13,959种，拥有各类数据库15个，自建7个特色数据库，形成了以社会科学文献为主，以经济管理类文献为重点，经、管、文、法、理各学科文献协调发展的馆藏体系。近年来，注重大型古典丛书、类书、工具书、地方志、统计年鉴的收藏。

采用ILAS2.0自动化集成管理系统，实现了读者服务与业务工作的自动化管理。拥有服务器、各种计算机终端和外部设备近400台（套），建成了高带宽的馆内局域网和电子信息服务系统，读者可登录图书馆主页，通过校园网与Cernet和Internet相连接，校园网用户可随时随地访问图书馆。

为读者提供文献外借阅览、听音收视、参考咨询、文献检索、定题服务、读者教育、馆际互借、文献复制、文献传递等多类型、多层次的服务。实行借阅藏一体化、大开间、全开架式服务管理模式。各校区图书馆之间实现了图书的通借通还。

西安财经学院图书馆是全国高等财经教育研究图书资料专业委员会成员馆、陕西省社科信息学会理事单位、中国高等学校文献保障体系成员馆。

西安音乐学院图书馆

西安音乐学院图书馆前身系成立于1949年9月的西北军政大学艺术学院图书馆。1950年以来，随着学院的数次变迁，图书馆几经分合。1953年，学院唱片室筹建，图书馆与唱片室为并列科级单位，统一归属教务处。1982年，图书馆与唱片室合并，设为处级单位，归学院直接领导。1986年，图书馆新馆落成，分属两处的图书室和唱片室迁入新馆统一办公。2009年5月，图书馆迁入拥有独立馆舍、功能齐全的新馆址，新馆建筑面积2448平方米。

截至2014年年底，累计藏书34.9万册（件），其中音乐专业图书、期刊、乐谱、音响（像）资料占三分之二以上，已逐步形成了以音乐文献为重点的专业化、特色化馆藏体系。电子图书16万册，开通了"库客数字音乐图书馆"，自建并投入使用了"赵季平音乐资源数据库""西安鼓乐数据库""陕北民歌数据库""西北民族音乐学术资源数据库""馆藏声乐教学曲目多媒体数据库"等13个特色数据库。

采用集文献采访、编目、流通、期刊、公共检索等功能模块于一体的MUSE POWER V6.5增强版文献管理集成系统，实现了图书资料采访、编目、流通管理、数据统计、公共查询等业务的计算机网络化管理。

设办公室、采编部、流通部、期刊部、网络信息部五个部门。有音乐资料室、普通资料室、音像资料室、专业阅览室、普通阅览室、视/听欣赏室、珍藏室等。备有复印机、复录/刻录机、全套多媒体设备、三角钢琴等设施，电子阅览室有电脑35

台。通过校园网、图书馆网站、宣传橱窗、讲座向师生宣传各类文献资源及其检索使用方法。

西安美术学院图书馆

西安美术学院图书馆前身为西北人民艺术学院二分部图书馆，1949年由山西临汾迁址西安南郊兴国寺，1994年迁至西安市含光路校区。随着学校发展先后经历了西北军政大学图书馆（1949.12）、西北人民艺术学院图书馆（1950.1）、西北艺术专科学校图书馆（1953.7）、西安美术专科学校图书馆（1957.7）、西安美术学院图书馆（1960.7）、陕西省艺术学校图书馆（中专，1971.9）、陕西省艺术学院图书馆（1973.9）、西安美术学院图书馆（1980.4至今）。

60多年薪火传承，西安美院图书馆由中华人民共和国成立初的窑洞资料室发展为拥有馆藏纸质文献逾65.3万册（件），中外文期刊及报纸近千种的初具规模的图书馆。美术专业文献约占馆藏总量的70%，形成了以美术学、设计学、艺术理论诸学科为主的藏书体系。有电子图书38万余种，电子期刊1500余种；全文数据库、图片数据库、视频库共13个，歌德借阅机2台。自建有《图书馆藏历代绘画数据库》《美术馆藏历代文物精品数据库》《美术馆藏民间艺术品数据库》《西安美术学院博硕论文库》等9个特色数据库。开展专题咨询、阅读推广、代查代检、文献传递等多项服务。

图书馆由主馆、美术博物馆、校史馆、各系资料室和临潼校区分馆组成，总建筑面积1.28万平方米。周开放时间88小时。主馆设办公室、流通阅览部、采编技术部、信息咨询部，实行开放式借、阅、咨询一体化服务。全馆在编职工16人，其中高级专业技术职称2人，中级职称7人；硕士研究生学历3人。

采用北邮Melinets图书馆自动化管理系统，实现了采访、编目、流通、阅览、期刊等业务的自动化管理。

西安体育学院图书馆

西安体育学院图书馆随学院成立于1954年，是我国成立最早的体育院校图书馆之一，是体育专业特色图书馆。

馆舍面积6366平方米，由本部馆舍和沣浴口校区馆舍组成。馆藏纸质图书60万册，其中，中外文体育类图书12万册，电子图书、声像资料10.06万册，报刊合订本3.45万册。设有采编、流通、期刊阅览、技术四个业务部室和办公室，电子阅览室有55台电脑。有正式职工30人，其中高级职称4人，中级职称19人；硕士学历4人。2003年引进北邮Melinets图书馆自动化管理系统，实现了采访、编目、流通、期刊、公共检索等办公系统的自动化管理。有电子文献数据库20余种，自建数据库8种。

2006年图书馆开始编写《西安体育学院图书馆馆讯》，一年四期。2010年在图书馆成立了红色体育博物馆，建设中国红色体育博物馆网站，2012年红色体育博物馆被国家教育部科教司评为"2012年高等院校校园文化建设二等奖"。

陕西中医学院图书馆

陕西中医学院图书馆前身为陕西省中医进修学校图书馆，1959年创建于咸阳，经过40多年的发展，成为中国西部中医药文献信息中心。2004年8月新馆启用，建筑面积1.76万平方米，北校区图书馆馆舍面积5708平方米。有阅览座位1368个。工作人员20人，本科以上学历14人，占70%；高级职称6人，中级职称6人，初级职称4人，高中级专业人员占60%。设有办公室、采编部、流通部、信息部、期刊部。

全校印刷型文献总量82.4万册，电子图书280万种，电子期刊1326种，中外文数据库共24个。2001年实现了图书馆自动化管理，建成图书馆局域网。经过多年建设，已发展成为藏书类型多样化、各项管理自动化、信息服务网络化的文献信息中心。

自动化管理系统采用ILASⅢ，实现图书馆的采访、编目、流通、期刊、OPAC等有关业务自动化管理。读者可以进行馆藏书目查询、个人外借信息查询、网上续借预约、数据库访问、电子图书下载浏览、中外文电子期刊全文浏览查询、多媒体教学科研交流等。现有计算机250台，设读者检索用机8台，服务器10台，磁盘阵列2台（共30T）。

陕西理工学院图书馆

陕西理工学院图书馆2001年由原汉中师范学院图书馆和原陕西工学院图书馆合并组建而成。汉中师范学院图书馆先后经历汉中师范专科学校图书馆（1958.5）、汉中大学图书馆（1958.11）、陕西师范大学汉中分校图书馆（1975.10）、汉中师范学院图书馆（1978.4），陕西工学院图书馆于1978底在原北京大学汉中分校图书馆（1965.3）基础上建立。

经过50多年的积累，已形成了以文、理、工为主体的涵盖学校各专业的多学科馆藏体系。截至2014年年底，累计纸质馆藏210余万册，中外文数据库24种，电子图书180余万册，已建成纸质资源与电子资源并存且互相补充的文献资源保障体系。古籍和汉水流域地方文献作为特色馆藏具有较高文物和学术研究价值。图书馆入选陕西省第一批"古籍重点保护单位"。

馆舍由南北校区两部分组成，总面积5万余平方米。周开馆时间98小时。设采编部、流通阅览部、信息技术部、参考咨询部及办公室。全馆在编职工46人，其中高级专业技术职称11人，中级职称15人；硕士以上5人。

图书馆自动化建设起步于1996年，经过多年的发展建设，数字化和网络化服务体系已基本建成。有标准化专用机房，各类型服务器14台，磁盘阵列存储量52TB，实现了无线网络全馆覆盖。依托ILASⅢ管理系统，实现了采访、编目、流通、检索、借阅网络化管理，并在南北校区实现了读者自助借还，面向2.4万多师生提供各类文献信息服务。

2014年6月，"汉中图书馆"在陕西理工学院图书馆挂牌成立，是陕西省首家向社会读者全面开放的高校图书馆。

陕西理工学院图书馆是陕西省高等学校图书情报工作委员会常务理事馆。2014年10月被文化部授予"全国古籍保护先进单位"。

西安医学院图书馆

西安医学院图书馆前身为成立于1951年的陕西省卫校图书馆。历经60余年发展，形成了以医学类文献资源为主（占32%），辅以理、工、农、文等多个学科门类的综合性图书馆。馆舍面积3.2万平方米。

截至2014年年底，纸质图书累积量95.33万余册，电子图书443万余册，各类中外文电子资源数据库30余个。引进了Note First文献管理系统、随书光盘管理系统，建有移动数字图书馆。读者可通过VPN远程访问图书馆资源。

图书馆设有一室五部：办公室、文献建设部、借阅部、信息技术部、期刊部和信息服务部。正式在编人员32人，其中高级专业技术职称9人，中级职称15人；具有硕士学位及在读硕士人员12人。人事代理人员9人。

实行"分借分还"，集"借、阅、藏、查、询"于一体的全开架模式。阅览座位4046个，周开馆时间96小时。采用金盘图书馆集成管理系统，实现了文献采访、编目、流通等业务的管理自动化。

图书馆定期开展"读者培训周"活动、书香校园读书月活动，通过校园网、图书馆网站、微博、微信、"医图之窗"QQ群及时发布图书馆各类信息，通过编印《医图之窗》《服务指南》等，架起读者和图书馆之间的桥梁。开展查收查引、科技查新、馆际互借等多元化信息服务。

西安文理学院图书馆

西安文理学院图书馆先后由西安大学图书馆、西安师范专科学校图书馆、西安教育学院图书馆、西安幼儿师范学校图书馆和西安师范学校图书馆合并而成，图书馆历史可追溯至1903年设立的陕西师范学堂图书馆。

馆舍面积1.6万平方米，1.3万平方米的新馆即将投入使用。使用ILAS II图书馆自动化集成系统，实现了文献采访、编目、流通、期刊管理、检索等工作的自动化。纸质文献总量约143万册，开架图书约90万册，现刊700余种，阅览座位1800多个。电子图书总量约为97.46万册，各类型数据库15个。

设有办公室、文献建设部、文献流通部、文献阅览部、系统部和信息咨询部6个部门。实行藏、借、阅、咨一体化流通模式，数字资源与网上资源实行24小时开放。工作人员45人，其中本科及以上学历38人，大专及以下学历7人；高级职称14人，中级职称21人，初级职称10人。

西安文理学院图书馆是中国高等教育文献保障系统成员馆、中国高校人文社会科学文献中心（CASHL）成员馆。

宝鸡文理学院图书馆

宝鸡文理学院图书馆建于1958年，现有新老校区两个馆，总面积3.21万平方米。纸质藏书189万余册，电子图书81.5万册，数据库21个，基本形成了文史哲、理工管以及教育艺术兼备的藏书体系。特藏有《四库全书》《古今图书集成》和民国时期著名的《申报》《大公报》合订本。

设采编部、流通部、阅览部、技术部、办公室以及参考咨询室和文献检索室，为读者开放的业务点19个，有9个自习室和10个自习区域，阅览座位3600多个。周开馆时间105小时，书库和阅览室周开放时间78.5小时。

职工58人，其中正高职称4人，副高职称5人，中级职称14人；具有本科以上学历40人，其中研究生9人。

1996年引进图书馆自动化系统，初步实现了图书编目和流通的自动化。2002年起采用ILAS图书馆自动化管理系统。有服务器4台，磁盘阵列2台（容量9.6TB），交换机7台。

咸阳师范学院图书馆

咸阳师范学院图书馆始建于1978年。建筑面积约2.5万平方米，截至2014年年底，馆藏纸质图书119万册，电子图书69.5万册，中外文现刊1458种，全文电子期刊7000种，博、硕学位论文62万篇，会议论文20万篇，音像资料4567件。藏有《四库全书》《太平御览》《申报》《晨报》《大公报》等。形成了文理相结合、纸质文献和电子文献兼顾的多学科、综合性具有师范特色的馆藏体系。

工作人员44人，其中研究生学历7人，大专以上学历40人；高级职称8人。设有一室五部：办公室、文献建设部、读者服务部、报刊阅览部、信息咨询部、技术服务部。设总服务台（还书处）1个，各类阅览室10个，阅览座位1500个，自习室座位510个，读者使用的计算机160台。为师生提供藏、借、阅、检、询、信息素质教育一体化服务，实行图书"分借通还"管理模式。周开放时间72小时以上，电子资源全天24小时服务。

采用ILAS图书馆自动化管理集成系统，采访、编目、典藏、借阅、期刊、书目检索等业务均实现了自动化管理。图书馆有独立网站，向广大师生提供馆藏书目检索、书刊荐购、新生专栏、资源检索、读者服务、入馆指南、信息服务、文献传递、网络导航等多种服务。

渭南师范学院图书馆

渭南师范学院图书馆始建于1978年，由朝阳校区图书馆、西岳校区图书馆和汉马校区图书馆三个分馆构成，总建筑面积为3.07万平方米。设有文献建设部、文献服务部、信息技术部和办公室等3部1室。工作人员65人，其中高级职称21人。

累计纸质馆藏文献189万册，电子图书49万册、数字期刊1万余种，中外文数据库23个，多媒体光盘1.4万余张，中外文报刊1064种，自建有"司马迁与《史记》研究特色专题文库"。已形成以师范教育为重点、具有专业特色的藏书体系。馆藏资源涵盖教育、经、管、文、法、理、艺术等多种学科，实现了纸质文献与电子资源互为补充，学科覆盖齐全，多种载体并存的文献信息资源保障体系。采用金盘图书馆集成管理系统，实行全开架、藏、借、阅、咨询一体化的管理模式，周开放时间98小时，网上资源提供24小时服务。

榆林学院图书馆

榆林学院图书馆始建于1958年，前身为绥德师范学院、陕西榆林地区五七师范学院、陕西师范大学榆林专修科图书室（地址在陕西省绥德县），1983年迁至陕西省榆林市现址，改名为榆林师范专科学校图书馆，1991年与榆林农林专科学校合并，改名为榆林高等专科学校图书馆，2003年3月，更名为榆林学院图书馆。

截至2014年年底，累计纸质藏书95万册，中外文数据库20种，电子图书130万册。形成了以理、工、管、文相结合的多学科馆藏体系，重点收藏与榆林地方经济社会发展密切相关的能源化工类、陕北文化学、榆林地方史志、榆林人原创作品等。为读者提供藏、借、阅、咨询、信息素养教育一体化服务。

馆舍面积1.18万平方米，周开馆时间101小时。机构设置为：采编部、流通部、读者服务部、信息技术部、信息咨询部、办公室等。全馆在编职工21人，其中高级专业技术职称8人，中级职称5人；硕士研究生以上学历6人。

采用ILAS Ⅱ自动化集成系统，主服务器为Dell2950小型机，磁盘阵列存储量为28TB。采访、流通、期刊、OPAC查询等业务实现了自动化。

开展对外交流与合作，是中国高等教育文献保障系统成员、中国高校人文社会科学文献中心成员馆和陕西高校图工委常委馆。

安康学院图书馆

安康学院图书馆于1978年11月随安康师范专科学校创建而设立，原隶属教务处管理；1984年6月按处级建制分设；2005年9月将原安康教育学院和安康农业学校图书馆并入，2006年2月随学校升本更现名。

历经30多年的发展，已形成以文史、经济、化工、生命科学为重点的多学科馆藏体系。截至2014年年底，累计馆藏纸质文献98.7万册，电子图书53.5万册，数据库4种。在特色馆藏建设方面，以打造地域文献信息中心为目标，建有陈少默纪念馆、安康方志馆。

安康学院图书馆由江南校区主馆，江北临时分馆和5个院系资料室组成，馆舍总面积约1.54万平方米。江北校区1.82万平方米校地共建图书馆已于2014年4月开工建设。该馆现设技术服务部、文献建设部、图书流通部、报刊阅览部、办公室等四部一室，全馆在编职工27人，其中高级专业技术职称6人，中级职称16人；硕士研究生以上学历5人。长聘用工14人。图书馆阅览座位2048席，周开馆时间105小时以上。采用ILAS Ⅱ自动化管理集成系统，采取藏、借、阅、咨一体的管理服务模式，已全面实现了主要业务管理和读者服务的自动化、网络化。是中国高等教育文献保障系统成员馆。

商洛学院图书馆

商洛学院图书馆始建于1976年，早期为陕西师范大学商洛专修科图书室。1984年经陕西省人民政府批准学校由"陕西师范大学商洛专修科"更名为"商洛师范专科学校"，1985年1月设商洛师范专科学校图书馆，馆舍面积354平方米，有工作人员9人，设采编、流通2个组。2000年3月图书馆搬入新馆，馆舍面积2794平方米，有工作人员12人。设采编、流通、阅览3个组，有流通室9个、报刊阅览室1个。2002年3月起全馆所有图书实行了开架借阅。

2006年学校升格为本科院校后，图书馆更名为商洛学院图书馆。2007年11月新图书馆建成并投入使用，建筑面积1.59万平方米，总投资3000余万元。

截至2014年年底，馆藏中外文纸质图书86万余册，中外文电子图书45.8万余册，中外文期刊1200余种，有万方期刊数据库、超星移动图书馆、超星学术视频、中国知网全文数据库等数字资源。有各种文献借阅室13个，阅览座位2300余席，其中电子阅览室座位140席。采用北邮Melinets图书馆集成管理系统，实现了文献采访、编目、典藏、流通、检索、咨询等服务的自动化管理。现设办公室、采编部、流通部、阅览部及信息技术部五个服务部门。

周开馆时间91小时，网上数字资源24小时开通。现有正式职工30名，临时聘用人员18人。正式职工中，研究生学历4人，本科学历18人；高级职称11人，中级职称8人。

西安航空学院图书馆

西安航空学院图书馆始建于1955年。历经60年跌宕沉浮，随学校不断升格、易名，先后经历了西安航空工业学校图书馆（1955年）、兰州航空工业学校图书馆（1957年）、西安航空工业专科学校图书馆（1960年）、西安航空工业技术专科学校图书馆（1985年）、西安航空技术高等专科学校图书馆（1993年）、西安航空学院图书馆（2012年）等各个时期。

半个多世纪来，经过几代人的艰苦奋斗和不断发展，已形成以航空航天为特色，涵盖机械电子、车辆工程、材料科学、能源与建筑、计算机科学、经济管理与人文科学等的多学科馆藏体系。累计纸质图书105.55万册，电子图书5000GB，报纸期刊1100余种。建成纸质资源与电子资源并存且互相补充的文献资源保障体系。馆藏中尤以近万册的《民国集萃》独具特色。

西安航空学院图书馆由沣惠校区图书馆和2010年落成的阎良校区图书馆两部分组成，馆舍总建筑面积1.51万平方米。周开馆时间80小时。机构设置包括：综合管理办公室、办公室、信息室、文献工作室、采编室及阎良图书馆借阅室。全馆在编职工24人，其中高级专业技术职称3人，中级职称14人；硕士研究生以上学历9人。

采用北邮Melinets自动化管理集成系统，主服务器为曙光小型机，磁盘阵列存储量为300G，全面实现采访、编目、典藏、流通、检索、借阅的自动化管理。采用一门式管理模式，实行"藏、查、借、阅、参"一体化服务机制；2014年4月开通图书馆微信平台，面向全校千余名教职工和万余名学生提供个性化的信息服务。

西安航空学院图书馆是中国高等教育文献保障系统成员馆、陕西省高校图书情报工作委员会副主任委员单位及陕西省图书馆学会常务理事馆。

陕西学前师范学院图书馆

陕西学前师范学院（原陕西教育学院）图书馆成立于1978年，总建筑面积2.5万平方米。设有图书借阅室、报刊阅览室及电子阅览室等13个服务窗口，为读者提供外借、阅览、检索、咨询、读者培训等服务。拥有阅览座位1900个，读者检索阅览机120台。全馆有各类职工52人，其中副高级以上职称10人，中级职称15人。机构设置为五部一室：文献建设部、报刊阅览部、图书阅览部、信息保障部、参考咨询部和办公室。学校成立有图书馆工作管理委员会，由分管校长任主任委员，对全校文献信息工作进行规划。在图书馆内设有"公共文献信息检索课程与教学研究中心"和"图书文献与信息传播研究所"。

馆藏总量200万册。其中古籍文献2.2万余册，所藏古籍文献包括明、清至民国年间各类刻本、影印本及《陕西志辑要》《宝鸡县志》《长安县志》等陕西地区的地方志。数字资源方面，有中国知网、博看学前期刊、中国博士论文等18个数据库资源，形成以学前教育为特色，文理相结合，纸质文献和电子文献兼顾的多学科师范类的综合馆藏体系。实现全馆无线网络全覆盖。读者可24小时登录图书馆网站，进行资源下载、信息检索、图书预约和续借，查询新到馆图书等。

西藏民族学院图书馆

西藏民族学院图书馆始建于1958年，历经西藏公学、西藏民族学院两个发展阶段。图书馆总建筑面积1.5万平方米，馆藏文献资源总量达194万册，其中纸质文献114万册，藏学文献资源的收藏较为完备。电子文献资源有各类数据库22种，电子图书80万册，形成了多学科、多类型的馆藏体系。

周开馆时间98小时，电子资源全天24小时服务。实行藏、借、阅、查、咨询一体化，为读者提供外借、阅览、参考咨询、文献检索、课题跟踪、科技查新、馆际互借、文献传递、文献复制、读者教育等多种服务，实现业务管理自动化、重点资源数字化、信息服务网络化。

西藏民族学院图书馆是中国高校人文社会科学文献中心成员馆、中国高等教育文献保障系统成员馆、大学数字图书馆国际合作计划（CADAL）成员馆。与中国人民大学、中山大学、厦门大学、华东师范大学、东南大学、北京外国语大学六所对口支援高校图书馆建立合作关系。

西安培华学院图书馆

西安培华学院图书馆始建于1985年3月，其前身为西安培华女子大学图书馆。1986年1月，加拿大驻华大使馆为其提供部分设备及图书。20世纪90年代末图书馆由大学南路搬迁至白沙路南段。2004年11月，图书馆迁至长安校区。2012年，新馆投入使用，并命名为"维之图书馆"。

截至2014年年底，西安培华学院图书馆累计纸质藏书134.8万册，中外文数据库

13种，电子图书107.7万册。馆藏资源涵盖经、管、文、法、理、工、医、艺术等学科，纸质文献与电子资源互为补充，基本形成了学科覆盖齐全，多种载体形态并存的文献信息资源保障体系，全方位为教学和科研服务。

图书馆总建筑面积2.6万平方米，阅览座位5576个，周开放时间108.5小时，电子资源24小时开放，无线网络覆盖全馆。机构设置为三部一室：采编部、流通部、信息化部、办公室。全馆在编职工17人，其中高级专业技术职称3人，中级职称2人；硕士研究生学历4人。

采用北邮Melinets Ⅱ自动化管理系统。主服务器为Dell大型机，磁盘阵列存储量为53TB，图书馆的采访、编目、流通、期刊等全面实现自动化管理。

西安翻译学院图书馆

西安翻译学院图书馆始建于1995年，其前身为使用面积仅有238平方米、馆藏文献2万余册的西安翻译培训学院图书室。图书馆现由东区主馆、西区分馆和相关分院资料室组成，馆舍面积为2.52万平方米，有阅览座位6029个。

截至2014年年底，累计纸质藏书206万册，中外文数据库21种，电子图书174万册，涵盖英、日、德、法、世界语等诸多语种。已建成以外语类文献为特色，其他学科文献协调发展，纸质资源与电子资源相互并存、互相补充的多学科、多语种、多载体的文献资源保障体系。

实行"藏、借、阅、咨、管一体化"的服务模式，全面实现开放式借阅服务。周开放时间95.5小时，网络服务24小时开放。下设六个部门：文献建设部、读者服务部、西区读者服务部、信息技术部、综合业务部、办公室。全馆在编职工57人，其中高级专业技术职称1人，中级职称23人；硕士研究生以上学历3人。

采用自动化集成管理系统Melinets2.0，支持多语种；主服务器为IBM P720小型机，磁盘在线存储达到50TB；图书馆主干采用万兆级交换机，内部网络交换达到千兆到层，百兆到桌面。

开展文献资源宣传导读，编印《读者手册》、馆刊《教育信息参考》、馆报《图书馆与读者》等，加强读者信息素质教育和参考咨询服务，开展馆际互借与文献传递。

西安外事学院图书馆

西安外事学院于1992年正式设置图书馆机构。起初由三桥分院图书馆（1995.7）、鱼化总部图书馆（1997）、长安分院图书馆（2001.7）组成。随着学校教育教学的改革发展及校址的搬迁，2003年图书馆全部搬迁至外事学院南校区（位于西安市雁塔区鱼斗路18号）。图书馆历经20多年的发展建设，已形成了较为丰富的馆藏资源，在三个校区均设有分馆。

馆舍总面积2.8万平方米，阅览座位近2000个，周开放时间101.5小时。三个校区资源共享。下设有六个部门：采编部、借阅部、电子阅览室、报刊阅览室、办公室、档案室，分别承担着文献资源建设与服务工作，为读者提供借、阅、咨询信息一体化服务和学习、研修条件。采用北邮Melinets自动化管理集成系统，采访、分编、典藏、流通、检索、借阅实现自动化，面向读者提供各类文献信息服务。

西安欧亚学院图书馆

西安欧亚学院图书馆成立于1997年，在原学校图书资料室的基础上筹建，隶属于教务处。2000年9月独立设馆，成为学校图书情报业务管理部门。2006年9月迁入新馆，馆舍面积1.57万平方米，阅览座位3500多个。新馆由中国工程院院士关肇邺教授设计。

截至2014年年底，馆藏中外文纸本书刊158万多册，有CNKI中国知识资源总库、万方数据库、外文电子图书等17个数据库。基本形成了纸质图书、电子文献、网络资源合理布局、协调发展的文献资源体系。

全馆工作人员32人，设有文献借阅部、资源发展部、客户服务部和学报编辑四个部门。除传统的借阅服务外，还开设了图书预约群，为老师送书到办公室。面向学院师生开展图书馆文化节、各类培训、各类讲座、学科服务。开设研修室、实名制考研专区。

西安欧亚学院图书馆是陕西省高等学校图书情报工作委员会常委馆，陕西省社科信息学会常务理事单位，中国高等教育文献保障系统成员馆，中国高校人文社会科学文献中心成员馆。

西京学院图书馆

西京学院图书馆始建于2002年，经过2010年、2014年两次改扩建，面积达3.49万平方米，阅览座位3000多个。设有文献借阅服务科、资源建设科。馆藏纸质图书140余万册，电子图书152万册，期刊7000余种（含电子期刊），形成了以工科为主，涵盖理、经、管、文、艺、交通等学科的馆藏体系。

实行全开架服务，周开放时间98个小时。馆内设有校史馆、艺术馆、咖啡厅，15个学术报告厅，8个会议室，2个录播室，18个学习讨论室。

除为读者提供文献借还、阅览等服务外，还提供馆藏书目的网上检索、在线咨询、网上续借等服务，并开通了移动图书馆。通过文献传递、馆际互借方式获取馆外文献资源。

西安思源学院图书馆

西安思源学院图书馆新馆于2006年建成使用，建筑面积2.07万平方米，阅览座位2390余席。周开放时间101.5小时，馆藏数字资源全天24小时开放。设有办公室、网络信息部、文献建设部、读者咨询部、文献服务流通部。馆内设有陈忠实文学馆。

馆藏纸质文献100余万册，电子图书140万册，期刊总量1万余种，其中纸本期刊1076种，电子期刊9000种。文献资源数据库7个。

采用北邮Melinets图书馆自动化管理系统，实现了从书目检索到采访、编目、典藏、外借等各业务坏节的计算机管理。有主交换机1台、楼层交换机4台、子交换机26台，网络交换机端口总数624个。有工作用计算机30多台，读者用机250台，服务器5台，磁盘阵列存储量48T。

陕西国际商贸学院图书馆

陕西国际商贸学院图书馆始建于2001年。馆舍总面积1.98万平方米。在编工作人员20人，流动编制人员7个。设有采编部、流通部、阅览部、信息技术部、办公室五个部室。实行"藏、借、阅、咨询、管理一体化"的服务模式。

馆藏文献总量195.6万册。其中纸质文献105.4万册，电子文献97.8万余册，电子期刊2.4万种，各种音像光盘资料2.8万多件，购买、试用和免费链接的中外文数据库48个。形成了以经管类、医药类文献为特色，文理结合，纸质文献与电子文献兼顾的多学科、综合性的馆藏体系。

实行全开架借阅服务，主要阅览室周开馆时间98小时，数字资源提供24小时服务。开设有"图书馆资源检索与利用""互联网信息获取与利用"公共选修课。

采用Dlibs数字图书馆技术与应用平台，实现义献采访、编目、典藏、流通、期刊管理、OPAC、参考咨询等业务的自动化，远程图书续借预约、通借通还服务等功能得到应用。

陕西服装工程学院图书馆

陕西服装工程学院图书馆总面积1.25万平方米。累计藏书量92.9万册，其中纸质中文图书56.8万册，报刊698种；电子图书38.1万册，电子期刊3796种。购置开通的数据库有：中国知网、读秀学术搜索、万方知识服务平台、华艺世界美术库等。初步形成以纺织、服装、艺术、经济管理、建筑工程、珠宝、医药制药、信息工程等为主体的特色鲜明的多门类馆藏体系。

采用北邮Melinets管理系统，实现了采访、编目、流通、期刊、公共检索等业务的自动化，为全院师生提供图书外借、阅览、参考咨询等文献信息服务。校内外用户均可通过互联网访问图书馆网站。

西安交通工程学院图书馆

西安交通工程学院图书馆设立于1994年，经历了西安科技商贸培训学院、西安科技商贸专修学院、西安科技商贸职业学院和西安交通工程学院四个时期。1994年～2007年称为图书室，隶属于教务处。2008年图书馆正式列编为学院正处级独立单位。

2012年以前图书馆分为华美校区和高新校区两个分馆。2012年初迁入户县校区新馆（独立馆舍），馆舍建筑面积2.97万平方米。经过20多年的积累，馆藏图书50余万册，电子图书50万种，电子期刊6000种，电子学术论文18万篇。

机构设置为两部一室，即文献建设部、流通部、馆务及信息化服务办公室。有各类阅览室9个，6个系专业图书资料室，8个教授工作室，阅览座位1800个（含电子阅览室300个机位）。周开馆80小时。

采用北邮Melinets II 计算机自动化管理系统，实现采访、分编、典藏、流通、检索、借阅、统计的自动化管理。图书借阅服务实现校园"一卡通"。

西安电力高等专科学校图书馆

西安电力高等专科学校图书馆源起于1953年创建的西安电力学校图书馆。1999年4月，学校与西北电业职工大学合并，图书馆由本部馆和南校区（西北电业职工大学）馆组成。2008年2月20日，陕西省电力公司将西安电力高等专科学校、西北电业职工大学、西安电力工业学校、西安电力技工学校和咸阳电力技工学校五所学校合并，成立陕西电力职工培训中心后，图书馆由本部、南校区、灞桥校区、咸阳校区图书馆组成。

馆舍总面积4463平方米，阅览座位数876个。截至2014年年底，有各类文献35万余册。员工20人，其中，正高1人、副高4人、中级7人。

1996年起使用ILAS图书馆自动化系统。2009年添置了惠普刀片式服务器HP BL460c G6，并配12块1T存储量的磁盘阵列。现有服务器、各种计算机终端和外部设备近60台（套）。

2008年五校合并后，学校已转变为"学历教育"和"培训教育"并重的办学定位，图书馆服务对象为全校教职工、学历学生、培训学员及陕西省电力公司所属职工，为不同层次读者提供各类文献信息服务。

杨凌职业技术学院图书馆

杨凌职业技术学院图书馆于1999年由陕西省农业学校（创建于1934年）图书馆、陕西省水利学校（创建于1943年）图书馆、陕西省林业学校（创建于1953年）图书馆合并建立。2012年图书馆与网络中心合并成立图书与信息中心。馆舍总面积1.31万平方米，分布在西、北、南三个校区，每个校区各有独立的图书馆馆舍，南校区馆为总馆，西、北校区为分馆。有阅览座位1700余个，周开馆74小时，年接待读者10多万人次。

馆藏纸质图书88万余册，纸质期刊2700余种，涵盖自然科学、工程技术科学、人文社会科学及管理科学等各大类，以农林水利类为藏书特色。有CNKI全文数据库、读秀学术搜索系统、新东方多媒体学习库等各类电子资源，可以满足读者从电子图书、电子期刊到英语学习及视频观看的多方位需求。采用汇文自动化集成管理系统，各校区分馆一证通用。

西安航空职业技术学院图书馆

西安航空职业技术学院图书馆始建于1958年。自建馆以来，根据学校专业设置的特点，突出航空、机电专业特色，逐步发展成为一个有专业特色的新型图书馆。

馆舍总面积6800平方米，主体为五层，采用借、阅、藏一体的开放格局，周开放时间70小时。有12个阅览室，阅览座位652个。截至2014年年底，纸质图书总藏书量38.5万余册，电子图书26万余种，有CNKI、超星、维普等多种电子资源数据库。

全馆职工30人，其中副高职称以上5人。图书馆设采编部、流通阅览部、信息技术部、参考咨询部和办公室五个部门。

采用深图ILAS II集成管理系统，图书馆主要业务实现自动化管理并提供网上信息检索服务。设有电子阅览室，光盘资料室，多媒体演示报告厅等。为校内外读者提供书刊借阅、参考咨询、读者培训、专题讲座、文印等服务。

陕西国防工业职业技术学院图书馆

陕西国防工业职业技术学院图书馆始于1958年的惠安职业学校图书馆，历经50余年的跌宕起伏，随学校几经易名，先后经历了惠安职业学校图书馆（1958.8～1963.3）、陕西化工技工学校图书馆（1963.3～1964.10）、陕西第一化学工业学校图书馆（1964.10～1973.3）、陕西第一化工学校图书馆（1973.3～1981.3）、陕西第一工业学校图书馆（1981.3～1998.4）、西安机电学校图书馆（1998.4～2001.9）、陕西国防工业职业技术学院图书馆（2001.9～）等各个时期。

半个多世纪以来，经过几代国防人的艰苦奋斗和不断发展，已形成了与专业设置相适应，以自然科学文献为主，突出机械、电子、机电、化工、能源、建筑等工程技术类文献，兼顾人文、财经、艺术及公共事业等社会科学类文献的多类型、多载体形态并存的综合性专业文献信息资源馆藏体系。截至2014年年底，累计纸质藏书48.6万册，中外文数据库13种，电子图书1800GB。

陕西国防工业职业技术学院图书馆由余下校区图书馆和户县人民路校区图书馆组成，馆舍总建筑面积2.89万平方米。周开馆时间72小时。机构设置为五部一室：采编部、流通阅览部、读者服务部、信息技术部、信息咨询部、办公室。全馆在编职工23人，其中研究生学历1人，本科学历6人，专科学历10人；高级职称1人，中级职称4人。

采用北邮Melinets自动化管理集成系统，主服务器为Dell R710，磁盘阵列存储量为24TB。采访、分编、典藏、流通、检索、借阅等实现自动化管理，面向1.3万余名师生读者提供各类文献信息服务。

陕西交通职业技术学院图书馆

陕西交通职业技术学院图书馆于1987年1月成立，2000年9月，新馆落成投入使用。随着学校易名迁址，馆舍和馆藏建设也不断发展，已形成涵盖公路、汽车、运输经济、信息工程、轨道交通以及基础学科的多专业藏书体系。

图书馆由三部分组成：校本部馆、自强校区分馆、太白校区图书阅览室。有职工31人，研究生以上学历约占三分之一，高级职称3人。馆藏图书61.9万册，电子图书12.9万册。校本部图书馆和自强校区分馆均采用ILAS Ⅱ自动化管理集成系统，采访、分编、典藏、流通、检索、借阅等实现自动化管理。

学院设立数字化图书馆建设项目，投入专项资金138.05万元，更新并添置了10个数据库，更新扩充了容量达10T的存储器和2个服务器，建成了拥有110台计算机的电子阅览室。

组建学生志愿者服务协会，开设"读书、励志"大讲堂。为全院1万多名师生提供全方位的文献信息服务。

陕西能源职业技术学院图书馆

陕西能源职业技术学院图书馆发端于1953年建立的燃料工业部西安煤矿学校图书馆（室）。后学校几经迁徙、历尽周折，于1983年在咸阳重建，成立陕西煤炭工业学校，图书馆随之成立。2001年9月，陕西煤炭工业学校与西安煤炭卫生学校、陕西煤炭职工大学三校合并，组建陕西能源职业技术学院，图书馆更为现名，设咸阳、临潼两个分馆，总面积7447平方米。

60多年来，经过几代人的艰苦奋斗和不断努力，馆藏数量与质量不断提高，更加适应学院学科建设和专业发展的需要，形成了以医学、能源、机电、经济管理、地质测量、煤炭化工为重点的多学科藏书体系。截至2014年年底，累计纸质藏书42.4万多册（不包含院系资料室图书），电子图书11万册，电子期刊17万册。建成纸质资源与电子资源并存且互相补充的文献资源保障体系。

设办公一室、二室，采编部、流通部、阅览部、技术部、自动化部等部门。周开馆时间70小时。在岗职工29人（辅助工作人员2人），其中高级专业技术职称3人，中级职称18人。馆内有外借书库6个，阅览室5个，阅览座位890席。

采用金盘GDLIS图书馆管理系统，采访、编目、流通、期刊、书目检索等业务实现了自动化管理，为读者提供网上浏览、信息查询、数据库检索、信息咨询等服务。数据存储系统容量10TB。

陕西铁路工程职业技术学院图书馆

陕西铁路工程职业技术学院图书馆始建于1973年，总馆临渭校区图书馆落成于2007年6月，面积1.18万平方米。从2013年5月开始，形成以临渭校区图书馆和高新校区图书馆并列运行的开馆模式。阅览座位2000多席，实行全开架阅览。

馆藏纸质图书60余万册，电子图书56万多册，形成了集铁路、公路、桥梁、建筑、计算机等学科为主的文献收藏体系。数字资源包括中国知网、读秀知识库、名师讲坛等。两校区图书馆采用ILAS Ⅱ集成管理系统，实现了采访、编目、流通、典藏等主要业务的自动化管理。

主要服务有文献外借、文献阅览、网上图书馆、特色书库、电子资源服务、宣传辅导、入馆教育等。

西安铁路职业技术学院图书馆

西安铁路职业技术学院图书馆前身是1956年始建的西安铁路运输学校图书馆。随学校几经易名，先后经历了西安铁道学院图书馆（1958）、西安铁路运输学校图书馆（1963）、西安铁路职业技术学院图书馆（2006）等各个时期。2006年西安铁路运输学校与西安铁路运输职工大学合并、整合，由原铁道部下属院校移交给西安市政府，成立西安铁路职业技术学院。

图书馆现由院本部图书馆、龙首校区图书馆和临潼校区图书馆三部分组成，总面积5170平方米，读者座位近1000个，每周开放72小时。机构设置为：采编部、流通部、阅览部、临潼校区图书馆、龙首校区图书馆。全馆在编职工15人，其中高级专业技术职称4人，中级职称8人；硕士研究生以上学历2人。

经过近60年的积累和发展，形成了以铁路轨道交通为特色的多载体并存的馆藏体系。馆藏各类型资源120万册，其中印刷型40万册，数字资源80万册（54T）。采用"藏、借、阅、检、咨询"一体化的管理模式，为读者提供外借、阅览、参考咨询、信息检索、读者教育、馆际互借、文献传递等多类型的服务。开通了微博和微信平台，及时发布图书馆相关信息。

西安铁路职业技术学院图书馆是西安市图书馆学会常务理事、副秘书长馆，陕西省图书馆学会理事馆。

宝鸡职业技术学院图书馆

宝鸡职业技术学院图书馆建于2007年，现设一个总馆和凤翔校区分馆，总建筑面积8776平方米。总馆借阅部位于公共教育中心一楼。总馆设三个区域，A区分布：文学、艺体、教育、工具、综合、电子类书库；B区分布：西医、中医、语言、数理、财经、史地、政法类书库；D、E区分布：电子文献视读室、期刊资料库。

馆藏图书资料117万册，其中纸质图书56.7万册，纸质专业期刊2.96万册，电子图书20万册，电子期刊40.4万册。馆藏涵盖学院39个高职专业、18个五年制大专和15个中专专业。设教师阅览室、学生阅览室、电子文献视读室，共有阅览座位570个，有报纸90余种、专业类期刊400余种可供阅览。

图书馆员工17人，其中馆员以上11人，大专以上学历17人。图书馆实现业务计算机自动化管理，读者借阅图书实现校园"一卡通"服务。

咸阳职业技术学院图书馆

咸阳职业技术学院图书馆于2009年9月投入使用，总建筑面积2.06万平方米。设综合科、采编部、流通部、技术部和情报部，有工作人员48人。

馆藏纸质图书61万余册，报刊资料800多种，电子图书20万册。形成了以工科、医学为主，兼顾经、管、文、教、农多学科的馆藏体系。引进了万方数据知识平台和超星电子图书资源。

馆内设有密集书库、9个借阅室、5个网络资源检索室、1个免费电子资源检索室、2个视听阅览室、1个学术报告厅。

采用东方雅信自动化管理集成系统，采访、编目、流通、期刊、书目检索等实现了计算机管理，为读者提供网上浏览、信息查询、数据库检索、信息咨询等多项服务。数据存储系统容量12TB，馆内电子阅览室计算机416台。

商洛职业技术学院图书馆

商洛职业技术学院图书馆由陕西省商洛师范学校图书馆和商洛市卫生学校图书

馆于2005年8月合并升格组建而成。历经百年风雨，兵燹离乱，几经更名、停办、易址。商洛师范学校图书馆经历了商州师范传习所藏书楼（1905.1），商州初级师范学堂藏书楼（1910.8），省立商州师范学校图书馆（1945.8），陕西省商县师范学校图书馆（1952.7），商洛地区师范学校图书馆（1972.9），商洛地区五七师范学校图书馆（1975.9），陕西省商州师范学校图书馆（1989.6），陕西省商洛师范学校图书馆（2002.3）；商洛卫生学校图书馆经历了商洛专区卫生学校（1960.3），商洛地区卫生学校（1973.7）等时期。

2005年8月合并升格为商洛职业技术学院后，新建了图书馆，完成了馆内纸质图书的回溯建库。馆舍面积1.2万平方米，周开馆时间71小时。设采编部、社科一馆、社科二馆、社科三馆、医学馆、自然科学馆、报刊阅览室、办公室八个部门。在编职工26人，其中高级职称2人，中级职称9人；本科以上学历20人。累计纸质藏书29.7万册，电子图书14万册，数据库1种，古籍7391册。利用网络通过微信、网络视频等平台开展纵深服务，为更多读者提供文献信息服务。

西安汽车科技职业学院图书馆

西安汽车科技职业学院图书馆面积1300多平方米，阅览座位480个。新校区2.5万平方米图书馆正在建设中。纸质文献馆藏量17万余册，电子图书2万多册，中外文期刊报纸200多种，其中汽车特色的专业杂志54种。现有职工10人，其中，具有大专以上学历者占89%。聘用勤工俭学学生8人。周开放时间83小时。

采用北邮Melinets图书馆管理系统，实现了自动化管理，包括纸质文献借阅、电子文献下载、读者证件管理等，提高了读者的到馆率和文献资源的利用率。有计算机40余台。

西安交通大学城市学院图书馆

西安交通大学城市学院建校之初就设立了图书馆。现有馆藏纸质图书42万余册，期刊800余种，数字图书100余万册，数字期刊8500余种以及学位论文、会议文献等。采用ILAS自动化管理系统，对采访、编目、流通、期刊、书目检索、业务统计等进行计算机管理。

实行藏阅一体、借阅结合的管理模式，各书库、阅览室全开架布局。设有电子阅览室，供校内读者免费阅读、下载馆藏的电子文献。学院档案室挂靠在图书馆，图书馆馆长兼任档案室主任。

西北大学现代学院图书馆

西北大学现代学院图书馆设立于2004年9月，馆藏2万余册。2006年从桃园校区迁至长安区滦镇现址。现有馆舍2.3万余平方米，阅览座位1346个。

现有馆藏100万册，电子图书48万册，购买和试用的中外文数据库30余个，形成了以人文社会科学特别是国学、经济、管理、艺术类文献为特色，其他学科文献协调发展的馆藏体系。实行"藏、借、阅、咨询、管理一体化"的服务模式，全面实现开架借阅服务，周开放时间75.5小时，网络服务全天24小时开放。

工作人员27人，其中高级职称2人。设有文献建设部和8个借阅室。设立有特色文献国学文献借阅室，编印有《终南书韵》，指导读者有效利用图书馆，举办提高读者信息素质的"文献检索与利用"知识讲座。

采用南京汇文图书馆集成管理系统，全面实现了文献采访、编目、流通和信息检索的计算机管理，开展馆际互借与文献传递等资源共享服务。

西安财经学院行知学院图书馆

西安财经学院行知学院图书馆始建于2004年8月。馆舍总面积5068平方米，阅览座位900个，周开放时间80小时。

设流通阅览部、采编部、办公室三个科室，有8名工作人员。截至2014年年底，纸质藏书50.9万册，纸质期刊512种，报纸19种，过刊7280册，形成了以社会科学文献为主，经济管理类文献为重点，经、管、文、理、艺各学科文献协调发展的馆藏体系，财经类藏书占总藏书的31%。有中国知网等电子资源4种，印刷型文献和电子文献相互补充，数字资源提供24小时服务。电子阅览室配备240台电脑。

西安科技大学高新学院图书馆

西安科技大学高新学院图书馆始建于2006年。随着学院的建设和发展，由一个最初的图书室发展成为具有一定规模，自动化水平与文献服务能力不断提升的高校图书馆。

馆舍总面积1.25万平方米，阅览座位1000个，周开馆时间94小时。机构设置为二部一室：采编部、流通阅览部、自动化与办公室。全馆在编职工18人，其中高级专业技术职称1人，中级职称2人，初级职称3人；研究生以上学历1人。

馆藏纸质图书60多万册，纸质期刊600多种，电子资源有万方数据和读秀学术搜索，形成以机电信息、地矿、经济管理为重点的多学科馆藏体系。自2009年开始实行计算机管理，实现了采访、编目、流通、期刊、检索等业务工作的自动化。2013年新馆投入使用，实现了大空间、大开放，藏、借、阅一体化的管理模式，服务水平进一步提高。

第二章　大事记（2001～2014）

2001年

1月3日　西北大学图书馆馆长葛承雍调离，胡小君书记兼行政副馆长主持日常工作。

1月5日　"2000年陕西省高等学校图书情报工作会议"在杨凌召开，省教育厅高教处领导和来自全省高校的100多名馆领导参加了会议。

1月5日　西北大学图书馆全员岗位聘任工作完成。

1月10日　西藏民族学院图书馆电子阅览室128K的DDN专线接通。

2月2日　随学校更名，西北纺织工学院图书馆更名为西安工程科技学院图书馆。

2月27日　陕西工学院图书馆郭兴超副研究馆员主持的"师范院校大学生信息技能教育改革的研究与实践"荣获省级优秀教学成果二等奖。

2月28日　陕西师范大学图书馆馆长杨恩成、副馆长康万武等一行3人赴香港参加由香港浸会大学图书馆主办的"面向二十一世纪图书馆管理人员培训班"。

2月　西安交通大学图书馆张西亚副馆长赴美国西弗吉尼亚大学学习交流，为期两个月。

2月　西北轻工业学院图书馆增设图书二库，为全校师生提供10万册的工业技术、医学、环境、数理化、英语等科技类开架图书。

2月　西北轻工业学院第五届图书馆学生管理委员会成立。

2月　西北工业大学审核通过本校图书馆电子检索系统专项建设项目。

2月　陕西国际商贸专修学院组建图书馆，编制2人，由李国林任馆长。

3月1日　《西北农林科技大学图书馆论文集》（2000年）出版，收录本馆职工当年公开发表的论文31篇。

3月6日　陕西省教育厅下发《关于印发〈2000年陕西省高校图书情报工作委员会会议纪要〉的通知》（陕教高〔2001〕21号）。

3月6日　西北工业大学图书馆新管理系统开始试运行。

3月10日　西安理工大学图书馆完成两年一次的全员岗位聘任工作。

3月15日　西北工业大学图书馆开始为全校师生更换借书证，以适应新管理系统的要求。

3月15日　西安理工大学水电学院资料室"黄河流域水文水资源"文献调拨至图书馆特种文献室，对读者开架阅览。

3月15日　西北农林科技大学图书馆首次实行"三定一聘"工作。

3月16日　西安工程科技学院进行新一届干部全员聘任，权建林同志继续担任图书馆馆长，张大为同志继续担任副馆长。

3月27日　西安科技学院文献信息资源建设专家咨询委员会成立，并召开了第一次会议。

3月27日　西安理工大学图书馆《图书馆文献借阅规则》修订版出台。

3月28日　西北农林科技大学图书馆新聘任6个部主任。

3月29日　浙江大学等浙江省5所高校图书馆馆长到西北大学图书馆参观交流。

3月　　　西安建筑科技大学图书馆新建电子阅览室正式开放。

3月　　　中国工程院院士、著名材料科学家张立同教授向西北工业大学图书馆赠送一批国防科技图书出版基金资助、国防工业出版社出版的新书。

3月　　　周世范任西安外国语学院图书馆馆长。

3月　　　西安音乐学院图书馆创办内部期刊《音乐文化信息》。

3月　　　经学院批准，原"西安矿业学院图书情报工作委员会"更名为"西安科技学院文献信息工作委员会"，29位同志组成了新一届文献信息工作委员会。

4月6日　西安理工大学图书馆《关于文献借阅超期、污损、丢失等处理规定》重新修订出台。

4月12日　陕西师范大学图书馆接受北美华人基督教学会捐赠的图书。

4月14日　西北大学图书馆被评为学校2000年度精神文明建设先进集体。

4月14日　西安理工大学科学研究中心成立，下设图书情报与文献学研究所，王浩副馆长任所长。

4月28日　陕西省学位办孙钊主任一行14人在吕九如副校长陪同下参观陕西师范大学图书馆。

4月30日　日本友人室田文泉先生一行参观访问西北农林科技大学图书馆，学校党委书记孙武学、副校长张波、校长助理兼图书馆馆长邢永华陪同参观。

4月　　　西安工程科技学院图书馆进行业务部门调整及"三定一聘"工作。

4月　　　西安交通大学图书馆标识系统完成。

4月	陕西中医学院图书馆进行较大规模的布局调整，改善图书馆信息服务环境。
4月	西安理工大学图书馆开展"满意在图书馆"优质服务竞赛活动。
5月7日	西北农林科技大学图书馆与榆林高等专科学校图书馆举行"结对共建"签字仪式。西北农林科技大学图书馆向榆林高等专科学校图书馆捐赠农牧林等各类图书1106册，价值20,375.86元，清华同方计算机1台。
5月8日	西北工业大学图书馆信息技术培训中心启用。
5月8日	延安大学图书馆进行机构改革，撤销医学分馆编目室，人员及业务工作统一归并到校本部图书馆编目部。
5月14日	"211工程"验收专家组对西安交通大学图书馆"文献信息资源"建设子项目进行验收。
5月15日	西北农林科技大学植物所校区图书馆部分并入农科院校区图书馆。
5月16日	西安理工大学图书馆举办"图书馆业务知识竞赛"活动。
5月18日	陕西师范大学图书馆接待来访的加拿大萨斯卡通大学教师一行11人。
5月19日	美国西弗吉尼亚大学图书馆馆长杨肇英教授夫妇访问西安交通大学图书馆。
5月21日	西安理工大学图书馆借阅部与学生会图委会联合举办"书苑杯"图书馆知识竞赛。
5月26日	陕西省教育厅专家组对西北大学图书馆"211工程"公共服务体系建设项目进行验收，验收结果为优秀。
5月28日	西藏民族学院图书馆电子阅览室新增网络终端40台，整个终端增加到100台。
5月31日	西北大学图书馆召开职工代表大会，听取了雷震副馆长对《西北大学图书馆规章制度》修订的有关说明，大会一致通过了修改后的规章制度并正式付印。
5月	西北农林科技大学图书馆获校党委组织的"庆祝建党80周年歌咏比赛"三等奖和组织奖。
5月	陕西商贸学院图书馆正式开放。工作人员4人，馆藏图书3000册，馆舍面积1500平方米，设书库一个、报刊阅览室1个。
5月	西安工程科技学院图书馆修订"信息检索与利用"课程教学大纲，对教学内容、教学方法及教学手段进行了较大的改革。
5月	西安航空技术高等专科学校图书馆重新修订了《图书借阅制度》，制定了《图书馆安全管理制度》。

5月	咸阳师范学院图书馆电子阅览室开放。
5月	西北工业大学图书馆新引进"书生之家数字图书馆"。
5月	西安交通大学图书馆新书借阅室、教师阅览室、学生科技图书阅览室、社会科学图书阅览室、中文科技期刊阅览室、中文社科期刊阅览室调整开放时间实行三班连续开放。
6月6日	渭南师范学院成立，图书馆由渭南师范专科学校图书馆更名为渭南师范学院图书馆。
6月7日	西安欧亚学院图书馆修订《关于使用〈中图法〉四版的规定》等图书馆业务规章制度。（《中图法》为《中国图书馆分类法》简称）
6月7日	西北工业大学校党委书记叶金福同志到图书馆调研指导工作。
6月8日	西安欧亚学院图书馆举办"庆祝建党80周年图片展"。
6月15日	陕西省"中学图书馆人员培训班"一行106人参观陕西师范大学图书馆。
6月18日	西北工业大学图书馆主办"美国三大索引应用研究"报告会。
6月20日	渭南师范学院图书馆成立学生管理委员会。
6月21日	西北大学图书馆承办陕西省社会科学信息学会第五次学术研讨会。
6月25日	陕西师范大学图书馆接待香港教育学院师生30人来馆参观。
6月27日	陕西师范大学图书馆接待香港金城营造集团董事长王锦辉先生一行11人来馆参观。
6月27日	西北大学图书馆直属党支部获"西北大学先进党支部"称号。
6月28日	西安理工大学图书馆购置超星公司电子图书5000余种，并提供网上阅览服务。
6月	西北工业大学图书馆被评为学校综合治理先进集体。
6月	西安工程科技学院图书馆制定了岗位设置及调整方案，修改完善了相关业务规范和规章制度，完成了全员岗位聘任，新的业绩津贴分配方案开始实施。
6月	陕西中医学院图书馆对一些内容过时、陈旧、复本过多、长期压架、残缺破损无法流通、实用性差、流通率低的图书进行了挑选、抽卡、逐本注销，共计3495种20,304册。
6月	西安外国语学院图书馆人事制度改革后首次进行专业技术职务和岗位聘任。
6月	西安音乐学院图书馆制定《学科馆员制度》。
6月	西藏民族学院图书馆为西藏阿里地区方志办查阅了1000份珍贵的原始资料。

7月2日　西安理工大学图书馆重新修订了《关于读者办理借阅证的规定》。

7月2日　西北大学图书馆"211工程""九五"期间建设项目接受教育部验收专家组验收。

7月20日　西安工程科技学院图书馆承办全国纺织院校图书馆馆长会及信息技术研讨会议，十余所高校图书馆馆长参加。

7月　西安交通大学图书馆实现在校园网的任何计算机上均可查到三校区图书馆的馆藏信息。西安交通大学数字图书馆网站开通。

7月　陕西国防工业职业技术学院南校区信息楼投入使用，图书馆迁入并开馆服务。

7月　西北工业大学图书馆《读者手册》编印完成，向读者分发。

7月　西北农林科技大学图书馆第一党支部（北校区）获校级"先进党支部"。

7月　陕西中医学院图书馆完成读者数据库建设，为全院师生进行换证、办证工作。

7月　渭南师范学院图书馆组织20余名业务骨干，对图书馆北区分馆几万册藏书进行了整理，完成回溯建库工作，并重新调整了布局，建立了自动化管理和防盗监测系统。

8月2日　西安交通大学图书馆与香港中文大学图书馆双方同意互派馆员进行交流并签订了备忘录。

8月3日　西北大学图书馆接待香港中文大学图书馆施达理馆长一行3人参观交流。

8月28日　西安欧亚学院图书馆组织各系、部主管教学的主任和专业教师骨干在电子阅览室举办选书活动。

8月　西北轻工业学院图书馆完成"人大法"图书的回溯建库工作。

8月　陕西中医学院图书馆采用深圳图书馆开发的ILAS II系统软件，建成图书馆自动化集成系统，实现了采编、典藏、流通、查询、检索等项工作的自动化管理。

8月　咸阳师范学院图书馆完成基本书库30余万册图书的回溯建库工作。

8月　西安科技学院图书馆召开工作会议研究制定汇文软件使用规则，并正式启用"汇文文献信息服务系统"。

8月　西北农林科技大学原林科院校区图书馆并入该校图书馆。

8月　西安科技学院图书馆对流通阅览部进行改扩建，增设了四层借书处，阅览室扩大面积400平方米、新增阅览座位204个。

9月1日　陕西师范大学图书馆机构由原来的八部一室调整为五部一室，即文献建设部、编目部、参考阅览部、外借部、计算机与信息服务部、办公室。

9月1日　张亚强任商洛师范专科学校图书馆副馆长；

9月10日　西藏民族学院图书馆集体项目"建立局域网络，实行开架借阅，开展微机管理，提高服务质量"荣获2001年度学院教学成果二等奖。

9月13日　"陕西省高校图书馆馆长考察团"赴香港、澳门，考察香港中文大学、香港科技大学、香港城市大学等7所大学图书馆。

9月　西北农林科技大学图书馆"图书馆文献信息存储检索系统建设方案"通过专家论证，新建了50台终端的多媒体阅览室。

9月　西北工业大学图书馆被评为学校三育人先进集体。

9月　西安工程科技学院图书馆在学院咸宁路临时教学区设立分馆，调拨数万册书刊。

9月　西安理工大学图书馆《读者手册》编印，《学海学林》电视片录制完成，并用于新生入学教育。

9月　西北工业大学图书馆修订《关于西北工业大学图书馆职工外出参会及发表论文补贴的规定》。

9月　西北工业大学图书馆党支部改选。祁随元、徐煜红、戚红梅三人组成新一届党支部，祁随元为书记。

9月　西安翻译职业学院图书馆建成60台/位的电子阅览厅并对读者开放。

9月　陕西中医学院图书馆与本院科研处联合出版《陕西中医药通讯》。

9月　西北轻工业学院图书馆建立咸阳地区高校图书馆期刊联合采购及资源共享系统，制订"咸阳地区高校图书馆期刊联合采购及资源共享系统"协议书，设计制作了咸阳高校通用借书证。

9月　西安理工大学图书馆自行制卡办证系统正式使用，为5000余名新生和其他读者办理新借阅证。

9月　张立宪任西安美术学院图书馆馆长。

10月8日　延安大学图书馆收到老校友毕英杰女士捐赠的价值37,400元的图书。

10月10日　西北工业大学图书馆举行电子信息资源宣传活动暨汇文图书馆自动化管理系统开通仪式，姜澄宇校长和学校有关领导及近百名师生参加了本次活动的开通仪式。

10月10日　西北农林科技大学图书馆接受台湾李国鼎科技发展基金会捐赠的1万美元，用于购置外文科技书。

10月10日　西藏民族学院图书馆"树华电子智源中心"开放。

10月14日　西北农林科技大学图书馆引进北京传技信息系统有限公司的TOTALS II专业版（UNIX）软件系统。

10月14日　西北工业大学图书馆召开四届一次职工代表大会，校党委副书记杨蜀康、工会主席马彦群及历任老馆长参加了开幕式。50余名代表选举出图书馆新一届工会委员会。

10月16日　西北大学图书馆承办第六届全国地方综合性大学图书馆馆长会议。浙江大学、云南大学等24所院校的图书馆馆长参加了会议。

10月18日　德国北威州教育部部长参观陕西师范大学图书馆。

10月19日　西安电子科技大学举行新图书馆落成典礼。

10月22日　西安欧亚学院图书馆起草的《西安欧亚学院图书资料统一归口管理规定》由院办下发。

10月23日　陕西省教育厅办公室下发《关于报送全省高校图书馆先进集体和先进个人推荐名单的通知》（陕教高办〔2001〕13号），决定在全省范围内表彰高校图书馆先进集体、先进个人和优秀管理干部。

10月24日　香港九龙浸信会一行5人参观陕西师范大学图书馆。

10月24日　西北农林科技大学图书馆获本校"首届教职工女子篮球赛"第六名。

10月25日　西北农林科技大学图书馆选举产生图书馆工会委员会。

10月25日　西北农林科技大学图书馆开展首届"爱岗敬业文明服务月"活动。

10月29日　延安大学图书馆"图书资料清产工作小组"完成对全校图书资料及其用品设备的清产，全面清点了图书馆和各学院资料室的所有财产，形成清产报告上报学校国资处。

10月31日　延安大学图书馆收到台湾石景宜先生赠书2907册，价值436,050元新台币。

10月　　　西安美术学院图书馆有了第一台计算机，采编部使用计算机制作目录卡片，从此摆脱了手工刻蜡版制作卡片的局面。

10月　　　西北大学图书馆工会分会向合阳县皇甫镇灾区捐现金60元、衣物150件。

10月　　　安康师范专科学校图书馆学生管理委员会成立。

10月　　　西安交通大学图书馆实行三校区图书通借通还服务。

11月1日　西北农林科技大学图书馆创办《中外高新科技》，不定期出版。

11月1日　陕西师范大学图书馆参加第八次教育部部属暨部分地方师范大学图书馆馆长联席会。

11月2日　西北农林科技大学图书馆接待台湾李国鼎科技发展基金会参观访问。

11月5日　西北农林科技大学图书馆参加杨凌农业高新技术博览会，提供实用农业信息资料。

11月6日　农业部副部长张宝文视察西北农林科技大学并参观图书馆。

11月8日　西北工业大学图书馆在国际会议中心举行"ISI数据库演示报告会"。

11月9日　西安理工大学图书馆与科技处邀请美国ISI公司做关于《三大检索工具数据库介绍》的报告，300余名教师、研究生参加。

11月12日　台湾辅仁大学原校长张振东一行17人参观陕西师范大学图书馆。

11月13日　陕西省副省长陈宗兴，省政协副主席姜信真、石学友，省教育工委书记陈存根视察西安思源职业学院时，参观了图书馆阅览室。

11月14日　西安理工大学图书馆第四届职工大会召开，副校长周孝德、校工会主席樊来虎参加了开幕式并讲话，会上通过了《"十五"发展规划》《业务工作职责与细则》《岗位聘任制度实施办法》《岗位津贴实施细则》《关于严格执行考勤制度、加强工作纪律的若干规定》等文件。

11月15日　西安科技学院文献信息工作委员会第二次会议召开。

11月15日　西安电子科技大学新图书馆学生自习室开放。

11月15日　西北农林科技大学图书馆承办陕西高校图工委教育培训委员会第一次会议。

11月16日　邝淑贞姊妹助学金基金会捐赠图书暨助学金颁发仪式在陕西师范大学图书馆举行。

11月20日　西北工业大学图书馆做出"关于调整典藏图书阅览室、流通台口等处借阅办法的决定"。典藏图书阅览室和期刊库开架，流通台口实行通借。5个阅览室开通汇文系统。

11月20日　西北农林科技大学图书馆曹臻同志被推选为中国农业图书馆专业委员会农业文献资源建设与开发利用专业委员会委员；李其圣同志被推选为中国农业图书馆专业委员会数字化建设与共享专业委员会委员。

11月20日　西北工业大学图书馆同国资处、国际合作处签订《关于新图书馆南五楼西边北侧四间房过渡用于留学生教室的备忘录》。

11月23日　陕西高校图工委期刊专业委员会工作会议在西北工业大学图书馆召开，传达全国期刊工作会议精神，研讨影印刊停印后的对策。

11月26日　西北农林科技大学图书馆新建综合阅览室（西林校区）正式向全校师生开放，面积470平方米。

11月26日　汉中师范学院与陕西工学院合并，陕西理工学院图书馆挂牌。

11月28日　西北工业大学图书馆参加在宁波举行的"2001航空科技信息资源共建共享会议"。

11月29日　西北工业大学图书馆召开优质服务暨电子信息资源宣传活动表彰大会，会上共表彰先进集体4个、先进个人16名。

11月30日　西安电子科技大学新图书馆开放学生阅览室、期刊阅览室、报纸文艺刊阅览室。

11月 INNOPAC中国用户协会2001年度会议在西安交通大学图书馆召开。

11月 设在西安交通大学图书馆的CNKI数据库西北交换中心开通，为陕西、甘肃、青海、新疆、内蒙古、宁夏的用户提供CNKI数据库网上检索服务。

11月 西北农林科技大学图书馆成立首届工会组织，杨新厚任主席。

11月 西北轻工业学院图书馆建立了图书馆网站主页。

11月 西安建筑科技大学图书馆全面完成清产核资清查任务。

11月 西安建筑科技大学图书馆召开第十六届业务研讨会。

11月 陕西商贸学院图书馆设立了采编、流通、阅览三个工作组。

11月 香港汉华书局石景宜博士、石汉基先生给陕西师范大学图书馆赠书3000余册。

12月1日 西北工业大学图书馆新馆南北五楼新的自修室正式对读者开放，增设阅览座位400个。

12月3日 长安大学精神文明建设领导小组检查图书馆精神文明建设情况。吴引定书记、胡兆同馆长向检查小组汇报了图书馆精神文明建设情况。

12月5日 西北农林科技大学图书馆向学校上报《关于成立"西北农林科技大学科技信息中心"的请示》。

12月11日 西北工业大学图书馆与中国万方数据（集团）公司签订购买"万方数据系列数据库"合同。

12月12日 西安理工大学图书馆第14届学术交流大会召开，会议共收到论文29篇，其中12篇在大会上做了交流。

12月13日 西北农林科技大学图书馆党总支组织通过开展"崇尚科学，反对邪教"活动方案。

12月14日 西安交通大学图书馆"钱学森业绩展馆"正式开馆。

12月14日 西安理工大学图书馆邀ProQuest公司到馆进行ASTP数据库使用培训，图书馆人员及读者约60余人参加了培训。随后，免费开通了该公司的数字化博硕士论文文摘数据库（PQDD）、ABI/INFORM Global（商业信息数据库）等数据库。

12月14日 陕西省教育厅下发文件（陕教高〔2001〕105号），对陕西省普通高校图书情报资料工作先进集体、优秀管理干部和先进工作者进行表彰。西北工业大学图书馆、陕西师范大学图书馆、西北大学图书馆、长安大学图书馆、西安建筑科技大学图书馆、西安理工大学图书馆、榆林高等专科学校图书馆、延安大学图书馆医学分馆、陕西中医学院图书馆流通部等被评为"陕西省高校图书馆先进集体"，苟文选、康万武、雷震、吴引定、裴世荷、王浩、王思哲、何道利等被评为"陕西省高校图书馆优秀管理干部"，张应祥等同志被评为"陕西省高校图书馆先进个人"。

12月15日　西安电子科技大学新图书馆对全校师生员工开放。

12月17日　国防科工委属院校图书馆联合体成立，西北工业大学图书馆参加成立仪式及第一次会议。

12月18日　西安工程科技学院出版《姚穆教授文集》，张大为副研究馆员作为编委之一，参加了姚穆教授论文的收集、文献标引和引文校对工作。

12月20日　《西北工业大学图书馆规章制度、岗位职责汇编（第二版）》定稿。

12月20日　西北农林科技大学图书馆接受香港汉荣书局有限公司董事石景宜先生捐赠的港台书3000余册。

12月24日　西安理工大学图书馆全体职工（含临时工）统一佩戴工作牌上岗。

12月25日　西安理工大学图书馆由西安消防指挥学校设计、校公安处承制的"图书馆消防预案"历时两个月，经过现场勘察、查阅图纸、预案设计、使用培训四个阶段按期完成并交付使用。

12月27日　西安理工大学"图书馆借阅部"等四个窗口获得校第四批"文明窗口"。

12月30日　延安大学图书馆图书资料系列清产工作结束。截至2000年12月31日，共有图书资料170,026种、590,818册（件），价值约5,377,340.80元。

12月30日　由延安大学图书馆王思哲同志主持申报的科研项目《边远地区文献信息资源共建、共知和共享研究》获得2002～2003年度省教育厅科研计划资助，获得项目经费11,000元。

12月31日　延安大学图书馆全年共收到高教出版社赠书6批，1322册，价值26,441元。

12月　　　根据校发〔2001〕设字第002号文件通知，西北大学图书馆资产清查领导小组对图书馆设备、图书以及各院系资料室图书进行了统计。图书馆共有固定资产387件；中外文图书1,601,262册、中外文期刊87,124册、其他资料1506册；各院系资料室共有中外文图书338,773册、中外文期刊108,441册，其他资料3903册。

12月　　　《西北农林科技大学图书馆年鉴》（2001年）出版，其内容包含次年工作计划，当年工作总结，特别活动的总结，对经费的使用报告，服务工作总结，教学工作分析，科研（论文、专著、课题）统计，大事记，高校图工委的统计报表，捐赠统计，职称晋升，退休，科技查新目录等。

12月 西安工程科技学院图书馆数字资源系统和网络系统初步建设完成，包括帝捷特（DIGITUS）MICROMEDIA磁盘阵列服务器（存储空间320GB）、Ei光盘数据库、万方资源系统、维普资源系统等。图书馆网络系统与校园网的千兆光纤连接，实现了数字文献系统在校园网上的共享，并建成35台计算机的多媒体电子阅览室。

12月 长安大学图书馆制定了《长安大学图书馆"十五"发展计划纲要》，完成规章制度汇编的修订工作，召开了长安大学图书馆首届教职工代表大会。

12月 西北轻工业学院图书馆邓滨等人制作的"科技信息检索"课件荣获2001年西北轻工业学院多媒体课件一等奖。

12月 陕西中医学院党委授予图书馆创佳评差"最佳单位"。

12月 西安航空技术高等专科学校图书馆分会被学校工会评为2001年度先进集体。

12月 西安理工大学图书馆重新修订借阅室、阅览室等规则13个。

12月 西安培华学院图书馆启用纵横图书信息集成管理系统TLCS602，实现管理手段自动化。

2002年

1月1日 西北工业大学公安处派保安人员正式在图书馆东、西两馆上岗。

1月4日 "2001年陕西省高校图书情报工作会议暨庆祝陕西高校图工委成立20周年、陕西省高校图书馆先进表彰大会"在西安电子科技大学召开。省教育厅副厅长届应超，教育部高教司教学条件处处长李晓明，教育部高校图工委副主任兼秘书长朱强，部分高校校（院）长，陕西高校图工委原主任、副主任、委员，全省高校图书馆馆长，受表彰的22个先进集体代表和87个先进个人共150余人参加了会议。

1月5日 参加陕西省高校图书情报工作年会的各高校图书馆馆长和代表参观西安欧亚学院图书馆。

1月5日 西安欧亚学院工会第一届会员代表大会召开。图书馆李东米副馆长当选西安欧亚学院工会第一届委员会委员。

1月9日 陕西省政协主席安启元在胡建波院长陪同下参观西安欧亚学院图书馆。

1月15日 西北工业大学图书馆举办"陕西省中文图书联合采购座谈会"。

1月16日 西北工业大学图书馆作为陕西省高校图工委期刊专业委员会主任馆主持召开了"陕西省高校图工委期刊专业委员会外刊订购协调会"。会議就我国加入WTO以后图书馆外刊订购方面受到的影响以及应采取的措施进行了交流和讨论，各高校图书馆对外文期刊订购工作进行了协调。

1月16日　《陕西理工学院图书馆业务工作考核办法（试行）》颁发。

1月17日　韩国鲜文大学附中教师代表团一行24人参观陕西师范大学图书馆。

1月24日　西北工业大学主管图书馆工作的常务副校长杨海成到馆宣布新一届图书馆领导班子，苟文选任馆长，张应祥、田苍林任副馆长。

1月28日　西北农林科技大学科技信息中心接受礼泉县烟霞镇沟西村党支部及村委会赠送"科技扶贫 富民一方"锦旗，同时接受礼泉县祥福畜牧发展有限公司赠送"助教兴国 科技扶贫"锦旗。

1月　　西北工业大学图书馆赵雁碧主编的《电子信息资源检索教程》作为信息检索课程的新型教材，由学校教务处以讲义形式出版。全书约30万字。

1月　　西藏民族学院图书馆王铁斌馆长兼任图书馆支部书记，主持行政党务工作，叶家华任副书记。

1月　　西北轻工业学院图书馆加入国图联合编目中心。

2月21日　教育部下发《关于印发〈普通高等学校图书馆规程（修订）〉的通知》（教高〔2002〕3号）。

2月23日　西北工业大学图书馆各部室主任轮岗。

3月1日　《西北农林科技大学图书馆论文集》（2001年）出版，收录本馆职工当年公开发表的论文41篇。

3月1日　西安交通大学图书馆门禁系统正式启用。

3月7日　西安交通大学召开文献信息工作会议。于德弘副校长介绍图书馆建设采取的新举措。徐通模校长从资源建设、现代化水平、服务效率三个方面谈对高水平大学图书馆的看法。

3月11日　延安大学图书馆所有书刊资料全部实行开架借阅。

3月13日　延安大学图书馆开始执行新修订的《图书馆职工考勤制度》。

3月21日　经国家教育部批准西北轻工业学院更名为陕西科技大学，西北轻工业学院图书馆也随之更名为陕西科技大学图书馆。

3月21日　延安大学新一届学校领导班子到图书馆调研信息化建设问题，现场制定电子阅览室建设方案。

3月22日　西北农林科技大学图书馆通过了《关于校外职工办理借书证的规定》。

3月24日　"兰台三友——陈云龙、赖伯年、杨邦俊诗书印作品巡回展"在西安交通大学图书馆开幕。陕西省人大常委会原副主任徐山林、陕西省文联主席李若冰、校党委副书记朱宏亮为开幕式剪彩。

3月27日 西安理工大学图书馆举办为期1个多月的计算机系列讲座培训，共分网络信息检索、Office基础知识、Internet基础知识三个部分。

3月 由西安统计学院、陕西经贸学院图书馆合并成立的西安财经学院图书馆正式挂牌。

3月 咸阳师范专科学校与咸阳教育学院合校升本，原咸阳教育学院图书馆资料并入新成立的咸阳师范学院图书馆。

3月 西京职业学院南区图书馆大楼开工建设。

3月 西安科技学院图书馆完成雁塔校区图书馆52人、临潼校区图书馆9人共61人的聘任工作。

3月 西北农林科技大学图书馆以西农校区图书馆为起点的文献信息存储检索系统建成；同时将Agirs、Agricola、CABI三大"农业光盘数据库""维普中文科技期刊文献（题录）数据库"等（光盘）数据库全部上网运行。

3月 西安工程科技学院图书馆将原"教师研究生阅览室"更名为"教学研究阅览室"，收藏学校相关专业的教材、教学参考书和工具书，不再限制借阅者身份。

3月 安康师范专科学校图书馆投入60余万元建成42机位电子阅览室一个，同时购进清华同方期刊全文数据库。

3月 西北轻工业学院图书馆加入中科院文情中心全国期刊联合目录数据库建设。

3月 商洛师范专科学校图书馆各流通书库全部实行开架借阅。

3月 渭南师范学院图书馆被学院评为2001年度先进集体。

3月 西安科技学院文献信息资源建设专家咨询委员会召开年会，通报本年度文献购置经费分配情况，就有关问题达成共识。

3月 西安美术学院图书馆在《华商报》刊登招聘启事，向社会公开招聘工作人员，报名应聘者300余人，从中选拔了5人。

3月 西安美术学院图书馆馆长张立宪著《张立宪速写集》由陕西人民美术出版社出版。

3月 西安培华学院图书馆进行馆藏图书清查、整理及回溯建库工作。

3月 西安工程科技学院图书馆加入CALIS联合目录建设体系，进而提高图书馆文献分编的规范性和标准化水平。

4月3日　西安老战士大学（兰州军区）先后向西北大学图书馆、西安欧亚学院图书馆各捐赠图书16种，共102册，并举行了捐赠仪式。

4月6日　中央政治局委员、中国社会科学院院长李铁映视察延安大学图书馆，并向该馆赠送了40套"超星电子图书"光盘。

4月10日　西安理工大学文明办授予图书馆流通部、借阅部2001年度校级"文明窗口"荣誉称号。

4月17日　西安交通大学图书馆"树华智源电子中心"正式向读者开放。该中心是由香港方润华先生领导的方树福堂基金会及交大共同投资建设而成的多媒体计算机中心。

4月23日　西北大学图书馆被学校评为"社会治安综合治理"先进单位。

4月24日　西北大学图书馆成立文献资源采购协调领导小组。

4月24日　王长安任陕西理工学院图书馆党总支副书记（主持工作）。

4月27日　西北大学图书馆与方正公司联合举办"北京方正数字图书馆系统"研讨会。

4月29日　郭兴超任陕西理工学院图书馆副馆长（主持工作），王长安任副馆长，刘琛任图书馆正处级调研员。

4月　西安工程科技学院图书馆将中文过刊目录转入丹诚计算机集成系统，至此该馆所有馆藏文献实现了计算机管理。

4月　陕西国际商贸专修学院在学校中专部设立图书室，隶属于校图书馆管理，面积50平方米，设管理员1人。

4月　西安航空技术高等专科学校图书馆电子阅览室正式投入使用。

4月　西安科技学院召开综合治理先进表彰会，临潼校区图书馆被评为2001年综合治理先进集体。

4月　西安理工大学图书馆在全馆各部室之间开展为期两个月的"满意在图书馆"优质服务竞赛活动。

4月　西北工业大学图书馆更换图书磁条，由永久磁条改为复合磁条。

4月　西北工业大学图书馆编印的《中文核心期刊目录》《2002年中外文期刊目录》《2002年入藏中外文图书目录》和《西北工业大学图书馆馆藏AIAA会议论文目录》（1995～2000年）开始向全校各院分发。

4月　西北农林科技大学图书馆举办"兰台三友诗书印展"。

4月　西京职业学院图书馆自动化管理系统上线运行。

4月　西安工程科技学院图书馆根据管理模式的不断更新，重新修订了《图书馆书刊资料流通阅览规则》。

4月	陕西科技大学第六届图书馆学生管理委员会成立。
4月	渭南师范学院图书馆被学院评为2001年度"创佳评差"工作最佳单位。
5月1日	西安培华学院图书馆正式开始计算机借阅管理。
5月6日	西北农林科技大学成立科技信息中心，与图书馆按照"一套人马，两块牌子"的机制运行。
5月8日	西北工业大学图书馆参加"2003年度全国高校图书馆外文原版期刊协调会"。
5月8日	延安大学图书馆投资86万元建设电子阅览室。配置电脑108台、服务器1台、交换机6台、磁盘阵列1台（存储量292GB）、网络打印机2台。电子阅览室采用"南京苏亚星机房管理系统"管理。
5月9日	延安大学校务会议研究决定，撤销各教学单位资料室建制，将图书资料及人员合并到图书馆，全校图书资料及人员统一归图书馆管理。
5月9日	陕西师范大学拨专款50万为新校区图书馆现购图书。
5月10日	西安理工大学图书馆自建的"黄河流域水文水资源数据库"开始供读者网上使用。
5月15日	长安大学图书馆2001年度业务研讨会等相关论文36篇在《科技文献信息管理》第16卷专刊刊登。
5月18日	陕西师范大学图书馆党总支组织全体党员向蓝田县蓝桥镇蓝桥中学捐赠图书600余册，捐款1120元。
5月20日	西北农林科技大学图书馆出版《中外高新科技》第二期。
5月30日	西北农林科技大学图书馆成立图书馆数字化建设领导小组，组长邢永华。
5月31日	西北工业大学图书馆召开"图书馆电子信息资源建设座谈会"。出席会议的有学校计划发展处、科技处领导，长江学者、特聘教授、院系和重点学科负责人等各方面代表16人。
5月	西北大学图书馆首次举办"数据库宣传月"活动。
5月	渭南师范学院李先文馆长获陕西省教育系统劳动模范称号。
5月	西安工业大学图书馆完善出纳台借阅规章制度。
5月	西安航空技术高等专科学校图书馆在学校清产核资工作中完成了图书资料、设备和办公家具的清点和核查工作，并开展了图书的剔旧工作。
5月	西北大学图书馆为百年校庆捐赠价值2万元的礼品"经卷"。
5月	西安建筑科技大学图书馆义务消防队正式成立。
6月1日	西北大学图书馆桃园校区综合阅览室建成并正式对读者开放。
6月3日	西北工业大学图书馆成立"西北工业大学图书馆馆史编写组"，馆史

编写工作正式启动。

6月18日　西北工业大学图书馆直属党支部新一届委员会成立，苟文选任党支部书记。

6月19日　西安交通大学图书馆"视听学习与欣赏室"正式向读者开放。

6月20日　经陕西省人民政府批准，报国家教育部备案，"西安思源职业学院"正式成立。学院纳入全国高校统招序列，图书阅览室也随之更名为"西安思源职业学院图书馆"。

6月27日　西北农林科技大学图书馆成立图书馆数字化建设实施小组，组长王琨，副组长李其圣、曹臻。

6月　　西安财经学院任命梁根堂、史智忠、胡晓萍为图书馆负责人，梁根堂主持工作。

6月　　西安交通大学图书馆完成新一轮全员聘任。

6月　　西安科技学院图书馆举办"外文数据库宣传服务月"活动。

6月　　西安科技学院图书馆重新修订《西安科技学院读者手册》。

6月　　西安理工大学图书馆王浩副研究馆员申报的"信息用户服务体系的质量研究"获国家社科基金立项。

6月　　西安美术学院图书馆在四楼建成国画临摹室和油画临摹室。

7月3日　香港中文大学图书馆馆长施达理博士、系统与咨询部主任黄潘明珠女士应邀到西安交通大学图书馆访问并做《电子资源与读者服务》和《图书馆布局规划》的专题报告。

7月4日　陕西省教育厅决定对陕西普通高校图书馆文献资源建设和自动化建设进行一次专项评估，以陕教高〔2002〕85号文件下发《关于在陕西普通高等学校开展图书馆评估工作的通知》《图书馆评估实施办法》《图书馆评估指标体系》《图书馆评估自测表》，要求各高校于10月底前将自测表交省高校图工委秘书处。

7月6日　延安大学图书馆投资6万元购置万方数据库，迈出了电子文献资源建设的第一步。

7月8日　西北农林科技大学科技信息中心成立科技信息研究室、政策法规研究室、市场信息研究室等7个研究室。

7月10日　陕西理工学院图书馆王长安副研究馆员主持申报的"西部中小城市信息化建设的研究"项目获陕西省社科基金立项。

7月12日　西北工业大学图书馆举行"主任述职及竞岗答辩会"。

7月16日　西安理工大学图书馆更新图书馆集成管理系统，由南京汇文公司安装软件及导录数据。

7月16日 西北大学图书馆完成中文社科样本书库回溯建库工作。

7月18日 西北工业大学图书馆新一轮全员聘任工作开始。

7月22日 《陕西日报》第一版图片新闻报道"西北农林科技大学科技信息专家一行专程到铜川市惠家沟向村支书吴建文就村上产业结构调整问题提意见、出主意"。

7月27日 西安交通大学图书馆周敬恩馆长一行3人访问新疆大学图书馆，在文献资源共享、专业技术人员培训、图书馆自动化建设等方面达成合作协议。

7月 西安电子科技大学图书馆行政班子换届。樊来耀任馆长，高俊亮、王学华任副馆长。

7月 西安科技学院图书馆行政班子换届。王廷满任馆长，胡发泉、吕爱芳、姜渭洪任副馆长，胡发泉兼仟临潼校区图书馆常务副馆长（正处）。

7月 西安建筑科技大学图书馆完成新一轮人事考核评聘工作。

7月 西安科技学院图书馆根据实际情况，对雁塔校区图书馆、临潼校区图书馆按"以条为主"的原则管理。

7月 陕西医学高等专科学校图书馆迁入新馆，面积8300平方米。

7月 雷依群任咸阳师范学院图书馆馆长。

7月 陕西科技大学图书馆成立"自评小组"，迎接陕西省教育厅对高校图书馆进行专项评估工作。分设文献资源建设小组、自动化建设小组、综合协调小组，按照《陕西省普通高等学校图书馆评估指标体系》的要求，开展自评工作。

7月 西北农林科技大学图书馆职工集资自购桑塔纳二手小车一辆。

7月 西安美术学院图书馆在三楼建成古籍文献库，安装了密集书架，收藏古籍线装文献2万余册。

7月 西安工程科技学院图书馆对网络结构和应用软件进行优化和调整，购置了服务器、UPS电源、硬盘等设备，网络功能更加完善。

8月18日 西安交通大学图书馆顾刚副馆长参加在英国格拉斯哥市召开的第68届国际图联（IFLA）大会。

8月27日 西北农林科技大学图书馆启动文献传递服务工作。

8月29日 西北工业大学图书馆实行全馆人员挂牌服务。

8月 西京职业学院图书馆大楼落成，共5层，建筑面积1.05万平方米。东区临时图书馆开始搬迁。

8月　　　陕西中医学院图书馆新馆建设立项完成。

8月　　　陕西中医学院图书馆完成中文期刊回溯建库，实现了对馆藏期刊的计算机管理。

8月　　　西安财经学院图书馆自动化管理系统完成升级。

8月　　　西安翻译职业学院图书馆开始使用北邮Melinets集成管理系统进行文献编目和管理。

8月　　　西安科技学院图书馆完成对电子阅览室、期刊阅览室、综合图书阅览室的改造工作。

8月　　　西安科技学院图书馆完成对调拨到临潼校区图书馆的103,602册图书的重新加工、数据录入、审校等工作。

8月　　　西北农林科技大学图书馆编印了《图书馆工作文件汇编》，本汇编分七部分65项，是合馆后的第一本规章制度汇编。

8月　　　西安科技学院图书馆投资12万元维修了书库烟敏报警系统、馆消防系统，更换了不能使用的设备和部件，使全部系统正常运转。

9月1日　西北农林科技大学图书馆采用台湾传技集成管理系统，正式投入使用。

9月4日　陕西理工学院图书馆第一届工会分会成立，王长安任分会主席。

9月6日　陕西理工学院决定成立"信息管理系"，该系挂靠在图书馆，由图书馆负责教学和学生管理工作。

9月9日　陕西师范大学图书馆引进以色列图书馆集成管理系统Aleph500。

9月9日　杨邦俊任西安思源职业学院图书馆馆长。

9月10日　孔润年任宝鸡文理学院图书馆副馆长（主持工作）。

9月10日　陕西理工学院首届28名图书馆学专业新生报到。

9月11日　西北工业大学图书馆在国际会议中心召开"ISTP网络数据库使用报告会"，参加会议的有博导、教授、研究生等60余人。

9月14日　西北农林科技大学图书馆通过"'211工程'公共服务体系建设项目——数字化图书馆建设方案"。

9月18日　西北工业大学图书馆举办为期两天的"国防科工委所属院校图书馆联合体第二次会议"。哈尔滨工业大学、哈尔滨工程大学、北京理工大学、北京航空航天大学、南京理工大学、南京航空航天大学、西北工业大学、沈阳航空工业学院、南昌航空工业学院、郑州航空工业管理学院、西安航空技术高等专科学校参会。

9月23日　美国平谷学院院长及图书馆馆长参观陕西师范大学图书馆，杨恩成馆长陪同参观。

9月30日　西北工业大学图书馆被评为学校"三育人"先进集体。

9月　西北农林科技大学图书馆开始进行主题标引。

9月　西安外国语学院图书馆新楼主体完工。

9月　西安工程科技学院图书馆为提高重点学科文献保障，购入《世界纺织文摘数据库》《EI/SCI投稿指南数据库》《纺织特色数据库》等，首次将自建数据库《姚穆院士著作文库》《国际毛纺织会议论文集》在校园网上向全校开放。

9月　安康师范专科学校成立网络中心，隶属图书馆管理，投入近百万元建成校园网。

9月　陕西服装艺术职业学院经陕西省政府批准、国家教育部备案正式设立。图书馆设阅览室一个，购置纸质图书25,000册。

9月　陕西国际商贸职业学院申办国家计划内高职院校，根据高职高专院校基本办学条件的要求，图书馆购置40台计算机，建立了电子阅览室。

9月　西藏民族学院图书馆电子阅览室接通光纤宽带网线，上网速度大幅提高。

9月　西安电子科技大学图书馆调整部室机构，原技术部与情报检索室合并成信息系统部，同时新聘任主任和副主任。

9月　陕西中医学院图书馆为马来西亚中医学校捐书1000余册。

9月　陕西中医学院授予图书馆"服务育人"先进集体。

9月　西安航空技术高等专科学校图书馆正式开设文献信息检索课。

9月　西安建筑科技大学图书馆修订完成《图书馆业务规范及管理制度汇编》。

9月　西安培华学院图书馆建成三个图书借阅室、一个报刊阅览室，藏书量大量增加。

9月　西京职业学院图书馆搬迁顺利结束，面向全校师生正式开放。

10月1日　西安理工大学曲江校区图书室正式向读者开放。

10月6日　陕西理工学院图书馆《各部室职责范围（试行）》颁布。

10月8日　西北农林科技大学图书馆成立职称评审审查推荐工作小组，组长为邢永华，副组长为胡安劳；成立新馆建设领导小组，组长为邢永华，副组长为胡安劳和赵献军。

10月10日　西安理工大学图书馆承办原机械部高校图书馆馆长会议，共13所高校的21位馆长参会。

10月18日　西北农林科技大学校长办公室下发《关于成立西北农林科技大学图书

馆评估领导小组的通知》，组长为李靖，副组长为邢永华和张景书。评估领导小组办公室设于图书馆办公室。

10月20日　西北农林科技大学图书馆出版《中外高新科技》第三期。

10月24日　西北农林科技大学图书馆获本校男职工篮球赛精神文明奖。

10月31日　西北工业大学图书馆举办"SDOS全文期刊数据库报告会"。省内8所高校图书馆馆长及数据库订购人员参加报告会。

10月　　陕西科技大学图书馆建立图书馆局域网，购买TCL工作机30台、HP ML570服务器2台、UPS一台、磁盘阵列1TB，共有150个节点。

10月　　西安科技学院图书馆临潼校区新馆落成，正式开馆对读者服务。

10月　　西安培华学院图书馆建成有96台计算机的电子阅览室，并购置了清华同方中国学术期刊。

10月　　咸阳师范学院图书情报咨询委员会成立，办公室设在图书馆。

10月　　西安财经学院图书馆电子阅览室正式开放。

10月　　陕西科技大学图书馆自动化集成系统由ILAS5.0升级为ILAS II 2.0。

10月　　"全国美术院校图书馆专业委员会第九届年会"在西安美术学院图书馆召开。年会收到论文43篇。

10月　　西安外事学院图书馆选定北京邮电大学开发的Melinets集成系统。

10月　　西北农林科技大学图书馆副研究馆员白君礼在浙江省绍兴市召开的古越藏书楼百年纪念会议上，做了《丁松生对清末图书事业的贡献》的专题发言。

11月1日　教育部专家组对西安培华学院进行专升本评估，专家到图书馆实地考察。

11月1日　西北农林科技大学图书馆开展第二届"爱岗敬业文明服务月"活动。

11月5日　西北农林科技大学科技信息中心暨图书馆参加杨凌农业高新技术博览会，分发"黄土高原适生树种"实用农业资料。

11月12日　陕西师范大学图书馆康万武副馆长参加中国教育图书进出口公司组织的赴德国、奥地利考察团，考察欧洲高校图书馆。

11月14日　西安交通大学图书馆取得CALIS联机合作编目数据质量评估中文第7名、西文第11名的优异成绩，并成为新一轮中文B+级成员馆。

11月21日　西安交通大学图书馆周敬恩馆长应邀赴台湾逢甲大学图书馆参加"海峡两岸图书馆合作与馆员在职教育研讨会"，并做"电子环境与图书馆馆员的在职教育"的演讲。

11月27日　陕西师范大学图书馆馆长杨恩成教授主持编辑的《20世纪唐代文学研究论著索引》进入网络版编辑阶段，该索引收录1901～2000年关于唐代文学研究的论著、论文目录近20,000条。

11月　咸阳师范学院图书馆与咸阳市八所大中专院校签订联合采购协议。

11月　西安工程科技学院举行教职工篮球赛，图书馆获得男子第三名。

11月　西安工业大学图书馆电子阅览室新增20台微机，增加5个检索终端。

11月　西北农林科技大学图书馆编印《西北农林科技大学图书馆》折页，内容包含图书馆简介、组织机构、知识宝库、幽雅的学习与阅览环境、信息服务、特色数据库资源、重点服务点名称及其地点，为彩印12折页。

12月1日　西北工业大学图书馆直属党支部举行"学习十六大精神，以郭秀明为榜样，做'三个代表'的实践者"为主题的党日活动。全体党员和入党积极分子到郭秀明的家乡——铜川市印台区惠家沟进行参观学习。

12月4日　西北工业大学图书馆召开"西北工业大学图书馆存储系统设计方案论证会"。

12月4日　西安理工大学图书馆召开第15届学术研讨会。

12月6日　延安大学图书馆多媒体视听阅览室建成投入使用，总投资10万元，设置视听设备50套，座位80席。

12月16日　陕西理工学院图书馆王长安主持申报的"汉中市信息化建设现状调查及发展研究"项目获陕西省教育厅科研基金项目立项。

12月18日　陕西师范大学图书馆举行著名诗人鹏鸣赠书仪式，受赠图书价值10万元。

12月　西安科技学院图书馆邀请西安交通大学图书馆顾刚副馆长做《访问英国与香港见闻与体会》的讲座。

12月18日　西安理工大学图书馆召开第四届二次职工大会，讨论审议了岗位聘任工作，修订了《业务工作职责与细则》。

12月18日　西北大学图书馆副馆长雷震参加"全国地方综合院校图书馆馆长工作会议"（广州），并主持会议交流环节。

12月19日　延安大学图书馆接受鹏鸣先生捐赠的图书644册，价值5万元。

12月20日　由西北农林科技大学校领导主持，图书馆、基建处、后勤管理处协商讨论书库搬迁问题。

12月29日　西北农林科技大学科技信息中心暨图书馆与杨凌现代植物培育引种示范园在杨凌会展中心举行《校企合作协议》签字仪式。

12月30日　延安大学图书馆接受高等教育出版社赠书334种、972册，价值1.95万元。

12月31日　西北农林科技大学图书馆成立信息拓展部，调整了流通与阅览四部。

12月31日　西北工业大学图书馆召开图书馆离退休人员迎新座谈会，36位同志参加。会上苟文选馆长介绍了图书馆近几年的发展情况，数字图书馆的建设方案，并就《馆史》编写工作做了介绍。

12月　汉泽西任西安石油学院图书馆馆长兼直属党支部书记，权艳梅为图书馆副馆长。

12月　西安外国语学院图书馆开始使用《中图法》第四版分类编目。

12月　西安美术学院成立"图书馆专家指导委员会"，制定了《图书馆专家指导委员会工作章程》，指导图书馆的文献资源建设，提升图书馆服务质量和管理水平。

12月　西北工业大学图书馆编写《图书馆网络数据库使用指南》系列宣传资料，分发给全校教师、研究生，收到了很好的效果。

12月　西安建筑科技大学图书馆被评为"陕西省安全保卫先进集体"。

12月　西北农林科技大学图书馆编印的《图书馆年鉴》（2002年）出版。

12月　西藏民族学院图书馆完成全馆图书的回溯建库工作。

12月　西安科技学院图书馆召开图书馆业务研讨会。

2003年

1月1日　西北农林科技大学图书馆获学校"2003年教职工文艺汇演"歌曲类二等奖。

1月2日　延安大学图书馆实施新修订的《岗位津贴发放细则》。

1月3日　西北工业大学图书馆召开四届二次职工代表大会。苟文选馆长做了"与时俱进，努力开创图书馆工作新局面；开拓创新，为创办一流大学图书馆而努力"的报告。校党委副书记杨蜀康，校党委副书记、副校长王润孝，校工会副主席王兆强出席会议，图书馆30余名职工代表参加了会议。

1月3日　西安欧亚学院图书馆举行首届业务研讨会。

1月4日　西北工业大学图书馆"'十五'文献信息资源建设"专题研讨会在长安东大召开。苟文选馆长，张应祥、田苍林副馆长，文献建设部、信息技术部部分工作人员及部室主任共15人参加了会议。

1月5日　西安思源职业学院图书馆建成拥有100台电脑的数字图书阅览室。

1月12日　西安交通大学校长徐通模一行来西安思源职业学院考察，并参观了图书馆。

1月17日　西安理工大学图书馆完成两年一次的全员岗位聘任工作。

1月20日　陕西省教育厅办公室下发《关于成立陕西省高校图书馆评估工作专家

组的通知》（陕教高办〔2003〕1号）。郝瑜担任评估工作专家组组长，周敬恩、康万武、武亚莉为副组长，成员有张西亚等24位同志。

1月20日　陕西省教育厅印发《关于做好2003年陕西省普通高等学校图书馆评估工作的通知》（陕教高〔2003〕3号），决定在各校自评的基础上，于2003年3至4月份，对全省普通高校图书馆进行一次评估实测。

1月22日　2002年陕西省高等学校图书情报工作会议在西安召开。参加会议的领导及代表有：省教育厅高教处副处长武亚莉，省高校图工委副主任委员西北工业大学副校长王润孝、西北大学副校长惠泱河、长安大学副校长马建、陕西师范大学副校长吕九如，以及我省高校图书馆馆长、副馆长共计90余人。

1月　雷淑霞任陕西教育学院图书馆馆长，刘世峰任副馆长。

1月　邢玉瑞任陕西中医学院图书馆馆长。

1月　西北农林科技大学图书馆邢永华被《农业图书情报学刊》杂志编委会聘为副主任委员，聘期为1年。

1月　陕西科技大学图书馆制定《陕西科技大学图书馆津贴发放细则》。

2月24日　西北工业大学成立第四届"西北工业大学图书馆工作委员会"。校党委副书记、副校长王润孝教授任委员会主任，图书馆馆长苟文选教授任委员会副主任，魏炳波等20名教师任委员会委员。

2月28日　陕西理工学院图书馆郭兴超研究馆员、王长安副研究馆员主编的《现代文献信息检索基础》一书由陕西三秦出版社正式出版发行。

3月1日　西北农林科技大学图书馆编印的《论文集》（2002年）出版，收录本馆职工当年公开发表的论文35篇。

3月4日　西安工程科技学院图书馆首次安装公共查询机4台。

3月5日　延安大学召开校长办公会议，专题研究图书馆评建工作。决定增加专项建设经费，更新图书馆自动化管理系统，更换所有阅览室座椅，维修图书馆水电设施，改善学习环境，以新的面貌迎接陕西省高校图书馆评估。

3月5日　陕西理工学院颁发《陕西理工学院文献资料管理规定》和《陕西理工学院图书馆文献采购管理规定》。

3月5日　《西安理工大学图书馆馆员手册》印制完成，并发放至所有职工（临时工）手中。

3月10日　陕西省普通高校图书馆评估专家组到西北工业大学图书馆进行评估实测，为首家先行评估实测的单位。省教育厅领导、省高校图工委领导及各评估专家组组长、副组长共13人参加了评估会。会上，专家们听取了校党委副书记、副校长、校图书馆工作委员会主任王润孝教授做的题为《加强图书馆文献资源建设和自动化建设》的报告和馆长苟文选的图书馆自测汇报，并到图书馆文献建设部、信息技术部、阅览部实地进行了检查。此次实测评估，目的在于提高认识，统一标准，为全面开展实测评估积累经验。

3月11日　陕西省普通高校图书馆评估专家组一行13人到西安建筑科技大学图书馆进行评估实测。

3月12日　陕西省普通高校图书馆评估专家组一行13人到西安外事职业学院图书馆进行评估实测。

3月14日　西北工业大学图书馆召开应届毕业生招聘会。通过综合素质、专业知识、现场上机操作等考核，确定了2位聘用人员。

3月15日　陕西理工学院图书馆首次购置的容量为1TB的磁盘阵列存储系统投入使用。

3月18日　以樊来耀为组长、裴世荷为副组长的陕西省普通高校图书馆评估专家组一行5人到西安交通大学图书馆进行评估实测。

3月18日　以康万武为组长、可彦芳为副组长的陕西省普通高校图书馆评估专家组一行5人到西北大学图书馆进行评估实测。

3月19日　以苟文选为组长、雷震为副组长的陕西省普通高校图书馆评估专家组一行5人到西安电子科技大学图书馆进行评估实测。

3月19日　以张西亚为组长、王浩为副组长的陕西省普通高校图书馆评估专家组一行5人到长安大学图书馆进行评估实测。

3月19日　以邢永华为组长、王廷满为副组长的陕西省普通高校图书馆评估专家组一行5人到陕西师范大学图书馆进行评估实测。

3月20日—31日　以樊来耀为组长、裴世荷为副组长的陕西省普通高校图书馆评估专家组一行5人先后到西北政法学院图书馆、西安财经学院图书馆、西安培华学院图书馆、西安翻译职业学院图书馆进行评估实测。

3月20日—31日　以苟文选为组长、雷震为副组长的陕西省普通高校图书馆评估专家组一行5人先后到西安理工大学图书馆、西安石油学院图书馆、西安邮电学院图书馆、延安大学图书馆、榆林高等专科学校图书馆、陕西交通职业技术学院图书馆、陕西国防工业职业技术学院图书馆、西安欧亚职业学院图书馆进行评估实测。

3月20日—31日　以邢永华为组长、王廷满为副组长的陕西省普通高校图书馆评估专家组一行5人先后到陕西科技大学图书馆、咸阳师范学院图书馆、西安工程科技学院图书馆、陕西职业技术学院图书馆、西京职业学院图书馆、西安航空职业技术学院图书馆进行评估实测。

3月20日—31日　以康万武为组长、可彦芳为副组长的陕西省普通高校图书馆评估专家组一行5人先后到西北农林科技大学图书馆、西安工业学院图书馆、陕西理工学院图书馆、杨凌职业技术学院图书馆、陕西国际商贸职业学院图书馆、西安铁路职业技术学院图书馆、西安思源职业学院图书馆进行评估实测。

3月20日—31日　以张西亚为组长、王浩为副组长的陕西省普通高校图书馆评估专家组一行5人先后到西安科技学院图书馆、西安联合大学图书馆、宝鸡文理学院图书馆、渭南师范学院图书馆、西安航空技术高等专科学校图书馆、陕西财经职业技术学院图书馆进行评估实测。

3月　　　王一功任西安航空技术高等专科学校图书馆馆长兼党支部书记。

3月　　　于殿举任西安外国语学院图书馆馆长。

3月　　　榆林学院新馆投入使用，由原来的"榆林高等专科学校图书馆"更名为"榆林学院图书馆"

3月　　　西安工程科技学院图书馆将磁盘阵列服务器容量从320GB扩容到1000GB。

3月　　　西安电力高等专科学校图书馆建立"电力专题书目数据库"。

3月　　　西藏民族学院图书馆对书库部分藏书进行调整，为读者提供更多的外借图书。

3月　　　西安电子科技大学图书馆建成114机位的电子阅览室。

4月1日　以西北工业大学图书馆苟文选为组长、西北大学图书馆雷震为副组长的陕西省高校图书馆评估专家组一行5人，到延安大学图书馆进行评估实测。延安大学常务副校长廉振民、主管副校长宋学成分别向专家组介绍了学校概况、图书馆近年来的建设情况及发展规划，图书馆馆长赵振峰向专家组汇报了本馆自测评估情况。专家组成员经过认真细致的现场考察，向学校图书馆评估领导小组所有成员进行了评估总结和意见反馈。

4月3日　陕西科技大学图书馆CNKI数据库镜像站点启用。

4月11日　西安工程科技学院图书馆参加学校田径运动会，获教职工团体第一名。

4月15日　西北工业大学召开第39届田径运动会，图书馆37人组成的运动员代表队参加了开幕式。图书馆女队获总分第三名。

4月16日　西安理工大学图书馆获2002年度校园治安综合治理一等奖。

4月19日　西北大学图书馆党支部全体党员、入党积极分子赴延安革命圣地参观。

4月21日　西北农林科技大学图书馆成立"非典型性肺炎预防领导小组"，组长为邢永华、胡安劳，副组长为赵献军、王琨。

4月22日　西北农林科技大学图书馆完成了家具类资产清查工作。

4月22日　西北工业大学图书馆召开防治"非典"动员会，布置有关事宜。

4月24日　西安欧亚学院图书馆召开读者座谈会，会上李东来副馆长介绍了新馆设计思想和功能作用，并回答学生提问。

4月24日　延安大学图书馆完成岗位聘任，经过"定岗定责、公开竞争"，图书馆在全校范围内聘任了45名工作人员，未被聘任的人员分流到校内其他单位。

4月30日　西北农林科技大学图书馆下发《2003年宣传思想工作和精神文明建设实施方案》。

4月　西安交通大学图书馆第四批馆内科研基金12个科研课题正式立项。

4月　西北农林科技大学图书馆"整建文献信息资源 为产学研提供优质服务"获学校优秀教学成果一等奖。

4月　郭俊仓任西安工业学院图书馆副馆长。

4月　西藏民族学院图书馆进行第三次岗位聘任工作，对原有部门进行了调整，机构由原来的文献建设部、文献服务部、信息技术部、馆办公室调整为文献建设部、图书流通部、书刊阅览部、技术保障部、信息开发部和图书馆办公室，对各个部门的职责范围和各个工作岗位的工作要求和工作细则做了新的修订和补充。

4月　西北大学图书馆读者借阅证正式采用PVC卡，门卫管理正式使用计算机管理。

5月1日　西安交通大学图书馆面向全校读者在东西校区图书馆间全面开展图书的代借服务，即东、西校区读者可在本校区图书馆流通部出纳台申请代借其他校区图书馆的图书。

5月1日　《西北工业大学图书馆2002年入藏外文图书目录》《西北工业大学图书馆2003年中外文期刊目录》《西北工业大学图书馆2002年入藏中文图书目录（社科部分）》《西北工业大学图书馆2002年入藏中文图书目录（自然部分）》，《西北工业大学图书情报工作通讯》等编印完成，并发送校内各单位。

5月1日　西安理工大学图书馆新增文献传递服务、图书网上预约服务。

5月10日　《西安思源职业学院图书馆工作规范（2003版）》正式颁布实施。

5月14日　西安理工大学图书馆工会进行换届选举，杜西霞当选新一届工会主席。

5月20日　西安理工大学图书馆重新修订《西安理工大学图书馆文献借阅规则》。

5月20日　西安航空技术高等专科学校图书馆创办馆刊《书海桥》。

5月20日　延安大学图书馆成立"文献资源建设委员会"，聘任各学科带头人及专家教授19人担任委员。学校召开成立大会，党委书记刘建德、常务副校长廉振民、主管副校长宋学成出席大会并向委员们颁发了聘书。

5月23日　西北工业大学图书馆召开"西北工业大学第四届图书馆工作委员会"成立大会暨第一次工作会议。宣布关于成立"第四届西北工业大学图书馆工作委员会"的通知；向图书馆工作委员会委员颁发聘书；介绍历届西北工业大学图书馆工作委员会情况；汇报图书馆一年来的主要工作及"十五"数字图书馆建设情况；介绍图书馆学科馆员制度并公布学科馆员初步名单；讨论《西北工业大学第四届图书馆工作委员会章程》（征求意见稿）。

5月　　史智忠任西安财经学院图书馆馆长，胡晓萍、张治国为副馆长。

5月　　《西安交通大学图书馆规章制度汇编》2003年修订版出版。

5月　　西藏民族学院图书馆购置9台电脑和1台IBM服务器，开始藏学馆藏数字化建设。

5月　　西安理工大学图书馆在各部（室）之间开展2003年度"满意在图书馆"优质服务竞赛活动。

5月　　西安电子科技大学图书馆完成中外文图书书目数据的回溯建库工作。

5月　　陕西中医学院图书馆建电子阅览室1个，配置计算机43台，服务器1台。并建成图书馆主页。

5月　　为庆祝"西安科技大学"挂牌，图书馆与建工系、团委联合举办"大学生艺术作品展"。

5月　　西安电力高等专科学校图书馆对随书光盘及零购光盘资料重新进行整理、分类，并开展光盘资料外借服务。

6月2日　中国共产党西北工业大学第十次代表大会举行。图书馆馆长苟文选教授在大会上做题为《与时俱进　开拓创新　为创建成国内一流大学图书馆而努力》的发言。

6月4日　西安电子科技大学图书馆Millennium系统的流通子系统运行，通过借还书、OPAC查询服务。

6月5日　西北工业大学图书馆为该校航空学院近50名教师举办"数据库及电子信息资源"讲座，介绍图书馆近期引进的数据库，适合航空学院使用的数据库及其使用方法，收到良好效果。

6月5日 　延安大学图书馆改革编目工作业务流程，编目数据和图书加工工作交书商完成，要求书商提供所购新书的标准MARC数据、夹磁条、贴条码、加盖馆藏章及财产号、打印财产账，提高新书编目工作效率。

6月11日 　西北工业大学图书馆面向全馆职工开展计算机业务培训，培训分"图书馆汇文自动化管理系统""计算机、网络基础知识"及"图书馆网络电子资源"三部分六个单元。

6月16日 　西安航空技术高等专科学校图书馆成立由各系部负责人、学生代表和图书馆组成的图书采访协调小组。

6月19日 　西北工业大学图书馆召开馆内"文献分编业务研讨会"，就"文献分编工作量化考核办法""本馆使用《中图法》第四版类分图书细则""文献分编质量控制细则"等进行了讨论和交流，并达成共识。

6月25日 　西北大学图书馆党支部被评为西北大学"党风廉政建设"先进集体，雷震同志被评为优秀党务工作者。

6月 　西安外国语学院图书馆新馆正式交付使用。

6月 　陕西中医学院图书馆订购《中国中医药文献光盘数据库》（1984～2003）、《中国生物医学光盘数据库》（1978～2003）、CNKI《中国期刊网全文数据库》（2001～2003医药卫生及文史哲专题）。

6月 　香港方树福堂基金会捐资80万元港币在陕西科技大学图书馆设立了"树华电子智源中心"，购置120台PC机，向广大读者提供服务。

6月 　陕西科技大学图书馆完成中文、西文、日文、俄文4万多册过刊的回溯建库工作。

7月1日 　西北工业大学图书馆直属党支部被评为学校"为'十五'建功立业"活动先进集体，党风廉政建设先进集体。

7月1日 　延安大学图书馆党支部获得"延安大学2003年度先进基层党组织"。

7月4日 　西安交通大学图书馆主持召开数据库联合采购会议，就EBSCO、超星数字图书、书生之家数字图书、方正数字图书以及万方数据资源系统的联合采购进行方案讨论。

7月7日 　陕西省图书馆组织的基层公共图书馆馆长培训班62人到西北工业大学图书馆参观。

7月8日 　延安大学图书馆投资63.6万元，引进《中国学术期刊全文数据库》1994～2003年全部数据、《人大复印报刊资料全文数据库》1995～2003全部数据、超星电子图书20万种，建成了《中国学术期刊全文数据库》

镜像站、《人大复印报刊资料全文数据库》镜像站和《延安大学超星电子图书馆》，陆续在图书馆局域网上开通使用。

7月12日 延安大学图书馆更新图书馆自动化管理系统，用江苏汇文文献信息管理系统取代原YULS管理系统，同时更新服务器2台、电脑20台，新增磁盘阵列1台，使存储容量扩充至3324GB。

7月15日 延安大学图书馆汇文系统导入数据，书目数据246,372条、读者数据4199条。新书编目、公共检索和流通管理等子系统开通。

7月18日 陕西师范大学长安校区图书馆破土动工。新馆规划建筑面积4.8万平方米，地下一层，地上六层（局部七层），系民族式建筑风格。

7月19日 西安理工大学图书馆完成馆藏图书清点工作。

7月 西安交通大学图书馆西校区新馆建成，总建筑面积为7200平方米，藏书30多万册，阅览座位1000席，建有100席的电子阅览室、31席的视听学习室。实行藏、借、阅一体化的管理模式。

7月 陕西中医学院图书馆将库藏近2万余册旧分类法分类的图书，依《中图法》四版进行分类，并进行了加工数据、粘贴条码磁条、输入馆藏信息等项工作。

7月 渭南师范学院图书馆完成北区分馆向新校区的搬迁工作，建成了一个由4个书库、2个阅览室、1个机房和电子阅览室组成的临时图书馆，建立了局域网，实行自动化管理。

7月 西安科技大学图书馆制定"主、分馆工作人员轮岗规定"，并按规定进行岗位调整，完成了首轮岗位轮岗。

7月 西藏民族学院图书馆举行树华电子智源中心揭牌仪式，方润华先生一行参加揭牌仪式。

7月 陕西科技大学第七届图书馆学生管理委员会成立。

8月1日 陕西师范大学图书馆馆长杨恩成、西北工业大学图书馆副馆长张应祥参加在德国柏林国际会议中心举行的第69届国际图联（IFLA）大会及展览会。参加大会的有133个国家和地区的4560位代表，其中中国代表团共144人。

8月8日 西安翻译职业学院新图书馆大楼封顶，丁祖诒院长参加封顶仪式。

8月18日 西北农林科技大学图书馆接受教育部组织的教育部科技查新工作站的资质审查。由于准备不足，此次审查未能通过。

8月25日 陕西师范大学图书馆举行图书馆集成管理系统开通仪式，副校长吕九如、以色列EX-LIBRIS公司北京办事处首席代表出席仪式。

8月28日　陕西师范大学图书馆新的图书馆集成管理系统Aleph500试运行，全面清理读者借书，对全校师生更换新的借书证。

8月　中国高等教育文献保障系统西北地区中心Apabi电子图书服务项目正式启动。

8月　西安工程科技学院图书馆利用暑假在临潼召开图书馆管理工作研讨会，馆领导与所有部主任参加，就图书馆机构及岗位设置、岗位津贴等问题进行研讨，会期4天。

8月　渭南师范学院图书馆被学院评为防治"非典"工作先进集体。

9月1日　西北大学图书馆桃园校区阅览室（文科图书、理科图书、报刊、电子等4个阅览室）正式对读者开放。

9月1日　陕西师范大学长安校区图书馆借阅服务开通，新、老校区图书馆外借图书实现通借通还。

9月1日　西安理工大学图书馆《读者手册》修订工作完成并印刷5000册向新生发放。

9月6日　CALIS西北地区中心召开西北地区Apabi电子图书服务讨论会。

9月10日　陕西服装艺术职业学院新校区建成，图书馆迁入新校区。

9月10日　延安大学图书馆改革新生入学教育方式，选派业务骨干深入各院系给新生做专题讲座。

9月10日　陕西服装艺术职业学院聘任杨锦溪为图书馆馆长。

9月22日　西北农林科技大学科技信息中心获得杨陵工商行政管理局批准的"农业工程咨询"营业执照。

9月23日　俞炳丰任西安交通大学图书馆馆长、张西亚任常务副馆长。

9月23日　西北工业大学图书馆信息技术部赵雁碧参加"2003国家信息化系列培训，第一期信息分析师教师认证和信息分析师认证培训班"，获得"信息分析师认证"证书。

9月24日　西北工业大学图书馆举办"2003年国外原版教材巡回展"（西安站）开幕式。教育部高等教育司教学条件处李晓明处长、省教育厅高等教育处武亚莉副处长、中国教育图书进出口公司李斌副总经理及西北工业大学党委副书记杨蜀康教授、副校长王润孝教授等参加了开幕式并剪彩。本次展览展示了不同版本、各种层次、多种风格的优秀原版教材3500多种。此次巡回展，拉开了图书馆庆祝西北工业大学建校65周年系列活动的序幕。

9月24日　西北工业大学图书馆举办了由教育部高教司教学条件处处长、高等学校图书情报指导工作委员会副主任李晓明做的题为《CALIS与高校文献资源建设》专场报告会，全省30多位高校图书馆馆长及有关人员参加了报告会。报告会还就CALIS一期工作及CALIS二期CADLIS计划进行了详细介绍。

9月28日　延安大学图书馆设立"图书馆学生管理委员会"，聘请优秀学生干部参与图书馆管理工作。委员会由各学院推荐6名代表组成，每两年换届一次。

9月28日　西安理工大学图书馆完成馆藏中外文期刊、学位论文清点工作。

9月29日　西藏自治区教育厅宋和平厅长一行参观西藏民族学院图书馆。

9月　　　西安电子科技大学图书馆接受INNOPAC公司对Millennium系统采访、编目、期刊、流通等模块的培训。这是继4月、6月培训之后的第三次培训。

9月　　　长安大学渭水校区图书馆建成投入使用。

9月　　　王炳社仕渭南师范学院图书馆馆长。

9月　　　西安财经学院图书馆翠华东校区借阅部正式开放。

9月　　　西安石油大学南区图书馆开馆，面积3000平方米。

9月　　　长安大学图书馆完成自动化管理系统的改造，选用汇文图书馆自动化管理系统，各校区图书馆实现了互联互通。

10月8日　西北农林科技大学图书馆成立发展规划研究室，同时将古文献研究室并入该室。

10月9日　西北工业大学图书馆举行《西北工业大学图书馆馆史（1938～2002）》首发式。西北工业大学党委副书记、副校长王润孝教授，教务处万小朋处长，出版社张近乐社长以及全省各高校图书馆馆长70多人参加了首发式。

10月9日　西北工业大学图书馆举办图书情报学术研讨会。同时编印了《庆祝西北工业大学建校65周年图书情报学术研讨会论文集》。

10月16日　西安理工大学图书馆对全体职工进行"文明服务培训"，培训内容包括图书馆员职业道德准则、图书馆文明服务规范等。

10月17日　西安交通大学图书馆五项课题获2003年西安交通大学社会科学基金项目资助，每项资助5000元。

10月23日　CALIS二期建设项目"专题特色数据库"和"重点学科网络资源导航库"在武汉大学联合召开研讨会暨项目管理组会议，CALIS管理中心领导出席会议。导航库项目牵头单位西安交通大学图书馆张西亚（项目管理组组长）、张惠君（项目管理组副组长）参加了会议。

10月28日 陕西科技大学图书馆"树华电子智源中心"揭牌仪式在图书馆门前举行。陕西省有关领导出席了揭牌仪式，方润华先生为中心揭牌。

10月28日 西北工业大学图书馆对计划外临时工进行考核。考核采用个人总结、回答提问、无记名打分形式进行，全馆15名临时工参加了考核，最后根据考核结果重新定级，签订合同。

10月29日 西北工业大学图书馆组织召开"党风廉政建设第一责任人民主测评会议"。副馆长张应祥主持会议，全馆正副研究馆员代表、部室主任代表、职代会代表、业务骨干代表45位同志参加了会议，苟文选馆长在会上做了自查报告。

10月30日 西北农林科技大学图书馆获校"2003年教职工排球比赛"第六名。

10月30日 西北大学图书馆在学术报告厅举办"外文期刊全文数据库使用方法"讲座。

10月 西北政法学院长安校区图书馆通过验收，正式交付使用。

10月 西安工程科技学院举行教职工排球赛，图书馆蝉联冠军。

10月 刘崇学任宝鸡文理学院图书馆副馆长。

10月 西安翻译职业学院图书馆9万册馆藏图书回溯建库完成。

10月 西安科技大学图书馆成立以王廷满馆长为组长的图书馆本科教学工作水平评估领导小组。

10月 西安石油大学成立图书情报工作指导委员会。

10月 西北农林科技大学北校区图书馆扩建部分竣工验收。

10月 应西安工程科技学院研究生部的要求，张大为副馆长为2002、2003级研究生做《图书馆的数字文献资源与中国学位论文数据库》的专题讲座。

11月1日 西北农林科技大学图书馆开展为期一个月的第三届"爱岗敬业文明服务月"活动。

11月1日 西北工业大学图书馆协办的"陕西省情报学会学术交流会"在该馆召开。

11月5日 西北农林科技大学科技信息中心暨图书馆参加杨凌农业高新技术博览会，散发农业实用资料。

11月5日 西安交通大学图书馆第一届馆员代表大会第三次会议召开。参加会议的馆员代表48人。

11月7日 西北工业大学召开65周年校庆工作总结暨表彰大会，图书馆苟文选馆长被评为65周年校庆工作先进个人。

11月7日　陕西理工学院信息管理系和图书馆联合申报的"信息管理与信息系统"专业获准2004年招生。

11月11日　西北工业大学图书馆副馆长张应祥与校新区办王英前往浙江图书馆，参加中国图书馆学会图书馆建筑专业委员会、浙江省图书馆学会、意大利辉恩建筑师事务所、南京洪范图书馆设计研究中心联合举办的"现代图书馆功能与环境设计国际研讨会"。

11月11日　延安大学图书馆投资40万元扩建电子阅览室，新增电脑60台，读者检索用机达到168台。

11月12日　陕西省教育厅下发《陕西省教育厅关于公布2003年陕西普通高校图书馆评估结果的通知》（陕教高〔2003〕68号）。未参与本次评估或未通过评估的院校要按照评估指标体系的要求，寻找差距，加强建设，力争在2004年10月前完成整改和准备工作，接受省教育厅专家组的二次评估。

11月14日　西北工业大学图书馆工会组织两支跳绳队参加2003年校教职工跳绳比赛，图书馆一队获二等奖，二队获纪念奖。

11月15日　宝鸡文理学院图书馆首次召开二级职代会，孔润做了《围绕中心，服务大局，为促进图书馆工作上台阶而奋斗》的工作报告。

11月17日　中国国际图书贸易总公司上海分公司与西北工业大学图书馆共同举办"美国John Wiley出版社2003年原版新书展""西北工业大学2003年引进国外原版新书展"。共展出1000余种新书。

11月17日　西北工业大学图书馆协办的"图书馆建设创新暨E线图情陕西地区座谈会"在该馆举行。

11月20日　根据教育部教科发函〔2003〕24号文件《教育部关于在北京大学等29所直属高校设立教育部部级科技查新工作站的通知》，西安交通大学图书馆被教育部批准为首批教育部部级综合类科技查新单位。

11月25日　西安电子科技大学图书馆组织为期一个月的"读书月"活动，包括大型报告会、研讨会、智力竞赛、捐书、书展、电影、征文等10多项活动。

11月26日　邵晶、叶春峰、陈斌任西安交通大学图书馆副馆长。

11月　　　高东强任陕西科技大学图书馆馆长，邓滨任图书馆副馆长。

11月　　　陕西中医学院图书馆邢玉瑞同志任咸阳市九三学社主委、省政协委员。

11月　　　西安财经学院图书馆华美校区借阅部正式开放。

11月　　　西安理工大学图书馆推出"文明服务承诺制度"和"读者公开监督制

度"，将全体工作人员的姓名、工作岗位、工作胸牌号码及照片张贴公示，并设立读者投诉电话和读者意见信箱，向读者郑重承诺并公开接受读者监督。

11月　西北农林科技大学图书馆购置的万方数据库在校园网上开通。

12月1日　陕西师范大学图书馆杨恩成馆长主持编辑的《唐代文学研究专题数据库》在该馆主页开通。

12月2日　西北工业大学图书馆田苍林副馆长随教育部"中国大学图书馆、出版社学术交流团"一行24人赴美国访问交流，为期半个月。

12月3日　CALIS西北地区中心在西安交通大学图书馆举办陕西省部分高校图书馆Apabi电子图书培训班。

12月3日　陕西省高等职业技术院校图书馆馆长培训会在西安铁路职业技术学院图书馆召开。

12月7日　陕西服装艺术职业学院图书馆利用丹诚系统对图书进行分类、编目。

12月8日　延安大学图书馆被学校评为"2003年创佳评差先进单位"。

12月8日　越南国家大学下属外语大学校长阮文利一行参观陕西师范大学图书馆。

12月11日　西北大学图书馆完成"十五"规划制定。

12月12日　邝淑贞姊妹基金会助学金发放暨图书捐赠仪式在陕西师范大学图书馆举行，共捐赠图书800余册。

12月19日　西安财经学院图书馆首届学术研讨会召开，会后出版了《网络环境下的图书馆理论与实务》论文集。

12月24日　西北工业大学图书馆苟文选馆长、张应祥副馆长参加在哈尔滨工业大学图书馆召开的"国防科工委所属院校图书馆联合体第三次会议"。

12月25日　"中国高等教育文献保障系统（CALIS）第五次中心负责人联席会议暨第三次专家委员会扩大会议"在西安曲江召开。教育部高教司教学条件处处长李晓明，CALIS管理中心负责人戴龙基、朱强、陈凌，CALIS全国中心、地区中心负责人及国内数字图书馆专家共30人出席会议。会议由CALIS西北地区中心西安交通大学图书馆承办。西安交通大学于德泓副校长到会并致欢迎词。

12月27日　2003年陕西省高等学校图书情报工作会议在西安未央华浮宫召开。参加会议的领导及代表有：陕西省教育厅杨生枝巡视员、高教处副处长武亚莉，省高校图工委主任委员、西安交通大学副校长于德弘教授，省高校图工委副主任委员、西北工业大学副校长王润孝教授，西北大学副校长惠泱河教授，陕西师范大学副校长吕九如教授，宝鸡文理学院副院长赵怀玉教授，以及我省高校图书馆馆长、副馆长共计90余人。

12月29日　西北工业大学图书馆召开四届三次职工代表大会。代表们听取了"2003年图书馆工作总结"的汇报、"图书馆'十一五'建设规划"及"图书馆工作人员绩效考核办法"的报告。

12月30日　延安大学图书馆全年共接受高教出版社赠书5批、2165册，价值4.9万元。

12月　西安工程科技学院图书馆2003年度的中文图书进书量历史上首次超过5万册。

12月　陕西科技大学第八届图书馆学生管理委员会成立。

12月　西安科技大学图书馆成立首届教职工代表大会筹委会、审查小组、报告起草组。

12月　西安理工大学图书馆《科学技术中文重要期刊投稿指南》印刷完毕并发到副教授及其以上职称人员手中，该《指南》与2002年4月编辑的《人文社会科学中文重要期刊投稿指南》配套，内容丰富翔实，受到读者欢迎。

12月　西安理工大学图书馆"高校信息用户教育质量研究"研究成果获省教育厅"陕西高等学校人文社会科学研究成果"三等奖。

12月　西北农林科技大学图书馆编印的《图书馆年鉴》（2003年）出版。购置的Apabi电子图书系统在校园网上开通。

12月　西安电子科技大学图书馆建成130机位的多媒体阅览室投入试运行。

12月　延安大学图书馆在"陕西省高校图书馆评估工作总结会"上作为"以评促建、以评促改"典型单位进行了经验交流。

12月　西安电子科技大学图书馆为博士、硕士开通学位论文电子版在线提交。

2004年

1月3日　陕西师范大学图书馆选派田向阳同志赴香港浸会大学参加业务培训。

1月6日　美国德克萨斯州Jccc Library的参考咨询员Andrea Kempf 女士到西北工业大学图书馆进行学术交流。座谈会上Andrea Kempf 女士介绍了美国社区学院图书馆资源共享、目录索引、馆藏建设、职业道德等方面的情况。同时双方就图书馆的国际化、自动化发展、经费来源、数据库购买方式、馆员的业务培训诸方面进行了交流。

1月7日　西安电子科技大学图书馆举办第五届图书馆工作委员会第一次会议。

1月　西安科技大学图书馆首届教职工代表大会召开，校工会主席宁仲良、副主席李茂盛参加会议，会议通过了《图书馆岗位津贴发放管理实施细则》。

1月　　陕西医学高等专科学校图书馆选用金盘图书馆集成管理系统。

1月　　西北农林科技大学南校区图书馆竣工验收。

2月13日　马玉祥任西安欧亚学院图书馆馆长。

2月18日　为迎接教育部本科教学工作水平评估，西北大学图书馆成立迎评领导小组，胡小君书记任组长。

2月18日　商洛师范专科学校图书馆接收该校政史系价值10万余元的纸质图书。

2月19日　CALIS管理中心在北京大学举办"CALIS各子项目建设技术规范与项目管理研讨班"，导航库项目管理组成员、西安交通大学图书馆张惠君和肖小勃参加了研讨班。

2月20日　教育部办公厅印发《关于成立第二届教育部高等学校文化素质教育指导委员会和第二届教育部高等学校图书情报工作指导委员会的通知》（教高厅〔2004〕11号）。西安交通大学图书馆张西亚、西北农林科技大学图书馆邢永华受聘为本届委员会委员，任期四年。

2月　　西安电子科技大学图书馆主页在学校2003年网站评审中荣获三等奖。

2月　　长安大学图书馆制定《长安大学图书馆安全稳定工作应急预案》《图书馆网络安全管理制度》《图书馆电子视听阅览室读者上机制度》。

2月　　陕西科技大学图书馆方小容、蒋林宙主编的《现代信息检索》一书由陕西人民出版社正式出版，成为该校本、专科生文献检索课的专用教材。

2月　　西北农林科技大学图书馆编印的《中外文网络数据库资源利用手册》《科技查新工作管理文件汇编》出版。

3月1日　西北农林科技大学图书馆编印的《论文集》（2003年）出版，收录职工当年公开发表的论文50篇。

3月2日　西北工业大学图书馆向CALIS"十五"专题特色库项目管理组呈报"无人驾驶飞机专题文献数据库"和"CAD/CAM专题文献数据库"建设项目申报表。

3月4日　陕西服装艺术职业学院图书馆借阅室向全院师生开放，实行开架借阅。

3月8日　西安欧亚学院召开图书馆专题汇报会。由马玉祥馆长向院领导汇报图书馆现状及升本急需解决的问题。参加会议的人员有：刘尔宁副院长、刘瑾副院长、钟忠銮副院长、李东来副馆长、杨晓琪副主任等。

3月12日　陕西高校图工委在西安交通大学图书馆召开"2004年陕西省高校图书

馆数据库联合采购协商会"，商议CNKI数据库及维普信息资源系统联合采购事宜。来自省内12所高校图书馆的主管馆长及采访部负责人共20人出席了会议。

3月12日 陕西师范大学图书馆集成管理系统Aleph500通过专家验收。

3月15日 西安电子科技大学图书馆开展"优质服务"达标竞赛活动。

3月15日 西安航空技术高等专科学校图书馆与世云公司联合开发的网上虚拟书店开通。

3月16日 西北工业大学图书馆制定《图书馆档案管理暂行办法》。

3月19日 陕西高校图工委召开"2004年陕西省高校图书馆统计工作研讨会"，对教育部高校图书馆事实数据库系统使用方法及统计字段含义进行培训和研讨。

3月19日 陕西科技大学图书馆与咸阳市图书馆共建挂牌仪式在陕西科技大学图书馆举行，咸阳市市长张立勇参加了挂牌仪式。

3月22日 西安理工大学图书馆为加强文献资源建设工作，建立文献资源参考馆员制度。

3月23日 全国政协主席李瑞环视察西安美术学院民间石刻收藏。

3月23日 西北大学图书馆被评为2003年度校"精神文明建设先进单位"。

3月24日 西安欧亚学院图书馆学生阅览室搬迁后向读者开放。

3月28日 陕西教育学院图书馆成立图书购置领导小组，首次采用招标方式购置图书。

3月29日 西安欧亚学院图书馆教师阅览室对读者开放。

3月 西北农林科技大学图书馆"整建文献信息资源，为产学研提供优质服务"成果获陕西省人民政府优秀教学成果二等奖。

3月 西安科技大学图书馆Elsevier全文数据库和中国煤炭数字图书馆数据库正式开通使用。

3月 朱建民任陕西铁路工程职业技术学院图书馆馆长。

3月 西安建筑科技大学图书馆正式实行馆领导夜间、周末及节假日安全巡查制度和部门主任夜间及周末安全值班制度。

3月 西安建筑科技大学第八届图书情报委员会成立。主任委员王晓昌，副主任委员刘加平，委员由24名各院系院长、主任组成。

3月 西安翻译职业学院新图书馆建成投入使用，建筑面积2万平方米。

4月1日 陕西部分高校图书馆的采访部主任及中文采访人员共17人在西北工业大学图书馆会议室召开"中文图书采访工作座谈会"。

4月1日　陕西师范大学图书馆电子阅览室建成并试运行。该电子阅览室共有80台Dell 1601计算机。

4月1日　西安工程科技学院图书馆与学校团委联合设立"共青团先锋岗"，并设立"读百本好书"推荐专架。

4月1日　香港浸会大学图书馆馆长梁王以荧女士、副馆长陈启仙女士先后到西安交通大学图书馆、西北工业大学图书馆、陕西师范大学图书馆参观交流。

4月6日　西安电子科技大学图书馆1人通过CALIS西文三级编目员资格认定考试。CALIS中心授予该馆向CALIS中心上载西文数据权。

4月8日　西北大学图书馆在学术报告厅举办"EBSCO的ASP和BSP数据库的使用方法""LexisNexis Academic学术大全数据库和Lexis数据库的内容介绍和使用方法"讲座。

4月12日　西北农林科技大学图书馆北校区扩建馆对全校师生开放。

4月12日　安康师范专科学校新建图书馆规划获得批准。

4月14日　陕西高校图工委主任馆、副主任馆负责人会议在西安交通大学图书馆召开，省教育厅高教处曾平处长出席。会议讨论通过了2004年陕西高校图工委工作计划。2004年主要工作包括：协助省教育厅完成去年未通过评估或未参加评估的普通高校图书馆的评估工作；利用CALIS对西部高校的倾斜和支持，进一步做好我省高校图书馆文献资源共建共享工作；协助省教育厅开展一次高校图书馆优秀论文、论著评选活动；加强对高职院校图书馆规范化建设的指导工作；加强数字图书馆环境下的图书馆统计工作；协助省教育厅完成陕西省高等学校图书情报工作委员会的换届工作。

4月15日　西藏自治区高考考察团一行在自治区教育厅厅长宋和平带领下参观陕西师范大学图书馆。

4月20日　陕西师范大学图书馆实行物业管理试点，图书馆安全值班、卫生清洁工作由西安方瑞保洁公司承担，门卫将执行严格的查阅借书证制度。

4月24日　西安工程科技学院干部调整，图书馆馆长权建林离任，学校聘任万振江、张大为任图书馆副馆长。

4月26日　西安理工大学图书馆获2003年度校园治安综合治理一等奖。

4月27日　西北工业大学图书馆举办SCI培训讲座。培训内容包括：SCI网络版的概念与内容、检索功能，SCI检索的具体方法、引文检索等。

4月28日　CALIS"重点学科网络资源导航库"项目管理组第二次会议在西安交

通大学图书馆召开。

4月29日　CALIS"重点学科网络资源导航库"参建资格专家评审会在项目牵头单位西安交通大学图书馆召开。最终全国有52所高校获得导航库参建许可，其中，西安交通大学图书馆承担动力工程及工程热物理、管理科学与工程和科学技术史3个学科，西北工业大学图书馆承担航空宇航科学与技术（部分）、兵器科学与技术2个学科，西安电子科技大学承担电子科学与技术（部分）、西安建筑科技大学承担环境科学与工程、西北大学承担地质学的学科导航资源建设。

4月　　陕西科技大学图书馆首次举办为期一个月的以"营造优良借阅环境"为主题的文明礼貌服务月活动。

4月　　陕西中医学院图书馆邢玉瑞馆长任咸阳市政协副主席。

4月　　西安科技大学图书馆组织人员在不影响开放的情况下，分两批去延安参观学习。

4月　　西安科技大学图书馆申报情报学硕士点工作启动。

4月　　西安市人大常委会主任崔林涛一行参观西安科技大学图书馆临潼分馆。

4月　　西北政法学院图书馆完成长安校区图书馆资源布局方案的制订。

4月　　为迎接55周年校庆，也为了标识工作的统一，西安理工大学图书馆联系制作了中英文对照的铝塑板总标识牌及楼层标识牌，以及各办公室、专家研究室、洗手间、开水房等标识牌共50多块，并在指定位置予以悬挂。

4月　　陕西中医学院图书馆购置钢木结构书架、阅览桌椅、文件柜、存包柜、计算机、服务器等大批设备。

5月11日　西北农林科技大学图书馆获"迎校庆教职工拔河比赛"第五名。

5月12日　中共陕西省委常委、省委教育工委书记郭永平在西安交通大学副校长席酉民陪同下，到西安思源职业学院调研，并参观了图书馆。

5月13日　西北工业大学图书馆馆长苟文选编著的《材料力学（Ⅰ）（Ⅱ）》，赵雁碧研究馆员编著的《电子信息检索教程》分别荣获西北工业大学第五届优秀教材和优秀讲义二等奖。

5月21日　西安欧亚学院图书馆恢复图书馆学生管理委员会，第五届学生管理委员会委员共9人。

5月22日　西北工业大学图书馆与中国高校人文社会科学文献中心管理中心签订了关于文献传递服务的协议书。

5月25日　西北工业大学图书馆申报的"无人驾驶飞机专题文献数据库"和

"CAD/CAM专题文献数据库"项目列入CALIS"十五"专题特色数据库建设计划。

5月27日　西北工业大学图书馆召开"十五"数字图书馆申购仪器设备可行性专家论证会。论证内容包括：（1）图书防盗监测系统；（2）图书磁条及转换；（3）图书馆监控系统；（4）图书馆自动门禁系统；（5）Oracle数据库系统软件；（6）防火墙。

5月29日　西北工业大学图书馆直属党支部开展"为十五建功立业，为党旗增辉"最佳党日活动，组织全馆党员去延安参观学习。活动中全体党员参观了枣园、杨家岭、宝塔山和延安革命纪念馆，并在延安革命纪念馆的广场上重温了入党誓词。

5月　　西北农林科技大学任命张雅林为图书馆馆长，郑少锋为常务副馆长，张联社、王琨、胡保仓为副馆长；任命李金劳为总支书记、韩怀礼为总支副书记。

5月　　西北农林科技大学新建中心图书馆（南校区）正式启用。

5月　　西北大学图书馆分批次举办了馆内人员业务技术培训。培训内容为"Word的基础知识""PowerPoint使用方法""常用软件介绍""网页制作"等。

5月　　西安工程科技学院图书馆进行部门重组，重新聘任了部室主任。

5月　　安康师范专科学校图书馆基本书库整体搬入南区安康教育学院教学图书楼。

5月　　为迎接教育部本科教学水平评估，陕西科技大学图书馆成立了"迎评工作小组"和"资产迎评工作小组"。

5月　　西安建筑科技大学图书馆开展全馆计算机操作使用培训及考核工作。

5月　　西安理工大学图书馆在各部室之间开展2004年度"满意在图书馆"优质服务竞赛活动。由读者评选"示范岗位"和"服务明星"。

5月　　西北大学图书馆获学校教职工健身操比赛二等奖，获校"爱岗敬业，教书育人"演讲比赛三等奖。

6月1日　西北工业大学图书馆制定出台《西北工业大学图书馆工作人员绩效考核暂行办法》。

6月1日　James W Maltbie先生、杨萍女士捐书仪式在陕西师范大学图书馆举行。

6月3日　西北工业大学图书馆在国际会议中心第一会议室召开"图书馆建言献策提案落实整改动员会"，校长助理郑永安、学生代表王厚庆及全体图书馆人员参加了大会。

6月4日　西北工业大学图书馆在东馆会议室举行西北工业大学"十五"数字图书馆建设项目——网站建设管理平台子项目验收会。陕西时光软件有限公司负责人员参加了验收。

6月6日　西北农林科技大学图书馆周开放时间延长至78小时。

6月9日　西北农林科技大学图书馆撤销原拓展部、技术服务部等机构，其业务及服务范围并入相关部（室）。

6月9日　西安电子科技大学图书馆1人员通过CALIS中文三级编目员资格认定考试，随后CALIS中心授予本馆上载中文数据权。

6月10日　为配合西北工业大学"校园开放日"，图书馆东、西两馆在一楼大厅设立了接待处，安排两名馆员负责接待来校参观的校内外人士。各阅览室也分别安排人员负责接待工作。

6月12日　西安理工大学图书馆师俊平馆长率队赴上海、南京、苏州、杭州各高校图书馆考察学习，规划布局曲江新馆建设。

6月16日　西北工业大学图书馆召开"一口化环境下的馆藏布局调整"座谈会。张应祥副馆长就图书馆实行"一口化管理"总休目标做了介绍。

6月17日　西北农林科技大学图书馆聘任10部主任。

6月18日　西北农林科技大学图书馆被《图书情报工作》研究会确定为会员单位。

6月19日　西北工业大学图书馆苟文选馆长赴北京CALIS管理中心参加"CALIS馆际互借/文献传递服务网"启动大会。西北工业大学图书馆成为第一批CALIS馆际互借/文献传递试点馆。

6月24日　延安大学图书馆完成了归并到图书馆的资料室图书书目数据建设工作，共计6万余册图书纳入计算机管理系统。

6月28日　西北农林科技大学图书馆完成第二次"三定一聘"工作。

6月　　西北农林科技大学各院系资料室陆续并入校图书馆。

6月　　西安石油大学图书馆承办全国石油高校图书馆联盟年会。

6月　　西安交通大学城市学院经教育部批准于2004年5月成立。城市学院委托西安交通大学图书馆筹建城市学院图书馆。西安交通大学图书馆抽调专业人员组成筹建组，采购书刊，购置家具、设备，选定图书馆集成管理系统，建立书目数据库。

6月　　刘敏涵任陕西国防工业职业技术学院图书信息处处长；孟繁增为图书信息处副处长。

6月　　陕西教育学院图书馆网站建成。

6月　　陕西中医学院图书馆与该校医史博物馆合并，邢玉瑞同志任图书（医史）馆馆长，康兴军同志任图书（医史）馆直属支部书记、副馆长。

6月	长安大学图书馆科技查新中心经教育部审批晋升为教育部科技查新工作站。
6月	长安大学图书馆开始进行校本部图书馆装修改造工程和渭水校区图书馆扩建工程，并对雁塔校区图书馆进行了全面装修。
6月	西安工程科技学院启动"绿卡服务项目"，图书馆为学科带头人办理高校通用借书证并提供若干优先服务。
6月	安康师范专科学校图书馆首次实行图书招标采购。
7月7日	西北工业大学图书馆制定《图书馆工作人员在职进修学习管理办法》《图书馆网站管理细则》。
7月9日	西北农林科技大学图书馆通过《图书馆电子文献阅览室建设方案》。
7月11日	西北农林科技大学图书馆通过《图书馆文献信息服务系统建设方案》。
7月13日	郭兴超任陕西理工学院图书馆馆长。
7月17日	CALIS"重点学科网络资源导航库"应用软件招标工作在西安交通大学图书馆完成。
7月25日	西北农林科技大学北校区图书馆旧馆动工装修。
7月	西北农林科技大学图书馆给北馆扩建馆安装分体式中央空调。
8月2日	安康师范专科学校新图书馆工程破土动工。
8月9日	西北农林科技大学图书馆通过《图书馆文献调配方案》。
8月10日	西北农林科技大学图书馆通过并下发《图书馆"985工程"建设发展规划》。
8月	西安建筑科技大学东校区图书馆筹建工作全面开始。
8月	西安财经学院图书馆完成《西安财经学院图书馆规章制度汇编（试行）》。
8月	杨昌俊任西安培华学院图书馆馆长。
8月	西安铁路职业技术学院图书馆调整阅览室布局，延长开放时间。
8月	陕西国际商贸职业学院中专部图书室随中专部一同搬迁，与校本部图书馆合并，中专部图书室随之撤销。
8月	陕西中医学院图书馆完成新馆布局，计算机主机房、局域网、电子阅览室、多功能报告厅建成，各项软硬件设备调试安装完毕。
8月	陕西中医学院图书馆完成搬迁。
8月	商洛师范专科学校图书馆建成拥有130台计算机的电子阅览室。
9月1日	西安交通大学城市学院图书馆正式挂牌，并对读者开放。临时馆舍位

于西安交通大学西校区（西安市翠华路137号，原陕西财经学院图书馆内）。建馆初期，馆藏图书37,187册，现刊143种，报纸37份，阅览座位156席，实际使用馆舍面积1362平方米，工作人员6人。采用ILAS（S）集成系统进行管理。书库、阅览室均是全开架布局，实行藏阅一体，借阅结合。图书馆周开放时间85.5小时。

9月1日　西安理工大学图书馆重新修订《西安理工大学图书馆文献借阅规则》和《关于图书借阅超期、污损、丢失等处理规定》。

9月1日　西安欧亚学院图书馆全体员工进行图书馆知识计算机网络培训。

9月3日　西北大学图书馆拍摄制作完成图书馆宣传片（DVD）《盛世扬帆——奋进中的西北大学图书馆》。

9月8日　西北农林科技大学图书馆党总支根据图书馆党员分布情况及工作实际，决定将原来的三个支部调整为四个支部：第一支部，由文献建设部、数字化部、信息咨询部的10名党员组成；第二支部由南馆流通阅览部、电子文献阅览室、馆办公室9名党员组成；第三支部由北馆流通阅览部、水保所分馆的10名党员组成；第四支部由北馆办公室、电子文献阅览室及发展规划研究室的9名党员组成，报校党委组织部审批。

9月9日　西北工业大学图书馆荣获学校2003～2004学年"三育人"先进集体。

9月10日　陕西高校图工委正、副主任馆馆长会议在西安交通大学图书馆召开。会议讨论了本学期工作计划安排以及中国图书馆学会高等学校图书馆分会成立及人员组成相关事项。

9月10日　西北农林科技大学图书馆中心校区图书馆（南馆）合并、搬迁、整理完毕，正式对全校师生开放。

9月10日　陕西理工学院首届"信息管理与信息系统"专业34名新生报到。

9月10日　西安工业学院雁塔校区成立并招生，图书馆为雁塔校区2000余人制作借书证，从本部调拨5000册科技类图书至雁塔校区。

9月10日　西北农林科技大学图书馆周开放服务时间统一由72小时延长到78小时。江苏"汇文"集成管理系统正式投入使用。

9月11日　西安交通大学图书馆接待美国西蒙学院研究生院图书情报学教授、PITAC成员、NSF国际数字图书馆项目中华记忆网（Chinese Memory Net）的项目负责人陈钦智到馆访问，作为百万册书数字图书馆项目的主要负责人之一，他检查了百万册图书项目的实施进展情况。西安交通大学图书馆是大学数字图书馆国际合作计划项目的14家参加单位之一。

9月14日　陕西师范大学校史展览开幕式在陕西师范大学图书馆举行。

9月15日　柏杨赠书仪式在陕西师范大学图书馆举行，萧正洪副校长及图书馆馆长杨恩成、书记马晓雄、副馆长康万武、姚学军参加赠书仪式。

9月15日　西北工业大学图书馆与清华同方在该馆会议室召开"CNKI技术进展与数字图书馆平台演示报告会"。

9月16日　延安大学图书馆接受北大方正公司赠送的"Apabi数字资源管理平台"软件1套，电子图书1012种、3036册，总价值7万元左右。

9月16日　陕西师范大学图书馆举办"柏杨与中国文化讨论会"，作家陈忠实等参加了讨论会。

9月17日　陕西科技大学租用陕西中医学院老校区建立了东校区，图书馆在此设置了"东校区分馆"，为2004级学生提供服务。

9月18日　陕西服装艺术职业学院划拨图书馆自动化建设专项经费购置Melinets图书馆集成管理系统软件及相关设备，由西安瑞都网络科技责任有限公司负责系统设备安装、调试、维护及人员培训。

9月18日　西北工业大学党委副书记、纪委书记杨蜀康带队的考察团一行9人，对沈阳航空学院、东北大学、吉林大学、东北师范大学、哈尔滨工程大学、哈尔滨工业大学的党建工作及校内管理体制改革等进行为期两周的考察学习。图书馆苟文选馆长作为考察团成员，对东北各高校图书馆的管理及现代化建设进行了参观学习。

9月20日　西北大学图书馆副馆长雷震就新馆规划与学校基建处负责人和西北建筑设计院总设计师一同前往上海、杭州等地考察。

9月23日　延安大学图书馆与中国科学院文献情报中心达成意向，拟建立长期友好协作关系，今后每年将获得该中心免费赠送的大批优秀图书。

9月25日　刘艳明任陕西理工学院图书馆副馆长。

9月27日　西安交通大学图书馆第二届馆员代表大会第一次会议在图书馆报告厅举行。参加代表大会的正式代表有53名、列席代表4名。

9月29日　王思根任商洛师范专科学校图书馆副馆长。

9月30日　西安交通大学出版社向城市学院图书馆捐赠图书1531册，码洋26,072元。捐赠仪式由城市学院图书馆馆长李道仁主持。

9月　　　西北大学图书馆购买北大方正古籍数字化制作系统、学位论文提交系统、CALIS数据库统一检索平台，新增6TB的磁盘阵列。

9月　　　陕西教育学院图书馆新建的"三校区阅览室"正式接待读者。

9月　　　宝鸡文理学院新校区启用，首批6000多名学生入住新校区，图书馆经过暑期加班，在新校区建立了临时图书借还室和报刊阅览室，并在新学年伊始正式开放。

9月　安康师范专科学校图书馆试用金盘图书馆集成管理系统，采取外包方式回溯建库。

9月　陕西国际商贸职业学院图书馆为解决馆舍面积不足的问题，经学院批准在怡馨园二、三楼增设自修室，设置阅览座位1300个，自此馆舍面积增加到近4000平方米。

9月　西安铁路职业技术学院图书馆设置了"读者自助还书台"。

9月　西安美术学院图书馆建立馆内局域网并与校园网及Internet连接，采用北邮Melinets系统，利用暑假对馆藏10余万册图书、画册进行回溯建库。

9月　西安航空技术高等专科学校图书馆电子阅览室承担学校教学任务，八个班级的计算机基础上机课在图书馆电子阅览室进行。

9月　西北政法学院图书馆自动化系统安装完毕并开始运行。

10月8日　陕西省教育厅办公室印发《关于开展图书馆学、情报学优秀学术成果评奖活动的通知》（陕教高办〔2004〕15号），决定在全省高等院校进行图书馆学情报学优秀学术成果评奖活动。

10月9日　陕西省教育厅办公室下发《关于对部分高等学校图书馆进行评估工作的通知》（陕教高办〔2004〕16号），决定对去年尚未评估的12家高校图书馆进行评估实测，拟于11月完成。

10月16日　陕西理工学院北校区图书馆电子阅览室建成并开放。

10月18日　教育部高等教育司下发《关于加强中国高等教育文献保障系统二期工程（CALIS）服务体系建设的意见》（教高司函〔2004〕231号）。

10月20日　CALIS"重点学科网络资源导航库"参建单位第一批培训会在西安交通大学图书馆举办，共有27家图书馆的近60人参加。

10月20日　由西北工业大学图书馆与中国科学院文献情报中心联合举办的"剑桥大学出版社、新加坡世界科技出版公司外文新书巡回展"，与亚洲信息服务有限公司联合举办的"2004国外原版新书展览"两个展览的开幕式在西北工业大学图书馆东馆举行。参展图书品种近2000种，专业涉及数学、物理、化学、航空航天、计算机、材料、建筑、经济、管理等方面。

10月21日　应延安大学图书馆邀请，中国科学院文献情报中心副主任孙坦、资源发展部主任张建勇、副主任郑建成、采访部李欣等一行4人到延安考察，并向延安大学图书馆赠送中外文书2528册，价值约合人民币8.2万元。学校举行隆重的赠书仪式，党委副书记高延龙代表学校党政致辞，并向中国科学院文献情报中心回赠了证书、牌匾和纪念品。

10月22日 西北农林科技大学图书馆召开中级职称以上人员会议，无记名投票推荐学校高级专业职务评审委员会委员和图书、档案、编辑、出版系列学科评议组成员。

10月22日 陕西服装艺术职业学院图书馆完成了图书馆综合布线、图书馆网页制作，全面开通采访、编目、流通、期刊、公共检索子系统。电子阅览室建成开放。

10月27日 陕西服装艺术职业学院图书馆期刊查阅室对读者开放，实行开架借阅。

10月28日 陕西高校图工委召集有关专家在西安交通大学图书馆召开评估准备会，讨论布置部分高校图书馆二次评估工作有关事项。

10月28日 陕西省"精神文明校园"专家组到西安工程科技学院检查工作，张大为副馆长汇报图书馆工作并带领专家考察图书馆。

10月29日 陕西服装艺术职业学院图书馆完成《陕西服装艺术职业学院图书馆规章制度汇编》制定和编印工作。

10月 廉康宁任西安建筑科技大学图书馆副馆长。

10月 西安美术学院图书馆配置100台计算机的电子阅览室正式对读者开放。

10月 西北农林科技大学图书馆成立文献采购工作领导小组和文献采购工作小组，制定了《文献采购工作实施意见》。

10月 西安工程科技学院图书馆成立重点学科专题文献研究室。

10月 安康师范专科学校图书馆图书借阅部分实现全开架和计算机管理。

10月 陕西国际商贸职业学院发文确认图书馆为处级单位建制，同时设立了采编部、流通部和阅览部三个科室。

10月 陕西科技大学图书馆出台《陕西科技大学图书馆制度汇编（修订版）》。

10月 陕西教育学院图书馆首次订购中国学术期刊全文数据库和人大复印资料光盘版。

11月1日 西安工程科技学院临潼校区正式启用，图书馆借用教学楼一层，配置图书10余万册、期刊200余种、座位100余席为师生提供服务。

11月2日 胥耀平任西北农林科技大学图书馆常务副馆长。

11月3日 受省教育厅委托，陕西高校图工委组织专家开始对部分高校图书馆进行二次评估。以樊来耀、裴世荷为正副组长，张应祥、李志俊、钱亦珠为成员的第一评估专家组完成对西安外国语学院图书馆、西安音乐学院图书馆、安康师范专科学校图书馆的评估实测；以苟文选、雷震为正副组长，张大为、马龙超、曹臻为成员的第二评估专家组完成对西安美术学院图书馆、西安体育学院图书馆、陕西服装艺术职业学院图书馆、商洛师范专科学校图书馆的评估实测；以康万武、王廷满为正副组长，张西亚、王浩、邓滨为成员的第三评估专家组完成对陕西工业职业技术学院图书馆、陕西中医学院图书馆、陕西医学高等专科学校图书馆的评估实测。

11月5日 "中国高等教育数字图书馆（CADLIS）项目启动暨成果汇报大会"在北京召开。西安交通大学副校长蒋庄德代表承建方与CALIS管理中心签署《CALIS"十五"建设子项目承建协议书》；西安交通大学图书馆常务副馆长张西亚向大会汇报了导航库子项目进展情况。

11月8日 商洛师范专科学校图书馆接受教育厅评估。

11月8日 西安培华学院长安校区图书馆顺利开馆。

11月9日 安康师范专科学校图书馆顺利通过省教育厅高校图书馆工作评仙专家组对文献资源建设和自动化建设情况进行的专项检查评估。

11月10日 西北工业大学图书馆承办"SCI中国百校行巡回讲座（西安站）"。讲座主题为"Smart Discovery——创新之道：过去、现在与将来"。西北工业大学100多名教师和研究生以及西北大学、西安科技大学的部分老师参加。

11月15日 陕西省本科教学工作水平评估专家组考察西北大学图书馆。

11月16日 美国INNOPAC公司在西安电子科技大学图书馆举办为期2天的新世纪图书馆集成管理系统培训，共有50人参加。

11月18日 西北大学图书馆副馆长雷震由陕西省委组织部选派赴延安挂职锻炼，任中国延安干部学院办公厅图书信息中心主任（正处），参与该院的筹建工作。

11月 西安培华学院图书馆计算机管理系统正式更换为北邮Melinets系统。

11月 西安财经学院图书馆成立图书采购监督领导小组。

11月 陕西医学高等专科学校图书馆承办陕西医学会图书情报分会年会。

11月 《陕西中医学院图书馆读者手册》修订完成。

11月 西安交通大学图书馆第四届科研基金对图书馆文献资源建设、电子资源整合与应用软件开发、信息咨询与信息教育、读者服务工作4个方向的15个课题项目资助，每项目资助经费为2000元。

12月1日　西北农林科技大学图书馆成立第二届科技查新专家咨询委员会。

12月2日　西北大学图书馆开展"文明服务窗口"创建活动，评选出五个先进集体、七个先进个人。

12月7日　胡晓萍任西安财经学院图书馆党总支书记，王凤霞任副书记。

12月8日　延安大学图书馆接受外教Sunrise Foundation女士和香港"晨星基金会"赠送的外文原版图书279册，价值约合人民币1.5万元。

12月10日　西北工业大学图书馆获得学校女职工健美操比赛三等奖。

12月10日　延安大学图书馆赵振峰馆长赴北京参加与中国科学院文献情报中心建立长期友好协作关系签订仪式。

12月11日　宝鸡文理学院图书馆召开第二届职代会，孔润年做《继往开来，科学发展，努力推进我院图书馆现代化建设》的报告。会议主要讨论了图书馆"十一五"发展规划，提出了"建设宝鸡一流，陕西先进，全国知名的现代化、复合型高校图书馆"的发展目标。

12月19日　西安欧亚学院图书馆接受西北大学出版社、三秦出版社及陕西新闻出版局质检处共同向学院所赠图书5578册。

12月21日　美国缅因美术学院徐淦教授参观西安美术学院图书馆，与20名美籍学生一起欣赏图书馆珍藏绘画作品。

12月23日　受省教育厅委托，陕西高校图工委聘请省内图书馆学情报学领域的专家和学者组成专家组，在西安交通大学图书馆召开评审会，对2000年以来发表的图书馆学、情报学优秀学术成果进行评选。专家组对各校筛选后上报的151篇论文和17部专著进行了评选。评选结果由图工委报省教育厅审批。

12月24日　西安航空技术高等专科学校图书馆召开二级教代会。

12月27日　西安欧亚学院图书馆新馆主体工程封顶。

12月27日　西北农林科技大学北校区图书馆旧馆对全校师生开放。

12月31日　延安大学图书馆全年共接受高教出版社赠书7批、3011册，价值7.8万元。

12月　陕西科技大学图书馆完成学位论文提交系统的调研、试用、安装工作。

12月　陕西科技大学图书馆被中国教育工会授予"创新示范岗"，方小容获"创新能手"称号。

12月　商洛师范专科学校图书馆对过刊进行装订，全年共精装合订本27,000余册。

12月　渭南师范学院图书馆首次进行纸质图书招标工作。

12月　陕西中医学院图书馆完成ILAS系统升级。

12月　西安建筑科技大学图书馆经培训考核，录用29名陕钢工人进入东校区分馆工作。

12月　西安科技大学图书馆"艺术欣赏数据库"初具规模，建成五个主题4600余幅图片及一个艺术辞典，对全校试开放。

12月　西安科技大学图书馆完成本校博硕士论文数据库网上电子版论文提交系统。

12月　西安培华学院长安校区与高新校区图书馆实现管理系统互联，借阅信息共享。

12月　西安铁路职业技术学院图书馆与校团委合作，在假期开展"读一本好书、写一篇心得"活动。

12月　西安邮电学院图书馆副馆长吴靖主持图书馆日常工作。

12月　西安电子科技大学图书馆完成馆长助理、部室正副主任、重点岗位和一般工作岗位竞聘上岗工作。

2005年

1月6日　安康师范专科学校图书馆荣获2004年度"全省教育系统精神文明建设'创佳评差'活动'最佳单位'"称号。

1月7日　西安航空技术高等专科学校图书馆《书海桥》读书征文颁奖会在该馆举行。

1月9日　西北工业大学图书馆田苍林副馆长随学校长安校区建设指挥部办公室一行7人赴厦门大学漳州校区、南京航空航天大学江宁校区考察。

1月11日　西北大学图书馆工会被评为"陕西省模范职工之家"称号。

1月12日　西北工业大学第五届图书馆工作委员会第一次会议召开，对数据库引进项目进行专题论证。参加会议的有学校党委副书记、副校长王润孝教授，教务处处长万小朋，国资处处长吴介军，发展计划处副处长易志高，科技处副处长于忠，研究生院副院长李铁虎，院系代表和学生代表及图书馆有关人员30余人。

1月14日　西北工业大学图书馆修订《图书馆网络管理细则》。

1月17日　西北农林科技大学图书馆实行学科联络员制度。

1月18日　西北工业大学图书馆成立CALIS特色数据库项目组和重点学科导航库项目组。

1月　傅绍良任陕西师范大学图书馆馆长，马晓雄、康万武、韩彬梨任副馆长。

2月1日　李志武任西安电子科技大学图书馆馆长，樊来耀任正处级调研员。

2月1日　西安工程科技学院图书馆副馆长万振江同志病逝。张大为副馆长主持图书馆日常工作。

2月1日　经中国国防科学技术信息学会三届六次常务理事扩大会审批，接纳西北工业大学图书馆为学会团体会员。

2月22日　教育部教社政司函〔2005〕35号文件通知，全国100所普通高等学校的图书馆获配一套《中华再造善本》丛书，西北大学图书馆位列其中。

2月23日　西北农林科技大学图书馆给各院系发函，征求"图情教授"的推荐名单。

2月23日　李金刚任西安理工大学图书馆副馆长，孙卫副馆长调离。

2月　罗林禄任西藏民族学院图书馆党总支书记。

2月　西北农林科技大学图书馆获本校"2004年度先进单位"。

3月1日　西北工业大学图书馆与教务处共同筹备成立"教师阅览室"，展放由国内五大出版社所赠该校图书。

3月4日　西北工业大学图书馆与复旦大学图书馆就CALIS"十五"工程子项目——"高校教学参考信息管理与服务系统"签署建设协议书。

3月8日　西北农林科技大学图书馆实行信息咨询部与科技信息中心两块牌子一套班子的管理模式。

3月9日　西安理工大学图书馆完成两年一次的岗位聘任工作。各岗位按职责大小及技术含量划分为A，B1，B2三个档次并将与年终的绩效津贴挂钩。

3月10日　西北工业大学图书馆印发《西北工业大学图书馆教育事业收入分配管理办法（试行）》《西北工业大学图书馆基金管理办法》。

3月11日　西安翻译学院图书馆接待美国驻华公使金大友、智利驻华大使薄明高、阿富汗驻华大使巴拉斯、罗马尼亚驻华文化参赞歌德丽娜等人参观。

3月14日　西安理工大学曲江校区新图书馆通过学校验收并交付使用。

3月15日　陕西高校图工委向省教育厅高教处呈送《关于陕西省高等学校图书情报工作委员会换届的请示》。

3月15日　西北农林科技大学图书馆正式确定聘请27名各学科教授为"图情教授"，参与图书馆建设和发展的决策咨询工作。

3月15日　西北农林科技大学图书馆与校团委协商，在学生生活区建立"大学生人文素质教育阅览室"，由学生社区管理，图书馆提供书刊及人员培训。

3月16日　西北农林科技大学图书馆对部室设置重新调整，将现有十一个部（室）整合为七个部（室），并任命了六部主任。

3月22日　陕西省教育厅办公室印发《关于公布陕西省高等学校图书馆学情报学优秀学术成果的通知》（陕教高办〔2005〕5号），公布评选结果，其中优秀论文一等奖15个，二等奖32个，三等奖70个；优秀著作一等奖3个，二等奖3个，三等奖8个。

3月22日　延安大学图书馆通过校园网，实现了总馆与医学分馆文献信息服务的一体化管理。

3月23日　陕西省教育厅办公室印发《关于陕西省高等学校图书情报工作委员会换届的通知》（陕教高办〔2005〕6号）。

3月24日　由北京大学图书馆、清华大学图书馆、西安交通大学图书馆联合主办的"高等学校图书馆人事工作座谈会"在西安交通大学图书馆举行，来自全国32所"985"院校的图书馆馆长、书记等48名代表出席了会议。

3月25日　西北农林科技大学图书馆党总支因部室设置的调整对各支部进行了调整。

3月29日　"2005年陕西省高等学校图书情报工作会议"在西安邮电学院长安校区召开。陕西省教育厅郝瑜副厅长，陕西省教育厅高教处曾平处长、张双前副处长，西安邮电学院田东平院长，上届高校图工委周敬恩秘书长以及来自全省60多所高校图书馆的馆领导共100余人参加了会议。

3月29日　西北农林科技大学图书馆为大学生人文素质教育阅览室提供图书10,000册，正式建成开放。

3月30日　西安工程科技学院图书馆获学校教职工跳绳比赛团体第二名。

3月　西北农林科技大学图书馆编印的《图书馆年鉴》（2004年）出版；编印的《论文集》（2004年）收录本馆职工当年公开发表的论文33篇。

3月　西北工业大学图书馆赵雁碧主编的《信息检索原理与方法教程》，苟文选主编的《材料力学（Ⅰ）、（Ⅱ）》分别由化学工业出版社和科学出版社正式出版。

3月　西安建筑科技大学图书馆东校区分馆正式开馆。

4月1日　西北工业大学图书馆与超星公司举办网上读书赠卡活动。凡编写和翻译过任何图书（包括合著）的本校教师均可免费办理一张有效期十年、价值1000元的超星读书卡一张。

4月6日　"CALIS重点学科网络资源导航库"参建单位第二批培训会在西安交通大学图书馆举办，全国33所高校图书馆的近70人参加。

4月7日　西安工程科技学院图书馆邀请西北大学公共管理学院杨玉麟教授做《图书馆基础知识》业务讲座，全馆工作人员及西安理工大学、西安工业学院图书馆部分同志参加。

4月11日　陕西省社会科学信息学会第五届会员代表大会与学术交流会在西安电子科技大学图书馆召开。

4月12日　西北工业大学图书馆举办"书生之家"数字图书馆赠卡活动。本校有编写或参加编写著作的作者，都可免费领取一张十年期"书生之家"数字图书馆的联谊卡。

4月14日　西安工程科技学院图书馆获得学校田径运动会教工团体总分第一名。

4月15日　陕西理工学院颁发《陕西理工学院关于加强图书资料建设的意见》。

4月18日　西北农林科技大学图书馆成立图书馆学术委员会。

4月20日　西安工程科技学院图书馆建立学科馆员制度，首次聘任6位同志担任纺织、机械、化学、服装、管理学科馆员。

4月20日　西北工业大学图书馆与CALIS全国高校专题特色数据库项目管理组签署其子项目承建协议书。承建子项目：无人驾驶飞机专题文献数据库。

4月22日　西安电子科技大学图书馆图书、期刊采购首次进行招标。

4月27日　CALIS"重点学科网络资源导航库"项目完成中心系统安装调试，并开通了导航库论坛。

4月27日　西安翻译学院图书馆与学委会联合举办"图书馆与读者面对面交流会与4·23世界读书日征文活动颁奖大会"。

4月27日　教育部专家组到西北大学图书馆检查"211工程"建设情况。

4月28日　西北农林科技大学图书馆通过《文献信息网络服务系统建设方案》。

4月29日　新一届陕西高校图工委第一次常委会在西安交通大学图书馆召开。图工委主任委员、西安交通大学蒋庄德副校长和省教育厅高教处张双前副处长出席会议。会议讨论了图工委2005年工作计划以及陕西省高校文献保障系统项目、中国图书馆学会理事推荐等事项。

4月29日　李延川任西北大学图书馆副馆长。

4月30日　延安大学图书馆自建的第二代网站在校园网上开通试用。

4月　　　马龙超任西北政法学院图书馆馆长，李军、赵庆菊任副馆长。

4月　　　西安建筑科技大学图书馆完成第三轮岗位聘任工作。

4月　　　陕西科技大学图书馆开展以"迎评促建 以评促管 文明服务 再创佳绩"为主题的文明礼貌服务月活动。

4月　　　陕西科技大学成立图书馆工作委员会，制定了《陕西科技大学图书馆工作委员会章程》。

5月9日　CALIS"十五"建设中期检查会议在北京大学图书馆召开。导航库项目管理组组长、西安交通大学图书馆张西亚汇报了项目进展情况。

5月12日　孔繁秀任西藏民族学院图书馆副馆长。

5月12日　西北工业大学图书馆与CALIS重点学科网络资源导航库项目管理组签订CALIS"十五"建设子项目——"CALIS 重点学科网络资源导航库"子项目参建协议书。承建的学科名称为航空宇航科学与技术（以下二级学科：飞行器设计、航空宇航制造工程）（重点资助）；兵器科学与技术（非资助）。

5月23日　傅卫平任西安理工大学图书馆馆长，原馆长师俊平调离。

5月24日　西北大学图书馆被评为校本科教学评估工作迎评创优先进集体。

5月25日　越南驻华大使陈文津在陕西师范大学副书记武国玲、陕西师范大学图书馆馆长傅绍良、总支书记马晓雄、副馆长康万武、副馆长韩彬梨的陪同下参观该馆，并题词"我爱母校"。

5月26日　郭承运任西安工业学院图书馆馆长，顾召兰同志调离图书馆。

5月31日　西北工业大学图书馆与国防工业出版社共同举办"国防工业出版社精品教材展示会"。国防工业出版社提供近500种精品教材进行集中展示，主要为航空航天、信息技术、机械电子、电子通信、材料化工等专业。

5月　　　受CALIS管理中心委托，导航库项目牵头单位西安交通大学图书馆代表项目管理组与54家参建图书馆签订《"CALIS重点学科网络资源导航库"子项目承建协议书》。

5月　　　西北农林科技大学图书馆编印的《校内著者库目录》出版，收录范围为1934～1999年作者当时在本校的学术著作，共收集813种学术著作，以作者音序排序。

5月　　　西北农林科技大学图书馆全馆实行挂牌上岗，在全校率先设立"共产党员示范岗"。

5月　　　西安工程科技学院图书馆开发完成网络在线咨询系统，并开始提供在线咨询服务。

5月　　　陕西铁路工程职业技术学院机构改革，成立信息中心，郑毅刚任主任，分管高职教育研究室、图书馆、网络中心。

5月　　　渭南师范学院图书馆与学生会、团委举办首届"读书月"暨2004～2005年度优秀读者评选活动。

5月　　　渭南师范学院图书馆修订和完善有关规章制度，出台《图书馆规章制度汇编》和《读者手册》，印制了宣传彩页。

5月	西安电子科技大学图书馆"多元化信息用户教育体系的构建与实践"获2005年学校优秀教学成果二等奖。
5月	韩占明任榆林学院图书馆馆长，张建娥任副馆长。
6月1日	西北工业大学图书馆邀请著名图书馆学专家、美国西弗吉尼亚大学杨肇英教授、Stephen W.Brown教授等一行4人到校进行为期5天的参观访问。杨肇英教授在西北工业大学国际会议中心为本校师生及来自省内各高校的图书馆界同人做了《美国大学图书馆现状》的报告。
6月3日	张文鹏任西北大学图书馆馆长。
6月6日	西北工业大学招标办召开中文图书采购招标会议，会议对初审入围的11家竞标公司进行严格评审考核，经过评委评比审定，中国教育图书进出口公司、西安新华书店两家中标，随后与两家签订了采购合同，期限一年。
6月7日	西北农林科技大学图书馆和校团委共同组建"第二届图书馆学生管理委员会"。
6月8日	延安大学图书馆投资68.5万元，完成信息网络二期工程建设。
6月10日	西北工业大学图书馆馆长苟文选随学校管理人才高级培训班第一期（32人）赴美国马里兰大学进行了培训。期间参观马里兰大学、海军学院、西点军校、加州圣地亚哥分校等。
6月11日	西北农林科技大学图书馆接受教育部查新工作专家组考察该馆查新工作管理情况。
6月15日	原商洛农业学校12名职工并入商洛师范专科学校图书馆，图书馆正式职工达到36人。
6月15日	西北大学图书馆获校太极拳比赛三等奖。
6月20日	西北农林科技大学图书馆"黄河中上游水文气象资料专题文献资料库"在北馆建成。
6月20日	美国恩伯利亚州立大学图书馆馆长一行到西安工程科技学院图书馆参观访问、座谈，并接受图书馆赠书。
6月20日	西安理工大学图书馆曲江新馆开馆试运行。
6月21日	西安理工大学图书馆工作委员会换届，新一届委员会由17人组成，其中2名为学生代表。
6月22日	西北大学图书馆获校"三育人"征文组织奖和个人演讲比赛三等奖。
6月22日	西北大学南校区临时图书馆建设顺利完成。暂用教学楼面积9893平方米，设4个图书阅览室、2个期刊阅览室及工具书阅览室、现报阅览

室、电子阅览室。

6月24日 延安大学图书馆编印《数据库检索指南》，详细介绍馆藏电子文献资源及其使用方法，赠送给全校教职工及部分学生。

6月24日 西北农林科技大学图书馆党总支根据"保持共产党员先进性活动"的安排，组织全馆党员赴延安接受革命传统教育。

6月24日 西北工业大学图书馆直属党支部被学校评为2003～2005年度"为十五建功立业"先进集体。

6月25日 陕西高校图工委2005年第二次常委会暨教图公司2006年度西安地区外刊征订工作会议在长安亚建召开，会议讨论并确定了图工委各工作组组成、陕西省高校文献保障系统项目建设及外刊征订工作有关事项。

6月28日 陕西高校图工委下发《关于成立陕西高校图工委有关工作组的通知》，将原图工委下设的专业委员会改为工作组，并根据需要组建了文献资源建设工作组、文献编目工作组、图书馆自动化工作组、读者服务工作组和高职高专工作组。

6月30日 西北工业大学图书馆馆长苟文选教授、副馆长田苍林研究馆员被聘为国防科工委图书资料专业高级职务评审委员会委员。

6月30日 孔润年任宝鸡文理学院图书馆馆长。

6月30日 陕西理工学院图书馆代表队获学校首届"园丁杯"教职工乒乓球赛团体冠军。

6月 陕西科技大学图书馆磁盘阵列扩容4TB，新增服务器2台。

6月 陕西科技大学图书馆重新制定了《陕西科技大学图书馆岗位津贴分配方案》。

6月 陕西中医学院图书馆修订完成《陕西中医学院图书馆规章制度汇编》。

6月 西安建筑科技大学图书馆按《西安建筑科技大学书刊采购招标办法》首次进行中文图书招标采购。

7月12日 澳大利亚麦考瑞大学教育代表团参观陕西师范大学图书馆。

7月15日 西北农林科技大学图书馆接受教育部本科教学水平评估专家组对图书馆工作的试评估。

7月20日 西北农林科技大学图书馆申报图书馆学硕士点。

7月25日 安康师范专科学校图书馆馆长胡波调任新职，副馆长何道利兼任支部书记主持工作。

7月27日 西北农林科技大学图书馆馆领导班子、党总支委员、工会委员、各部室主任召开联席会。会议讨论评选学校优秀教育工作者、农学会图书情报分会优秀工作者和学会活动积极分子。

7月　　　西安财经学院图书馆党总支被评为2002～2004年度先进党总支，图书馆第一支部被评为先进支部。

7月　　　王立任咸阳师范学院图书馆馆长，雷依群馆长调任历史系主任。

8月7日　西北工业大学图书馆组织人员申报"十一五"国防科技工业技术基础科研项目，共申报6项，获批2项。

8月27日　西北工业大学图书馆印发《图书馆遗失剔旧图书注销暂行办法》。

8月　　　西北农林科技大学图书馆副研究馆员白君礼在2005年中国图书馆学会年会的第一分会场做了《图书馆以人为本内涵诠释》的专题发言。

8月　　　西安工程科技学院申报"博士学位授权单位"，图书馆张大为副馆长承担了学校"三大检索系统"收录论文的普查及整理工作。

8月　　　陕西省商洛师范学校和商洛卫校合并为商洛职业技术学院，商洛职业技术学院图书馆成立。

8月　　　陕西师范大学长安校区临时图书馆搬迁至新馆大楼。

9月9日　西安工程科技学院图书馆流通部被学校评为先进科室。

9月10日　西安理工大学图书馆党支部组织党员和入党积极分子去延安革命圣地参观学习，接受革命传统再教育。

9月15日　新一届陕西高校图工委文献资源建设工作组第一次会议在西安交通大学图书馆召开。

9月15日　西安翻译学院图书馆主页开通，实现网上书刊检索和图书续借。

9月16日　西北工业大学图书馆全体党员赴革命圣地延安进行"发扬延安精神，永葆共产党员先进性"为主题的学习活动。党员们先后参观了南泥湾博物馆，新闻展览馆，洛川会议旧址，并在中国延安干部学院听了一堂生动的党课。

9月17日　西北农林科技大学图书馆胥耀平常务副馆长入选教育部"中国新西兰教育交流国际合作交流计划——影子处长项目"，赴新西兰梅西大学图书馆担任"影子馆长"。为期三周。

9月19日　西北工业大学图书馆出台《图书馆计算机及其他设备管理办法》《图书馆信息管理系统使用管理办法》。

9月19日　西安航空技术高等专科学校图书馆以"发展与表率"为主题的劳动竞赛活动全面展开，并制定《图书馆劳动竞赛规则》。

9月19日　西北工业大学图书馆召开新一届领导班子宣布大会，学校党委副书记、副校长王润孝，组织部部长段根良出席。苟文选任图书馆馆长，田苍林、刘秋让任副馆长。

9月20日　黎熙任西安欧亚学院图书馆副馆长，李东来副馆长退休。

9月25日　西北农林科技大学图书馆接受省教育厅专家组对本校本科教学评估中图书馆工作的预评估。

9月25日　延安大学图书馆组织业务骨干举办"电子文献检索讲座"，第一期讲座集中举办一个月，每天晚上7～9点向师生讲解各种数据库和电子图书的使用方法。

9月　　　安康师范专科学校图书馆新馆投入使用，共设有13个阅览室和借阅室，阅览座位1500余个，设有多功能学术报告厅、地方文化陈列室和电子阅览室。采用ILASⅡ自动化集成管理系统，全面实现主要业务管理和读者服务的自动化、网络化。

9月　　　原安康教育学院图书馆整体并入安康师范专科学校图书馆。

9月　　　陕西科技大学方小容、蒋林宙参加修订的《中国分类主题词表》第二版（全六册）由北京图书馆出版社正式出版，全书共计1200万字。

9月　　　西安财经学院图书馆翠华东校区借阅部完成自动化管理整合工作，实现借阅藏一体化管理。

9月　　　西北大学现代学院图书馆在西北大学桃园校区成立，设一个综合阅览室，藏书3万册。

10月9日　新一届陕西高校图工委文献编目工作组第一次会议在西安电子科技大学图书馆召开。

10月10日　西北工业大学图书馆参加在北京理工大学举行的国防科工委委属院校第五届图书馆馆长联席会。国防科工委所属7院校图书馆馆长20余人参会。

10月14日　西北大学现代学院图书馆开馆仪式举行，李志慧教授受聘担任图书馆馆长。

10月18日　西北大学图书馆邀请日本京都大学知名教授、文献学及中国哲学史专家池田秀三到馆讲座，内容为"目录学的理论及应用"。

10月18日　西北大学图书馆完成"十一五"规划并上报学校。

10月19日　陕西高校图工委2005年第三次常委会在西安交通大学图书馆召开。会议通报了教育部高校图工委二届二次会议精神、中国图书馆学会第七次会员代表大会情况。各工作组汇报下阶段工作计划，讨论并安排了图工委下半年的工作，决定在全省高校开展第五次评选先进集体、先进个人活动。

10月19日　西北工业大学图书馆在学校工会举办的排球比赛中荣获A组第二名。

10月19日　西安理工大学图书馆第五届职工代表大会召开，大会讨论通过了《西安理工大学图书馆考核办法》《西安理工大学图书馆岗位津贴实施细则》《西安理工大学图书馆职工文明行为规范》和《图书馆业务工作职责与细则》。

10月19日　西安电子科技大学图书馆申报的"图书馆学"硕士点获得学校批准。

10月20日　西安电子科技大学图书馆举办"全国通信信息技术发展研讨会"暨"无线网第52次网组长编委扩大会"。

10月20日　西安理工大学曲江图书馆电子阅览室对读者开放。

10月20日　参加"全国民办高校图书馆建设与发展学术研讨会"的全体代表到西安翻译学院图书馆参观。

10月24日　俄罗斯国防部红旗歌舞团、美国西敏学院一行参观西安翻译学院图书馆。

10月24日　西北工业大学图书馆参加学校举办的"在鲜艳的党旗下"文艺会演，舞蹈"绣红旗"荣获三等奖。

10月24日　西北工业大学图书馆与中国科技资料进出口总公司、（香港）亚洲信息服务有限责任公司共同举办"国外原版学术图书书展"。展出7000余种最新学术专著、会议文集、教材，内容涵盖数学、物理、化学、生命科学、工程技术等学科。

10月24日　西北农林科技大学图书馆特邀THMSON公司为该校师生做《web上的生物学文摘——BP的发展与检索使用》的讲座。

10月25日　安康师范专科学校图书馆新馆正式向读者开放。

10月　　　西安交通大学图书馆完成新一轮岗位设置与聘任方案。实行专业馆员与支持馆员岗位分类管理，强化岗位描述，将职称评审与岗位聘任相结合。

10月　　　陕西科技大学西安校区临时图书馆投入使用（设在西安校区教学A楼一、二层）。

10月　　　为迎接教育部"大学更名工作"专家组的实地考察，西安工程科技学院图书馆进行大规模馆舍整修改造，书库和阅览室全面粉刷、更换出纳台、公共查询台等设施。

10月　　　西安财经学院图书馆完成《西安财经学院图书馆业务工作细则汇编（试行）》。

10月　　　西安科技大学雁塔校区图书馆改革原来不允许读者带书包进入书库及

阅览室的管理模式，采用全开放式管理，读者人数大幅增加。

10月　西安交通大学图书馆张西亚常务副馆长申报的"高校图书馆数字资源评估指标体系研究"教学改革研究项目获省教育厅立项资助。

11月1日　安康师范专科学校举行图书馆新馆开馆仪式。

11月1日　西安航空技术高等专科学校图书馆安装并开通了美星外文电子图书馆。

11月1日　美国雅美丽卡娜音乐家访问团、日本滨山大学校长及随行人员参观西安翻译学院图书馆。

11月7日　西北农林科技大学图书馆《图书馆规章制度汇编》（修订稿）印刷。

11月8日　西安交通大学图书馆举办CALIS"重点学科网络资源导航库"项目建设单位经验交流会。参加会议的有西安交通大学图书馆、西北工业大学图书馆、西安电子科技大学图书馆、西北大学图书馆和第四军医大学图书馆。会上，针对第二版导航库本地系统的使用情况做了交流，对该系统出现的问题提出了意见和建议，另对词表的维护、搜索方式、搜索文献的相关度评定等进行了充分的沟通交流。

11月15日　西安电子科技大学图书馆举办陕西高校图工委文献编目工作组研讨会，33所高校的74人参会。

11月15日　西安交通大学图书馆正式购买超星数字图书馆（30万种图书）。其中的22万种中文图书镜像站点已安装完成并开通使用。

11月16日　著名作家贾平凹在商洛师范专科学校图书馆为该馆题写"图书馆"三字。

11月18日　由陕西高校图工委和CALIS西北地区中心联合主办的"编目系统与流程工作交流会议"在西安电子科技大学图书馆召开，来自29家高校图书馆的75位代表参加。

11月22日　西安翻译学院图书馆开通文献传递服务。

11月22日　西北工业大学图书馆出台《图书馆消防安全管理规定》。

11月23日　陕西省教育厅印发《关于开展第五次全省普通高校图书馆先进集体和先进个人评选工作的通知》（陕教高〔2005〕52号）。

11月25日　西北农林科技大学图书馆通过了教育部对本校本科教学评估中图书馆工作的评估验收。

11月29日　西北工业大学图书馆召开省高校图工委自动化工作组会议。会议总结了2005年工作，制订了2006年工作计划，商讨了开展技术交流、业务培训等活动安排。来自十所院校的高校图工委自动化工作组成员共11人参加了会议。

11月30日　陕西师范大学长安校区图书馆试运行。

11月	西安工程科技学院图书馆举办"馆藏早期纺织文献"主题书展，陈列自1887年至中华人民共和国成立初期馆藏纺织文献，展期一个月。
11月	陕西省教育厅和教育部专家先后到西安工程科技学院图书馆考察工作。
11月	西安科技大学图书馆邀请西北大学公共管理学院副院长杨玉麟教授做《教育部图书馆学教学指导委员会会议精神及港、澳地区图书馆考察汇报》的报告。
11月	西安建筑科技大学图书馆依照《西安建筑科技大学书刊采购招标办法》首次进行中文期刊招标采购。
12月1日	西安交通大学图书馆无线网络正式开通。
12月5日	西安电子科技大学图书馆统一使用"校园一卡通"。
12月5日	西北农林科技大学图书馆组建服务中心。
12月5日	西安思源职业学院举行图书馆新馆开工典礼，新馆建设正式启动。
12月8日	西安翻译学院与中国国家图书馆建立馆际互借关系。
12月9日	陕西高校图工委文献资源建设工作组在长安沣园召开"陕西省高校图书馆采访工作研讨会"。
12月9日	西北工业大学图书馆召开五届一次职工代表大会。苟文选做"十五"图书馆工作总结和"十一五"远景规划的报告。最后进行了换届选举，通过差额选举，选出7位同志为图书馆第五届工会委员。
12月12日	延安大学图书馆接受中国科学院文献情报中心赠送的第二批中外文图书1294册，价值约合人民币1.9万元。
12月14日	延安大学图书馆接受老校友李树春先生赠送图书资料950册。李树春先生为延安市委党校退休教授，一直从事中国文学史教学和鲁迅作品研究工作，这些图书资料是他毕生收藏的珍贵文献。
12月14日	西北工业大学图书馆馆长苟文选在学校做了"中美大学图书馆之比较"的汇报。
12月15日	西北工业大学图书馆出台《图书馆职工外出参加会议及发表论文补贴的规定（修订）》。
12月22日	陕西省高校图工委高职高专工作组年会在西安召开。全省高职高专图书馆40余位馆领导参加，省高校图工委秘书长张西亚出席并讲话，西北大学公共管理学院副院长杨玉麟教授做了学术报告。
12月22日	西北农林科技大学图书馆网站获本校2005年二级网站评比一等奖。
12月26日	陕西师范大学图书馆开始第二轮岗位聘任，共设岗150个。其中核心岗40个，普通岗60个，辅助岗50个。

12月31日　延安大学图书馆全年共接受高教出版社赠书3317册，价值8.6万元。

12月　西安交通大学图书馆接受人民卫生出版社赠送的医学图书414种，合计804册。

12月　陕西国际商贸职业学院步长图书馆新馆开工建设。

12月　陕西国际商贸职业学院图书馆馆长李国林退休，郭静任图书馆副馆长，主持工作。

12月　西安建筑科技大学图书馆完成《图书馆管理制度与业务规则》修订与汇编印刷工作。

2006年

1月5日　陕西服装艺术职业学院图书馆成立"全国普通高校高职高专院校人才培养工作水平评估"领导小组。

1月9日　西安电子科技大学图书馆邀请美国明尼苏达大学东亚图书馆馆长陈肃女士来馆做题为《中美高校图书馆现状与未来的比较》的报告，西安电子科技大学图书馆、西北工业大学图书馆部分代表参加报告会。

1月10日　陕西高校图工委在西安交通大学图书馆召开会议，讨论先进集体和先进个人评选办法，部分副主任馆的馆领导参加了会议。

1月10日　西北工业大学图书馆申报本校2005年度高等教育研究基金项目，田苍林申报的"世界一流大学的形成与发展研究"项目，刘秋让申报的"研究型大学复合图书馆的作用及新特征研究"项目获准立项。

1月10日　西安电子科技大学图书馆举办"图书馆学、情报学专家报告会"。

1月11日　西安交通大学图书馆邀请美国明尼苏达大学东亚图书馆馆长陈肃女士来馆做题为《中美高校图书馆现状与未来的比较》的报告，西安交通大学图书馆、西安理工大学图书馆、西安工业学院图书馆部分代表参加了报告会。

1月11日　西北农林科技大学图书馆召开教职工代表第一届一次会议，会议成立了图书馆教职工代表大会领导小组及馆务公开领导小组。

1月12日　受省教育厅委托，陕西高校图工委组织有关专家进行第五次普通高校图书馆先进集体和先进个人的评选工作。

1月13日　西北工业大学图书馆召开文献资源建设发展研讨会。

1月13日　西安理工大学图书馆馆长及部室主任一行12人赴西北农林科技大学图书馆参观学习评估工作经验。

1月　陕西国防工业职业技术学院任命孟繁增为图书信息处副处长（主持

工作）。

1月 　陕西中医学院图书馆购买爱迪科森网上报告厅、中国优秀博硕士学位论文全文数据库、中国重要会议论文全文数据库。

1月 　西安电力高等专科学校图书馆开始实行采购图书资料实洋报账制度。

1月 　西北大学现代学院图书馆开通南京汇文图书馆集成管理系统各个模块，实现书刊采访、编目、典藏、流通、书目查询计算机管理，实行藏、借、阅一体化管理服务和分借分还的借阅模式，开始回溯建库工作。

2月14日 　陕西省教育厅发文《关于表彰普通高校图书馆先进集体和先进个人的决定》（陕教高〔2006〕3号），共有18所高校图书馆被评为先进集体，8名同志被评为图书馆优秀管理干部，68名同志被评为图书馆先进个人。

2月20日 　西安工业大学图书馆延长开放时间，期刊科技阅览室周六和周日全天开放，教师阅览室周六和周日白天开放。

2月28日 　西北工业大学图书馆发布《图书馆网络通信、计算机信息系统及办公自动化设备管理系列规章制度》。

2月 　陕西师范大学图书馆第二轮聘任结束，共聘任正式在编人员89人，聘用计划外用工47人。

2月 　商洛师范专科学校经教育部批准升格为本科院校，同时更名为商洛学院，图书馆随之更名为商洛学院图书馆。

2月 　西安工程科技学院图书馆为全校本科生开设的文献检索课由必选课改为任选课。

2月 　西安工程科技学院图书馆修改《图书馆流通借阅管理相关规定》，自2006年3月起执行。

3月2日 　西北工业大学图书馆召开中文电子图书数据库演示及订购意见座谈会。

3月3日 　陕西师范大学长安校区图书馆正式实行藏、借、阅、咨询一体化服务模式，同时实行新的开放时间，实现从早8点到晚22点不间断开放，周开放时间达80.5小时，部分阅览室达到90小时。

3月10日 　西北农林科技大学图书馆特邀西北大学公共管理学院副院长杨玉麟教授为全馆职工做关于"图书馆管理"的报告。

3月12日 　西安工业大学图书馆第一批永久磁条转换为复合磁条的工作完成，为未央图书馆的开放和新服务模式提前做好准备。

3月14日 　西北农林科技大学校长办公会议研究决定：图书馆电子阅览室自4月1

日起实行收费管理，收费标准为0.8元／（机·小时）。

3月15日 CALIS导航库项目管理组第三次会议在西安交通大学图书馆召开。会议总结了导航库项目建设阶段成果，通报了中期检查结果和存在的问题，确定了验收前的工作安排。

3月15日 贺继康任陕西教育学院图书馆副馆长（主持工作），刘世峰为副馆长。

3月18日 西北农林科技大学图书馆成立馆史编撰室，返聘退休职工李洪斌研究馆员整理馆史资料。

3月21日 宝鸡文理学院图书馆为迎接教育部评估，组织了第二次较大规模的图书采购招标活动，总预算650万元（分期付款），计划购书40万册，北京教图、西安汉唐、西安飞扬、西安万邦、宝鸡秦风等图书公司中标。

3月23日 CADAL管理中心副主任、浙江大学图书馆副馆长赵继海等一行5人到西安交通大学图书馆检查CADAL项目进展情况，对该馆完成15,000册的一期任务及承担10,000册的二期任务给予肯定。

3月25日 西安电力高等专科学校图书馆实行全员竞聘上岗，图书馆召开竞聘演讲会，15名职工参加。

3月27日 西安理工大学图书馆管理系统——汇文管理系统从Libsys2.0升至Libsys3.0，提升和完善了管理和服务功能。

3月28日 延安大学召开图书馆建设与管理工作会议，学校党政领导、各单位负责人、师生代表及图书馆全体工作人员共120多人参加了大会，会议听取了赵振峰馆长所做的图书馆工作报告，讨论通过了延安大学第三届图书馆工作委员会章程，选举产生了第三届图书馆工作委员会委员，代表们围绕图书馆建设和发展中存在的主要问题进行了讨论。

3月30日 "2006年陕西省高等学校图书情报工作会议"在宝鸡召开。陕西省教育厅郝瑜副厅长，省教育厅高教处曾平处长、张双前副处长，省高校图工委主任、西安交通大学蒋庄德副校长，宝鸡文理学院赵荣侠副院长以及来自全省60多所高校图书馆的馆领导共100余人参加了会议。

3月 陕西科技大学图书馆完成了图书馆部室主任的聘任及全员岗位聘任工作，制定了《陕西科技大学图书馆工作人员双向选择聘任制实施办法》。

3月 陕西教育学院图书馆新订万方数据库。

3月 李尚民任商洛学院图书馆馆长。

3月 西安工程科技学院图书馆开展电话、网络预约服务。

3月 西安工程科技学院图书馆为准备新校区图书馆布局，张大为副馆长带队考察陕师大新校区图书馆、西安理工大学曲江校区图书馆、西北农林科技大学图书馆。

3月	西安交通大学城市学院图书馆将三楼借阅室万余册经管类图书搬迁至一楼社科书库。
3月	西安美术学院图书馆成立教学南区图书室，配备美术、文学等各类藏书2万余册。
3月	张新吉任西安培华学院图书馆副馆长。
3月	樊长军任西安石油大学图书馆副馆长。
3月	西安外国语大学图书馆召开长安校区图书馆功能布局征求意见会。
3月	陕西医学高等专科学校图书馆更名为西安医学院图书馆。
3月	西北政法学院成立"图书馆学生管理委员会"。
4月1日	西北工业大学图书馆发布《西北工业大学图书馆文献信息资源采购管理办法》。
4月3日	陕西师范大学图书馆"专家导引室"正式启动。
4月4日	西安工业大学图书馆完成所有过刊贴复合磁条的工作。
4月6日	西北农林科技大学图书馆举办信息检索系列讲座——ISI Web of Knowledge 培训讲座。
4月6日	延安大学图书馆获中华教育基金会赠送图书2446册，价值4.8万元。
4月7日	由教育部科技发展中心主办、《中国教育网络》杂志承办、西北工业大学图书馆协办的西北（含西南部分省份）地区"2006教育行业信息存储大会"在西北工业大学国际会议中心召开。参加本次大会的有来自西北（西南部分省份）地区各大专院校图书馆、网络教育界的代表约200人。
4月8日	美国西弗吉尼亚大学理工学院原图书馆馆长杨肇英先生等一行6人访问西安交通大学图书馆。
4月12日	陕西科技大学图书馆与陕西省社会科学信息学会联合举办"为经济建设和科技创新提供知识服务"学术研讨会。
4月12日	西安工业大学图书馆邀请西安相关院校图书馆馆长召开座谈会，讨论西安工业大学图书信息中心建设的设想。
4月12日	西安交通大学"985工程"二期"图书馆现代化建设"项目正式启动。项目包括文献信息资源建设、图书馆自动化建设和图书馆阅览条件改善三个部分，项目总经费为1200万元，建设期限为2005年到2007年。
4月13日	西北工业大学图书馆发布《西北工业大学图书馆设备购置管理办法》。
4月18日	西北工业大学图书馆发布《图书馆对外发表论文审查办法》。

4月21日 西安理工大学图书馆将人文学院并入图书馆的图书资料7929册归还人文学院。

4月26日 陕西高校图工委高职高专工作组在西安航空技术高等专科学校图书馆召开第一次工作会议，会议由工作组组长王一功主持，讨论了建立高职高专图书馆网站等9个议题。

4月27日 西安工程科技学院图书馆更名为西安工程大学图书馆。

4月30日 西安理工大学图书馆为迎接本科教学评估，在全馆范围内开展"我为评估出主意"活动。

4月30日 西安理工大学图书馆完成裸容量为16T存储系统及配套服务器的招标、安装、调试及验收工作。

4月 陕西科技大学图书馆开展第三次文明礼貌服务月活动。

4月 陕西科技大学图书馆参编的《新编图书馆学情报学辞典》一书，由科学技术文献出版社正式出版，全书共240万字。

4月 商洛学院图书馆4个部室由学院按科级编制设置。

4月 西安财经学院图书馆华美北校区书库、阅览室正式开放。

4月 咸阳师范学院图书馆与宣传部、学工部、校团委联合主办"点燃读书激情，构建和谐校园"首届大型读书系列活动，举办"书中一片天，爱我美校园"读书征文活动。

5月12日 陕西省教育厅及陕西高校图工委联合向本省普通高校图书馆下发了《关于开展为贫困大学生租借教材工作的倡议书》，拟在图工委常委馆进行试点。

5月12日 西北工业大学图书馆根据陕西省教育厅《关于开展为贫困大学生租借教材工作的倡议书》精神，召开部门负责人会议，制定出具体的实施方案，图书馆将从正常图书购置费中划拨10万元专款，购买学校教学指定的基础教材，并接收全校师生捐赠的教材，成立教材阅览室。

5月14日 陕西教育学院图书馆启用计算机图书借还系统。

5月15日 西安交通大学图书馆开始筹建"西安交通大学文库"，文库收藏、展示历年来西安交通大学师生和海内外校友正式出版的学术著作和其他作品等，所有藏品将永久保存并向所有读者开放。

5月15日 西安欧亚学院图书馆与北京万方数据公司共同策划开展"万方数据资源使用及如何提高学生信息素质"网上讲座。

5月16日 西安翻译学院图书馆获高等教育出版社赠送图书500多册，价值1.3万元。

5月17日 西安电力高等专科学校图书馆联合校团委"三百工程"（读百部名

著、看百部爱国电影、唱百首优秀歌曲）项目，开展读书学习活动，图书馆购入大批相关书籍和视听资料，开展书展活动，引导同学们阅读与欣赏。

5月18日 刘艳明任陕西铁路工程职业技术学院信息中心副主任，负责图书馆工作。

5月18日 西北工业大学图书馆与理学院应用数学系签订了代采、分编、加工一批图书的委托书，合计金额约20万元，其中，中文图书105种、外文图书43种、外文期刊75种，并使院系专业文献资源有序地纳入图书馆的书目查询管理系统。

5月19日 美国西弗吉尼亚大学理工学院图书馆原馆长杨肇英先生一行4人到西北工业大学图书馆交流访问并做学术报告，西工大图书馆及陕西省部分高校图书馆代表及西北大学图书情报专业在校学生百余人参加了报告会。

5月22日 西安工业大学图书馆未央新馆交工。

5月24日 西藏民族学院图书馆工作委员会成立。

5月25日 西北工业大学图书馆与学校教务处教材科联合筹备的新书阅览室正式对全校师生开放。

5月28日 西藏民族学院图书馆推出新版图书馆网站。

5月30日 由CALIS西北地区中心、陕西高校图工委主办，西安交通大学图书馆承办的"CALIS西北地区馆际互借/文献传递工作会议"在西安交通大学钱学森图书馆召开，来自西北五省27所高校图书馆的51名代表出席会议。

5月31日 西北大学图书馆获高鸿院士捐赠图书326册。

5月 安康师范专科学校图书馆正式更名为安康学院图书馆。

5月 陕西国防工业职业技术学院图书馆举办全校师生图书捐赠活动。

5月 陕西师范大学批准图书馆人事分配制度改革方案，从5月份开始实行职工津贴和计划外用工工资动态总额包干制。

5月 西安外国语大学图书馆启动向长安校区搬迁工作。

5月 西京学院图书馆启动迎评工作，学院将善行楼和信息楼一、二层划拨给图书馆，新增4个阅览室、4个大自修室、7个小自修室、4个教师阅览室。

6月2日 陕西服装艺术职业学院图书馆新馆交付使用。

6月5日 由陕西高校图工委文献编目工作组和CALIS西北地区中心联合举办的"文献编目业务基础培训班"在西安电子科技大学图书馆开班，来自全省46所高校图书馆的133名馆员参加培训。

6月6日　西安工业大学图书馆未央馆开馆运行，一期开放5个阅览室。

6月6日　西北工业大学图书馆成立治理商业贿赂工作领导小组。

6月8日　西安欧亚学院图书馆获马玉祥馆长捐书502册。

6月10日　陕西师范大学图书馆工作委员会完成换届。

6月11日　西安理工大学图书馆将金花校区主馆科技图书样本室及借阅室的艺术类图书调拨至曲江校区分馆。

6月12日　西安理工大学图书馆中义期刊阅览室和样本图书阅览室允许读者带包进入，提高了阅览座位的利用率。

6月12日　CALIS管理中心在北京大学组织专家对"重点学科网络资源导航库""西北地区文献信息服务中心"子项目进行结题验收。网络资源导航库中心系统向所有参建馆所在学校的读者开通试运行，为读者提供77个一级学科的资源链接14万多条。

6月15日　国家"211工程"项目验收组专家对西北工业大学图书馆"211工程"建设项目"数字图书馆"进行验收。

6月19日　陕西高校图工委转发教育部图工委"关于发布《普通高等学校图书馆文献集中采购工作指南》的通知"。

6月22日　西安理工大学图书馆接收学校教材科的2万多册剩余教材。

6月22日　西安工业大学图书馆机构设置改为办公室、信息部、采编部、流阅部（包括流通部、期刊部、阅览部），流阅部下分3个小组。

6月22日　西北工业大学图书馆协助学校理学院和学生处举办"毕业生感恩母校，为工大图书馆添砖加瓦"捐书活动，图书馆共接受捐书749册，刊213册。

6月23日　为指导陕西省各高校图书馆做好2006～2007年度的本科教学工作水平评估工作，陕西高校图工委在长安区常宁宫召开陕西高校图书馆迎接本科教学评估工作座谈会，部分高校图书馆的馆领导参加了会议。

6月27日　"西北地区医学图书情报学术研讨会"在延安大学图书馆召开，西北地区12个教学科研单位30多位代表参加了会议。

6月　　　童延辉任陕西国际商贸职业学院图书馆馆长。

6月　　　陕西科技大学图书馆在毕业学生中收购教材30,872册，经过分类、编目、加工、上架，为大学生提供免费使用教材服务。

6月　　　陕西铁路工程职业技术学院图书馆完成2万册特价书招标。

6月　　　陕西铁路工程职业技术学院图书馆全馆人员分批到西安理工大学图书

馆、西安科技大学临潼校区图书馆、渭南师范学院图书馆、陕西国防工业职业技术学院图书馆参观学习。

6月　商洛学院图书馆对多年来外借未还图书进行较为彻底的清理催还。

6月　渭南师范学院新校区图书馆正式开放。南校区和新校区图书馆总建筑面积达到3.04万平方米。

6月　西安工程大学图书馆、西安理工大学图书馆与CALIS中心签署《CALIS西北地区中心馆际互借/文献传递协议》。

6月　西安工业大学图书馆确定图书馆的团队文化为"和谐一流、团结进取、负责敬业、公正人本"。

6月　西安航空技术高等专科学校图书馆开始进行全面清还书和回溯建库工作。

6月　西安建筑科技大学图书馆荣获全校迎评促建工作状况检查评比第二名。

6月　西安铁路职业技术学院图书馆于2006年上半年更新了图书馆自动化系统设备。

6月　西安文理学院图书馆完成对原西安教育学院图书馆藏书进行回溯建库后和原西安联合大学图书馆藏书实质性合并，共计藏书45万余册。

6月　西藏民族学院图书馆订购CNKI的中国优秀博硕士学位论文全文数据库（CDMD）5个专题。

6月　长安大学渭水校区逸夫图书馆建成并投入使用。

7月3日　陕西科技大学西安校区图书馆大楼破土动工。

7月3日　陕西理工学院图书馆升级ILASⅡ2.0服务器，扩展为24用户，南北校区图书馆实现通借通还。

7月4日　西安外国语大学图书馆完成向长安校区的搬迁工作。

7月4日　延安大学图书馆建成《延安大学特色馆藏数据库》，并在校园网上开通使用。该数据库包括《红色中华》（1931.12～1937.1）、《新中华报》（1937.1～1941.5）和《解放日报》（1941.5～1947.3）自创刊至休刊的全部内容，是研究中国共产党和中国革命史的重要历史资料。

7月5日　西北工业大学图书馆进行岗位聘任、主任竞聘工作。

7月8日　西藏民族学院图书馆进行数据库培训活动，参加本次培训的有各院系的教师、学生及图书馆的相关工作人员。

7月10日　西安理工大学图书馆修订业务工作细则等制度。

7月16日　延安大学图书馆与到访的清华大学图书馆工作人员进行座谈、交流，双方就两馆协作事宜进行了讨论。

7月19日　西北工业大学图书馆承办的"国防科技文献信息资源共建共享座谈

会"在西安召开，来自全国国防系统九所院校从事文献工作的20位专家参加了座谈会，会期三天。

7月　陕西中医学院图书馆完成《陕西中医学院图书馆发展史》的编写。

7月　西安理工大学图书馆完成曲江校区图书馆电子阅览室二期工程，扩充120台计算机，使电子阅览室读者用机达到340台。

7月　西安培华学院图书馆全部由高新校区搬往长安校区。

7月　西北农林科技大学图书馆完成了自动遮阳伞的安装工程。

7月　杨凌职业技术学院图书馆完成全员聘任工作。

7月　杨凌职业技术学院图书馆开通了清华同方CNKI系列全文数据库。

8月6日　偷盗宝鸡文理学院图书馆图书的嫌疑人被抓，经审查，嫌疑人从2004年11月起，利用图书馆防护设施不健全和工作人员责任心不强的漏洞，数十次偷盗馆内图书共计3000余册，出售到宝鸡市区及周边县市。经过公安机关及时介入，追回大部分已售图书，无法追回图书约400册，盗书人被依法判刑6年。学校专门成立工作小组，对此事件进行深入调查，对相关责任人进行了公开处理。

8月6日　延安大学图书馆接受孙立哲先生赠书6000多册，价值约15万余元。孙立哲先生曾作为北京知青在延安插过队，对陕北老区有着深厚的感情，现为北京华章图文公司董事长、医学博士。

8月28日　西北工业大学图书馆长安校区临时图书馆开馆，馆藏近10万册书刊。

8月31日　延安大学图书馆编撰《红色中华》索引二册、《新中华报》索引五册，为师生查阅党史资料提供方便。

8月31日　宝鸡文理学院图书馆迎评促建工作进入冲刺阶段。全馆职工利用暑假休息时间，完成了老校区图书馆流通部和样本库50多万册图书的倒架、排架、上架和清点任务。采编部对新购的大批图书进行编目加工。

8月　安康农业学校图书馆作为安康学院图书馆分馆，资产全面移交，人员实行双重管理。

8月　陕西科技大学图书馆完成西安校区临时图书馆与咸阳校区图书馆的联网，实现图书异地通借通还功能。

8月　陕西中医学院图书馆完善了主机房扩建工作，增加服务器2台、核心交换机1台、磁盘阵列1台、后备电源一台。

8月　陕西中医学院图书馆完成文化墙建设、壁画安装及外文期刊合订本的回溯建库，修订了《陕西中医学院图书馆读者手册》。

8月　商洛学院图书馆投入资金近40万元对所有馆藏图书进行回溯建库，并购买管理系统。

8月	西安工程大学图书馆将原使用的丹诚图书馆集成管理系统更换为汇文集成管理系统，选派8位馆员赴南京大学进行系统软件的学习培训。
8月	西安交通大学城市学院图书馆在三楼东侧设立了经管类图书借阅室。
8月	西安交通大学城市学院图书馆将ILAS（S）集成系统升级为ILAS-Ⅱ8用户。
8月	西安科技大学图书馆磁盘存储项目建成，整个项目包括16TB容量的磁盘阵列，3台Dell机架式服务器，采用FC-SAN架构，项目主要用于文献信息管理系统和在线数据库服务。
8月	西安美术学院图书馆建成了"馆藏历代绘画作品数据库""馆藏文物特色数据库""民间艺术品特色数据库"等9个特色数据库。
8月	西安培华学院图书馆借阅室全面调整，共向读者开放借阅室9个。
9月1日	西安欧亚学院图书馆新馆5个阅览室和2个自修区对读者开放。
9月1日	西安思源职业学院图书馆杨邦俊馆长主编的《图书馆与和谐社会》由中国社会科学出版社出版。
9月2日	陕西理工学院北校区图书馆全面开始回溯建库，原图书馆自动化集成管理系统停止使用。
9月4日	西安外国语大学长安校区图书馆正式对读者开放。
9月8日	西安翻译学院图书馆举办首届学术交流研讨会。
9月14日	西北农林科技大学图书馆通过了创建省级"文明校园"目标任务和《图书馆开展"优质服务月"活动实施方案》。
9月18日	教育部高等教育教学评估专家到陕西师范大学图书馆参观考察。
9月18日	西北工业大学图书馆邀请中国国际图书贸易总公司上海分公司在图书馆举办"国外原版科技图书书展"，展期三天。
9月24日	西北工业大学本科教学工作水平预评估专家组第一、二组专家在校领导的陪同下，参观了西北工业大学图书馆。
9月26日	西北工业大学预评估专家组成员雷敏教授到图书馆东馆考察，先后走访了文献建设部、信息技术部、外文期刊阅览室。
9月27日	延安大学图书馆对汇文集成管理系统软件进行升级，建成双机热备系统，项目投资23.5万元。
9月28日	教育部李卫红副部长在西北农林科技大学校领导的陪同下，对西北农林科技大学图书馆的工作进行检查指导。
9月28日	西安铁路职业技术学院图书馆协助完成了50周年校庆展室和名人字画

展的装修布置工作。

9月　　安康学院图书馆根据管理和服务方式的变化，修订了部分读者管理制度。

9月　　陕西国际商贸学院图书馆面积扩大到4900平方米，馆藏图书为23万册。

9月　　西安财经学院行知学院图书馆搬迁至白鹿原大学城，馆舍面积1700平方米。

9月　　西安财经学院图书馆雁塔校区西院阅览部完成重组，正式开放。

9月　　西安财经学院图书馆评建工作领导小组成立。

9月　　西安电力高等专科学校本部图书馆对8000余册课程设计、毕业设计资料建立了书目数据库。

9月　　西安电力高等专科学校南区图书馆利用假期更换了图书馆自动化管理系统，完成了8万册图书的数据转换工作。

9月　　西安工业大学图书馆未央馆新增开放阅览室4个。

9月　　西安建筑科技大学图书馆荣获学校"先进教学单位"。

9月　　西安交通大学图书馆启动专业馆员培训计划，培训内容包括"入学图书馆的建设与发展""网络环境下的资源揭示"等8个主题。

9月　　西安科技大学高新学院图书室建成，设在临潼电子信息所内。

9月　　西安科技大学图书馆完成"汇文信息服务系统3.0"项目，OPAC的升级服务器平稳迁移。

9月　　西安培华学院图书馆设立馆办公室、文献建设部、流通部、阅览部、信息技术部"一办四部"，各部室负责人正式到位。

9月　　西安铁路职业技术学院图书馆完成了图书馆环境美化工作，一楼大厅添置了大型玻璃钢雕塑及读者导航系统。

9月　　西藏民族学院图书馆经过两个多月的搬迁，图书馆新馆正式对外开放。

9月　　西安电子科技大学图书馆参与的"十五""211"建设项目"数字图书馆"子项目建设通过教育部验收评估。

9月　　西京学院图书馆制定"工作人员行为规范""读者监督细则""文明用语和禁语"制度。

9月　　咸阳师范学院图书馆完成过刊阅览室的搬迁工作。

10月2日　陕西理工学院图书馆牵头组织的全校教职工图书资料共享（捐赠）活动结束，共享（捐赠）图书8.8万册。

10月3日　陕西理工学院图书馆完成容量为4TB的磁盘阵列存储系统安装调试工作，正式投入使用。

10月6日　西藏民族学院图书馆新馆电子阅览室向师生开放。

10月8日　西安电力高等专科学校图书馆完成本部图书馆的整体翻新装修，正式对读者开放。

10月8日　许文丹任西安航空技术高等专科学校图书馆副馆长。

10月8日　西安思源职业学院图书馆新馆建成并投入使用，建筑面积为2.07万平方米。

10月9日　西北农林科技大学图书馆与图书馆学生管理委员会联合举办了"以好书为伴，绘美丽人生"万人签名和"争做文明读者"倡议活动。

10月10日　延安大学图书馆完成《延安大学图书馆特藏文献目录》（第二辑）的编辑和制作，提交历史文献阅览室供师生查阅。

10月13日　西安工业大学召开全校各单位图书登记会议，会后成立了统计小组。

10月16日　西安电子科技大学图书馆接受陕西省专家对学校和图书馆的咨询评估。

10月16日　西安欧亚学院图书馆接待西安美术学院180余名设计专业学生的参观。

10月16日　西安思源职业学院图书馆和陕西省社会科学信息学会承办的"全国首届民办高校图书馆学术研讨会"在陕西体育宾馆举行，会期三天。

10月16日　西藏民族学院图书馆参加学校本科教学工作水平评估，教育部本科教学工作水平评估组专家来图书馆走访考察，与图书馆工作委员会成员召开座谈会。

10月17日　西安培华学院图书馆参加学校本科教学水平评估工作。图书馆各项指标都达到了要求，并顺利通过了此次评估。

10月19日　西安理工大学图书馆曲江分馆社科研修室面向教师和研究生开放。

10月21日　陕西服装艺术职业学院图书馆新馆正式开放。

10月22日　省高校图工委主办、西北工业大学图书馆承办的"陕西高校图工委自动化研讨会"在西安高科度假大酒店举行，来自全省20所院校的馆长、副馆长、技术部主任、业务骨干共计50人参加了会议，会期两天。

10月23日　省委书记李建国、延安市委书记李希、市长陈强等省市领导视察延安大学图书馆。

10月24日　西北农林科技大学图书馆承办全国林业院校图书情报工作委员会暨中国林业教育学会图书馆工作委员会第十五次会议，到会专家、领导共计30余人，收到论文50余篇。

10月25日　西安电子科技大学图书馆举办"第七届中国INNOPAC用户协会年会"，40余人参会。

10月25日　西北农林科技大学校长孙武学到图书馆北馆检查指导工作。

10月27日　西北农林科技大学图书馆在南馆报告厅召开"优质服务月"活动动员大会。

10月28日　美国西敏商学院40余名师生参观西安翻译学院图书馆。

10月30日　西安欧亚学院图书馆获余宝珠教授、谭志明教授捐赠图书700余册，在图书馆举行了捐赠仪式。

10月　　　陕西国际商贸学院图书馆开展首届"优质服务月活动"，评选出了读者最满意的馆员5名，在征文活动中共收集征文300多篇，出版征文集《书林漫步》。

10月　　　陕西科技大学图书馆完成了10个自建数据库，包括陕西科技大学专利全文数据库、科技成果数据库、皮革文献资源数据库、文献检索试题等数据库。

10月　　　陕西铁路工程职业技术学院图书馆旧楼改造。

10月　　　陕西中医学院图书馆顺利通过本科教育水平评估。

10月　　　王思根仟商洛学院图书馆副馆长。

10月　　　渭南师范学院引进社会力量在图书馆建立了三个电子阅览室。

10月　　　西安电力高等专科学校图书馆开展馆员全员在职培训。

10月　　　西安电力高等专科学校图书馆对900余名新生进行了"如何利用图书馆""电子阅览室的利用及电子文献检索"的培训。

10月　　　西安工程大学图书馆自建数据库"硕士学位论文数据库及管理系统""我国服装学科专题文献数据库"和"纺织服装专题信息导航数据库"完成。

10月　　　西安建筑科技大学图书馆与台湾朝阳科技大学图书馆签订"文献传递服务合作计划"。

10月　　　西安科技大学图书馆完成"十一五"发展规划纲要（草案）。

10月　　　西安科技大学图书馆开展电子文献信息检索培训月活动。

10月　　　西安理工大学图书馆副馆长王浩主编的《信息服务质量概论》由陕西人民出版社正式出版发行。

10月　　　原陕西省艺术学校（临潼）并入西安美术学院，成为西安美术学院临潼校区，西安美术学院图书馆建立了临潼校区分馆，配置美术文献6万余册，指导分馆各项业务工作。

10月　　　西安美术学院教师向图书馆捐赠图书、画册2000余册。

10月　　　西安培华学院图书馆采购电子图书。

10月　　　西北大学现代学院新校区图书馆破土动工。

10月　　　西北政法学院图书馆举办"全国政法院校图书馆第三届馆际协作会议"。

11月1日　张忠义任陕西理工学院图书馆副馆长。

11月1日　西北农林科技大学图书馆向杨凌示范区企业开放图书阅览及科技查新、信息查询等服务。

11月1日　西北农林科技大学图书馆举办"优质服务月"系列活动。

11月2日　西安欧亚学院图书馆落实各部门人员定岗定编，设五部一室，即咨询培训部、网络信息部、文献建设部、流通部、阅览部、馆办公室。

11月7日　西安邮电学院和兰州军区共建"国防教育阅览室"揭牌仪式在图书馆举行。

11月8日　西北大学图书馆贫困生教材借阅室正式开放。

11月10日　西北农林科技大学图书馆通过图书馆主页，馆内各个服务点及图书馆学生管理委员会发放"读者调查问卷"，征求读者意见。

11月13日　西安交通大学图书馆接受赠书，交通大学美洲校友基金集团理事长郑国宾先生将家藏珍本古籍《说文解字诂林》全套共82册捐赠给母校，该套书为其父郑健庐于70多年前购买。

11月13日　西安工业大学图书馆召开2007年中文期刊招标会。

11月15日　西安航空技术高等专科学校图书馆开放展览厅、报告厅，迎接50周年校庆。

11月15日　西北农林科技大学图书馆举办"损毁书刊展览"，展期15天。

11月15日　西北农林科技大学图书馆在水保所专业分馆举行"学科化信息服务"启动仪式，在仪式上，中国科学院国家科学图书馆授予水保所专业分馆"学科化信息服务站"站牌。

11月15日　西北农林科技大学图书馆倡导学生做文明读者，并在全校范围内开展"图书馆与我的大学生活"征文活动。

11月16日　刘兴海任西安财经学院图书馆馆长，陈文爱、安娜任图书馆副馆长。

11月16日　西北农林科技大学图书馆召开中青年教师座谈会。

11月17日　西北农林科技大学图书馆召开大学生座谈会。

11月20日　教育部评估专家组在西安理工大学校领导的陪同下考察了曲江校区图书馆，专家们听取了汇报并参观了借还书台、电子阅览室、数理化图书借阅室以及中文期刊阅览室等。

11月20日　西安外国语大学图书馆接待美国洪堡学院图书馆馆长夫妇到馆参观座谈。

11月20日　西北农林科技大学图书馆召开大学生文献信息需求座谈会，图书馆采访工作负责人与30余名学生代表参加了座谈会。

11月20日　延安大学图书馆接受马宵教授捐赠的图书资料416册，马宵教授为原延安医学院院长，他将个人毕生收藏的医学资料全部捐赠给学校图书馆。

11月21日　由CALIS联机编目中心主办、西安交通大学图书馆承办的中文图书编目普通班在西安交通大学开班。共有来自国内82所院校、8家图书公司的151名编目员参加培训。北京大学图书馆潘筠副研究馆员、华东师范大学图书馆张期民副研究馆员及西安交通大学图书馆郭炜副研究馆员任培训教师。

11月21日　西北工业大学图书馆举办剑桥RefWorks专题培训讲座，特邀剑桥科学文摘社的高贵平先生主讲，参加培训的研究生、教师、本科生有近150人。

11月21日　西北农林科技大学图书馆与图书馆学生管理委员会联合举办了"相约图书馆，共创辉煌"报告会。

11月22日　教育部评估专家组专家走访了西安理工大学金花校区图书馆，听取了图书馆的汇报，考察了图书馆。

11月23日　胡晓萍任西安财经学院图书馆党总支书记、副馆长。

11月27日　西北工业大学图书馆参加学校的本科教学水平评估工作，评估专家行13人刊图书馆就教学条件进行考察。

11月28日　西北农林科技大学图书馆与校人事处联合邀请本校部分中青年教师，在图书馆召开文献信息需求座谈会。

11月28日　延安大学图书馆接受人大书报资料中心赠送的《复印报刊资料》1985年以来各年度合订本1469册、专题数据库23种、服务器1台，总价值约50万元。

11月28日　长安大学图书馆通过教育部本科教学工作水平评估专家组的检查验收。

11月30日　西安工业大学图书馆开展了向学校定点扶贫村献爱心的捐款活动。

11月　　　陕西国际商贸学院图书馆开展了"爱我商院，我为评建做贡献"捐书活动，共收到校内外师生捐赠图书1.6万册。

11月　　　陕西科技大学图书馆对2004年版的《陕西科技大学图书馆规章制度汇编》再次做了修订和补充，并汇集成册。

11月　　　张文林任陕西科技大学图书馆副馆长。

11月　　　陕西中医学院图书馆在本科教学水平评估中获得校级"评建先进集体"称号。

11月　　　西安建筑科技大学图书馆在教育部本科教学工作水平评估中，各项指标均达到优秀。

11月　　　西安科技大学图书馆成立新一届"西安科技大学文献信息资源建设咨

询委员会"。

11月	西安科技大学图书馆启动"煤炭技术与煤矿安全数据库"和"馆藏外文期刊文摘数据库"的建设。
11月	西安理工大学图书馆编辑的《人文社会科学中文重要期刊投稿指南》印刷完成。
11月	西北农林科技大学图书馆开展了4次专题学术讲座。
11月	西北政法大学长安校区图书馆揭牌仪式举行。
11月	咸阳师范学院图书馆购置电子文献数据库（CNKI、万方博硕和会议论文），填补了图书馆电子资源的空白。
12月1日	西北农林科技大学图书馆召开全馆职工大会，对"优质服务月"活动进行了总结。
12月5日	西北农林科技大学图书馆接受教育部科技发展中心专家组的考察，专家组一行5人对科技查新站进行了考察评估。
12月5日	宝鸡文理学院图书馆召开职工代表大会，部署迎接教育部评估工作。
12月6日	西北工业大学图书馆迎接教育部科技发展中心专家组评审，以教育部科技发展中心副主任周静为组长的专家组一行5人，对图书馆申报教育部科技查新工作站进行工作评审。
12月7日	CALIS"重点学科网络资源导航库"项目在西安交通大学图书馆召开项目管理组第四次工作会议。会议讨论并通过了《"十五"期间CALIS"重点学科网络资源导航库"导航资源建设学科评优评审办法》，并据此进行了优秀学科评审。西安交通大学图书馆、西安电子科技大学图书馆、西安建筑科技大学图书馆各获一等奖一项，西安交通大学图书馆、西北工业大学图书馆、第四军医大学图书馆各获二等奖一项。
12月7日	西北农林科技大学图书馆和研究生院联合举办主题为"只有一流的科技信息才能推动一流的科学研究"的SCI数据库讲座。
12月10日	西安工程大学召开文献资源建设研讨会，就图书的采购质量、复本量的控制、各大类分布，图书的调拨等工作中存在的问题进行了交流和沟通。
12月12日	西安翻译学院召开首届图书馆工作委员会会议。
12月17日	西安思源职业学院图书馆购买万方数字化期刊、中国学位论文数据库、中国学术会议论文数据库、中国法律法规全文数据库。
12月18日	延安大学图书馆接受中华书局陈铮先生赠送的图书资料1464册。

12月18日 西安思源职业学院举行庆祝图书馆新馆揭牌暨"陈忠实文学馆"建馆启动仪式。在仪式上，延安文艺学会向图书馆捐赠图书100余册，航天英雄杨利伟来图书馆和师生互动。

12月18日 刘莎任西北工业大学图书馆副馆长。

12月27日 西安工业大学刘江南校长向图书馆捐款1000元，用于购置图书。

12月30日 西安工业大学张君安副校长向图书馆捐书240册、捐款800元。

12月31日 延安大学图书馆全年共接受高教出版社赠书2101册，价值6万元。

12月 陕西国防工业职业技术学院北校区图书馆投入使用。

12月 陕西科技大学西安校区临时图书馆扩建电子阅览室，共有电脑160台。

12月 陕西铁路工程职业技术学院图书馆更换管理系统，使用ILAS Ⅱ自动化集成管理软件。

12月 陕西铁路工程职业技术学院图书馆完成14万册图书的回溯建库及第二次全员聘岗工作。

12月 陕西教育学院图书馆组织全馆人员参观西北政法大学南校区图书馆，双方就目前图书馆建设和发展中的若干问题进行座谈和交流。

12月 陕西中医学院图书馆签订《CALIS西北地区中心馆际互借/文献传递协议》。

12月 陕西中医学院图书馆建成"陕西中医学院硕士学位论文数据库"。

12月 陕西中医学院图书馆"陕西中医学院馆藏古籍稀见本整理研究"课题立项。

12月 商洛学院图书馆2006年纸质图书购买经费首次突破50万元，并以院长办公会会议纪要的形式明确规定：今后每年纸质图书购买经费不低于50万元，且逐年增加。

12月 西安航空技术高等专科学校图书馆启动新馆搬迁工作。

12月 西安交通大学城市学院图书馆当年新增图书34,055册，累计藏书89,119册。

12月 CALIS管理中心和CADAL管理中心对在"十五"CALIS和CADAL项目建设中做出重大贡献的单位和个人进行表彰。西安交通大学图书馆作为重点学科网络资源导航库项目牵头承建单位获得"项目组织奖"等奖，设在西安交通大学图书馆的CALIS西北地区文献信息中心建设获"全国和地区中心建设奖"二等奖，CADAL数字资源西安交通大学分中心获"资源建设优秀奖"三等奖。

12月 西安美术学院图书馆配合学院举行"国宝争辉——两岸故宫书画精品复制展"暨相关学术研讨活动，展示了馆藏的近百件精品。

12月	西安思源职业学院完成了系统升级换代，使用北京邮电大学的"现代电子化图书信息网络系统"。
12月	西北农林科技大学图书馆赵慧清主编的《图书馆利用指南》，由西北农林科技大学出版社出版。
12月	杨凌职业技术学院图书馆完善自动化管理系统。
12月	杨凌职业技术学院图书馆开设《信息检索及利用》公共选修课。
12月	西安体育学院图书馆投入12.6万元购买TPI自建数据库软件。
12月	西安外事学院图书馆建立"民办教育研究"数据库。
12月	西安电子科技大学图书馆接受教育部本科教学工作水平评估专家的评估。
12月	西安电子科技大学图书馆申报教育部科技查新工作站，10月通过了教育部科技发展中心的通讯评审，12月接受教育部科技发展中心专家组对查新站的现场考察。

2007年

1月3日	陕西省教育厅胡致本厅长一行视察陕西服装艺术职业学院并参观图书馆。
1月4日	西安工业大学图书馆金花馆与未央馆实现文献资源通借通还。
1月7日	陕西服装艺术职业学院图书馆购置同方CNKI《中国期刊全文数据库》《中国优秀博硕论文全文数据库》《中国重要会议全文数据库》《中国报纸全文数据库》等4个数据库。
1月9日	陕西高校图工委召开2007年第一次常委会。会议总结了图工委2006年工作计划执行情况，讨论了2007年工作计划要点，对为贫困大学生租借教材工作进行了阶段总结及经验交流。
1月9日	教育部发文《教育部关于在东华大学等14所高校设立第三批教育部部级科技查新工作站的通知》（教技发函〔2007〕1号），西安电子科技大学和西北农林科技大学分别获批设立理工类和农学类教育部科技查新工作站。
1月10日	西北工业大学图书馆举办业务交流会，图书馆中高级职称以上人员和业务骨干共26人参加。
1月12日	西安欧亚学院图书馆马玉祥馆长与明尼苏达大学东亚图书馆馆长陈肃研究馆员座谈。
1月12日	西安电子科技大学图书馆完成全员竞聘上岗工作。
1月16日	西北工业大学图书馆召开一卡通使用问题业务会。
1月21日	延安大学图书馆接受中国科学院文献中心赠送的图书资料1161册，价

值2.4万元。

1月22日　西安工程大学图书馆为迎接教育部本科教学评估，对图书馆工作进行了模拟评估，由学校专家对图书馆定位、文献总量、文献构成、借阅量、藏书质量、管理模式等问题提出意见和建议。

1月24日　西安工程大学图书馆对全体工作人员进行业务能力考核笔试，考试成绩及业务学习情况将作为年终考核的一部分。

1月30日　西北工业大学图书馆赵雁碧研究馆员主编的《信息检索原理与方法教程》一书荣获第八届中国石油和化学工业优秀教材二等奖。

1月　　　宝鸡文理学院图书馆参加学校本科教学水平评估准备工作，学校组织人员对图书馆迎接教育部评估准备工作进行了自评。

1月　　　陕西国际商贸职业学院图书馆购置超星电子图书10万多册，万方电子期刊5500种，实现电子资源零的突破。购置北邮Melinets自动化集成管理系统，图书馆的采访、编目、流通、期刊工作实现自动化管理。

1月　　　陕西科技大学图书馆随学校从咸阳搬迁至西安新校区，在教学A、B楼一、二层建立了临时图书馆，面积9000平方米，图书60余万册。

1月　　　西安科技大学图书馆讨论通过了《关于雁塔、临潼校区人员轮岗的补充规定》。

2月4日　陕西科技大学图书馆完成了行政及业务部门自咸阳校区迁往西安校区的工作。

2月10日　西安财经学院长安校区新图书馆大楼封顶，学院及图书馆领导出席封顶仪式。

3月4日　西安工业大学图书馆因工作重心北移未央校区，图书馆对人员岗位进行重新调配。

3月4日　西安外国语大学图书馆召开全馆大会，进行处级干部民主推荐。

3月6日　西安思源职业学院图书馆学生管理委员会正式成立，共有11名委员，同时通过了图书馆学生管理委员会章程。

3月7日　西安理工大学图书馆派王浩副馆长参加科技查新资格培训，并获得查新资格证书。

3月8日　延安大学图书馆新馆破土动工，设计建筑面积为3.4万平方米，土建工程预算投资6013万元，由陕西建筑集团总公司承建。

3月9日　陕西理工学院图书馆与国家科技图书文献中心（NSTL）签署协议，正式开展文献传递服务工作。

3月10日　西安工业大学图书馆未央馆布局完成，有12个阅览室，2个二级书库。

3月12日　西安工业大学图书馆迎接省评估专家的评估检查。

3月12日　第三批教育部部级科技查新工作站授牌暨查新审核员培训班在武汉举行。西安电子科技大学图书馆、西北农林科技大学图书馆参会并接受授牌。

3月13日　西北工业大学"长安校区图书馆建筑方案评审会"召开。

3月14日　陕西铁路工程职业技术学院图书馆正式实行开架借阅，完成了图书馆管理模式由闭架到开架的转变。

3月16日　西安培华学院图书馆积极开展为期一个学期的"善待每一位读者，从我做起"活动。

3月16日　西北工业大学图书馆"多校区高校图书馆文献资源的建设与优化研究"课题获批学校高等教育基金年度重点项目。

3月23日　西北大学图书馆召开书刊招标采购经验总结会。

3月26日　西安文理学院图书馆召开资产清查工作会议。

3月28日　西安外国语大学图书馆进行科级干部的竞聘工作。

3月28日　西安电子科技大学图书馆邀请清华大学图书馆副馆长杨毅到馆做题为"电子资源的发展和评估"学术报告会，有8所院校图书馆的30余名馆员参加了报告会。

3月29日　牛津大学出版社主办、西安交通大学图书馆协办的"全球化视野——图书馆馆藏的开发"中国研讨会在西安交通大学南洋酒店举行，会议邀请国外图书馆专家就馆藏管理、馆藏保存和使用等主题发表演讲，国内近70所高校图书馆的馆长参加会议，会期两天。

3月30日　西安电子科技大学图书馆与新校区学生社团联合会开展"图书馆志愿者服务"活动。

3月　　　宝鸡职业技术学院图书馆正式成立。

3月　　　严长远任陕西国防工业职业技术学院图书信息处副处长，正科级。

3月　　　陕西教育学院图书馆在两校区举办图书知识竞赛活动。

3月　　　陕西教育学院图书馆开放古籍图书阅览室。

3月　　　西安电力高等专科学校图书馆对外招标，对图书馆内部装饰进行统一规划和制作。

3月　　　西安科技大学图书馆召开"西安科技大学文献建设咨询委员会"第一次会议，各院系部43位委员参加会议。

3月　　　西安培华学院图书馆实行工作人员挂牌上岗制度。

3月　　　西京学院图书馆起草《建立部、系、院资料室建设方案》。

3月　　　长安大学图书馆将汇文管理系统2.0升级到3.0，增加了一些新功能。

3月　　　西安航空技术高等专科学校图书馆新馆搬迁整理工作完成，新馆开始试运行。

4月2日　陕西教育学院主页链接图书馆电子资源，读者可随时进行检索、下载和阅读。

4月3日　陕西高校图工委召开2007年第二次常委会。会议讨论通过了图工委2007年工作计划，交流沟通了图书馆资产核查有关事项。

4月5日　陕西省职业技术教育学会与陕西铁路工程职业技术学院图书馆举办2007年陕西省职业院校图书馆馆长年会暨数字图书馆研讨会，有25所职业院校的图书馆馆长参加了会议，会议就有关数字图书馆方面的内容进行了研讨，同时请评估过的院校做了图书馆评估方面的经验交流。

4月11日　西北农林科技大学图书馆举办Endnote书目信息管理软件使用讲座，邀请国家科学图书馆学科馆员张欣利介绍了Endnote软件的使用方法。

4月12日　西北工业大学图书馆举办业务交流会，分别就"数字图书馆网络安全与防御"和"数据挖掘技术在图书馆工作中的应用"为题进行发言交流，各部室主任及业务骨干共30余人参加。

4月12日　西安电子科技大学图书馆邀请西安交通大学图书馆副馆长叶春峰到馆做"查新工作"报告会。

4月14日　西安电子科技大学图书馆增加读者外借图书的总册数。

4月14日　陕西理工学院图书馆迎接陕西省古籍整理培训班学员来图书馆古籍室参观和实习。

4月16日　西安交通大学校长办公会议听取俞炳丰馆长关于图书馆工作委员会换届的汇报，会议原则通过了修订后的《图书馆工作委员会条例》。

4月16日　西北工业大学图书馆下发《图书馆文献信息资源采购管理办法》和《图书馆设备购置管理办法（修订稿）》。

4月17日　西北工业大学图书馆3位馆员获CALIS中文三级编目员资格认证。

4月19日　西安外国语大学图书馆迎接日元贷款项目检查团对图书馆项目落实情况的检查。

4月20日　西安思源职业学院图书馆工作委员会成立，主任委员由周延波院长担任。

4月21日　西北农林科技大学图书馆和图书馆学生管理委员会组织了"西北农林科技大学首届世界读书日'爱书·修书比赛'"活动。

4月24日　北大方正阿帕比产品技术应用培训与交流会议在西北大学图书馆举行。

4月27日　西安理工大学图书馆完成两年一次的岗位聘任工作。

4月28日　西藏民族学院图书馆举办"图书馆研究热点"和"学术论文撰写"专题讲座，全体工作人员参加。

4月30日　西安电子科技大学图书馆完成图书馆设备、办公家具、纸质图书、电子文献的清产核资工作。

4月　安康学院图书馆分馆人员正式划归主馆统一管理，在编职工达到39人。

4月　陕西服装艺术职业学院图书馆举办读书活动月。

4月　陕西科技大学图书馆完成存储设备由8T到14T的扩容工作。

4月　陕西科技大学图书馆接受陕西省专家组的本科教学工作水平的预评估，专家组先后三次走访图书馆。

4月　陕西铁路工程职业技术学院下拨图书馆2007年图书经费100万元。

4月　陕西教育学院图书馆聘任首批图书馆图书资料联络员，制定了《图书资料联络员职责》。

4月　陕西教育学院图书文献与信息传播研究所成立，贺继康任研究所所长。

4月　渭南师范学院图书馆完成了福慧资料室的筹建工作，香港福慧基金会向渭南师范学院捐赠100万元用于图书楼工程建设，将图书馆冠名为"福慧图书馆"。

4月　西安财经学院图书馆通过了《西安财经学院图书采购管理办法》《西安财经学院图书馆工作规程》《西安财经学院图书馆工作委员会章程》。

4月　西安财经学院图书馆工作委员会成立，丁德科任主任，刘兴海任副主任，胡晓萍任秘书长。

4月　西安电力高等专科学校图书馆对2007年度图书采购进行规范化管理。

4月　西安电力高等专科学校图书馆调整内部布局。

4月　西安工程大学图书馆首次进行文献采购公开招标，中文图书采购纳入规范管理。

4月　西安工程大学图书馆完成临潼校区新图书馆家具招标工作。

4月　西安工程大学图书馆张大为的学校教改项目"研究生学位论文管理系统"通过学校专家组验收结题。

4月　西安工业大学图书馆"德学梳理台"第1期与读者见面。

4月　西安建筑科技大学图书馆成立资产清查小组，完成图书资产清查工作。

4月　赵精兵任西安文理学院图书馆馆长，李秀敏任书记，刘卫利任副馆长。

4月　西北大学现代学院新校区图书馆主体封顶。

4月　西安培华学院图书馆开设外文图书借阅室。

4月　陕西中医学院图书馆电子阅览室实施实名制管理。

5月2日　　延安大学图书馆投资60万元，完成医学分馆电子阅览室建设项目，该项目包括电脑100台、管理服务器1台、交换机5台，通过校园网与总馆相连接。

5月7日　　西安理工大学图书馆增加了晚班还书服务、异地委托借书服务和委托科技查新服务。

5月8日　　西安工程大学临潼校区新图书馆竣工仪式在新馆北侧广场举行。新馆建筑面积2.5万平方米，设计藏书80万册，阅览座位3500席。

5月8日　　西北农林科技大学图书馆在《西北农林科技大学报》上开设"图书馆之窗"，主要介绍图书馆基本知识。

5月10日　陈遇春任西北农林科技大学图书馆总支书记。

5月10日　陕西高校图工委下发《"图书馆读者服务拓展与创新"学术研讨会征文通知》。

5月13日　西安工业大学图书馆迎接教育部本科教学工作水平评估专家组对未央校区图书馆的考察。

5月14日　西安理工大学图书馆开展"关爱贫困学生，献出闲散教材"活动，回收或接受本校师生捐赠使用过的教材共计3952册，进行加工后供贫困学生和其他读者借阅。

5月15日　教育部评估专家王洪瑞教授走访西安工业大学未央校区图书馆。

5月15日　西安理工大学图书馆召开学校图书馆工作委员会成员会议，进行图书馆电子资源选购论证，确定了需要订购的电子数据库。

5月15日　西安思源职业学院图书馆修订完成《西安思源职业学院图书馆管理制度汇编》。

5月21日　西安培华学院图书馆接受评估专家组检查。

5月21日　西安思源职业学院图书馆接受评估专家组检查。

5月21日　西北工业大学图书馆启动"2007年图书馆数字资源读者服务周"活动。

5月23日　商洛学院图书馆举行馆内首次学术交流会。

5月30日　西安理工大学图书馆完成社科类、经济类1.3万余册图书下架，调拨至曲江分馆。

5月31日　西安翻译学院图书馆举办大型电子资源数据库使用宣讲活动。

5月31日　成爱武任西安工程大学图书馆馆长。

5月　　　陕西国际商贸职业学院图书馆编印《图书馆工作研究论文集》。

5月　　　渭南师范学院图书馆新建自习室2个，增加自习座位300余个。

5月　　　西安工程大学图书馆申报的学校教改项目"图书馆读者网络互动服务

系统"获准立项，学校资助项目经费0.7万元。

5月	西安工业大学图书馆《学科学术通讯》第1期出版。
5月	王廷满任西安科技大学图书馆正处级调研员，总支书记胡发泉主持图书馆工作。
5月	西安外国语大学图书馆完成清产核资工作。
5月	西安文理学院图书馆纸质文献借阅时间从35小时/周延长至55小时/周，开馆时间从72小时/周延长至98小时/周。
5月	西安文理学院图书馆取消读者入馆排队限制。
5月	西安医学院图书馆由科级建制升为处级建制，徐曦任图书馆副馆长。
5月	西北工业大学图书馆申报的情报研究课题（涉密）荣获中国国防科学技术信息学会"十五"国防科技信息成果优秀奖。
5月	西北政法大学图书馆承担的文检课正式列入学校法律专业通识选修课和新闻传播学院专业选修课。
6月2日	陕西理工学院文献信息资源建设委员会成立，副院长张社民任主任，郭兴超、王长安任副主任。
6月3日	陕西服装艺术职业学院图书馆接受教育部全国普通高校高职高专院校人才培养工作水平评估专家组的考察评估。
6月4日	宝鸡文理学院图书馆迎接本科教学水平评估专家组的检查。
6月5日	西安交通大学图书馆陈斌副馆长带队，一行8人赴港澳地区图书馆参观学习，为期一周。
6月6日	西安电力高等专科学校图书馆学生管理委员会开展"了解图书馆，利用图书馆"主题活动。
6月6日	西安理工大学图书馆召开全体馆员业务培训会议。
6月6日	西北大学图书馆接受捐赠，高鸿院士将其学术著作、手稿捐赠予图书馆，共计捐赠图书322册、手稿3本。
6月6日	西藏民族学院图书馆全体馆员听取《当代图书馆技术的应用与发展趋势》讲座。
6月6日	西安电子科技大学图书馆邀请陕西省科技信息研究所副所长张薇到图书馆作题为《NSTL的定位与战略选择》的报告。
6月7日	西安航空技术高等专科学校图书馆学生管理委员会成立，并召开第一次工作会议。
6月7日	西安理工大学图书馆开通随书光盘在线服务系统。
6月7日	西北农林科技大学图书馆与图书馆学生会联合开展爱心捐书活动。

6月8日　　西北工业大学图书馆举办业务交流会，中级职称以上人员和各部室业务骨干共25人参加。

6月10日　　陕西科技大学图书馆接受教育部本科教学工作水平评估专家组的走访考察。

6月11日　　陕西铁路工程职业技术学院图书馆迎接教育部专家组的考察。

6月11日　　西安培华学院图书馆与陕西省社会科学信息学会联合举办"读者·服务·图书馆"学术研讨会。

6月11日　　西北工业大学图书馆与中国图书进出口公司西安分公司举办"国外原版图书展"，展出图书500种左右，展期三天。

6月15日　　西安电子科技大学图书馆邀请西安交通大学图书馆副馆长邵晶到馆作题为《期刊导航系统》的报告。

6月16日　　延安大学图书馆迎接陕西省古籍办主任、省社科院何炳武教授来馆检查"陕西省古籍线装书整理项目"进展情况。

6月18日　　西北农林科技大学任命魏景刚为图书馆党总支副书记，陈遇春（兼）、张波、干云峰、周东晓为图书馆副馆长。

6月18日　　西安电子科技大学图书馆通过招标，将遗留未建库的图书、期刊进行回溯建库。

6月20日　　西安理工大学图书馆召开全馆人员业务培训会议，由李金刚副馆长主讲《职业道德与服务意识》。

6月20日　　西藏民族学院图书馆全体工作人员听取《藏族古文献概述》的讲座。

6月21日　　"2007年陕西省高等学校图书情报工作会议"在榆林召开，来自全省56所高校图书馆的馆领导及相关人员共117人出席了会议。

6月27日　　陕西科技大学图书馆荣获学校迎评工作"先进集体"称号。

6月28日　　西北大学图书馆完成"十一五""211工程"立项论证工作。

6月28日　　延安大学图书馆第三代网站建设项目完成，在校园网上开通使用。

6月29日　　西安外国语大学图书馆迎接美国洪堡大学图书馆副馆长王瑞来馆参观座谈。

6月　　　　邢玉瑞任陕西中医学院图书馆馆长。

6月　　　　西安财经学院图书馆完成全馆人员岗位聘任工作。

6月　　　　西安财经学院图书馆实现三校区图书的通借通还。

6月　　　　西安航空技术高等专科学校图书馆新馆电子阅览室、视听室投入使用。

6月　　　　应一平任西安美术学院图书馆副馆长。

6月　　　　西安美术学院院领导陪同全国人大常委、原教育部副部长吴启迪和陕西省副省长朱静芝观赏图书馆珍藏国画原作。

6月　　西安外国语大学图书馆进行年度考核工作。

6月　　西安文理学院图书馆首次订购原版外文期刊30种。

6月　　西北政法大学图书馆顺利通过教育部本科教学水平评估。

7月3日　西北工业大学图书馆召开业务交流会，各部室业务骨干共26人参加。

7月4日　西安理工大学图书馆召开全馆人员业务培训会议，由傅卫平馆长主讲《客户关系管理（CRM）与读者服务》。

7月9日　西北大学长安校区图文信息大楼动工建设，总投资1.25亿元，建筑面积4.2万平方米。

7月10日　陕西高校图工委在西安交通大学图书馆举办"中国教育图书进出口公司关于免费提供增值服务项目——OA资源一站式服务平台介绍会"。

7月11日　张大为任西安工程大学图书馆常务副馆长。

7月12日　西安理工大学图书馆完成对金花校区图书馆"语言文字图书借阅室"、曲江校区图书馆"数理化图书借阅室"6.5万册图书的清点工作。

7月13日　延安大学图书馆完成"延安大学特色馆藏数据库"第二期建设项目。

7月18日　西藏民族学院图书馆举行业务知识考试。

7月28日　陕西理工学院图书馆南校区新馆正式开工建设，建筑面积3.31万平方米。

7月　　西安交通大学城市学院图书馆从翠华路137号迁往新校区（西安市经济技术开发区尚稷路8715号），图书馆设在教学楼的一层、二层，为过渡馆舍，面积2400平方米。

7月　　王生全任西安科技大学图书馆馆长。

7月　　西安医学院图书馆整体搬迁至未央校区新馆，面积3.2万平方米。

7月　　西北大学现代学院图书馆从桃园校区搬迁至新校区经管楼。

7月　　杨凌职业技术学院西校区图书馆维修改造工程完成。

7月　　西安美术学院图书馆为全院各系资料室配备藏书2万余册。

8月2日　西北农林科技大学图书馆开始利用暑假进行图书清库工作。

8月26日　延安大学图书馆在学生宿舍区开辟新的阅览室，设置座位420席，提供期刊201种，报纸36种，方便学生就近阅览学习。

8月30日　西北农林科技大学图书馆完成图书清点工作，共计清点中文图书37.5万册。

8月30日　延安大学图书馆完成《延安大学图书馆大事记》（1958.9～2007.7）的编印工作。

8月　　西安美术学院图书馆为临潼校区分馆配置检索终端、防盗仪等设备。

8月	西安美术学院图书馆将原来的2个流通库增加为5个，全面实行开架式借阅合一服务。
9月1日	西北工业大学图书馆下发《关于调整西北工业大学学生图书管理委员会组成人员的通知》。
9月4日	西安财经学院图书馆改版后的网站开始试运行。
9月6日	商洛学院图书馆邀请已退休的原图书馆馆长牛树林教授做学术报告。
9月6日	西安工程大学临潼校区图书馆开馆仪式举行，校领导、学校各部门负责人、教师代表及数千名学生参加。
9月10日	陕西省教育厅本科教学评估专家组考察西安工程大学图书馆。
9月10日	西安理工大学图书馆参加科技查新资格培训，并获得查新资格证书。
9月13日	西安财经学院图书馆长安校区文献综合服务部对学生开放。
9月13日	陕西高校图工委与北京世纪读秀技术有限公司在西北大学图书馆联合举办"《读秀知识库》产品介绍及陕西省部分高校联合采购洽谈会"。
9月18日	西安翻译学院图书馆在校庆征文活动中参选26篇论文。
9月18日	陕西理工学院图书馆印制《陕西理工学院图书馆工作手册》。
9月20日	2007年教育部高校青年骨干教师高级研修班之"全国高职高专图书馆馆长研修班"在西安交通大学图书馆开班，来自全国41所高职院校图书馆的48人参加。
9月21日	西北工业大学图书馆赵雁碧研究馆员主编的《信息检索原理与方法教程》一书荣获西北工业大学第六届优秀教材奖。
9月24日	西安航空技术高等专科学校图书馆举行"清华同方知网CNKI数据资源产品推介会"。
9月24日	延安大学图书馆接受教育部本科教学水平评估专家组的实测考察。
9月25日	西安工程大学图书馆文献建设部搬迁至临潼校区图书馆。
9月26日	陕西理工学院图书馆订购的四库全书大型丛书《文渊阁四库全书补遗》《续修四库全书》《四库全书禁毁书丛刊》《四库全书禁毁书丛刊续》《四库全书未收书辑刊》《四库全书存目丛书》《四库全书存目丛书补编》等全部到馆验收，建立起了四库系列丛书收藏体系。
9月28日	西安翻译学院图书馆第二届学术研讨会举行。
9月	安康学院图书馆内建成"陈少默纪念馆"，馆内陈列陈少默先生作品真迹20件，省内知名书法家作品102件。
9月	陕西铁路工程职业技术学院图书馆搬回改建后的新图书馆楼。
9月	西安财经学院图书馆参与学院预评估工作。

9月　　　西安电力高等专科学校图书馆通过了高校评估组评估。

9月　　　西安交通大学城市学院图书馆管理系统ILAS-Ⅱ由8用户升级为12用户。

9月　　　西安科技大学高新学院图书馆随校搬迁至长安区下北良新校区内，有员工4人。

9月　　　西安科技大学图书馆调整馆务委员会、学术委员会，成立文献资源建设工作组、民主评议领导小组。

9月　　　西北工业大学图书馆"CAD/CAM专题文献数据库""无人驾驶飞机专题文献数据库"在CALIS"十五"建设"全国高校专题特色数据库"项目评选中被评为二等奖。

9月　　　《西安美术学院馆藏历代绘画精品选》由中国图书出版社出版。

9月　　　西安交通大学图书馆允许读者带包进入阅览室阅览或自习，增加阅览座位96个。

10月8日　陕西铁路工程职业技术学院图书馆正式对读者开放，采用藏、借、阅一体化管理服务模式。

10月10日　西安工程大学临潼校区图书馆电子阅览室正式开放，电子阅览室安装有200台多媒体计算机以及投影设备。

10月13日　陕西理工学院图书馆开通首个外文数据库Springer期刊库。

10月15日　西安交通大学图书馆、西藏民族学院图书馆就对口支援的具体问题达成了初步协议，西安交通大学图书馆将从图书馆管理、学术研究、专业队伍建设、文献信息资源建设等方面对西藏民族学院图书馆进行支援。

10月16日　安康学院在图书馆举行陈少默纪念馆落成典礼。

10月18日　西北农林科技大学图书馆邀请英国工程技术学会北京代表处为本校师生做了关于IDL数据库介绍与使用的报告。

10月19日　陕西服装艺术职业学院图书馆接待意大利世界裁缝大师联合会秘书长塞巴斯·蒂莲佐一行来馆参观。

10月20日　安康学院图书馆接受南京大学赠送《中国思想家评传丛书》一套（200部）。

10月20日　西北农林科技大学图书馆和校团委联合举办的"校学生会第四届图书馆学生管理委员会聘任及首批图书馆志愿者聘任仪式"举行。

10月22日　陕西理工学院北校区图书馆正式开馆使用，建筑面积8100平方米。

10月22日　西安电子科技大学图书馆举办"网络科技信息检索技巧和科技查新"培训班，省内近20名学员参加培训。

10月23日　西北大学图书馆南校区第五借阅室组建完成并向读者开放。

10月23日　西北农林科技大学图书馆举办为期3天的外文原版科技图书展。特邀西安交大副馆长邵晶做《加强资源整合与揭示，提高资源利用效率》的专题报告。

10月25日　《西安交大图书馆与西藏民院图书馆2007～2010年对口支援工作协议书》签字仪式在西藏民族学院图书馆举行。

10月29日　西安理工大学图书馆设立海军国防生专用书架。

10月29日　延安大学新图书馆主体工程完成，学校举行封顶仪式。

10月30日　陕西理工学院图书馆接受教育部本科教学工作水平评估专家组对图书馆的考察。

10月31日　西藏民族学院图书馆举办2007年学术论文交流会，有18人提交论文并进行了交流，评选出6篇优秀论文。

10月　　　陕西中医学院图书馆主机房扩建工作完成。

10月　　　西安电力高等专科学校图书馆决定对1984年以前人大法分类的图书进行剔除工作。

10月　　　姚小涛任西安建筑科技大学图书馆副馆长。

10月　　　西安交通大学城市学院图书馆完成网站主页建设并投入使用。

10月　　　西安交通大学图书馆完成本校7个院系资料室的中西文图书和部分期刊回溯建库，并纳入图书馆集成管理系统，实现全校图书资料的统一揭示。

10月　　　西安石油大学图书馆接受教育部本科教学工作水平评估专家组的检查评估。

10月　　　西安文理学院图书馆《图书馆工作通讯》第1期正式出版。

10月　　　西安电子科技大学图书馆完成期刊导航系统工作，开始开通测试使用。

10月　　　咸阳师范学院图书馆增加特藏文献阅览室和新书阅览室。

10月　　　陕西科技大学图书馆新馆布局工作启动。

10月　　　陕西科技大学图书馆2人获得科技部颁发的科技查新审核员资质。

11月1日　商洛学院图书馆新馆开始试运行。

11月6日　陕西服装艺术职业学院图书馆为全校教职工举办CNKI数字资源培训活动。

11月8日　西安工业大学图书馆文献建设部从金花馆搬迁到未央馆。

11月9日　延安大学新图书馆室内工程建设项目考察组由两名副校长带队，图书馆、基建处、国资处、陕建集团等部门主要负责人参加，先后考察了陕西师范大学、四川大学、西南交通大学、山东大学、山东建筑科技大学、天津大学、天津商业大学等7所高校新建图书馆。

11月12日　陕西高校图工委与北京世纪读秀技术有限公司就集团采购《读秀知识库》在陕西师范大学雁塔校区图书馆进行了第二轮谈判。

11月14日　西安理工大学图书馆召开第17届学术研讨会。

11月16日　延安大学图书馆接受老校友毕英杰女士赠书1856册，价值3.3万元。接受中国科学院文献中心赠书2068册，价值7万元。

11月19日　教育部本科教学评估专家组到西安工程大学图书馆考察评估。

11月19日　中国工程院院士姚穆教授考察西安工程大学临潼校区图书馆。

11月21日　西北工业大学图书馆与SAGE公司、北京中科进出口公司召开了"SAGE学术交流暨数据库发布会议"。

11月21日　西北农林科技大学图书馆文献资源整合工作组召开第1次会议。

11月21日　西藏民族学院图书馆全馆职工第一次电脑课程培训开课。

11月22日　西安翻译学院图书馆"图书馆与读者面对面交流会"举行。

11月22日　西安航空技术高等专科学校图书馆工作委员会成立并召开第1次工作会议，张同怀副校长为主任委员，许文丹副馆长为副主任委员。

11月23日　西藏民族学院图书馆业务学习小组召开会议。

11月24日　西北农林科技大学图书馆与图书馆学生管理委员会组织经管学院农经061班12名同学对图书馆的中文社科借阅区图书进行了修复，倡导引领"爱护图书，文明阅览"的读书风气。

11月26日　西安财经学院对图书馆评建工作进行检查。

11月26日　西安交通大学图书馆对本科生开放图书预约功能。

11月29日　西北农林科技大学图书馆水保所专业分馆邀请中国科学院图书馆学科馆员张欣利介绍国家科学图书馆网站功能、数据库使用方法及科技文献全文保障系统。

11月　　　西安交通大学城市学院图书馆购置了超星、万方、维普等文献数据库。

11月　　　陕西铁路工程职业技术学院图书馆开通网上服务，实现了图书的网上查询、续借等功能。

11月　　　陕西中医学院图书馆完成陕西省教育厅负责的《陕西古籍总目》整理工作，整理古籍4.1万册，完成《陕西古籍总目登记表》1567种版本，1765表页的著录。

11月　　　党大恩任渭南师范学院图书馆馆长，张怀俊、赵怀忠任副馆长。

11月　　　西安建筑科技大学图书馆与台湾朝阳科技大学图书馆签订《文献传递服务合作计划书》，合作期自2008年1月1日起至2010年12月31日。

11月　　　西安交通大学城市学院图书馆接受西安交通大学图书馆赠送的1994年

至2006年全套中文期刊1000余种。

11月 西安美术学院图书馆通过教育部本科教学水平评估工作专家组对图书馆的评估验收。

11月 西安培华学院图书馆采购外文原版图书。

11月 李军任西北政法大学图书馆馆长。

11月 咸阳师范学院图书馆完成教育部本科教学评估工作。

11月 陕西科技大学图书馆在第11次全国学位授权点申报中，申报情报学二级学科的硕士学位授权点。

12月1日 西北农林科技大学图书馆邀请英国工程技术学会北京代表处在南校区图书馆为本校师生做了关于INSPEC数据库介绍与使用的报告。

12月1日 西北农林科技大学图书馆完成了861种、14,717册古籍电子文档录入工作。

12月3日 陕西铁路工程职业技术学院图书馆阅览室调整开放时间，周开放时间为76小时。

12月6日 "十五"期间CALIS"重点学科网络资源导航库"项目总结暨经验交流会在西安交通大学召开，来自45个参建馆的70位代表出席会议。

12月6日 西北农林科技大学图书馆特邀请北京超星公司在南校区图书馆为本校师生做读秀知识库的培训讲座。

12月11日 陕西高校图工委"第八届阅览参考学术研讨会"在西北农林科技大学图书馆召开，来自全省30余所高校图书馆的有关人员以及入选论文作者共90余人出席会议。

12月17日 余健明任西安理工大学图书馆馆长。

12月17日 延安大学图书馆派两位同志赴南京参加"汇文文献管理系统培训班"，学习时间为一周。

12月17日 陕西高校图工委下发《关于在全省高校图书馆免费设置擦鞋机的说明》的通知。

12月20日 西安思源职业学院图书馆迎接教育部高校设置评议委员会专家组考察。

12月24日 陕西服装艺术职业学院图书馆接受教育部高校设置评议委员会专家组对图书馆的考察。

12月24日 陕西服装艺术职业学院图书馆被陕西省高校图工委高职高专工作组评为"文明图书馆"。

12月24日 西安财经学院图书馆长安校区图书借阅部开始接待读者。

12月24日 西安财经学院图书馆迎接教育部评估专家的考察，教育部评估专家刘木春研究员走访图书馆，刘兴海馆长向专家做了汇报。

12月25日　西安财经学院图书馆迎接教育部评估专家对图书馆的考察，教育部评估专家一行在校领导的陪同下考察了长安校区和翠华东、西校区图书馆。

12月26日　商洛学院图书馆举行新馆开馆仪式。新馆总投资3000多万元，建筑面积近1.6万平方米，拥有纸质图书64万册。

12月26日　西北大学因校印刷厂倒闭，印刷厂9位职工被学校人事处安排到图书馆工作。

12月27日　西藏民族学院图书馆接受赠书。西藏民族学院大学生2007年三下乡昌都分队队长达瓦扎西代表本队向图书馆赠送图书《在昌都的日子》共计40册。

12月28日　陕西高校图工委高职高专工作组年会在西安欧亚学院图书馆召开，共有25个图书馆的29位代表出席了会议。

12月28日　西北农林科技大学在国际交流中心举行了加强信息素质教育工作专题研讨会，有关职能处室、各学院有关负责人、教师代表、学生代表、图书馆有关人员近百人参加了会议。

12月30日　宝鸡文理学院图书馆馆长孔润年在学校职代会上做了题为《围绕教学科研，面向师生读者，搞好图书馆建设和服务》的大会发言。

12月31日　延安大学图书馆全年接受高等教育出版社赠书6365册，价值17.5万元。

12月　　　陕西中医学院图书馆参与国家课题"国家科技部基础条件平台医药共享网——中医药学数据中心"的分课题，完成中医临床疾病数据库标引条目1000条。

12月　　　陕西国防工业职业技术学院劳动竞赛委员会举行图书馆技能比武大赛。

12月　　　陕西铁路工程职业技术学院图书馆完成管理软件及硬件设备的验收。

12月　　　杨凌职业技术学院图书馆完成清华同方和万方全文数据库的采购任务。

12月　　　西安电子科技大学图书馆完成主页更新工作。

12月　　　西安外事学院图书馆升级和完善了Melinets系统，架设了一卡通代理服务器并启用一卡通。

12月　　　咸阳师范学院图书馆新购书生电子图书、时代圣典电子图书、超星数据（合计电子图书43.67万册）。

2008年

1月2日　　胡明星任西安理工大学图书馆副馆长。

1月7日　　西安科技商贸职业学院决定在原教务处图书室的基础上正式设立图书馆编制（正处级），韩晓琰担任馆长。

1月9日 陕西理工学院调整图书馆领导班子，王长安主持图书馆工作，郭兴超任图书馆正处级调研员。

1月15日 西安工程大学图书馆入藏大型国学文典《四部文明》。

1月15日 西安科技大学图书馆按照新劳动合同法要求，完成了对全部临时聘用人员的重新聘任工作。

1月16日 西藏民族学院图书馆全体职工召开电脑学习总结会议，会上分别演示了图书馆各电脑学习小组制作的PPT精品课件，评出了一二三等奖共六名。

1月18日 西安工业大学图书馆在建工金华酒店表彰在新馆建设中做出突出贡献的人员，并邀请校领导和各院系领导参加。

1月18日 西安科技大学图书馆在国资处主持下召开图书采购招标会。

1月18日 延安大学图书馆党支部曹继春书记参加学校组织的党政干部考察团，赴澳大利亚、新西兰等国考察学习。

1月19日 西北工业大学图书馆完成新一轮岗位聘任。

1月 陕西国际商贸职业学院图书馆新馆竣工，命名为"步长图书馆"，新馆总高10层，分为主楼、裙楼和报告厅3部分，建筑面积2.06万平方米。

1月 西安培华学院图书馆恢复建立高新校区图书借阅室。

1月 西安电子科技大学图书馆完成临时工作人员的合同签订工作。

2月14日 西北工业大学图书馆派信息技术部黄辉赴美国西弗吉尼亚理工学院图书馆进行为期三个月的交流学习。

2月17日 西北农林科技大学图书馆接受原西北农业大学校长张岳教授捐赠私家藏书100余册。

2月19日 延安大学图书馆赵振峰馆长参加学校组织的党政干部考察团，赴澳大利亚、新西兰等国考察学习。

2月24日 宝鸡文理学院图书馆召开2008年工作会议。

2月 陕西教育学院图书馆组织编写的《文献检索概论》一书正式出版，全书16万字。

2月 西安电力高等专科学校图书馆进行"四馆合一"工作，本部、南区、灞桥、咸阳四馆统一管理。

2月 西安交通大学图书馆俞炳丰馆长一行5人到西藏民族学院图书馆考察，落实援建工作。

3月6日 西安翻译学院图书馆读者管理系统升级，采用校园E卡通作为读者借阅证。

3月11日　陕西高校图工委2008年第一次常委会在西安交通大学图书馆召开，来自16个常委馆的19位代表出席了会议。会议讨论通过了2008年图工委工作计划，商议了陕西高校图书馆联合购买《读秀知识库》有关事项。

3月18日　西北工业大学图书馆与西安通信学院图书馆签署《共建馆藏外文期刊数据库合作协议》。

3月19日　西安翻译学院图书馆迎接高职高专评估专家组的考察。

3月19日　西安铁路职业技术学院图书馆实行"联络馆员制度"，在各系部确定了10名联络馆员。

3月24日　陕西师范大学图书馆决定将雁塔校区俄文图书搬迁至长安校区密集书库。

3月25日　陕西高校图工委下发《关于启动陕西高校图书馆馆员培训工作的通知》。采取专家巡讲的方式在全省范围内免费开展馆员培训，内容包括：文献资源建设、读者服务、数字图书馆建设、文献编目与整序、图书馆网络安全、读者如何利用图书馆等。

3月26日　西安欧亚学院图书馆下发《关于组建学院图书采购团队的通知》，要求各分院选派一名采书联络员参加图书馆的采书。

3月27日　西安翻译学院图书馆举行"图书馆与读者交流会"。

3月28日　西安理工大学图书馆文艺期刊室合并至中文期刊室。

3月　　　陕西铁路工程职业技术学院下拨2008年图书经费50万元。

3月　　　西安电力高等专科学校图书馆历时近7个月，完成了1984年以前人大法分类图书的剔旧工作，共剔旧图书59,750册。

3月　　　西安电力高等专科学校图书馆编目部门对本馆《〈中图法〉第四版图书分类编目细则》有关类目进行重新修订和完善，本部、南区两校区图书采编工作完全实现统采统编。

3月　　　西安建筑科技大学图书馆进行设备更新工作，分两批更换90台计算机及4台复印机。

3月　　　西安交通大学城市学院图书馆由学校拨专款10万元，在图书馆一楼建立了30个机位的电子阅览室。

3月　　　西藏民族学院图书馆选派两位业务骨干到西安交通大学图书馆进行为期两周的进修学习。

3月　　　西安文理学院图书馆《图书馆工作通讯》第2期印行。

3月　　　西北政法大学图书馆确定2008年为"业务技能提高年"。

3月　　　西安电子科技大学图书馆完成副高以下各级岗位（专业技术岗位）的聘任工作。

3月　　西安电子科技大学图书馆组成新馆调研组，分3批次赴华中地区、北京地区和华南地区高校馆进行调研。

3月　　长安大学图书馆将汇文管理系统3.0版升级到3.5版。

3月　　陕西国际商贸职业学院图书馆搬入新馆，书库增加到9个。

3月　　陕西科技大学图书馆制定新馆搬迁方案，提交学校获批准。

4月2日　西安科技商贸职业学院图书馆设立华美校区（东区）分馆，并开始扩建。

4月3日　西北农林科技大学图书馆下发《关于启动编撰西北农林科技大学图书馆馆史》的通知。

4月5日　陕西科技大学图书馆正式启动搬迁工作。

4月7日　陕西师范大学雁塔校区图书馆新开辟二层、三层读者自习室，提供阅览座位共计190个。

4月7日　西北农林科技大学图书馆将借阅一、二部的电子文献阅览室合并成立电子文献阅览部；撤销服务中心，业务归并入系统保障部；信息咨询部原有的文献检索课教学室单独成立教学研究部。

4月8日　西北大学图书馆购置了IBM-X3850-M2服务器3台。

4月9日　宝鸡文理学院图书馆召开全体职工大会，孔润年馆长做了《职业道德及图书馆工作的伦理意蕴》的报告。

4月9日　西安理工大学图书馆召开第四届图书馆工作委员会会议，范志康副校长参加，会议确定了2008年的采购方案。

4月10日　陕西服装艺术职业学院图书馆启动读书月活动。

4月10日　延安大学图书馆接受陕西省出版局赠送的一批资料。

4月14日　西北农林科技大学图书馆接待全国百所重点中学校长联谊会代表参观。

4月15日　陕西铁路工程职业技术学院图书馆与学工部、团委在全院学生中举办"阅读经典、提升品位"书评写作活动。

4月16日　在东华大学举行的全国高校图书馆纺织服装学科信息资源共建共享研讨会上，西安工程大学图书馆张大为向大会做了《文献型数据库的情报价值利用》的主题发言。

4月17日　"2008年陕西省高等学校图书情报工作会议"在汉中市召开，来自全省69所高校图书馆的馆领导近110人出席了会议。会议由陕西高校图工委主办、陕西理工学院图书馆承办。

4月21日　西安理工大学图书馆开展代理查新服务。

4月21日　根据教育部教发函〔2008〕111号《关于同意建立西安思源学院的通

知》，原西安思源职业学院升格为本科院校，更名为西安思源学院，图书馆随之更名为"西安思源学院图书馆"。

4月23日 西安翻译学院图书馆在学院读书节征文活动中获优秀组织奖。

4月23日 西北工业大学图书馆举办数据库培训系列活动。

4月23日 西北农林科技大学图书馆与图书馆学生管理委员会联合组织了"西北农林科技大学第二届世界读书日'爱书·修书比赛'"活动及爱心书架（学生捐赠图书、无人管理）借阅活动。

4月 陕西科技大学向教育部上报文件（陕科大校字〔2008〕028号）申请"教育部科技查新工作站"。

4月 陕西教育学院图书馆第一次面向全院新生开设文献信息检索课。

4月 陕西中医学院图书馆完成《陕西中医学院古籍藏书目录》的编辑印刷。

4月 西安交通大学城市学院图书馆对高年级学生进行信息素质教育。

4月 西安交通大学图书馆与西藏民族学院图书馆签订馆际互借/文献传递协议，明确了西藏民族学院图书馆将享受到优惠的补贴政策。

4月 西安交通大学图书馆第六次（2008年至2010年）图书馆馆内科研基金项目启动，有20项科研课题获得立项。每项课题资助经费为2000元。

4月 西北工业大学图书馆完成了图书馆新一版主页的设计、制作及培训工作。

4月 安康学院图书馆撤并西校区分馆，将10余万册书刊及书架迁入东校区图书馆。

5月5日 陕西师范大学图书馆"数字图书馆体验月"活动启动。

5月5日 陕西师范大学图书馆与学校政治经济学院在长安校区图书馆联合举办《共产党宣言》图书展览。本次展览为纪念马克思190周年诞辰和《共产党宣言》发表160周年，共展出不同历史时期、不同版本版次的《共产党宣言》54本。

5月5日 陕西铁路工程职业技术学院图书馆完成48组书架、3000个书立、8个升降椅的招标。

5月7日 陕西师范大学图书馆接受本校西北民族研究中心博士生吾斯曼江捐赠维文图书100余册，设专柜展出。

5月7日 西安工程大学图书馆与本校理学院在临潼校区图书馆自然科学阅览室共建"大学生志愿者服务基地"。

5月8日 西安交通大学图书馆正式启用"校园一卡通"，原图书馆借书证在2008年7月20日停止使用。

5月9日 延安大学图书馆考察小组赴西安、上海、杭州等地高校图书馆考察学习文献资源布局、家具设备选型、管理模式、新馆搬迁及组织实施工作。

5月12日　陕西多所高校图书馆受到汶川地震影响，发生外墙脱落、墙体裂缝、书架移位、图书掉落等现象，但未造成人员伤亡。

5月13日　西安欧亚学院召开第二届图书馆工作委员会会议，胡建波董事长、三位副院长及图书馆和各二级分院的负责人参加会议。

5月14日　西安理工大学图书馆启动全面、系统的馆藏图书清点工作。

5月16日　北京外国语大学出版社向西藏民族学院图书馆捐赠外文图书1000册，同时举行北京外国语大学援建外文文献资料室的揭牌仪式。

5月18日　西北农林科技大学图书馆在北馆会议室为在"修补图书比赛"中获胜者颁奖。

5月18日　西安思源学院举行建院十周年庆祝大会，由图书馆主持完成的校史馆正式对外开放。

5月20日　陕西科技大学图书馆完成新馆图书搬迁任务。

5月20日　西北农林科技大学图书馆、西安电子科技大学图书馆接受教育部科技查新工作专家组对本校查新站的年度检查。

5月21日　陕西高校图书馆馆员培训报告会（第一场）在西安电力高等专科学校图书馆举行。

5月21日　陕西铁路工程职业技术学院图书馆为读者提供《抗震救灾自助手册》，普及抗震救灾的基本知识。

5月22日　陕西铁路工程职业技术学院图书馆为全院师生提供中国知网的免费试用，试用期两个月。

5月23日　西安科技大学图书馆采购电脑86台，对临潼校区图书馆电子阅览室的旧电脑进行更新。

5月24日　陕西师范大学图书馆邀请北京中科进出口有限责任公司在雁塔校区图书馆举办"理科外文原版图书展及读者现场荐购会"，读者荐购图书近200种。

5月30日　西安科技大学图书馆与教务处、校团委联合举办首届大学生网络知识检索竞赛。

5月　　　安康学院图书馆延长开放时间，周开放83小时。

5月　　　汶川地震发生后，陕西各高校图书馆向灾区积极捐款。

5月　　　陕西师范大学图书馆完成本年度中文图书及部分数据库的采购招标或议标。

5月　　　陕西教育学院图书馆承办全国教育学院图书馆工作研究会第七届年会暨学术研讨会，来自全国16所教育学院的领导及图书馆同仁参加了会议，大会收到学术论文40余篇。

5月	陕西中医学院图书馆馆藏《重广补注黄帝内经素问二十四卷》被收入第一批国家珍贵古籍名录。
5月	渭南师范学院图书馆重新修订和完善了《借书证办理及管理办法》等制度。
5月	西安工程大学图书馆与东华大学图书馆就两馆开展资源共享及查新服务合作达成了协议。
5月	西安美术学院图书馆将临潼校区分馆的2万余册图书进行回溯建库。
5月	西安外国语大学图书馆接受卡西欧公司捐赠的10台电子词典。
5月	西安文理学院图书馆制作新生入馆教育宣传视频资料。
5月	西藏民族学院图书馆老馆经过近两年时间的改造维修和藏书搬迁后，重新对读者开放。
5月	西藏民族学院图书馆派5名馆员赴西安交通大学图书馆学习网页制作、参考咨询等业务。
6月2日	西安科技大学图书馆接受本校校友为图书馆捐赠的大屏幕电子显示屏一台。
6月3日	西安工业大学图书馆召开工作会议，讨论金花馆改造问题。
6月10日	西北大学图书馆召开会议，讨论修订《西北大学图书馆外聘人员管理细则》。
6月10日	西北农林科技大学图书馆开设书记、馆长咨询日，面向广大读者及职工广泛征求意见和建议。
6月11日	陕西理工学院图书馆按照学校统一部署，恢复震后正常工作。
6月13日	陕西铁路工程职业技术学院图书馆开通"E-BOOK数字图书馆"试用服务。
6月13日	延安大学图书馆接受孙立哲博士赠书1000余册，价值2.8万元，这是孙立哲博士第三次向该校图书馆赠书。
6月17日	陕西铁路工程职业技术学院图书馆联合学生处、院团委举办的"阅读经典、提升品位"书评写作活动表彰大会召开。
6月17日	西安财经学院行知学院图书馆搬迁工作正式启动。
6月18日	西北农林科技大学图书馆组织开展主题为"迎奥运、讲文明、树新风"系列活动。
6月19日	陕西高校图书馆馆员培训报告会（第二场）在西安外国语大学图书馆举行。

6月19日 西安科技大学图书馆对《西安科技大学图书馆读者手册》进行了修订。

6月19日 西安科技大学图书馆邀请美国洪堡州立大学图书馆馆长王瑞博士来馆做《美国图书馆的发展现状》的报告，参加人员有部分兄弟院校图书馆的领导及本馆全体工作人员。

6月20日 陕西高校图书馆馆员培训报告会（第三场）在陕西工业职业技术学院图书馆举行，来自咸阳地区11所高校图书馆及咸阳市图书馆的140多位代表参加了培训。

6月21日 西安思源学院图书馆购买"读秀"中文学术搜索平台。

6月30日 西北农林科技大学图书馆与本校艺术系联合举办了CI设计与公益广告汇报展。

6月 陕西科技大学图书馆在新馆开放部分图书借阅室、期刊阅览室。

6月 陕西铁路工程职业技术学院图书馆将每月最后一个星期五的下午定为闭馆日。

6月 西安工程大学图书馆编辑的《图书馆信息咨询简报》第一期出版，《简报》印刷版和网络版同时出版，内容是宣传图书馆新的数字资源和服务项目，更好地为教学科研及学科建设服务。

6月 西安工程大学图书馆开发完成书刊荐购系统并投入使用。

6月 西安交通大学城市学院决定在校园中央建新图书馆，规划新馆建筑面积2.2万平方米。

6月 西安交通大学图书馆"985"二期图书馆建设项目中，外文过刊库手动密集书架采购项目经学校公开招标实施。

6月 咸阳师范学院图书馆邀请陕西师范大学图书馆副馆长康万武研究馆员指导特色馆藏建设，并做了题为《论特色馆藏建设》的专题学术报告。

6月 王荣任咸阳师范学院图书馆副馆长。

7月1日 西安交通大学图书馆新一届行政班子组成：馆长俞炳丰，副馆长叶春峰、邵晶、张西亚、陈斌。叶春峰为图书馆党总支负责人。

7月1日 西北农林科技大学图书馆馆史编撰室整理的馆史资料打印成册，该资料集分上下两册，计288页。

7月3日 陕西高校图书馆馆员培训报告会（第四场）在西北工业大学明德学院图书馆举行，来自西北工业大学明德学院图书馆、西北大学现代学院图书馆以及西安电子科技大学长安学院图书馆的50余位馆员参加。

7月10日 西北工业大学图书馆完成"西北工业大学图书馆电子资源建设与利用读者调查问卷"的系统设计工作。

7月10日	延安大学图书馆论证《新馆部门设置与文献资源布局方案（初稿）》。
7月13日	西北工业大学图书馆召开"2008年图书馆文献资源建设研讨会"。
7月17日	何道利任安康学院图书馆馆长、支部书记，柳林任副馆长。
7月17日	西安工业大学图书馆组织人员对金花馆图书进行永久磁条转复合磁条的加工工作。
7月18日	西安工程大学图书馆召开暑期业务专题研讨会，就图书馆的文献资源建设与布局等十一个专题进行了讨论。
7月19日	陕西高校图工委高职高专工作组2008年年会在陕西眉县召开。
7月21日	安康学院图书馆校园网络中心移交，人员和设备统一划归信息与教育技术中心。
7月	陕西师范大学图书馆对雁塔校区图书馆卫生间进行改造，改善卫生环境。
7月	西安电力高等专科学校图书馆初步完成定员定岗工作。
7月	西安理工大学图书馆曲江分馆取消教材借阅室，将其图书调拨至综合库。
7月	西北工业大学图书馆使用的汇文系统由3.0版本升至3.5版本。
7月	西北工业大学图书馆开通了预约、超期、委托邮件提醒服务。
8月20日	西安电子科技大学图书馆在中国图书馆学会年会论文投稿评奖活动中，提交参评论文8篇，获奖5篇（一等奖2篇，二等奖3篇）。
8月23日	西安工业大学图书馆通过《图书馆工作人员行为规范》《图书馆工作人员定量考核办法》等。
8月24日	西安工程大学利用暑假完成金花校区图书馆电力改造工程，照明及线路安全问题得到彻底改善。
8月24日	西安理工大学图书馆将原特种文献阅览室的研究生论文和标准文献资源合并到外文期刊阅览室。
8月	贾赫任宝鸡职业技术学院图书馆副馆长，主持图书馆工作。
8月	西安财经学院行知学院图书馆搬迁工作基本结束，长安校区新馆各项工作准备就绪。
8月	西安电力高等专科学校图书馆完成电子阅览室改建项目。
8月	西安电力高等专科学校图书馆完成自动化系统用户升级项目（8用户升级为16用户），本部、南区两地可同时利用ILAS Ⅱ 开展日常业务工作。
8月	西安建筑科技大学图书馆馆舍维修及供水改造工程完成。
8月	西安科技大学图书馆利用整个假期时间，将雁塔校区图书馆各楼层窗

户全部更换成塑钢窗户，对室内门窗墙面全部进行了油漆粉刷。

8月　西安理工大学图书馆分别在金花馆和曲江分馆设立"海军国防生阅览区"，并安排专项资金进行资源建设。

8月　西安理工大学图书馆曲江分馆原语言文艺图书借阅室一分为二，成立语言文字图书借阅室和文学艺术图书借阅室。

9月1日　西安科技商贸职业学院华美校区图书馆扩建完工，正式投入使用，共设4个阅览室。

9月4日　陕西科技大学图书馆新馆恢复借还书业务，各阅览室开放。

9月5日　陕西高校图工委张西亚秘书长、张惠君副秘书长探望西北工业大学图书馆原馆长、原陕西高校图工委常务副主任叶文礼同志。

9月5日　延安大学图书馆获得专项资金120万元，采用先进设备和技术，建设一流的新馆安防系统。

9月8日　西安翻译学院图书馆西区分馆电子阅览厅200台计算机更新安装完成。

9月8日　西北农林科技大学图书馆党总支副书记魏景刚主持召开馆史编撰工作小组第一次会议。会议讨论了馆史拟采用的开本、拟定彩页页数、馆史提纲，会议同时确定馆史编撰工作小组由原馆长邢永华负责。

9月9日　西北农林科技大学图书馆水保所专业分馆邀请中国科学院图书馆学科馆员张欣利介绍国家科学图书馆资源情况以及Endnote文献管理软件的使用。

9月14日　西安科技大学图书馆在临潼校区召开2008年学术研讨会，共收到论文24篇，其中14篇进行了重点交流。

9月15日　西安科技商贸职业学院图书馆引进北邮Melinets II自动化管理系统，完成安装调试工作并投入使用。

9月16日　陕西铁路工程职业技术学院图书馆举办CNKI数据库新平台培训讲座。

9月16日　西安电子科技大学图书馆在新校区举行图书馆竣工验收仪式。

9月18日　西安电子科技大学图书馆邀请科技查新专家张柏秋教授指导查新工作。

9月19日　陕西高校图书馆馆员培训报告会（第五场）在西安医学院举行，来自西安医学院图书馆、西安工业大学图书馆及西安交通大学城市学院图书馆的80余位馆员参加。

9月20日　陕西科技大学图书馆新馆搬迁工作结束。

9月22日　西北工业大学图书馆3项校级课题获优秀奖。

9月23日　西北工业大学图书馆与中国科技资料进出口总公司联合举办"2008年外文原版新书展览"，参展图书品种近2200余种。

9月23日　西北工业大学图书馆在长安校区举办"庆祝建校70周年数字文献资源利用学术讲座与交流"系列活动。

9月25日　延安大学图书馆接受世界图书出版公司赠送的中外文图书235册，价值人民币4.99万元。

9月27日　西北农林科技大学图书馆发布《关于征集图书馆馆史资料的通知》。

9月28日　西北农林科技大学图书馆副研究馆员白君礼应邀在东莞召开的2008全民阅读论坛暨"阅读促进发展"研讨会上，做了《读者书目推荐撷谈》的主题发言。

9月　　　陕西教育学院图书馆开展图书联络员现场采书活动。

9月　　　陕西中医学院图书馆购买万方中华医学会数字化期刊数据库。

9月　　　西安电力高等专科学校图书馆电子阅览室改建项目、图书馆自动化系统用户升级项目通过学校相关部门验收，并投入使用。

9月　　　西安建筑科技大学图书馆裴世荷同志荣获"中国冶金教育学会先进工作者"称号。

9月　　　西安理工大学图书馆王浩副馆长为研究生做了题为《充分利用文献资源，不断提高创新能力》的专题讲座。

9月　　　西安文理学院图书馆在一至四层各添置一台饮水机，解决了学生饮用热水问题。

9月　　　西北政法大学图书馆工作委员会成立，杨宗科副校长任主任委员，李军馆长任副主任委员。

9月　　　西藏民族学院图书馆对全校2008级新生进行入馆教育，培训近50次，累计培训新生2610人次。

9月　　　西京学院图书馆读者借书归还期缩短，由原来的借出3天后归还改为可当天借当天还。

10月1日　西安科技商贸职业学院图书馆华美校区电子阅览室建成，共有终端机35台。

10月6日　陕西服装艺术职业学院图书馆为全校学生举办CNKI数字资源培训活动。

10月6日　西安航空技术高等专科学校图书馆召开2008年重阳节历任老馆长座谈会，从20世纪60年代到2000年的历任老馆长共9人与图书馆部分员工进行了座谈。

10月8日　西安科技商贸职业学院图书馆购买万方期刊数据、万方学位论文数据库，采用镜像服务方式供读者访问。

10月11日　西安理工大学图书馆开展"走进电子资源，遨游知识星空——2008年图书馆电子资源宣传月系列活动"。

10月16日　商洛学院图书馆邀请科研处处长李继高教授来馆做学术报告。

10月17日　西安理工大学图书馆接受日本东京大学竹泽三雄教授捐赠的图书（含光盘）共计147册。

10月18日　延安大学召开审议新图书馆文化墙设计方案专题会议。

10月21日　西安医学院图书馆承办"陕西省医学会图书情报分会学术研讨会暨年会"。

10月21日　西北农林科技大学图书馆采用指纹签到仪。

10月25日　西安航空技术高等专科学校图书馆通过了《图书馆工作人员岗位职责》《图书馆工作人员考核办法》和《图书馆奖惩实施细则》。

10月27日　由陕西省17所高校20位图书馆馆长组成的考察团启程赴江苏、上海部分高校图书馆开展为期5天的学习考察。

10月28日　西北大学图书馆举办"古典音乐讲座"。

10月30日　李志武任西安电子科技大学图书馆馆长，黄小强、干庆毅任副馆长。

10月　　西北政法大学图书馆创办"影像沙龙"。

10月　　安康学院成立新一届图书馆工作委员会，共设委员21人，副院长杨行玉任主任委员，何道利、柳林任副主任委员。

10月　　陕西铁路工程职业技术学院图书馆购2万册五车电子图书并开通使用。

10月　　西安理工大学图书馆3篇论文在中国图书馆学会年会上获得一、二等奖。

10月　　杨凌职业技术学院图书馆完成汇文管理系统升级工作。

10月　　西安交通大学城市学院图书馆进行新馆舍设计招标，清华大学深圳建筑设计院中标，取得新馆舍设计资格。

11月1日　陕西师范大学图书馆完成中外文报刊及外文图书招标工作。

11月3日　陕西科技大学图书馆门禁系统安装调试完毕，投入试运行。

11月3日　西安工业大学图书馆召开工作委员会专题会议，讨论确定了2009年至2010年外文电子资源采购方案。

11月3日　西安交通大学图书馆接收来自电子科技大学、四川水利职业技术学院、四川工程职业技术学院、成都东软信息技术职业学院图书馆的4位馆员来馆进行为期一个月的学习培训。

11月4日　陕西师范大学图书馆A类人事代理考核小组对A类人事代理人员进行考核，共有5人参加此次考核。

11月4日　西安培华学院图书馆举行赠书仪式，李世义教授向图书馆赠送了120册法学专业书籍。

11月5日　陕西服装艺术职业学院图书馆定编定员，杨锦溪任馆长、崔伟任馆长助理。

11月7日　陕西铁路工程职业技术学院图书馆接受人民交通出版社向学院图书馆捐赠的价值12.9万元的图书。

11月7日　西北农林科技大学图书馆开启为期一个月的"优质服务月"主题实践活动。

11月11日　西安交通大学图书馆与该校能动学院教师和研究生代表进行座谈，讨论学科馆员制度及学科化服务等问题。

11月12日　陕西科技大学图书馆科技查新中心接受教育部专家组对申报"教育部科技查新工作站"的实地考察。

11月13日　西北工业大学图书馆举办"汇文LIBSYS V3.5系统新功能交流会"，各部室业务骨干共20人参加。

11月14日　西北农林科技大学图书馆邀请北京大学信息管理系教授、博士生导师刘兹恒教授为本馆职工做《国内外图书馆学情报学研究现状》的报告。

11月15日　西藏民族学院图书馆举办2008年学术论文交流会，有18人提交论文并进行交流。

11月18日　安康学院图书馆开通网上图书馆。

11月18日　西北工业大学图书馆与航天学院学生会联合举办"航天学院研究生电子信息检索专题培训讲座"活动。

11月19日　教育部高等教育司下发《关于推荐新一届教育部高等学校文化素质教育指导委员会和图书情报工作指导委员会委员的通知》（教高司函〔2008〕234号）。

11月19日　延安大学图书馆安排部署"优质服务月"活动。

11月20日　西安思源学院图书馆确立了"传承文化、崇尚知识、以人为本、诚信服务"的馆训。

11月20日　西安电子科技大学图书馆逸夫馆门禁系统更新。

11月21日　陕西省高校图工委高职高专工作组委员馆会议在西安航空技术高等专科学校图书馆召开，会议就高职高专图书馆优秀网站的评选办法和高职高专馆开展文体活动等工作进行了讨论。

11月21日　延安大学图书馆召开学生代表座谈会，征求学生对图书馆工作的意见和建议，来自各学院的20多名学生代表与图书馆馆长、书记及各部室主任进行了广泛的交流。

11月26日 陕西高校图工委集团采购超星百万册电子图书专家谈判会在西安交通大学图书馆举行，对价格、版权、今后购买新增电子书等事项进行了谈判。

11月26日 西安电力高等专科学校图书馆学生管理委员会开展了以图书馆相关知识文化为主的"畅游知识乐园"活动。

11月26日 西安工业大学图书馆主持召开2009年期刊、电子资源招标会，审计处、纪委、财务处等单位参加。

11月26日 西北农林科技大学图书馆在北馆举行防火疏散演练活动。

11月27日 西北农林科技大学图书馆邀请Thomson Reuters高级顾问、Elsevier Scopus内容甄选委员万跃华教授做了题为《如何利用SCI数据库进行课题创新、发表高水平论文及申请基金》的专题讲座，逾千名师生参加。

11月28日 西北农林科技大学图书馆和校学生会图书馆学生管理委员会联合举办"破损图书展览"。

11月28日 西安电子科技大学图书馆进行各部室主任和一般岗位的聘任工作。

11月 安康学院图书馆正式加入CALIS。

11月 西安财经学院行知学院图书馆长安校区馆对师生全面开放。

11月 西安电力高等专科学校图书馆在本部、南区分别开展电子资源推广培训活动。

11月 西安工程大学图书馆在临潼校区举办"大学生心理健康与职业生涯导航"主题书展及专题讲座。

11月 西北工业大学图书馆完成了西文期刊导航系统开发和数据录入工作，共录入20,487条期刊数据。

11月 西北农林科技大学图书馆白君礼副研究馆员被中国科学院文献情报中心主办的《图书情报工作》杂志社聘为特邀审稿专家，聘期为2008年11月至2010年11月。

11月 杨凌职业技术学院图书馆完成西校区和北校区图书调拨工作。

12月3日 西北农林科技大学图书馆与校人事处联合邀请本校部分青年教师召开文献信息需求座谈会。

12月4日 安康学院图书馆副馆长柳林在陕西师范大学图书馆挂职培训结束。

12月4日 西安工程大学图书馆和学生图管会联合举办2008年读书交流活动。

12月4日 西北工业大学图书馆为本校材料学院师生举办了两场材料学科电子资源专题培训。

12月5日 陕西铁路工程职业技术学院图书馆新网站正式开通。

12月5日　西北农林科技大学图书馆召开学生文献信息需求座谈会。

12月6日　西安交通大学图书馆完成"视听学习与欣赏室"设备更新，把原有的DVD机与电视机播放系统升级为PC机播放系统。

12月8日　西安财经学院行知学院图书馆自动化管理系统安装调试到位，开始对读者提供借还书服务。

12月9日　西北农林科技大学图书馆邀请Elsevier公司培训专员为该校师生做了题为《利用Science Direct获取前沿学术信息与爱思唯尔（Elsevier）期刊投稿》的讲座。

12月10日　西安翻译学院图书馆举行卡西欧电子词典捐赠仪式。

12月10日　冯永财任西安科技大学图书馆副馆长，姜渭洪改任副处级调研员。

12月10日　西安理工大学图书馆召开本馆第十八届学术讨论会。

12月11日　陕西高校图书馆馆员培训报告会（第六场）暨"编目业务基础培训"在西安电子科技大学图书馆举行，来自全省高校图书馆的110人参加。

12月12日　陕西高校图书馆馆员培训报告会（第七场）暨"陕西高校图书馆网络管理与网络安全经验交流会"在西北工业大学国际会议中心举行，来自全省高校图书馆的85人参加。

12月18日　陕西师范大学长安校区图书馆开馆三周年座谈会召开，陕西省20多所高校图书馆与会。

12月19日　陕西铁路工程职业技术学院图书馆首次举办全馆人员业务知识培训讲座，由图书馆业务骨干承担主讲，培训后进行了业务知识考核。

12月19日　延安大学外籍教师段欣梅女士向本校图书馆赠送外文原版图书416册，价值人民币约1.5万元。

12月22日　西安翻译学院图书馆建成免费电子阅览厅（信息素质教育室），并对读者开放。

12月22日　西安交通大学图书馆召开文献资源建设座谈会，受邀参加会议的有长年参与图书馆外文图书建设的选书专家，也有工作在科研教学第一线的中青年教授。

12月23日　西安工程大学图书馆完成《文献资源建设工作条例》的修订。

12月23日　西北大学图书馆召开处级干部述职大会。

12月28日　西安科技大学图书馆完成各部室主任换届聘任工作。

12月30日　西安财经学院行知学院图书馆召开学生读者代表座谈会。

12月31日　西安理工大学图书馆完成两年一次的岗位聘任工作。

12月　　　延安大学图书馆全年接受高教出版社赠书5789册，价值16.76万元。

12月　　陕西师范大学图书馆获得全国图书馆联合编目中心上传数据资格。

12月　　陕西中医学院图书馆购买超星数字图书馆"读秀"学术搜索系统。

12月　　陕西中医学院图书馆完成了国家课题"国家科技部基础条件平台医药共享网——中医药学数据中心"的分课题，完成中医临床疾病数据库建库任务2000条、个案数据库以及文献标引各100条的任务。

12月　　西安建筑科技大学图书馆新主页正式启用。

12月　　姜渭洪任西安科技大学高新学院图书馆馆长。

12月　　西安培华学院图书馆采购外文原版图书。

12月　　马行天任西安石油大学图书馆副馆长，主持工作。

12月　　刘荣弟任西安音乐学院图书馆馆长。

12月　　著名书法家、陕西师范大学曹伯庸教授为西北大学现代学院图书馆题写馆名。

12月　　西藏民族学院图书馆王铁斌馆长对本馆的援助单位北京外国语大学、天津大学等进行回访，并就新的受援计划进行考察和落实。

12月　　西安电子科技大学图书馆逸夫馆进行监控系统的升级改造工程。

2009年

1月6日　　陕西高校图书馆馆员培训报告会（第八场）暨"陕西高校图书馆统计工作培训会"在西安建筑科技大学举行，来自全省53所高校的86名馆员参加。省高校图工委张西亚秘书长做《如何做好高校图书馆统计工作》的专题发言，强自力研究馆员做《"高等学校图书馆数字资源计量指南"解读》的报告，张惠君副研究馆员做《"高校图书馆事实数据库系统"常见问题讨论》的报告。

1月9日　　西安科技大学图书馆招标采购HP计算机70台。

1月9日　　西北工业大学图书馆召开六届二次职工代表大会。

1月12日　　西北工业大学图书馆下发《图书馆职工外出参加会议及发表论文补贴的规定》。

1月14日　　西北工业大学图书馆下发《关于表彰2008年度图书馆先进工作者、先进个人的决定》。

1月15日　　西北农林科技大学校长孙武学到图书馆调研、检查指导工作。

1月17日　　陕西铁路工程职业技术学院开始第三轮全员聘岗，图书馆正式岗位编制13个，临时工岗位5个。

1月18日　　西北工业大学图书馆依据《西北工业大学图书馆岗位设置管理与聘任

工作实施方案》，完成了全员岗位聘任工作。

1月　西安工业大学图书馆金花馆安装了门禁系统。

1月　西安建筑科技大学图书馆消防报警主机更换工作完成。

1月　西北大学现代学院图书馆新馆建成，馆舍面积2.34万平方米，高度23.95米，建筑楼层5层。完成搬迁，从经管楼搬入新图书馆，并开放服务。

1月　西藏民族学院图书馆加入中国高等教育文献保障系统CALIS，成为CALIS联合编目成员馆。

2月15日　西安交通大学图书馆对兰州石化公司石化研究院有关人员进行"信息检索与利用"培训，培训期2月15日至21日。

2月18日　周红任西安欧亚学院图书馆副馆长。

2月26日　西安外国语大学图书馆接受省学位办对本校申报翻译专业硕士点有关图书馆项目的检查。

2月26日　延安大学图书馆召开新馆布局及旧馆搬迁方案论证会。

2月27日　西安航空技术高等专科学校图书馆电子阅览室二期面向读者开放。

2月　陕西国际商贸学院图书馆召开了首次读者座谈会。

2月　西安电子科技大学图书馆邀请省内5所著名的有新校区的图书馆馆长就南校区新馆运行模式召开了论证会。

3月1日　西安科技商贸职业学院图书馆高新校区（西区）图书馆改建完毕，设1个书库和1个报刊阅览室。

3月2日　西安翻译学院图书馆对阅览部和流通部进行整合，合并成立读者服务部。

3月2日　与西安交通大学等查新站协调达成查新审核协作，西安工程大学图书馆首次承接校内查新课题。

3月2日　西北农林科技大学图书馆下发《关于图书馆业务部室调整的通知》，调整了各部室职责，设置的部室有图书借阅一部和二部、期刊阅览部、电子文献阅览部、文献建设部、信息咨询部、信息素质教研室、系统保障部、研究室、水保所专业馆。

3月3日　西安培华学院图书馆举行新馆开工典礼。

3月4日　西安欧亚学院图书馆学管会组织"第一届读者座谈会"。

3月4日　延安大学召开校长办公会议，专题研究新图书馆建设与搬迁问题，会议听取了图书馆关于新馆布局方案与设备购置计划的汇报，明确了新馆功能定位、设备经费预算以及搬迁工作要求。

3月5日　　王学华任陕西服装艺术职业学院图书馆副馆长。

3月8日　　陕西理工学院与本校78级中文系校友田涛签订了10万元图书资料的捐赠协议。

3月12日　西北工业大学图书馆 "985工程" 二期建设项目 "数字图书馆" 验收专家评审会召开。

3月13日　陕西高校图书馆馆员培训报告会（第九场）在商洛学院举行，来自商洛学院图书馆、商洛职业技术学院图书馆以及中共商洛市委党校图书馆、商洛市图书馆、商州区图书馆的120余名馆员参加。

3月13日　雷震任西北大学图书馆党支部（直属）书记。

3月17日　陕西服装艺术职业学院图书馆网站建成试运行并参加高职高专图书馆网站建设评比。

3月20日　西安科技商贸职业学院图书馆对全馆图书进行回溯建库。

3月20日　延安大学图书馆召开 "新馆数字化建设整体方案论证会"。

3月23日　西安翻译学院召开第二次图书馆工作委员会会议。

3月24日　西北农林科技大学图书馆根据《关于公开选聘部分部（室）负责人的通知》有关规定，聘任部分部（室）主任。

3月25日　陕西高校图工委2009年第一次常委会在西安交通大学图书馆召开。省教育厅高教处袁宁处长介绍了陕西省教育厅2009年主要工作及对实施陕西省高等学校图书文献信息共享系统建设的意见，省高校图工委总结了2008年工作，讨论通过了2009年工作计划。

3月27日　西安电力高等专科学校图书馆召开 "实现四校区图书馆资源统一调度和馆际互借实施方案" 论证会，校本部、南区、咸阳、灞桥各分部主任及相关部门负责人参加了会议。

3月27日　陕西高校图书馆馆员培训报告会（第十场）在西安翻译学院举行，来自西安翻译学院图书馆、西安欧亚学院图书馆、西京学院图书馆的近百名馆员参加。

3月27日　延安大学图书馆接受陕西省出版局赠送的4000多册报刊资料，所赠资料为2006年以来省内各编辑出版部门送审的所有报刊样本。

3月　　　陕西国际商贸学院图书馆新扩建的电子阅览室投入使用。

3月　　　陕西国际商贸学院图书馆举办了首届大学生读书月活动。

3月　　　贺继康任陕西教育学院图书馆馆长，刘世峰任副馆长。

3月　　　西安工业大学图书馆档案室成立。

3月　　　西安科技大学高新学院图书馆采用汇文图书馆管理系统开始回溯建库。

3月	西北农林科技大学图书馆水保所专业馆完成了馆舍装修后的搬迁和整理工作。
3月	西北政法大学图书馆确定本年度为"数字资源利用年"。
3月	西安电子科技大学图书馆出台"南校区新图书馆开馆建设进度表"。
3月	杨凌职业技术学院图书馆完成12TB存储容量的购置任务。
4月1日	陕西服装艺术职业学院图书馆教师参考咨询室建成，有电脑12台，供学院教师在阅览室查阅资料。
4月2日	陕西师范大学图书馆、西北大学图书馆先后接受国家古籍保护中心专家小组的评估和检查。
4月2日	西安航空技术高等专科学校图书馆"书香航苑"首届读书节在图书馆举行。
4月6日	陕西服装艺术职业学院图书馆开展为期1个月的"我与世界一起读书"活动。
4月8日	陕西服装艺术职业学院图书馆为学院教师举办"如何利用图书馆数字资源"培训讲座。
4月9日	西安理工大学第五届图书馆工作委员会会议召开。
4月10日	西北工业大学图书馆西文电子期刊导航系统开通。
4月13日	教育部印发《教育部关于成立第三届高等学校图书情报工作指导委员会的通知》（教高函〔2009〕12号）。我省西安交通大学图书馆俞炳丰、西北工业大学图书馆苟文选为本届委员会委员，任期四年。
4月14日	西安科技大学图书馆邀请西北大学公共管理学院副院长杨玉麟教授做《高校图书馆服务理念与职业道德观》专题讲座。
4月15日	安康学院图书馆干部读书室正式开放，学校党委书记杨涛、院长王兴林主持开放仪式。
4月15日	陕西高校图书馆馆员培训报告会（第十一场）在宝鸡文理学院举行，来自宝鸡文理学院图书馆、宝鸡职业技术学院图书馆、宝鸡市图书馆、宝鸡市委党校和市教育学院图书馆、陕西省第二商贸学校图书馆以及市内的渭滨区、金台区、陈仓区图书馆的200余名馆员参加。
4月15日	陕西师范大学在长安校区图书馆举行了图书馆儒林奖学金签约仪式，安徽省儒林图书有限公司董事长余伯成先生、学校领导、图书馆及其他部门负责人、200名学生参加了签约仪式。
4月15日	延安大学图书馆接受中国人民大学出版社赠送的380册图书，价值人民币1.3万多元。

4月16日　西安财经学院图书馆召开重点学科文献建设座谈会。

4月16日　西安航空技术高等专科学校图书馆"书香航苑"读书节活动被《陕西日报》报道。

4月21日　西北农林科技大学图书馆接待中国农业大学图书馆馆长何秀荣教授的参观访问。

4月22日　西安电力高等专科学校图书馆联合校团委主办以"点燃读书激情，共建书香校园"为主题的"第一届世界读书日宣传系列活动"。

4月22日　西安航空技术高等专科学校图书馆工作委员会2009年工作会议在图书馆召开。

4月25日　西北农林科技大学图书馆及图书馆学生管理委员会联合举办"西北农林科技大学第三届世界读书日'爱书·修书比赛'"活动。

4月27日　陕西高校图工委在长安亚建召开"陕西省高校图书馆自动化工作研讨会"，来自40所高校图书馆的70余人参加。

4月28日　西安翻译学院图书馆迎接陕西省教育厅学士学位评估专家对图书馆的检查指导。

4月29日　西藏民族学院图书馆将"图书馆自动化管理集成系统"的书目查询子系统成功升级到WEB2.0，增加了书目分类导航、读者荐购、超期提醒等交互功能。

4月30日　西安外国语大学图书馆公开招聘资料中心主任。

4月　　　安康学院图书馆启用新网页。

4月　　　陕西国际商贸学院图书馆工作委员会成立并召开第一次会议。

4月　　　陕西科技大学图书馆开展读书月系列活动。

4月　　　陕西科技大学图书馆电子阅览室增购计算机225台，更新了网络运行环境。

4月　　　陕西铁路工程职业技术学院图书馆举办第二届读书周活动，主题为"勤用图书馆、善用图书馆、充分享用图书馆资源"。

4月　　　陕西高校图工委高职高专工作组开展图书馆优秀网站评比。

4月　　　西安交通大学城市学院拨专款10万元，在图书馆二楼增加电了阅览室机位35个，仍采用无盘工作站模式。

4月　　　西北工业大学图书馆面向全校师生开展"图书馆文献资源建设与利用读者调查"活动。

4月　　　西藏民族学院图书馆建立图书馆信息咨询中心，组建了学科馆员队伍。

5月1日　陕西师范大学图书馆Aleph500新版联机公共目录检索（OPAC 2.0）测

试版开通运行。

5月4日	西安财经学院图书馆迎接著名画家张朝翔、戴畅、季清海一行3人来图书馆参观，并接受画家们赠送的作品。
5月4日	西安交通大学图书馆东区馆启动新的图书借、还模式。
5月4日	西安交通大学、清华大学、浙江大学、华中科技大学4所高校图书馆采编工作研讨会在西安交通大学召开。
5月5日	陕西师范大学图书馆举行数字图书馆推广月活动开幕式。
5月6日	西安航空技术高等专业学校图书馆举行科学发展研讨与交流系列报告会。
5月9日	西安电子科技大学图书馆新馆搬迁工作开始。
5月11日	陕西高校图工委与北京世纪读秀技术有限公司就续订《读秀知识库》在西安理工大学曲江校区图书馆进行集团采购谈判。
5月12日	西安财经学院胡健院长、丁德科副院长到图书馆调研。
5月12日	西安外国语大学图书馆张卫国副馆长赴北京参加全国外语院校图书馆联盟成立大会。
5月13日	西安欧亚学院图书馆召开第三届学术论文研讨会。
5月13日	西北农林科技大学图书馆将馆史初稿打印下发，征求意见。
5月15日	西安理工大学中省共建项目"图书馆信息化及智能管理平台"实施方案通过专家组评估并获准启动，资助金额300万元。
5月17日	长安大学图书馆2009版网站正式启用，学生可在网上提交学位论文及办理离校手续。
5月18日	西安欧亚学院图书馆举行第三届朗诵比赛。
5月19日	咸阳师范学院图书馆获咸阳市文物局赠送的《咸阳市文物志》。
5月20日	西北农林科技大学图书馆水保所专业馆获得"中国科学院国家科学图书馆联合目录数据库"建设"突出贡献单位"荣誉称号。
5月21日	"2009年陕西省高等学校图书情报工作会议"在商洛召开，来自全省69所高校图书馆的馆领导110人出席了会议。会议的主题为"高校图书馆区域文献资源共享"，由陕西高校图工委主办、商洛学院图书馆承办。
5月21日	西安思源学院图书馆举办高等教育出版社、机械工业出版社、电子工业出版社优秀教材展。
5月26日	西安电力高等专科学校图书馆分别在咸阳、灞桥两校区举办电子资源应用培训会。
5月28日	延安大学图书馆新馆自修室提前向学生开放，两个自修室可提供1200

多个座位。

5月 西安航空职业技术学院图书馆建成电子信息检索室、教师交流中心、视听资料阅览室和读者服务中心。

5月 陕西国际商贸学院图书馆在馆内选派3人担任学科联络员，加强与各院系的联系，了解和满足教学工作对图书资源的需求。

5月 许文丹任西安航空技术高等专科学校图书馆馆长。

5月 西安音乐学院图书馆搬迁至新馆舍。新馆建筑面积2448平方米，设有教授工作室、特藏室和小型报告厅。

5月 西北政法大学图书馆自习室开通无线网络试用服务。

5月 西藏民族学院图书馆完成"馆藏藏文古籍目录"的整理、著录工作。

6月1日 西安财经学院图书馆文学图书借阅室正式对读者开放。

6月2日 陕西高校图工委召集部分高校图书馆有关人员在西安电子科技大学北校区图书馆召开区域资源共享研讨会，演示并讨论超星区域性数字图书馆试用平台。

6月2日 西安科技商贸职业学院图书馆开始对学院东区图书馆图书进行重新分配，调整架位、倒库倒架，并设立样本书库。

6月5日 温家宝总理一行来到西安交通大学图书馆新书阅览室与大学生座谈。随同人员有工业和信息化部部长李毅中、财政部部长谢旭人、中国人民银行行长周小川、人力资源与社会保障部部长尹蔚民、国家发改委副主任朱之鑫、教育部副部长鲁昕等。省委书记赵乐际、省长袁纯清、西安交通大学党委书记王建华、校长郑南宁等人也全程参加。

6月5日 西北工业大学图书馆为期一个月的"数字资源宣传服务月"活动落幕。共举办各种培训讲座13场，听众400多人次。

6月8日 美国国家科学院院士、中国科学院外籍院士丘成桐教授参观西北大学图书馆古籍珍藏室。

6月10日 西安科技大学图书馆与教务处、校团委、校学生会联合举办第二届大学生网络知识检索竞赛。

6月12日 康万武任西安翻译学院图书馆馆长。

6月12日 西安理工大学图书馆举办"走进学院、走近读者"电子资源系列宣讲活动。

6月16日 西北农林科技大学图书馆与校团委合办的"爱心捐书"活动开展一周，累计捐书达370余册。

6月17日 西安理工大学图书馆召开读者座谈会，来自9个学院的近20名博硕士及本科生代表、图书馆领导及相关部室人员参加了座谈会。

6月17日　西安铁路职业技术学院图书馆收集教职工编写的教材、专著，启动教职工专著特色数据库建设。

6月19日　陕西高校图工委下发《关于组织我省高校图书馆馆长赴台湾地区高校考察交流的通知》。

6月19日　西安电力高等专科学校图书馆举办退休职工郑言武老师图书捐赠仪式。

6月19日　西安工业大学图书馆教师研究生阅览室开放。

6月19日　西安科技大学图书馆第二届职工代表大会第一次会议召开，讨论《图书馆岗位聘任和校内津贴制度实施细则》。

6月23日　长安大学图书馆向全校广大师生征集本校教职工编写的专著和教材，筹建长安大学文库。

6月23日　陕西高校图书馆馆员培训报告会（第十二场）在空军工程大学电讯工程学院举办，来自西安地区十所军队院校图书馆的40余人参加。

6月24日　西北工业大学图书馆召开馆内学术交流会，20多名馆员参加。

6月27日　由中国农学会农业图书馆分会主办，西北农林科技大学图书馆承办的全国农业科教系统数字图书馆工作交流会暨中国农学会农业图书馆分会常务理事会议在西北农林科技大学召开，来自全国30多所高校图书馆和科研院所情报信息机构的40余名代表参加了会议。

6月27日　陕西高校图书馆馆员培训报告会（第十三场）在榆林学院举办。

6月29日　原国家主席江泽民在陕西丈八国宾馆观看西安美术学院图书馆部分藏画，应一平副馆长进行了讲解。

6月30日　新疆农业大学图书馆艾尼瓦尔馆长等一行4人到西安交通大学图书馆进行工作交流。

6月30日　西安理工大学图书馆金花馆完成建馆以来首次大规模的文献调整工作。

6月　　西安航空职业技术学院图书馆建立教师沙龙（学术交流工作论坛）。

6月　　陕西教育学院图书馆为改制迎评，开展全院捐赠图书活动，共接收捐赠图书4万余册。

6月　　西安理工大学图书馆王浩主编的《信息服务质量概论》一书在陕西省高校人文社会科学优秀成果评奖活动中获得一等奖。

6月　　西安邮电学院图书馆宋德义副馆长被评为陕西高等学校优秀共产党员；西北工业大学图书馆苟文选馆长被评为陕西高等学校优秀党务工作者。

6月　　西北农林科技大学图书馆获CALIS全国农学文献信息中心资助项目3项。

7月3日	陕西高校图工委召集部分高校图书馆有关人员在西安交通大学图书馆召开工作会议，安排布置"陕西高校图书馆区域馆际互借服务平台"系统测试工作。
7月8日	西安工程大学图书馆申报的教改课题"校内学术成果信息管理系统"获学校批复，项目经费为3000元。
7月8日	西北农林科技大学图书馆在南、北校区图书馆门前举办"大型名人传记和中外名著现场展借"活动，共展出图书近2000册，最终借出图书800余册。
7月10日	西安培华学院图书馆对各岗位职责进行细化并制作工作流程图。
7月10日	西安工程大学图书馆引进一名北京大学图书馆学博士毕业生到馆工作。
7月11日	西北农林科技大学图书馆接受原陕西省农科院副院长刘广镕研究员向图书馆捐赠的个人藏书共100多册。
7月15日	西北工业大学图书馆完成汇文系统4.0版本的升级工作。
7月20日	陕西教育学院图书馆完成了由二、三校区阅览室向长安新校区的搬迁工作。
7月28日	西北农林科技大学图书馆将馆史第二稿打印下发，第二次征求意见。
7月28日	中国人民大学书报资料中心党委书记李遵清一行25人参观考察延安大学图书馆，并向延安大学图书馆赠送人大复印报刊资料2006～2008年的精装期刊350多册。
7月	陕西中医学院图书馆修订《图书馆读者手册》。
7月	西安建筑科技大学图书馆流通服务时间延长至每周75小时。
7月	西安科技大学图书馆在临潼校区图书馆新建成密集书库3个，架位147组。
7月	西安理工大学图书馆曲江馆取消休闲阅览室，将原休闲阅览室的文献与期刊阅览室合并。
7月	西藏民族学院图书馆在中山大学接收受援赠书教材1715册；加入"广东高校图书馆联合编目系统"，实现了编目数据在线共享。
7月	杨凌职业技术学院图书馆完成南校区馆舍改造工作。
8月22日	西安电子科技大学图书馆南校区新馆开始试运行。
8月26日	西安科技大学雁塔校区图书馆电子阅览室更新电脑42台。
8月31日	延安大学新图书馆大楼工程正式交工，总建筑面积为3.4万平方米，框架10层结构，建筑高度43.5米，工程建设总投资9,290.71万元，从2007年3月1日破土动工，用时两年半。

8月	西安科技大学在雁塔校区图书馆更新书架264组、阅览桌173张、阅览椅792把。
8月	西安音乐学院图书馆网站正式建立并开始运行。
8月	西北农林科技大学图书馆对北馆进行布局调整。
9月1日	西安理工大学图书馆面向计算机学院和水利水电学院开展"走进学院、走近读者"电子资源系列宣讲活动，约200名师生参加。
9月1日	西北工业大学图书馆在主页咨询台栏目内开通了QQ在线实时咨询服务。
9月1日	西北农林科技大学图书馆水保所分馆为科研人员开展系列文献信息服务活动。
9月3日	西安财经学院杨学义书记、丁德科副院长到图书馆调研暑期相关工程建设情况。
9月3日	西安科技大学图书馆发布实施《关于雁塔、临潼校区图书馆人员轮岗的规定》《西安科技大学图书馆考勤管理办法》《图书馆工作人员奖惩规定》。
9月4日	陕西高校图工委在西安交通大学图书馆召开赴台考察人员会议，介绍赴台手续办理、日程安排等事宜。
9月7日	西安财经学院图书馆电子阅览室对全院师生正式开放。
9月7日	西安理工大学图书馆电子资源阅览室正式对外开放。
9月9日	西安铁路职业技术学院图书馆延长开放时间，由原来的52.5小时延长到72小时。
9月9日	西北工业大学图书馆在教师节期间推广CASHL资源与服务，人文社科类读者共计请求文献323篇，CASHL满足请求数291篇。
9月10日	延安大学新图书馆开馆试运行。采用"分借总还"服务模式，按学科设置18个开架图书资料阅览室，辅设2个本科生自修室和1个研究生研修室。有3个电子阅览室，共有联网电脑600台，2个读者培训室、4个课题研究室、5个小型学习交流厅和1个大型学术报告厅。
9月11日	商洛学院图书馆接受赠书。陕西师范大学马家骏教授专程到商洛学院，把毕生收藏的5000余册图书捐赠给商洛学院图书馆。
9月13日	西安电子科技大学图书馆对逸夫馆分两批完成了藏书布局、书库架位大调整，解决各书库架位紧张的情况。
9月16日	西北工业大学图书馆召开"十二五"规划研讨会，馆领导、各部室主任及部分馆员共20多人参加了会议。
9月21日	陕西理工学院图书馆申报的"陕西理工学院古籍保藏与开发利用"获

陕西省专项建设项目立项，建设经费209.5万元。

9月28日　西安交通大学图书馆完成3000余名新生入馆培训工作。

9月　西安航空职业技术学院图书馆完成图书馆与阎良区区域内的社会服务平台建设。

9月　仝荣才任陕西国防工业职业技术学院图书信息处副处长（主持工作）。

9月　陕西国际商贸学院图书馆旧式借阅卡更换为校园天翼手机一卡通，图书馆读者管理数据与学校教学管理数据实现对接。

9月　陕西铁路工程职业技术学院图书馆为各系部建立了二级机构馆。

9月　西安财经学院行知学院图书馆搬迁至三号教学楼，藏书136,027册，馆舍面积2227平方米，开放时间77小时/周。

9月　西安建筑科技大学图书馆门禁管理系统正式启用。

9月　西安建筑科技大学图书馆完成草堂校区图书馆功能设计任务书初稿。

9月　西安美术学院图书馆副馆长应一平《洗尽铅华》美术文集由三秦出版社出版。

9月　西安音乐学院图书馆引进KUKE数字音乐图书馆和中国知网数字资源系统。

9月　西北农林科技大学图书馆开始使用学校一卡通。

9月　西北农林科技大学图书馆周开馆时间由92小时增加到98小时，书库及借还书处增加双休日对读者开放。

9月　西京学院图书馆完成图书馆管理系统ILAS Ⅱ到ILAS Ⅲ的升级，与校园一卡通对接。

9月　杨凌职业技术学院图书馆新建2个电子阅览室。

10月9日　西安科技商贸职业学院发生H1N1甲流，图书馆闭馆两周。

10月10日　延安大学新图书馆正式向师生开放，学校举行开馆仪式。

10月11日　西藏民族学院图书馆孔繁秀副馆长一行2人赴藏进行藏学文献调研和业务学习，并采购藏学图书4049册。

10月15日　西安科技商贸职业学院图书馆新馆建设方案确定。

10月18日　西安工程大学图书馆举办"陕西作家60年"图书展，展出柳青、陈忠实、贾平凹、路遥等著名作家作品。

10月19日　陕西高校图工委2009年第二次常委会在西安交通大学图书馆召开。会议通报了教育部高等学校图书情报工作指导委员会三届一次会议情况，讨论了图工委阶段工作。

10月19日　"全国纺织服装信息研究会馆长论坛暨学术研讨会"在西安工程大学

召开，来自全国20余所高校的50余名图书馆同行参加会议。

10月20日　西安工业大学图书馆与中国人民解放军总后建筑工程研究所情报室商议，在西安工业大学金花校区图书馆设立"总后建工所文献信息服务站"。

10月20日　西安美术学院建院60周年之际，全国政协副主席陈宗兴等嘉宾到图书馆参观。

10月20日　西北工业大学图书馆承办工业和信息化部部属院校第九届图书馆馆长联席会，工信部所属7所院校的馆长及相关人员18人参加了会议。

10月21日　著名旱地农业生理生态学家、中国工程院院士山仑研究员应邀为西北农林科技大学图书馆馆史题词"传播知识，传播文明，服务育人"及"瞄准高端，跟踪前沿，为科学研究提供最新的信息咨询与服务"。

10月22日　延安大学召开图书馆搬迁工作总结表彰大会，图书馆28位表现突出的工作人员受到学校表彰。

10月25日　西安航空技术高等专科学校图书馆召开论文与业务交流会，会议共收到论文与交流材料22篇，有8位同志做了重点发言。

10月27日　西安翻译学院图书馆与院图书馆学生管理委员会联合举办以"走进电子文献"为主题的电子文献宣传周活动。

10月28日　西北农林科技大学图书馆、校综合治理办等单位对图书馆北馆消防安全系统进行了验收。

10月29日　西北工业大学图书馆召开2010年度中文期刊采购议标会。

10月29日　西北农林科技大学图书馆邀请北京爱思唯尔（ELSEVIER）科技部专职培训员为该校师生做了《利用ScienceDirect获取前沿学术信息以及ELSEVIER期刊投稿技巧》的讲座。

10月29日　西藏民族学院图书馆王铁斌馆长前往援藏单位厦门大学图书馆就对口支援的具体规划进行协商。

10月30日　陕西高校图工委高职高专工作组召开2009年工作年会。

10月　　　安康学院图书馆员工实行统一着装，挂牌上岗。

10月　　　陕西国际商贸学院图书馆与学院思政部联合建设思想政治教育资料室，该资料室设置在图书馆内。

10月　　　陕西国际商贸学院图书馆学生管理委员会成立并召开第一次会议。

10月　　　陕西中医学院图书馆完成主机房扩建工作。

10月　　　渭南师范学院图书馆邀请西安外国语大学周世范教授做题为《中国文化的两座高峰》的学术报告。

10月　　　西安财经学院图书馆重点学科文献阅览室建成并对外开放。

10月	西安建筑科技大学图书馆完成建筑学阅览室和文学书库布局调整工作。
10月	西安交通大学城市学院图书馆编印了《图书馆规章制度汇编》。
10月	西北工业大学图书馆成立防控甲型H1N1流感工作领导小组。
10月	西藏民族学院图书馆接受北京外国语大学外语系老师捐赠的外文图书约1300册。
10月	咸阳师范学院图书馆拟订新馆规划草案。
11月1日	西安交通大学图书馆实行一站式服务，把原来分散在各业务部门办理的手续集中在图书流通部办理。
11月1日	西安科技商贸职业学院图书馆新馆在户县校区奠基开建。
11月1日	西安欧亚学院图书馆举办"图书馆读者知识竞赛"。
11月1日	西北农林科技大学图书馆在全校开展"2009年文献传递免费服务月"活动。
11月2日	陕西高校图工委组织有关人员对"陕西高校图书馆区域馆际互借服务平台"进行系统测试。
11月2日	第十届（2009）中国Innovative用户协会年会在西安交通大学图书馆召开，来自清华大学等9所高校图书馆的Innovative用户参加了此次年会。
11月4日	延安大学召开"图书馆文明建设工作会议"，就开展文明图书馆建设活动做出安排部署。
11月6日	西安财经学院图书馆电子阅览室一卡通系统全面开通使用。
11月8日	西北工业大学图书馆刘秋让副馆长一行4人前往南京航空航天大学图书馆、东南大学图书馆、上海交大图书馆、同济大学图书馆、深圳图书馆就各馆新馆建设情况进行调研。
11月9日	陕西高校图工委与北京世纪读秀技术有限公司就《Medalink》《超星名师讲坛数据库》在陕西师范大学雁塔校区图书馆进行集团采购谈判。
11月9日	西北农林科技大学图书馆将馆史审定稿打印下发，最后一次征求意见。
11月10日	西安培华学院图书馆举行新馆封顶仪式。
11月10日	北京大学信息管理系教授、图书馆学专业博士生导师吴慰慈应邀为西北农林科技大学图书馆馆史题词"搭建获取知识的桥梁，铺设通向成功的道路"。
11月15日	西安科技大学图书馆完成各岗位管理职责等的修订工作，共制作制度牌60块，全部安装到位。
11月16日	西北农林科技大学图书馆接收教育部体育卫生与艺术教育司赠送的前国务院副总理李岚清同志著《中国近现代音乐笔谈》20册，价值1360元。

11月18日　西安理工大学图书馆召开第十九届学术研讨会。

11月18日　陕西高校图书馆馆长代表团一行13人启程赴台湾对台湾地区5所大学、1所公共图书馆进行为期9天的考察。

11月19日　西北农林科技大学图书馆邀请中国农业大学图书馆信息服务部副研究馆员、Ovid公司委托培训员为该校师生做了题为《Ovid平台系列数据库使用》的专题讲座。

11月22日　中国延安干部学院常务副院长陈燕楠、副院长靳铭一行6人，到延安大学图书馆参观考察，与延安大学党委书记刘建德、校长廉振民、图书馆副馆长王思哲、图书馆党支部书记曹继春等进行了座谈，双方就如何共享资源、加强合作、相互支持、共同发展等问题进行了交流。

11月23日　西安交通大学图书馆与汤森路透科技与医疗集团举办ISI Web of Science系列数据库讲座。

11月23日　西安科技大学图书馆党总支、分工会撤销，合并至直属单位分党委、分工会。

11月23日　西安科技大学图书馆党总支书记、副馆长张永和调离图书馆，陈招娥任图书馆副馆长。

11月24日　西安科技大学临潼校区图书馆门禁管理系统启用。

11月24日　西北农林科技大学图书馆邀请超星公司为该校师生做了题为《超星电子图书和读秀学术检索数据库使用》的专题讲座。

11月25日　西安理工大学图书馆召开读者座谈会。

11月25日　副省长朱静芝应邀为西北农林科技大学图书馆馆史题词"阅读丰富人生，知识改变命运"。

11月27日　西北农林科技大学图书馆联合科研处、研究生院，特邀请汤姆森路透科技与医疗集团培训经理为该校师生做了题为《ISI Web of Knowledge平台在科研中的价值与应用》的专题讲座，近500名师生参加。

11月27日　西北农林科技大学图书馆与图书馆学生管理委员会举办"破损书籍展览"活动。

11月28日　"陕西省高校图书馆'超星杯'首届乒乓球比赛"在陕西省体育运动学校开赛，共有来自28个高校图书馆的200余人报名参赛。本次比赛由陕西高校图工委主办、西安体育学院图书馆承办。

11月30日　西北农林科技大学图书馆邀请ProQuest培训及市场主管为该校师生做了题为《ProQuest农业生物环境数据库使用》的专题讲座。

11月　　　西安航空职业技术学院图书馆对本院师生进行3次电子资源的应用培训。

11月　　陕西国际商贸学院图书馆书库调整开放时间，由周开放40小时延长至75小时。

11月　　陕西科技大学图书馆完成了"网上大学堂"精品课程资源更新工作，新增11,700课时。

11月　　原西安师范学校图书馆并入西安文理学院图书馆。

11月　　西安文理学院图书馆刘卫利副研究馆员主持的课题"基于信息传播障碍的区域数字图书馆实现模式研究"获批教育部规划基金项目。

11月　　吕建平任西安邮电学院图书馆馆长。

11月　　西藏民族学院图书馆与四川大学图书馆签订馆际互借协议。

11月　　榆林学院图书馆开展读者培训"一小时专题讲座"。

12月3日　延安大学副校长胡俊生主持召开图书馆工作座谈会，就新馆开放以来存在的主要矛盾及进一步提高图书馆管理水平与服务质量等问题，广泛征求图书馆工作人员的意见和建议。

12月6日　西北工业大学图书馆刘莎副馆长一行5人的调研小组前往清华大学图书馆、国家图书馆、吉林大学图书馆、哈尔滨工程大学图书馆、哈尔滨师范大学图书馆、哈尔滨工业大学图书馆，就文献资源建设、读者服务工作、现代化建设等方面进行调研。

12月7日　西藏民族学院图书馆召开中国人民大学向西藏民族学院捐赠图书仪式暨受援工作座谈会。

12月9日　西北农林科技大学图书馆对全馆职工进行网络安全及计算机管理与维护的培训。

12月10日　西北农林科技大学图书馆联合校人事处、学科办共同邀请学校部分引进人才和骨干教师，召开了文献信息资源建设与服务座谈会。

12月11日　西安科技大学图书馆启用随书光盘管理系统。

12月11日　西北农林科技大学图书馆联合图书馆学生管理委员会，在北校区图书馆召开了读者文献信息需求座谈会。

12月16日　宝鸡文理学院图书馆召开读者代表座谈会。

12月16日　陕西师范大学图书馆行政领导换届动员大会在长安校区图书馆报告厅举行。

12月18日　陕西高校图工委在西安交通大学图书馆举办"陕西高校图书馆馆际互借系统培训会"。

12月19日　"陕西高校图书馆区域馆际互借服务平台"进入试运行阶段。

12月22日　杨太康任西安财经学院图书馆馆长，陈文爱任总支书记兼副馆长，安娜、郭秦茂任副馆长。

12月22日 西安科技大学图书馆各部室主任换届聘任工作结束。

12月23日 西北工业大学图书馆召开2009年处级干部述廉、述职会议。

12月23日 西藏民族学院图书馆王铁斌馆长等4人到西安交通大学图书馆进行回访，与西安交大图书馆俞炳丰馆长等进行交流，就新一轮教育援藏工作进行协商，并就本馆的"西藏民族学院图书馆现代化建设项目"征求西安交大图书馆的意见和建议。

12月24日 陕西高校图工委组织专家对委托江苏畅想之星信息技术有限公司开发的"陕西高校图书馆区域馆际互借服务平台"进行了验收。

12月24日 陕西教育学院图书馆迎评工作组相关人员一行5人到西安外国语大学图书馆参观学习。

12月25日 西藏民族学院图书馆2009年学术交流会举行。

12月26日 陕西服装艺术职业学院图书馆迎接教育部评估专家一行8人到图书馆检查工作。

12月29日 西安理工大学图书馆金花读者服务部荣获本校第八批"文明窗口"单位。

12月30日 宝鸡文理学院图书馆召开二级职代会，讨论并通过了《图书馆绩效工资实施方案》。

12月31日 延安大学图书馆全年接受高等教育出版社赠书3124册，价值人民8.56万元；接受中国科学院文献中心赠送书刊5973册，价值人民币31.3万元。

12月 西安航空职业技术学院图书馆开展"我与图书馆"征文活动。

12月 西安航空职业技术学院图书馆完成"高职院校学生阅读状况分析与对策研究"的科研调查并结题。

12月 安康学院图书馆完成首次岗位聘任工作，内聘部室主任4名，内聘岗位37个。

12月 陕西国际商贸学院图书馆第二届读者征文集《书海行舟》出版，评选出年度校园十大"阅读之星"并颁奖。

12月 陕西科技大学图书馆初步完成咸阳校区图书馆固定资产清查工作。

12月 《西安翻译学院图书馆问责制实施细则（试行）》出台。

12月 西安理工大学金花校区图书馆科技图书样本室完成远望谷RFID共建项目。

12月 西安美术学院图书馆副馆长应一平著《心灵对话：中国古代绘画精品探赜》美术文集由三秦出版社出版。

12月 西北农林科技大学图书馆在全校范围内开展读者满意度调查活动，向不同读者发放调查问卷1000余份，经统计分析，读者对图书馆的满意率为80.1%。

| 12月 | 西藏民族学院图书馆与中国高校人文社会科学文献中心签订了关于文献传递服务的协议书，正式成为CASHL成员馆。 |

2010年

1月7日	西北农林科技大学图书馆召开第一届教职工代表大会第六次会议暨馆领导班子民主测评大会。
1月8日	咸阳职业技术学院图书馆电子（网络）资源阅览室正式向全校师生开放。
1月	赵农任西安美术学院图书馆馆长。
1月	谭成仟任西安石油大学图书馆馆长。
2月10日	延安大学图书馆报告厅建设、窗帘安装、研究生教室等建设项目全部完工。
2月26日	延安大学图书馆在校长主持下，召开图书馆领导班子会议，布置2010年度重点工作。
3月1日	西安工业大学图书馆金花馆实现全天连续性服务的运行模式。
3月1日	西安科技商贸职业学院图书馆根据教学评估考察回访要求进行业务整改，全面修订图书馆规章制度，加强读者服务工作。
3月4日	台湾大学图书馆林光美馆长学术报告会在西安交通大学图书馆举行，来自省内20多所高校图书馆的近200人参加。
3月4日	延安大学图书馆在编人员减至58人。
3月15日	延安人学图书馆向延川县图书馆捐赠图书3215册，价值人民币5150.27元。
3月22日	西安邮电学院成立图书馆工作委员会，委员由21人组成。
3月24日	西安航空技术高等专科学校图书馆召开随书光盘管理系统开发专题研讨会。
3月24日	西安欧亚学院图书馆大型心理健康讲座之"缘分的天空"在学术报告厅举行。
3月25日	西北工业大学图书馆面向全校师生举办FirstSearch数据库和NetLibrary电子书使用的培训。
3月28日	西安财经学院图书馆举办"我为读者服务——馆员体验活动"。
3月30日	"陕西高校图书馆区域馆际互借服务平台"完成系统升级和服务器迁移，系统投入正式运行。首批共有46所高校图书馆成为成员馆，通过

各馆申请共发放通用借书证708个。

3月　陕西国际商贸学院图书馆第二届读书月活动开幕式在学术报告厅举行。

3月　陕西教育学院长安校区图书馆开工建设，拟建馆舍总面积2.5万平方米。

3月　西安建筑科技大学图书馆完成草堂校区图书馆功能设计任务书修订方案。

3月　张勇任西安交通大学城市学院图书馆副馆长。

3月　西安科技大学高新学院图书馆完成全部馆藏回溯建库，汇文图书馆管理系统在图书馆启用。

3月　西安科技大学图书馆启动为期两个月的免费"原文传递服务月"活动。

3月　西北大学现代学院图书馆设立考研考公务员图书专架、教材专架、热门书籍专架。

3月　西北政法大学图书馆确定本年度为"数字图书馆知识学习年"。

4月1日　陕西服装艺术职业学院图书馆举办第二届"好读书、读书好、读好书"为主题的全院读书月活动。

4月1日　西安财经学院图书馆2009年度"优秀读者"评选活动揭晓，全院共评选出22名"优秀读者"。

4月1日　西安理工大学图书馆RFID项目进入技术测试阶段。

4月2日　西安科技大学图书馆"畅想非书资料管理系统"正式投入使用。

4月2日　延安大学与世界图书进出口公司合作协议签字仪式在图书馆举行，世图公司向延安大学图书馆赠送图书169种、285册，价值人民币25,744.50元。

4月6日　西藏民族学院图书馆召开党总支委员会议，就图书馆开展效能建设年活动的事项进行了研究部署。

4月8日　西安航空技术高等专科学校"书香航苑"第二届读书节启动仪式在图书馆报告厅举行。陕西师范大学人文学院教授、儒学——儒教研究所所长韩星做了题为《孔子儒学与中华民族共有精神家园的重建》的学术报告。

4月9日　西安理工大学图书馆工作委员会会议召开，参加会议的有来自各学院的专家教授及学生代表14人。

4月10日　西安思源学院图书馆邀请陕西科技大学图书馆方小容研究馆员在校学术报告厅做了《怎样做好课题选题与研究》学术报告，全院共有120多名青年教师参加了讲座。

4月13日　西北大学图书馆召开支委扩大会议部署"争先创优"活动。

4月14日　西安欧亚学院图书馆主办的大学生"软实力"系列讲座之"面试求职——表达能力培养"在视听室举行。

4月14日 西北大学图书馆与研究生会联合举办外文数据库AIP、APS、OSA培训讲座。

4月15日 西安电力高等专科学校图书馆联合校工会、团委、学管会分别在灞桥分部、咸阳分部、南区分部、校本部主办了以"读书提升、创新、进取"为主题的第二届世界读书日宣传系列活动。

4月15日 西安工程大学图书馆启动"走进院系、走近学科"系列讲座活动，宣传推广图书馆的文献资源与信息服务。

4月16日 咸阳职业技术学院图书馆完成受赠图书111,888册的加工工作。

4月18日 西安翻译学院图书馆与学管会联合举办"我与图书馆"为主题的世界读书日宣传周活动。

4月19日 西北工业大学图书馆邀请中国科技资料进出口总公司、北京中科进出口有限责任公司举办"2010年国外原版图书展"。

4月19日 西北农林科技大学图书馆邀请SciFinder数据库的培训专员为本校师生做了题为《SciFinder Scholar数据库发展及应用》的专题讲座。

4月20日 陕西服装艺术职业学院图书馆邀请超星公司做关于"如何利用图书馆数字资源"的讲座，并给优秀读者征文获奖者颁奖。

4月20日 西安财经学院图书馆与校团委联袂举办"三三一"读书工程之"4·23世界读书日"系列活动启动仪式。

4月21日 西安财经学院图书馆举行2010～2012年岗位聘用协议签字仪式。

4月21日 西安航空技术高等专科学校图书馆工作委员会2010年工作会议召开，会议听取了图书馆的工作报告。

4月21日 西安外国语大学聘任张卫国为图书馆副馆长（主持工作），王洪琛为图书馆副馆长。

4月22日 西安工程大学图书馆开展"我与图书馆"演讲大赛、图书馆徽标征集及文化衫图案设计大赛活动。

4月23日 陕西国防工业职业技术学院图书馆启动首届读书月系列活动。

4月23日 西安科技大学图书馆开展第三届读书节系列活动，主题为"让书香溢满校园，让服务温暖人心"，内容包括专家讲座、读者征义、摄影人赛等。

4月23日 西北工业大学图书馆面向全校师生发出了"同享知识，共建和谐"的倡议书。

4月23日 榆林学院图书馆举办"博览群书、开启智慧、放飞心灵"的主题演讲会。

4月24日 西北大学图书馆迎接国家古籍保护中心专家考察组的考察。

4月26日　咸阳职业技术学院图书馆通过外包完成155,200册图书的回溯建库工作。

4月26日　陕西铁路工程职业技术学院图书馆召开图书采购招标会。

4月27日　西安工业大学建工学院将资料室的图书统一交由图书馆管理，陈列于教师阅览室。

4月28日　西安交通大学图书馆自建的"西安交通大学文库"数据库正式开通，首批可提供校内师生检索使用的著作有近1000种。

4月28日　西安交通大学图书馆在校园网范围内开通自建的"西安交通大学国际论文数据库"。

4月28日　西安思源学院图书馆举办知名出版社优秀教材展览，展期两天。

4月29日　陕西高校图工委2010年第一次常委会在西安交通大学图书馆召开。会议讨论了陕西高校图工委换届工作安排，讨论通过了陕西高校图工委2010年工作计划要点。

4月30日　陕西高校图书馆馆员培训报告会（第十四场）在西安欧亚学院图书馆举办，来自省内19所高校图书馆的160余人参加。

4月　西安航空职业技术学院图书馆举办图书馆优秀读者、优秀学生管理员表彰及座谈交流。

4月　陕西国际商贸学院图书馆为读者举办关于"如何写好征文"的讲座。

4月　陕西铁路工程职业技术学院下拨图书馆2010年图书经费100万元。

4月　西安交通大学城市学院图书馆随书光盘发布系统安装并试运行。

4月　西安电子科技大学图书馆与宣传部、团委、学生会联合举办"4·23世界读书日暨南校区图书馆正式运行文化周系列活动"。

4月　西安电子科技大学图书馆召开"多校区运行模式下的图书馆服务工作"馆长论坛。

4月　榆林学院图书馆举行第一届"一路书香"系列活动。

5月5日　西北大学图书馆21部古籍入选文化部《国家珍贵古籍名录》。

5月5日　西北农林科技大学图书馆发布《关于禁止在图书馆内吸烟的通告》，明确规定职工与读者均不得在馆内任何空间吸烟。

5月9日　咸阳职业技术学院图书馆完成8个库位调整工作。

5月10日　西安欧亚学院图书馆第一届文化节正式开幕，本届文化节的主题是"实施情感教育，培养感恩文化"。

5月12日　陕西铁路工程职业技术学院图书馆召开"第三届读书周"活动表彰大会暨"图书馆学生管理委员会"成立大会。

5月12日 延安大学举行"中国人民大学纪宝成校长专题报告会暨图书捐赠仪式"，360余人参加。图书馆接受中国人民大学赠送图书272种、2720册，价值人民币100,971元。

5月14日 西安交通大学图书馆承办首届"交通大学图书馆学术文化交流会"，来自上海交通大学、北京交通大学、西南交通大学、西安交通大学等四所高校图书馆的领导及馆员代表约30余人参加。

5月18日 西安欧亚学院图书馆第二十一届读者座谈会举行。

5月20日 咸阳师范学院图书馆接受陕西第一毛纺厂捐赠的一批珍贵资料。

5月21日 咸阳职业技术学院图书馆开展紧急情况疏散演练。

5月25日 西北工业大学图书馆召开"学生管理委员会"第二届委员会第一次会议。

5月26日 西安理工大学图书馆RFID图书智能管理系统项目通过校专家验收并投入使用。

5月29日 "陕西省高校图书馆'同方杯'首届羽毛球比赛"在长安大学体育馆开赛，来自27个高校图书馆的258人报名参赛。比赛由陕西高校图工委主办、长安大学图书馆承办。

5月31日 咸阳职业技术学院图书馆工作委员会和学生管理委员会正式成立。

5月31日 西安财经学院图书馆与校纪委联合在图书馆大厅举办党风廉政书画展。

5月31日 西安欧亚学院图书馆举办长篇小说《栀子花开》作者戴吉坤的签名售书活动。

5月 陕西国际商贸学院图书馆在工学院班级教室试行"图书角"。

5月 渭南师范学院图书馆举行"50年校庆友好单位捐赠仪式"，友好单位向图书馆捐赠图书2185册，价值60,470.30元。

5月 西安建筑科技大学图书馆"十二五"规划编制完成。

5月 樊长军兼任西安石油大学图书馆直属党支部副书记，主持党支部工作，张馨任图书馆副馆长。

5月 西北工业大学图书馆开展"走近读者、提升服务"优质服务月活动。

5月 西北工业大学图书馆"三大索引收录西工大论文检索系统""姜长英航空数字图书馆"自建特色数据库举行开通仪式。

5月 西京学院图书馆书苑分馆落成，建筑面积6600平方米，阅览座位2000个，馆藏图书22万册。

5月 杨凌职业技术学院图书馆正式开放两校区电子阅览室。

6月4日 陕西高校图工委召开副主任馆会议，讨论换届相关事宜。省教育厅高教处袁宁处长出席。

6月10日   "2010年陕西省高等学校图书情报工作会议"在安康召开，来自全省68所高校图书馆的100位馆领导出席了会议。会议由陕西高校图工委主办、安康学院图书馆承办。

6月10日   西安理工大学图书馆教工外借图书期限从60天调整至180天（不包含文艺和样本图书）。

6月11日   陕西科技大学图书馆申报中央财政支持地方高校发展专项资金，项目名称为"数字图书馆基础设施与文献资源建设"。

6月12日   西北农林科技大学图书馆调整领导班子成员分工。

6月13日   西北工业大学图书馆召开"十二五"规划和2010年数字图书馆信息服务平台建设实施方案评审会。

6月18日   陕西服装艺术职业学院图书馆迎接教育厅专家对学院申本评估工作考察。

6月18日   陕西理工学院图书馆调离馆员彭晓新捐赠《海南地方志丛刊》一套共67册。

6月18日   西安财经学院图书馆举办季清海教授巨幅国画观摩座谈会。

6月18日   延安大学图书馆接受中国政法大学赠送图书59种，232册，价值人民币6964元。

6月30日   宝鸡文理学院图书馆根据学校申请硕士点工作要求，建成了中文、数学、物理三个申硕学科资料室，并采购了部分设备、图书和期刊。

6月30日   西安科技大学图书馆内部刊物《图书馆通讯》首期发行。

6月   咸阳职业技术学院图书馆完成图书馆规章制度汇编。

6月   仝荣才任陕西国防工业职业技术学院图书信息处副处长（主持工作），郭立文任图书信息处副处长（正科级）。

6月   王志杰任陕西科技大学图书馆馆长。

6月   渭南师范学院图书馆在现刊阅览室设立"图书漂流站"。

6月   西安工程大学图书馆申报的"校内学术成果信息管理系统"一期工程结题验收，本校师生期刊论文和会议论文实现了网上在线提交、自动审核和查询检索。

6月   西安交通大学城市学院图书馆接受西安交通大学图书馆赠送图书52,330册。

7月1日   咸阳职业技术学院图书馆召开第一届图书馆工作委员会会议，会议就图书馆管理服务工作、图书馆的发展规划、藏书建设进行了讨论。

7月1日   西安外国语大学图书馆接待美国加州州立理工大学图书馆馆长王瑞来

馆座谈。

7月4日　延安大学图书馆接受高等教育出版社赠送图书6288种、10,643册，价值人民币277,146.01元。

7月5日　延安大学图书馆举行第三届读者管理委员会成立大会。

7月7日　西北大学图书馆接受陕西省专家组对本校"211工程"三期进行中期检查。

7月8日　西安财经学院学生图书管理委员会成立。

7月9日　西安工业大学图书馆举行"总后建工所文献信息服务站"正式揭牌仪式。

7月10日　西安理工大学图书馆启动全校专业技术分级论文成果认定工作，按要求完成了图书、档案、编辑系列专业技术分级标准制定及图书馆相关人员的分级工作。

7月14日　西安财经学院图书馆召开第二届图书工作委员会会议。

7月15日　陕西省教育厅办公室印发《关于陕西高等学校图书情报工作委员会换届的通知》（陕教高办〔2010〕6号）。

7月15日　陕西科技大学图书馆完成清产核资工作。

7月17日　西藏民族学院图书馆举行图书捐赠仪式，接受复旦大学太平洋金融学院捐赠图书11万多册，价值300多万元。

7月21日　西安财经学院图书馆召开以"和谐、健康、文明"为主题的创建省级"文明校园"工作会议。

7月21日　西北农林科技大学图书馆接受前西北农业大学副院长熊运章教授捐赠的《简明大不列颠百科全书》等18册。

7月26日　陕西省交通运输厅批复陕西交通职业技术学院，同意将图书馆升格为正处级建制。

7月　　　惠雪萍任西安建筑科技大学图书馆副馆长。

8月20日　西安科技商贸职业学院华美校区图书馆电子阅览室电脑被盗。

8月24日　西北大学接受陕西省政协捐赠的《陕西文史资料精编》一套，该丛书一套10卷16册、2252篇文章、1700万字，汇集了陕西省从戊戌变法到1949年间的大量历史资料。

8月24日　咸阳职业技术学院图书馆发放馆服，统一着装。

8月31日　西北工业大学长安校区图书馆封顶仪式举行。

8月31日　咸阳职业技术学院图书馆电子资源检索室对全院师生免费开放。

8月　　　陕西中医学院图书馆承办了国家古籍保护中心受文化部委托的"全国中医古籍保护与编目培训班"。

9月2日　　西安科技大学图书馆完成新购置的60台电脑的安装和调试工作。

9月8日　　延安大学图书馆"一小时讲座"培训工作正式启动。

9月10日　　杨昌俊任西北大学现代学院图书馆馆长。

9月14日　　西安工程大学图书馆为研一、研二学生分别举办专题讲座。

9月14日　　西安欧亚学院图书馆外文图书借阅室建成，并向全院读者开放。

9月14日　　延安大学图书馆接受中国科学院文献情报中心赠送中外文图书96包，约3000册，价值人民币约10万元。

9月15日　　"CALIS陕西省中心工作会议暨CASHL走入陕西宣传与培训会议"在西北农林科技大学图书馆召开，来自陕西省和西北地区55所高校图书馆及其他文献情报机构的130多位代表出席会议。

9月15日　　西北工业大学图书馆迎接哈尔滨工程大学图书馆、南京理工大学图书馆同行来馆访问，三馆就人事管理制度、绩效考核办法进行交流，并签订了兼职馆员聘用合作协议。

9月16日　　西北农林科技大学图书馆举办专家报告会，北京大学图书馆馆长朱强研究馆员应邀做了题为《中国图书馆事业发展述略》的学术报告。

9月17日　　西安理工大学图书馆利用中省共建项目资金购置H3C 3080S存储设备一套，至此该馆电子资源存储空间达到64T。

9月17日　　西北农林科技大学图书馆联合学科办、科研处邀请汤森路透科技与医疗集团培训师做了《利用ESI数据库助力科学研究和追踪前沿》的专题报告。

9月18日　　西安交通大学图书馆启动CASHL宣传推广月活动，向读者提供文献传递经费补贴，教师与博士生每年补贴200元，硕士生每年补贴100元。

9月20日　　著名作家、培华学院女子学院院长叶广芩向培华学院图书馆赠书。

9月20日　　延安大学图书馆接受刘米拉女士赠送的《刘志丹》《陕甘宁边区艺术史料》等图书4种共12册。刘米拉是刘景范先生之女、刘志丹将军的侄女，曾多次来延收集陕甘宁边区资料。

9月21日　　西安工业大学首次进行岗位设置及人员聘任工作。

9月24日　　西藏民族学院图书馆举办专家报告会，东南大学图书馆顾建新馆长做了题为"图书馆战略发展规划——以东南大学为例"的学术报告。

9月25日　　西安交通大学图书馆举办专家报告会，台湾大学图书馆林光美副馆长应邀做了题为《网络时代图书馆的挑战与方向——台湾大学图书馆的多元创新服务》的学术报告，图书馆领导、馆员及西安地区十几所高校图书馆的馆员约100余人参加了报告会。

9月25日　西安理工大学图书馆视频监控系统通过学校专家验收投入使用。

9月25日　西北工业大学图书馆苟文选馆长一行赴哈尔滨工业大学参加第十届工业和信息化部部属高等院校图书馆馆长会议，会议主题为"国防特色文献资源建设与共享"。

9月25日　延安大学图书馆与中国高校人文社会科学文献中心签订了文献传递服务协议。

9月26日　西安财经学院图书馆向全校教职员工、离退休教师发出《西安财经学院个人著作文献捐赠倡议书》。

9月28日　西安交通大学城市学院图书馆举行西安交通大学出版社向城市学院图书馆捐赠图书仪式，共捐赠图书3500册，价值10余万元。

9月28日　延安大学图书馆召开学生管理委员会全体委员会议，安排部署新生阅读教育及参观图书馆工作，由学管会组织召集学生志愿者带领新生参观。

9月　　　商洛学院图书馆完成全员聘任。

9月　　　西安交通大学城市学院图书馆接受西安交通大学图书馆赠送图书10万册。

9月　　　西北农林科技大学图书馆创办的《西北农林科技大学学科信息动态》第一期印行。

9月　　　西北政法大学图书馆启动硕士研究生论文特色数据库建设。

9月　　　西藏民族学院图书馆开始加工复旦大学太平洋学院捐赠的11万册图书。

10月8日　西安欧亚学院图书馆与中国高校人文社会科学文献中心签订协议，成为其成员馆。

10月9日　西北农林科技大学图书馆获赠《沈煜清农业论文选集》等68册，价值2600余元。

10月9日　延安大学图书馆启动新生入馆教育，由学生管理委员会组织22名志愿者引导新生参观图书馆并做详细讲解。

10月10日　西安科技商贸职业学院图书馆主页改版。

10月11日　延安大学图书馆启动积压借书催还工作，由办公室具体负责，读者服务部和典藏部配合。本次催还的重点是新馆开放前至手工管理时期教职工长期外借未还的图书，有的借书长达30多年未能归还，有的人已调离或去世多年借书手续一直未能清理，总计在5000册左右。

10月13日　陕西高校图工委2010年第二次常委会在西安交通大学图书馆召开。会议通报了教育部高等学校图书情报工作指导委员会三届二次会议情况，讨论了新一届陕西高校图工委各工作组组建方案，商讨了高校图书馆与基层公共图书馆结对帮扶有关事项。

10月13日　咸阳职业技术学院图书馆举办首届"读者满意在图书馆"优质服务竞赛活动。

10月14日　陕西高校图工委与北京世纪读秀技术有限公司就《百链云图书馆》在陕西师范大学雁塔校区图书馆进行集团采购谈判。

10月15日　西北农林科技大学图书馆完成新生入馆教育。图书馆利用晚上和双休日分别对19个院（系）的5300多名2010级新生进行了32场入馆教育专题活动，包括组织学生观看入馆教育专题片、现场互动提问和组织学生参观图书馆3个部分。

10月15日　西安电子科技大学图书馆举办"兴读书之风，树学习楷模——微笑的图书馆走近你"服务月活动。

10月15日　延安大学图书馆馆务会议研究审议《图书馆十二五发展规划（草案）》。

10月17日　延安大学图书馆和学生管理委员会启动"图书馆工作与服务调查活动"，共发放调查问卷1000份。

10月18日　西安理工大学图书馆"连接整合版论文提交系统"通过学校专家验收。

10月20日　延安大学图书馆迎接由省文明办、省出版局、延安市文明办等单位组成的"文明城市建设验收专家组"一行15人，到图书馆进行现场考察。

10月21日　西安欧亚学院图书馆承办的"新东方英语走进欧亚校园大型报告会"在院体育馆举行。

10月22日　西安工程大学购入4台直饮净水机，在临潼校区图书馆投入使用。

10月22日　西安科技大学图书馆与教务处、校团委、校学生会在临潼校区图书馆联合举办"西安科技大学第三届大学生网络检索知识竞赛"活动。

10月22日　西北农林科技大学图书馆联合研究生院邀请重庆维普资讯产品部经理为该校师生做了《中国科学指标数据库CSI使用方法介绍》的专题报告。

10月25日　陕西教育学院考察组前往西安交通大学等8所高校图书馆进行为期一周的学习调研活动，考察内容为图书馆楼内布置、机构设置、读者服务、设备系统、人文环境等。

10月27日　西安工程大学图书馆首次承担学校教师系列、工程实验系列、工程管理系列副高以上职称申报论文的查询与认定工作。

10月29日　延安大学图书馆举办专家报告会，请学校国资处处长刘生春博士为全体职工做"世界经济与政治问题"学术报告。

10月　　　西安航空职业技术学院图书馆"国家航空产业基地信息资源平台建设

研究"课题结题。

10月　陕西国际商贸学院图书馆设置服务意见评议台和工作人员照片展示栏，工作人员一律佩戴工作牌上岗，随时接受读者的监督，并建立服务评议台管理制度。

10月　陕西国际商贸学院图书馆成立《步长图书馆十年》编辑领导小组。

10月　陕西科技大学图书馆引进学术不端检测系统，为本校博士和硕士论文进行了学术不端行为的检测，先后检测学位论文共715篇。

10月　西安交通大学城市学院图书馆对藏书布局进行了调整。

10月　西安交通大学图书馆启动2010～2012年度馆内基金课题的申报工作，全馆共申报课题22项，对口支援单位新疆大学图书馆申报4项，西藏民族学院图书馆申报2项。

11月1日　西安交通大学城市学院设立档案室，负责全院除人事档案外的其他所有档案的管理，档案室挂靠在图书馆，由图书馆馆长兼任档案室主任。

11月1日　西安理工大学图书馆启用新版主页，新版主页植入"资源统一检索平台"模块，增加了资源学科导航功能。

11月1日　延安大学图书馆与延安革命纪念馆签订文献资源共建共享协议，内容包括共同开发延安革命历史文献、建设数字化资源、实现文献资源共享等。

11月3日　西北工业大学图书馆馆领导及部门主任一行9人参观西安工程大学、西安科技大学临潼校区图书馆，就新校区图书馆建设进行调研。

11月11日　西北工业大学图书馆迎接教育部科技发展中心专家组的考察，专家组一行5人对该馆申报教育部部级科技查新工作站进行现场考察和评审。

11月12日　咸阳职业技术学院图书馆加入中国高等教育文献保障系统，成为CALIS联合目录成员馆。

11月12日　西安财经学院图书馆学生图书管理委员会召开第二次会议。

11月12日　西安理工大学图书馆消防应急电源改造项目通过学校专家组验收投入使用，两馆169个应急灯电源得到更换。

11月15日　西安铁路职业技术学院图书馆完成首个宣传视频片的拍摄与制作。

11月17日　西安翻译学院图书馆与读者面对面交流会在图书馆外语沙龙举行。

11月19日　延安大学图书馆举办专家报告会，邀请校文学院院长姚怀山教授给全体职工做"机关工作人员职业道德与形象经营"学术报告。

11月21日　陕西高校图书馆一行8人启程赴东北进行为期7天的考察。

11月26日　西藏民族学院图书馆举办2010年学术交流会。

11月27日　西安科技大学图书馆举办全馆职工业务知识竞赛。

11月29日　西北大学图书馆向学校专家组汇报图文信息大楼内部规划、建设及经费预算情况。

11月　　　西安交通大学图书馆与CALIS管理中心签署"CALIS陕西省文献信息服务中心"子项目承建协议书。

11月　　　陕西国际商贸学院图书馆校级科研课题"近三年图书馆文献资源利用状况研究"立项。

11月　　　陕西国际商贸学院图书馆工作委员会2010年工作会议召开。

11月　　　陕西科技大学图书馆迎接专家组对本校申报教育部部级科技查新工作站的实地考察。

11月　　　陕西科技大学图书馆完成全馆53人的聘任工作。

11月　　　陕西科技大学图书馆完成档案馆的交接工作，保证了学校档案工作的正常进行。

11月　　　徐曦任西安医学院图书馆馆长。

11月　　　西安医学院图书馆开展"服务质量月"活动。

11月　　　西北农林科技大学图书馆鞠建伟副研究馆员的论文获2010年中国图书馆学会年会征文一等奖。

12月1日　西安航空技术高等专科学校图书馆"我最喜爱的图书馆员"评选工作圆满结束，评选活动向读者发放选票1000张，共收到有效选票938张，七位同志荣获"我最喜爱的图书馆员"荣誉称号。

12月1日　《西北农林科技大学图书馆馆史》出版。

12月3日　陕西省图书馆学会职业院校图书馆学术研讨会在西安航空技术高等专科学校图书馆召开。

12月3日　延安大学图书馆举办专家报告会，邀请胡俊生副校长给全体职工做题为《白俄罗斯印象——在保守与变革的博弈中前行》的报告。

12月8日　西安理工大学图书馆召开第20届学术交流会。

12月13日　由陕西高校图工委和陕西省图书馆学会联合主办的"高校图书馆与基层公共图书馆结对帮扶协议签字仪式暨交流座谈会"在西安交通大学图书馆举行。首批共结成11个帮扶对子。

12月14日　西安理工大学图书馆历时两年、投资337.2万元的中省共建项目"图书馆信息化及智能管理平台"通过专家验收。

12月17日　陕西高校图工委高职高专工作组年会暨新一届工作组第一次工作会议在临潼区召开，来自23个成员馆的33位代表参加。

12月17日　《延安大学十二五发展规划（草案）》经教职工代表大会审议通过，"十二五"期间，有关图书馆的建设项目是：（1）建成翠园校区图书馆2.15万平方米；（2）加强图书资料建设，保证重点学科、平台基地和新兴学科的发展条件。

12月21日　延安大学图书馆对《陕西古籍总目：延安大学分册》进行终审，本馆清代及其以前出版的古籍线装书539种、9451册，附录民国时期出版的古籍线装书278种、12,318册。

12月22日　西安科技大学图书馆完成首次岗位聘任工作。

12月23日　陕西省古籍整理办公室主任、陕西省社科院古籍所所长吴敏霞一行到陕西理工学院图书馆考察调研古籍保护整理工作。

12月23日　西安工程大学图书馆首次使用CNKI学术不端检测系统，对350名研究生的学位论文进行检测并出具各院系个人及团体检测结果报告。

12月23日　西安邮电学院图书馆获批2010年中央财政支持陕西高校发展专项资金项目"数字图书信息资源建设"，资金300万元。

12月23日　李钦虎任西北工业大学图书馆馆长。

12月30日　张广超任陕西交通职业技术学院图书馆副馆长。

12月30日　西北大学图书馆被文化部批准为"全国古籍重点保护单位"，李延川副馆长前往北京参加由文化部主办的全国古籍保护工作会议，会上文化部部长蔡武向西北大学图书馆授予"国家古籍重点保护单位"牌匾。

12月31日　教育部下发《教育部关于在北京理工大学等11所高校设立第五批教育部部级科技查新工作站的通知》（教技发函〔2010〕117号），西北工业大学、陕西科技大学成为第五批教育部部级科技查新工作站。

12月　西安航空职业技术学院图书馆完成采购2万册纸质图书并编目上架。

12月　陕西国际商贸学院图书馆组织首届馆员业务技能大赛。

12月　西北政法大学图书馆"影像读书·沙龙"获得2010年度校级教学成果二等奖。

12月　杨凌职业技术学院图书馆制订图书馆"十二五"发展规划。

12月　西安体育学院在图书馆成立红色体育博物馆，建成中国红色体育博物馆网站。

12月　西安医学院图书馆成立期刊部。

12月　西安电子科技大学图书馆南校区馆全年共接待兄弟单位参观学习人员60余次。

2011年

1月13日　陈继勇任陕西交通职业技术学院图书馆副馆长（副处级，主持工作）。

1月17日　西北农林科技大学图书馆新门禁系统安装调试完成，开始试运行。

1月　　　西北工业大学图书馆被清华大学出版社评选为"2010年度全国百佳馆藏图书馆"。

1月　　　西安建筑科技大学图书馆完成首次评岗定级工作。

1月　　　安康学院图书馆获得安康市"巾帼文明岗"荣誉称号。

1月　　　安康学院图书馆完成岗位设置调整方案，各类人员编制确定为41人。

1月　　　陕西科技大学图书馆被科学出版社有限公司评为2010年度"与科学同行"优秀图书馆。

1月　　　商洛职业技术学院图书馆从两个旧校区搬迁至新校区。

2月16日　西北工业大学图书馆开展新一轮岗位聘任工作。

2月21日　西北大学召开校长办公会，研究部署长安校区图文信息中心内部功能建设及搬迁方案。图书馆就新馆文化环境建设、内部功能设施建设分别进行了汇报。会议决定8月底前完成搬迁工作。

2月22日　由公安部消防局组织的消防安全检查组一行20余人，对延安大学图书馆的消防安全设施进行实地检查。

2月24日　西安欧亚学院图书馆举办为期两天的服务礼仪培训课。

2月25日　咸阳广播电视台主任记者罗永芳女士向西安外国语大学图书馆赠送《岁月风景——罗永芳新闻作品集锦》，校党委副书记王颖参加赠书仪式。

2月25日　西安外国语大学龙治刚副校长带领后勤基建管理处、保卫处、党政办、校医院等部门负责人到图书馆进行安全隐患排查。

2月27日　由西安工程大学图书馆主持开发的"西安工程大学学术成果管理系统"投入试运行。

2月27日　延安大学校党委书记刘建德带领党办、校办、房产处、基建处、后勤管理处等部门负责人视察图书馆，现场解决图书馆水电供应及设备维修问题。

2月28日　安康学院聘任郭兴超研究馆员任图书馆顾问。

2月　　　西安航空职业技术学院图书馆完成制定"十二五"发展规划。

3月1日　西安科技大学党委书记刘德安，副校长杨更社、李树刚一行到图书馆进行调研。

3月2日　西安航空技术高等专科学校图书馆部署阎良校区图书室扩建工作。

3月4日　陕西省教育工会在西安邮电大学召开表彰大会，对全省高校巾帼建功先进集体与先进个人进行表彰，授予53个单位"陕西高校巾帼建功标兵岗"，西安交通大学图书馆、西北政法大学图书馆、西安财经学院图书馆读者服务部获此殊荣。

3月4日　西安工业大学图书馆根据学校教学例行会决定，法定假日正常开馆。

3月5日　张晓萨任陕西服装艺术职业学院图书馆馆长。

3月9日　西北农林科技大学图书馆联合研究生院邀请ProQuest公司培训专员为师生做题为《ProQuest博硕士论文全文数据库检索平台的使用》的报告。

3月10日　美国使馆富布莱特项目负责人到西安外国语大学图书馆考察。

3月10日　延安大学图书馆决定严格考勤纪律。由馆领导分头负责，对各岗位工作（包括书架整洁）情况进行不定期检查，检查结果与本人岗位津贴挂钩。

3月11日　西安培华学院图书馆召开"2010年度优秀学生助理表彰大会暨图书馆学生管理委员会成立大会"。

3月12日　西安铁路职业技术学院图书馆开通"西铁院图书馆"微博。

3月15日　由教育部科技发展中心主办的"第五批教育部部级科技查新工作站授牌会议暨查新员培训班"在南京理工大学召开，西北工业大学图书馆、陕西科技大学图书馆作为第五批教育部部级科技查新工作站参会并接受授牌。

3月16日　西北农林科技大学图书馆下发"关于印发《图书馆岗位设置方案》的通知"。

3月16日　延安大学图书馆文学研究资料中心所有资料对文学院师生开放外借。

3月17日　陕西科技大学图书馆郑勇副馆长一行5人到西安财经学院图书馆和档案馆参观交流。

3月17日　西安航空技术高等专科学校图书馆工作委员会2011年工作会议召开，陈万强校长及全体委员出席会议，许文丹馆长做图书馆工作报告。

3月21日　西北农林科技大学图书馆学生管理委员会在北馆开放"爱心书屋"。

3月22日　西北工业大学图书馆召开消防安全工作会议。

3月23日　咸阳职业技术学院图书馆决定设立"读者接待日"。

3月24日　洛阳理工学院副院长韩振英、图书馆馆长、基建处处长等一行7人参观西安科技大学临潼校区图书馆。

3月25日　陕西省教育厅张雄强副厅长在崔智林校长、张威虎副校长等校领导陪同下视察延安大学图书馆。

3月25日 西安财经学院图书馆馆长杨太康、总支书记陈文爱等一行到结对帮扶对口单位富平县图书馆参观调研。

3月27日 新疆石河子大学图书馆张建华馆长一行3人到延安大学图书馆参观考察，并就新馆布局、部门设置、管理与服务模式以及搬迁工作等进行交流。

3月28日 西北农林科技大学图书馆完成岗位招聘及工作移交事宜。本次招聘设置岗位127个。

3月28日 陕西省学位办专家组到西安外国语大学图书馆视察。

3月29日 陕西师范大学校党委书记甘晖到图书馆检查工作。

3月29日 陕西教育学院对图书资料建设专项工作进行达标验收检查。

3月31日 西安航空技术高等专科学校图书馆电子资源在阎良校区正式开通使用。

3月31日 西北大学图书馆荣获人民邮电出版社"优秀馆藏图书馆·金质奖"以及科学出版社"与科学同行"优秀图书馆称号。

3月 人民邮电出版社举办的"优秀馆藏图书馆"评选活动中，西北工业大学图书馆荣获"优秀馆藏图书·钻石奖"。

3月 西安建筑科技大学图书馆完成新一轮岗位聘任工作，聘期为三年。

3月 西北政法大学图书馆确定本年度为"《中图法》第五版"业务培训年。

3月 陕西国际商贸学院图书馆"书香语秀"读者书吧开始试营业，招聘学生管理者4人，第一杯咖啡的消费者是学院董事长赵超博士。

3月 渭南师范学院图书馆牵头筹建学院校史馆和纪念馆。

3月 陕西教育学院图书馆获学院2010年部门考核优秀。

3月 西安航空职业技术学院图书馆举办"共享书香，绿色阅读"爱心捐书活动。

4月1日 西安外国语大学图书馆举行"我最喜欢的一本书"征文比赛暨"借阅之星"评比颁奖会，王峰副校长出席并讲话。

4月2日 西安外国语大学图书馆举行招聘工作人员面试会，由人事处副处长和相关院系专家组成的答辩评委对前来应聘的人员进行考核。

4月6日 西安欧亚学院图书馆举办第二届文化节，活动为期一个半月。

4月8日 西安理工大学发文设立图书馆党总支委员会。

4月8日 《西安欧亚学院图书馆入馆须知（青花瓷版）》对外发布。

4月13日 长安大学获人民交通出版社捐赠价值30万元图书，中国建筑工业出版社捐赠价值5万元图书。

4月13日 西安科技大学图书馆第四届读书节活动开幕。

4月14日	凤凰卫视主持人许戈辉携《名人面对面》栏目到西安思源学院，在陈忠实文学馆对陈忠实进行电视专访，并在图书馆进行了现场录像。
4月14日	第二届西安市高校书画巡回展西安邮电学院站开幕式在长安校区图书馆举行。本次巡展有来自18所高校大学生创作的作品共计120余幅，作品内容涉及书法、绘画和剪纸等形式。
4月14日	西安电力高等专科学校图书馆启动以"奉献十二五，建工展风采"为主题的第三届读书月宣传系列活动。
4月15日	西安科技大学图书馆《英文报刊阅读》印发。
4月15日	西安工程大学图书馆制定《西安工程大学重要期刊目录》，作为学校职称评审、科研奖励的考核依据。
4月16日	"陕西省高校图书馆'超星杯'第二届乒乓球比赛"在西安石油大学体育馆开赛，共有来自本省30个高校图书馆的300余人报名参赛。比赛由陕西高校图工委主办、西安石油大学图书馆承办。
4月18日	西安航空技术高等专科学校图书馆"书香航苑"第三届读书节启动仪式举行。陕西省文联副主席、著名文化学者肖云儒先生，校长陈方强及师生代表300余人出席。肖云儒先生做了题为《大文化时代走势》的报告。
4月19日	由中国藏学研究中心向西藏民族学院图书馆捐赠的《藏文大藏经》（对勘本）在藏学资料室入藏上架。
4月19日	"陕西高校图工委信息素质教育工作经验交流会"在西北农林科技大学图书馆召开，来自32所高校图书馆的55名代表出席会议。
4月21日	陕西高校图工委副主任馆会议在西安交通大学图书馆召开。会议讨论通过了2011年图工委工作计划及2011年陕西省高等学校图书情报工作会议相关事宜。
4月21日	陕西省教育厅2011年科学研究项目计划（一）公布，西安理工大学图书馆徐纲红、陕西科技大学图书馆周育红、西安财经学院图书馆安娜和周应萍申报的项目获批立项。
4月22日	长安大学图书馆举办庆祝建校60周年座谈会，西安交通大学、西北工业大学、西北农林科技大学等省内22所高校图书馆的馆领导和9家友好协作单位代表出席。
4月22日	为期10天的延安大学首届"世界读书日活动"启动仪式在图书馆举行。本次活动由图书馆、教务处、团委联合组织，图书馆学生管理委员会负责筹办。活动内容包括：精品图书推荐、爱护图书展览、我与

图书馆、如何读好书、捐赠图书献爱心、读书交流系列报告等。

4月22日　陕西国防工业职业技术学院图书馆启动第二届读书月系列活动。

4月22日　陕西服装工程学院图书馆举办第三届读书活动颁奖大会，共有8人获奖。

4月23日　西北工业大学图书馆启动为期一个月的第二届"贴近读者 提升服务 共建和谐图书馆"优质服务月系列活动。

4月23日　西安理工大学图书馆开展以"阅读丰富人生 知识点燃梦想"为主题的世界读书日系列活动。

4月23日　西安财经学院图书馆和共青团西安财经学院委员会联合举办的以"阅读丰富人生，共享阅读乐趣"为主题的第二届"4·23世界读书日"系列活动启动。

4月23日　西安音乐学院图书馆举办第一届"世界读书日"系列活动。

4月24日　由西北农林科技大学图书馆、校团委及图书馆学生管理委员会联合举办的第四届"世界读书日"系列活动在北校区举行。本次活动共包括："换书交友"、"爱心书屋"宣传、"有奖文学知识竞猜"、"好书推荐"、"辛亥革命百年纪念图片文稿展"及"爱书修书大赛"等。

4月25日　西北工业大学图书馆与中国科技资料进出口总公司、中国图书进出口西安公司共同举办"2011年国外原版图书展"。

4月25日　全国人大常委、全国人大外事委副主任、民革中央副主席齐续春到西安外国语大学图书馆视察。

4月25日　法国对外贸易学院校长让·梅蒙和驻中国项目负责人李建乐博士一行参观西藏民族学院图书馆。

4月26日　张治红任西安科技大学图书馆副馆长。

4月26日　西安科技大学图书馆分别在雁塔校区图书馆和临潼校区图书馆启动党员示范岗活动。

4月26日　陕西省教工委副书记、省教育厅副厅长梁宝林，省教工委、省教育厅干部人事处处长高晶华到西安邮电学院调研考察，其间参观图书馆并听取了吕建平馆长的汇报。

4月27日　陕西职业艺术学院党委书记王延奇带领本校各职能部门一行42人到延安大学图书馆参观考察。

4月28日　"CNKI高等职业教育知识服务平台建设研修班"在西安航空技术高等专科学校图书馆举办。

4月29日　西藏民族学院图书馆举办"图书馆资源与服务导览"读者培训讲座。

4月   榆林学院图书馆举办第二届"一路书香"系列活动。

4月   西京学院图书馆联合工程技术系举办"师生共阅读，西京溢书香"系
          列阅读宣传活动，推出读书征文、图书展荐等文化活动。

4月   陕西国际商贸学院步长图书馆举行建馆十年庆祝活动，陕西高校图工
          委副主任李志俊、副秘书长张惠君应邀到会，步长集团公司创办人赵
          步长教授为步长图书馆题词：倡导读书，树立良好的学习风气。

5月1日   西安科技大学图书馆对汇文系统硬件设施进行升级。

5月4日   由陕西高校图工委文献编目工作组和CALIS陕西省中心联合主办的
          "《中国图书馆分类法》第五版培训班"在西安电子科技大学北校区
          图书馆举行，来自全省各地45所高校图书馆的140多人参加。

5月6日   陕西高校图工委在西安理工大学举办"陕西高校图书馆统计工作培训
          会"，来自全省66所高校图书馆的100余人参加。

5月7日   西北农林科技大学图书馆部门工会举行乒乓球比赛，馆领导和职工共
          20余人参赛。

5月9日   西北工业大学图书馆与校出版社举行业务交流座谈会，双方就馆社同
          行、资源共享、藏书结构优化等问题进行探讨和交流。

5月9日   西安科技大学校友常文礼的著作《欣赏唐诗》捐赠仪式在该校图书馆
          举行。

5月10日   西北工业大学图书馆开展"图书馆数字资源建设与利用读者调查"
          活动。

5月10日   西北农林科技大学党委常委、副校长张雅林，校纪检委副书记谭拴良
          出席图书馆党总支委员大会并做重要讲话。图书馆党总支书记、副馆
          长颜玉怀主持。

5月12日   CALIS管理中心发布《CALIS三期专题特色库立项评审结果通知》，
          陕西高校图书馆申报的项目有14个获准立项，分别为：西安交通大学
          "钱学森特色数据库"（一般资助），西北农林科技大学"我国北方
          主要农作物病虫害发生动态数据库"（后期资助），陕西师范大学
          "西夏文文献数据库"（后期资助）、"关学文献特色数据库"和
          "清代科举试卷数据库"，延安大学"延安时期革命历史文献系列数
          据库建设（一）"（后期资助），西北工业大学"无人驾驶飞机专题
          文献数据库"和"CAD/CAM专题文献数据库"，西安建筑科技大学
          "馆藏土建类独有和稀缺资源特色数据库"和"贾平凹文学艺术专
          题库"，陕西理工学院"汉水文化特色资源数据库"，西安理工大学

"黄河流域水文资源数据库"，西安科技大学"煤矿安全技术文献数据库"，西藏民族学院"藏学文献全文数据库"。

5月12日　西北农林科技大学园林史、林业史老教授周云庵先生向校图书馆捐赠其著作《咏叹中国历代帝王》和《秋园居树木闲吟》共计16册。

5月12日　陕西师范大学图书馆开通移动图书馆服务。

5月12日　西安美术学院图书馆屈金凤油画作品《厚土》参加陕西省工会举办的"省事业单位职工书画展"并获优秀奖。

5月13日　外交部干部司考录宣讲小组在张万学大使的带领下，代表外交部向西安外国语大学图书馆赠送《国家行动——利比亚大撤离》《中国外交》（2008、2009、2010）等21册图书。校党委副书记王颖出席赠书仪式并讲话。

5月13日　王浩任西安理工大学图书馆党总支书记。

5月13日　西安财经学院图书馆首期"读者论坛"邀请文法学院文艺系教授沈奇主讲《"大学"与"小学"——素质教育漫谈》。

5月18日　西安翻译学院图书馆召开第十次图书馆与读者面对面交流会。

5月19日　西安财经学院胡健院长就申大更名到图书馆检查指导工作。

5月19日　西藏民族学院图书馆召开学生交流会，了解对图书馆各项服务工作的意见和建议。

5月20日　陕西铁路工程职业技术学院图书馆召开"第四届读书周"活动表彰大会。

5月23日　西北工业大学图书馆启动"数字资源宣传服务周"系列培训活动。

5月24日　任伟任西安理工大学图书馆副馆长。

5月26日　西北农林科技大学退休林学专家王国礼教授向图书馆捐赠了其毕生收藏的图书、期刊、资料等共计412册（份）。

5月26日　西藏民族学院图书馆完成了中心机房的整体搬迁以及图书馆服务器和SULCMIS集成系统的升级。

5月30日　西北工业大学图书馆完成"图书馆工具条"的研制并正式在图书馆主页发布。

5月30日　西北农林科技大学校长孙其信到图书馆考察调研。校办、科研处、人事处、计财处、后勤处、基建处等部门负责人参加调研。图书馆领导班子全体成员陪同考察。

5月30日　陕西教育学院图书馆馆长贺继康等一行6人到西安财经学院新校区图书馆参观学习。

5月31日　陕西省教育厅副厅长郭立宏、高教处处长袁宁、科技处处长甘世平一行在西安邮电学院党委书记董小龙、院长卢建军、副院长范九伦陪同下到图书馆视察指导工作。

5月31日　陕西教育学院召开图书馆搬迁专题会议，成立"图书馆搬迁建设专项工作组"。

5月　西安工业大学赵文蔚教授子女向图书馆捐赠文献2370册。

5月　西北政法大学图书馆举办第一届"五月繁花"学术报告周活动。

5月　陕西国际商贸学院图书馆为庆祝建党90周年组织了红色经典书籍阅读及读书征文活动。

5月　党大恩任渭南师范学院图书馆馆长，曹书生任二总支书记兼图书馆副馆长，赵怀忠、袁红梅任图书馆副馆长。

5月　西安财经学院行知学院图书馆自动化管理系统更换为北邮Melinets系统。

5月　咸阳职业技术学院图书馆举办以"建党90周年"为主题的诗歌朗诵比赛。

6月1日　西北大学图书馆长安校区新馆通过学校验收。

6月1日　陕西省委教育工委副书记、省教育厅副厅长梁宝林到陕西教育学院图书馆视察工作。

6月2日　西北大学招标小组陆续实施图文信息大楼阅览桌椅、书刊架、密集书架、古籍展柜等专用家具，RFID智能管理系统、小型机、交换机、存储、门禁系统及计算机网络系统等的招标采购工作，为9月底新馆开馆奠定基础。

6月2日　西安科技大学图书馆新一届学生管理委员会成立。

6月2日　新加坡中学生代表团参观西安外国语大学图书馆。

6月2日　陕西省教育厅副厅长、省招办主任李谦到陕西教育学院图书馆视察工作。

6月2日　由西安航空技术高等专科学校图书馆与北京世纪超星信息技术发展有限公司共同主办的"高职院校图书馆信息化学习与服务研讨会"暨"超星学习中心报告会"在陕西宾馆召开，来自全国100余所高职高专院校的240余名图书馆馆长及代表参加了本次会议。

6月3日　朱静芝副省长到陕西教育学院考察调研期间到图书馆视察工作。

6月3日　安康学院图书馆电子阅览室设备更新，新购电脑230台投入运行。

6月8日　西藏民族学院图书馆召开学生管理委员会成立大会，审议通过了《西藏民族学院图书馆学生管理委员会章程》。

6月9日　陕西省委教育工委副书记、省教育纪工委书记郝利生到陕西教育学院考察调研期间到图书馆视察工作。

6月9日　西藏民族学院图书馆座位管理系统正式运行。

6月10日　西安工程大学图书馆馆长成爱武离任，常务副馆长张大为主持图书馆工作。

6月10日　西北工业大学图书馆举行"教育部科技查新工作站揭牌仪式暨深化学科信息服务工作座谈会"。李铁虎馆长主持会议，校党委副书记、副校长王润孝教授，校党委常委、副校长魏炳波教授，部分院士和长江学者代表以及部分职能部门负责人参加会议。

6月10日　西安财经学院图书馆联合学院纪委举办"廉政书画展"。

6月10日　西安培华学院图书馆召开工作研讨会，吴晓燕馆长做了《图书馆现代建筑与环境的人文关怀》的讲座，张新吉副馆长做了《我校新图书馆文献资源功能布局方案探讨》的报告。

6月10日　西藏民族学院图书馆面向读者举办《如何利用文献传递和馆际互借服务》的专题讲座，由文献建设资源部副研究馆员张淼主讲。

6月11日　全国政协专题考察组在西安思源学院举行"民办教育发展中的问题与对策"座谈会，并考察图书馆。

6月12日　西安翻译学院图书馆新组建的法语、德语阅览厅向读者开放。

6月13日　西安工程大学图书馆张大为一行赴南京大学、苏州大学、东华大学、浙江理工大学、杭州市图书馆参观学习，重点了解图书馆信息服务的方式方法以及特色资源建设。

6月15日　咸阳师范学院图书馆正式闭馆，开始搬迁前整理工作。

6月16日　"2011年陕西省高等学校图书情报工作会议"在延安大学召开，来自全省69所高校图书馆的领导和有关人员120余人参加会议。会议由陕西高校图工委主办、延安大学图书馆承办。

6月16日　省级文明校园建设检查验收工作小组专家武世铎一行5人对延安大学图书馆学习环境进行现场检查。

6月17日　西藏民族学院图书馆举办读者培训系列之"中文办公自动化处理"的专题讲座，30多名师生参加。

6月17日　西北大学图书馆为结对帮扶的洛南县图书馆捐赠图书178册。

6月18日　西北农林科技大学图书馆总支书记颜玉怀带领馆领导班子一行4人驱车前往神木县图书馆，开展结对帮扶工作。

6月21日　陕西省教育厅评估专家组到陕西教育学院考察，并到图书馆检查指导工作。

6月23日　由陕西高校图工委、陕西省图书馆学会、陕西地区图书馆协作委员会联合主办的"陕西图书馆界庆祝中国共产党建党90周年红色经典歌曲演唱会"在西安图书馆举行。

6月23日　西北大学召开"十二五""211工程"建设项目立项论证评审会，图书馆文献保障系统建设规划项目获得通过。

6月23日　西安翻译学院图书馆"双百"人物专题文献数据库建成。

6月24日　陕西高校图书馆馆员培训报告会（第十五场）在咸阳职业技术学院图书馆举行。来自咸阳职业技术学院、陕西国际商贸学院、陕西服装工程学院的50余位图书馆馆员参加。

6月24日　西安翻译学院图书馆新版《读者手册》修订完成。

6月24日　西藏民族学院图书馆举办题为《走进图书馆，享受阅读的快乐》的专题讲座，由岳凤芝副研究馆员主讲。

6月25日　西藏民族学院青年志愿者协会开展"走进图书馆"活动，帮助图书馆工作人员进行图书的整理、上架、顺号等工作。共计56人参加。

6月27日　西安科技商贸职业学院华美校区图书馆迁回高新校区。

6月28日　咸阳职业技术学院图书馆开通龙源期刊网络版和手机版阅读试用。

6月29日　延安大学图书馆组织召开"2011～2012年度文献资源建设询价议标会"。

6月30日　西安理工大学图书馆完成新一轮岗位聘任工作。

6月　　　西安建筑科技大学图书馆党支部在学校机关党委庆祝建党90周年暨党内"创先争优"表彰会上被评为"先进党支部"。

6月　　　陕西科技大学图书馆被评为学校先进党支部。

6月　　　陕西科技大学图书馆被清华大学出版社评为"2010年度全国优秀馆藏图书馆"。

6月　　　西安文理学院图书馆完成馆舍改建，地下室改为自然科学图书书库。

6月　　　西安电力高等专科学校图书馆在四校区开展题为《阅读数字化，走近电子书》的专题讲座。

6月　　　咸阳职业技术学院图书馆邀请强自力研究馆员和谷秀洁副研究馆员到馆，分别做了题为《图书馆员的服务意识》和《图书馆学基础》的讲座。

7月1日　西安理工大学图书馆党支部被评为校"先进基层党组织"。

7月1日　西安工程大学图书馆党支部被学校党委授予"先进党支部"称号。

7月4日　西安财经学院图书馆馆长杨太康、总支书记陈文爱等一行6人前往陕西师范大学，就图书馆建设以及环境优化、美化情况进行调研。

7月8日　郭宝龙任西安电子科技大学图书馆馆长。

7月8日　西安财经学院图书馆举办优秀读者颁奖座谈会。

7月9日　西北农林科技大学图书馆党总支组织全体党员和有关部室负责人赴该校火地塘试验林场，开展纪念建党90周年"学校史、知党情、跟党走"主题教育活动。

7月15日　延安大学图书馆组织召开"网站建设询价议标谈判会"，学校监察处、审计处、财务处等部门负责人参加。

7月17日　西藏民族学院图书馆完成复旦大学太平洋学院赠书的加工工作，总计加工赠送图书11万余册。

7月19日　"移动图书馆的应用与技术创新研讨会暨西安交通大学移动图书馆开通仪式"在西安交通大学召开。西安交通大学移动图书馆正式上线，服务包括：个人借阅信息查询、在线资源查阅、全文阅读、最新消息、短信提醒等。

7月23日　由陕西高校图工委、陕西省图书馆学会和陕西省图书馆联合举办的全省图书馆员书法、美术、摄影作品展在陕西省图书馆开展，为期8天。

7月　西北工业大学图书馆东馆进行装修。

7月　陕西中医学院图书馆进行全面维修和改造，安装书架并购置磁盘阵列1台，更新计算机100台。

7月　杨凌职业技术学院图书馆成立图书采购委员会。

7月　宋世良任陕西铁路工程职业技术学院图书馆馆长。

8月27日　西藏民族学院图书馆F类、H类图书版本阅览室建成并正式对外开放。

8月29日　西安交通大学城市学院暂设于学生公寓的图书馆第三图书借阅处对读者开放，该阅览室有阅览桌位324席、经济类图书5.8万余册。

8月30日　西安外国语大学雁塔校区图书馆"外国语言文学文献资源中心"开放。

8月30日　西安欧亚学院图书馆通过实地参观讲解和大型讲座培训相结合的方式，完成了11个二级学院6575名新生的入馆教育。

8月　西安交通大学图书馆引进自助借还和自助文印服务系统。

8月　商洛职业技术学院图书馆完成回溯建库工作。

8月　西安培华学院图书馆网页改版完成。

9月2日　陕西高校图工委常委会在西安交通大学图书馆召开。会议通报了教育部高等学校图书情报工作指导委员会三届三次会议情况，讨论通过了陕西高校图书馆先进集体及先进个人评选规则，商议了陕西高校图工委成立30周年庆祝活动方案，讨论了《陕西高校图书馆数字资源集团采购工作规范（草案）》有关事项。

9月6日　曹继春任延安大学图书馆馆长，贾翠玲任副馆长；刘百宁任党支部书记，王延凤任副书记。

9月7日　咸阳职业技术学院图书馆开通CASHL文献传递服务。

9月7日　西北工业大学图书馆组织相关人员赴陕西省历史博物馆参观"全国窃密泄密案例警示教育展"。

9月9日　西北工业大学图书馆李铁虎馆长参加在同济大学召开的"卓越联盟"九校第一届图书馆馆长联席会议。会议讨论了如何实现九校图书馆的资源共享、服务共享、读者共享三个问题，并签署了"卓越联盟"高校图书馆共享合作框架协议。

9月11日　西藏民族学院图书馆完成对全院13个院系2132名新生的入馆培训。

9月14日　陕西省教育厅副厅长郭立宏、高教处处长袁宁在西安工程大学参加会议并视察了临潼校区图书馆，常务副馆长张大为介绍了图书馆的文献布局和特色馆藏等情况。

9月14日　德国DAAD组织向西安翻译学院图书馆捐赠德文图书23册。

9月15日　西北农林科技大学图书馆水保所专业分馆邀请国家科学图书馆学科馆员张欣利老师做文献信息服务专题讲座，70余人参加听讲。

9月15日　由西安电子科技大学图书馆实施建设的"校友之家"正式启用。

9月16日　西安理工大学图书馆党总支召开全体党员大会，成立了金花党支部和曲江党支部，选举了支部委员。

9月16日　延安大学胡俊生副校长主持召开图书馆全体职工大会，部署图书馆领导班子换届交接工作。

9月16日　西安培华学院图书馆开展了为期半个月的新生入馆教育讲座，共计19场次。

9月20日　电子科技大学图书馆李泰峰馆长等一行6人到西北工业大学图书馆考察调研。

9月22日　陕西理工学院图书馆首次以公开招聘形式在校内聘用工作人员5名。

9月26日　西安交通大学图书馆参加在北京交通大学图书馆举办的第二届"内地四所交大图书馆学术文化交流活动"，交流会主题为"图书馆服务与创新"。

9月27日　西北大学长安校区图书馆开馆。

9月30日　西北工业大学图书馆李铁虎馆长、苟文选书记等一行5人到永寿县图书馆进行实地调研，就结对帮扶的具体项目进行交流和座谈。

9月30日　西藏民族学院图书馆数据库使用指南宣传册编辑制作完成。

9月　　　CALIS管理中心启动"CALIS示范馆计划"，西北工业大学、西北农

	林科技大学、西安电子科技大学、长安大学、陕西师范大学、西北大学、西安建筑科技大学、西安工程大学等8所院校的图书馆获批成为CALIS示范馆。
9月	西安美术学院图书馆对藏画等艺术资料清查、梳理，拍照、造册登记建档。
9月	西安文理学院图书馆正式施行藏、借、阅、咨、管一体化大流通开放模式。
9月	安康学院图书馆文检课教研室正式成立。
9月	商洛职业技术学院新馆建成。
10月1日	陕西理工学院南校区新图书馆大楼正式开馆，建筑面积3.2万平方米。
10月1日	张文民任西安科技商贸职业学院图书馆副馆长。
10月7日	西藏民族学院党委副书记、纪委书记、副院长扎西次仁和人事处副处长刘新勇到图书馆进行岗位设置及人力资源需求专题调研。
10月8日	西北大学图书馆党支部召开会议对"改进工作作风加强单位管理"工作进行动员布置。
10月10日	"2011年CALIS陕西省中心会议暨CALIS三期服务推介会"在西北工业大学国际会议中心召开。来自本省27所本科高校、7所高职高专院校、5所独立学院以及其他行业图书馆的120余位代表参加会议。
10月11日	日本文化语学院向西安翻译学院图书馆赠书50册。
10月14日	西安工程大学图书馆一行5人赴西安交通大学图书馆，就CALIS示范馆建设的任务细节、技术问题及产生的质疑向有关老师进行咨询，并请负责馆际互借的老师对馆际互借和文献传递系统进行详尽的演示。
10月15日	延安大学中文系86级校友陈大鹏回访母校，并为图书馆赠书132种、659册。图书馆举行图书捐赠仪式，副校长胡俊生出席并主持。
10月15日	西安科技商贸职业学院邀请西安交通大学城市学院图书馆李道仁馆长、西安铁路职业技术学院图书馆袁素瑛馆长、西安欧亚学院图书馆黎熙馆长、陕西财经职业技术学院图书馆郭琦馆长到学院就图书馆新馆使用进行研讨。
10月17日	富平县文体局李局长、富平县图书馆屈馆长等一行5人到西安财经学院图书馆参观交流。
10月18日	CALIS三期建设项目"第三期学科馆员培训班"开班典礼在西安交通大学举办。开班典礼后学员赴西北农林科技大学图书馆进行为期5天的培训学习，共有来自全国47所高校图书馆的63位学员参加培训。

10月19日　西安培华学院图书馆召开工作培训会，张新吉副馆长做《图书馆工作流程》讲座。

10月20日　2011年全国纺织服装信息研究会馆长论坛暨学术年会在郑州市中原工学院召开，西安工程大学张大为馆长为大会做了《台湾地区大学图书馆考察报告》。

10月24日　由CALIS管理中心主办、西安交通大学图书馆承办的"2011全国高校图书馆云计算技术与应用研讨会"在西安交通大学召开。来自全国近200所高校成员馆的300余位专家学者和会议代表参加。

10月24日　西安财经学院杨学义书记、周作斌副院长专程到图书馆听取图书馆阅读环境建设实施方案。

10月25日　中国农学会农业图书馆分会在湖南省长沙市召开"全国农业图书馆学科建设与管理服务创新研讨会"。西北农林科技大学图书馆总支书记颜玉怀主持开幕式并在会上做了题为《关于创建一流大学图书馆的思考》的主旨报告。

10月27日　王长安任陕西理工学院图书馆馆长，张忠义任图书馆党总支副书记（主持支部工作）兼副馆长，免去王长安党总支书记职务。

10月28日　陕西省政协副主席、民革陕西省委会主委李晓东在西安邮电学院党委书记董小龙、党委副书记刘永昌的陪同下到图书馆视察工作。吕建平馆长向李晓东副主席介绍了图书馆的基本情况。

10月30日　西安科技商贸职业学院户县校区图书馆大楼竣工交付，图书馆开始馆内设施安装。

10月31日　咸阳师范学院图书馆完成近100万册图书的新馆搬迁工作。

10月　　　西安邮电学院图书馆与西安电子科技大学教育部科技查新工作站合作，为学院教职工开展论文收录代查服务。

10月　　　西北政法大学雁塔校区图书馆一、二、三层书库向读者开放，同时开通长安校区图书预约借还服务。

10月　　　安康学院举行日本友人捐赠图书仪式，接受捐赠图书1100余册。

10月　　　陕西国际商贸学院图书馆为首届本科生举办文献检索培训活动，为学生完成毕业论文提供数字资源支持服务。

10月　　　西安财经学院行知学院图书馆完成《图书馆规章制度》修订工作。

10月　　　西藏民族学院图书馆孔繁秀副馆长到中山大学图书馆挂职学习。

11月1日　西安交通大学图书馆新浪网官方微博开通（http://weibo.com/xjtulib）。

11月2日　陕西高校图书馆"人才队伍建设工作会议"在陕西理工学院图书馆召开，省高校图工委队伍建设工作组成员和应邀馆长共16人参加。

11月3日　西安工程大学图书馆一行5人到西北政法大学图书馆实地观摩其阅读推广品牌活动"影像读书·沙龙"。

11月4日　西安财经学院图书馆总支书记陈文爱等赴富平县图书馆进行帮扶活动。

11月4日　西安科技大学图书馆举办第四届大学生网络知识检索竞赛决赛。

11月7日　延安大学图书馆举行读者管理委员会换届暨表彰大会，胡俊生副校长，图书馆、教务处、学生处、团委有关负责人以及各学生社团代表参加了大会。

11月8日　青岛大学图书馆副馆长及部主任一行20余人到西安工程大学图书馆参观交流。

11月11日　西北农林科技大学图书馆编印《校内著者库目录（2011版）》，共收集1230种学术著作，时间范围为1934～2011年。

11月17日　西安理工大学新一届图书馆学生管理委员会正式成立。

11月17日　王浩任西安理工大学图书馆总支书记。

11月22日　西北大学陈超副校长主持召开长安校区图书馆文化建设会议。

11月23日　西安工程大学图书馆首轮"走近学科、走进院系"活动落下帷幕。

11月24日　西安工程大学图书馆和校科研处共同召开"校内学术成果信息管理系统"使用说明会。

11月28日　西安欧亚学院图书馆启动"共享读书空间，让文化与文明同步前行"文明月活动。

11月29日　西安工业大学图书馆更换管理系统，由ILAS系统换成汇文系统。

11月　　陕西科技大学图书馆开展以"增强服务意识，提高服务质量"为主题的服务质量月活动。

11月　　《陕西古籍总目：陕西中医学院分册》出版。

12月1日　陕西高校图工委常委会在西安交通大学图书馆召开。会议讨论了陕西高校图书馆先进集体及先进个人评选相关事项，讨论通过了庆祝陕西高校图工委成立30周年活动方案。

12月2日　西安理工大学图书馆第二十一届学术研讨会召开，主题为"图书馆职业道德与职业素养"。

12月5日　陕西高校图工委下发《关于开展第六次全省高校图书馆先进集体和先进个人评选工作的通知》。

12月7日　由西安旗帜电子科技发展有限公司承担建设的延安大学图书馆新网站

通过专家组验收，并正式向全校师生开放使用。

12月10日　陕西教育学院图书馆长安校区新馆搬迁工作正式启动。

12月16日　西安铁路职业技术学院图书馆向长安区东大村农家书屋捐赠书刊584册。

12月19日　陕西高校图工委下发《关于召开庆祝陕西高校图工委成立30周年大会的通知》。

12月19日　西北农林科技大学图书馆南北馆进行文化服务建设，将各岗位的岗位职责及该岗位工作人员照片上墙。

12月22日　张卫国任西安外国语大学图书馆馆长。

12月23日　陕西高校图工委召开有部分常委参加的陕西高校图书馆第六次先进集体和先进个人（优秀管理干部）评选工作预备会。

12月26日　延安大学图书馆接收中科院图书馆赠书128包，约4951册。

12月26日　延安大学图书馆举办纪念毛泽东诞辰118周年红色收藏展，共展出以毛泽东像章、毛泽东著作、伟人画像等为主的红色文物、文献3000多件，所有展品均为延安大学创新学院教师王必成的个人收藏。

12月26日　陕西教育学院迎接教育部专家组改制评估验收。学院党委书记杨成军、院长周庆华，其他院领导及有关部门的领导对图书馆进行全面检查。馆长贺继康向评估专家汇报了图书馆总体情况。

12月27日　陕西高校图工委组织有关专家进行全省高校图书馆先进集体和先进个人评选工作。

12月27日　陕西师范大学图书馆（长安校区）举行"2011年台湾原版学术图书展"。

12月30日　史延峰任西安工业大学图书馆副馆长。

12月30日　西安科技大学图书馆安排部署岗位聘任及两校区工作人员轮岗工作。

12月30日　陕西省委创先争优活动领导小组第六检查组一行3人在组长、省直机关工委副书记王锦春的带领下，莅临西安邮电学院图书馆检查创先争优活动。图书馆党支部书记宋德义向王锦春书记汇报了图书馆支部服务师生、争先创优工作情况，并与吕建平馆长一起陪同王书记参观了图书馆。

12月30日　陕西理工学院图书馆"图书馆数字资源共享平台"建设项目获中央财政支持地方高校发展立项，获批经费150万元。

12月31日　西北农林科技大学图书馆召开第二届职工代表大会第一次会议暨新一届部门工会换届选举工作会议。

12月　　　西安工业大学图书馆党支部被学校评为"优秀党支部"，图书馆工会被校工会评为"优秀工会"。

| 12月 | 《陕西古籍总目：延安大学分册》由三秦出版社出版发行。 |
| 12月 | 张方鹏任陕西国际商贸学院图书馆馆长。 |

2012年

1月4日	陕西高校图工委印发《关于表彰陕西高校图书馆先进集体和先进个人的决定》（陕图工委〔2012〕1号）。
1月5日	"陕西高校图工委成立30周年庆祝大会暨先进表彰大会"在陕西师范大学召开。来自全省62所高校图书馆的馆领导、先进个人代表、特邀嘉宾等近200人参加了会议。
1月	陈继勇任陕西交通职业技术学院图书馆馆长（正处级）。
1月	仝荣才任陕西国防工业职业技术学院图书信息处处长。
1月	陕西国际商贸学院图书馆试行值班馆长制度，由各部室负责人轮流代行馆长职务，处理突发问题。
2月8日	西安科技商贸职业学院户县新校区图书馆启用。
2月17日	人民美术出版社向西北农林科技大学图书馆捐赠了总计价值为9900元的美术作品集《国家重大历史题材美术创作工程作品集》5套。
2月20日	王元任西安交通大学图书馆馆长。
2月20日	在我国现代水利先驱李仪祉先生诞辰130周年之际，咸阳职业技术学院举行李仪祉先生铜像揭幕仪式。揭幕仪式后，有关领导参观了仪祉图书馆。
2月23日	西北大学太白校区图书馆启动应急预案，成功处置一场由水管爆裂而危及图书馆安全的突发事故。
2月	陕西国际商贸学院图书馆制定"十二五"发展规划，明确提出文献资源建设由数量增长型转为质量提升型。
2月	西安科技大学高新学院图书馆新馆破土动工。
3月1日	西安交通大学图书馆新版主页正式上线，可为读者提供一站式文章级的检索、发现、获取服务。
3月2日	南京林业大学曹福亮校长一行到西北农林科技大学图书馆参观考察。党总支书记、副馆长颜玉怀同志向客人介绍了图书馆的历史和发展情况。
3月5日	西北农林科技大学图书馆南馆两台自助借还书机进入试运行阶段。
3月6日	陕西师范大学图书馆邀请学科专家赴西安市新华书店挑选图书。
3月6日	西安欧亚学院召开2012年图书馆联席会，各二级分院图书采购主管领导及采购联络员参加了会议。

3月7日　延安大学图书馆曹继春馆长一行考察西安理工大学和西安科技大学图书馆，主要考察采访和编目系统规范化作业流程。

3月7日　陕西省教育厅年检专家组莅临陕西服装工程学院，检查图书馆相关工作。

3月8日　"211工程"三期项目验收专家组对长安大学图书馆文献资源建设与网络升级子项目进行实地考察和验收。

3月9日　西藏民族学院图书馆召开党政联席会议讨论"数字图书信息资源和共享平台项目"建设规划。

3月13日　冰岛雷克雅内斯贝尔市长到咸阳职业技术学院仪祉图书馆参观考察。

3月15日　西北大学图书馆"211工程"三期图书文献保障系统建设通过专家验收。本期建设项目主要集中在数字化信息资源建设和自动化服务平台建设两方面，5年间共完成了42项建设任务。

3月19日　西安航空技术高等专科学校图书馆工作委员会召开2012年工作会议，会议由许文丹馆长主持，陈万强校长及各位委员出席。

3月20日　CALIS陕西省中心下发《关于以示范馆带动CALIS服务全面推广的通知》。根据省中心安排，8个示范馆分别帮带6～7个成员馆，省中心所在的西安交通大学图书馆负责其余图书馆。

3月20日　国务院就业工作部际联席会议高校毕业生就业工作联合督查组到咸阳职业技术学院图书馆参观指导。

3月21日　西北农林科技大学图书馆邀请北京爱琴海软件公司举办"NoteExpress（NE）中文文献管理工具的功能及其应用"的培训，120余名师生参加。

3月22日　陕西省教育厅总会计师张新民等在延安大学崔智林校长、张威虎副校长和陈华总会计师的陪同下，参观了图书馆红色收藏展和党史资料中心。

3月24日　延安大学胡俊生副校长带领图书馆馆长曹继春、处级调研员赵振峰赴北京与高等教育出版社、中国科学院国家科学图书馆、中国人民大学书报资料中心等单位进行交流，达成相互长期协作的共识。

3月26日　西安工程大学图书馆举办CALIS示范馆帮带协作成员馆培训会，就CALIS三期的各项服务工作对成员馆进行培训并交流。

3月29日　西安交通大学图书馆发布《关于开展文献传递免费服务月的通知》，向该馆帮带的CALIS成员馆提供为期1个月的文献传递免费服务。

3月29日　西安科技大学图书馆荣获学校"2011年度治安综合治理先进集体"。

3月31日　西北农林科技大学张光强书记到图书馆南馆调研，校长办公室、科研处、后勤处、计财处等部门负责人陪同。

3月31日 长安大学图书馆举办CALIS示范馆帮带成员馆服务推介培训会。

3月 李安桂任西安建筑科技大学图书馆馆长，张波任常务副馆长，姚小涛任副馆长，惠雪萍任副馆长；刘加平院士不再担任图书馆馆长，裴世荷同志因年龄关系不再担任常务副馆长。

3月 西安石油大学4.5万平方米新馆投入使用，实行借阅藏一体化管理。

3月 西北政法大学图书馆确定本年度为"服务理念技能提高年"。

3月 安康学院召开图书馆工作委员会会议，完成换届。

3月 西安交通大学城市学院图书馆被评为学院2011年度校园治安综合治理工作先进单位。

3月 经国家教育部和陕西省人民政府批准，陕西教育学院改制更名为陕西学前师范学院，图书馆随之更名为陕西学前师范学院图书馆。

3月 陕西学前师范学院图书馆被学院评为2011年度部门年终考核"优秀"。

3月 澳大利亚悉尼大学图书馆数据库高级管理员斯登·克里斯登森（Sten Christensen）先生到渭南师范学院图书馆参观访问。

3月 侯会喜任西安航空职业技术学院图书馆馆长。

4月5日 陕西高校图工委与北京世纪读秀技术有限公司就陕西高校续订《读秀知识库》（合同期2012年5月31日～2015年4月30日）在长安大学图书馆进行集团采购谈判。

4月5日 长安大学图书馆举办陕西省高校图书馆馆长座谈会，省内"985""211"高校以及其他本科院校图书馆馆长10余人参加。

4月5日 西安工程大学电子阅览室搬迁并扩容，新购80台20英寸液晶屏计算机。

4月5日 "中国民办高校科学发展研讨会"在西安思源学院召开，全国政协副主席陈宗兴出席会议。会后陈宗兴副主席参观考察了校史馆、图书馆、陈忠实文学馆。

4月10日 西安航空技术高等专科学校图书馆"书香航苑"第四届读书节启动仪式举行。西安市文联副主席、西安市作家协会主席吴克敬先生，校长陈万强出席，师生代表200余人参加。

4月12日 教育部高教司张大良司长在延安大学崔智林校长和胡俊生副校长的陪同下参观了图书馆中共党史资料中心、古籍阅览室和红色收藏展。

4月12日 西藏民族学院图书馆全体员工向学院驻村工作点农牧民群众捐款合计2450元人民币。

4月13日　陕西高校图工委2012年第一次常委会在西安交通大学图书馆召开。会议讨论通过了2012年图工委工作计划，审议通过了部分副主任馆、常委馆更换副主任委员、常务委员的申请。

4月13日　西北工业大学图书馆SCI百年回溯数据库开通仪式举行。校长姜澄宇及学校各职能部门和院系的领导、各院系学科带头人、青年教师、研究生代表、兄弟院校图书馆领导等400多人参加。

4月13日　西北农林科技大学图书馆和研究生院联合举办《快乐写作与投稿——SCI数据库在科研中的价值与应用》报告会，由Thomson Reuters客户教育培训师主讲。

4月18日　西北大学长安校区图书馆文化建设意向设计方案论证会召开。

4月18日　西安外国语大学图书馆协助中央电视台阿语频道在图书馆拍摄宣传片。

4月20日　应香港岭南大学图书馆、澳门图书馆暨咨询管理协会的邀请，西安工程大学图书馆张人为等一行4人，对港澳7所大学图书馆进行了为期5天的访问和学术交流。

4月20日　陕西国防工业职业技术学院图书馆启动第三届读书月系列活动。

4月22日　西北农林科技大学图书馆、校团委及图书馆学生管理委员会联合举办的第五届"世界读书日"系列活动在北校区举行。本次活动共包括：世界读书日签名活动、"读者排行榜"颁奖仪式、爱书修书大赛、"爱心图书回家啦"、"读书的乐趣"感言征集、"我心目中的图书馆"征文活动等。

4月23日　西安理工大学图书馆开展以"书香理工，悦读人生"为主题的世界读书日系列活动，活动持续一个月时间。

4月23日　西安科技大学图书馆第五届读书节开幕式在临潼校区举行。

4月23日　西安科技大学图书馆被评为学校"十二五"发展规划编制工作先进单位。

4月23日　延安大学图书馆读者管理委员会举办了每年一届的世界读书日系列活动，主题为"改变的是形式，不变的是阅读"。

4月23日　西安欧亚学院图书馆第三届文化节开幕。

4月23日　西安美术学院图书馆赵农馆长参加在南京艺术学院举行的全国美术院校图书馆专业委员会第14届学术年会，并向该院逸夫图书馆捐赠了他主编的《关中非物质文化遗产保护研究》（全8册）。

4月23日　西安培华学院图书馆举办世界读书日活动，主题为"让阅读成为习惯，让思考伴随人生。"

4月23日　西安电子科技大学出版社成立培华分社并向西安培华学院图书馆赠书。

4月24日　由陕西省图书馆学会、陕西省社科信息学会、陕西高校图工委主办的2012年陕西图书情报界首期主题学术沙龙在西安石油大学图书馆举行，来自9个图书馆的40余人参加。主题：从必然职业生活到可能职业生活——图书馆员的生活幸福与职业尊严。

4月24日　全国各省、市中学的100余位校长受西北农林科技大学招生办公室的邀请到校参观考察，期间参观了图书馆。

4月24日　西安航空技术高等专科学校图书馆许文丹馆长、孙兆元书记一行5人赴西北大学、西安外国语大学新校区图书馆调研学习。

4月25日　西安工程大学图书馆举行2012年阅读推广系列活动总结表彰大会。2012年阅读推广系列活动自3月上旬至4月下旬，包括："阅读之星"评选与表彰、设立读者心愿墙、校园文化衫设计与图书馆LOGO设计征集、以"爱·书·人"为主题的第五届读书交流会、"书海寻宝"竞赛等。

4月26日　全国主流媒体教育联盟陕西高校行记者团到陕西服装艺术职业学院采访并参观、考察图书馆。

4月27日　外交部向西安外国语大学图书馆赠书。

4月28日　西安工程大学图书馆邀请解放军第二炮兵工程大学图书馆李东旭副馆长介绍最新的互联网技术及其在图书馆的应用。

4月28日　陕西理工学院图书馆周卫妮主持申报的"陕西汉水流域特色文献数据库建设"获省教育厅科研立项。

4月28日　西安培华学院院长陈明华，副院长王斗虎、杨定君在图书馆馆长吴晓燕、副馆长张新吉等人的陪同下，专程考察了图书馆新馆搬迁相关工作。

4月　　　榆林学院图书馆举办第三届"一路书香"系列活动。

4月　　　上海图书馆向榆林学院图书馆开放馆际借书优惠活动。

4月　　　安康学院、安康市发改委召开校地共建图书馆设计方案评审会。设计方案获原则性通过。

5月3日　西北大学图书馆一行5人前往洛南县图书馆，向洛南县图书馆赠送图书495册，价值2万余元。

5月4日　西安欧亚学院图书馆公布2011年度优秀读者评选结果。

5月6日　陕西服装艺术职业学院正式更名为陕西服装工程学院，图书馆随之更名为陕西服装工程学院图书馆。

5月6日	长安大学图书馆一行9人前往蓝田县图书馆结对帮扶，为蓝田县图书馆捐赠图书、期刊4300余册。
5月7日	陕西师范大学图书馆开展数字图书馆体验月活动。
5月7日	中国教育图书进出口公司国际赠书中心主任郭亚玲考察延安大学图书馆外文图书的收藏情况，并与图书馆签订了免费捐赠原版外文图书的协议。
5月9日	陕西科技大学图书馆副馆长郑勇等一行8人到西北农林科技大学图书馆参观，并围绕优化科技查新工作站、创新服务进行交流。
5月9日	教育部机关党校第四期培训班在延安大学培训期间，向图书馆赠送图书702册。
5月9日	原中共中央政治局委员、全国人大常委会副委员长、国家教委主任、中国社会科学院院长、现任中国延安精神研究会会长李铁映一行，到延安大学视察工作并向学校赠送书籍。
5月9日	陕西省委第一巡视组到陕西学前师范学院考察调研，在院党委书记杨成军的陪同下到图书馆巡视考察，贺继康馆长向巡视组详细介绍了图书馆建设情况。
5月10日	西安理工大学图书馆配合校资产处开展资产清查工作，为期1个多月。
5月10日	西安航空学院"书香航苑"名家书法笔会在阎良校区图书馆举行。
5月11日	西北大学图书馆专题工作会议召开，后勤处、基建处、艺术学院、图书馆参加了会议，陈超副校长主持。会议主要听取和讨论了太白校区图书馆暖气、电梯更新改造、文化装饰等问题。
5月14日	西北农林科技大学图书馆部门工会代表队夺得校工会举办的2012年教职工中国象棋团体比赛冠军。
5月14日	西安翻译学院图书馆与读者面对面交流会在外语沙龙举行。
5月15日	由高等教育出版社、机械工业出版社、电子工业出版社等5家出版社共同举办的优秀教材展在西安思源学院图书馆举办。
5月16日	西北农林科技大学图书馆新版主页开始测试运行。新版主页提供一站式文章级的检索与获取服务，同时还增加了移动图书馆服务。
5月16日	海峡两岸服饰文化高峰论坛在陕西服装工程学院举行，与会人员参观、考察了图书馆。
5月16日	西藏民族学院图书馆李军定书记应邀参加广西民族大学移动图书馆启动仪式暨"移动图书馆应用与技术创新"研讨会。
5月16日	澳大利亚皇家墨尔本理工大学到咸阳职业技术学院图书馆参观考察。

5月17日　由陕西省社科信息学会、陕西省图书馆学会、陕西高校图工委主办的"2012年陕西省图书情报界中青年学术骨干高级研修班"在西北政法大学开班。来自全省60多个单位的160余名中青年学术骨干参加。

5月17日　宝钢教育基金会秘书长樊纯诗先生一行在延安大学胡俊生副校长的陪同下参观了图书馆红色收藏展和古籍阅览室。

5月18日　西北农林科技大学图书馆主办的"'文献信息搜索平台'与'移动图书馆'开通仪式暨移动应用与服务创新研讨会"在校国际交流中心召开。

5月18日　西安工程大学办学百年庆典系列活动——"陈林堂教授图书捐赠仪式"在金花校区图书馆贵宾室举行。

5月18日　为配合西安工程大学办学百年纪念活动，图书馆张大为、薛红波整理并编辑了《西安工程大学图书馆藏纺织文献撷萃》。

5月21日　西安交通大学图书馆研读区服务正式开放。

5月21日　榆林学院图书馆开展"关注乡村学生，分享阅读快乐"活动，向佳县王家砭中学捐赠图书。

5月22日　西北农林科技大学图书馆接受校水建学院大学生社会实践部捐赠的《中国国家地理》140册。

5月22日　西安欧亚学院图书馆周红副馆长随学院考察团赴台湾考察台湾文化大学图书馆、台湾淡江大学图书馆、台湾东吴大学图书馆、台湾真理大学图书馆。

5月24日　"2012年陕西省高等学校图书情报工作会议"在西安市临潼区召开，来自全省70所高校图书馆的馆领导和有关人员130余人参加。会议由陕西高校图工委主办、西安工程大学图书馆承办。

5月26日　延安大学图书馆直属党支部组织全体党员前往志丹烈士陵园开展了以"追思先烈伟业，弘扬奉献精神"为主题的支部活动，并重温入党誓词。

5月28日　西安工程大学图书馆党支部赴蓝田县辋川中学开展了主题为"读一本好书，点一盏心灯"的爱心赠书活动。

5月28日　陕西科技大学图书馆和校团委共同主办"你我携手，装扮我们的图书馆"系列活动。

5月30日　西北工业大学图书馆启动"走进学院，服务学科"系列活动。此次活动将由图书馆领导带领学科服务团队走进学校全部15个学院，为期6个月。

5月30日　西安理工大学图书馆视频监控系统二期工程完工。共新增监控探头64个，基本实现了图书馆安全监控无盲区。

5月30日 西安欧亚学院图书馆进行机构调整，调整后由资源发展部、客户服务部、文献借阅部、学报编辑部四个部门组成。

5月 西安建筑科技大学图书馆党支部换届，选举张波同志任党支部书记，姚小涛同志任党支部副书记。

5月 赵精兵任西安文理学院图书馆馆长，尚生贵任总支书记，刘卫利任副馆长。

5月 陕西国际商贸学院图书馆确立办馆理念为：品质、效率、追求。

5月 渭南师范学院图书馆成立文献信息研究中心。

6月1日 西北农林科技大学图书馆召开"读者交流会"，了解读者对图书馆日常工作的建议和意见。

6月3日 西北农林科技大学图书馆开展"市民参观日"活动。南北馆同时开放，供市民入馆参观并提供图书、期刊、报纸的阅览服务。

6月4日 西安理工大学图书馆余健明馆长、王浩书记一行分别赴江苏大学图书馆和电子科技大学图书馆调研新馆建设情况。

6月6日 延安大学图书馆全体一线人员进行了健康体检，须持有卫生健康证才能上岗。

6月6日 西安培华学院维之图书馆试运行。

6月8日 西北大学图书馆完成"双代会"代表及图书馆分会委员选举工作。

6月9日 "陕西高校图书馆'同方杯'第二届羽毛球比赛"在西安交通大学体育馆举行，来自22个图书馆的170多位馆员参赛。本次比赛由陕西高校图工委主办、西安交通大学图书馆承办。

6月11日 西安欧亚学院图书馆开展"爱心图书捐赠"活动。

6月14日 陕西高校图工委与北京世纪读秀技术有限公司就陕西高校续订超星电子图书全库（合同期2012年5月31日～2015年4月30日）在陕西师范大学雁塔校区进行集团采购谈判。

6月15日 西北农林科技大学图书馆在北馆布置"温馨提示、名人与图书馆"等牌匾，加强文化氛围建设。

6月15日 陕西师范大学图书馆傅绍良馆长、李力社副馆长及图书馆党员代表29人前往靖边三中参加"靖边三中图书馆开馆仪式"。

6月15日 延安大学图书馆邀请北京大学信息管理系博士生导师刘兹恒教授为本馆做了题为《图书馆的未来暨图书馆职业的前景》的报告。延安职业技术学院图书馆、宝塔区中山图书馆的馆员也到会听取了报告。

6月15日 西安科技商贸职业学院图书馆向全院师生发出捐书倡议。

6月16日　团队对口支援西藏民族学院文献信息网络建设研讨会暨图书捐赠仪式在西藏民族学院举行，中国人民大学、中山大学、厦门大学、华东师范大学、东南大学、北京外国语大学等六所团队对口支援西藏民族学院图书馆共计捐赠图书7790册，价值人民币244,475.6元。

6月17日　长安大学图书馆组织党员赴铜川照金陕甘边区革命遗址参观学习。

6月25日　张勇任西安交通大学城市学院图书馆常务副馆长，李道仁不再担任图书馆馆长职务。

6月26日　西藏民族学院图书馆举行2011～2012学年勤工助学、图书馆学生管理委员会工作总结暨表彰大会。

6月28日　由CALIS陕西省中心主办的"CALIS三期示范馆总结交流会"在西安交通大学召开，来自省中心及8个示范馆的30余人参加。

6月28日　榆林学院图书馆与台湾朝阳科技大学图书馆建立文献传递合作服务。

6月29日　陕西高校图工委与EBSCO公司就续订2012～2014年度EBSCO全文数据库事宜在西安交通大学图书馆进行集团采购谈判。

6月29日　美中合作发展委员会执行主席、哈佛大学东亚研究中心研究员李建生博士到西安培华学院图书馆访问。

6月30日　陕西学前师范学院图书馆组织全院14个系部的专业教师共30余人到嘉汇汉唐书城开展2012年图书现场采购活动。

6月30日　西藏民族学院图书馆组织全体党员及入党积极分子前往旬邑县红色革命圣地——马栏革命旧址参观学习。

6月　　　渭南师范学院图书馆文献信息研究中心主办"秦东地方高校图书馆首届文献信息研讨会"，渭南地区高校图书馆、市新华书店共30余人参加会议。

6月　　　渭南师范学院图书馆党支部荣获学院"先进党支部"称号。

6月　　　杨凌职业技术学院图书馆启动西校区新馆搬迁工作。

6月　　　商洛职业技术学院图书馆进行馆藏古籍清查工作。

6月　　　西安欧亚学院图书馆试推行"学科馆员"制度。外国语学院、物流贸易学院、文化传媒学院为三个试点分院。

6月　　　西安交通大学城市学院图书馆自动化集成管理系统和校园一卡通成功对接。

6月　　　陕西省人民政府教育督导团首次莅临西安电力高等专科学校进行督导检查，实地考察了图书馆。

7月5日　延安大学图书馆读者管理委员会举行"小红帽"勤工助学先进个人表

彰大会，共29名同学获得表彰。

7月13日　西北农林科技大学图书馆被CALIS管理中心和三期建设馆员素养与资质认证项目组授予"CALIS三期馆员素养与资质认证项目卓越组织奖"。

7月15日　宋佃锋任延安大学图书馆馆长助理（副处级）。

7月15日　西安欧亚学院图书馆完成馆藏结构及布局调整，调整后采取"大开架服务模式"。

7月21日　西安科技商贸职业学院购买西安电子科技大学长安学院图书馆所有图书及设备，其中图书10万册。

7月25日　延安大学图书馆文献信息资源采购招标会在西安举行。招标会由陕西教育招标有限公司承办，共有七家图书供应商、五家数据库商、两家外文电子图书供应商和一家期刊供应商应标。自此，延安大学图书馆所有采购正式纳入政府采购渠道。

7月27日　西安交通大学图书馆召开北楼扩建、南楼改造布局规划方案论证会，北京大学图书馆武振江副馆长、清华大学图书馆陈杰渝副馆长受邀参加。

7月　　　西安电子科技大学图书馆完成《图书馆资源与利用白皮书》的编辑、发布。

7月　　　西安建筑科技大学图书馆增加自习座位204个，扩大自习面积近200平方米。

7月　　　贾赫任宝鸡职业技术学院图书馆馆长，王发平任副馆长。

8月17日　裴世荷任西安翻译学院图书馆副馆长。

8月24日　长安大学图书馆邀请本校马列主义学院副教授张舒做题为《图书馆的过去、现在及未来》的报告。

8月24日　延安大学图书馆对全体人员进行消防灭火演练培训。

8月25日　著名作家叶广芩向西安培华学院图书馆赠书。

8月30日　"CALIS三期馆员素养培训与资质认证项目表彰会"在上海交通大学召开。西安交通大学图书馆获得CALIS管理中心颁发的"CALIS三期馆员素养培训与资质认证项目卓越组织奖"，张惠君获得"CALIS三期馆员素养培训与资质认证项目个人突出贡献奖"。

8月　　　宝鸡文理学院图书馆利用暑假改善阅览环境，新增阅览桌40张，阅览椅240个，安装电风扇41个，增加照明灯15组。

8月　　　在2012中国图书馆学会年会征文中，西北农林科技大学图书馆白君礼获一等奖。

8月　　　西安理工大学图书馆在中国图书馆学会"全民阅读推广活动经典、创新案例"征集活动中获得二等奖。

9月1日　西安工程大学图书馆撤销期刊部，成立信息咨询部并接管期刊管理工作。

9月1日　陕西理工学院南校区图书馆电子阅览室建成并对外开放。

9月2日　罗杜娟任陕西服装工程学院图书馆副馆长。

9月5日　西安科技大学图书馆召开图书馆二届二次职工代表大会，讨论并通过了《图书馆绩效工资实施办法》。

9月7日　咸阳职业技术学院图书馆开展2012级新生入馆教育活动，本次活动增加了《二十四孝图》的讲解工作，促使当代大学生树立知恩、感恩、报恩的思想意识。

9月8日　西北农林科技大学图书馆党总支组织党员干部近40人前往华县高塘的渭华起义纪念馆参观学习，接受革命传统教育。

9月10日　陕西学前师范学院长安校区图书馆开馆。学院领导、各部门负责人、师生代表、省内其他10余所院校图书馆领导以及合作单位代表共同出席。

9月11日　西安培华学院图书馆开展主题为"提升服务意识，树立文明形象"的文明礼仪培训。

9月11日　咸阳职业技术学院仪祉图书馆启动为期三个月的馆员培训活动。

9月17日　兰州理工大学图书馆一行5人到西安欧亚学院图书馆参观交流。

9月17日　原周恩来秘书纪东将军莅临西安培华学院图书馆参观。

9月18日　云南省11所高校的图书馆领导到陕西参观交流，访问了陕西师范大学长安校区图书馆和西安交通大学兴庆校区图书馆。

9月18日　西藏民族学院图书馆新购《中国近现代翻译文学作品》系列丛书加工入库。该丛书囊括了1901～1949年间国内出版的3000余种翻译文学作品，全套共计3185种、3458册。

9月20日　西藏民族学院图书馆举办"信息资源利用与服务宣传"活动开幕式。

9月21日　2012年度工信部图书资料系列高级专业技术职务评审会在西北工业大学图书馆召开。

9月21日　西北大学图书馆党支部组织党员赴照金、富平参观学习。

9月21日　西安工业大学图书馆决定取消样本书库。

9月23日　延安大学图书馆接收省新闻出版局杨秀荣校友赠陕版期刊1000余册。

9月25日　延安大学图书馆网络安全优化项目采购招标会在西安举行。

9月25日　西安翻译学院图书馆召开本科教学合格评估迎评促建动员会。

9月26日　西安翻译学院图书馆学生管理委员会换届。

9月26日　西安欧亚学院图书馆邀请西安甘泉心理咨询机构为员工进行心理健康

培训。

9月27日 "陕西高校图书馆CNKI数据库培训讲座"在西安航空学院图书馆举办，省内各高校图书馆馆长及相关部门负责人60余人参加。

9月27日 北京大学图书馆副馆长、CALIS管理中心副主任陈凌研究馆员应邀到西藏民族学院做题为《图书馆·共享·CALIS》的学术报告，全校近300余名师生参加。报告会后，陈凌与图书馆领导、各部室主任及学科馆员进行深入座谈。

9月28日 西安交通大学图书馆举办以"分享移动悦读、体验学术发现"为主题的服务推广启动仪式，集新技术体验、数字阅读、社交休闲为一体的综合活动场所iLibrary Space投入运行。

9月29日 由西北工业大学图书馆编制的《西北工业大学学术论文投稿指南》（2012年版）正式向全校师生发布。

9月29日 我国著名的动物毒物学家、动物毒物学分会的创立人、原陕西省农业厅厅长、现西北大学生态毒理研究所所长史志诚教授向母校西北农林科技大学图书馆捐赠《毒物简史》2册。

9月 西北工业大学图书馆荣获机械工业出版社颁发的机械工业出版社60周年"最具价值合作伙伴"称号。

9月 原陕西省省长程安东向西北农林科技大学图书馆捐赠《安东摄影作品集：西藏映像》一书。

9月 西安石油大学新校区图书馆电子阅览室建成并投入使用。

9月 西安翻译学院图书馆开展"书海导航——图书馆之旅"活动。

9月 杨凌职业技术学院图书馆与网络中心合并为图书与信息中心。

10月8日 西藏民族学院图书馆完成对12个二级学院的2000多名学生的新生入馆教育培训工作。

10月9日 广东省湛江市委组织部到西安外国语大学图书馆考察王洪琛副馆长。

10月9日 中国延安干部学院常务副院长陈燕楠、副院长王紫贵等一行6人到陕西学前师范学院访问交流。期间，在学院付建成院长的陪同下，参观了图书馆古籍图书阅览室。

10月9日 西安交通大学图书馆王元馆长和邵晶副馆长参加由CALIS组织的欧洲数字图书馆考察活动，为期2周。

10月10日 西藏民族学院党委副书记、纪委书记、副院长扎西次仁到图书馆调研，就学科服务、CALIS资源与服务、特色资源建设等工作听取汇报，并对存在的问题和面临的困难提出了建设性的意见和建议。

10月11日　山东聊城大学图书馆馆长、书记一行5人到延安大学图书馆参观，了解特色资源库建设情况。

10月12日　咸阳职业技术学院图书馆开通试用"中国大学生就业知识服务平台"。

10月12日　西安欧亚学院图书馆开辟"莫言图书专架"。

10月15日　西安工程大学图书馆向CALIS申报的4个服务示范馆建设子项目：e读学术搜索、CCC外文期刊、馆际互借与文献传递、虚拟参考咨询系统，如期完成规定任务，通过评估式验收，获得了CALIS管理中心颁发的结项证书。

10月15日　西安航空学院"图书馆服务宣传月"活动在沣惠校区及阎良校区同时拉开帷幕，活动主题为"了解图书馆 爱上图书馆"。

10月16日　陕西省委党校图书馆馆长、副馆长一行到延安大学图书馆了解红色数据库建设情况。

10月17日　全国纺织服装信息研究会馆长论坛暨2012图书馆国际研讨会在东华大学召开。西安工程大学图书馆张大为荣获全国纺织服装信息研究会"杰出贡献奖"。

10月22日　陕西理工学院图书馆与汉中市图书馆签订"资源共享协议"。

10月23日　咸阳市企业及企业家联合会到咸阳职业技术学院图书馆参观访问。

10月24日　西北农林科技大学图书馆召开学生读者座谈会，学生代表约30余人参加。

10月25日　首届"陕西高校图书馆新入职人员培训会"在西安电子科技大学北校区图书馆举行，来自高校及公共图书馆50个单位的190余人参加。刘炜研究馆员做《是该我们图书馆员得瑟了》和《图书馆员作为一种职业》两个报告，强自力研究馆员做《图书馆职业精神纵横谈》的报告。

10月26日　全国绿化委员会副主任、国家林业局局长贾治邦将其主编图书《生态文明建设的基石——三个系统一个多样性》共47册捐赠给西北农林科技大学图书馆。

10月26日　西安科技大学图书馆第五届大学生网络检索知识竞赛决赛在临潼校区举行。

10月28日　西北农林科技大学图书馆邀请宁波大学园区图书馆馆长颜务林做题为《图书馆核心职业的变迁与图书馆学发展》的报告，馆领导和部分职工共80余人参加。

10月31日　戚红梅任西北工业大学图书馆副馆长。

10月31日　中央文献研究室研究员、周恩来思想生平研究会会长廖心文，周总理侄女周秉怡，周恩来思想生平研究会副会长、周总理秘书纪东将军，中央文献研究室调研员、周恩来思想生平研究会秘书长李清平等一行到西安培华学院图书馆参观访问。

10月31日 陕西省教育厅专家到咸阳职业技术学院图书馆视察指导工作。

10月 西安电子科技大学图书馆举办职工培训，邀请西北大学杨玉麟教授做题为《图书馆职业理念与素养》的讲座。

10月 西安建筑科技大学图书馆全面开通校园一卡通在三个校区的借阅功能。

10月 西安建筑科技大学图书馆启用汇文文献信息服务系统Libsys 5.0。

10月 西安建筑科技大学图书馆草堂校区一分馆正式开馆。

10月 宇文高峰任咸阳师范学院图书馆馆长。

10月 安康学院图书馆江北分馆建成开放，面积600平方米。

10月 西安交通大学图书馆向城市学院图书馆捐赠中文图书59,656册，中文合订本期刊6232册。

10月 西北大学现代学院图书馆增加师生借书册数，延长借期。教师、学生借书数增至10册，其他教工增至5册，借期延长为两个月。

11月1日 西安工程大学图书馆一行10人参观第二炮兵工程大学图书馆。副馆长李东旭介绍了开源软件和"体感"技术在数字图书馆和教学中的应用。

11月1日 美国国际经济文化交流协会一行4人到咸阳职业技术学院图书馆参观访问。

11月5日 北京大学著名教授董文俊一行到陕西服装工程学院指导工作，参观、考察图书馆。

11月6日 参加培训班的陕西省高校各院系党总支（党支部）书记到西北大学长安校区图书馆调研参观，校党委副书记黄建民陪同。

11月7日 刘艳任西北大学图书馆副馆长。

11月8日 陕西高校图工委与北京世纪超星信息技术发展有限公司就陕西省本科院校集团采购"泛舟移动图书馆"在西安交通大学图书馆进行谈判。

11月8日 西安工程大学图书馆举办"畅想之星随书光盘数据库联合采购座谈会"。

11月8日 "畅想之星随书光盘管理系统使用培训会"在西安工程大学金花校区图书馆举行，来自16个高校图书馆的30余人参加。

11月8日 西安欧亚学院图书馆举行第一次馆长接待日。

11月14日 著名作家陈忠实先生在陕西学前师范学院付建成院长的陪同下参观图书馆，并为图书馆题词"知识宝藏"。

11月14日 西安欧亚学院图书馆"爱心图书借阅室"正式开放。

11月15日　由陕西省图书馆学会、陕西省社科信息学会、陕西高校图工委主办的2012年陕西图书情报界第三期主题学术沙龙在西安文理学院图书馆举行，来自11个图书馆的40余人参加。主题：图书馆公共智慧服务。

11月16日　由西北工业大学发展计划处和图书馆共同举办的"西北工业大学2012年数字文献资源建设座谈会"在友谊校区举行。

11月16日　长安大学马建校长、朱杰君校长助理等一行到渭水校区逸夫图书馆视察指导工作。

11月19日　陕西理工学院党委批复图书馆党总支换届选举结果，王长安兼任党总支书记。

11月19日　西安翻译学院图书馆调整馆舍布局，新增馆舍面积2000平方米，购置书架570个，增设文学书库，扩大样本书库面积。

11月20日　咸阳职业技术学院图书馆启动面向全院教职工的资源服务宣传月活动，主题为"推介资源，服务师生"。

11月21日　西北农林科技大学图书馆白君礼副研究馆员应邀参加2012年全国图书馆学博士生学术论坛。

11月21日　西安理工大学图书馆第二十二届学术研讨会召开，主题为"启迪创新思维 提升服务质量"。

11月21日　西北大学现代学院校友、原读书会会长袁毛毛同学为本校图书馆捐赠图书552册（价值1万余元）。

11月24日　延安大学第四届图书情报工作会议在图书馆报告厅举行。胡俊生副校长出席，第四届图书情报工作委员会全体委员、图书馆部分馆员以及校学生会、图管会成员等120余人参加了会议。

11月26日　延安大学图书馆曹继春馆长、刘百宁书记、贾翠玲副馆长以及馆长助理宋佃锋一行4人前往延川县图书馆，与延川县文化局、县图书馆领导进行座谈交流，并就结对帮扶具体事宜沟通协商。

11月27日　陕西省高校图书馆参考咨询知识竞赛以网上答题的方式举行，共有49所高校图书馆报名参赛，251人提交答卷。

11月28日　教育部科技发展中心在西安交通大学组织召开了陕西地区六家科技查新机构年检座谈会，教育部查新专家组成员、陕西地区六家教育部科技查新站所在高校图书馆馆长等出席了座谈会。

11月28日　西北大学图书馆完成下一年度中文图书、中外文期刊、报纸、数据库的招议标工作。

11月28日　西安科技大学图书馆"网络信息检索"课获学校精品课程。

11月29日 咸阳职业技术学院图书馆举办万方数据知识服务平台、万方医药网和万方视频专题培训讲座。

11月30日 中国科学院国家科学图书馆专家考察组一行19人在党委书记何林、副馆长孙坦的带领下到延安大学图书馆考察交流。期间，举行了中国科学院国家科学图书馆向延安大学赠书仪式，共赠送2012年科学出版社最新出版的图书2411册。捐赠仪式后，国家科学图书馆的专家们分别做了题为《开放信息环境的内涵及其带来的改变》《中国科学院国家科学图书馆发展概况》《中国科学院国家科学图书馆资源建设业务布局及其发展规划》《中国科学院国家科学图书馆学科化服务探索与实践》的报告。

11月30日 《中国职业技术教育》杂志第二届理事会到咸阳职业技术学院图书馆参观考察。

11月 西北农林科技大学图书馆被CALIS全国农学文献信息中心授予"CALIS全国农学文献信息中心项目建设重要贡献奖"。

11月 西安工程大学举办全校教职工羽毛球团体赛，图书馆代表队获得第二名。

11月 西安文理学院图书馆停止现刊装订工作。

11月 商洛学院图书馆开通移动图书馆。

11月 西安交通大学城市学院图书馆调整读者借书册数，学生由每人限借4册增加到6册，教职工由每人限借5册增加到10册。

12月3日 延安大学党史资料中心归并图书馆。

12月4日 西安欧亚学院图书馆设"畅销书专架"。

12月5日 西北工业大学图书馆苟文选书记、戚红梅副馆长等一行4人赴永寿县，为帮扶对子永寿县图书馆捐赠30种401册社科人文及科普性期刊。

12月5日 西安欧亚学院图书馆公布"阅读之星"活动评选结果。

12月6日 咸阳职业技术学院仪祉图书馆举行"我与书的故事"征文颁奖活动。

12月7日 西北农林科技大学图书馆对职工和保安讲解灭火器使用知识并进行实际操作演练。

12月9日 西北农林科技大学图书馆编印《西北农林科技大学图书馆规章制度汇编》。汇编分上、下两篇，上篇为管理规章制度，下篇为工作职责及业务规范。

12月10日 "陕西省高校图书馆参考咨询知识竞赛总结颁奖会"在西安交通大学图书馆举行。本次竞赛平均成绩75分，最高成绩97分，共评选出15名优秀个人奖。

12月12日　宝鸡文理学院图书馆召开二级职代会。

12月14日　西北工业大学图书馆举行卓越联盟图书馆知识共享服务平台开通仪式。
　　　　　西北工业大学校长姜澄宇，副书记、副校长王润孝以及陕西各高校图书
　　　　　馆领导、学校各职能部门、学院主要负责同志和学生代表200余人参加
　　　　　了会议。

12月15日　由陕西高校图工委和陕西省图书馆学会联合主办的"陕西高校图书馆
　　　　　与县级图书馆结对帮扶工作阶段总结暨经验交流会"在西安交通大学
　　　　　图书馆召开，来自省内高校图书馆和公共图书馆的30多位代表出席。
　　　　　会议期间，进行了新结对图书馆协议签字仪式。

12月17日　张应祥任西北工业大学图书馆党总支书记，苟文选任调研员。

12月17日　陕西师范大学图书馆邀请各学科专家赴汉唐书城现场荐购图书。

12月20日　西安科技商贸职业学院图书馆进行管理系统升级（Melinets）。

12月21日　陕西高校图工委与Springer就续订2013～2015年度Springer ebooks事宜
　　　　　在西安交通大学图书馆进行集团采购谈判。

12月22日　西安科技商贸职业学院图书馆购买胶装机、切纸机等工具，设立过刊
　　　　　装订室，实现本馆过刊自己装订。

12月25日　西安翻译学院图书馆完成提存书库的搬迁整理工作。

12月29日　由西北农林科技大学图书馆与校团委主办，校学生会图书馆学生管理
　　　　　委员会承办的2012年度"图书馆读者排行榜颁奖仪式"举行。

12月31日　在西安工程大学2012年年度考核中，图书馆考核为优秀处级单位。

12月　　　为配合学校向教育部申请招收外国学历留学生资格，延安大学图书馆
　　　　　挂牌成立了"留学生图书阅览室"和"留学生电子阅览室"。

12月　　　西安文理学院撤销院系资料室，人员并入图书馆。

12月　　　咸阳师范学院图书馆举办首届馆内学术交流会。

12月　　　由全国高等学校图书情报工作指导委员会和中国图书馆学会大学生阅
　　　　　读委员会联合举办的"我拿青春读明天"征文活动中，西安工程大学
　　　　　图书馆选送的五篇作品均入围获奖，其中，获一等奖1篇，获二等奖2
　　　　　篇，获三等奖2篇。

12月　　　西安交通大学城市学院图书馆接受美国亚基会赠送的英文原版图书196
　　　　　册，价值人民币约6万元。

12月　　　宝鸡职业技术学院图书馆荣获宝鸡市图书馆学会2012年先进集体，贺
　　　　　建平、梁玉桂获先进个人。

12月　　　西安科技商贸职业学院图书馆完成所购西安电子科技大学长安学院图

书的分类编目。

2013年

1月1日　台湾著名教育家王广亚博士一行到西安培华学院图书馆参观访问。

1月10日　陕西理工学院图书馆主编的国家古籍整理出版"十一五"重点规划项目《陕西古籍总目：陕西理工学院分册》出版。

1月14日　西北工业大学图书馆邀请人文与经法学院樊明方教授向图书馆全体党员进行"鲲鹏展翅九万里——道路自信、理论自信与制度自信"的专题宣讲。

1月16日　西安航空学院图书馆召开二级教代会。

1月25日　卢朝阳任西安电子科技大学图书馆馆长。

1月　　西安文理学院图书馆开始实行考勤打卡制度。

1月　　徐明任西藏民族学院图书馆党总支书记，扎繁秀任馆长、岳凤芝仕副馆长。

1月　　西安科技商贸职业学院图书馆全馆人员寒假加班，进行过刊装订。

2月25日　西北农林科技大学图书馆扩大周开放98小时的区域，新增区域为北馆的书库、科技期刊库、人文期刊库。

2月28日　咸阳职业技术学院图书馆召开"改作风、抓落实、促发展"主题活动动员大会。

2月　　张凌任西安美术学院图书馆馆长。

2月　　咸阳师范学院完成院系资料室合并到图书馆的工作，组建教师综合阅览室。

3月2日　西安科技商贸职业学院图书馆将图书分编工作外包。

3月5日　西安科技大学图书馆召开《中国图书馆分类法》第五版启用方案和工作细则研讨会。

3月5日　延安大学召集学生处、保卫处、教务处、后勤处、图书馆、稳定办等有关部门领导就图书馆占座问题召开会议，并成立领导小组，进行工作安排。

3月6日　西北大学图书馆召开2013年选聘毕业生考核会。通过评议和无记名投票的方式对两位应聘者进行排序。

3月6日　陕西省委教育工委原副书记、省民办教育协会会长董祥林到西安培华学院图书馆参观。

3月11日　西安翻译学院图书馆文学书库整理就绪，对读者开放。

3月13日　咸阳职业技术学院图书馆举办消防安全知识培训和消防演习。

3月14日　教育部高等教育司下发《关于推荐新一届教育部高等学校图书情报工作指导委员会委员的通知》（教高司函〔2013〕22号）。

3月15日　延安大学图书馆召开党政联席会，决定成立参考咨询部。图书馆部室结构调整为：采编部、阅览部、读者服务部、技术部、参考咨询部、办公室和医学分馆——"五部一室一分馆"。

3月18日　陕西科技大学图书馆承办陕西省图书馆学会七届二次理事会。

3月18日　西安翻译学院图书馆随书光盘管理平台（博云非书资料管理系统）开通使用。

3月19日　西安航空学院图书馆工作委员会2013年工作会议召开，许文丹馆长主持会议，院长陈万强及各位委员出席。

3月19日　共青团陕西省委副书记贾琳参观西安培华学院图书馆。

3月21日　西安市教育考试中心副主任王炜一行5人参观西安培华学院图书馆。

3月25日　西北大学图书馆在长安校区举行Web of Science（SCI）开通授牌仪式。

3月25日　西北大学图书馆分会在校春季田径运动会上获得团体总分第一名。

3月26日　西安电子科技大学图书馆举办汤森路透公司《2013年SCI春季学术报告——SCI论文快乐写作与投稿》学术报告会。

3月27日　西北工业大学汪劲松校长到图书馆调研指导工作。

3月27日　陕西省教育厅民办教育处处长权秋虎一行参观西安培华学院图书馆。

3月28日　西安科技大学超星移动图书馆开通试用。

3月28日　西藏民族学院图书馆在校工会主办的羽毛球比赛中获得一等奖。

3月28日　西安铁路职业技术学院图书馆向蓝田县图书馆捐赠期刊500余册。

3月　　　西北政法大学图书馆确定本年度为"图书馆文化内涵建设年"。

3月　　　延安大学图书馆收藏的《李太白文集 三十二卷》（清乾隆宝笏楼刻本）和《苏文奇赏 五十卷》[明崇祯四年（1631）陈仁锡刻本]两部古籍入选第一批陕西省珍贵古籍名录。

3月　　　咸阳师范学院图书馆设立"馆长接待日"。

3月　　　陕西国际商贸学院图书馆接到了学院转发省教育厅的文件：2012年学院基本办学条件中生均馆藏图书册数不达标。图书馆第一时间找出问题的症结（加工、上架滞后），学院随即安排图书馆重新上报相关数据给省教育厅，再次审核顺利通过。

4月1日　西安电子科技大学图书馆卢朝阳馆长召开50岁以上职工座谈会，征求对图书馆聘任工作和机构调整方案的意见。

4月1日　陕西省教育厅检查组一行4人到陕西服装工程学院开展2012年度年检工作，检查图书馆相关工作。

4月1日　西安铁路职业技术学院图书馆2013读书月活动正式启动，主题为"知识给人力量　阅读引领未来"。

4月2日　陕西省委教育工委书记李仲为，省委教育工委委员、省教育厅副厅长郭立宏一行到陕西学前师范学院图书馆视察。

4月2日　西藏民族学院图书馆举办以"快乐阅读，共享书香"为主题的校园新书展借活动。本次活动所展图书为图书馆与医学院老师联合采购的生物医学类专业图书，累计600多本。

4月8日　陕西科技大学图书馆以"静心、养性"为主题，邀请陕西省书法学会艺术家和本校设计学院师生题写优秀书画作品共40余幅，建设了"文化长廊"，并美化了书库和阅读区环境。

4月8日　西北工业大学图书馆党总支书记张应祥一行4人组成的调研组赴北京大学、中国人民大学、哈尔滨工业大学、哈尔滨工程大学、大连理工大学、东北财经大学、大连医科大学图书馆，就新图书馆馆藏布局、环境文化、馆藏结构、学科服务、新技术应用以及图书馆建设发展思路等进行调研、学习和交流。

4月9日　由陕西新华外文图书有限公司与厦门外图集团有限公司主办的"2013年台湾原版学术图书展"在西北大学长安校区图书馆举行。

4月10日　熊伟任陕西学前师范学院图书馆副馆长（正处级）。

4月10日　西安航空学院"书香航苑"第五届读书节启动仪式举行。陕西省文联副主席、陕西省作家协会副主席高建群，院长陈万强及师生代表200余人出席。

4月10日　咸阳职业技术学院图书馆为广大师生推荐百首爱国歌曲、百部爱国电影和百本励志图书。

4月12日　延安大学图书馆网络安全优化项目通过专家验收，该项目包括网络安全优化工程和TPI特色数据库提交平台两部分。

4月12日　西安科技商贸职业学院学生社团"涝水书声"读书会在图书馆指导下正式成立。

4月14日　民革中央委员会委员、陕西省十二届人大常委会常委、民革西安交通大学委员会主委王孙安教授带领民革西安交通大学委员会成员一行12人参观西安培华学院图书馆。

4月15日　陕西省教育厅办公室发布《转发教育部高教司关于推荐新一届教育部高等学校图书情报工作指导委员会委员的通知》（陕教高办〔2013〕12号）。

4月15日　西藏民族学院图书馆举办为期一周的优秀文学作品展读活动，向读者推荐馆内新购或现存的部分优秀图书。

4月15日　西安科技商贸职业学院建立图书馆局域网，设立图书馆网络服务器机房。

4月16日　西安电子科技大学图书馆宣布部室主任聘任结果并确定图书馆领导机制。

4月16日　延安大学召开2013年图书情报工作会议，胡俊生副校长和图书情报工作委员会部分委员参加会议。会议通报了图书馆网上图书荐购、硕士学位论文提交和中科院国家科学图书馆资源共享等工作。

4月17日　西安电子科技大学图书馆召开35岁以下青年职工座谈会。

4月17日　西北农林科技大学外教伊丽莎白老师向图书馆赠书21册，共计900余元。

4月18日　西安翻译学院图书馆召开"图书馆与读者面对面交流座谈会"。

4月22日　西北大学图书馆召开会议，布置古籍普查相关工作。

4月23日　西北农林科技大学图书馆召开读者座谈会。

4月23日　西安理工大学图书馆联合校党委宣传部、校团委在曲江校区图书馆报告厅举办"书香理工、悦读人生"读书月系列活动启动仪式，陕西省作协副主席李国平教授为学生们做题为《读书·文学·人生》的报告。

4月23日　陕西科技大学图书馆与青年志愿团共同开展"感受知识魅力 体验阅读人生"主题活动。

4月23日　西安医学院图书馆首届"书香校园"读书月活动启动。

4月23日　西安欧亚学院图书馆开展"超期图书归还免责"活动。

4月23日　西安翻译学院图书馆举办电子资源宣传周启动仪式，同时举办"世界读书日知识竞赛"。

4月23日　西安欧亚学院图书馆第四届文化节开幕，其间将举办电影周、"相信未来——大学生礼仪讲座"、"放飞爱心，书送希望"爱心捐书、涂鸦大赛等系列活动。

4月23日　西安欧亚学院图书馆第四届文化节期间举办"校际辩论赛"，西安交通大学辩论社与西安欧亚学院辩论社就"图书馆应该（不应该）占座"进行辩论。

4月23日　西安航空职业技术学院图书馆举办主题为"最是书香能致远"的"大学生必读书籍PPT演讲大赛"。

4月23日 陕西国防工业职业技术学院图书馆启动第四届读书月系列活动。

4月24日 西北农林科技大学党委书记张光强、副书记徐养福一行到图书馆调研。

4月24日 西安电子科技大学图书馆举办"4·23世界读书日"系列活动启动仪式和年度读书之星颁奖活动。

4月25日 陕西省图书情报界本年度第一期学术沙龙在西安工程大学金花校区图书馆举行。主题：基于大学生阅读需求的图书馆阅读推广研究。

4月27日 西北工业大学图书馆党总支组织全体党员及入党积极分子前往长安校区图书馆开展"一个党员，一面红旗，我为图书馆建设做贡献"为主题的党日活动。

4月 西安理工大学图书馆启动"书卷似故人 悦读致青春——理工师生话读书"视频的拍摄。

4月 西安建筑科技大学图书馆、校团委、创新办、南山书院、子午书院联合举办读书月系列活动。

4月 吴新星任西安邮电大学机关二总支书记兼图书馆副馆长。

4月 咸阳师范学院图书馆启动"勤奋读书，争当阅读之星"评选活动，按照文、理科分别评出月、年阅读之星各前10名。

4月 榆林学院图书馆举办第四届"一路书香"系列活动。

4月 以"生均馆藏图书册数不达标事件"的处理为契机，陕西国际商贸学院向图书馆追加了203万元经费，从此结束了采购特价书的历史。

4月 陕西铁路工程职业技术学院图书馆举办"第六届读书周"活动。

4月 西安电力高等专科学校图书馆以讲座和座谈会的形式举办主题为"让阅读成为习惯 让思考伴随人生"的第五届读书月宣传活动。

5月3日 西藏民族学院图书馆召开"读书月"活动总结暨书评获奖作品颁奖大会。

5月4日 由西北农林科技大学图书馆、校团委、学生会主办，图书馆学生管理委员会承办的第六届"4·23世界读书日"系列活动之"图书馆读者排行榜颁奖仪式暨爱书·修书大赛"举行。

5月4日 西北工业大学长安校区图书馆开馆试运行。

5月6日 陕西高校图工委2013年第一次常委会在西安交通大学图书馆召开。会议讨论通过了2013年图工委工作计划，审议通过了部分副主任馆、常委馆更换副主任委员、常务委员的申请，布置了中图学会高校分会换届相关事宜。

5月6日 西安翻译学院图书馆"2013年图书采购招标会"在图书馆举行。

5月7日 西北工业大学图书馆召开"国内部分高校图书馆调研情况交流研讨会"。

5月8日　陕西省委组织部副部长田晓东、省教工委书记李仲为等一行5人到延安大学图书馆参观文学研究资料室和中共党史资料中心。

5月8日　为配合学院评估工作，西安欧亚学院图书馆编写《图书馆应知应会知识问答》。

5月8日　陕西省政协党组成员、机关党委书记、秘书长姚增战，省委教育工委委员、省教育厅副厅长郭立宏一行莅临西安培华学院调研指导工作并参观图书馆。

5月9日　教育部高校学生司原司长、教育部高校毕业生就业协会副理事长兼秘书长王炽昌率全国主流媒体教育联盟莅临西安培华学院图书馆参观访问。

5月9日　西安交通大学图书馆承办"Serials Solutions大中华区用户年会"，来自全国10多所知名高校图书馆及国立新加坡大学图书馆的40多名代表出席会议。

5月10日　西安工业大学图书馆根据中国图书馆学会阅读推广委员会阅读与心理健康分委员会编制的"好书中的好书：2012年好书榜精选书目"在4月20日至5月20日，开展了读好书专题活动。

5月10日　延安大学图书馆与校学生会联合举办的"talking （交流）书吧"在图书馆三楼308室正式开吧。

5月13日　西北工业大学图书馆工会启动"记录精彩，感受春天"为主题的摄影展活动，共展出37名职工的138张摄影作品。

5月13日　西北工业大学袁建平副校长到长安校区图书馆，就试运行阶段各项工作进行调研和现场指导。

5月15日　延安大学图书馆接收中国人民大学科研处赠书78种、534册。

5月15日　西安航空学院图书馆开展"信息素质教育嵌入课堂教学"服务工作。

5月16日　西北工业大学图书馆一行6人前往电子科技大学和四川大学图书馆，就新馆馆藏布局、文化环境、家具、设备配置及图书馆亮点工作、特色服务、新技术应用等方面进行调研和学习。

5月16日　西北大学图书馆党支部启动换届改选工作。

5月16日　西藏民族学院图书馆举办题为"CALIS资源共享平台——原文传递免费无极限"原文传递服务宣传活动。

5月17日　西藏民族学院图书馆举办题为"发现不一样的CNKI"培训讲座，100余名研究生参加了培训。

5月18日　陕西科技大学图书馆党支部及工会与安康义工联合会合作，在安康市大同镇永红小学联合开展了"2013爱心春雨捐助"活动，图书馆全体党员及工会会员48人共计捐款6900元帮助困难学生。

5月19日　西北农林科技大学原科研中心主任袁海珍向图书馆捐赠《沙棘》杂志精装本、大量散本及《沙棘文集》，价值共计18,594元。

5月20日　教育部发布《关于成立第四届教育部高等学校图书情报工作指导委员会的通知》（教高函〔2013〕7号）。西安交通大学图书馆王元、西北工业大学图书馆李铁虎、西北大学图书馆雷震为本届委员会委员。

5月20日　原陕西省农业科学院植物保护研究所研究员、经济作物病虫害研究专家李经略先生向西北农林科技大学图书馆捐赠《陕西农业地图》《中国科学技术专家传略》《后稷传人》《中国黄土》《陕西农谚辑释》等共计102册。

5月21日　陕西省委常委、统战部长陈强到西安外国语大学图书馆视察。

5月21日　高等教育出版社向延安大学图书馆赠书35种、70册。

5月22日　陕西省教育厅公布2013年度陕西高校人文社会科学研究优秀成果奖，西安科技大学图书馆冯永财、西北政法大学图书馆王爱霞、西安文理学院图书馆魏建琳等荣获二等奖。

5月23日　美籍华人胡余锦明女士委托美国胡氏慈善教育基金会常务理事王晓明女士将其父余天休博士著作《经济学原理》（北华印刷局1933年版）上、下册捐赠给西北大学图书馆。

5月23日　陕西科技大学图书馆以"数字化图书信息资源及服务平台建设"申请中央财政支持陕西高校发展专项资金项目。

5月23日　高建斌任西安外国语大学图书馆党总支副书记兼副馆长。

5月23日　延安大学图书馆召开党政联席会议，就2013～2015年中央支持地方高校发展专项基金项目申报做专题讨论，预算总投资680万。

5月23日　西藏民族学院图书馆号召同学们把自己认为比较好的书和自己用不到的书籍捐赠给图书馆，增加图书馆馆藏，让更多的人分享。

5月24日　西北工业大学图书馆李铁虎馆长等一行11人前往西安电子科技大学南校区图书馆，就新馆馆藏布局、文化环境、家具、设备配置等方面进行专题调研和学习。

5月25日　西安交通大学对口帮扶西安思源学院座谈会举行，文献信息资源共享列为共建一部分。

5月27日　美国密苏里大学图书馆Prof. Sandra Schiefer 和Prof. Darell Schmick一行到西北农林科技大学图书馆访问交流。

5月27日　加拿大菲沙河谷大学友好访问团Mark David Evered校长一行3人到西安

培华学院图书馆参观。

5月30日　"2013年陕西省高等学校图书情报工作会议"在杨凌召开，来自全省68所高校图书馆的领导和有关人员160余人参加。会议由陕西高校图工委主办，西北农林科技大学图书馆承办。

5月30日　陕西省委高教工委委员、组织部长陈平社到西安外国语大学图书馆视察。

5月　西安交通大学图书馆向城市学院图书馆捐赠中文图书157,385册。

5月　杨家荣任西北农林科技大学图书馆馆长。

5月　西安文理学院图书馆新增阅览桌、椅，增加座位500余席。

5月　陕西铁路工程职业技术学院高新校区图书馆正式运行。

5月　渭南师范学院图书馆举办以"学习十八大·畅想中国梦·营造新氛围"为主题的征文活动，共收到征文43份，并以展板形式展出。

5月　渭南师范学院图书馆举办首届读者服务综合知识竞赛活动。

5月　渭南师范学院图书馆与富平县图书馆合作协议书签订及赠书仪式在富平县图书馆举行。渭南师范学院图书馆向富平县图书馆赠书1221册，价值29,496元。

6月2日　延安大学图书馆接收中国科学院国家科学图书馆赠书共73箱、2573册。

6月5日　西北农林科技大学图书馆联合杨凌示范区公安消防支队举行大型消防安全演练活动。

6月5日　长安大学图书馆召开"服务器存储虚拟化方案论证会"。

6月7日　由陕西省高校图工委与省图书馆学会、省社科信息学会联合举办的陕西省图书情报界2013年第2期主题学术沙龙在咸阳师范学院图书馆举行，主题为"现代大学图书馆制度设计"。

6月8日　西北大学图书馆获赠《陕西第三次全国文物普查丛书》。本丛书以市为单位分卷，各县（区）单独成册，共11卷107册，1200余万字。

6月8日　西安铁路职业技术学院图书馆首次开展毕业生向母校捐赠图书活动。

6月9日　"陕西省高校图书馆'同方杯'第三届羽毛球比赛（B组）"在西安电力高等专科学校举行。全省高职高专、独立学院和民办院校图书馆共14个单位参赛。

6月13日　由陕西省社会科学信息学会、陕西省图书馆学会、陕西省科技情报学会主办，西安航空学院图书馆承办的2013年陕西省图书情报界中青年骨干馆员高级研修班在沣惠校区图书馆举行。

6月17日　"2013中国高校图书馆发展论坛暨中国图书馆学会高校分会换届大会"在长春召开。西安交通大学图书馆邵晶、西北工业大学图书馆李铁虎、西北农林科技大学图书馆颜玉怀、西安电子科技大学图书馆黄小强、陕西师范大学图书馆傅绍良当选三届委员会委员。

6月25日 长安大学图书馆党总支在渭水校区召开党的群众路线教育实践活动调研工作座谈会。

6月25日 延安大学图书馆直属党支部组织党员赴甘泉参观，开展"弘扬长征精神，坚定理想信念"主题活动。

6月27日 外交部考录宣讲团向西安外国语大学图书馆赠书。

6月28日 西北工业大学图书馆分别在长安校区和友谊校区举办"长安校区图书馆馆藏布局方案征求意见座谈会"，各学院领导、师生代表及图书馆相关人员共80多人参加。

6月28日 西安欧亚学院庆祝中国共产党建党92周年暨表彰大会召开，图书馆支部获学院先进党支部称号。

6月29日 陕西学前师范学院图书馆学前教育图书借阅室和休闲阅览区正式对读者开放。

6月 陕西高校图工委与陕西省社科信息学会联合主办的"我的图情中国梦"主题征文活动于本月启动。

6月 西北政法大学图书馆王爱霞同志申报的"数字信息资源长期保存机制及法律保障研究"获2013年国家社科基金项目立项。

6月 安康学院图书馆与陕南民间文化研究中心、安康市方志办、汉滨区档案史志局共建安康方志馆。

6月 陕西国际商贸学院图书馆编制《图书馆2013版管理制度汇编》。

6月 西安财经学院行知学院图书馆完成电子阅览室建设，拥有计算机240台。

7月1日 西北工业大学图书馆正式启用《中国图书馆分类法》第五版。

7月1日 徐小平先生向西安欧亚学院图书馆捐赠英文原版小说18册及中文小说3册。

7月2日 西安电子科技大学召开第七届图书馆工作委员会工作会议。

7月3日 "高校科技查新工作研讨会"在浙江宁波召开。会上，教育部科技发展中心对84所高校教育部科技查新工作站中的15个先进集体和50个先进个人进行了表彰，西安交通大学科技查新工作站荣获先进集体。

7月4日 2013年陕西省职教院校图书馆馆长年会由商洛职业技术学院图书馆承办召开，全省20所高职高专院校图书馆馆长参加会议。

7月8日 由中山大学图书馆主办、西藏民族学院图书馆承办的"图书馆职业道德与资源采购规范"研讨会在西藏民族学院召开。

7月11日 西北大学图书馆获赠《四部文明》丛书（200册）。副校长李浩代表西北大学接受了捐赠，图书馆书记雷震向执行编委傅光颁发了图书珍藏证。

7月12日　西北农林科技大学图书馆召开党的群众路线教育实践活动动员大会。

7月12日　西安欧亚学院图书馆氛围营造项目"图书馆小展厅"完工。

7月31日　两场暴风雨导致西安铁路职业技术学院图书馆部分馆舍受到损坏，受水面积1000余平方米，办公桌椅、文献资料等均受到不同程度浸泡。

7月　　　陕西科技大学图书馆对二楼露台进行了装修改造，新建的休闲阅读花园面积约700平方米，可容纳260余人学习、阅读。

7月　　　西安美术学院图书馆博硕论文提交系统正式使用，首批提交论文454篇。

7月　　　西安文理学院图书馆第一次实施暑期开放接待读者。

8月7日　徐冬冬先生向西北大学图书馆赠送《徐冬冬画集》（2册）。

8月20日　西北工业大学图书馆完成西馆阅览室搬迁调整工作。其中26万册书刊搬迁到长安校区图书馆，15万册书刊搬迁到西馆书库。

8月23日　西安翻译学院图书馆对全体馆员进行"图书馆评建知识和应注意的问题"的评估前培训。

8月23日　西北农林科技大学图书馆开展"为了谁、依靠谁、我是谁"强化群众观念大讨论专题活动。

8月26日　西北农林科技大学图书馆以务虚会的形式开展了"图书馆精神"讨论活动，本活动为深入开展群众路线教育实践活动的自选动作之一。

8月26日　四川大学图书馆王兴伦副馆长一行13人到西北工业大学图书馆调研座谈。

8月30日　西藏民族学院图书馆召开大会，开展"为了谁，依靠谁，我是谁"的大讨论活动。

8月30日　中国纺织工业联合会副秘书长孙淮滨一行到陕西服装工程学院图书馆参观、考察。

8月　　　西北农林科技大学图书馆利用暑假对北馆馆舍进行修缮。

8月　　　商洛学院图书馆升级图书馆管理系统。

8月　　　杨凌职业技术学院完成北校区图书馆改造工作。

9月1日　西安外国语大学雁塔校区图书馆新增的2个图书期刊借阅室正式开放。

9月1日　西藏民族学院图书馆启动新生入馆教育工作。学科馆员深入各二级学院，为13个院系的2640名新生开展"新生入馆培训讲座"。

9月2日　原国家工商管理局党组书记杨培青女士、中国世界民族文化交流促进会会长马小玫女士参观西安培华学院图书馆。

9月2日　叶春峰任西安交通大学城市学院图书馆馆长兼档案馆馆长。

9月3日　原杨凌示范区政法委副书记葛彦向西北农林科技大学图书馆捐赠了其著作《读史留吟》和《赏戏留吟》共计22册。

9月3日　陕西师范大学长安校区图书馆文学书库自助借还系统正式开通运行。

9月3日　陕西师范大学图书馆召开党的群众路线教育实践活动动员会暨处级干部作风情况评议测评大会。

9月3日　西北工业大学图书馆党总支分别组织召开了"中层干部及党支部书记座谈会""教代会代表、部门工会委员及办公室人员座谈会""副高级以上职称人员、业务骨干级党支部委员座谈会""青年职工代表座谈会"，征询和听取职工对图书馆领导班子及成员在工作作风方面的意见和建议。

9月4日　陕西省教育厅厅长李兴旺一行4人参观延安大学图书馆中共党史资料中心。

9月5日　西安翻译学院图书馆新版主页开通使用。

9月6日　西安科技大学图书馆完成本校教工、校友学术著作的呈交布展工作，开始在临潼校区图书馆二层大厅展柜对外展示。

9月9日　西北工业大学图书馆召开了党的群众路线教育实践活动领导班子及领导干部民主评议会。

9月10日　惠爱瑙任西安理工大学图书馆副馆长。

9月12日　陕西高校图书馆与基层公共图书馆结对帮扶经验交流会在长安大学校本部图书馆召开，省高校图工委、省图书馆学会、西安交通大学、西北工业大学、西北农林科技大学、西安电子科技大学、陕西师范大学等省内高校结对帮扶图书馆领导以及北京蔚蓝公益基金会代表参加了会议。

9月13日　延安大学图书馆门禁系统、汇文管理系统、电子阅览室管理系统等与校园一卡通成功对接。原图书馆借阅证同时废止。

9月16日　受国家电网公司委托，国网陕西省电力公司何晓英副总经理一行6人到访西安交通大学图书馆并向图书馆捐赠《中国电力与能源》（中文版与英文版）图书10套。

9月19日　西北农林科技大学图书馆举办职工趣味运动会，共有百余人参加。

9月22日　西北工业大学图书馆李铁虎馆长赴哈尔滨工业大学参加第十五次全国工科院校图书馆馆长年会。会上，李铁虎馆长做了《服务型机构知识库的探索与实践》的报告。全国18所工科高校图书馆的29位馆长及书记出席此次会议。

9月24日　由陕西高校图工委、西北工业大学图书馆与万方数据股份有限公司联合举办的"2013年陕西地区数图新服务应用研讨班"在西北工业大学召开，来自陕西地区近50所大专院校、科研院所图书馆的278名代表参加。

9月25日　陕西省委常委、延安市委书记姚引良，陕西省属高校党的群众路线教育实践活动第三督导组全体成员在延安大学党委书记王亚杰、校长崔智林等人的陪同下，参观了图书馆党史资料中心和教育部人文社科研究基地。

9月25日　徐长玉任延安大学图书馆馆长，贾翠玲、刘百宁、宋佃锋任副馆长。

9月25日　西安欧亚学院图书馆举办"2013年外文原版新书展"。

9月26日　西安翻译学院图书馆学生管理委员会换届暨"我与图书馆征文活动"颁奖仪式举行。

9月27日　长安大学图书馆在校本部举行图书捐赠仪式。人民交通出版社向长安大学图书馆捐赠图书4990册，价值20余万元。

9月29日　延安大学图书馆原馆长牛振华遗孀遵照老馆长生前愿望，把自己毕生购买和写作的书籍悉数捐赠于图书馆，共507种、697册，其中不乏有历史价值的珍藏文献。

9月　西安建筑科技大学图书馆草堂校区二分馆正式开馆。

9月　西安美术学院图书馆修订、完善各项管理制度及各部室职责范围20余项。

9月　安康学院图书馆获得陕西省"巾帼文明岗"荣誉称号。

9月　殷长庆任榆林学院图书馆馆长，李绥安任图书馆党总支书记，刘满平任图书馆副馆长。

9月　西安科技商贸职业学院图书馆为学院首开信息检索课。

9月　杨凌职业技术学院图书馆举办首届电子资源宣传周活动，主题为"拥抱e读时代——体验、发现、创新"。

10月8日　陕西学前师范学院图书馆举办全馆职工基本技能考核。

10月9日　"2013年陕西高校图书馆新入职人员培训会"在长安大学举行，来自省内25所高校图书馆的72名新员工参加。

10月9日　延安大学胡俊生副校长主持召开图书馆科级以上干部、副高以上专业技术人员大会，组织部副部长拓宏伟宣读了学校的任免文件。即日起，图书馆新的领导班子开始履任。

10月10日　西安工程大学图书馆常务副馆长张大为一行到西安科技大学图书馆参

观交流。

10月10日　延安大学图书馆新一届领导班子召开馆长办公会，研究部署加强新一届图书馆领导班子自身建设问题及图书馆近期工作安排事项。副馆长贾翠玲、刘百宁、宋佃锋，调研员王思哲参加了会议。

10月10日　西安铁路职业技术学院图书馆电子阅览室更新改造项目通过验收。

10月12日　西藏民族学院图书馆孔繁秀馆长赴西藏大学参加西藏自治区高等学校图书情报工作指导委员会年会，并做《图书馆的建设与发展》专题报告。

10月15日　陕西高校图工委召集2013～2015年内有意向购买CNKI九个特色资源数据库产品的单位在西安工程大学金花校区图书馆与同方知网公司进行联合采购谈判。

10月15日　西安电子科技大学图书馆完成南北校区馆舍修缮改造工程。

10月15日　西北大学图书馆为丝绸之路跨国申报世界文化遗产提供资料佐证。

10月15日　西安邮电大学长安校区东区图书馆正式开放。

10月15日　西安航空学院图书馆启动"图书馆服务宣传月"活动，主题为"图书伴我行，阅读益青春"。

10月16日　陕西学前师范学院图书馆召开2013年度学生志愿者表彰大会。

10月16日　咸阳职业技术学院仪祉图书馆面向2013级新生举办图书馆资源利用培训讲座。

10月20日　西安电子科技大学图书馆举行优质服务月活动启动仪式。

10月21日　韩国驻西安领事馆全哉垣总领事一行到西安翻译学院图书馆参观访问。

10月22日　陕西省委党的群众路线教育实践活动督导组到西北大学长安校区图书馆视察，提出了在古籍室安装红外线报警系统的意见和建议。

10月23日　西北工业大学图书馆在长安校区召开志愿者服务组织成立大会。

10月23日　西安科技大学图书馆在临潼校区召开消防安全知识培训大会。

10月23日　西藏民族学院图书馆特邀陕西省消防中心张春光老师到馆举行消防知识专题讲座，图书馆全体职工参加。

10月23日　西安培华学院图书馆召开第三届学生管理委员会纳新大会。

10月24日　长安大学图书馆携手北京蔚蓝公益基金会，为宝鸡市眉县图书馆捐赠价值10万元的图书。

10月24日　西安科技大学图书馆第六届大学生网络检索知识竞赛决赛在临潼校区举行。

10月25日　西北工业大学图书馆新版主页正式上线。

10月25日　延安大学图书馆徐长玉馆长主编的《延安大学图书馆通讯》第一期出刊。

10月25日　西藏民族学院高学副院长到图书馆指导工作，围绕图书馆建设与发展的主题，与图书馆领导、部主任和学科馆员团队举行座谈会。

10月25日　西安欧亚学院图书馆三楼光影映画间正式启用。

10月25日　西安欧亚学院图书馆将四楼自修区设为考研专区，供考生申请试用。

10月27日　西北农林科技大学校友书画家、诗人叶浓先生向图书馆赠送《叶浓诗文选》《叶浓书画选》等，共计13种、111册。

10月28日　西安工业大学图书馆大厅安装电子显示屏，主要用于新书推荐、文明及安全宣传语。

10月28日　延安大学图书馆由徐长玉馆长、刘百宁副馆长、宋佃锋副馆长组成调研组，先后前往西安交通大学图书馆、西安理工大学图书馆、西安工程大学图书馆、西北大学图书馆、陕西师范大学图书馆和陕西省图书馆进行考察调研。

10月29日　西北工业大学图书馆李铁虎馆长、刘秋让副馆长和信息咨询部师俏梅主任、田苍林研究馆员等赴西安科技大市场，与西安科技大市场张伟国主任和黄海东副主任会谈，双方共同商讨了西北工业大学图书馆科技查新服务进驻西安科技大市场、开设服务窗口、服务高新技术企事业等相关事宜，双方议定共同打造科技信息资源共享及服务平台。

10月29日　长安大学图书馆有关领导和建筑学院有关人员参加由山东建筑大学举办的"全国建筑院校情报网第二十五届年会"，长安大学图书馆当选为"全国建筑院校情报网"副网长单位。

10月30日　复旦大学特聘教授、图书馆馆长、教育部社会科学委员会委员、学风建设委员会副主任葛剑雄到西北农林科技大学图书馆参观。

10月30日　西安电子科技大学图书馆在南校区举行消防和应急疏散演练。

10月31日　西藏民族学院图书馆举办图书馆临时工岗位综合培训，内容涉及图书馆基本概况、图书馆资源、读者服务、图书馆人的职业道德素养及文明礼仪等方面。

10月31日　咸阳职业技术学院曹建平副院长到该院仪祉图书馆调研指导工作。

10月　　西安建筑科技大学图书馆开展"你选书，我购书"活动，组织学校一线教师代表前往新华书店现场选书。

10月　　西安建筑科技大学图书馆草堂分馆举办"方便学生，服务读者"书展活动。

10月　　陕西科技大学图书馆完成与校园一卡通的对接。

10月　　西安工业大学图书馆利用现有空间与设备，专门为考研读者建立了阅览室。

10月	杨凌职业技术学院图书馆建设专门的艺术教育门类图书阅览区及艺术鉴赏多媒体室。
11月2日	西安培华学院图书馆召开评估工作动员会并进行评估应知应会知识专题培训。
11月4日	西安交通大学图书馆邵晶副馆长一行参加在台湾成功大学图书馆举办的第37届台湾Innovative使用者联盟会议。
11月4日	西北农林科技大学图书馆杨家荣馆长等一行5人到结对帮扶的神木县图书馆进行业务交流和研讨。
11月5日	西北工业大学图书馆科技查新站正式入驻西安科技大市场。
11月5日	"卓越联盟"高校图书馆馆长年会在西北工业大学图书馆召开。北京理工大学、重庆大学、大连理工大学、东南大学、哈尔滨工业大学、华南理工大学、天津大学、同济大学、西北工业大学、湖南大学等卓越联盟高校的图书馆馆长、书记等共20余人出席了会议。
11月5日	西安工业大学图书馆开展网上荐购服务。
11月5日	延安大学图书馆举行向延安市公安局宝塔分局拘留所捐赠图书仪式。
11月5日	西安交通大学城市学院图书馆叶春峰馆长为全馆做《参观美国大学图书馆的见闻与思考》的讲座。
11月7日	长安大学图书馆特邀消防宣教中心老师在渭水校区举办消防安全常识讲座。
11月7日	西北大学图书馆在长安校区举行"馆长面对面"交流会活动，现场就资源建设、文化建设、设施管理、延长开放时间、乱架等问题进行答复。
11月7日	西安铁路职业技术学院图书馆在各楼层添置沙发和绿色植物，美化环境。
11月8日	延安大学图书馆实行《图书馆进一步改进服务方便读者八项举措》《图书馆领导带班巡查制度》，并修改制定新的《图书馆考勤制度》。
11月9日	西北大学图书馆向学校"211工程"建设领导小组汇报图书文献保障体系建设进展情况。
11月10日	西安培华学院图书馆新增服务器、存储阵列各一台，总容量达53TB。
11月12日	西安电子科技大学在南校区图书馆举办吴强先生艺术作品展。
11月12日	陕西省教育厅公共艺术教育评估专家组到陕西学前师范学院图书馆考察。
11月13日	西安市防火中心到西安外国语大学图书馆做消防知识培训。
11月14日	"陕西省图书馆员参考咨询典型案例展示交流会"在西安工程大学图

书馆举办，共有52家图书馆的164名馆员报名参加。由专家初评选出的36个案例参与了现场展示和评比。

11月15日　西北农林科技大学图书馆特邀西安市社会安全防火技术服务中心做题为《让每一个人都是消防志愿者》的讲座，70余名职工参加。

11月15日　西北大学图书馆获赠《中华再造善本（续编）》230种，共计551种。

11月15日　西北大学图书馆送展9部珍贵古籍，参与"第一批陕西省珍贵古籍成果展"活动。

11月15日　西安翻译学院图书馆承办陕西省图书馆学会首届会员日，70多位图书馆界同行参观考察图书馆。

11月16日　由延安大学图书馆和科研处共同举办的延安新区建设研讨会暨图书馆首场"学术沙龙"在图书馆召开。

11月16日　陕西理工学院图书馆与汉中市图书馆签订合作协议。

11月18日　西藏民族学院图书馆举办题为《SCI数据库在科研中的利用和价值》的专题讲座。

11月19日　"2013年陕西省图书情报界中青年学术年会"在西北大学公共管理学院举行，来自省内50多个单位的150余人参加。会议期间还为"我的图情中国梦"主题征文比赛的获奖作者颁发了证书。

11月19日　西藏民族学院图书馆孔繁秀馆长一行赴中国人民大学图书馆及中国人民大学出版社就对口支援工作的具体事项进行沟通。

11月19日　咸阳职业技术学院图书馆举办"万方数据知识服务平台"培训讲座。

11月21日　西北工业大学图书馆学生志愿者服务队在长安校区举办"图书漂流活动首漂征集仪式"。

11月21日　西安铁路职业技术学院图书馆增加学生读者借阅册数，由原来的4册增加为6册，文学类、计算机类图书的借阅册数不再做限制，即每人一次最多可借阅6册任何类别的书籍。

11月22日　西北大学图书馆引进《中国基本古籍库》。

11月25日　CALIS管理中心发布CALIS三期建设评优结果。西安交通大学图书馆获得联合目录项目建设杰出贡献奖、联合目录项目建设业务培训卓越组织奖、名称规范数据库项目建设杰出贡献奖；西北工业大学图书馆获得联合目录项目建设新锐奖、编目员队伍建设优秀奖、外文期刊网示范馆二等奖；西北农林科技大学图书馆获得外文期刊网示范馆三等奖；西安工程大学图书馆获得外文期刊网示范馆三等奖、虚拟参考咨询示范馆三等奖、馆际互借与文献传递优秀服务馆三等奖；西安建筑科技大学图书馆获得外文期刊网示范馆三等奖。

11月25日　西安医学院图书馆举办"走近、认识、利用图书馆数字化资源"活动暨读者培训周活动。

11月26日　陕西高校图工委信息技术应用研讨会在西北工业大学召开，来自全省50余所高校图书馆的150多人参加。

11月28日　由西北工业大学图书馆和发展规划处共同举办的"西北工业大学2013年数字资源建设座谈会"在友谊校区举行。袁建平副校长，院士、长江学者、杰青及创新团队代表以及学校相关职能部门、各学院领导40余人参加。

11月29日　西北工业大学图书馆李铁虎馆长的"改性沥青及其新型碳材料的工艺理论研究"荣获2013年度陕西省科学技术奖一等奖。

11月29日　延安大学图书馆邀请校文学院副院长马海娟副教授为图书馆做题为《图书馆服务礼仪漫谈》的讲座。

11月　　　陈蓁任西安医学院图书馆馆长。

11月　　　西安美术学院图书馆为临潼校区分馆采购并分编、加工教学急需的音乐、美术图书5500余册。

11月　　　陕西国际商贸学院人事制度改革，现任科级以上干部实行竞聘上岗，图书馆中层管理干部均参加了岗位竞聘演讲。

11月　　　西安科技大学高新学院图书馆新馆正式向读者开放。

12月1日　西安科技大学图书馆正式使用校园一卡通进行图书借还。

12月3日　陕西省政协副主席孙天义向西安外国语大学图书馆赠书。

12月4日　西安理工大学图书馆召开第二十三届学术研讨会。

12月5日　西北农林科技大学党委书记梁桂到图书馆北馆调研。在充分肯定了图书馆近几年服务工作的基础上，指出图书馆要"秉承传统，勇于创新，服务制胜"。

12月5日　延安大学图书馆举办"延安大学教师学术成就展"。

12月6日　以色列教育工作者访华代表团一行11人参观西藏民族学院图书馆。

12月6日　西安培华学院车宝仁教授为图书馆赠送图书。

12月7日　陕西理工学院图书馆主办的"书香之韵——心迎新梦"大型文艺晚会在学校大礼堂演出。

12月8日　CASHL西北区域中心发布"关于表彰'CASHL西北高校文献传递和宣传推广活动（2013）'优秀成员馆和优秀馆员的决定"的通知，西安交通大学图书馆、西北大学图书馆、西安石油大学图书馆荣获优秀

CASHL成员馆。

12月9日　西安培华学院图书馆迎接教育部专家合格评估。

12月11日　西北工业大学图书馆举办新技术新业务交流活动。

12月12日　陕西师范大学图书馆召开"RFID技术与图书馆现代化建设"学术研讨会。

12月12日　西安翻译学院图书馆党支部被评为学院先进党支部。

12月13日　长安大学党委书记杜向民及党办、组织部、公安处等部门一行4人莅临图书馆调研，赵建有馆长汇报了图书馆在文献资源建设、改善馆舍条件、提升空间文化、改变服务模式和提高服务能力等方面存在的问题及解决思路。

12月13日　延安大学图书馆工会进行换届选举。

12月15日　西安电子科技大学在南校区图书馆举办"陕西影友摄影作品联展"。

12月16日　教育部本科教学合格评估工作专家组考察西安翻译学院图书馆。

12月17日　西北工业大学图书馆在西安科技大市场举办科技查新专题培训活动，师俏梅做了题为《科技查新服务助力高新企业》的专题报告。

12月18日　西北农林科技大学图书馆杨家荣馆长一行5人到西北工业大学图书馆进行考察调研，双方就图书馆机构设置、岗位设置及聘任、人才队伍建设等议题进行深入交流与探讨。

12月19日　"陕西省高职高专院校图书馆馆长研修班"在西安铁路职业技术学院举行。来自全省图书馆界的专家学者、高职高专院校图书馆馆长及业务骨干近60人参加会议。

12月20日　陕西高校图工委下发《关于为在馆工作满三十年老同志颁发荣誉证书的通知》。

12月20日　延安大学图书馆举行冬季消防知识培训，图书馆全体工作人员、物业公司全体人员参加了培训。

12月24日　西北农林科技大学图书馆邀请北京大学信息管理系系主任王余光教授为本馆职工做题为《图书馆与阅读推广》的报告。

12月24日　陕西本土作家、高级检察官赵新贵先生向西藏民族学院图书馆捐赠一批图书，共174册，价值3万多元。

12月26日　西藏民族学院图书馆举办2013年学术交流会议，学院党委常委、副院长高学、科研处副处长周爱玲以及图书馆全体职工参加。

12月26日　西北大学现代学院图书馆馆藏纸质图书达到832,116册，学院举办了"第83万册图书上架仪式暨高校图书馆文献资源建设研讨会"。

12月27日 西北工业大学图书馆与中共陕西省委对外宣传办公室签订《关于外宣出版物宣传推广的合作协议》。

12月28日 陕西服装工程学院图书馆张晓萨获全国纺织系统先进个人。

12月29日 西北农林科技大学图书馆举行2013年"图书馆读者排行榜颁奖仪式"。本次活动由图书馆和校团委共同举办。

12月 中国科学院国家科学图书馆再次向延安大学图书馆捐赠图书，本次捐赠图书2097册，价值10.59余万元。

12月 全国美术院校图书馆工作委员会筹备出版《美图历程》，西安美术学院图书馆组织撰写稿件5篇，从不同角度反映图书馆65年的发展历程。

12月 咸阳师范学院图书馆邀请陕西省委讲师团成员、陕西师范大学硕士研究生导师、原图书馆书记、副馆长马晓雄教授为职工做题为《大学生学习方式转变与职业尊严塑造》的专题报告。

12月 西安交通大学城市学院图书馆接收美国亚基会等机构赠送的外文原版图书401册。

12月 西北大学现代学院图书馆教师和学生借书册数从10册增至12册。

12月 陕西科技大学图书馆举办以"走近读者 用心服务"为主题的"读者服务月"系列活动。

12月 陕西电力高等专科学校图书馆对原有规章制度进行修订和完善。

2014年

1月2日 西北工业大学图书馆西馆书库经过整改对外开放。

1月3日 西北农林科技大学图书馆召开第二届教职工代表大会第三次会议暨馆领导班子民主测评大会。

1月3日 西安培华学院老校友王耀乾先生向母校捐赠《金秋》杂志一套。

1月 西安建筑科技大学图书馆微信平台正式开通。

1月 安康学院图书馆开通移动图书馆。

2月21日 陕西高校图工委下发《关于填报高校图书馆统计数据等有关事项的通知》。

3月1日 西安科技商贸职业学院图书馆设立"户县农民画鉴赏室"，悬挂优秀画作60余幅供读者参观欣赏。每周三下午农民画青年画家白瑞雪老师在此教授学生作画。

3月3日 西北农林科技大学图书馆将北馆线装书书库的书柜更换为樟木书柜（49个）。同时配置了2个樟木保密柜，以存放珍贵古籍。

3月5日　教育部图工委在南方科技大学召开《普通高等学校图书馆规程》修订会议。西北大学图书馆雷震委员作为规程修订工作组成员参加了会议。

3月5日　西安工程大学图书馆联合学校科技处举办主题为"沟通·协作·创新"的座谈会，探讨图书馆、科技处在资源保障与科技服务方式上的变化和发展思路。学校各学院科研秘书、教师代表共20多人参加座谈。

3月6日　长安大学渭水校区图书馆邀请到馆读者、大学生社团代表和馆内工作人员开展学雷锋交流活动。

3月6日　陕西理工学院图书馆与汉中市文广新局就陕西理工学院图书馆面向社会开放的有关事宜达成框架协议。

3月7日　西北工业大学图书馆工会特为每位女职工赠送鲜花并附贺卡，表示节日的祝福。

3月10日　西北工业大学图书馆和国际合作处邀请美国中央华盛顿大学图书馆技术服务总负责人、校友傅平副教授做《美国图书馆建设及发展现状》的学术讲座。

3月10日　西北大学图书馆召开党的群众路线教育实践活动总结会。

3月10日　西安理工大学图书馆开通移动阅读服务。

3月10日　陕西理工学院图书馆改造后的古籍书库投入使用。"汉中地方文献书库"建成并开放。

3月10日　西安培华学院图书馆举办以"开卷阅经典 挥笔抒情怀——我与图书馆"主题征文活动。

3月11日　西安美术学院图书馆张凌馆长的版画作品《献给母亲的歌》受邀参加在北京举办的"中国女美术家提名邀请展"。

3月12日　西安工程大学图书馆召开学生座谈会，征求本科生对图书馆资源与服务需求，座谈会还邀请了西安科技大学学生代表参加。

3月13日　西北工业大学图书馆召开党政领导班子专题会议，总结图书馆教育实践活动前期工作，部署安排下一阶段相关工作。此外，领导班子还对图书馆党风廉政建设责任书相关内容和条款进行了集中讨论和修订。

3月13日　西藏民族学院图书馆召开档案工作专题会议，主要讨论了设备方案、档案馆搬迁事项以及2013年度档案收集工作中存在的问题。

3月14日　CALIS西北地区中心在西安交通大学举行"西北地区CALIS示范馆先进表彰会"，来自西北五省区18所高等院校图书馆的40余名代表参加了会议。

3月14日　陕西省教育厅专家组一行对西安思源学院2013年度工作进行检查评

审，期间考察了图书馆。

3月18日　西北工业大学图书馆召开群众路线教育实践活动总结评议会。

3月18日　陕西省群众艺术馆向西安科技商贸职业学院图书馆赠送《陕西省非物质遗产名录图典》等价值1万余元40多册精美图书。

3月19日　陕西省教育厅厅长李兴旺、高等教育处处长范永斌、民办教育处处长权秋虎一行到西安欧亚学院图书馆参观。

3月20日　西藏民族学院党委副书记、院长洛松德青深入图书馆检查指导工作，并就改善阅览环境、提高资源利用率等提出要求。

3月20日　西安翻译学院图书馆开通图书馆资源校外访问。

3月20日　陕西省教育厅专家组一行5人到陕西服装工程学院开展2013年度年检工作，期间检查图书馆相关工作。

3月20日　高等教育出版社向延安大学图书馆捐赠图书1.2万册，价值30万元。

3月21日　延安大学图书馆邀请教育科学院毛海东副教授为全体馆员做题为《对话我们的心灵——高校图书馆工作人员心理健康问题及调适》的报告。

3月21日　国家教育行政学院第45期高校领导进修班一行20人到西安欧亚学院图书馆参观。

3月24日　西安电子科技大学图书馆首次开展业绩津贴评定工作。

3月25日　美国"中美校长跟班互学项目"美方代表团一行8人到访陕西学前师范学院，期间参观图书馆古籍阅览室。

3月25日　西安培华学院图书馆面向全校师生举办"走进数字资源，助力教学科研"主题宣传活动。

3月27日　西安培华学院日籍外教藤田阳三先生向图书馆捐赠日语图书。

3月31日　陕西高校图工委2014年第一次常委会在西安交通大学图书馆召开。会议讨论通过了2014年图工委工作计划，商议并确定了部分活动的承办单位。

3月31日　西安航空学院图书馆面向全校教师开展"代查代检"服务。

3月　　　西安科技大学图书馆完成近十万册中小型分类法图书的搬迁工作。

3月　　　西安美术学院图书馆成立信息咨询部。

4月3日　华南师范大学经济与管理学院信息管理系教授、管理学博士束漫应邀到延安大学图书馆做题为《服务创新 丰富人生——图书馆人的职业期待》的学术报告。

4月3日　陕西服装工程学院图书馆读书月活动启动。

4月8日　西北工业大学图书馆召开党风廉政建设专题学习会暨党支部书记学习

交流扩大会议，图书馆党政领导、总支委员及各部室主任参加会议。

4月8日 西安交通大学城市学院图书馆叶春峰馆长给全馆做《图书情报学论文写作与投稿指南》的讲座。

4月9日 陕西科技大学图书馆邀请西北大学杨玉麟教授做题为《高校图书馆员职业理念与素养》的讲座。

4月9日 西安航空学院2014年图书馆工作委员会会议召开，由陈万强院长主持，各位委员、教师及学生代表参加了会议。

4月10日 张伟峰任宝鸡文理学院图书馆馆长。

4月10日 全国政协副主席、民盟中央常务副主席陈晓光一行到西安欧亚学院图书馆参观，陕西省政协副主席李冬玉、省政协副秘书长马多平、省政府学位委员会秘书长袁宁、省委统战部副巡视员候社教、民盟陕西省委员会专职副主委车建营、陕西省教育厅学生处副处长唐澍陪同。

4月15日 西北工业大学图书馆启动主题为"让阅读成为习惯 让书香浸润校园"的世界读书日系列活动。

4月15日 西安电子科技大学图书馆启动"放下手机，每天阅读一小时"全民阅读推广文化月活动。

4月15日 西北大学图书馆分会在校田径运动会比赛中获得团体总分第一名。

4月15日 陕西科技大学图书馆举行"你我共携手，扮靓图书馆"书签设计大赛。

4月15日 陕西学前师范学院图书馆组织学院15个系的学生代表前往汉唐书城进行图书现场采购活动。本次活动是迎接第十九个"世界读书日"主题活动之一。

4月16日 西安电子科技大学图书馆举行党日活动，在南校区图书馆栽培绿植。

4月16日 甘肃省高校图工委五位同志到西北大学长安校区图书馆参观交流。

4月16日 西安航空学院"学术发现系统"开通暨"书香航苑"第六届读书节启动仪式在图书馆举行，院长陈万强、各院系师生代表200余人出席。

4月16日 陕西省群众艺术馆、美国建高集团以及何金铭老先生向西安欧亚学院图书馆捐赠图书，共计83种、134册。

4月17日 西安铁路职业技术学院图书馆启动2014读书月活动，主题为"阅读，请到图书馆"。

4月18日 泰国乌隆他尼皇家师范大学一行18人到陕西理工学院图书馆考察交流。

4月18日 王远库任宝鸡文理学院图书馆副馆长。

4月18日 西藏民族学院图书馆召开党的群众路线总结大会。

4月20日 西安电子科技大学图书馆邀请马大勇主讲《书香人生：书要怎么读——

以三国、水浒、金庸小说为例》。

4月21日　西北工业大学图书馆与中国图书进出口西安公司、中国科技资料进出口总公司共同举办的"2014年国外原版图书展"分别在友谊校区和长安校区进行。

4月21日　西安航空学院图书馆开通微信平台。

4月22日　宝鸡文理学院图书馆决定周六、周日流通阅览服务正常开放，流通借阅册数由原来的5本提升至10本。

4月22日　西安理工大学图书馆联合校党委宣传部、校团委在曲江校区举办"悦读：传统文化与现代时尚"读书月系列活动启动仪式，副校长罗兴锜出席并讲话。启动仪式结束后，国家一级编剧孙毅安教授为师生做《生命之必须——读书》的主题报告。

4月22日　西藏民族学院图书馆举行2014年西藏民族学院文献资源与服务宣传月启动暨学者文库捐赠仪式，学校党委书记、副院长刘洪顺，学校党委常委、副院长高学，团委、学工处、各二级学院等部门的领导以及师生代表160余人参加。刘书记与副院长高学一同为西藏民族学院学者文库揭牌。

4月23日　西北农林科技大学图书馆启动为期4个月的"2014全民阅读系列活动"。包括：青少年中华经典诗文朗诵微视频大赛、MyET英语口语比赛、"寻找最美书房"图文征集活动、"宏风导俗，修身齐家"家训金言征集活动、优秀书目推荐活动、"我与图书馆"微电影、"PowerPoint"制作竞赛等活动。

4月23日　长安大学图书馆举行2014"读者服务年"暨"书香校园，传递爱心"活动启动仪式。

4月23日　西北大学图书馆学生管理委员会成立暨 2014年校园读书月活动启动仪式在长安校区图书馆举行。

4月23日　西安工程大学图书馆在临潼和金花两校区同步举办"在移动中阅读·在行走中感悟——移动图书馆开通及体验活动"，近千名师生现场咨询，回收调查问卷600余份。

4月23日　赵晓光任西安科技大学图书馆馆长，冯永财、张治红任副馆长。

4月23日　陕西理工学院图书馆第二届"书香飘理工"活动启动。

4月23日　陕西学前师范学院图书馆举办以"读书·梦想"为主题的学生读者座谈会，共有120多位学生参加。

4月23日　西安欧亚学院图书馆举办"超期图书归还免责"活动。

4月23日　西安翻译学院图书馆举行2014年"4·23世界读书日"系列活动启动仪式，将举办"书友会"、现场知识竞赛、话剧表演及有奖读书征文等活动，推进"立体阅读"。

4月23日　西京学院图书馆举办"西京学院第一届读书月活动"。

4月23日　西安培华学院图书馆举行以"书韵飘香 悦读人生"为主题的世界读书日系列活动。

4月23日　西安航空职业技术学院图书馆举办"方寸世界蕴书情"汉语言文字功底大赛。

4月23日　陕西国防工业职业技术学院图书馆启动第五届读书月系列活动。

4月24日　"2014年陕西省高等学校图书情报工作会议"在西安浐灞召开，来自全省73所高校图书馆的馆领导和有关人员110余人参加。

4月24日　西安翻译学院图书馆更换东西区双通道图书监测仪6台。

4月25日　西北工业大学图书馆支部委员会召开换届选举大会。

4月27日　西北农林科技大学图书馆、校学生会主办，图书馆学生管理委员会承办的第七届"4·23世界读书日系列活动"之"2014读者排行榜颁奖仪式暨爱书·修书大赛"举办。

4月28日　安康学院举行江北图书馆开工现场会。

4月29日　西北工业大学图书馆开通微信公众平台服务。

4月29日　西安工程大学召开庆"五一"创先争优建功立业活动先进集体、先进个人颁奖暨先进事迹交流会，图书馆信息咨询部获得先进集体。

4月30日　西安科技大学图书馆在临潼校区召开2014年治安综合治理工作大会。

4月30日　陕西省委高教工委群众路线教育实践活动第二督导组到陕西服装工程学院检查督导工作，期间检查图书馆党支部相关工作。

4月　　　西安建筑科技大学图书馆进行部室调整和新一轮岗位聘任工作。

4月　　　西安建筑科技大学图书馆、校团委、创新办、南山书院、子午书院联合举办2014年读书月系列活动。

4月　　　西安科技大学图书馆网站新增本校博硕士学位论文检索功能，同时开通了超星移动电子图书下载阅览服务。

4月　　　西安科技大学图书馆开展"你选书、我买单"读者选书活动。

4月　　　西安工程大学图书馆对商务印书馆影印文津阁本《四库全书》经过分类编目和深度标引，全部1500册已入藏临潼校区图书馆《四库全书》特藏室。

4月　　　西北政法大学图书馆全馆实行4时段指纹打卡考勤制度。考勤记录与年终考核、奖励、评选先进相结合。

4月　西安医学院图书馆过渡书库正式投入使用。

4月　榆林学院图书馆举办第五届"一路书香"系列活动。

4月　商洛学院图书馆实行第二次全员聘任。

4月　西藏民族学院图书馆向改则县察布乡小学图书室捐赠图书落实到位。此次捐赠携手陕西万邦图书城有限公司和陕西新经典发行有限公司，共捐赠价值7万元的图书2985册。

4月　陕西铁路工程职业技术学院图书馆举办"第七届读书周"活动。

4月　党大恩任渭南师范学院图书馆馆长兼二总支书记，李纪民为图书馆副馆长（正处级），赵怀忠、袁红梅为副馆长。

4月　杨凌职业技术学院图书馆开展"世界读书日"活动，推荐并组织采购"2013年度好书"。

4月　西安航空职业技术学院召开图书馆工作委员会三届一次会议，更新了委员，确定了下一阶段图书馆工作目标。

4月　西安电力高等专科学校图书馆举办了主题为"阅读点亮人生 学习成就梦想"的第六届读书月宣传活动。

5月4日　西北农林科技大学图书馆北馆多功能厅面向读者开放。该区域面积800余平方米，包括电子阅览区、WiFi体验区、多媒体研讨室、微电影编辑室和新产品发布区等五个功能空间，可同时为200名左右学生提供服务。

5月5日　宝鸡文理学院图书馆成立第一个学生组织"读者协会"。

5月5日　西安欧亚学院图书馆举办第五届文化节，本届主题为"阅读影响生活"。

5月9日　延安大学图书馆举行向延安市公安局宝塔分局拘留所捐赠图书仪式。本次共捐赠图书982册、报纸3569份、杂志1056本。

5月9日　西藏民族学院图书馆组织开展馆藏书籍搜寻比赛活动，20名学生参加比赛。

5月10日　全国主流媒体高校行记者团一行9人到陕西服装工程学院采访交流，参观、考察了图书馆。

5月12日　西安工业大学图书馆与校工会、校医院联合举办"图书馆医疗保健图书推介"活动。

5月12日　原中共中央政治局常委、国务院副总理李岚清同志篆刻书法素描艺术作品在延安大学图书馆展出。

5月15日　西安交通大学图书馆PBL Space建设方案研讨会在雁塔校区图书馆召

开。闫剑群副校长及医学部、附属一院、附属二院、口腔医院共计30余人参加会议。

5月15日 西北大学图书馆学生管理委员会举行"书评大赛"颁奖仪式。

5月15日 西藏民族学院图书馆邀请西安电子科技大学图书馆副馆长黄小强座谈交流，围绕图书馆正在筹备的"教育部科技查新站建设"及"特色数据库建设"展开。座谈会结束后，黄小强为学院师生做题为《网络数字资源助您成长与成才——网络科技信息资源检索与利用》的报告。

5月16日 西北大学图书馆党支部组织党员和入党积极分子参观侯伯宇先进事迹展览馆。

5月16日 西藏民族学院图书馆在藏学文献中心组织开展"图书馆，我想对你说"——图书馆满意度问卷调查活动，研究生、本科生共143名学生参加了此次活动。

5月16日 中国铁道出版社在西安科技商贸职业学院图书馆大厅举办铁道专业书籍展示会。

5月18日 西安科技商贸职业学院图书馆启动"设备设施维护保养周"活动。

5月19日 西北农林科技大学图书馆进行部室机构调整，重新任命新一届部室主任。

5月20日 西安工程大学图书馆学科服务团队专访姚穆院士和徐军教授，为"产业用纺织品协同创新中心"做前期调研、专题服务和趋势分析工作。

5月20日 美国新墨西哥州大学海外留学顾问Alex Zimmerman到西安思源学院访问，期间考察了图书馆、陈忠实文学馆。

5月21日 西安交通大学图书馆举办专业技术职务晋升系列培训计划的第一次讲座，主讲人为强自力副馆长，主题为"图书馆学论文写作漫谈"。

5月21日 陕西高校巡视诊断专家组到陕西科技大学进行评估，图书馆配合专家的巡视诊断，做工作汇总。

5月22日 由教育部图工委主办的首届全国高校图书馆服务创新案例大赛在南方医科大学举行，陕西高校图书馆三个案例入围决赛，最终，西安科技大学图书馆的"大学生网络检索知识竞赛"荣获二等奖，西安理工大学图书馆的"文化育人润物无声——图书馆文化服务创新"荣获三等奖，西安理工大学另一案例获优秀奖。

5月22日 西藏民族学院图书馆举行"悦动书海、享乐服务——文献资源与服务宣传月活动"闭幕仪式。在闭幕式上，还举行了"QQ空间有奖问答"和"读书达人"幸运抽奖活动。高学副院长为获奖者颁奖。

5月22日　西安思源学院团委、图书馆共同举办"中国梦、爱国情、成才志"中华经典诵读大赛。

5月23日　西安航空学院图书馆信息工作室相关人员到电气学院开展资源与服务推介活动，电气学院院长杨勇、党支部副书记侯睿及部分教师参加。

5月23日　广西外国语学院董事长朱桂玲、副董事长黄灿、黄超香等一行6人到西安欧亚学院图书馆参观考察。

5月24日　"陕西省高校图书馆'超星杯'第三届乒乓球比赛"在西北工业大学乒乓球馆举行。本次比赛为A组赛（公办本科院校），共有22个代表队报名参赛。比赛由陕西高校图工委主办，西北工业大学图书馆和体育部承办。

5月25日　美国缅因大学普拉斯盖尔分校校长Linda Schott应邀访问西安思源学院，期间考察了图书馆、陈忠实文学馆。

5月25日　西藏民族学院图书馆召开2013～2014学年勤工助学工作总结暨"馆员之星"表彰大会。

5月26日　西北工业大学图书馆召开"西北工业大学机构知识库建设项目实施方案研讨会"。

5月26日　宝鸡文理学院图书馆成立总还书处，改原有"分借分还"为"分借统还"。

5月27日　西北工业大学图书馆开通委托图书网上申请服务。

5月27日　成都师范学院图书馆游馆长一行到陕西学前师范学院图书馆参观交流，两馆馆长分别介绍了各馆概况，并就改制后图书馆的发展问题进行了探讨与交流。

5月28日　宝鸡文理学院图书馆党支部召开换届会议，支部书记由张伟峰担任。

5月28日　西安欧亚学院图书馆馆领导、学生处心理辅导中心师生、学院微博协会代表及图管会学生代表等一行14人，赴洛南县景兴小学开展"爱心书屋捐建、图书捐助及心理辅导活动"。共捐赠募集到的图书692册，衣服29件，文具200份，书架3套。

5月28日　西安翻译学院图书馆举办"数据库咨询与培训日"活动。

5月28日　由中国图书馆学会高校分会主办，西安交通大学图书馆、《中国现代教育装备》杂志社联合承办的"2014年中国高校图书馆发展论坛"在西安召开，逾400名高校图书馆、中科院、企业界以及德国图书馆界的代表参会。

5月29日　延安大学图书馆举办"延安大学教师学术成就展（第二期）"。

5月29日　陕西省教育厅高校巡视诊断专家组成员对西安科技商贸职业学院图书馆进行考查。

5月30日　西藏民族学院图书馆开展"我为母校留本书"捐书活动。

5月30日　西安欧亚学院图书馆举办"2013年优秀读者评选"颁奖典礼及文化节闭幕式。

5月31日　中国民办教育协会秘书长王文源率领全国部分知名民办教育专家学者到西安思源学院参观，期间考察了图书馆、陈忠实文学馆。

5月　　　西安石油大学图书馆进行专业技术岗位聘期期满考核工作。

5月　　　安康学院杨行玉副校长组织召开首次"共建共享安康市图书馆"座谈会，安康市图书馆张恩周馆长、孙安东副馆长及安康学院图书馆何道利、柳林等参加了座谈交流。

5月　　　渭南师范学院图书馆荣获学院2012～2014支持科研工作"先进集体"和支持教学工作"先进集体"。

5月　　　陕西国际商贸学院图书馆第四届"读书月"活动启动。

6月1日　西北工业大学图书馆执行新的随书光盘著录和管理办法。

6月4日　"汉中图书馆"在陕西理工学院图书馆挂牌。何宁校长主持挂牌仪式，校党委书记张义明致辞，副校长冯小明为"汉中图书馆"揭牌，汉中市文广新局、汉中市教育局、汉中市科技局等部门负责人参加揭牌仪式。

6月6日　西北工业大学图书馆无线网络开通试运行。

6月7日　西北工业大学图书馆党总支组织全体党员及入党积极分子赴马栏、照金开展主题党日活动。

6月7日　西安理工大学图书馆全体党员和入党积极分子近40人到陕甘边照金革命根据地开展以"红色精神永发扬　民族复兴中国梦"为主题的革命传统教育活动。

6月9日　西北农林科技大学图书馆召开二届四次教职工代表大会，通过了《图书馆2014年岗位设置说明书》。

6月9日　陕西学前师范学院图书馆微信公众号正式开通。

6月9日　陕西省教育厅厅长李兴旺一行到陕西服装工程学院考察、调研，并参观、考察图书馆。

6月9日　由"户县印象"网站发起，在西安科技商贸职业学院图书馆举办书画进校园大型公益活动。图书馆邀请户县书画界名流来馆举办书画笔会，庆祝学院升本成功。

6月11日　西安交通大学图书馆举办"最美图书馆"摄影大赛及图书馆Logo设计大赛。

6月11日　由西安铁路职业技术学院图书馆、团委及学生会共同成立的"回音书苑社团"揭牌。

6月12日　原国家图书馆馆长、党委书记，国家古籍保护中心主任詹福瑞教授到访西北大学图书馆，参观了古籍珍藏室，并留下墨宝"策府琳琅"四个字。

6月12日　西藏民族学院图书馆召开学校更名工作动员大会，全体职工参加会议。

6月12日　西安翻译学院图书馆召开"4·23世界读书日"系列活动总结及表彰大会。

6月13日　中国科学技术信息研究所所长贺德方研究员、信息资源中心主任曾建勋到访西北农林科技大学图书馆，双方就文献信息领域合作进行座谈交流。

6月13日　由陕西省图书馆学会、陕西省社会科学信息学会、陕西高校图工委主办的"陕西图书情报界2014年第1期主题学术沙龙——区域文化情报服务与文化产业发展"在榆林学院图书馆举办。

6月14日　中央党校中国高层艺术研究院副院长兼秘书长王为峰，国家信用经济应用研究中心主任、高层艺术研究院主任肖连生等一行4人到西安工业大学图书馆考察。

6月14日　陕西师范大学图书馆举办"中华古籍保护计划"成果展。

6月16日　陕西省高校巡视诊断第二专家组对西安思源学院教学工作进行检查指导，并对图书馆的建设提出了指导性意见。

6月16日　西安翻译学院图书馆迎接陕西省教育厅高校巡视诊断工作专家组，顺利通过省教育厅对学院图书馆的巡视诊断检查。

6月19日　陕西高校图工委召集有关专家开会讨论《普通高校图书馆规程》（2014年修订第一稿），征求陕西高校图书馆对《规程》修订的意见和建议。参加人员：土元、李铁虎、雷震、颜玉怀、康万武、裴世荷、张大为、卢朝阳、强自力、张惠君。

6月20日　西北工业大学图书馆完成近三年各学科相关文献分布情况统计分析报告，并根据统计分析报告提出的建议，对各类型文献采访细则进行修订。

6月20日　西藏民族学院更名评估专家组到图书馆参观、考察。

6月25日　宁波职业技术学院院长张慧波、副院长郑卫东一行到西安欧亚学院图书馆参观。

6月25日　陕西服装工程学院图书馆党支部受到中共陕西省委高等教育工作委员会表彰，荣获"陕西高等学校先进基层党组织"称号。

6月26日　裴世荷任西安翻译学院图书馆馆长。

6月27日　西北工业大学图书馆党总支被评为学校先进基层党组织。

6月27日　哈萨克斯坦纳扎尔巴耶夫大学代表团到西安外国语大学图书馆参观。

6月27日　张民权任陕西理工学院图书馆副馆长。

6月29日　西安交通工程学院举行更名揭牌仪式。西安科技商贸职业学院图书馆更名为西安交通工程学院图书馆。

6月30日　西北工业大学图书馆在长安校区召开"4·23世界读书日"活动总结暨颁奖大会。

6月　　　西安科技大学图书馆科级人员聘任结束，8位同志聘任上岗。

6月　　　西安邮电大学图书馆副馆长宋德义的书法作品在陕西美术博物馆展出。

6月　　　西安美术学院图书馆将珍藏库国画原作移交学院美术博物馆。

6月　　　安康学院图书馆刘志军获得陕西高等学校"优秀共产党员"荣誉称号。

6月　　　陕西中医学院图书馆联合校团委进行了首届"悦读中医校园之星"选拔活动。

6月　　　西藏民族学院图书馆岳凤芝负责的国家语委"十二五"科研规划2011年度一般项目——藏族网络语言生活调查研究结项。

7月1日　西北农林科技大学图书馆编印《校内著者库目录（2014版）》。

7月1日　西安工程大学党委表彰党建工作中表现突出的基层党支部，图书馆党支部获"五好党支部"称号。

7月4日　西北工业大学图书馆召开2014年岗位聘任工作征求意见座谈会，聘任与考核工作领导小组组长、党总支书记张应祥主持会议。

7月5日　西安工程大学图书馆党支部组织党员和部室主任赴铜川照金陕甘边区革命根据地参观学习。

7月7日　西北工业大学图书馆召开七届二次职代会。校工会常务副主席陈建军及全体馆领导出席了会议，图书馆职工代表共38人参加了会议。会上通过了2014年岗位聘任办法、细则、实施方案及考核指标体系等10个文件。

7月7日　谷秀洁任西安工程大学图书馆副馆长。

7月8日　西北农林科技大学图书馆在网站发布《"农大文库"校友著作征集启事》。

7月8日　西安科技大学副校长马宏伟到图书馆调研指导工作。

7月10日　西安工程大学校党委表彰"2014年校园文化建设优秀成果"，图书馆"推广阅读 收获未来——提升大学生阅读和信息素养的实践探索"获得三等奖。

7月11日　延安大学图书馆召开2014年上半年工作总结暨践行群众路线征求意见座谈会，全体馆领导和馆员共80余人参加了会议。

7月11日　史鸿武任陕西理工学院图书馆党总支书记兼副馆长，王长安不再兼任党总支书记职务。

7月12日　西北工业大学图书馆按照最新修订的《图书馆岗位聘任暂行办法》等文件，完成了2014年岗位聘任工作。

7月12日　延安市宝塔区委书记祁玉江同志向延安大学图书馆捐赠图书32册。

7月15日　西安电子科技大学图书馆召开"西电人文库"设计汇报会议。

7月15日　陕西省文化厅古籍保护中心专家徐大平、张海翔、姜妮一行3人到陕西理工学院图书馆，就该馆申报陕西省"古籍重点保护单位"进行实地考察。

7月23日　西安交通大学图书馆接待全国青少年高校科学营参观。

7月31日　西安电子科技大学完成北校区图书馆典藏改造工程，统一南北校区馆运行模式。

7月　　　陕西省英才委员会在西安建筑科技大学图书馆举办"宣传英才、学习英才，为家乡添彩"赠书活动。陕西省政协原副主席、陕西省英才委员会副主任刘石民，副校长刘晓君以及图书馆相关领导等出席了本次捐赠活动。

7月　　　渭南师范学院图书馆举行"渭南师范学院司马迁与《史记》研究特色专题文库"项目启动仪式。

7月　　　商洛学院图书馆印制《读者手册》及《商洛学院图书馆论文集（2006～2013）》。

7月　　　西藏民族学院图书馆完成过刊搬迁工作。

8月19日　西安工程大学图书馆官方微信公众平台开通。

8月31日　西安电子科技大学图书馆完成北校区办公楼二线书库搬迁工程及密集书库建设工程。

8月　　　西安理工大学图书馆拍摄"悦读：传统文化与现代时尚"阅读推广视频片。

8月　　　西安工程大学图书馆完成机构知识库的调研工作，并于暑假期间完成机构知识库的立项建设方案。

8月	西安美术学院图书馆成立特藏部，对馆藏线装美术古籍、中外古旧美术画册、宣传画、老照片等特藏资源进行整理研究。
8月	西安美术学院图书馆完成装修改造。
8月	西京学院图书馆历时2个月，将120余万册图书搬运至新馆。
8月	陕西国防工业职业技术学院党委撤销图书信息处，设立图书馆，仝荣才任图书馆馆长。
9月1日	宝鸡文理学院图书馆流通部、阅览部执行新的工作时间：8：00～22：00，周末8：00～12：00，14：30～17：30。
9月1日	西藏民族学院图书馆召开学科馆员工作会议，在会上新确定5名学科馆员。
9月2日	西北农林科技大学副校长钱永华到图书馆调研。
9月5日	台湾岭东科技大学张台生总执行长一行6人到西安培华学院图书馆参观交流。
9月9日	西京学院举行新图书馆启动仪式。新馆面积3.49万平方米，阅览座位3000余席，实行全开架开放式管理。内设校史馆、艺术馆、咖啡厅、15个报告厅、18个学习讨论室、2个同步录播室等。
9月10日	西北农林科技大学图书馆主办"服务创新学术研讨会暨西北农林科技大学学科信息服务平台开通仪式"。来自省内外74个高校图书馆的领导和业务骨干共计121人参加了会议。
9月11日	美籍华人于子桥教授夫妇到访西北农林科技大学图书馆。于教授现执教于美国伊利诺大学，系西农首任校长于右任先生嫡孙。
9月11日	西北大学图书馆学生管理委员会策划的"扫码淘书"活动在长安校区图书馆举行。
9月12日	陕西高校图工委向有关图书馆下发《关于与蔚蓝基金合作为县级图书馆捐赠图书的通知》。
9月12日	陕西省委高教工委发布《关于表彰2014年全省高校校园文化建设优秀成果的通报》（陕高教宣〔2014〕9号），西安理工大学图书馆报送的案例"以创新思维打造理工高校阅读文化——西安理工大学开展阅读主题系列活动"荣获一等奖。
9月17日	西安工程大学召开高水平大学建设工程学科平台立项答辩会，图书馆常务副馆长张大为就学科专业基础平台建设项目——机构知识库立项的可行性、软硬件投入的经费预算接受答辩。

9月19日　　三江学院校长陈云棠教授一行5人到西安欧亚学院图书馆参观考察。

9月19日　　西安交通工程学院图书馆天翼校园云一卡通应用系统正式投入使用。

9月20日　　西安工程大学图书馆购进2台歌德电子图书借阅机投入使用。

9月21日　　延安大学图书馆举办"书香·翰墨"书画艺术笔会，延安市张永革、马建飞、白世锦和延安大学冯彦明、张社增等艺术家应邀参加。

9月22日　　长安大学图书馆启动"走进院系 服务学科"活动，并为各个学院指定专人对接学科服务。

9月22日　　刘林魁任宝鸡文理学院图书馆副馆长。

9月23日　　陕西省巡视诊断专家组到西北大学图书馆开展巡视诊断工作。

9月24日　　西北大学图书馆党支部组织两校区图书馆党员分批观看了《小官大贪》廉政防腐警示片。

9月24日　　设立在西安工业大学图书馆内的刘自椟陈泽秦书法艺术馆面向全校读者开放。

9月24日　　陕西省中华职业教育社秘书长李明富一行5人到西安欧亚学院图书馆参观。

9月25日　　由陕西省社会科学信息学会、陕西省图书馆学会、陕西省高校图书情报工作委员会主办，长安大学图书馆承办的"2014年陕西省图书情报界中青年学术骨干专题研讨会"举行。会议主题为"大数据时代的人文社会与科学技术情报服务"，来自全省37个图书馆的130余名中青年骨干代表参加。

9月26日　　西安交通大学图书馆完成2014级新生入馆培训工作，共培训170个班，总计4300余人次，覆盖全校东西校区所有学院的本科新生。

9月28日　　西北工业大学图书馆召开全体干部会议，学习学校信息化建设推进大会会议精神，研究部署图书馆信息化建设工作。

9月29日　　西北农林科技大学图书馆白君礼副研究馆员应陕西省图书馆学会的邀请做"刘古愚对清末图书事业的贡献"专题讲座。

9月29日　　西安外事学院图书馆"鱼化龙秋之韵读书沙龙"暨对话穆涛活动启动。

9月30日　　西北大学图书馆安排安全生产大检查专项工作。

9月30日　　西安科技大学图书馆在临潼校区召开消防安全知识培训大会。

9月30日　　侯永兴任西安翻译学院图书馆副馆长。

9月　　　　西安建筑科技大学图书馆开通图书预约功能。

9月　　　　西安建筑科技大学图书馆编印《2008～2013年度SCI、EI统计分析报告》。

9月　　　　陕西科技大学图书馆配备部分平板电脑，免费供读者借用；文学书库实现了自助借还图书。

9月　安康学院图书馆电子阅览室瘦身，128台电脑转入信息与教育技术中心，剩余学生用机73台实行外包管理。

9月　西安交通大学城市学院图书馆在各阅览室设立到馆新书陈列展示区。

9月　陕西国际商贸学院图书馆举办首期资源推广活动。

9月　杨凌职业技术学院图书馆开设"专升本"自习室及特色图书阅览室。

9月　西安航空职业技术学院图书馆对磁盘阵列进行扩容，新增存储空间40TB，新增服务器一台。

10月10日　陕西理工学院图书馆学专业师生一行18人到西安科技大学临潼校区图书馆参观学习。

10月10日　陕西理工学院图书馆南区理工类图书外借阅览室建成并对外开放。

10月10日　东北财经大学博士生导师刘永泽教授、中国人民大学博士生导师王化成教授到西安欧亚学院图书馆参观。

10月10日　西北农林科技大学图书馆在全校读者中启动"我与图书馆"、"我在西农"微电影、"PPT"制作竞赛活动。活动持续近3个月。

10月11日　中国图书馆学会年会举行2014"会员论坛之星"颁奖仪式，全国共有17名会员荣获这一奖项，陕西科技大学图书馆惠涓澈获此殊荣。

10月13日　陕西省教育厅高校巡视诊断工作组进驻西安工程大学调研，余德弘教授带队考察图书馆工作，指出图书馆在学科资源建设方面的不足。

10月14日　西北工业大学图书馆与相关岗位人员签订《党风廉政建设责任书》。

10月14日　台湾著名学者、中原大学黄孝光教授一行到西安培华学院图书馆参观访问。

10月14日　西安培华学院图书馆开展以"走进电子时代 服务教学科研"为主题的电子资源宣传培训周活动。

10月15日　西北农林科技大学图书馆召开全馆第二轮岗位聘期考核及第三轮岗位聘用工作动员会议。

10月15日　西安工程大学图书馆举办主题为"当文学遇上影视"的第八届读书交流会。校戏剧社、大学生艺术团及西安科技大学有关学生社团派出代表参加。

10月15日　由延安大学图书馆、陕西省邮政公司延安市分公司、延安市集邮协会、延安市直老干部集邮协会共同主办的"庆祝中华人民共和国建国六十五周年"集邮展在延安大学图书馆展出。

10月15日　西安航空学院"2014年图书馆宣传月"活动正式启动，主题为"书籍点亮希望，阅读放飞梦想"。

10月15日 西安思源学院图书馆改造、装修工程正式完工，以全新的面貌迎接本科教学合格评估。

10月16日 中国农业出版社宋毅副主编一行到西北农林科技大学图书馆访问交流。

10月16日 西北大学安全领导小组到图书馆进行安全检查，对消防系统、机房恒温空调、古籍室七氟丙烷问题，责成有关部门尽快协调解决。

10月16日 延安大学图书馆举行资源建设征求意见座谈会，各学院主管教学副院长或相关负责人、图书馆全体馆领导及相关部室负责人20多人参加。徐长玉馆长主持。

10月17日 西安工程大学图书馆在两校区举办为期三天的"数字资源宣传活动"。20多家中外文数据库公司参展，近千名师生参加。

10月17日 日本创价大学一行5人参观西安培华学院图书馆池田大作文库。

10月18日 延安大学图书馆完成对2014级4000余名新生的入馆培训。

10月20日 "2014年陕西高校图书馆新入职人员培训会"在西安欧亚学院图书馆举行，来自省内20多所院校的105名新馆员参加。

10月20日 在由陕西省委宣传部、陕西省作家协会、陕西省新闻出版广电局等联合主办的"中国梦·文学梦——文学陕军进高校"活动中，西北大学图书馆获赠一批优秀图书。

10月21日 西北工业大学图书馆工会举办职工"手工才艺作品展"。

10月21日 西藏民族学院图书馆承办西藏自治区高校图书情报工作指导委员会年会暨教育部CALIS、CADAL项目西藏自治区工作领导小组会议。

10月22日 西北工业大学图书馆在友谊校区和长安校区分别举办了主题为"一流的学术信息，推动一流的科学研究——如何利用SCI/SSCI进行科学研究"的专题培训，共计270余人次参加。

10月22日 由中国图书馆学会阅读推广委员会、中国出版集团公司、韬奋基金会、中国新华书店协会联合主办的"出版界图书馆界全民阅读年会（2014）"优秀案例征集活动中，西安理工大学图书馆提交的"悦读：传统文化与现代时尚"荣获二等奖。

10月23日 西藏大学等高校图书馆同仁10余人到西北农林科技大学图书馆参观交流。

10月23日 西北大学纪委到图书馆检查开展廉政风险防控管理的执行情况。

10月24日 西安电子科技大学图书馆承办北京高科大学联盟图书馆第七次工作会议。

10月24日 《黄克功案件》剧组一行参观西北大学长安校区图书馆古籍珍藏室。

10月24日　西安翻译学院图书馆开始人员竞聘工作，部门由原来6个调整为5个，人员由原来的63人减少为56人，学院教材管理岗位并入图书馆。

10月27日　西安电子科技大学图书馆启动优质服务月活动。

10月27日　宝鸡文理学院图书馆大型征文活动"我与图书馆"启动。

10月27日　陕西省高校巡视诊断专家组到陕西学前师范学院图书馆检查工作。

10月27日　全国人大华侨委原副主任、致公党中央原副主席王宋大先生一行到西安培华学院图书馆参观。

10月27日　陕西省巡视诊断专家到西安培华学院图书馆开展巡视诊断工作。

10月28日　西安工程大学图书馆常务副馆长张大为参加在苏州大学图书馆召开的第九届全国纺织服装信息研究会馆长论坛，并向大会做《西安工程大学机构数据库建设探索》报告。

10月28日　延安大学图书馆举办"纪念孔子诞辰2565周年暨延安大学图书馆第三次学术沙龙"。来自校文学院、历史文化学院、马克思主义学院、经济管理学院、档案馆及相关研究基地的50余位师生参加。徐长玉馆长主持。

10月29日　由延安大学图书馆和中国毛体书法家协会延安创作基地主办的"张随成毛体书法作品展"在图书馆展出。

10月29日　长春光华学院康启鹏董事长一行7人到西安欧亚学院图书馆参观。

10月30日　陕西学前师范学院图书馆新建工具特藏图书阅览室正式接待读者。

10月31日　西北工业大学图书馆首批志愿者总结表彰大会暨第二批志愿者服务队成立大会在长安校区召开。

10月　　　西安建筑科技大学图书馆举办"幸福生活"摄影比赛。

10月　　　陕西理工学院图书馆被文化部授予"全国古籍工作先进单位"。

10月　　　咸阳师范学院图书馆恢复成立图书馆学生管理委员会。

10月　　　陕西中医学院图书馆自建《中医古籍数据库》。馆藏4部古籍入选《陕西省珍贵古籍名录》。

10月　　　西安航空职业技术学院图书馆新建包含20台电脑的光盘阅览室，供读者免费使用，查询随书光盘资源。

10月　　　西安航空职业技术学院对图书馆一楼大厅进行改造，购置沙发、茶几、饮水机等。

11月1日　西安工程大学图书馆申请的高水平大学建设项目——机构知识库信息共享平台招标工作完成，西安知先信息技术有限公司为中标单位。

11月3日　西北工业大学图书馆倚海伦申报的"高校图书馆学习共享空间的建设

研究"、黄辉申报的"基于社交媒体的数字图书馆信息交互服务研究"、罗星华申报的"国内外知名高校图书馆学科服务比较研究"获准2014年度西北工业大学高等教育研究基金项目立项。

11月4日 陕西省教育厅原副厅长屈应超受托为西安思源学院图书馆捐赠一批著名书画家叶浓书画集。

11月7日 西北大学图书馆党支部一行5人到校扶贫点陕西省商洛市商州区西荆镇黄山村进行实地调研。

11月7日 陕西学前师范学院图书馆组织各系各部门的30余位老师，到西安图书大厦开展图书现场采集活动。

11月9日 陕西理工学院南校区"图书馆文化布置工程"竣工。

11月11日 西北工业大学图书馆召开党风廉政建设专题学习会，图书馆党政领导班子成员、党总支委员、各党支部书记、党支部委员、各部室主任及重点岗位人员等30余人参加。

11月11日 陕西省教育厅教学巡视组陈平专家到陕西理工学院图书馆巡视检查。

11月11日 西安欧亚学院图书馆党支部组织全馆党员到西安事变纪念馆、张学良公馆参观学习。

11月12日 西安欧亚学院图书馆面向全院在校教工开通预约图书送书上门服务。

11月14日 西北大学图书馆完成下一年度数据库、书刊招标工作。

11月14日 西安翻译学院《关于学院图书馆工作职责及定编定岗定员的通知》下发。

11月14日 西安培华学院维之图书馆学生管理委员会召开换届大会。

11月15日 西安电子科技大学图书馆完成南校区四个新书库的搬迁和其他库的内调工作。

11月17日 西安交通大学图书馆（雁塔校区）举行PBL Space启用仪式。颜虹副校长到会并致辞，馆领导以及来自医学部的教师代表、学生代表和部分图书馆工作人员近百人参加。

11月17日 西北工业大学图书馆组织党政领导班子成员、党总支委员、各部室主任、全体党员及重点岗位人员等45人观看《小官大贪》《双面人生》两部党风廉政警示教育片。

11月17日 延安大学图书馆举行文献资源公开采购招标会。学校监察处、财务处、审计处、国资处、图书馆和部分学院领导参加。共有17家公司参与本次竞标。

11月18日 西京学院图书馆举办图书馆员业务知识竞赛。

11月19日 西北工业大学图书馆组织召开陕西地区首届国防科技信息资源保障与服

务创新研讨会。来自陕西地区航空、航天、兵器、电子等领域的35个国防企事业单位科研管理和情报信息部门的负责人共60余人参加会议。

11月20日　陕西理工学院图书馆图书自助借还系统安装完成并投入使用。

11月20日　西北农林科技大学党委副书记吕卫东教授一行4人到西安欧亚学院图书馆参观。

11月21日　"2014年陕西省高校图书馆员读者服务典型案例展示交流会"在陕西师范大学雁塔校区举办。54所高校图书馆和部分公共图书馆的183人参加。

11月21日　西北工业大学图书馆2014级新生入馆教育培训工作结束。共举办培训18场，约1500名新生参加，采用"讲座+现场考试"的培训模式。

11月24日　西北工业大学图书馆举办外文原版图书走进学院专题书展活动，分别在理学院和外语学院举办国外原版图书展。

11月26日　陕西省作协副主席、《延河》文学杂志主编、第六届鲁迅文学奖获奖诗人阎安应邀做客西安外事学院图书馆"鱼化龙读书沙龙"，为200余名爱好诗歌的大学生做了"汉语诗歌的历史表现及时代境遇"主题演讲。

11月28日　西安铁路职业技术学院图书馆正式开通"西铁院图书馆"公众微信账号。

11月28日　江西萍乡学院党委书记刘明初一行32人到西安欧亚学院图书馆参观。

11月30日　西北工业大学图书馆分别就"读者服务阅读推广及流通业务转型""文献资源与学科需求的优化配置""原文传递和汇文系统的应用培训""图书馆馆藏布局方案"等专题召开研讨及交流会。

11月　　　西北工业大学图书馆修订《西北工业大学图书馆接受捐赠图书实施办法》。

11月　　　由长安大学图书馆党总支书记朱元祥创作，高敬原、周古森表演的诗朗诵作品《崇德勤廉共筑中国梦》入围第三届全国高校廉政文化作品征集暨廉洁教育系列活动。

11月　　　西安建筑科技大学图书馆开通手机短信服务，提供预约到书、借阅到期、借阅超期催还等短信提醒服务。

11月　　　陕西科技大学图书馆完成无线网络改造，实现了全馆的无线网络全覆盖。

11月　　　西安科技大学图书馆历时1个月对各书库做较大幅度的调整，完成了近40万册图书的建库倒架工作。

11月　　　西北政法大学图书馆A座部分阅览室延长开放时间至23：30，图书馆周开放时间达到109小时。

11月　　　西安文理学院图书馆段小虎副研究馆员申报的课题"西部文化生态系

统中的基层图书馆服务体系建设研究"获批教育部规划基金项目。

11月　　陕西国际商贸学院图书馆专项资金建设项目一期通过省教育厅和财政厅的验收检查。

11月　　陕西中医学院图书馆完成校园文化建设的预算、设计与施工。布置了图书馆大厅楼道，并增添图书馆多功能室和学术研讨厅。

11月　　榆林学院图书馆实施首问负责制。

11月　　西北大学现代学院图书馆结合"特色文献借阅室"的筹建工作，开展文献布局调整，完成了馆藏外文图书、艺术类图书和部分过刊、受赠图书共计64,000余册书刊的搬迁任务。

11月　　西安航空职业技术学院图书馆实现无线网络覆盖，供读者免费使用。

11月　　宝鸡职业技术学院图书馆开展第二届"读者之星"评选活动。

12月1日　延安大学图书馆举办第三期教师学术成就展。

12月2日　由西北工业大学图书馆和发展规划处共同举办的"西北工业大学2014年数字资源建设座谈会"在友谊校区举行。院士、长江学者、杰青及创新团队代表，学校相关职能部门领导，各学院领导、教师、学生代表等40余人参加了会议。

12月2日　陕西高校图工委与Springer就续订Springer电子期刊（2015～2017）事宜在西安交通大学图书馆进行集团采购谈判。

12月2日　山东青年政治学院院长一行7人到西北大学图书馆参观交流。

12月3日　陕西学前师范学院图书馆召开读者座谈会，20多名学生代表参加。

12月5日　陕西高校图工委和陕西省图书馆学会联合在三原县图书馆召开"高校图书馆与基层公共图书馆结对帮扶工作总结暨经验交流会"。参与结对帮扶的12个高校图书馆和15个公共图书馆相关负责人共30余人参加。会议期间，进行了新结对图书馆协议签字仪式。至此，共有13个高校图书馆与16个县区级图书馆结为帮扶对子。

12月5日　陕西省教育厅和西安市公安局专家组来西安工程大学进行"平安校园"检查验收，期间检查了图书馆消防系统、监控系统、门禁系统等设施。

12月8日　西北工业大学图书馆延长友谊校区图书馆开放时间，周开放时间达104小时，周接待读者时间达96小时。

12月10日　西北工业大学图书馆李铁虎馆长一行4人前往结对帮扶馆永寿县图书馆，向该馆捐赠期刊架40个、阅览桌57张、阅览椅189张、期刊720册。

12月10日　西安石油大学图书馆承办石油高校图书馆联盟2014年年会。

12月10日　陕西学前师范学院图书馆成立学术（业务）指导委员会。委员会成员由馆内高级职称和业务骨干7人组成。

12月11日　西安工程大学图书馆召开由支部委员、工会委员和办公室人员参加的图书馆党风廉政建设专项自查会，检查图书馆各类经费的管理和使用情况。

12月11日　西安翻译学院图书馆举办2014年度"阅读之星"表彰总结会，本年度评选出"阅读之星"31名。

12月12日　西京学院图书馆举行首届"读者座谈会"。

12月12日　在西安翻译学院二届一次教代会暨工会会员代表大会上，图书馆被评为先进集体。

12月15日　西安翻译学院图书馆2014年"数字图书馆建设"二期项目计划获批，获准资金229.09万元。

12月15日　康万武任西北大学现代学院图书馆馆长，张芳梅任副馆长。

12月16日　西北工业大学图书馆顺利通过学校纪委组织的党风廉政建设责任制考核工作。

12月17日　西北工业大学图书馆工会邀请陕西省戏剧表演协会会员、中韩国际文化艺术节总策划协理魏征老师到馆进行"现代礼仪与服装搭配"知识讲座。

12月17日　长安大学在逸夫图书馆举行RFID读者自助借还服务系统开通仪式。副校长刘建朝，图书馆党政领导、全体工作人员及部分师生读者参加。

12月17日　延安大学图书馆举行消防安全隐患排查及消防现场演练。

12月18日　西安交通工程学院图书馆和院团委共同举办"户县农民画知识品鉴讲座"，由户县青年农民画画家白瑞雪主讲，120余人参加。

12月18日　陕西师范大学图书馆"第三届图书馆职工摄影展"在长安校区图书馆一层大厅开幕。

12月18日　陕西科技大学图书馆获得学校2014年排球赛冠军。

12月18日　《延安日报》第一版发表了记者李江峰采写的消息，《延安大学图书馆营造浓厚的文化氛围》。

12月18日　陕西铁路工程职业技术学院高新校区行政楼新增的两个借阅室正式开放。

12月19日　西安交通大学图书馆召开2014年度图书馆宣传工作总结座谈会。

12月19日　西安培华学院周庆华书记一行到西安欧亚学院图书馆参观。

12月22日　西安交通大学图书馆与仲英书院联合举办中文典籍阅读推广活动。

12月24日 "2014年陕西省高校图工委信息技术应用工作会议"在西工大图书馆召开。来自全省20多所高校的图书馆馆长和技术部门负责人参加了会议。

12月25日 西京学院移动图书馆正式开通使用。

12月25日 西安航空学院图书馆二级教代会暨2014年分会会员大会召开。

12月26日 西安交通大学图书馆学术委员会对2013～2015年度馆内基金课题进行中期检查。

12月27日 西北农林科技大学图书馆举行2014年"读者排行榜颁奖仪式"。本次活动由图书馆和校团委共同主办，校学生会图书馆学生管理委员会承办。

12月29日 陕西高校图工委转发教育部图工委《关于开展高校古籍保护现状调查的通知》。

12月29日 CALIS联机合作编目中心对成员馆予以表彰，西安交通大学图书馆和西安科技大学图书馆荣获"2013～2014年度CALIS联合目录项目建设突出贡献奖"。

12月29日 西北农林科技大学图书馆召开第二届教职工代表大会第四次会议暨馆领导班子民主测评大会。

12月30日 中公教育集团为西安培华学院图书馆捐赠400余册考试类图书。

12月31日 西安电子科技大学图书馆完成"学校科研绩效分析"第一阶段工作，发布了两项研究报告：《我校优势学科ESI/SCI论文期刊分布分析报告》和《我校优势学科科研绩效计量分析评价报告》；完成了《诺贝尔奖获得者（1901～2014年）Nature & Science发文统计报告》。

12月31日 在西安工程大学2014年年度考核中，图书馆考核为优秀处级单位。

12月31日 陕西省教育厅网站以《延安大学多措并举加强图书馆文化建设成效显著》为题报道了延安大学图书馆文化建设工作。

12月 西安建筑科技大学图书馆党总支成立，党总支书记由图书馆常务副馆长张波兼任，总支副书记由图书馆副馆长姚小涛兼任，总支下设三个支部委员会。

12月 西安建筑科技大学图书馆举办"建工出版社精品图书展"。

12月 西安科技大学图书馆开通使用iReader数字资源远程访问管理系统。

12月 西北政法大学图书馆党总支成立；图书馆工会分会成立。

12月 陕西中医学院图书馆更名为陕西中医药大学图书馆。

12月 安康学院图书馆陈少默纪念馆举办纪念陈少默先生百年诞辰书画作品展。

12月 渭南师范学院图书馆信息技术部归并到学院秦晋豫黄河金三角大数据

协同创新中心，两位工作人员人事关系调至大数据协同创新中心，其余人员归办公室管理。

12月　西安交通大学城市学院图书馆接受美国亚基会等机构赠送的外文原版图书394册。

12月　西安航空职业技术学院图书馆工会分会获得学院先进分会荣誉。

第三章　图工委的工作与活动

一、教育部关于高校图书馆工作的重要文件

1. 教育部关于印发《普通高等学校图书馆规程（修订）》的通知

（教高〔2002〕3号）

各省、自治区、直辖市教育厅（教委），新疆生产建设兵团教委，有关部门（单位）教育司（局），各高等学校：

为适应高等学校图书馆事业的发展，更好地为高等学校教学科研服务，我部对原国家教委1987年颁发的《普通高等学校图书馆规程》进行了修订。现将《普通高等学校图书馆规程（修订）》印发给你们，请遵照执行。

附件：普通高等学校图书馆规程（修订）

教育部

二〇〇二年二月二十一日

普通高等学校图书馆规程（修订）

第一章　总则

第一条　高等学校图书馆是学校的文献信息中心，是为教学和科学研究服务的学术性机构，是学校信息化和社会信息化的重要基地。高等学校图书馆的工作是学校教学和科学研究工作的重要组成部分。高等学校图书馆的建设和发展应与学校的建设和发展相适应，其水平是学校总体水平的重要标志。

第二条　高等学校图书馆必须贯彻国家的教育方针，履行教育职能和信息服务职能，为培养德、智、体、美等方面全面发展的人才，发展教育科学文化事业，建设社会主义物质文明和精神文明服务。

第三条　高等学校图书馆应积极采用现代技术，实行科学管理，不断提高业务工

作质量和服务水平，最大限度地满足读者的需要，为学校的教学和科学研究提供切实有效的文献信息保障。主要任务是：

（一）建设包括馆藏实体资源和网络虚拟资源在内的文献信息资源，对资源进行科学加工整序和管理维护。

（二）做好流通阅览、资源传送和参考咨询工作，积极开发文献信息资源，开展文献信息服务。

（三）开展信息素质教育，培养读者的信息意识和获取、利用文献信息的能力。

（四）组织和协调全校的文献信息工作，实现文献信息资源的优化配置。

（五）积极参与文献保障体系建设，实行资源共建、共知、共享，促进事业的整体化发展。开展各种协作、合作和学术活动。

第二章　管理体制和组织机构

第四条　高等学校图书馆实行校（院）长领导下的馆长负责制。高等学校应有一名校（院）长分管图书馆工作。有关图书馆工作的重大事项由校（院）长办公会研究、决定。

第五条　高等学校图书馆设馆长一名，设副馆长若干名，由学校聘任或任命。馆长和主管业务工作的副馆长必须具有高级专业技术职务或具有硕士以上学位。馆长、副馆长应认真执行国家的教育方针，了解学校的学科建设目标，热爱图书馆事业，熟悉图书馆业务，有较强的组织管理能力。馆长应为学校校务委员会、学术委员会成员，参加确定学校重大建设和发展事项的校（院）长办公会。馆长主持全馆工作，领导制订发展规划、规章制度、工作计划及经费预算，组织贯彻实施。副馆长协助馆长工作。

第六条　高等学校图书馆应从实际出发，以方便读者和有利于科学管理为原则，确定本馆部（组）、室的设置，并明确各机构的相应职责。各部（组）、室的主任（组长）按照学校有关规定任免。

第七条　规模大、院系多或校园分散的高等学校，可设立分馆。分馆是总馆的分支机构，受总馆领导。

第八条　高等学校的院系（所）资料室是全校文献保障体系的组成部分，在业务工作和资源配置上，接受学校图书馆的指导与协调。应面向全校开放，提供文献信息服务，实行资源共享。

第九条　高等学校应设立图书馆工作委员会，作为全校文献信息工作的咨询和协调机构。

图书馆工作委员会的成员以教师为主，吸收学生参加。学校主管图书馆工作的校（院）长担任主任委员，图书馆长担任副主任委员。

图书馆工作委员会应定期召开会议，听取图书馆长的工作报告，讨论学校文献信息工作中的重大问题，反映师生的意见和要求，向学校和图书馆提出改进图书馆工作的建议。

第三章 文献资源建设

第十条 高等学校图书馆应根据学校的发展目标和教学、科学研究的需要，根据馆藏基础及地区或系统文献资源布局的统筹安排，制订文献信息资源建设方案，形成具有本校特色的馆藏体系。在文献采集中应兼顾纸质文献、电子文献和其他载体文献，兼顾文献载体和使用权的购买。保持重要文献和特色资源的完整性和连续性，注意收藏本校的以及与本校有关的出版物和学术文献。

第十一条 高等学校图书馆应根据学校教学、科学研究的需要，根据馆藏特色及地区或系统文献保障体系建设的分工，开展特色数字资源建设和网络虚拟资源建设，整合实体资源与虚拟资源，形成网上统一的馆藏体系。

第十二条 高等学校图书馆对采集的文献信息资源应及时进行科学的加工整序，并尽快发布，提供使用。必须根据国家的相关规定，实现文献信息资源加工、组织和管理的标准化。

第十三条 高等学校图书馆应重视目录体系建设，成为全校的书目数据中心；建立完善的文献信息检索系统，满足用户多途径检索的需求。应加强对书目数据库的管理和维护，保证数据与资源的一致性。

第十四条 高等学校图书馆应科学合理地组织馆藏，既要有利于文献信息的管理和保护，更要有利于文献信息的充分利用。

第四章 读者服务

第十五条 高等学校图书馆应以读者第一、服务育人为宗旨，健全服务体系，做好服务工作。

第十六条 高等学校图书馆应尽可能延长服务时间，其中，书刊阅览服务时间每周应达到70小时以上；假期应保证一定的开放时间；网上资源的服务应做到每天24小时开放。

第十七条 高等学校图书馆应开展多种层次多种方式的读者服务工作，提高各种文献的利用率。兼顾纸质文献、电子文献和其他载体文献的流通阅览，积极推广纸质文献开架借阅、电子资源上网服务。

通过编制推荐书目、导读书目，举办书刊展评等多种方式进行阅读辅导；通过开设文献信息检索与利用课程以及其他多种手段，进行信息素质教育。

积极开展参考咨询、文献信息定题检索、课题成果查新、信息编译和分析研究、最新文献报道等信息服务工作。

第十八条　高等学校图书馆应根据学校的网络条件，积极开展网上预约、催还和续借服务，网上馆际互借和文献传递服务，网上电子公告、电子论坛和意见箱服务，网上信息资源导引服务，最新信息定题通告服务，网上协同信息咨询服务等网络服务。

第十九条　高等学校图书馆应保护读者合法、公平地利用图书馆的权利。应为残疾人等特殊读者利用图书馆提供便利。

第二十条　高等学校图书馆应教育读者遵守规章制度，爱护文献资料和图书馆设施。对违反规章制度，损坏、盗窃文献资料或设备者，按照校纪、法规予以处理。

第二十一条　有条件的高等学校图书馆应尽可能向社会读者和社区读者开放。面向社会的文献信息和技术咨询服务，可根据材料和劳动的消耗或服务成果的实际效益收取适当费用。

第五章　科学管理

第二十二条　高等学校图书馆应不断更新管理思想，完善管理措施，建立健全各项规章制度，制定业务工作规范，明确岗位职责，规定考核办法，保证贯彻执行。

第二十三条　高等学校图书馆应积极采用现代化技术手段，严格遵循相关的国际国内标准，加强自动化、网络化、数字化建设，并随着新技术的应用调整作业流程，改变管理办法。

第二十四条　高等学校图书馆应结合实际有计划地开展学术研究和交流活动，积极申报各级各类科研课题。有条件的还可根据需要，自行设立科研项目。高等学校图书馆应积极开展国内外学术交流。有条件的可按国家有关规定申请加入国际学术组织。

第二十五条　高等学校图书馆应定期对工作人员进行考核，考核结果作为聘任或解聘、晋升或降职、奖励或处分的依据。

第二十六条　高等学校图书馆应注重工作数量、效果的统计和积累，按照有关规范做好统计工作。应妥善做好各类统计数据、文件档案的整理和保存。

第六章　工作人员

第二十七条　高等学校图书馆工作人员应忠诚于人民的教育事业，恪守职业道德，认真履行岗位职责。

第二十八条　高等学校应根据读者人数、资源数量、服务项目与时间、设备设施维护的要求、馆舍分布等因素，配备相应的图书馆工作人员。

第二十九条　高等学校应加强图书馆的专业队伍建设，按照合理的结构比例，有计划地聘任多种学科的专业人员。高等学校图书馆的专业人员应具有大专以上学历，其中本科以上学历者应逐步达到60%以上。

第三十条　高等学校鼓励图书馆专业人员同时掌握图书馆学和一门以上其他学科的知识，重视培养高层次的学科专家。鼓励专业人员通过脱产或在职学习提高学历层次和学术水平。高等学校图书馆应结合工作需要，有计划地安排工作人员的在职进修或培训。

第三十一条　高等学校图书馆和院系（所）资料室的专业技术人员按照国家有关规定，实行专业技术职务聘任制，享受相应待遇。

第三十二条　高等学校对于在图书馆从事特种工作的人员，按国家规定给予相应的劳保待遇。

第七章　经费、馆舍、设备

第三十三条　高等学校应保证图书馆止常运行和持续发展所必需的经费和物质条件。高等学校图书馆应注重办馆效益，科学合理地使用经费。高等学校图书馆可依法接受捐赠和资助。

第三十四条　高等学校图书馆的经费列入学校预算。高等学校图书馆的经费包括运行费和专项经费。运行费主要包括文献信息资源购置费、设备设施维护费、办公费等。

第三十五条　高等学校图书馆的文献信息资源购置费应与学校教学和科学研究的需要相适应，并根据学校的发展逐年增加。生均年购文献量应不低于教育部的评估指标。

高等学校的文献信息资源购置费由图书馆统筹安排，合理使用。

第三十六条　高等学校应按照国家有关标准，建造独立专用的图书馆馆舍。馆舍建筑应充分考虑学校发展规模，适应现代化管理的需要，满足图书馆业务功能的要求，具有调整的灵活性。

应做好图书馆的馆舍、设备维修工作，注意内外环境的美化绿化，落实防火、防水等各项安全防护措施，改善灯光、通风、防寒防暑等条件，为师生创造良好的学习和研究环境。

第三十七条　高等学校应有计划地为图书馆配备办公和服务所需的各种家具、用品和设备，尤其要重视自动化网络化等现代信息基础设施的建设，并及时维护和更新。

第八章　附则

第三十八条　本规程适用于全日制普通高等学校。其他高等学校可参照执行。

第三十九条　各级教育行政部门应对各高等学校执行本规程的情况进行检查和评估。检查和评估的办法及标准另订。

第四十条　本规程由教育部负责解释。

第四十一条　本规程自公布之日起施行。原国家教育委员会1987年7月25日发布的《普通高等学校图书馆规程》同时废止。

2. 教育部办公厅关于成立第二届教育部高等学校文化素质教育指导委员会和第二届教育部高等学校图书情报工作指导委员会的通知

（教高厅〔2004〕11号）

各省、自治区、直辖市教育厅（教委），有关单位：

为进一步加强教育行政部门对高等学校文化素质教育和图书情报工作的宏观管理和指导，充分发挥专家学者的研究、咨询和指导作用，根据有关文件的规定，我部决定教育部高等学校文化素质教育指导委员会和教育部高等学校图书情报工作指导委员会换届后，成立第二届教育部高等学校文化素质教育指导委员会和第二届教育部高等学校图书情报工作指导委员会（以下简称指导委员会）。

指导委员会是在教育部领导下，对相应工作进行研究、咨询、指导和服务的专家组织。

指导委员会人选是经学校和有关单位申报，在比较广泛地征求意见的基础上研究确定的。指导委员会成员由我部聘任（聘书另发），任期从2004年起至2008年止。指导委员会委员名单见附件。

指导委员会设主任委员一人、副主任委员若干人。文化素质教育指导委员会可聘请国内著名专家担任顾问。指导委员会的工作由主任委员主持、副主任委员协助。指导委员会的秘书处设在主任委员所在学校，指导委员会设秘书长、副秘书长，协助主任委员处理日常工作。

请你们对指导委员会的工作给予支持。

附件：1.第二届教育部高等学校文化素质教育指导委员会名单

　　　2.第二届教育部高等学校图书情报工作指导委员会名单

教育部办公厅

二〇〇四年二月二十日

附件一：（略）

附件二：

第二届教育部高等学校图书情报工作指导委员会委员名单

主任委员： 吴志攀　北京大学

副主任委员： 崔慕岳　郑州大学　　　　戴龙基　北京大学

薛芳渝　清华大学　　　　秦曾复　复旦大学

马在田　同济大学　　　　朱　强　北京大学

李晓明　教育部高等教育司　　胡　越　首都师范大学

委　员： 杨　毅　清华大学　　　　杨东梁　中国人民大学

姜　璐　北京师范大学　　　代根兴　北京邮电大学

张　权　中国农业大学　　　阎世平　南开大学

柯　平　南开大学　　　　　李振纲　河北大学

张正光　承德师范专科学校　　李嘉琳　山西大学

阿拉坦仓　内蒙古大学　　　韩俐华　辽宁大学

刘　斌　大连理工大学　　　宝成关　吉林大学

鲁红军　吉林大学　　　　　傅永生　东北师范大学

王锡仲　哈尔滨工业大学　　陈兆能　上海交通大学

黄秀文　华东师范大学　　　李笑野　上海财经大学

郑建明　南京大学　　　　　徐克谦　南京师范大学

刘阿多　金陵科技学院　　　竺海康　浙江大学

许俊达　安徽大学　　　　　邵正荣　中国科技大学

萧德洪　厦门大学　　　　　计国君　厦门大学

苏位智　山东大学　　　　　谢穗芬　山东大学威海分校

张怀涛　中原工学院　　　　燕今伟　武汉大学

武金渭　华中科技大学　　　王琼林　华中师范大学

夏淑萍　江汉大学　　　　　郑章飞　湖南大学

程焕文　中山大学　　　　　肖希明　佛山科技学院

陈人广　广西大学　　　　　安邦建　海南大学

彭晓东　重庆大学　　　　　姚乐野　四川大学

杜新中　绵阳师范学院　　　杨　勇　云南大学

张西亚　西安交通大学　　　邢永华　西北农林科技大学

张向东　宁夏大学　　　　　王小苹　新疆医科大学

秘书长： 朱　强（兼）

副秘书长： 王　波　北京大学

3. 关于加强中国高等教育文献保障系统二期工程（CALIS）服务体系建设的意见

（教高司函〔2004〕231号）

各省、自治区、直辖市教育厅（教育委员会）、有关高等学校：

中国高等教育文献保障系统（CALIS）是"211工程"公共服务体系建设项目之一，其管理中心设在北京大学。"九五"期间，CALIS建成了"全国中心-地区中心-高校图书馆"三级文献保障模式的服务网络，其全国文献信息中心分别设在北京大学、清华大学、中国农业大学和北京大学医学部，7个地区文献信息中心分别设在吉林大学、南京大学、上海交通大学、武汉大学、中山大学、四川大学和西安交通大学，东北地区国防文献信息中心设在哈尔滨工业大学。

"十五"期间，CALIS将在原有的三级服务保障体系的基础上，新建15个左右的省级文献服务中心和22个数字图书馆基地，提高服务和协调能力，形成"集中资源、分工合作、均衡负载、用藏结合"的高效服务体系。

为确保项目的顺利实施，特提出以下意见：

一、各中心和数字图书馆基地在建设过程中，必须遵循CALIS管理中心颁布的子项目管理办法、数字图书馆标准规范以及其他的管理办法和规定。

二、进一步加强CALIS全国文献信息中心和地区级文献信息中心的建设。除中央专项经费外，承担全国中心和地区级中心建设任务的省（直辖市）教育行政主管部门和中心所在学校应投入不低于中央专项经费的配套经费，支持该中心的建设。

三、已经或正在建设的省级高等教育文献保障体系，可纳入CALIS的整体建设框架，其牵头建设单位即成为CALIS的省级文献信息中心；尚未建立高等教育文献保障体系的省（自治区、直辖市），如果条件成熟，也请确定CALIS省级文献信息中心的牵头建设单位。

CALIS省级文献信息中心主要由地方政府和所在学校提供经费，CALIS给予一定的技术、软件和经费支持。

CALIS地区中心所在的省（自治区、直辖市）不另设省级文献信息中心。

建立省级文献信息中心的具体要求和程序，请向CALIS管理中心（北京大学图书馆内，电话：010–62761009）咨询。

四、承担CALIS数字图书馆基地建设任务的学校应投入不低于中央专项经费的配套经费，支持该基地的建设。

教育部高等教育司

二〇〇四年十月十八日

4. 关于推荐新一届教育部高等学校文化素质教育指导委员会和图书情报工作指导委员会委员的通知

（教高司函〔2008〕234号）

各省、自治区、直辖市教育厅（教委），有关高等学校，有关单位：

为进一步深化高等教育教学改革，全面提高高等教育质量，加强教育行政部门对高等学校文化素质教育和图书情报工作的宏观管理和指导，充分发挥专家学者的研究、咨询、指导和服务作用，根据《教育部办公厅关于成立第二届教育部高等学校文化素质教育指导委员会和第二届教育部高等学校图书情报工作指导委员会的通知》（教高厅〔2004〕11号），教育部高等学校文化素质教育和图书情报工作两个指导委员会今年年底届满。经研究，决定组建新一届教育部高等学校文化素质教育指导委员会和高等学校图书情报工作指导委员会。请按照《推荐指南》的要求，做好两个指导委员会的委员推荐工作。推荐截止日期：2008年12月25日。

附件一：教育部高等学校文化素质教育指导委员会委员推荐指南

附件二：教育部高等学校图书情报工作指导委员会委员推荐指南

教育部高等教育司

二〇〇八年十一月十九日

附件：（略）

5. 教育部关于成立第三届高等学校图书情报工作指导委员会的通知

（教高函〔2009〕12号）

各省、自治区、直辖市教育厅（教委），有关高等学校：

为进一步加强教育行政部门对高校图书情报工作的宏观管理，充分发挥专家学者的咨询、研究、协调和指导作用，促进高校图书馆更好地履行教育职能和情报职能，我部决定成立第三届教育部高等学校图书情报工作指导委员会（以下简称图工委）。现将图工委委员名单印发给你们并就有关事宜通知如下：

图工委委员名单是经学校和省级教育行政部门推荐并广泛征求意见后研究确定的。委员任期四年。

图工委秘书处设在北京大学。

图工委的工作任务、组织机构、工作制度按《教育部高等学校图书情报工作指导委员会章程》（教高〔1999〕5号）执行。

请各有关高等学校对图工委的各项工作给予支持。

附件：第三届教育部高等学校图书情报工作指导委员会委员名单

教育部

二〇〇九年四月十三日

附件：

第三届教育部高等学校图书情报工作指导委员会委员名单

主任委员：　张国有　北京大学

副主任委员：朱　强　北京大学　　　　　　戴龙基　北京外国语大学

薛芳渝　清华大学　　　　　　胡　越　首都师范大学

葛剑雄　复旦大学　　　　　　洪修平　南京大学

崔慕岳　郑州大学　　　　　　燕今伟　武汉大学

姚乐野　四川大学　　　　　　冯　渊　无锡职业技术学院

委　　员：　倪　宁　中国人民大学　　　　季淑娟　北京科技大学

马　路　首都医科大学　　　　张　毅　南开大学

张凤宝　天津大学　　　　　　杜也力　河北师范大学

梁瑞敏　石家庄职业技术学院　李嘉琳　山西大学

阿拉坦仓　内蒙古大学　　　　刘　斌　大连理工大学

吕　方　辽宁大学　　　　　　李书源　吉林大学

刘万国　东北师范大学　　　　王铁成　哈尔滨工业大学

陈　进　上海交通大学　　　　慎金花　同济大学

余海宪　华东师范大学　　　　李笑野　上海财经大学

顾建新　东南大学　　　　　　张建平　南京师范大学

鲁东明　浙江大学　　　　　　何立民　浙江工业大学

韩惠琴　宁波城市职业技术学院　萧德洪　厦门大学

周　洪　江西师范大学　　　　张淑林　中国科技大学

韩子军　山东大学　　　　　　赵善伦　山东师范大学

商　琳　山东商业职业技术学院　李景文　河南大学

张怀涛　中原工学院　　　　　魏秀娟　郑州牧业工程高等专科学校

李光玉	华中科技大学	佐　斌	华中师范大学
黄家发	湖北大学	谭雪梅	武汉电力职业技术学院
郑章飞	湖南大学	唐晓应	长沙商贸旅游职业技术学院
程焕文	中山大学	李　岩	广东商学院
郭向勇	深圳职业技术学院	陈大广	广西大学
詹长智	海南大学	高　凡	西南交通大学
文南生	四川交通职业技术学院	彭晓东	重庆大学
张伟云	贵州师范大学	朱　曦	云南师范大学
尼玛扎西	西藏大学	俞炳丰	西安交通大学
苟文选	西北工业大学	沙勇忠	兰州大学
梁向明	宁夏大学	刘　霞	青海师范大学
张玉萍	新疆大学		

秘书长：　朱　强（兼）

副秘书长：王　琼　北京师范大学　　　王　波　北京大学

6. 关于推荐新一届教育部高等学校图书情报工作指导委员会委员的通知

（教高司函〔2013〕22号）

各省、自治区、直辖市教育厅（教委），新疆生产建设兵团教育局，第三届教育部高等学校图书情报工作指导委员会：

为加强我部对高等学校图书情报工作的宏观管理和指导，充分发挥专家学者在高校图书情报工作中的研究、咨询、指导等作用，鉴于第三届教育部高等学校图书情报工作指导委员会即将届满，经研究，决定组建第四届教育部高等学校图书情报工作指导委员会（以下简称"图工委"）。现将有关具体事项通知如下：

一、图工委性质

教育部高等学校图书情报工作指导委员会是在教育部领导下的专家组织，具有非常设学术机构的性质，接受教育部的委托，组织开展全国高等学校图书情报事业的咨询、研究、指导、评估、服务等工作。

二、图工委的主要任务

（一）调查研究高等学校图书情报工作的状况，提出加强图书情报建设的意见和建议。

（二）进行高等学校图书馆改革发展和建设的研究，提供业务咨询。

（三）接受教育部的委托，开展以下业务：

1. 促进高等学校图书情报事业整体化建设，推进文献信息资源的共建、共知和共享；

2. 组织高等学校图书情报专业人员和管理干部的继续教育和培训；

3. 组织图书情报工作的经验交流和学术研讨活动；

4. 对高等学校图书情报工作进行检查评估和成果评价；

5. 参加全国图书情报工作的协作、协调。

（四）编辑出版有关高等学校图书情报工作的书刊，宣传高等学校图书馆的职能和作用。

（五）调研国外图书情报工作的情况和发展趋势，开展对外交流。

（六）联系和指导各地区、各部委高等学校图书情报工作委员会等机构的工作。

三、组建方案

组建第四届教育部高等学校图书情报工作指导委员会，同时组建高职高专院校分委员会。

1. 第四届教育部高等学校图书情报工作指导委员会。设主任委员1人，副主任委员若干人。委员总人数70人左右，委员任期五年。委员会设秘书处，办理委员会交办的事项和处理日常工作。

委员所在单位应为委员参加图工委工作提供必要的经费支持和便利条件。

2. 第四届教育部高等学校图书情报工作指导委员会高职高专院校分委员会。分委员会是图工委的分支机构，接受图工委的领导以及教育部相关机构的指导，负责高职高专院校图书馆相应工作。分委员会设主任委员1人，副主任委员2～3人。委员总数30人左右。委员任期五年。可根据需要设立秘书处。

分委员会主任委员同时担任教育部高等学校图书情报工作指导委员会副主任委员，副主任委员同时担任教育部高等学校图书情报工作指导委员会委员。

四、图工委委员任职条件

图工委委员来源包括高等学校符合相应任职条件的专家以及少量公共图书馆、科研院所等单位热心高等教育工作的图书馆方面的专家。

高等学校专家的任职条件：

1. 政治立场坚定，全面贯彻党的教育方针，遵纪守法。

2. 担任或近期曾担任过图书馆主要负责人不少于三年，或较长时间主管高校图书馆工作的校领导；熟悉图书馆业务，有丰富的图书馆管理经验；图工委委员要求担任研究馆员或其他正高级专业技术职务，分委员会委员要求担任副高级以上专业技术职务。

3．熟悉高等教育教学与科学研究工作。

4．组织协调能力较强，工作积极进取；本人及所在高校愿意承担或支持图工委的工作，为全国高校图书馆服务。

5．身体健康；委员年龄原则上不超过55周岁，主任委员、副主任委员原则上不超过60周岁。

公共图书馆、科研院所等非高校专家的任职条件参照高校专家的任职条件。

五、推荐办法

（一）各省级教育行政部门向我司推荐相应行政区域内高校（含中央部门和单位高校）专家。推荐人数不超过附件1所列限额人数要求，中央部门高校和地方高校专家数量各占50%左右（没有中央部门高校的除外）。此外，各省级教育行政部门还可推荐1名高职高专院校专家。

（二）上届图工委直接向我司推荐高校系统专家。推荐图工委委员人数不超过8人，高职高专委员不超过5人。此外，还可推荐公共图书馆或非教育部系统的科研院所图书馆方面专家2人。

我司将会同有关方面从推荐的专家中进行遴选，最终确定图工委及分委员会委员。

六、报送材料及报送方式

（一）各推荐单位和机构需报送正式推荐公文和推荐材料（推荐材料Access数据库结构见附件2）。报送工作截止日期为2013年4月20日。

（二）公文和推荐材料的纸质版邮寄地址：北京市西城区西单大木仓胡同37号教育部高等教育司教学条件处，邮编：100816；电子版发送信箱：gaojs_jxtj@moe.edu.cn。联系人：张杰、都昌满，联系电话：010-66096925。

附件：1．省级教育行政部门推荐图工委委员人数限额表

　　　2．新一届教育部高等学校图书情报工作指导委员会委员推荐材料Access数据库结构

教育部高等教育司

2013年3月14日

附件1：

省级教育行政部门推荐图工委委员人数限额表

序号	地区	推荐限额	序号	地区	推荐限额
1	北京	12	17	湖北	6
2	天津	2	18	湖南	2
3	河北	4	19	广东	4
4	山西	1	20	广西	1
5	内蒙古	1	21	海南	1
6	辽宁	4	22	重庆	2
7	吉林	2	23	四川	4
8	黑龙江	2	24	贵州	1
9	上海	6	25	云南	1
10	江苏	6	26	西藏	1
11	浙江	2	27	陕西	4
12	安徽	2	28	甘肃	2
13	福建	2	29	青海	1
14	江西	1	30	宁夏	2
15	山东	4	31	新疆	1
16	河南	2	32	建设兵团	1
总计					87

（注：以上限额不包括各地区可推荐的1名高职高专院校专家）

附件2：（略）

7. 教育部关于成立第四届教育部高等学校图书情报工作指导委员会的通知

（教高函〔2013〕7号）

各省、自治区、直辖市教育厅（教委），新疆生产建设兵团教育局，有关部门（单位）教育司（局），部属各高等学校，有关单位：

为加强我部对高等学校图书情报工作的宏观管理和指导，充分发挥专家学者在高校图书情报工作中的研究咨询等作用，推动高等教育内涵式发展，经认真研究并征求有关方面意见，我部决定成立第四届教育部高等学校图书情报工作指导委员会及其高职高专院校分委员会（以下简称图工委）。现将有关事项通知如下。

一、图工委性质

教育部高等学校图书情报工作指导委员会是在教育部领导下的专家组织，具有非常设学术机构的性质，接受教育部的委托，组织开展全国普通高等学校图书情报事业的咨询、研究、指导、评估、服务等工作。

二、图工委主要任务

（一）调查研究高等学校图书情报工作的状况，提出加强图书情报建设的意见和建议。

（二）进行高等学校图书馆改革发展和建设的研究，提供业务咨询。

（三）接受教育部的委托，开展以下业务：

1．促进高等学校图书情报事业整体化建设，推进文献信息资源的共建、共知和共享；

2．组织高等学校图书情报专业人员和管理干部的继续教育和培训；

3．组织图书情报工作的经验交流和学术研讨活动；

4．对高等学校图书情报工作进行检查评估和成果评价；

5．参加全国图书情报工作的协作、协调。

（四）编辑出版有关高等学校图书情报工作的书刊，宣传高等学校图书馆的职能和作用。

（五）调研国外图书情报工作的情况和发展趋势，开展对外交流。

（六）联系和指导各地区、各部委高等学校图书情报工作委员会等机构的工作。

（七）承担教育部委托的其他任务。

三、图工委组成

第四届图工委委员及高职高专院校分委员会委员等成员是在省级教育行政部门和上届图工委推荐的基础上，经我部组织有关专家认真评议并征求有关方面意见后产生的（成员名单见附件）。委员任期自发文日起，至2017年12月31日止。

四、图工委工作方式

图工委工作由主任委员全面负责，副主任委员分工负责或协助主任委员开展工作；图工委设秘书处，处理日常行政性事务，秘书处挂靠在北京大学图书馆。

高职高专院校分委员会是图工委的分支机构，在图工委的领导下，负责高职高专院校图书情报相应工作，秘书处挂靠在天津医学高等专科学校。

我部高等教育司教学条件处负责与图工委的日常联系工作，职业教育与成人教育司高职与高专教育处分工负责与高职高专院校分委员会的日常联系工作。

各高校和有关单位应积极支持和配合图工委的工作，委员所在单位应为委员参加图工委工作提供必要的支持。

附件：第四届教育部高等学校图书情报工作指导委员会成员名单

教育部

2013年5月20日

附件：

第四届教育部高等学校图书情报工作指导委员会成员名单

主任委员：　朱　强　北京大学

副主任委员：邓景康　清华大学　　　　　　刘万国　东北师范大学

　　　　　　陈　进　上海交通大学　　　　洪修平　南京大学

　　　　　　萧德洪　厦门大学　　　　　　崔　波　郑州大学

　　　　　　燕今伟　武汉大学　　　　　　程焕文　中山大学

　　　　　　詹长智　海南大学　　　　　　马继刚　四川大学

　　　　　　杨文秀　天津医学高等专科学校

秘书长：　　陈　凌　北京大学（兼）

委　员：　　陈　凌　北京大学　　　　　　索传军　中国人民大学

　　　　　　韩宝明　北京交通大学　　　　季淑娟　北京科技大学

　　　　　　刘　利　北京师范大学　　　　杨晓光　北京航空航天大学

　　　　　　阮平南　北京工业大学　　　　马　路　首都医科大学

　　　　　　方　敏　首都师范大学　　　　张　毅　南开大学

　　　　　　唐承秀　天津财经大学　　　　张长安　河北大学

　　　　　　李景峰　山西大学　　　　　　郭俊平　内蒙古工业大学

　　　　　　刘　斌　大连理工大学　　　　王　宇　沈阳师范大学

　　　　　　王铁成　哈尔滨工业大学　　　胡宝忠　东北农业大学

　　　　　　严　峰　复旦大学　　　　　　慎金花　同济大学

　　　　　　余海宪　华东师范大学　　　　李笑野　上海财经大学

　　　　　　顾建新　东南大学　　　　　　卢章平　江苏大学

　　　　　　张建平　南京师范大学　　　　马景娣　浙江大学

　　　　　　张淑林　中国科学技术大学　　储节旺　安徽大学

　　　　　　刘小强　江西师范大学　　　　韩子军　山东大学

　　　　　　隋文慧　山东师范大学　　　　李景文　河南大学

　　　　　　李光玉　华中科技大学　　　　李玉海　华中师范大学

　　　　　　田启华　三峡大学　　　　　　郑章飞　湖南大学

　　　　　　张日清　中南林业科技大学　　张道义　深圳大学

　　　　　　顾　萍　南方医科大学　　　　徐尚进　广西大学

　　　　　　彭晓东　重庆大学　　　　　　高　凡　西南交通大学

　　　　　　杨长平　四川农业大学　　　　张伟云　贵州师范大学

朱　曦　云南师范大学　　　　　　尼玛扎西　西藏大学

王　元　西安交通大学　　　　　　李铁虎　西北工业大学

雷　震　西北大学　　　　　　　　沙勇忠　兰州大学

刘　霞　青海师范大学　　　　　　蔡永贵　宁夏大学

蒋海军　新疆大学　　　　　　　　刘春林　国防科技大学

卢　兵　南京工业职业技术学院　　郭向勇　深圳职业技术学院

张晓林　中国科学院文献情报中心　陈　力　中国国家图书馆

高职高专院校分委员会成员名单

主任委员：　杨文秀　天津医学高等专科学校

副主任委员：卢　兵　南京工业职业技术学院　　郭向勇　深圳职业技术学院

秘书长：　　赵蕴珍　天津医学高等专科学校

委　员：　　张兆忠　北京工业职业技术学院　　梁瑞敏　石家庄职业技术学院

吴秋懿　内蒙古建筑职业技术学院　杜贵明　长春职业技术学院

杨　柳　哈尔滨职业技术学院　　　陈　能　上海旅游高等专科学校

冯　渊　无锡职业技术学院　　　　周　云　浙江建设职业技术学院

李　雪　安徽职业技术学院　　　　陈艳红　福建船政交通职业学院

陈晓江　九江职业技术学院　　　　孔　燕　山东旅游职业学院

刘红普　河南工业职业技术学院　　柳金发　武汉职业技术学院

唐晓应　长沙商贸旅游职业技术学院

王永宁　南宁职业技术学院　　　　赵会平　琼台师范高等专科学校

陈　燕　重庆医药高等专科学校　　张　勇　成都航空职业技术学院

安　军　贵州交通职业技术学院　　王晓江　陕西工业职业技术学院

宋贤钧　兰州石化职业技术学院　　杨贵泉　新疆农业职业技术学院

二、陕西省教育厅关于高校图书馆工作的重要文件

1. 关于印发《2000年陕西省高校图书情报工作委员会会议纪要》的通知

（陕教高〔2001〕21号）

各高等学校：

2000年陕西省高等学校图书情报工作委员会会议，于2001年1月5日至7日在陕西杨凌召开。现将《2000年陕西省高等学校图书情报工作委员会会议纪要》《陕西省教育厅副厅长郝瑜在2000年省高校图工委会议上的讲话》《陕西省高校图工委2001年工作要点》印发给你们，请各校组织传达、贯彻会议精神，进一步加强对高校图书馆工作的领导，积极推进高校图书馆文献资源建设、自动化建设、专业技术队伍建设，以

文献保障体系建设促进全省高校图书馆的整体化建设，切实发挥高校图书馆在"高等学校的三大支柱之一"的作用。解放思想、脚踏实地、积极工作、锐意创新，为开创我省高校图书馆工作新局面而努力。

附件：

1. 2000年陕西省高等学校图书情报工作委员会会议纪要

2. 陕西省教育厅副厅长郝瑜在2000年省高校图工委会议上讲话

3. 陕西省高校图工委2001年工作要点

陕西省教育厅
二〇〇一年三月四日

附件：（略）

2. 关于报送全省高校图书馆先进集体和先进个人推荐名单的通知

（陕教高办〔2001〕13号）

各高等学校：

高等学校图书馆是学校的文献信息中心，是为教学和科学研究服务的学术机构，是学校信息化和社会信息化的重要基地。高等学校的图书馆工作是学校教学和科学研究工作的有机组成部分。近几年来，我省高校图书馆工作取得了很大的进展，特别是在文献资源建设和自动化建设方面发展较快。为了不断提高业务工作质量和服务水平，更好地执行《普通高等学校图书馆规程》，最大限度地满足读者需要，为学校的教学和科研提供切实有效的文献保障。省教育厅决定于2001年12月对我省高校图书馆先进集体和先进工作者进行表彰，现将有关事项通知如下：

一、表彰范围

1. 先进集体：校（院）图书馆、图书馆部（室）。

2. 先进工作者：在编的高校图书馆人员（含部、室负责人）。

3. 优秀管理干部：学校图书馆正、副馆长、专职党总支（支部）书记。

二、评选比例

1. 先进工作者和优秀管理干部，按学校图书馆人员的4%左右评选上报，不足25名图书馆人员的学校可评选1名上报。

2. 先进集体根据先进集体条件评选，各院（校）限报1个。

三、评选条件

1. 先进集体

（1）领导班子能坚持四项基本原则，认真贯彻党和国家的各项方针、政策及

《普通高等学校图书馆规程》。领导班子团结、有开拓创新精神，具有凝聚力，思想政治工作抓得紧，图书馆精神文明成绩显著。

（2）建立和健全了图书馆（或本部门）各项规章制度，实行了定岗定编和全员聘任制度，有一套切实可行的考核办法，实行了量化管理和聘任制度，人事和分配制度改革调动了工作人员的积极性。积极采用计算机等现代化科技手段，严格遵循相关的国际国内标准，加强自动化、网络化、数字化建设，并随着新技术的应用调整作业流程，改变管理办法。

（3）能全面完成《普通高等学校图书馆规程》所规定的主要任务。已建设包括馆藏实体资源和网络虚拟资源在内的文献信息资源；采用现代技术，积极开发文献信息资源，开展主动、深层次的信息服务；积极开展用户教育工作，培养用户的信息意识和利用文献信息的技能；积极参与全国性或区域性的文献保障体系建设，开展多方面的协作、合作和学术交流，实现资源共享。

（4）初步建立了一支作风好、能力强、机构合理、有良好职业道德和热心为教学、科研服务的文献信息专业技术队伍；能有计划地进行在职人员的进修、培养和其他形式的专业和技术培训，提高工作人员的政治素质和业务素质，建立了严格的考勤、考核制度，努力钻研业务，协作精神好。

2．先进工作者

（1）认真学习政治理论，坚持四项基本原则。遵守各项规章，忠诚于人民的教育事业，热爱图书馆事业。

（2）刻苦钻研业务，提高工作效率，提高服务质量，成绩显著。

（3）优良的职业道德和全心全意为读者服务的精神，获得读者好评。

3．优秀管理干部

（1）坚持四项基本原则，认真执行党和国家的各项方针、政策，任人唯贤、办事公正。

（2）积极开拓创新，勇于改革，努力钻研业务，在改革中取得显著成绩。

（3）以身作则，团结同志，善于调动群众积极性，在群众中有较高威信。

四、评选方法

1．各高校图书馆要先在全体人员中进行动员，充分发动和组织群众认真酝酿提名，然后召开有部（室）主任参加的馆务会议讨论确定候选人，再由图书馆馆长办公室会议或馆长书记联席会议研究审定。

各校评选出的先进集体、先进工作者、优秀管理干部，均由主管校（院）长在登记表上签署意见后连同推荐文件一并报陕西省高校图工委秘书处（西安交通大学图书馆内），先进集体要报材料。

2．有关材料请于2001年11月10日前送陕西省高校图工委秘书处，经图工委审查、汇总后，报省教育厅审批。

五、表彰大会定于2001年12月举行（具体日期另行通知）

附：先进集体、先进个人、优秀管理干部登记表

陕西省教育厅办公室

二〇〇一年十月二十三日

附件：（略）

3．关于表彰陕西省高等学校图书馆先进集体和先进个人的决定

（陕教高〔2001〕105号）

各普通高等学校：

近年来，我省普通高校图书馆事业有了很大发展，高校图书馆工作取得了一定的成绩，特别是在文献资源建设和自动化建设方面发展较快。各高校图书馆不断提高服务水平，认真执行《普通高等学校图书馆规程》，最大限度地满足读者需求，为学校教学和科研工作提供了切实有效的文献保障，受到广大师生的肯定和欢迎。为了表彰先进，促进工作，现决定授予西安交通大学等22个图书馆（部室）全省高校图书馆先进集体称号，授予马龙超等29名同志全省高校图书馆优秀管理干部称号，授予于富群等58名同志为全省高校图书馆先进个人称号。希望全省高校图书馆及其工作人员以这些单位和个人为榜样，把我省高校图书馆工作推上一个新台阶。

附：陕西省高校图书馆先进集体、优秀管理干部、先进个人名单

陕西省教育厅

二〇〇一年十二月十三日

附：

陕西省高校图书馆先进集体、优秀管理干部、先进个人名单

一、陕西省高校图书馆先进集体

西安交通大学图书馆	西北工业大学图书馆	西安电子科技大学图书馆
西北大学图书馆	长安大学图书馆	西北农林科技大学图书馆
陕西师范大学图书馆	西安理工大学图书馆	西安建筑科技大学图书馆
西安石油学院图书馆	宝鸡文理学院图书馆	西安统计学院图书馆

渭南师范学院图书馆	榆林高等专科学校图书馆
延安大学图书馆医学分馆	西安工业学院图书馆采编部
西安外国语学院图书馆阅览部	西安邮电学院图书馆期刊情报部
西安音乐学院图书馆流通部	咸阳师范学院图书馆期刊部
陕西中医学院图书馆流通部	西京大学图书馆采编部

二、陕西省高校图书馆优秀管理干部

马龙超　工廷满　工思哲　工　浩　工瑞斌　刘晓燕　邢永华　孙金峰　李元福
李先文　李宝英　杨邦俊　张西亚　吴引定　何道利　苟文选　孟平选　侯扬善
姚书超　郭兴超　顾召兰　康万武　康怀远　康俊松　裴世荷　惠晓秋　褚东翔
雷　震　赖金福

三、陕西省高校图书馆先进个人

于富群　马东霞　马　燕　千振东　王　波　王　虹　王　涛　王豫柱　云　青
艾克利　田少茹　田向阳　生　琴　刘桂茹　刘　薇　庄三钧　许　洁　闫晓弟
关　萍　孙沛勋　宋武伟　杜　莉　杜　鹏　李长荣　李红兵　李志俊　李　炯
杨　杞　杨晓临　张　东　张　县　张应祥　张靖安　陈建文　陈勋岭　余秀琴
范长荣　周永兴　周　翔　姜渭洪　赵玉芬　赵增新　郭万江　郭秦茂　郭喜凤
高坐仓　高武奇　高振祥　高淑英　袁红梅　徐　军　徐纲红　梁转琴　曹　臻
蒋林宙　韩小莉　彭　英　薛秦芬

4. 关于在陕西普通高等学校开展图书馆评估工作的通知

（陕教高〔2002〕85号）

各普通高等学校：

　　为了促进陕西普通高校图书馆文献资源建设和自动化建设步伐，根据2002年教育部颁布的《普通高等学校图书馆规程（修订）》的各项要求，省教育厅决定对陕西普通高校图书馆文献资源建设和自动化建设进行一次专项评估。现将《陕西普通高等学校图书馆评估实施办法》及《陕西普通高校图书馆评估指标体系》印发给你们，请各校按照评估文件的要求，对本校图书馆进行自评，在2002年10月30日前将自测表交省高校图工委秘书处（地址在西安交大图书馆）。

　　学校自评工作结束后，省教育厅将在适当时候委托专家组到各校进行实际测评检查，具体日程另行通知。

　　附件：1.《陕西普通高等学校图书馆评估实施办法》

　　　　　2.《陕西普通高等学校图书馆评估指标体系》

3.《陕西普通高等学校图书馆评估自测表》

陕西省教育厅

二〇〇二年七月四日

附件1：

陕西普通高等学校图书馆评估实施办法

为促进陕西普通高校图书馆的文献信息资源建设和自动化建设，根据2002年教育部颁布的《普通高等学校图书馆规程（修订）》的各项要求，省教育厅决定对全省普通高校图书馆文献资源建设和自动化建设情况进行一次专项评估。评估工作按照"以评促建、以评促改、评建结合、重在建设"的指导思想和依照评估指标体系进行，为做好此项工作，特提出以下实施办法。

一、制定指标体系的原则

评估指标体系是开展评估工作的指导性文件，评估指标体系的制定，必须遵循以下原则。

1. 导向性原则

21世纪是信息技术高速发展的世纪，21世纪的高校图书馆，将呈现文献载体多元化、馆藏文献数字化、文献传递高速化、工作手段现代化的发展趋势。评估指标体系应主动适应这一发展趋势，在图书馆文献资源建设和自动化建设方面，既要考虑目前的工作状况，又要充分体现以上发展趋势，起到良好的导向作用。

2. 科学性原则

在评估指标体系中，评估项目的设置及其分值的确定，应充分考虑到我省高校图书馆的实际，考虑各种不同类型、不同规模图书馆的馆藏基础和工作基础，采取分类评估的办法，将陕西普通高校图书馆划分为"211工程"建设院校和教育部直属高校、普通本科院校、专科（高职）院校等三个类型，分别制订不同的评分标准。

3. 实用性原则

评估指标体系要符合我省区域经济发展的实际，符合我省高校图书馆的实际，简明扼要，便于操作。

二、评估实施办法

本次评估，采取各馆自评和专家测评相结合的办法，由省教育厅主持，省高校图工委具体组织实施。

1. 准备工作

（1）聘请本省高校图书馆的专家、学者，组成陕西普通高校图书馆评估专家组；

（2）召开评估专家组会议，统一认识、统一标准、统一办法；

（3）选择3个不同规模、不同类型的图书馆，进行测评试点。

2．各馆自评

评估指标体系经有关会议通过后，由省教育厅下发全省各普通高等院校。各高校图书馆对照指标体系的要求，逐项进行自评，并于规定的期限将自测表上交省高校图工委秘书处。

3．专家测评

（1）由省教育厅向各高校发文，安排部署陕西普通高校图书馆实地评估工作；

（2）具体实施测评。测评时，应安排被测评的主管校（院）长和图书馆馆长、书记、副馆长及部室主任参加，由主管校长或馆长向评估专家汇报自评情况，并回答专家组成员提出的问题；专家组成员对被测评馆进行测评，并填写《测评记分表》；测评结束后，进行座谈，由专家组向被评反馈测评意见和建议；

（3）全省普通高校图书馆测评结束后，由专家组汇总各馆得分情况，由省教育厅在适当的时间予以公布；

（4）召开评估专家组成员会议，对整个评估工作进行总结。

附件2：

陕西高等学校图书馆评估指标体系

评估项目	序号	评估内容	分值	内涵及评分办法		
				重点院校	普通本科院校	专科（高职）院校
A 文献资源建设	A1	生均藏书之比	6	达到或超过100册，记6分，达不到者，每减少10%，扣1.2分。	同左	同左
	A2	生均中外文现刊种数	6	生均纸质现刊达到或超过0.15种，其中外文现刊占有一定数量，记6分，未达到者，每减少0.03种，扣1.2分。	生均纸质现刊达到或超过0.12种，记6分，未达到者，每减少0.02种，扣1分。	生均纸质现刊达到或超过0.1种，记6分，未达到者，每减少0.02种，扣1.2分。
	A3	生均年进新书册数	6	生均年进新书达到或超过3册，其中外文图书占有一定数据量，计6分，未达到者，每减少0.1册，扣0.2分。	同左	同左
	A4	自建特色数据库情况	3	建有能够反映本馆馆藏特色的书目或全文数据库者，计3分，未建记0分。	同左	同左
	A5	电子文献购置经费占文献资源购置费的比例	6	电子文献购置经费占文献资源购置费的15%，记6分，每减少2%，扣1分。	电子文献购置经费占文献资源购置费的12%，记6分，每减少2%，扣1分。	电子文献购置费占文献资源购置的6%，记6分，每少1%，扣1分。
	A6	声像资料购置情况	2	购置有声像资料，并开展服务者，计2分，未购置声像资料或虽购置有声像资料但未开展服务者，计0分。	同左	同左

评估项目	序号	评估内容	分值	内涵及评分办法		
				重点院校	普通本科院校	专科（高职）院校
A 文献资源建设	A7	图书馆运行费占学校事业费的比例	10	图书馆运行费占学校事业费5%，记10分，每减少1%，扣2分。	同左	同左
	A8	是否使用《中图法》	2	1991年底前使用《中图法》或《科图法》者，记2分；每延迟拖后一年，扣0.5分。	同左	同左
	A9	文献分类标引质量	2	文献分类差错率在0.4%以下者，记2分；每超过0.2%，扣1分。	同左	同左
	A10	是否进行主题标引	2	原始编目开展主题标引者，计2分，未开展者，计0分。	同左	同左
	A11	文献主题标引质量	2	主题标引差错率在0.4%以下者，记2分；每超过0.2%，扣1分	同左	同左
	A12	何时开始进行计算机编目	5	1994年底前进行计算机编目者，记5分；每延迟1年，扣一分。	1996年底前进行计算机编目者，记5分；每延迟1年，扣1分。	目前已进行计算机编目者，记5分；未开展机编者，记0分。
	A13	是否利用外部数据源	2	利用者，记2分；尚未利用者，记0分。	同左	同左
	A14	文献加工周期	5	加工周期（文献验收—调度入库）：中外文图书低于4周，中外文现刊低于1周者记5分。中外文图书每拖延1周，扣1分；中外文现刊每拖延1天，扣0.2分。	同左	同左
	A15	目录体系建设情况	10	建设有体系完整的卡片式目录（分类目录、题名目录、责任者目录、主题目录）者，记4分，每缺一种，扣一分。（已建立机读目录数据库，且机读书目数据超过馆藏文献50%以上者，记4分，不再评估其卡片目录体系建设水平）建设有馆藏文献机读目录者，记3分；未建设机读目录者，记0分。积极开展回溯建库工作，现有书目数据占馆藏文献50%者，计3分，每减少15%，扣1分。	同左	同左
	A16	文献资源共建共享	6	参与全国或地区性文献采购协调，记2分；未参与者，记0分。参与全国或地区性联合编目或联合目录数据库建设，记3分。未参与者，记0分。参与馆际互借，记1分，未参与者，记0分。	同左	同左

评估项目	序号	评估内容	分值	内涵及评分办法		
				重点院校	普通本科院校	专科（高职）院校
B 自动化建设	B1	图书馆自动化建设专项经费	10	近三年校拨图书馆自动化建设经费总额在500万元以上者，记10分，每减少50万元，扣1分。	近三年校拨图书馆自动化建设经费总额在300万元以上者，记10分，每减少30万元，扣1分。	近三年校拨图书馆自动化建设经费总额在100万元以上者，记10分，每减少10万元，扣1分。
	B2	自动化建设队伍	3	主要从事图书馆自动化工作的人员能基本满足本馆自动化工作的需要，其中包括图书馆集成管理系统的维护、数据库维护、网络维护、系统开发、信息服务等5部分人员。每缺1类人员，扣0.6分。	主要从事图书馆自动化工作的人员能基本满足本馆自动化工作的需要，其中包括自动化系统维护、数据库维护、网络维护等3部分人员。每缺1类人员，扣1分。	主要从事图书馆自动化工作的人员能基本满足本馆自动化工作的需要，其中包括自动化系统维护、计算机信息服务等人员。每缺1类人员，扣1.5分。
	B3	全馆人员的自动化培训	3	近3年内，对全馆人员进行自动化培训，有关工作人员能熟练使用计算机开展工作者，记3分，每减少30%，扣1分。	同左	同左
	B4	网络设备	8	有专用服务器和不间断电源UPS（共4分），其中UPS占1分，各种不同功能的服务均有专用服务器，包括图书馆集成系统服务器、光盘塔（镜像）服务、主页服务器和E-mail服务器等，每缺一种专用服务器，扣1分；工作用机能满足现有工作的需要，记1分，存储设备能满足信息资源存储需求，记1分。否则，酌情扣分；读者检索终端能满足读者需要，记2分，否则，酌情扣分。	同左	有专用的图书馆集成系统服务器，记4分；工作用机基本满足需要，记2分；提供读者检索终端，记2分。
	B5	网络环境	8	有局域网，且能满足馆内工作和读者检索的需要，记2分；通过ＣＥＲＮＥＴ或电信网与INTERNET相连，记2分；带宽能满足现有工作的需要，千兆到校园网，10M/100M交换到桌面记2分，否则，酌情扣分；信息点满足目前需要并预留一定数量的信息点，记2分。	有局域网，满足馆内工作和读者检索的需要，记2分；通过CERNET或电信网与INTERNET相连，记2分；带宽能满足现有工作的需要，百兆到校园网，10M到桌面，记2分，否则，酌情扣分；信息点满足目前需要并有预留，记2分。	有局域网，满足馆内工作和读者检索的需要，记2分；通过CERNET或电信网与INTERNET相连，记2分；带宽能满足现有工作的需要，记2分，否则，酌情扣分；信息点满足目前需要记2分。

评估项目	序号	评估内容	分值	内涵及评分办法		
				重点院校	普通本科院校	专科（高职）院校
B 自动化建设	B6	网络管理	6	网络管理人员经过专门的培训，管理水平较高，记2分，否则，酌情扣分； 使用先进的网管软件（含防火墙、防病毒软件），配置灵活、可实时检测（性能和故障）、可远程维护记2分，否则，酌情扣分； 制定有关网络安全的较完备的制度，记2分，否则，酌情扣分。	网络管理人员经过专门的培训，管理水平较高，记2分，否则，酌情扣分； 使用先进的网管软件（含防火墙、防病毒软件），配置灵活、可实时检测（性能和故障），记2分，否则，酌情扣分； 制定有关网络安全相关的制度，记2分。	有具有一定网络管理知识和水平的网络管理人员，记2分； 有网络管理的软件，记2分； 制定有关网络安全的制度，记2分。
	B7	图书馆集成系统	10	具有图书馆集成系统的基本功能：采访、编目、流通、期刊、公共检索（OPAC和WEBPAC均有）模块，记5分，每缺一种模块，扣1分； 系统稳定、可靠，具有Z39.50功能，并且易操作，记1分； 系统具有网上续借、预约和E-mail通知等功能，记1分； 具有完善、灵活的系统参数，记1分； 系统可扩充性好，系统升级和增加新的模块不需要特殊的参数设置和配置，记1分； 系统各模块响应速度快，记1分。	同左	使用了图书馆集成系统，记3分； 系统具有采访、编目、流通、期刊、公共检索等模块，记5分，每缺一种模块，扣1分； 系统稳定、可靠，并且易于操作，记2分。
	B8	集成系统应用情况	10	使用了采访、编目、流通、公共检索及期刊子系统。每缺一个子系统，或未开展网上预约、续借、E-mail通知服务，扣2分。	同左	使用了采访、编目、流通、公共检索及期刊子系统。每缺一个子系统，扣2分。
	B9	主页建设	6	主页栏目设置合理，逻辑结构清晰，记1分； 在内容上全面反映图书馆的馆藏和各项业务工作，记2分； 开展网络资源导航，记1分； 24小时向读者开放，记1分； 按需要及时更新记1分。	同左	有图书馆的主页，记2分； 主页栏目包括有图书馆简介、书目信息、业务概况等基本内容，记3分，每缺1项，扣1分； 按需要及时更新，记1分。

续表

评估项目	序号	评估内容	分值	内涵及评分办法		
				重点院校	普通本科院校	专科（高职）院校
B 自动化建设	B10	电子阅览室建设	5	电子阅览室具有一定规模，计算机100台，记2分，否则，酌情扣分。 为读者提供多种不同的上机环境，如：装有读者所需的不同的应用软件，提供打印等服务，记2分； 机器是多媒体配置，记1分。	电子阅览室具有一定规模，计算机80台，记2分，否则，酌情扣分； 为读者提供多种不同的上机环境，如：装有读者所需的不同的应用软件，提供打印等服务，记2分； 机器是多媒体配置，记1分。	电子阅览室具有一定规模，计算机40台，记3分，否则，酌情扣分； 机器配置基本满足上网要求，记2分。
	B11	网络用户教育	4	使用网络用户教育课件，记1分； 对用户进行网络知识和如何使用网络数据库的宣传和培训，记3分。	同左	同左
	B12	办公自动化	2	图书馆人事、档案、业务、科研、经费、固定资产等实现计算机管理，记2分。每缺一项，扣0.4分。	同左	同左

说明：A1.图书馆总藏书量为馆藏印刷型、缩微型和声像型文献的总和（包括期刊合订本），不含电子版文献；学生人数是指全校各类学生的总和。按全日制本科学生当量计算。折算办法为：本科生为1，研究生为2，留学生为3。

A2.馆藏中外文现刊总数仅限于印刷型现刊；学生人数折算办法同A1。（下同）

A3.主要数据一般指近三年平均值，若只填某一年数据，应加以说明。

A4.不含各馆自建的OPAC。

A7.图书馆运行费，包括文献信息资源购置费、设备设施维护费、办公费等。文献信息资源购置费按学校正常拨款计算，不含各种专项建设经费和其他渠道来源的经费（如：世界银行贷款、学位专款，以及捐款、赠款等）。

A9、A11.由专家组在各馆书目数据库或卡片目录中随机抽查某大类和某几个主题词文献的标引情况，进行定量评估。

附件3：

陕西普通高等学校图书馆评估自测表

学校＿＿＿＿＿＿＿＿＿＿＿＿＿＿（盖章）　　　　　2002年　　月　　日

评估项目	序号	评估内容	简要评语或主要计算数据	得分	备注
A 文献资源建设	A1	生均藏书量之比			
	A2	生均中外文现刊种数			
	A3	生均年进新书册数			
	A4	自建特色数据库			
	A5	电子资源购置经费占文献资源购置费的比例			
	A6	声像资料购置情况			

A 文 献 资 源 建 设	A7	图书馆运行费与学校事业费的比例			
	A8	是否使用《中图法》			
	A9	文献分类标引质量			
	A10	是否进行主题标引			
	A11	文献主题标引质量			
	A12	何时进行计算机编目			
	A13	是否利用外部数据源			
	A14	文献加工周期			
	A15	目录体系建设情况			
	A16	文献资源共建共享			
B 自 动 化 建 设	B1	图书馆自动化建设专项经费			
	B2	自动化建设队伍			
	B3	全馆人员的自动化培训			
	B4	网络设备			
	B5	网络环境			
	B6	网络管理			
	B7	图书馆集成系统			
	B8	集成系统应用情况			
	B9	主页建设			
	B10	电子阅览室建设			
	B11	网络用户教育			
	B12	办公自动化			

馆长意见：

签字：
年　　　　月　　　　日

主管校（院）长意见：

签字：
年　　　　月　　　　日

5. 关于成立陕西省高校图书馆评估工作专家组的通知

（陕教高办〔2003〕1号）

各高等学校：

为确保我省高校图书馆评估工作的顺利进行，经研究，决定成立陕西省高校图书馆评估工作专家组。评估专家组的主要任务是：对我省高校图书馆评估工作进行调查研究，制订省高校图书馆评估文件（指标体系、实施细则等），完成全省高校图书馆评估实测工作，总结评估全过程工作，完成陕西省高校图书馆评估工作总结报告。

陕西省高校图书馆评估工作专家组由下列人员组成：

组　长：郝　瑜　陕西省教育厅副厅长

副组长：周敬恩　陕西省高校图工委秘书长、西安交通大学图书馆馆长、教授

　　　　康万武　陕西师范大学图书馆副馆长、副研究馆员

　　　　武亚莉　陕西省教育厅高教处副处长

成　员：

　　　　马龙超　副研究馆员，西北政法学院图书馆

　　　　王廷满　副研究馆员，西安科技学院图书馆

　　　　王学华　副研究馆员，西安电子科技大学图书馆

　　　　王建华　副研究馆员，西北工业大学金叶学院图书馆

　　　　王　浩　副研究馆员，西安理工大学图书馆

　　　　邓　滨　副研究馆员，陕西科技大学图书馆

　　　　可彦芳　副研究馆员，长安大学图书馆

　　　　刘　薇　副研究馆员，宝鸡文理学院图书馆

　　　　邢永华　研究员，西北农林科技大学图书馆

　　　　张大为　副研究馆员，西安工程科技学院图书馆

　　　　张西亚　副研究馆员，西安交通大学图书馆

　　　　张应祥　副研究馆员，西北工业大学图书馆

　　　　李志俊　副研究馆员，长安大学图书馆

　　　　杨邦俊　研究馆员，西安财经学院图书馆

　　　　苟文选　教授，西北工业大学图书馆

　　　　侯扬善　研究馆员，西安石油学院图书馆

　　　　钱亦珠　副研究馆员，西安联合大学图书馆

　　　　顾召兰　副研究馆员，西安工业学院图书馆

　　　　顾　刚　研究馆员，西安交通大学图书馆

　　　　曹　臻　副研究馆员，西北农林科技大学图书馆

　　　　雷　震　副研究馆员，西北大学图书馆

　　　　裴世荷　副研究馆员，西安建筑科技大学图书馆

　　　　樊来耀　教授，西安电子科技大学图书馆

　　　　魏京学　副研究馆员，陕西师范大学图书馆

陕西省教育厅办公室

二○○三年一月二十日

6. 关于做好2003年陕西省普通高等学校图书馆评估工作的通知

（陕教高〔2003〕3号）

各高等学校：

我厅《关于在陕西普通高等学校开展图书馆评估工作的通知》（陕教高〔2002〕85号）下发后，全省各普通高等学校按照文件精神，普遍对本校图书馆进行了自评。省教育厅研究决定，在2003年3至4月份，对全省普通高校图书馆进行一次评估实测。请各校按照本通知的要求，做好迎接图书馆评估实测的各项准备工作。现将评估实测的具体安排通知如下：

一、三月中旬选定三所不同类型、不同规模、具有一定代表性的高校图书馆，先行进行评估实测，以提高认识，统一标准，为全面开展实测积累经验。具体做法是：

1. 先进行实测的学校及实测的日期

西北工业大学图书馆（3月10日）

西安建筑科技大学图书馆（3月11日）

西安外事职业学院图书馆（3月12日）

2. 评估实测组人员组成

评估专家组正、副组长，各评估实测小组正、副组长。

3. 评估实测程序

①分管图书馆工作的校（院）长报告本校加强图书馆文献资源建设和自动化建设的情况及经验。（30分钟）

②图书馆馆长报告评估自测情况。（60分钟）

③评估实测组成员对该馆文献资源建设和自动化建设情况进行实地抽查。（90分钟）

④评估实测组对该馆自评报告和抽查情况进行讨论、分析。（60分钟）

⑤反馈评估意见。（30分钟）

二、三月中旬，分组对全省普通高校图书馆进行全面评估实测。具体做法是：

1. 将全省普通高校图书馆和参加评估实测专家组人员分为5个小组，分组进行评估实测。（分组名单见附件）

2. 评估实测时间一般定为一天，程序参照先进行实测的三个学校图书馆的程序进行。但对高职及专科学校图书馆的评估实测时间可减少到半天。

三、四月上旬，召开评估专家组会议，对本次评估实测进行全面总结，四月底前写出总结报告，报省教育厅。

四、评估费用（包括专家食宿及专家咨询费）由被评学校承担，专家咨询费标准为每个专家每校300元，专家往返被评学校的交通费用原则上由专家所在单位承担。

附件：陕西省高校图书馆评估实测分组名单及日程安排

陕西省教育厅

二〇〇三年一月二十日

附件：

陕西省高校图书馆评估实测分组名单及日程安排

分组号	评估学校（院）	专家组成
第一组	西安交通大学（3月18日）	樊来耀（组长）
	西北政法学院（3月20日）	裴世荷（副组长）
	西安财经学院（3月21日）	顾召兰
	西安美术学院（3月24日）	张应祥
	安康师范专科学校（3月31日）	刘薇
	商洛师范专科学校（4月2日）	
	西安培华女子大学（3月25日）	
	陕西医学高等专科学校（3月26日）	
	西安翻译职业学院（3月27日）	
	西安三资职业学院（3月28日）	
第二组	西安电子科技大学（3月19日）	苟文选（组长）
	西安理工大学（3月21日）	雷震（副组长）
	西安石油学院（3月24日）	马龙超
	西安邮电学院（3月25日）	张大为
	榆林高等专科学校（4月1日）	曹臻
	西安电力高等专科学校（3月26日）	
	陕西交通职业技术学院（3月27日）	
	陕西国防工业职业技术学院（3月28日）	
	西安欧亚职业学院（4月3日）	
第三组	陕西师范大学（3月19日）	邢永华（组长）
	陕西科技大学（3月24日）	王廷满（副组长）
	西安外国语学院（3月21日）	侯杨善

273

陕西中医学院（3月25日）   杨邦俊

咸阳师范学院（3月26日）   李志俊

西安工程科技学院（3月27日）

陕西职业技术学院（3月28日）

西京职业学院（3月31日）

西安航空职业技术学院（4月1日）

陕西工业职业技术学院（4月2日）

第四组 西北大学（3月18日）   康万武（组长）

西北农林科技大学（3月20日） 可彦芳（副组长）

西安工业学院（3月24日）   顾 刚

西安音乐学院（3月25日）   王学华

陕西理工学院（3月31日）   钱亦珠

杨凌职业技术学院（3月21日）

陕西服装艺术职业学院（3月26日）

陕西国际商贸职业学院（3月27日）

西安铁路职业技术学院（3月28日）

西安思源职业技术学院（4月2日）

第五组 长安大学（3月19日）   张西亚（组长）

西安科技学院（3月20日）   王 浩（副组长）

西安联合大学（3月24日）   王建华

西安体育学院（3月25日）   邓 滨

西安航空技术高等专科学校（3月26日）魏京学

宝鸡文理学院（3月27日）

渭南师范学院（3月28日）

陕西财经职业技术学院（3月31日）

西安高新科技职业学院（4月1日）

陕西能源职业技术学院（4月2日）

  *注：各组可根据具体情况调整评估实测时间，但应提前2～3天通知被评馆，并报图工委秘书处备案。

7. 陕西省教育厅关于公布2003年陕西普通高校图书馆评估结果的通知

（陕教高〔2003〕68号）

各普通高等学校：

为了认真贯彻执行教育部新颁布的《普通高等学校图书馆规程（修订）》，促进我省各高校加快文献资源建设和自动化建设，省教育厅于2002年6月下发了《关于在我省普通高等学校开展图书馆评估工作的通知》（陕教高〔2002〕85号），制定了图书馆评估实施办法和评估指标体系，成立了评估工作专家组，按照"以评促建，以评促改，评建结合，重在建设"的评估指导思想，采取分类评估的办法（将全省普通高校分为"211工程"建设院校及部委属院校、本科院校、高职高专院校三类，分别制定不同的评估指标和评分标准），在学校自评的基础上，于2003年3月中旬开始，分5个小组深入各校进行实测工作，4月全部结束。经过后期的数据分析与整理，得出了评估结论，目前本次图书馆评估工作已基本结束。现将2003年陕西普通高等学校图书馆评估结果公布给你们，请通过评估的院校认真总结经验，发扬成绩，解决存在的问题，继续加强图书馆建设；未参与本次评估或未通过评估的院校要按照评估指标体系的要求，寻找差距，加强建设，力争在2004年10月前完成整改和准备工作，接受省教育厅专家组的二次评估。

陕西省教育厅

二〇〇三年十一月十日

附件：

陕西普通高校图书馆评估合格院校名单

"211工程"建设及部委直属院校

西安交通大学	西北工业大学	西北大学
西北农林科技大学	西安电子科技大学	长安大学
陕西师范大学		

本科院校

西安科技大学	西安建筑科技大学	渭南师范学院
西安理工大学	西安工业学院	陕西科技大学

西安工程科技学院	西安财经学院	宝鸡文理学院
西安邮电学院	陕西理工学院	西安石油大学
延安大学	西北政法学院	咸阳师范学院

高职高专院校

西京职业学院	西安外事职业学院	西安翻译职业学院
西安电力高等专科学校	陕西财经职业技术学院	榆林学院
西安文理学院	西安铁路职业技术学院	陕西能源职业技术学院
陕西职业技术学院	陕西国防工业职业技术学院	杨凌职业技术学院
西安培华学院	西安航空职业技术学院	西安思源职业学院
陕西交通职业技术学院	西安航空技术高等专科学校	陕西国际商贸职业学院
西安欧亚职业学院		

注：榆林学院、西安文理学院、西安培华学院2003年已经升格为本科院校，本次评估中仍按2002年底院校类型划分在高职高专院校中。

8. 陕西省教育厅办公室关于开展图书馆学、情报学优秀学术成果评奖活动的通知

（陕教高办〔2004〕15号）

各高等学校：

为调动和鼓励我省高校图书馆工作者从事科学研究的积极性，进一步提高学术研究水平，省教育厅决定在高等院校进行图书馆学情报学优秀学术成果评奖活动。现将有关事项通知如下：

一、评奖范围

1. 正式出版的图书馆学、情报学方面的著作或在省级以上期刊杂志社出版发行的期刊上公开发表的学术论文（增刊上发表的论文除外）。

2. 中国图书馆学会（包括各分支机构和专业委员会）、国际图联大会及其他国际会议主编的各种论文集收录的学术论文。

二、材料申报

1. 每个学校可推荐的论文数额为：①"211"院校，6项；②高职高专院校，2项；③其余院校为4项。

2. 每位作者原则上只允许申报一项公开出版、公开发表的学术成果。

3. 两人以上合作的成果，应以集体名义或第一作者名义申报。

4．申报者须填写、递交申请表（见附件1或附件2，或访问http：//202.117.24.24/html/tugw/tgw.htm下载）并递交学术成果原作1件、学术论文的复印件一式2份（必须有期刊、期（卷）次、日期的标识）。

5．本次优秀论文评审实行限额推荐制度，优秀论著评审不限额。本次评奖参评论文、论著的时限为2000年1月至2004年10月。

6．本次评奖参评论文、论著的时限为2000年1月至2004年10月。

7．凡已获得地市级及其以上奖励的学术成果不再参评。

8．推荐评审的学术成果须交纳评审费。收费标准：①著作类，50元／项；②论文类，30元／项。

三、评奖程序

1．各校自行组织推荐，将优秀论文及成果按时上报省图工委秘书处。由省教育厅聘请有关专家组成评审组，评审组对入围的学术成果进行评审，按照评审标准评出一等奖、二等奖。

2．由教育厅有关领导组成的奖励领导小组审定评审组的评审结果。

四、具体时间安排

1．2004年9月教育厅下发文件，各单位动员工作人员积极申报。

2．2004年10月各校完成推荐，并于10月30日之前将推荐表及入围学术成果的原件、复印件、评审费交省高校图工委秘书处（地址：西安交通大学图书馆新馆一层103室）。

3．2004年11月底之前，省教育厅组织专家评审，并将结果报送省教育厅审定。

4．2004年12月底，省教育厅进行表彰，颁发证书。

各高校要积极动员，认真组织，搞好本次评奖活动。查阅评奖活动相关文件可访问网址：http：//202.117.24.24／html／tugw／tgw.htm。本次活动由省高校图工委协办。

电话：82668113

地址：西安交通大学图书馆新馆一层l03室

Email：zhj@mail.lib.xjtu.edu.cn

附件：1．陕西省高校图书馆图书馆学情报学学术成果评奖申请表（著作类）

　　　2．陕西省高校图书馆图书馆学情报学学术成果评奖申请表（论文类）

陕西省教育厅办公室

二〇〇四年九月三十日

附件：（略）

9. 陕西省教育厅办公室关于对部分高等学校图书馆进行评估工作的通知

（陕教高办〔2004〕16号）

各有关高等学校：

为认真贯彻执行教育部新颁布的《普通高等学校图书馆规程（修订）》，省教育厅先后下发了《关于在陕西省普通高等学校开展图书馆评估工作的通知》（陕教高〔2002〕85号）及《关于做好2003年陕西省普通高等学校图书馆评估工作的通知》（陕教高〔2003〕3号）文件并组织有关专家，先后对大部分高校图书馆进行了检查评估，有力地推动了我省普通高等学校图书馆建设的步伐。根据工作安排，兹决定在今年11月进行对剩余12所院校图书馆的评估工作。现将具体事项安排如下：

一、各校自评

各有关院校图书馆对照指标体系的要求（指标体系与2003年相同，具体内容参见http：//202.117.24.24 / html / tugw / pinggu.htm），逐项进行自评，并于2004年10月25日前将自评材料交省高校图工委秘书处（地址：西安交通大学图书馆新馆一层103室）。

二、专家测评

（一）日程安排

2004年11月3日至8日，分3个小组进行评估实测，（具体安排及分组名单见附件）。

（二）专家组成

根据省教育厅《关于成立陕西省高校图书馆评估工作专家组的通知》（陕教高办〔2003〕1号），本次评估的专家在省教育厅2003年聘请的人员中产生。

三、评估费用

评估费用（包括专家食宿及专家咨询费）由参评学校承担，专家咨询费标准为每个专家每校300元，专家往返参评学校的交通费用原则上由专家所在单位承担。

附件：陕西省部分高校图书馆二次评估实测分组名单及日程安排

陕西省教育厅办公室
二〇〇四年十月九日

附件：

陕西省部分高校图书馆二次评估实测分组名单及日程安排

分组号	评估学校（院）	专家组成	备注
第一组	西安外国语学院（11月3日） 西安音乐学院（11月4日） 陕西工业职业技术学院（11月5日） 安康师范专科学校（11月8日）	樊来耀	组长
		裴世荷	副组长
		张应祥	
		李志俊	
		钱亦珠	
第二组	西安美术学院（11月3日） 西安体育学院（11月4日） 陕西服装艺术职业学院（11月5日） 商洛师范专科学校（11月8日）	苟文选	组长
		雷震	副组长
		曹臻	
		张大为	
		马龙超	
第三组	陕西医学高等专科学校（11月3日） 西安高新科技职业技术学院（11月4日） 西安三资职业学院（11月5日） 陕西中医学院（11月8日）	康万武	组长
		王廷满	副组长
		王浩	
		张西亚	
		邓滨	

10. 陕西省教育厅办公室关于公布陕西省高等学校图书馆学情报学优秀学术成果的通知

（陕教高办〔2005〕5号）

各有关高等学校：

为了进一步提高我省高等学校图书情报资料专业技术人员的学术研究水平，鼓励他们更好地做好本职工作，更好地为我省高等教育的全面、协调可持续发展提供优质服务，根据《陕西省教育厅办公室关于开展图书馆学、情报学优秀学术成果评奖活动的通知》（陕教高办〔2004〕15号）文件，省高校图书情报工作委员会对42所高校推荐上报的151篇论文、17部著作进行了严肃认真地评审。

经过各专业小组的初评和评审委员会的最后评议，并经无记名投票表决，评选出优秀论文一等奖15个，二等奖32个，三等奖70个；优秀著作一等奖3个，二等奖3个，三等奖8个。

现将评审结果予以公布（见附件）。

陕西省教育厅办公室

二〇〇五年三月十八日

附件：

陕西省高等院校图书馆学情报学优秀学术成果评审结果

陕西省高等院校图书馆学情报学优秀论文

（按第一作者姓名拼音排序）

一等奖

作者姓名	论文题目	第一作者单位
白君礼　李志俊	文献信息资源共享的博弈分析	西北农林科技大学
曹　臻	我国区域文献资源保障和服务系统的建设与发展	西北农林科技大学
苟文选　田苍林 张应祥	创建21世纪一流国防研究型大学图书馆的实践与探索	西北工业大学
郭秦茂	西北地区发展网络经济的客观制约因素分析	西安财经学院
李恩科　马玉祥 徐国华	信息系统综合评价的灰色层次分析法	西安电子科技大学
李志俊　吕建辉	数字图书馆公众化发展趋势分析	长安大学
梁蜀忠　董明强 苏春萍　孙金立	谈军队院校图书馆信息资源的共建共享	第四军医大学
强自力	国家文献供应中心模式研究及对"国家科技图书文献中心"的评价	西安交通大学
王　浩	图书馆网络信息服务的测评研究	西安理工大学
王廷满　沈　思	基于BP神经网络的图书发行量预测模型研究	西安科技大学
吴晓燕	构建陕西省文献信息资源共享体系模式的思考	咸阳师范学院
徐纲红	信息用户服务质量——层次性期望与满足	西安理工大学
禹伟民　徐建明 罗永强	军队综合大学文献信息保障体系的研究与实践	空军工程大学工程学院
张惠君	CALIS"重点学科网络资源导航库""十五"建设思考	西安交通大学
张　梅	读者权利的法哲学思考	西安文理学院

二等奖

作者姓名	论文题目	第一作者单位
敖海波	关于军队政治工作数字图书馆建设的几个问题	解放军西安政治学院
陈桂荣	构筑面向二十一世纪的高校图书馆	西北农林科技大学
陈海龙	利用RAID实现电子出版物辅助阅览	长安大学
樊红侠	光盘型电子出版物著录浅析	西安建筑科技大学
冯婷安	论图书馆信息资源管理系统的运行环境	长安大学
何美珍	基于Internet的学位论文信息资源组织运作方式分析	西安电子科技大学
呼德福	对《中图法》第四版音乐类目设置的探讨	西安音乐学院
胡发泉	校园网建设中图书馆子网的模型及功能设计	西安科技大学
康延兴　李恩科	我国引文数据库发展的现状与方向分析	西安电子科技大学
寇钧锋	我国图书消费的影响因素和发展对策	陕西师范大学
雷润玲	模型分析：用户偏好对数字图书馆建设的影响	西安交通大学
雷　震	陕西高校图书馆事业发展综述	西北大学

作者姓名	论文题目	第一作者单位
李　娟	基于Lotus Domino/Notes的图书馆业务流程管理的设计与实现	西安交通大学
李永明	中国古代墓志铭的源流	西藏民族学院
刘崇学	论网络信息资源的有效组织与开发	宝鸡文理学院
陆　地	论西北地区网络经济基础及市场前景	西安财经学院
齐维轩	从失效专利的侵权谈强化情报服务的法制意识	西安邮电学院
任福珍	图书馆系统的无序现象及其有效控制	延安大学
邵　晶　许文华　郑庆华	对我国高校图书馆引进电子资源后续问题的思考及建议	西安交通大学
沈　思	图书购置经费的模糊综合评判模型	西安科技大学
师俏梅	用PHP建立学位论文数据库	西北工业大学
苏春萍　郭桂兰　李希明　董明强	网络环境下图书馆信息服务发展思路	第四军医大学
王长安	我国科技期刊逻辑增长模型的研究	陕西理工学院
王晋生	我国图书馆学、情报学核心期刊学术影响力的分析	西安石油大学
武立新	知识经济环境中图书馆员的信息素质探析	西北工业大学
谢彦卯	中国古代书价研究	西北大学
杨　杞	王金祥先生图书情报工作生涯及其治学	西北政法学院
姚小涛	高校数字图书馆信息服务平台的构建	西安建筑科技大学
袁素瑛　郭　奇　李望舒　曹　沛	我省高职高专院校图书馆现代技术应用情况调查	西安铁路运输学校
张　力	陕西师范大学图书馆网络系统建设和集成系统的实现	陕西师范大学
张林治	高校图书馆高价外文原版期刊的订购和利用	西安电子科技大学
赵怀忠	关于21世纪文献信息资源共享的思考	渭南师范学院

三等奖

作者姓名	论文题目	第一作者单位
安　娜	网络环境下图书馆的职能创新与机构重组	西安财经学院
卜新平	高校图书馆心理育人举措初探	西安工业学院
陈　泉	图书期刊出版种数的灰色预测模型	西安科技大学
陈文爱	关于图书馆信息管理系统规划的思考	西安财经学院
谌章俊	Ontology技术在Web中的应用	宝鸡文理学院
单亚莉	1985年以来我国音乐文献学研究综述	西安音乐学院
邓　玲　王西女	布拉德福定律在藏学核心期刊研究中的应用	西藏民族学院
董　镝	关于军校图书馆数字化的几个知识产权问题	空军工程大学工程学院
董明强　李广德　吴奇才	谈网络灰色文献"白色化"	第四军医大学
冯会勤	论"CC"标记制度对《中图法》修订的借鉴作用	西安理工大学
顾召兰　王玲芳	基于高校图书馆的大学生信息素质教育	西安工业学院
郭俊仓　杜亚勤	方正排版系统中Word插图和文本的利用	西安工业学院
郭　梅	磁盘存储技术在电子阅览室中的应用	西安电力高等专科学校
侯荣理　赵明臣	转型时期高校图书馆的学科馆员制度	西安石油大学

作者姓名	论文题目	第一作者单位
贾宇群	对12类中文图书著录的思考	西北工业大学
景月亲	乐谱与音响资料版本现象探微	西安音乐学院
鞠建伟　梁花侠	强化科技查新质量的全程控制	西北农林科技大学
来雪玲	图书馆引进读者评估监督机制的思考	西北政法学院
李长荣	原作真迹走进课堂，深化美术史论教学	西安美术学院
李　力	SCI与科研绩效评价	陕西科技大学
梁花侠	加强三个教学环节 提高文检课教学质量	西北农林科技大学
梁　云　陈　鹰	科技论文被三大检索工具收录的影响因素	长安大学
刘　静	信息素质教育中的高校图书馆	陕西医学高等专科学校
刘卫利	试论图书馆工作法律责任及其多重承担	西安文理学院
鲁莉莉	网络环境下高校图书馆信息服务工作新探	咸阳师范学院
马炳厚　郭国庆 孙金立　张　勇	试论我国信息资源建设的新思考	第四军医大学
马东霞	略论音乐文学著录标准的实施与利用	西安音乐学院
南兴良	图书馆个性化服务的实现	西安建筑科技大学
钱亦珠　李向钢 周　园	现阶段高校图书馆采访工作的改革与调整	西安文理学院
屈红艳	试论市场经济条件下图书馆延伸智能的暂时性	杨凌职业技术学院
佘诗武	军事情报学的构建	第二炮兵工程学院
石　建　李广德	网络环境下图书情报学研究的创新与发展	第四军医大学
舒秀芳	网络数字技术与知识转化	渭南师范学院
宋　波	充分开发缩微文献资源 为重点学科服务	空军工程大学工程学院
孙金立　李路路 李希明　王　栋	论生物医学信息综合检索步骤与内容	第四军医大学
孙团结	美术学院图书馆特藏探微	西安美术学院
孙　艳	基于Web的Current Contents Connect检索系统	第四军医大学
田　军	文献信息服务量化的数学模型及其评价	西安电子科技大学
王爱霞	在西部大开发中充分发挥法学信息的功用	西北政法学院
王保兴	科技期刊开发和利用的新方案	长安大学
王东凯	抓住西部大开发机遇 积极开展信息服务	西安工程科技学院
王　辉　康美娟 连宇江	数字资源的整合探讨	西安石油大学
王　玲	简论图书馆网站建设的原则	西安石油大学
王　荣	谈高校图书馆书目数据库的标准化建设	咸阳师范学院
王若琳	我国数字图书馆存储现状与发展趋势	西北工业大学
王胜利	信息分析研究的现状和发展策略	西安邮电学院
王水岳	论信息商品及信息服务方式	西安理工大学
王晓丽	基于专业网站评价体系研究	西安交通大学
王新凤	民国时期陕北地方志的纂修	延安大学
王延凤	系统论方法在高校图书资料系统中的运用	延安大学
王一功　袁素瑛	高职高专院校数字图书馆的建设思路	西安航空技术高等专科学校

续表

作者姓名	论文题目	第一作者单位
韦经坤　魏青山	西北地区期刊联合目录数据库的建设	西安交通大学
魏京学	建设特色数据库，为西部开发服务	陕西师范大学
文玉萍	论西部开发中陕北地方文献的搜集与整理	延安大学
吴淑玲	利用Logistic模型预测我国数字图书馆的发展趋势	陕西科技大学
许智林	《复印报刊资料》图书馆学情报学类收录文献之分析	陕西理工学院
薛　玲　禹伟民	馆藏特色数据库建设初探	空军工程大学
闫晓弟　李　娟	图书馆信息资源整合解决方案	西安交通大学
严　红　邵小玲 尹　屹	关于书目数据质量控制问题的探讨	空军工程大学电讯工程学院
杨　萍	"人本"管理在图书馆管理中的运用	陕西师范大学
姚　霖　高武奇	NAS存储技术研究及应用	西安工业学院
游　红	网络电子期刊的开发与利用	西北大学
张大为	有关"三大检索系统"若干问题的评述	西安工程科技学院
张显锋	CI理论导入图书馆形象识别系统的初步探索	陕西理工学院
张艳华	高等教育信息服务中新的竞争空间	西安邮电学院
赵　军	建立新机文献数据库的研究与尝试	空军工程大学工程学院
赵岩碧　王　琛	INSPEC光盘数据库HEADFAST/Hunter检索系统分析评价	西北工业大学
钟继青	试论图书馆人力资源管理的新理念	宝鸡文理学院
周应萍	陕西省信息服务业的发展研究	西安财经学院
周育红	图书馆为学习型社会提供高效服务的途径	陕西科技大学

陕西省高等院校图书馆学情报学优秀著作

（按第一作者姓名拼音排序）

一等奖

作者姓名	著作信息	第一作者单位
苟文选　田苍林 张应祥	西北工业大学图书馆馆史	西北工业大学
叶春峰　韦经坤	医学信息检索与利用，西安交通大学出版社，2004	西安交通大学
张西亚　叶文礼 雷　震　裴世荷	陕西高校图书馆年鉴，西安交通大学出版社，2003	西安交通大学

二等奖

作者姓名	著作信息	第一作者单位
康万武　杨　萍 柯有香　姚学军 魏京学	高校图书馆与素质教育，人民教育出版社，2002	陕西师范大学
王　浩　张小宇 王海萍　李志强 刘观岗	计算机信息检索，西北大学出版社，2001	西安理工大学
许军娥	吴宓著译系年目录辑要，伊犁人民出版社，2000	咸阳师范学院

三等奖

作者姓名	著作信息	第一作者单位
杜香莉　梁花侠	现代文献信息检索与利用教程，西北大学出版社，2003	西北农林科技大学
方小容　蒋林宙	现代信息检索，陕西人民出版社，2004	陕西科技大学
郭兴超　王长安　张显锋	现代文献信息检索基础，三秦出版社，2003	陕西理工学院
佘诗武　陈平义 谭艺曼　梁蜀忠	图书馆事业导论，吉林人民出版社，2000	第二炮兵工程学院
史智忠　张治国　胡晓萍	网络环境下的高校图书馆理论与实务，陕西人民出版社，2004	西安财经学院
童止戈　徐建明	航空工程文献信息检索导论，航空工业出版社，2003	空军工程大学工程学院
王廷满　胡发泉 李惠芳　陈　泉	Internet时代的文献信息检索	西安科技大学
杨邦俊	向数字图书馆转型的图书馆工作，光明日报出版社，2004	西安思源学院

11. 关于陕西省高等学校图书情报工作委员会换届的通知

（陕教高办〔2005〕6号）

各高等学校：

按照《陕西省高等学校图书情报工作委员会章程》有关规定，陕西省高等学校图书资料工作委员会本届聘期已满。在各学校申报、推荐的基础上，省教育厅决定聘请下列人员为新一届陕西省高等学校图书情报工作委员会组成人员：

主任委员：　　蒋庄德　副校长　　　　　　　　西安交通大学

副主任委员：俞炳丰　图书馆馆长　　　　　　西安交通大学

　　　　　　　苟文选　图书馆馆长　　　　　　西北工业大学

　　　　　　　胥耀平　图书馆常务副馆长　　　西北农林科技大学

　　　　　　　李志武　图书馆馆长　　　　　　西安电子科技大学

　　　　　　　贾希鸣　图书馆副馆长　　　　　西北大学

　　　　　　　李志俊　图书馆副馆长　　　　　长安大学

　　　　　　　康万武　图书馆副馆长　　　　　陕西师范大学

　　　　　　　孔润年　图书馆馆长　　　　　　宝鸡文理学院

　　　　　　　王一功　图书馆馆长　　　　　　西安航空技术高等专科学校

　　　　　　　张西亚　图书馆常务副馆长　　　西安交通大学

　常务委员：（包括以上正副主任委员）

　　　　　　　王　浩　图书馆副馆长　　　　　西安理工大学

　　　　　　　裴世荷　图书馆常务副馆长　　　西安建筑科技大学

　　　　　　　邓　滨　图书馆副馆长　　　　　陕西科技大学

王廷满	图书馆馆长	西安科技大学
汉泽西	图书馆馆长	西安石油大学
冯德虎	图书馆馆长	陕西工业职业技术学院
马玉祥	图书馆馆长	西安欧亚学院

委员：各普通高等学校图书馆均为陕西省高等学校图书情报工作委员会委员单位，各现任图书馆馆长为委员。

秘书长：张西业（兼）

副秘书长：张惠君 西安交通大学

陕西省高等学校图书情报工作委员会秘书处设在西安交通大学图书馆。

陕西省教育厅办公室

二〇〇五年三月二十二日

12. 关于开展第五次全省普通高校图书馆先进集体和先进个人评选工作的通知

（陕教高〔2005〕52号）

各普通高等学校：

高等学校图书馆工作是高校教研工作的重要组成部分，图书馆的办馆水平也是高校教学水平评估的主要内容之一。为了进一步提高图书馆业务工作质量和服务水平，更好地贯彻落实教育部《普通高等学校图书馆规程》，最大限度地满足读者需求，省教育厅决定于近期对我省高校图书馆先进集体和先进个人进行表彰。现将有关事宜通知如下：

一、表彰范围及数量

（一）先进集体：校（院）图书馆。拟评选20个，请各校根据评选条件自由申报。

（二）先进个人：在编的高校图书馆工作人员。

（三）优秀管理干部：图书馆正、副馆长，专职党总支（支部）书记。

其中第（二）、（三）项共计评选80名。各校应按图书馆人员的4%评选上报，图书馆工作人员不足25名的学校可上报1人。

二、评选条件

（一）先进集体：

1. 领导班子能认真执行国家的教育方针，了解学校的学科建设目标，热爱图书馆事业，熟悉图书馆业务，有较强的组织管理能力。

2. 建立和健全了图书馆各项规章制度，制定了业务规范和岗位职责，有切实可行的考核办法。图书馆经费使用合理，文献信息资源购置费与学校教学科研的需要相适应，生均年购文献量不低于教育部的评估指标。

3．能全面完成《普通高等学校图书馆规程》所规定的任务。已建设包括馆藏实体资源和网络虚拟资源在内的文献信息资源体系，对资源进行科学加工和管理维护；积极采用现代化技术手段，严格遵循相关的国际国内标准，加强自动化、网络化及数字化建设；认真做好流通阅览、资源传送和参考咨询服务工作，积极开发文献信息资源，开展文献信息服务；积极开展用户教育工作，培养用户的信息意识和信息利用技能；积极参与全国性和区域性的文献保障体系建设，开展多方面的协作、合作和学术交流，实现资源共享。

4．具有一支作风好、能力强、结构合理、有良好职业道德的专业技术队伍。专业人员一般应具有大专以上学历，其中本科以上学历者应逐步达到60％以上。能有计划地进行在职人员的进修、培养及其他形式的专业和技术培训，提高工作人员的政治、业务素质。

5．在全省高校图书馆评估中成绩优异。

（二）先进个人：

1．遵守各项规章制度，热爱图书馆事业。

2．改革和创新意识较强，积极开展图书馆工作研究与实践。

3．精通业务，工作效率明显，同行和师生反映良好。

4．具有优良的职业道德和全心全意为读者服务的精神，获得读者好评。

（三）优秀管理干部：

1．认真执行党和国家的各项方针、政策，任人唯贤，办事公正。

2．开拓创新，勇于改革，努力钻研业务，积极推进和实施图书馆现代化建设，在工作中取得显著成绩。

3．以身作则，团结同志，善于调动群众积极性，在群众中有较高威信。

三、评选方法

（一）各高校图书馆在充分动员、认真提名的基础上，召开有部（室）主任参加的馆务会议确定候选人，再由图书馆馆长办公会议或馆长书记联席会议研究审定。

各校推荐出的先进集体、先进个人、优秀管理干部，均需填写登记表，由主管校（院）长签署意见后报陕西省高校图工委秘书处（地址：西安交通大学钱学森图书馆新馆一层103室），先进集体须报单行材料。

（二）有关材料请于2005年12月10日之前送陕西省高校图工委秘书处，经图工委审查、汇总后，由省教育厅组织评审、批准。

附：先进集体、先进个人、优秀管理干部登记表

陕西省教育厅

二〇〇五年十一月二十三日

附件：（略）

13. 关于表彰普通高等学校图书馆先进集体先进个人的决定

（陕教高〔2006〕3号）

各普通高等学校：

按照省教育厅《关于开展第五次全省普通高校图书馆先进集体和先进个人评选工作的通知》（陕教高办〔2005〕52号），在各校推荐的基础上，通过组织高校图书馆系统专家及有关人员评审，经省教育厅研究决定，西安交通大学图书馆等18所高校图书馆评为先进集体，张西亚等8名同志评为图书馆优秀管理干部，史建荣等68名同志评为图书馆先进个人（名单见附件）。

希望各先进集体、先进个人继续努力，再创佳绩；其他学校以先进集体、先进个人为榜样，加强图书馆的建设，强化管理、扎实工作、不断进取，为我省高校的教学科研事业做出更多的贡献。

陕西省教育厅

二○○六年二月十四日

附件：

普通高等学校图书馆先进集体、先进个人名单

先进集体（共18个）

西安交通大学图书馆	西北工业大学图书馆
西安电子科技大学图书馆	西北农林科技大学图书馆
长安大学图书馆	西北大学图书馆
陕西师范大学图书馆	陕西科技大学图书馆
西安建筑科技大学图书馆	西安理工大学图书馆
西安科技大学图书馆	西安工程科技学院图书馆
渭南师范学院图书馆	西安翻译学院图书馆
西安外事学院图书馆	杨凌职业技术学院图书馆
西安思源职业学院图书馆	西安铁路职业技术学院图书馆

优秀管理干部（共8名）

序号	姓名	单位	职务
1	张西亚	西安交通大学图书馆	常务副馆长
2	苟文选	西北工业大学图书馆	党支部书记、馆长

序号	姓名	单位	职务
3	康万武	陕西师范大学图书馆	副馆长
4	裴世荷	西安建筑科技大学图书馆	常务副馆长
5	王廷满	西安科技大学图书馆	馆长
6	张大为	西安工程科技学院图书馆	副馆长
7	高启秦	西安翻译学院图书馆	馆长
8	杨邦俊	西安思源职业学院图书馆	馆长

先进个人（共68名）

序号	姓名	单位	职务/职称
1	史建荣	西安交通大学图书馆	馆员
2	朱超敏	西安交通大学图书馆	馆员
3	闫瑞萍	西安交通大学图书馆	馆员
4	苏黎	西安交通大学图书馆	副研究馆员
5	耶健	西安交通大学图书馆	馆员
6	雷润玲	西安交通大学图书馆	副研究馆员
7	刘莎	西北工业大学图书馆	副研究馆员
8	赵雁碧	西北工业大学图书馆	副研究馆员
9	戚红梅	西北工业大学图书馆	馆员
10	田军	西安电子科技大学图书馆	馆长助理/副研究馆员
11	陈建文	西北农林科技大学图书馆	馆员
12	陈桂荣	西北农林科技大学图书馆	研究馆员
13	周东晓	西北农林科技大学图书馆	副研究馆员
14	曹臻	西北农林科技大学图书馆	副研究馆员
15	杨来保	长安大学图书馆	副研究馆员
16	陈月影	长安大学图书馆	副研究馆员
17	夏旭	长安大学图书馆	馆员
18	曹关中	长安大学图书馆	讲师
19	王公尚	西北大学图书馆	馆员
20	王春香	西北大学图书馆	馆员
21	李明	陕西师范大学图书馆	馆员
22	高振祥	陕西师范大学图书馆	馆员
23	艾学涛	陕西师范大学图书馆	馆员
24	白民民	西安建筑科技大学图书馆	副研究馆员
25	朱平	西安理工大学图书馆	馆员
26	李苏媚	西安理工大学图书馆	馆员
27	杜西霞	西安理工大学图书馆	馆员
28	于江舟	西安科技大学图书馆	副研究馆员
29	孟春全	西安科技大学图书馆	馆员
30	张馨	西安石油大学图书馆	馆员
31	李新萍	西安石油大学图书馆	馆员

序号	姓名	单位	职务/职称
32	马龙超	西北政法学院图书馆	馆长/副研究馆员
33	崔红雁	西北政法学院图书馆	馆员
34	董慧玲	西安工程科技学院图书馆	馆员
35	王胜利	西安邮电学院图书馆	副研究馆员
36	史智忠	西安财经学院图书馆	馆长/教授
37	郭秦茂	西安财经学院图书馆	副研究馆员
38	龚爱红	西安财经学院图书馆	馆员
39	吕建峰	西安体育学院图书馆	馆员
40	张立宪	西安美术学院图书馆	馆员/教授
41	任福珍	延安大学图书馆	研究馆员
42	赵振峰	延安大学图书馆	馆长
43	田焕娥	陕西理工学院图书馆	馆员
44	孙庆莉	陕西理工学院图书馆	馆员
45	孔润年	宝鸡文理学院图书馆	馆长/教授
46	修 晓	陕西中医学院图书馆	采编部主任/副研究馆员
47	刘文学	渭南师范学院图书馆	馆员
48	康庆余	渭南师范学院图书馆	副教授
49	刘凤琴	咸阳师范学院图书馆	馆员
50	赵军平	咸阳师范学院图书馆	馆员
51	李歌维	榆林学院图书馆	馆员
52	韩占明	榆林学院图书馆	馆长
53	李向钢	西安文理学院图书馆	馆员
54	尤庆莉	西安培华学院图书馆	助理馆员
55	王 波	西安外事学院图书馆	助理馆员
56	翟小林	西安欧亚学院图书馆	无
57	张淑玲	西京学院图书馆	副馆长
58	毛华荣	西安航空技术高等专科学校图书馆	馆员
59	张 敏	陕西医学高等专科学校图书馆	馆员
60	成一萍	西安电力高等专科学校图书馆	馆员
61	姚书超	商洛师范专科学校图书馆	馆长
62	冯德虎	陕西工业职业技术学院图书馆	馆长/副教授
63	李 娜	陕西职业技术学院图书馆	助理馆员
64	张广超	陕西交通职业技术学院图书馆	馆长/副教授
65	孟繁增	陕西国防工业职业技术学院图书馆	信息处处长兼图书馆馆长
66	郭 琦	陕西财经职业技术学院图书馆	副研究馆员
67	黄幼菲	西安铁路职业技术学院图书馆	馆员
68	孔繁秀	西藏民族学院图书馆	副馆长/副研究馆员

14. 关于陕西高等学校图书情报工作委员会换届的通知

（陕教高办〔2010〕6号）

各高等学校：

按照《陕西省高等学校图书情报工作委员会章程》有关规定，陕西高等学校图书资料工作委员会本届聘期已满。在各学校申报、推荐的基础上，省教育厅决定聘请下列人员为新一届陕西高等学校图书情报工作委员会组成人员：

主任委员：	蒋庄德	副校长	西安交通大学
副主任委员：	俞炳丰	图书馆馆长	西安交通大学
	苟文选	图书馆馆长	西北工业大学
	杨改河	图书馆馆长	西北农林科技大学
	李志武	图书馆馆长	西安电子科技大学
	贾希鸣	图书馆副馆长	西北大学
	李志俊	图书馆副馆长	长安大学
	李万社	图书馆副馆长	陕西师范大学
	余健明	图书馆馆长	西安理工大学
	孔润年	图书馆馆长	宝鸡文理学院
	许文丹	图书馆馆长	西安航空技术高等专科学校
常务委员：	（包括以上正副主任委员）		
	张西亚	图书馆副馆长	西安交通大学
	裴世荷	图书馆常务副馆长	西安建筑科技大学
	高东强	图书馆馆长	陕西科技大学
	王生全	图书馆馆长	西安科技大学
	樊长军	图书馆副馆长	西安石油大学
	曹继春	图书馆直属支部书记	延安大学
	张大为	图书馆常务副馆长	西安工程大学
	张卫国	图书馆副馆长	西安外国语大学
	赵庆菊	图书馆副馆长	西北政法大学
	王长安	图书馆副馆长	陕西理工学院
	韩占明	图书馆馆长	榆林学院
	何道利	图书馆馆长	安康学院
	康万武	图书馆馆长	西安翻译学院
	黎 熙	图书馆副馆长	西安欧亚学院
	梁蜀忠	图书馆馆长	第四军医大学

李道仁	图书馆馆长	西安交通大学城市学院
支　晓	图书馆馆长	西北工业大学明德学院
冯德虎	图书馆馆长	陕西工业职业技术学院
樊鸿章	图书馆馆长	杨凌职业技术学院
刘　强	图书馆馆长	西安电力高等专科学校

委员：各普通高等学校图书馆均为陕西省高等学校图书情报工作委员会委员单位，各现任图书馆馆长为委员。

秘书长：　　张西亚（兼）

副秘书长：　张惠君　西安交通大学图书馆

陕西省高等学校图书情报工作委员会秘书处设在西安交通大学图书馆。

陕西省教育厅办公室

二〇一〇年七月十四日

15. 转发教育部高教司关于推荐新一届教育部高等学校图书情报工作指导委员会委员的通知

（陕教高办〔2013〕12号）

各普通高等学校：

为做好教育部新一届高等学校图书情报工作指导委员会委员推荐工作，教育部高等教育司下发了《关于推荐新一届教育部高等学校图书情报工作指导委员会委员的通知》（教高司函〔2013〕22号，见附件1），现转发你们，请按照要求认真组织好省内备选委员推荐工作。

请各高校结合本校情况择优推荐委员候选人1名，我厅将在学校推荐的基础上，组织专家进行遴选，最终研究确定推荐名单，报教育部审定。

请各高校于2013年4月16日12：00前将推荐公文和推荐表（一式三份，见附件2）报送至教育厅高等教育处，同时将电子版发至指定邮箱，逾期不予受理。

联系人：张　烨　周　淼

联系电话：029-88668916

电子邮箱：gjczhang@126.com

陕西省教育厅办公室

2013年4月15日

附件：（略）

三、陕西高校图工委的工作与活动

（一）图工委文件

关于表彰陕西高校图书馆先进集体和先进个人的决定

（陕图工委〔2012〕1号）

各高校图书馆：

按照省高校图工委《关于开展第六次全省高校图书馆先进集体和先进个人评选工作的通知》精神，在各校推荐的基础上，通过组织高校图书馆专家评审、推荐，经图工委常委会研究决定，对西安交通大学图书馆等30个先进集体，邵晶等14名优秀管理干部，袁玫等140位先进个人进行表彰（名单见附件）。

希望受到表彰的先进集体和先进个人继续努力，再接再厉，在今后的工作中取得更大成绩。同时希望我省高校所有图书馆和广大馆员，扎实工作，开拓创新，为我省高校图书馆事业的发展做出新的贡献。

陕西省高等学校图书情报工作委员会

二〇一二年一月

附件：

陕西省高等学校图书馆先进集体、先进个人名单

先进集体（共30个）

1. 西安交通大学图书馆	16. 西安邮电学院图书馆
2. 西北工业大学图书馆	17. 陕西中医学院图书馆
3. 西北农林科技大学图书馆	18. 陕西理工学院图书馆
4. 西安电子科技大学图书馆	19. 西安医学院图书馆
5. 陕西师范大学图书馆	20. 宝鸡文理学院图书馆
6. 长安大学图书馆	21. 咸阳师范学院图书馆
7. 西北大学图书馆	22. 西藏民族学院图书馆
8. 西安理工大学图书馆	23. 西安翻译学院图书馆
9. 西安建筑科技大学图书馆	24. 西安欧亚学院图书馆
10. 陕西科技大学图书馆	25. 西京学院图书馆
11. 西安科技大学图书馆	26. 西安思源学院图书馆
12. 西安石油大学图书馆	27. 陕西服装工程学院图书馆
13. 延安大学图书馆	28. 西安航空技术高等专科学校图书馆
14. 西安工程大学图书馆	29. 西安电力高等专科学校图书馆
15. 西北政法大学图书馆	30. 陕西工业职业技术学院图书馆

优秀管理干部（共14名）

序号	姓名	单位	职务
1	邵 晶	西安交通大学图书馆	副馆长
2	刘 莎	西北工业大学图书馆	副馆长
3	张 波	西北农林科技大学图书馆	副馆长
4	黄小强	西安电子科技大学图书馆	副馆长
5	傅绍良	陕西师范大学图书馆	馆长
6	张文鹏	西北大学图书馆	馆长
7	王 浩	西安理工大学图书馆	党总支书记、副馆长
8	裴世荷	西安建筑科技大学图书馆	常务副馆长
9	王生全	西安科技大学图书馆	馆长
10	张大为	西安工程大学图书馆	常务副馆长、书记
11	康万武	西安翻译学院图书馆	馆长
12	杨邦俊	西安思源学院图书馆	馆长
13	许文丹	西安航空技术高等专科学校图书馆	馆长
14	冯德虎	陕西工业职业技术学院图书馆	馆长

先进个人（共140名）

序号	姓名	单位	职务/职称
1	袁 玫	西安交通大学图书馆	馆员
2	史建荣	西安交通大学图书馆	馆员
3	韩璐璐	西安交通大学图书馆	7级职员
4	檀树萍	西安交通大学图书馆	馆员
5	闫晓弟	西安交通大学图书馆	副研究馆员
6	张小曼	西安交通大学图书馆	副研究馆员
7	朱 君	西安交通大学图书馆	馆员
8	孟小衍	西安交通大学图书馆	副研究馆员
9	戚红梅	西北工业大学图书馆	副研究馆员
10	张宝群	西北工业大学图书馆	干部
11	李 红	西北工业大学图书馆	馆员
12	李其圣	西北农林科技大学图书馆	研究馆员
13	白君礼	西北农林科技大学图书馆	副研究馆员
14	马来宏	西北农林科技大学图书馆	馆员
15	王 芹	西北农林科技大学图书馆	馆员
16	钟云志	西北农林科技大学图书馆	副教授
17	赵慧清	西北农林科技大学图书馆	副研究馆员
18	梁化侠	西北农林科技大学图书馆	副研究馆员
19	韩小莉	西安电子科技大学图书馆	副研究馆员
20	黎 娜	西安电子科技大学图书馆	馆员
21	赵玉梅	西安电子科技大学图书馆	馆员
22	胡 渊	陕西师范大学图书馆	馆员
23	庞 波	陕西师范大学图书馆	馆员
24	吴 朝	陕西师范大学图书馆	馆员
25	田向阳	陕西师范大学图书馆	副研究馆员

序号	姓名	单位	职务/职称
26	李志俊	长安大学图书馆	副研究馆员
27	张永梅	长安大学图书馆	副研究馆员
28	史敏鸽	长安大学图书馆	副研究馆员
29	李桂梅	长安大学图书馆	高级工
30	陈鹰	长安大学图书馆	副研究馆员
31	徐家庆	长安大学图书馆	馆员
32	付航	长安大学图书馆	副研究馆员
33	车凯龙	西北大学图书馆	馆员
34	吴旻	西北大学图书馆	馆员
35	宁亚玲	西北大学图书馆	馆员
36	李笔浪	西北大学图书馆	副研究馆员
37	冯会勤	西安理工大学图书馆	副研究馆员
38	李志强	西安理工大学图书馆	馆员
39	张小宇	西安理工大学图书馆	副研究馆员
40	李英菊	西安建筑科技大学图书馆	办公室文员
41	白民民	西安建筑科技大学图书馆	副研究馆员
42	李冬梅	西安建筑科技大学图书馆	馆员
43	王哲锋	西安建筑科技大学图书馆	馆员
44	惠涓澈	陕西科技大学图书馆	副研究馆员
45	冀妍	陕西科技大学图书馆	馆员
46	刘国俊	陕西科技大学图书馆	馆员
47	冯永财	西安科技大学图书馆	副馆长/馆员
48	陈泉	西安科技大学图书馆	研究馆员
49	张峰	西安科技大学图书馆	馆员
50	张少华	西安石油大学图书馆	馆员
51	连宇江	西安石油大学图书馆	副研究馆员
52	侯荣理	西安石油大学图书馆	副研究馆员
53	宗斌	延安大学图书馆	高工
54	曹雪琦	延安大学图书馆	馆员
55	王彩霞	延安大学图书馆	馆员
56	马春梅	延安大学图书馆	副研究馆员
57	郭俊仓	西安工业大学图书馆	副馆长/编审
58	徐卫军	西安工业大学图书馆	馆员
59	蔡科平	西安工业大学图书馆	馆员
60	尹方屏	西安工程大学图书馆	副研究馆员
61	黄素华	西安工程大学图书馆	技师
62	王颖洁	西安外国语大学图书馆	馆员
63	陈鹏	西安外国语大学图书馆	副研究馆员
64	王明惠	西安外国语大学图书馆	副研究馆员
65	李军	西北政法大学图书馆	馆长/教授
66	高语华	西北政法大学图书馆	馆员
67	杨杞	西北政法大学图书馆	副研究馆员
68	王胜利	西安邮电学院图书馆	研究馆员

序号	姓名	单位	职务/职称
69	陈文爱	西安财经学院图书馆	书记兼副馆长/副研究馆员
70	王若冰	西安财经学院图书馆	副研究馆员
71	李亚鹏	西安财经学院图书馆	馆员
72	耿雪凤	西安财经学院图书馆	副研究馆员
73	单亚莉	西安音乐学院图书馆	副研究馆员
74	王沛	西安美术学院图书馆	副研究馆员
75	李志杰	西安体育学院图书馆	科长/讲师
76	杨艾华	西安体育学院图书馆	初级职称
77	蔺焕萍	陕西中医学院图书馆	支部书记/讲师
78	赵雷	陕西中医学院图书馆	工程师
79	唐惠利	陕西理工学院图书馆	技师
80	汪桂珍	陕西理工学院图书馆	馆员
81	姚楚青	陕西理工学院图书馆	技师
82	徐曦	西安医学院图书馆	馆长/副教授
83	周园	西安文理学院图书馆	副研究馆员
84	李向钢	西安文理学院图书馆	馆员
85	孔润年	宝鸡文理学院图书馆	馆长/教授
86	刘崇学	宝鸡文理学院图书馆	副馆长/研究馆员
87	王远库	宝鸡文理学院图书馆	副研究馆员
88	王立	咸阳师范学院图书馆	馆长/教授
89	段琼慧	咸阳师范学院图书馆	馆员
90	韩小亚	咸阳师范学院图书馆	馆员
91	梁转琴	渭南师范学院图书馆	副研究馆员
92	张宏武	渭南师范学院图书馆	副研究馆员
93	张春丽	渭南师范学院图书馆	馆员
94	韩占明	榆林学院图书馆	馆长
95	何道利	安康学院图书馆	馆长
96	卢小兰	安康学院图书馆	馆员
97	李子	西藏民族学院图书馆	副研究馆员
98	岳凤芝	西藏民族学院图书馆	副研究馆员
99	吴晓燕	西安培华学院图书馆	常务副馆长/研究馆员
100	尤庆莉	西安培华学院图书馆	馆员
101	文炜	西安翻译学院图书馆	助理馆员
102	边冬玲	西安翻译学院图书馆	助理馆员
103	范萌	西安翻译学院图书馆	助理馆员
104	任涛	西安外事学院图书馆	馆员
105	康英	西安外事学院图书馆	助理馆员
106	黄文娟	西安外事学院图书馆	馆员
107	岳华龙	西安欧亚学院图书馆	馆员
108	李静	西安欧亚学院图书馆	馆员
109	赵珍	西京学院图书馆	讲师
110	王凤平	西京学院图书馆	助理馆员
111	杨林超	西安思源学院图书馆	馆长助理/馆员

序号	姓名	单位	职务/职称
112	杨锦溪	陕西服装工程学院图书馆	馆长/副研究馆员
113	李 博	第四军医大学图书馆	助理馆员
114	马鲲鹏	西安航空技术高等专科学校图书馆	馆员
115	成一萍	西安电力高等专科学校图书馆	馆员
116	王放虎	杨凌职业技术学院图书馆	副馆长/副研究馆员
117	吴小凤	杨凌职业技术学院图书馆	副馆长/副研究馆员
118	刘 娟	陕西工业职业技术学院图书馆	讲师
119	余志成	陕西职业技术学院图书馆	馆长/副研究馆员
120	吴 沛	西安航空职业技术学院图书馆	馆长/副教授
121	赵幽兰	陕西财经职业技术学院图书馆	副研究馆员
122	陈克敏	陕西交通职业技术学院图书馆	副研究馆员
123	刘竹叶	陕西铁路职业技术学院图书馆	助理馆员
124	姚 彤	西安铁路职业技术学院图书馆	馆员
125	陈学谦	陕西青年职业学院图书馆	馆长
126	刘亚亚	咸阳职业技术学院图书馆	助理馆员
127	刘 红	渭南职业技术学院图书馆	馆员
128	康世保	延安职业技术学院图书馆	馆员
129	郝德春	汉中职业技术学院图书馆	科长/实验师
130	张 维	商洛职业技术学院图书馆	馆长/副研究馆员
131	田 蕾	西安交通大学城市学院图书馆	工程师
132	支 晓	西北工业大学明德学院图书馆	馆长/馆员
133	王 静	西北工业大学明德学院图书馆	馆员
134	刘济舟	西安财经学院行知学院图书馆	负责人
135	徐 辉	西安建筑科技大学华清学院图书馆	副馆长
136	刘 昉	西安建筑科技大学华清学院图书馆	管理员
137	张 菲	西安科技大学高新学院图书馆	助理馆员
138	张 波	西北大学现代学院图书馆	馆长助理
139	朱 蕊	陕西教育学院图书馆	馆员
140	贾 熹	陕西教育学院图书馆	助理馆员

（二）工作会议纪要

1. 2001年陕西省高校图书情报工作委员会会议暨"庆祝陕西省高校图工委成立20周年、陕西省高校图书馆先进表彰大会"会议纪要

2001年陕西省高等学校图书情报工作委员会会议暨"庆祝陕西省高校图工委成立20周年、陕西省高校图书馆先进表彰大会"于2002年1月4日—5日在新落成的西安电子科技大学图书馆新馆召开。省教育厅副厅长屈应超，教育部高教司教学条件处处长李晓明，教育部高校图工委副主任兼秘书长朱强，部分高校校（院）长，陕西省高校图工委原主任、副主任、常委，全省普通高校图书馆馆长，受表彰的22个先进集体代表和87个先进个人共150余人参加了会议。陕西省图书馆学会、陕西省科技信息学会、陕西省社科信息学会及《情报杂志》社的领导到会祝贺。

大会由陕西省教育厅高教处副处长武亚莉主持，陕西高校图工委副主任委员、西安电子科技大学副校长傅丰林教授致欢迎辞，李晓明处长致贺词。

周敬恩秘书长做了我省高校图工委20年回顾的报告，回顾了省高校图工委的历史、组织机构演变以及20年来图工委的主要工作。张西亚副秘书长代表省高校图工委秘书处向大会做"2001年陕西高校图工委工作总结"的报告。

届应超厅长代表省教育厅发表了重要讲话，讲话分三部分，一是认清我国、我省高等教育形势；二是提高高校图书馆在高校的地位和作用；三是充分认识今后高校图书馆的发展趋势。最后届应超厅长对高校图工委工作提出了希望和要求：希望加强我省高校图书馆整体化、现代化、信息化、网络化建设，实现资源的共建、共享；加强专业人员培训工作，使管理人员专业化；抓好我省高校图书馆评估工作。

陕西高校图工委主任委员、西安交通大学副校长于德弘教授对图工委2001的工作做了简要评价，并重点介绍了2002年图工委的工作要点，一是积极协助教育厅进行图书馆评估，以评促建；二是加快构建陕西省高校文献保障体系，逐步实现我省高校文献资源共建、共知、共享工作；三是抓好新出台的《普通高等学校图书馆规程》的学习、研究和贯彻落实；四是开展图书馆在知识创新和学校发展中的功能和地位的研究；五是制定《陕西高校图工委研究纲要》，吸收更多的高校图书馆工作人员参与研究，以提高队伍水平。

朱强教授为大会做《大学图书馆在校园信息化中的作用和地位》的报告；西安交通大学图书馆馆长周敬恩教授做《关于大学图书馆发展的思考——文献信息资源建设战略》的报告；西安科技学院图书馆王廷满馆长做《考察香港大学图书馆》的报告；陕西师范大学图书馆康万武副馆长对《陕西省高校图书馆评估指标体系》做了解释说明；西安电子科技大学图书馆馆长马玉祥教授做了《数字图书馆发展展望》的报告。

会议分五个小组进行了讨论，内容集中在评估指标体系、图工委2002年工作计划和文献资源保障系统建设等议题上。代表们进行了热烈讨论，对评估指标体系提出了许多具体的修改意见，对2002年工作计划提出了许多很好的建议，特别是希望我省高校图书馆的评估指标体系能更好地体现以评促建的思想，尽快出台评估指标体系，使检查评估工作早点进行，以促进各高校图书馆的建设和发展。

大会宣布了陕西省教育厅《关于表彰陕西省高等学校图书馆先进集体和先进个人的决定》，给受表彰的先进集体、优秀管理干部、先进工作者颁发了奖牌和证书。这是自改革开放以来陕西省高教系统第四次对图书情报单位和个人进行表彰。

会议对西安电子科技大学图书馆在会务工作方面的支持和大力协助表示衷心的感谢。

2. 2002年陕西省高等学校图书情报工作委员会会议纪要

2002年陕西省高等学校图书情报工作委员会会议于2003年1月21日—23日在西安召开。参加会议的领导及代表有：省教育厅高教处副处长武亚莉，西北工业大学副校长王润孝、西北大学副校长惠泱河、长安大学副校长马建、陕西师范大学副校长吕九如等省高校图工委副主任委员以及我省高校图书馆馆长、副馆长共计90余人。会议由邢永华、樊来耀及康万武主持。

省教育厅武亚莉副处长代表郝瑜副厅长在会上做了重要讲话。她代表教育厅对各位校长、省高校图工委和长期以来奋战在高校图书馆工作第一线的各位馆长及全体工作人员表示最崇高的敬意和衷心的感谢，重点就2003年我省高校图书馆工作谈了四点意见：一是认真学习，明确历史使命，要充分认识高校图书馆在实践"三个代表"重要思想中的作用；坚持与时俱进；充分发挥高校图书馆在建设小康社会中的作用。二是从高校图书馆的性质、图书馆文献资源建设和现代化建设等方面进行深入研究，全面贯彻新《规程》。三是严肃认真做好省高校图书馆评估工作。四是群策群力，加强我省高校图书馆整体化建设。

省高校图工委副主任委员、西北大学副校长惠泱河教授代表省高校图工委讲话，重点介绍了2003年省高校图工委的工作要点：一是协助省教育厅搞好全省普通高校图书馆评估工作；二是认真学习贯彻《普通高等学校图书馆规程（修订）》；三是配合CALIS西北地区中心建设，继续加强我省高校图书馆文献资源共建共享工作；四是继续组织我省高校图书馆馆长出国出境考察学习。

省高校图工委副秘书长张西亚代表省高校图工委秘书处向大会做了《2002年陕西高校图工委工作总结》的报告；西安交通大学图书馆馆长周敬恩教授向大会做了《CALIS一期建设回顾与二期建设方案介绍》的专题报告；西北工业大学图书馆馆长苟文选教授介绍了本馆学习贯彻《普通高等学校图书馆规程（修订）》的体会；西安科技学院图书馆王廷满馆长就图书馆评估自评情况向大会做了介绍；西安外事职业学院图书馆赵添镒馆长就民办院校图书馆的建设和发展问题做了大会发言。

会议围绕郝瑜副厅长及惠泱河副主任委员的讲话、图工委2003年工作计划、高校图书馆评估工作和贯彻落实《普通高等学校图书馆规程（修订）》等，分四个组进行了热烈的讨论。代表们热情洋溢，各抒己见，对2003年工作计划提出了许多很好的建议，特别是对我省高校图书馆评估指标体系和具体实施办法提出了许多建设性的意见和建议。

大会认真听取了各小组讨论情况汇报。陕西师范大学图书馆副馆长康万武同志受省高校图工委秘书处的委托做大会总结。康万武同志在总结中说："本次会议虽然只有短短的两天时间，但在大家的共同努力下，会议开得顺利，开得充实，具有明显的时代气息。本次会议具有人数众多、主题突出、形式多样、集思广益等四大特征。"他表示，省高校图工委将在认真听取大家意见的基础上，进一步完善2003年工作计划和我省高校图书馆评估的具体实施办法，积极促进我省高校图书馆的整体化建设，努力完成2003年的工作任务。

3. 2003年陕西省高等学校图书情报工作委员会会议纪要

2003年陕西省高等学校图书情报工作委员会会议于12月27日—28日在西安召开。参加会议的领导及代表有：陕西省教育厅杨生枝巡视员、高教处副处长武亚莉同志，省高校图工委主任委员、西安交通大学副校长于德弘教授，省高校图工委副主任委员、西北工业大学副校长王润孝教授、西北大学副校长惠泱河教授、陕西师范大学副校长吕九如教授、宝鸡文理学院副院长赵怀玉教授以及我省高校图书馆馆长、副馆长共计90余人。会议由樊来耀、张西亚同志主持。

省教育厅杨生枝巡视员代表陕西省教育厅副厅长、省高校图书馆评估专家组组长郝瑜在会上做了重要讲话，对陕西省普通高等学校图书馆评估工作做了总结。他首先肯定了陕西省高校图书馆工作在2003年取得的突出成绩，指出在党的路线、方针、政策的指引下，在各高校领导的大力支持下，在陕西省高校图工委的积极组织协调下，经过全体图书馆工作人员的共同努力，尽管受到突如其来的"非典"的影响，省高校图书馆工作仍然取得了突出的成绩和长足的发展，省高校图书馆工作特别是文献信息资源建设和现代化建设以及读者服务、用户培训出现了前所未有的大好局面。重点代表省教育厅高校图书馆评估专家组，对这次评估工作分别从制订评估指标体系、进行评估试点工作、开展全面评估、数据分析和总结等四个方面做了总结。最后谈了本次评估工作的主要收获和体会。指出通过这次评估进一步摸清了我省高校图书馆的现状，特别是文献资源建设和自动化建设的情况，为省教育厅科学决策，加强和改善高校图书馆工作，加快我省高校图书馆现代化、整体化建设提供了可靠依据；通过评估实测，进一步加深了对《普通高等学校图书馆规程（修订）》的理解，增强了贯彻落实《规程》的积极性和自觉性；进一步认识到"以评促建，以评促改，评建结合，重在建设"十六字方针对于搞好评估工作的重大指导意义。他同时指出了这次评估存在的问题，并代表省教育厅，向为本次评估工作付出辛勤劳动的各位专家表示衷心的感谢。

省高校图工委主任委员、西安交通大学副校长于德弘教授代表高校图工委对2003

图工委的工作做了全面总结，并阐述了2004年图工委工作计划要点，一是指出2004年是CALIS二期正式启动的第一年，要充分利用CALIS对西部高校的倾斜和支持，进一步做好我省高校图书馆文献资源共建共享工作。文献资源共建共享工作包括：（1）要建立西安地区高校图书馆馆际互借系统；（2）要实施西部高校馆员访问计划；（3）要继续组织我省高校图书馆联合采购部分中外文数据库。二是要加强数字图书馆环境下的图书馆统计工作。建立健全统计指标体系，为我省高校图书馆的整体建设和发展提供数据支持。三是要适应普通高校中高职院校增加的形势，加强对高职院校图书馆规范化建设的指导工作。四是为推动我省高校图书情报学研究的深入和工作的进一步发展，图工委有必要协助省教育厅组织几次高校图书馆优秀论文、论著评选活动；确定一批研究课题，开展图书情报学研究工作，带动我省高校图书馆研究水平的提高。

会议邀请了原南京大学图书馆常务副馆长杨克义研究馆员和CALIS管理中心副主任、北大图书馆副馆长陈凌研究馆员分别做了关于资源建设和CALIS建设的专家报告。图工委副秘书长、西安交通大学图书馆副馆长张西亚对CALIS西北地区电子图书服务中心建设项目做了介绍。另外，陕西师范大学图书馆副馆长康万武做了题为《陕西省高校图书馆评估分析》的报告，西北农林科技大学图书馆馆长邢永华做了赴欧洲考察图书馆的报告，延安大学图书馆、杨凌职业技术学院图书馆也做了以评促建工作交流。

会议围绕图工委2004年工作计划、高校图书馆评估工作、专家报告几方面分五个组进行了热烈讨论，代表们一致认为专家报告思路新颖，感觉受益匪浅。对2004年工作计划也提出了许多很好的建议，如建议图工委继续加强文献资源联合采购工作，特别是数据库的联合采购；建议组织流通、阅览、期刊的专业研讨会，增进我省高校图书馆工作人员的交流，提高工作人员的业务素质。

4. 2005年陕西省高等学校图书情报工作会议纪要

2005年陕西省高等学校图书情报工作会议于3月29日—30日在西安邮电学院（长安校区）召开。陕西省教育厅郝瑜副厅长，陕西省教育厅高教处曾平处长、张双前副处长，西安邮电学院田东平院长，上届高校图工委周敬恩秘书长以及来自全省60多所高校图书馆的馆领导共100余人参加了会议。会议的主要内容是：省高校图工委换届；表彰省高校图书馆学情报学优秀学术成果；上届图工委工作总结；图工委2005年工作计划；图书馆建设及迎接本科教学评估工作交流。

29日上午的会议由张双前副处长主持，田东平院长首先代表西安邮电学院致辞，他向与会代表介绍了西安邮电学院近几年的发展变化，对陕西省高校图书情报工作会议的召开表示热烈祝贺，向与会代表的到来表示热烈欢迎。

郝瑜副厅长代表省教育厅发表了重要讲话。他在讲话中充分肯定了上届高校图工委的工作，认为上届高校图工委在各位领导和秘书处的周密安排、认真组织下，在全省各高校图书馆馆长和全体同志的紧密配合和辛勤努力下，取得了显著的工作成绩，特别是协助省教育厅成功组织了本省高校图书馆的评估工作。通过评估，检阅了我省高校图书馆的工作成绩，有力地促进了本省高校图书馆的文献资源建设和自动化建设。他强调：为了方便工作，充分发挥各高校图书馆馆长在图工委的决策和咨询作用，体现图工委工作的专业性和实效性，省教育厅决定，新一届省高校图工委领导机构中除图工委主任由秘书处单位西安交大蒋庄德副校长担任外，其他均为各高校图书馆馆长担任，相信新一届高校图工委一定会不负众望，积极地、创造性地开展工作，取得新的更大的成绩。对新一届图工委的工作，郝瑜副厅长要求大家正确把握当代图书馆的发展趋势，重点抓好以下四大建设任务：一是高校图书馆的整体化建设，二是文献信息资源建设，三是自动化、数字化建设，四是图书馆专业队伍建设。他向大家宣布了一个好消息，省教育厅已经将建立我省高校文献保障体系列为教育厅2005年八大突破性工作之一。教育厅计划拨专款，组织精干力量，加强我省高校图书馆的整体化建设。希望新一届图工委协助教育厅做好这个项目的组织工作，也希望得到各馆馆长的高度重视和积极参与。

在29日上午的会上，曾平处长代表省教育厅宣读了《关于陕西省高等学校图书情报工作委员会换届的通知》（陕教高办〔2005〕6号）。按照《陕西省高等学校图书情报工作委员会章程》有关规定，陕西省高等学校图书情报工作委员会本届聘期已满。在各学校申报、推荐的基础上，省教育厅决定聘请蒋庄德为新一届图工委主任委员；俞炳丰、苟文选、胥耀平、李志武、贾希鸣、李志俊、康万武、王一功、张西亚为新一届图工委副主任委员；王浩、裴世荷、邓滨、王廷满、汉泽西、冯德虎、马玉祥为新一届图工委常务委员；各普通高等学校图书馆现任馆长均为委员；秘书处设在西安交通大学图书馆，张西亚兼秘书长，张惠君为副秘书长。对新一届图工委主任委员、副主任委员、常务委员颁发了聘书。

曾平处长还代表省教育厅宣读了《关于公布陕西省高等学校图书馆学情报学优秀学术成果的通知》的文件（陕教高办〔2005〕5号）。为了进一步提高我省高等学校图书情报资料专业技术人员的学术研究水平，鼓励他们更好地做好本职工作，更好地为我省高等教育的全面、协调、可持续发展提供优质服务，根据《陕西省教育厅办公室关于开展图书馆学、情报学优秀学术成果评奖活动的通知》（陕教高办〔2004〕15号）文件，经过各专业小组的初评和评审委员会的最后评议，省教育厅决定对评选出的优秀论文一等奖15个、二等奖32个、三等奖70个，优秀著作一等奖3个、二等奖3个、三等奖8个进行表彰。对获得优秀学术成果的个人颁发了荣誉证书。

在29日上午的会上，上届图工委秘书长周敬恩代表上届图工委主任于德弘教授讲话，勉励新一届图工委在省教育厅的领导下，把我省高校图书馆事业推上一个新台阶。上届图工委副秘书长张西亚受上届图工委委托向大会做了《陕西高校图工委工作总结（2000～2004）》的报告。报告分两部分，一是从馆舍面积、职工人数、文献购置费、文献购置量及馆藏文献总量、自动化建设和服务状况等六个方面说明了五年来全省普通高校图书馆的变化和发展，二是从文献资源建设、自动化建设、专业技术队伍建设、读者服务工作、用户培训工作和期刊工作等方面全面总结了上届高校图工委完成的主要工作。尤其是协助省教育厅组织开展全省高校图书馆评估，召开庆祝陕西高校图工委成立20周年大会，完成全省高校图书馆第四次先进集体和先进个人的评选和表彰，协助省教育厅开展图书馆学、情报学优秀学术成果评奖，联合采购数据库，编辑出版《陕西高校图书馆年鉴（1989～2000）》等工作，对于推动我省高校图书馆事业的更快发展和图书馆的建设，促进全省高校图书馆工作向规范化、科学化的方向发展起到了显著的推动作用。

新任图工委主任委员蒋庄德教授因在外出差未能参加会议，他特别委托副主任委员俞炳丰教授代他讲话。讲话主要谈了图工委2005年要做的几项工作，一是协助省教育厅实施"陕西省高校文献信息保障体系"建设项目；二是完成新一届高校图工委各专业委员会的组建工作；三是加强对高职高专院校图书馆建设的规范化管理，争取召开一次高职高专院校图书馆建设工作交流会；四是协助省教育厅完成全省高校图书馆第五次先进集体和先进个人的评选及表彰工作。

29日下午，大会进行工作交流。西北工业大学图书馆苟文选馆长首先发言，苟馆长从经费投入、文献信息资源建设、自动化建设、信息服务、科学管理、图书情报研究、对外交流与合作、存在问题等方面介绍了西工大图书馆"十五"期间建设和发展的情况，使与会馆长受益匪浅。西北大学图书馆贾希鸣副馆长、西安科技大学图书馆王廷满馆长就如何做好本科教学评估中有关图书馆部分的工作做了发言。贾希鸣副馆长把本馆迎评工作的全过程概括为：精心准备、认真对待、抓住重点、突出特色，并和大家一起分享了迎评工作带给他们的几点启示：一是根据馆情校情整理好相关材料；二是掌握迎评工作主动权，用长处和特色影响专家；三是及时掌握评估指标体系的变化情况；四是做好工作人员的素质教育和环境工作。王廷满馆长介绍了评估指标体系中与图书馆有关的具体内容，详细介绍了图书馆要准备的材料及如何准备这些材料，并就文献总量的计算、专家关注和走访的重点等具体问题提出了有益的参考建议。

有关图书馆产品公司向代表们介绍了一些新技术和新产品，使大家获得了许多有价值的信息。

30日上午，与会代表围绕郝瑜副厅长讲话、上届图工委工作总结、图工委2005年工作计划、我省高校文献保障体系建设、新一届图工委工作等主题分4组进行了热烈的讨论。与会代表对上届图工委的工作给予充分肯定，大家一致认为：上届高校图工委在协调、组织、指导全省高校图书馆建设和发展方面做了许多工作，取得的成绩是显著的，会议原则同意上届省高校图工委的工作总结和图工委2005年的工作计划。

代表们一致认为：郝瑜副厅长的讲话具有非常强的针对性和前瞻性，把握了图书馆事业发展的前沿，明确了我省高校图书馆今后发展的重点。特别是听到省教育厅已将建立我省高校文献保障体系列为2005年突破性工作的消息后，与会代表为之振奋，大家表示要以建设我省高校文献保障体系为契机，大力推进全省高校整体化的虚拟图书馆和数字图书馆建设，全面提高全省高校文献信息资源的共建、共知、共享的水准，为全省高等教育大发展做出更大的贡献。

讨论时，与会代表对图工委今后的工作提出了以下具体建议和意见：（1）由于学校之间差异较大，希望图工委的指导是分层次的；（2）共建共享有技术手段的问题，但主要是观念的问题，希望本届图工委充分利用教育厅立项的机遇，推进我省高校图书馆共建共享的步伐；（3）我省高校文献保障体系要选好项目，使大家广泛受益；（4）加大资源联合采购的力度；（5）希望教育厅每1—2年召开一次有校（院）长参加的图书馆工作会议。

与会代表认为，这次大会内容丰富、气氛热烈，明确了工作重点，会议取得了圆满成功。大会对承办方西安邮电学院图书馆予以会议的大力支持和热情接待表示由衷感谢。

5. 2006年陕西省高等学校图书情报工作会议纪要

2006年陕西省高等学校图书情报工作会议于3月30日—31日在宝鸡召开。陕西省教育厅郝瑜副厅长，省教育厅高教处曾平处长、张双前副处长，省高校图工委主任、西安交通大学蒋庄德副校长，宝鸡文理学院赵荣侠副院长，省高校图工委副主任俞炳丰、苟文选、胥耀平、李志武、贾希鸣、李志俊、康万武、孔润年、王一功、张西亚以及来自全省60多所高校图书馆的馆领导共100余人参加了会议。会议的主要内容是：总结2005年省高校图工委工作；研究部署2006年省高校图工委工作计划；表彰第五次全省高校图书馆先进集体和先进个人；图书馆业务工作交流。

30日上午的会议由俞炳丰副主任主持，赵荣侠副院长代表宝鸡文理学院致辞，她向与会代表介绍了宝鸡文理学院的基本情况以及近几年的发展变化，对陕西省高校图书情报工作会议的召开表示热烈祝贺，向与会代表表示热烈欢迎。

曾平处长代表省教育厅宣读了《关于表彰普通高校图书馆先进集体和先进个人的

决定》（陕教高〔2006〕3号）。按照省教育厅《关于开展第五次全省普通高校图书馆先进集体和先进个人评选工作的通知》（陕教高办〔2005〕52号），在各学校推荐的基础上，通过组织高校图书馆系统专家及有关人员评审，经省教育厅研究决定，西安交通大学图书馆等18所高校图书馆被评为先进集体，张西亚等8名同志被评为图书馆优秀管理干部，史建荣等68名同志被评为图书馆先进个人。与会领导对获得第五次全省普通高校图书馆的先进集体、优秀管理干部和先进个人颁发了荣誉证书。

郝瑜副厅长代表省教育厅发表了重要讲话。他首先代表省教育厅，对长期奋战在我省高校图书馆工作战线上的各位馆长及全体工作同志致以最崇高的敬意，对为我省高校图书馆事业发展做出积极贡献的省高校图工委的各位领导和秘书处的工作同志表示最衷心的感谢，对获得陕西省普通高校图书馆先进集体、优秀管理干部、先进个人光荣称号的图书馆和同志们表示热烈的祝贺。祝愿大家在新的一年里继续努力，再创佳绩。

就2006年我省高校图书馆工作，郝瑜副厅长讲了以下几方面意见：

一是充分认识我省高等教育的发展形势。当前我省教育改革发展的形势总体很好，特别是2005年以来，全省高等教育工作形势喜人，有很多创新和亮点。高水平大学建设成效显著，高校学科建设和教育科研有了新的突破。全省新增博士和硕士学科位居全国第三名。民办高校的办学层次、教育教学水平进一步提高，走在了全国的前列。这些成绩的取得，使我省高等教育的改革和发展呈现出了良好的态势。2006年，我省将继续深化高等教育教学改革，提高人才培养质量。继续实施"高等学校教学质量与教学改革工程"，力争在2006年评审出30个本科名牌专业、100门省级精品课程、50名省级教学名师、16个省级实验教学示范中心。上述目标的实现，均需要有优秀的文献信息保障，均离不开行之有效的图书馆工作。希望高校图书馆在新的一年里，在实现上述目标中做出自己的贡献。

二是突出抓好高校图书馆的整体化建设。高校图书馆的整体化建设问题，是一个非常重要的、带有宏观意义和战略意义的大事，也是省教育厅和省高校图工委今后必须着力抓好的一项重要工作。陕西是一个教育大省，同时又是一个经济欠发达的省份。加强整体化建设，充分发挥我省教育资源的整体化优势，实现教育资源共建共享，显得尤为重要。高校图书馆的整体化建设，是我省教育资源整体化建设的非常重要的方面，必须抓紧抓好，抓出成效。今年省教育厅将"继续推进陕西高校优质教学资源共享工程，实现精品课程、图书期刊等资源的网上共享"作为省教育厅的重要工作列入2006年的工作计划。高教处更将"做好图书资料网上共享的基础性建设工作"列为2006年的首项工作任务，并"力争年内能有一个大的进展"。希望省高校图工委积极组织力量进行研究，提出切实可行的方案，精心组织实施。

　　三是加强和改善文献信息资源建设。文献信息资源建设是图书馆赖以生存和发展的基础，是一项非常重要的工作。各高校图书馆应根据本校的发展目标、学科建设策略和教学、科研的需要，根据已有馆藏基础及地区或系统文献资源布局方案的统筹安排，制定科学的、实事求是的、行之有效的文献信息资源建设方案，形成具有本校特色的馆藏体系。郝厅长重点谈了文献信息资源建设的质量问题。他说，这几年，由于教育部本科教学水平评估指标体系中对高校图书馆的生均馆藏图书和年进新书量有了比较严格的要求，某些高校图书馆文献收藏欠账较多，加之高校普遍扩招，学生人数大幅度增长，难以达到指标体系的要求。为了顺利通过教育部评估，甚至要实现评估达优，各高校普遍增加了文献资源购置经费，购书品种和复本都有了不同程度的提高，高校图书馆文献资源建设呈现了前所未有的、蓬勃发展的大好局面。但是，我们也要清醒地看到，一些高校出现了片面追求馆藏数量而忽视质量的问题，在图书采访的针对性和复本量的控制方面，个别院校出现失控现象。由于经费制约，有的高校图书馆片面追求藏书数量，以采购质量不高但价格便宜的特价书为主，忽视了馆藏质量的控制，年进新书达30万册甚至50万册以上。这是大跃进思想在图书馆文献资源建设中的体现。从某种意义上讲，是一种极大的浪费，这一点应引起各位馆长的高度重视。

　　四是积极开展专业人员培训，建设高素质的图书情报专业队伍。建设现代化的高校图书馆，不仅需要精干的适应现代化图书馆需要的图书馆领导干部，同时需要一大批高素质的图书情报专业队伍。2005年，我省有四所院校由学院升格为大学，这不仅是校名的改变，更标示着办学层次的提高，学校办学层次提高了，必然对图书馆工作也会提出新的、更高的要求，图书馆员的水平也必须有相应的提高。2006年，我省将新增设高职院校2—4所，同样需要一大批思想进步、作风过硬、具有较高业务水平的图书馆专业人员。由于人事编制限制，近年各馆大都聘用了大量临时工作人员。这部分人员虽然学历层次较高，年轻，有朝气，但由于缺乏专业技能培训和工作实践锻炼，对高校图书馆的性质、任务、工作特点、工作规律、职业道德和工作传统知之甚少，很难尽快适应工作需要，急需对其进行职业道德、校纪馆规和业务技能培训。要把这项工作提高到图书馆可持续发展的高度来认识，切实抓紧抓好。

　　五是做好为贫困大学生租借教材工作。最近，党中央、国务院提出全面落实科学发展观、建设和谐社会，进一步加大了对高校贫困家庭学生的资助力度。教育部要求各级教育行政部门、各高校站在办好让人民满意的教育、落实科学发展观、建设和谐社会的高度，带着深厚的感情认真抓好高校贫困家庭学生资助工作的落实和推进。因此，省教育厅高教处计划今年选择10所左右的普通高校图书馆试点开展"为贫困大学生租借教材的活动"。希望大家积极参与，省高校图工委要精心组织实施，把这件事做实、做好。

六是进一步加强高校图工委工作。去年，新一届省高校图工委班子成立后，配合省教育厅卓有成效地开展工作，取得了很好的工作成绩。新一届省高校图工委的领导，大都是本校图书馆的主要领导同志，在完成本校图书馆繁重工作任务的同时，积极参与省高校图工委的工作，辛勤工作，无私奉献。希望你们进一步解放思想，深入研究和解决现代化图书馆建设过程中出现的新情况、新问题，充分调动和发挥图工委一班人、各专业小组、各高校图书馆馆长和全体工作人员的积极性和创造性，扎实工作，团结奋进，创造我省高校图书馆光辉灿烂的明天。

接下来的会议分别由李志武、贾希鸣、李志俊副主任主持。省高校图工委副主任兼秘书长张西亚向大会做了《陕西高校图工委2005年工作总结》的报告，全面总结了2005年省高校图工委完成的主要工作，主要内容有：

一是协助省教育厅组织开展第五次全省普通高校图书馆先进集体和先进个人评选工作。2005年11月，省教育厅下发《关于开展第五次全省普通高校图书馆先进集体和先进个人评选工作的通知》（陕教高〔2005〕52号），文件规定了表彰范围及数量，并提出评选条件及评选方法。省高校图工委随即将文件下发给全省普通高校，并着手组织申报工作。本次活动共有51所省高校提交推荐表，共推荐先进个人96人，先进集体39所。经2006年1月12日省教育厅聘请的评审专家组评审，2006年2月22日，省教育厅下发了《关于表彰普通高校图书馆先进集体先进个人的决定》（陕教高〔2006〕3号）的文件。本次评选表彰对于调动我省高校图书馆工作人员积极性，进一步提高我省高校图书馆业务工作质量和服务水平，更好地贯彻落实教育部《普通高等学校图书馆规程》，最大限度满足读者需求将起到积极的推动作用。

二是组建省高校图工委有关工作组。2005年4月29日，省高校图工委召开常务委员会决定，将原图工委下设的专业委员会改为工作组，并根据需要组建文献资源建设工作组、文献编目工作组、图书馆自动化工作组、读者服务工作组和高职高专工作组。在有关高校图书馆推荐的基础上，省高校图工委常务委员会于2005年6月25日开会通过了新一届高校图工委各工作组的人员组成。在其后半年的时间内，几个工作组均在所在领域积极开展了工作。

三是制定陕西省高校文献保障系统方案。2002年，陕西省教育厅将"陕西省高校图书馆整体化建设方案研究"列入"陕西省21世纪高等教育改革工程研究项目"。该项目去年已结题，为陕西省高校图书馆整体化建设提供了理论和智力支持。2005年3月，省高校图书情报工作会议后，开始起草方案，2005年4月和6月，省高校图工委二次召开常务委员会讨论建设方案；2005年11月，方案（第二稿）报省教育厅。方案的建设目标是依托现代网络条件和技术及CALIS西北地区中心，搭建陕西省高校文献资源共享的技术平台和服务网络，使其能以丰富的数字化资源为基础，以先进的数字图书馆技术为手段，充分利用CALIS建设的成果，推动和引导全省高校图书馆的建设和发展，实现全省高校文献信息资源的共建、共知、共享，为陕西省高校的教学科研提供高水平的文献信息保障。方案的建设原则是：（1）整体建设原则。体系要在统一规划、统一布局和统一管理下进行整体化建设，发挥整体效益和联合保障的优势。（2）受益面广原则。体系要充分考虑省属高校及中小高校图书馆的实际，尽可能扩大项目的受益面。（3）需求驱动原则。体系的建设内容要建立在全省高校图书馆现实需求的基础上，以需求推动项目建设。（4）共同建设原则。体系是一个全省系统，一定要联合起来共同建设。（5）可持续发展原则。体系的建设和完善需要一个较长的时期。方案的建设内容和任务是：三年内，通过文献信息服务网络和文献信息资源及数字化建设，初步实现系统的公共检索、馆际互借、文献传递、协调采购、联机合作编目等功能，基本建成陕西省高校文献保障体系的基本框架。

四是省高校图工委有关工作组工作。召开了文献资源建设工作组第一次会议和省高校图书馆采访工作研讨会，继续组织地区高校联合购买Spinger数据库和中国学术期刊数据库；召开了文献编目工作组第一次会议和全省高校图书馆编目系统与流程工作交流会；召开了高职高专工作组第一次会议和全省高职高专图书馆工作交流会。

五是其他工作。在全国高校图工委会上介绍了陕西的评估做法和经验；发起召开了第一次西部高校图工委秘书长座谈会。

接着，图工委主任蒋庄德教授发表了重要讲话，蒋庄德主任主要谈了省高校图工委2006年的工作打算。一是协助省教育厅组织实施好"陕西省高校文献信息保障体系"建设项目，力争年内有一个大的进展，在项目建设中，要注意与CALIS项目和我省"211工程"和"985工程"院校图书馆建设项目的结合，充分利用CALIS对西部的倾斜和支持。二是进一步推进全省高校图书馆馆际互借和文献传递工作。近年来，馆际互借作为图书馆之间弥补馆藏不足、进行资源共享的重要手段得到了快速发展。省高校图工委要充分利用CALIS对我省高校图书馆文献传递的支持，结合我省高校文献信息保障体系的建设，提出具体的措施和实施办法，把全省高校图书馆馆际互借和文献传递工作向前推进一大步。三是选择10所左右的普通高校图书馆试点开展"为贫困大学生租借教材的活动"。省教育厅已把"为贫困大学生租借教材的活动"列入2006年工作计划，省高校图工委要把这件事作为2006年一项重点工作，做实、做好。四是支持配合省高校图工委各工作组的工作，举办2～3个图书馆专业技术人员业务交流研讨会或研讨班。举办第八届陕西省高校图书馆阅览参考学术研讨会。

30日上午，有两位馆长向大会做了工作交流。西北工业大学图书馆苟文选馆长去年曾对美国马里兰大学图书馆进行全面考察，他发言的题目是"中美大学图书馆之比较"。荀馆长首先对马里兰大学图书馆做了简单介绍，然后对马里兰大学图书馆同西北工业大学图书馆以及美国大学图书馆调查报告和陕西省"211工程"院校统计的基本情况做了对比分析。最后就中美图书馆联盟的运作，以人为本的服务理念，良好的馆际合作等方面做了比较，为国内图书馆发展提供了许多有益的借鉴。西北农林科技大学图书馆常务副馆长胥耀平教授去年曾在新西兰梅西大学图书馆担任挂职馆长，他通过自己的亲身体会，详细介绍了新西兰大学图书馆的管理理念和服务手段，并与国内大学图书馆的管理理念进行了对比，使大家开阔了眼界。

30日下午，西安交通大学图书馆陈斌副馆长和宝鸡文理学院孔润年馆长分别向大会做了高校图书馆人事制度改革的思考与实践和大学图书馆管理的业务交流。西安交大图书馆在广泛调研国内外大学图书馆人事管理状况的基础上，结合自身的具体情况，制定并实施了新一轮图书馆岗位聘任改革方案。该方案有三点创新：一是实行符合现代大学图书馆通行做法的专业馆员与支持馆员岗位分类管理制度，促进图书馆人力资源管理尽快与国际一流大学图书馆接轨；二是科学设岗，强化岗位描述，他们对全馆的工作进行了一次细致的梳理，核算了每项业务的工作量，形成了161个明确具体的岗位描述文本；三是将职称评定与岗位聘任相结合，发挥职称评聘对图书馆工作的促进作用。西安交大图书馆的岗位聘任方案对其他高校具有一定的示范作用。宝鸡文理学院图书馆以建设地方性、现代化、复合型高校图书馆为奋斗目标，坚持以读者第一、服务育人为宗旨，努力健全服务体系，积极主动做好读者服务工作，为教学、科研和学生学习对图书资料和信息资源的需求提供了有力保障；从新校区图书馆建设到迎接教育部本科教学水平评估，图书馆做了大量工作，赢得了师生的好评和院领导的肯定。

接着，与会代表围绕郝瑜副厅长讲话、2005年省高校图工委工作总结、省高校图工委2006年工作计划等主题分3组进行了讨论。

30日晚上，省高校图工委秘书处召集了一个由常委馆馆长参加的座谈会，主题是商谈如何开展为贫困大学生租赁教材工作，省教育厅高教处张双前副处长介绍了开展这项工作的背景。大家认为，高校图书馆做这件事是必要的、可行的，特别是对于接受本科教学评估的学校，属于特色服务之一，做好可成为图书馆服务的一个亮点。大家希望能得到所在学校的支持，建议会后由省教育厅和省高校图工委联合发一个倡议书，有条件的学校先试做起来，待年底或明年初进行交流，总结推广。

31日上午，裴世荷、王廷满、汉泽西三位馆长向大会做了分组交流汇报。代表们认为：本次会议是近几年最好的一次，内容充实，几个馆长的发言观点新颖，内容务实；没想到郝厅长对图书馆的情况那么清楚。与会代表对省高校图工委2006年及今后的工作提出了许多具体建议和意见，主要有：（1）应加快文献保障系统平台建设的速度；（2）对于2006年省高校图工委工作，重点是抓落实，要着重发挥五个工作组的作用，对各馆，尤其是中小馆的工作加强指导；（3）图书情报工作会议一年开一次，太少。建议年中开一次，可以是专题讨论会，比如今年，可以就本科教学评估开个讨论会；（4）开展各种培训活动，如馆长培训班、研讨班；（5）省高校图工委的工作需进一步加强和深化，如举办分层次、分专业的会议，加强交流和沟通。随着民办院校的增多，省高校图工委应着力研究我省民办高校图书馆的发展模式。

在听取了分组交流汇报后，省教育厅高教处张双前副处长发表了讲话，他认为本次会议安排的内容是比较充实的。关于评选先进，他说，其他行业近几年很少评选先进。我们经过努力，进行本次评选活动，这是为大家办了一件好事。荣誉来之不易，望大家珍惜。对省高校图工委2006年的工作，张处长谈了以下几点意见：一是进一步加大优质教育资源共享工作中图书情报资料的共享，力争年内有一个大发展；二是做好本科教学评估工作中图书馆部分的有关工作，以本科教学评估促进图书馆建设；三是做好为贫困大学生租赁教材工作；四是加强图书馆专业干部队伍建设。

最后，省高校图工委副主任康万武副馆长做了会议总结，康馆长用五个"了"总结了本次会议。一是明确了方向，即走共建、共享和整体化建设的方向；二是交流了信息，方式由会上交流与会下交流相结合，大会交流与小组交流相结合；三是开阔了眼界，了解了境外大学图书馆情况，将中外大学图书馆进行了比较，言之有理，言之有据。四是落实了任务，明确了省高校图工委2006年的工作任务；五是听取了意见。

本次大会是一次务实的大会，成功的大会。大会对承办方宝鸡文理学院图书馆给予会议的大力支持和热情接待表示由衷的感谢。

6. 2007年陕西省高等学校图书情报工作会议纪要

2007年陕西省高等学校图书情报工作会议于6月20日—22日在榆林市举行，来自全省56所高等学校图书馆的馆领导及协办单位的列席代表共117人出席了会议。本次会议主题为"文献资源采购规范及区域性文献资源共享"。会议分别由省高校图工委副主任委员贾希铭、李志俊、孔润年主持。榆林学院副院长赵红星到会致欢迎辞。

会上，省高校图工委副主任委员、西安交通大学图书馆俞炳丰馆长对《陕西省高校图工委2007年工作要点》做了说明性报告；省高校图工委副主任委员兼秘书长张西亚对2006年省高校图工委工作做了总结报告，并就有关情况进行了通报。清华大学图书馆副馆长杨毅应邀专程到会做了《图书馆资源建设与发展》的报告；省高校图工委副主任委员、西北农林科技大学图书馆常务副馆长胥耀平做了《教育部高校图工委〈普通高等学校图书馆文献集中采购工作指南〉学习》的专题报告；省高校图工委副主任委员、陕西师范大学图书馆副馆长康万武做了《陕西省高校图书馆馆际互借改进方案》的专题报告；省高校图工委副主任委员、西北工业大学图书馆馆长苟文选做了《图书馆迎接本科教学评估经验交流》的专题报告；西安建筑科技大学图书馆常务副馆长裴世荷做了《为贫困生捐赠教材工作汇报与经验交流》的专题报告；西安思源学院图书馆馆长杨邦俊做了《从评估指标探讨高职高专院校的图书馆建设》的专题报告。西安航空技术高等专科学校图书馆馆长许文丹代表省图工委高职高专工作组做了一年来业务活动的汇报。最后，孔润年副主任委员做了会议总结。

本次会议的收获主要体现在四个方面：

一、认真回顾总结了我省高校图工委过去一年来的工作。张西亚秘书长的总结报告和情况通报，从多方面比较详细、全面地总结了2006年省图工委的工作，内容主要包括馆际互借和文献传递工作、迎接本科教学评估工作、为贫困大学生租借教材工作、图书馆资产核查工作、参与教育部高校图工委制定《高等学校图书馆数字资源计量指南》工作、我省高校图书馆统计数据的组织申报和教育部高等学校事实数据库的填报工作、为成员馆发放并审验通用借书证等。

二、对我省2007年高校图工委的工作做了安排。省高校图工委副主任委员俞炳丰对2007年高校图工委工作要点的通报和说明，得到了大家的认可。内容主要包括：（1）协助省教育厅实施"陕西省高校文献信息资源保障体系"建设项目，力争在今年启动部分项目，并提出了今后三年的建设目标；（2）改进省内高校图书馆馆际互借实施办法；（3）认真学习、贯彻教育部高校图工委制定的《图书馆文献集中采购工作指南》；（4）接受教育部委托，举办一次高职高专院校图书馆馆长培训班；（5）继续协助有关高校图书馆做好迎接教育部本科教学水平评估的准备工作；（6）支持、配合省图工委各工作组的工作，开展多种形式的业务培训交流活动；（7）开展与其他省市高校图工委的合作交流，组织馆长到江苏、上海等地考察交流；（8）完成省教育厅和教育部高校图工委交办的其他工作。

三、会议通报了有关信息、沟通了感情、交流了思想和工作经验。这种交流包括会上交流和会下交流。会上的多个专题报告内容新颖，有理论、有经验，指导性很强，使大家获益匪浅。每年一次的高校图书情报工作会议，可以说是一次盛会，为大家提供了相互、上下交流的平台和机会。通过交流信息，不但对大家了解全局、把握方向、借鉴经验、推动工作有非常重要的促进作用，也使各图书馆之间增进了友谊与和谐，这是一种珍贵的无形财富。

四、本次会议安排了丰富的专题报告，不但有省内著名高校图书馆馆长的主题报告，还特别邀请了清华大学图书馆杨毅副馆长做了内容新颖、高屋建瓴、富有引领性和启发性的报告。在突出高校图书馆文献资源建设这个主题的同时，各位馆长的报告内容各有侧重和特色，使大家受益匪浅。

通过会议后半段的参观、考察使大家对榆林学院和榆林这座城市在西部大开发背景下取得的成绩有了直观的感性认识。此外，榆林学院师生专门为会议代表奉献的一场"陕北风情"文艺演出也是本次会议的一个亮点。

由于时间较紧，本次会议未安排分组讨论。大会对承办单位榆林学院图书馆给予会议的大力支持和热情接待表示由衷的感谢。

7. 2008年陕西省高等学校图书情报工作会议纪要

2008年陕西省高等学校图书情报工作会议于4月16日—19日在汉中市召开，陕西省教育厅高教处曾平处长、陕西理工学院副院长何宁教授、省高校图工委副主任委员苟文选、胥耀平、李志武、贾希鸣、李志俊、康万武、孔润年、张西亚以及来自全省69所高校的图书馆馆领导和有关人员近110人出席会议。

4月17日上午的会议由李志武主持。何宁副院长代表陕西理工学院致欢迎辞，他向与会代表介绍了陕西理工学院的基本情况以及近几年的发展变化，对陕西省高校图书情报工作会议的召开表示祝贺，向与会代表表示热烈欢迎。

曾平处长代表陕西省教育厅高教处讲话。他首先代表陕西省教育厅，对长期奋战在我省高校图书馆工作战线上的各位馆长及全体工作同志致以最崇高的敬意，对为我省高校图书馆事业发展做出积极贡献的省高校图工委的各位领导和秘书处的工作同志表示最衷心的感谢。他结合省教育厅2008年工作安排，重点就我省今年高校图书馆工作，讲了三方面意见：

一是继续推进全省高校图书馆文献资源共建共享。长期以来，我省高校图书馆在文献资源共建共享方面做了许多工作。2008年，我们要充分利用国家"211工程"CALIS三期对我省高校图书馆支持的契机，积极参与实施"高等学校教学质量与教学改革工程"，加强高等教育优质教学资源建设，继续推进全省高校图书馆文献资源共建共享工作。要充分发挥"211工程"和"985工程"院校图书馆的人力、物力、财力优势，提高全省各类高校图书馆的整体水平。在这方面，省教育厅将继续给以支持。

二是健全全省高校图书馆文献资源集中采购制度。2004年以来，我省各高校陆续实行了文献资源集中采购。实行文献资源集中采购，对于规范高校的文献采购行为，提高经费使用效益，起到了明显的促进作用。但应当看到，一些学校在选择文献供应商时，简单按最低价格为单一中标因素的做法，影响了图书馆文献资源的质量，好书买不来的问题，将长期严重影响一个图书馆的馆藏质量。

文献资源是高等学校办学条件的重要组成部分，其质量直接关系到学校教学和科研水平；图书馆文献采购有自身的行业特点和工作规律，文献出版发行的形式和渠道也具有多样性，文献采购应该根据各类型文献的具体情况，选择适当的集中采购方式，以保证文献采购的质量。在这方面，去年教育部高校图工委制订了《普通高等学校图书馆文献集中采购工作指南》。该指南是以《中华人民共和国招标投标法》《中华人民共和国政府采购法》《教育部政府采购管理暂行办法》等有关法律法规为依据，结合高校图书馆文献采购的特点而制订的。指南对规范高校图书馆的文献采购工作具有重要指导作用，请各高校认真学习并正确理解和使用该指南，以推动我省高校图书馆文献采购工作更加规范化。另外，由于文献采购、招标工作还是一个新的工作，发展中还会存在这样那样的问题，希望各高校图书馆之间保持相互沟通，不断交流经验。

集团采购有利于节省图书馆经费和推进资源共享，各高校集中采购管理部门应该将其作为集中采购的一种方式予以认可。

三是积极开展专业人员培训，提高我省高校图书情报专业队伍整体素质。建设现代化的高校图书馆，不仅需要精干的适应现代化图书馆需要的图书馆领导干部，同时需要一大批高素质的图书情报专业队伍。近年来，我省高等教育事业得到了快速发展，但其中一半以上的学校是近些年来新成立的或新升格的，这些高校的普遍特点是：经费不足、基础条件差；学校的办学水平发展不平衡、文献保障的能力差别大、节拍比较慢；图书馆工作人员的业务能力水平不齐、服务意识有待提高、依赖思想重、等靠要的思想普遍、强调客观过多。总结起来是两个方面的问题：一是物质的，一是精神的，一硬，一软，精神的内容可以分为：管理的指导思想上的问题，工作人员的认识上的问题，还有业务技术上的问题，用户的文献需求和用户的培养等问题。由于有教学评估的促进，一般图书馆物质的条件学校还比较重视，图书馆精神的方面只有靠我们馆长了，有时候，抓精神的方面比抓物质的更重要。因此，我们一定要十分重视图书馆精神条件建设，尤其要重视提高图书馆专业队伍素质水平，大力开展各种业务培训。

近期，图工委已开始从馆长和馆员两个层面抓这项工作。这次会议邀请了港台地区高校图书馆馆长做专题学术报告，这对于增进我省高校图书馆馆长与港台地区同行的交流与沟通，学习和借鉴先进的图书馆管理和服务理念，更好地为我省高校教学和科研提供服务有很大的意义。这是馆长层面的一项交流、培训。上个月，省高校图工委启动了高校图书馆馆员培训工作，组成了一个陕西高校图书馆专家讲师团，分批到有需求的高校和地区开设专题报告，这是馆员层面的一项交流、培训。希望通过这些活动，进一步提高我省高校图书馆的管理和服务水平。

张西亚秘书长代表省高校图工委向大会报告了全省普通高校图书馆的基本状况，汇报省高校图工委过去一年的主要工作。

本次会议特邀多位国内知名高校的馆长做专题演讲，目的是通过学术交流和沟通拓展我省高校图书馆馆长的视野，创新思路，提升我们的服务水平。4月17日上午，香港科技大学图书馆馆长宋自珍教授做了题为《香港科技大学图书馆资源发展和管理》的报告。报告介绍了香港科技大学及香港科技大学图书馆的基本概况，从香港大学图书馆面临的资源发展挑战，阐述了资源发展的原则和有效策略，即：积极的纸本期刊替换模式、充分获取"big deal"的利益的同时注意它可能发生长期性的相关问题、积极参与JULAC集体资源购买方案。报告还就香港科技大学图书馆的实践，给出了延伸图书资源存取的方式，包括：各学科开放式（Open Access）期刊的选择及编目、加强网上质优数据库的选择及指引、加强馆际互借、积极参与HKALL Program 等。

4月17日下午的会议由苟文选主持。首先，香港城市大学图书馆馆长景祥祜教授做了题为《香港城市大学图书馆的服务转型蓝图——从图书馆RFID项目开始》的报告。他首先介绍了香港城市大学及其图书馆的基本情况。接着从五个方面介绍了香港城市大学图书馆服务转型的蓝图，一是服务转型背景。基于图书馆的服务变革进程处于滞后状态和无线射频识别技术在物流领域的应用广泛。二是服务转型蓝图。目标是纸质本图书的流通事务绝大部分由读者自助服务完成，馆员要为读者提供高附加价值的信息服务。要从总分馆空间战略规划、电子资源配置、空间布局、组织变革、新服务开展等方面构建图书馆服务转型蓝图。建立"学科主题村"（Subject Village），把与学科相关的书籍摆放在主题村内，在主题村的区域建设相关的主题咨询和信息技术服务形成的联合柜台，提供一站式服务。三是城大图书馆RFID项目。RFID是实现服务转型蓝图的重要开始步骤，已测试了RFID在自助借还机、安全检测门、自动还书箱、馆员工作站、典藏定位设备、标签转换器等设备上的试用。四是图书馆RFID的导入。从条形码到RFID不仅是一场识别技术的变革，涉及图书馆的花费成本、质量和时间等问题，更是读者的感知和使用习惯的转变，即图书馆服务内涵与文化的变革。要培训读者养成自助借还的习惯，要按服务对象、服务区域、服务目标等建立灵活的工作团队，要调整图书馆部门设置。五是RFID应用的未来展望。城大图书馆的服务转型一定程度代表了图书馆在新环境下的发展思路，图书馆未来馆藏将会从传统的纸质本为主，发展到纸质馆藏与电子资源并存，支撑网络服务的电子资源需求越来越显著。RFID可以使图书馆助理员工作转移至支撑电子资源所需要的软硬件设备服务管理上，专业馆员的工作内容会转移到知识创造、知识管理、学术社群传播的服务与网上服务的开发。因此，引进RFID不应是单纯的技术引进，更可利用RFID的契机，转变图书馆的服务模式。

接着，北京大学图书馆肖珑研究馆员做了题为《北京大学图书馆：以用户为核心的新型服务设计》的报告，报告分六个部分，分别为：图书馆服务体系、数字图书馆门户、数字多媒体服务、数字加工服务与数字加工中心、大学图书馆体系建设以及服务与共享。报告阐述了图书馆服务体系的目标、宗旨、发展规划与愿景，将图书馆服务体系划分为基础服务、网络服务、研究型服务和辅助性服务四部分，在此基础上提出了以用户为核心的新型服务设计，并以北京大学数字图书馆门户建设、数字多媒体服务为例予以说明。报告还向与会者介绍了国内文献信息资源共享系统，包括：中国高等教育文献保障系统、中国高校人文社会科学文献中心、高等学校中英文图书数字化国际合作计划、中国国家数字图书馆、全国文化信息资源共享工程、国家科学（数字）图书馆（NSL）、国家科技图书文献中心等。

西安交通大学图书馆强自力博士的报告《文献资源建设与图书馆的使命》通过10个案例对研究型馆藏和教学型馆藏的特点进行了分析和概括，指出：研究型图书馆的本质特征是拥有研究型馆藏（实体、物质），支持大学的科学研究与研究生教育（使命、意识）；教学型馆藏的特点是品种精挑细选、复本充足，满足读者需求。报告还对目前我国高校图书馆在文献资源建设方面普遍存在的认识偏差进行了分析，认为"保品种，压复本"是有适用条件的，为与会代表提供了可以借鉴的思路。

4月18日上午，会议代表分三组进行讨论。上午10点，大会举行了分组讨论交流，三组召集人王浩、裴世荷、许文丹分别向大会汇报了各组的讨论情况。与会代表一致认为，本次会议安排合理、内容充实，四个专题报告水平较高，对陕西高校图书馆的发展起到了非常积极的促进作用。小组讨论期间，各个学校的代表还就文献资源建设、经费的使用、文献的管理以及人员素质的提高和使用等诸多问题进行了交流。对于图工委今后的工作，各位代表提出了许多建设性意见和建议，包括：（1）图工委设立科研基金，用于陕西省高校图书馆联盟的研究和设计；（2）举办图书馆专题研讨会，加强基层图书馆馆员的交流；（3）加强图书馆统计人员的培训，对外公布的统计数据加强审核；（4）关于招标，建议图工委制定一个关于陕西省图书招标的细则，以教育厅的名义发到各学校，以利于指导各学校招标；（5）对各馆目前自建的特色数据库，图工委要进行指导，可以给出各馆的拟建和在建数据库的目录，以避免重复建设。也可以组织多个馆集体建设某一个数据库，提高数据库的建设品质。（6）图工委年度工作计划要突出重点，每年着重力量做成一两件事情，要有所为有所不为，不能太泛，要有大方向。

胥耀平主持了4月18日上午的会议并做了会议总结。大会对承办单位陕西理工学院图书馆给予会议的大力支持和热情接待表示由衷的感谢。

会议期间，代表们还参观了陕西理工学院图书馆。

8. 2009年陕西省高等学校图书情报工作会议纪要

2009年5月20日—23日，陕西省高等学校图书情报工作会议在陕西省商洛市召开，省教育厅高教处袁宁处长、商洛学院副院长陈永庄教授以及来自全省69所普通高校图书馆的110位代表出席会议。本次会议的主题为高校图书馆区域文献资源共享。

5月21日上午，大会开幕，商洛学院副院长陈永庄教授到会并致欢迎辞。随后，省高校图工委副主任委员、西安交通大学图书馆馆长俞炳丰教授讲话，他通过文化部副部长周和平代队调研吉林省公共图书馆与高校图书馆共建共享工作、全国文化教育科技系统资源共享服务基层经验交流会在长春召开以及2009年3月20日《文化部、教育部、科技部关于进一步加强文献信息资源共建共享服务基层的意见》三件事，向大家介绍了去年年底以来，在中央领导同志的关心下，国内区域文献资源共享开展的基本情况；传达了《文化部、教育部、科技部关于进一步加强文献信息资源共建共享服务基层的意见》文件的基本精神；通报了2009年省高校图工委工作计划和安排。接着，省高校图工委张西亚秘书长做了题为《陕西省高校图工委2008年工作总结》的报告。报告对2008年陕西高校图工委所做的工作进行了回顾和总结，并根据2008年陕西高校图书馆统计数据，从馆舍建设、读者座位、队伍建设、图书馆年度经费、年文献购置、资源累积量、自动化状况、服务状况等方面对我省高校图书馆事业发展的基本状况进行了分析总结。

本次会议共邀请海内外4位图书馆领域专家做报告。5月21日上午，首先由香港大学图书馆馆长彭仁贤博士为大家做了题为《香港大学的经验：香港与亚太地区的馆际合作》的报告。报告介绍了香港大学图书馆的协作活动，包括参与香港JULAC活动项目、参与地区性PRDLA活动项目、参与国际性和地区性OCLC活动项目等，使与会者对香港大学图书馆的馆际合作活动有了全面的认识和了解。接着，CALIS管理中心副主任、北京大学图书馆副馆长陈凌研究馆员做了题为《CALIS三期建设与区域资源共享》的报告。报告对CALIS"九五"和"十五"建设进行了简单回顾，对三期建设的指导思想、建设内容和建设思路进行了详尽的介绍，让我们对CALIS三期建设的5个共享（即：文献共享、软件共享、服务共享、设备共享、人力共享）有了更多的期待。5月21日上午的会议由贾希鸣副主任委员主持。

5月21日下午，武汉大学图书馆馆长助理刘霞博士做了题为《湖北省高等学校数字图书馆建设方案及其实施》的报告，对湖北省高校数字图书馆项目的建设背景、建设方案、运行和管理以及实施效果进行了详细介绍，使我们从兄弟省份资源共建共享建设经验中获得了有益的借鉴。接着，西安交通大学图书馆副馆长邵晶研究馆员为与会代表做了《开放存取环境下期刊文献共享模式及资源整合》的报告。报告从OPEN ACCESS发展现状、OA期刊共享模式分析、开放环境下非OA期刊文献的共享模式、开放获取产生的影响以及OA期刊的整合与揭示等五个方面对开放存取环境下期刊文献共享进行了阐述，引发了与会代表对OA期刊的浓厚兴趣和关注。

4位专家报告后，会议进行大会交流。首先，西安工程大学图书馆常务副馆长张大为研究馆员受省高校图工委委托，对2008年陕西高校图工委赴苏、沪高校图书馆学习考察工作进行了总结汇报。汇报内容包括：考察的内容与方式、图书馆馆舍与设施、文献资源建设与区域共享、图书馆的服务工作、馆员队伍建设工作，着重阐述了我省高校图书馆与苏、沪高校图书馆在上述几方面存在的差距。接着，西北农林科技大学图书馆常务副馆长胥耀平教授与大家一同分享了考察台湾农业资讯业（科技信息服务）的经验和心得。对台湾地区大学图书馆的整体印象，胥教授认为包括以下几方面：（1）图书馆在大学中的地位崇高、馆员受人尊敬；（2）馆员入门门槛高，整体素质高，业务能力强；（3）主动服务意识强，细微处尽显人性，为读者提供最舒适的学习环境和条件；（4）开展的活动多，与读者形成互动。5月21日下午的会议由李志俊副主任委员主持。

5月21日晚，会议安排代表们欣赏了商洛现代花鼓戏《月亮光光》。剧情是讲城市姑娘、教授的女儿林怡芳，因为父亲蒙冤，随母千里寻兄，遇难深山，被放牧的牧童相救，以及随后发生的一系列故事。全剧情真意切，感人至深。演出过程中及结束后，获得了与会代表的阵阵掌声。

5月22日上午的会议由商洛学院图书馆李尚民馆长主持。

22日上午的会议继续进行大会交流，首先由西安航空技术高等专科学校图书馆馆长许文丹代表省高校图工委高职高专工作组做了《省高校图工委高职高专工作组工作汇报》的报告，报告依据2008年统计数据对我省高职高专图书馆的建设状况进行了分析，并对2008年工作组所做的工作进行了回顾和总结，对2009年的工作思路进行了介绍。接着，陕西师范大学图书馆副馆长康万武研究馆员做了《陕西省高校图书馆区域馆际互借系统介绍》的报告，报告对我省高校图书馆区域馆际互借的发展历程进行了回顾，介绍了图工委制定的区域馆际互借改革方案和实施情况。随后，区域馆际互借系统项目合作开发方、北京畅想之星信息技术有限公司技术总监滕敬合对系统开发情况进行了介绍，并对系统功能进行了演示。

5月22日上午，省教育厅高教处袁宁处长到会并做重要讲话。袁宁处长通报了省教育厅2009年有关高等教育领域的工作，他说，2009年，省教育厅工作计划中明确提出建设高校文献资料信息共享工程，力争把这项工作做实做好。2009年3月20日，文化部、教育部、科技部三部委下发了《关于进一步加强文献信息资源共建共享服务基层的意见》（文社文发〔2009〕10号），要求各省大力开展跨系统文献信息资源共建共享，更好地服务于基层和广大社会公众，要求政府加大经费投入，建立健全文献信息资源共建共享的长效机制。省教育厅有决心做好相关工作。就2009年我省高校图书馆及省高校图工委工作，袁宁处长谈了三点意见：一是要重视开展图书情报学术交流与研究；二是大力加强图书馆专业技术队伍建设；三是要突出重点，分层次、分区域、分类别，逐步开展全省高校文献资源共建共享工作。今年可以先搞一个小范围共享的示范项目，有一个初步成效后，再争取政府资金投入，正式立项，成为全省高校优质教育资源共享工程的重要组成部分。这方面，要充分发挥"211工程"和"985工程"院校图书馆的人力、物力、财力优势，还要充分利用国家"211工程"CALIS三期对我省高校图书馆支持的契机。

最后，省高校图工委副主任委员、宝鸡文理学院图书馆馆长孔润年教授进行了会议总结。总结认为，本次会议时间虽短，但内容丰富，有领导讲话、工作总结、专家报告、大会交流等。从上述内容来看，可以说本次会议既是一次总结过去、部署未来的工作会议，又是一次馆长培训会和经验交流会。这次会议有三个突出特点：

第一，这次会议是在全省高校及图书馆开展深入学习实践科学发展观活动的热潮中召开的。这就使大家都能从贯彻落实"以人为本，全面、协调和可持续"的科学发展观的高度来审视我省高校图书馆的工作，从而使会议有了正确指导思想，也为会议成功奠定了思想政治基础。

第二，这次会议内容丰富，但主题明确，都是围绕图书馆资源建设、特别是区域文献信息资源共建共享问题来研讨的。会议安排的专家报告、大会交流都是与这个主题相关的，通过专家报告和大会交流，使大家对这个问题的认识有了很大提高。

第三，这次会议安排的大会报告比较多。不但有省内高校图书馆专家赴江苏、上海、台湾高校图书馆学习考察的报告，更有来自香港大学、北京大学、武汉大学等省外专家的报告。这些报告层次高、信息量大、内容新颖，对大家开阔视野、转变观念，以及促进我省图工委和高校图书馆的工作均有很大的启发和指导意义。

本次会议的收获和启示，可以归纳为以下四点：

第一，对我省高校图工委2009年度工作进行了安排部署。省图工委副主任委员俞炳丰教授在讲话中，首先传达了吉林会议精神，特别是文化部、教育部、科技部关于进一步加强文献信息资源共建共享服务基层的意见和有关领导的讲话精神，要求推广吉林经验和做法，由教、科、文、财部门参与，实现高校图书馆与公共图书馆、科研院所图书馆、文献信息资源共建共享。在此基础上，他根据我省高校图工委常委会研究决定，对2009年的重点工作进行了安排部署，主要包括：修改完善我省文献信息资源共建共享实施方案，并积极争取省上有关部门的理解和支持；继续开展高校图书馆馆员培训活动；争取图书情报专业的省级科研立项；支持各专业组开展工作，举办2～3次专题研讨会；改革完善高校馆际互借系统；编印《陕西省高校图书馆建国六十年发展历程》；开展一次馆际体育比赛；组织部分馆长赴台湾高校图书馆参观学习。

第二，对我省高校图工委2008年工作进行了认真总结。张西亚秘书长的工作总结报告，对我省高校图书馆的基本情况，包括馆舍面积、读者座位、员工人数、经费投入、管理系统、读者量等做了通报。这使大家在了解全省情况的同时，对自己所在图书馆的排位也有所了解，无形中增加了工作的压力和动力。此外，他还对图工委的其他工作，如2008年在汉中召开的图书情报工作会议，对图书馆馆员培训活动，对馆际互借情况，对部分馆数据库联合采购情况，对举办图书馆统计工作培训班情况，对组织部分馆长赴江苏省和上海市高校图书馆参观学习情况都做了认真总结。

第三，通过听取专家报告和大会交流，坚定了推动我省高校图书馆文献信息资源共建共享的信心。许多省市和高校图书馆的经验告诉我们，实现文献信息资源保障体系的共建共享已是时代发展的必然趋向。在这个问题上的任何怀疑、动摇和徘徊都是没有道理的。认识是行动的先导。工作上的落后，表面看是经费投入问题，但深层次的问题是认识不到位和观念落后的问题。从外省的经验来看，这是一个系统工程，需要拿出科学合理的方案；需要各方面的积极参与，只有在政府主导、协调和支持下，各有关方面积极参与，共同努力，才能做好。

第四，这次会议对引发思考，提高认识，转变观念，着力解决深层次问题起到了推动作用。本次会议的大量信息，使我们深深感到"什么是高校图书馆？怎样建设高校图书馆？建设什么样的高校图书馆？"的问题，已经成为我们大家，特别是高校图书馆馆长们必须重新深思的重要问题。比如，随着信息技术在图书馆的大量应用，使数字化图书馆快速发展，在通过网络获取文献信息资源更加经济、便利的形势下，进图书馆阅览和查阅资料的读者明显减少的趋势下，一些地方和高校还在盲目追求馆舍面积和纸质馆藏量、职工人数，继续采用传统的服务模式，能不能可持续的问题？图书馆的经费投向是偏重传统的纸质资源还是现代化的数字资源？不同层次、不同规模、不同条件和需求的高校图书馆，在资源共建共享中如何协调等等，这些都成了需要深入思考和研究的问题。这些问题的回答，直接关乎图书馆的发展方向和前途命运。

会议结束后，与会代表参观了商洛学院图书馆。

会议对商洛学院及图书馆同仁对会议的支持表示衷心感谢。

9. 2010年陕西省高等学校图书情报工作会议纪要

2010年6月9日—12日，陕西省高等学校图书情报工作会议在陕西省安康市召开，省教育厅高教处袁宁处长、安康学院副院长杨行玉教授以及来自全省68所普通高校图书馆的100位代表出席了会议。本次会议的主题为高校图书馆服务创新。

　　6月10日上午，大会开幕，安康学院副院长杨行玉教授到会并致欢迎辞。随后，陕西省教育厅高教处袁宁处长做重要讲话。袁处长首先通报了2010年陕西省高等教育领域的五项中心工作，分别是：推进高水平大学和重点学科建设；加强高校教学管理；深化研究生教育结构改革；提升高校科研服务经济社会发展的能力帮助高校化解发展中的突出问题等。接着，他着重就如何推进全省高校图书馆文献资源共建共享工作发表了意见。2009年，省教育厅工作计划中明确提出建设高校文献资料信息共享工程，教育厅也已设立重点研究项目，就高校文献资料信息共享专题研究，今年4月，教育厅有关领导及课题组成员专门到浙江考察了一次文献资料信息共享建设情况，目前已拿出了一份调研报告，下一步还要组织人写出项目可行性研究报告。希望得到省财政专项经费支持，将全省高校文献资料信息共享工程正式立项。这方面，要充分发挥"211工程"和"985工程"院校图书馆的人力、物力、财力优势，还要充分利用国家"211工程"CALIS三期对我省高校图书馆支持的契机。请大家同心协力，发挥省高校图工委组织与协调作用，把这项工作抓紧抓好，使其尽快见成效。

　　省高校图工委副主任委员、西安交通大学图书馆馆长俞炳丰教授发表了讲话。俞炳丰副主任首先对上届图工委的工作进行了概括性总结。接着介绍了2010年陕西高校图工委工作，要点包括：完成我省高校图书馆区域馆际互借服务从传统管理向自动化的平稳过渡；召开2010年陕西省高校图书情报工作会议；继续开展全省高校图书馆馆员培训活动；举办2～3个图书馆专业技术人员业务交流研讨会或研讨班；完成省高校图工委换届工作；举办首届陕西省高校图书馆羽毛球比赛活动；编辑整理《陕西省高校图书馆建国六十年发展历程》（1949～2009年）；组织本省部分高校图书馆馆长到吉林考察、交流。随后对图工委换届工作进行了通报，图工委换届的原则是：换届工作做到公开、公正；确定新一届高校图工委副主任、常务委员组成时，充分考虑到我省各个层面高校图书馆；稳妥换届，保持省高校图工委组成的稳定性及工作的连续性；副主任、常务委员人选需是热心高校图书馆和省高校图工委工作的馆长或副馆长，本人及所在学校愿意承担省高校图工委的工作任务。最后宣读了经与省教育厅协商后的新一届图工委正副主任、常务委员人选，人选经本次会议进一步征求意见后，由省教育厅发文聘任。

　　省高校图工委秘书长张西亚研究馆员做了陕西省高校图工委2005～2009年工作总结。总结首先根据陕西高校图书馆统计数据，从馆舍建设、读者座位、队伍建设、图书馆年度经费、年文献购置费、资源累积量、自动化状况、服务状况等方面对我省高校图书馆过去五年的变化和发展进行了分析。然后总结了过去五年陕西省高校图工委完成的工作，主要有：协助省教育厅完成了第五次全省普通高校图书馆先进集体和先进个人评选工作，共表彰先进集体18个，优秀管理干部8人，先进个人68名；协助本科高校图书馆做好迎接教育部教学水平评估工作；举办教育部"高职高专院校图书馆馆长研修班"；实施全省高校图书馆馆员培训，2008～2009年共进行了面向全体馆员的培训11场，来自44所院校图书馆的800多人参加培训，足迹至西安、宝鸡、商洛、榆林；实施省内高校图书馆区域馆际互借改进；组织部分高校图书馆馆长赴苏、沪及台湾地区高校图书馆学习考察；举办陕西省高校图书馆"超星杯"首届乒乓球比赛和"同方杯"首届羽毛球比赛；举办每年一次的全省高校图书情报工作会议，邀请内地及港台地区高校图书馆馆长做专题学术报告；每年组织填报我省高校图书馆的统计数据和事实资料，认真审核，及时、准确地将我省各高校图书馆的统计数据输入到教育部高校图书馆事实数据库中，并在此基础上编印了《陕西省普通高等学校图书馆年度基本情况统计资料》下发各馆。图工委下设的文献资源建设、文献编目、图书馆自动化、读者服务和高职高专等五个工作组均在所在领域履行图工委管理和协调的职能，很好地发挥了有关馆长和专家在图工委活动中的作用。

省高校图工委副主任委员、西北工业大学图书馆馆长苟文选教授做了陕西省高校图书馆馆长代表团赴台湾地区考察汇报，苟馆长从台湾图书馆馆舍设施及利用、文献资源建设、数字化和自动化、读者服务工作、机构设置和人员配备等方面与大家分享了陕西省高校图书馆馆长代表团赴台湾地区考察的见闻和体会，并用静、敬、兢、活、足、实、丰、特八个字概括了台湾高校图书馆及其服务的特色。此外，苟馆长还代表西北工业大学图书馆做了服务创新大会交流，介绍了该馆在为本校读者提供三大索引收录服务方面做出的探索和实践。

6月10日下午，大会继续进行服务创新交流。首先，陕西师范大学图书馆李万社副馆长做题为《改进服务形式，提高服务质量》的大会发言，从服务内容、服务方式以及服务环境方面介绍了陕师大图书馆在服务创新方面的举措。西安交通大学图书馆强自力研究馆员做了题为《西安交通大学图书馆学科化服务探索》的大会交流，介绍了该馆实施学科化服务的指导思想、具体措施以及服务效果。陕西科技大学图书馆方小容研究馆员交流的题目为《服务是本，创新是魂》，介绍了陕西科技大学图书馆的服务理念以及服务举措，从对图书馆员的人文关怀入手，带动读者服务水平的全面提升。西安航空技术高等专科学校图书馆许文丹馆长做了题为《基于需求驱动的高职高专图书馆工作探索与实践》的大会发言，通过对高职高专图书馆定位的阐述，介绍了该馆基于需求驱动的各方面探索，包括：基于规范管理需求、基于内涵建设需求、基于馆—读和谐需求、基于校园文化需求。

6月11日上午，与会代表分三个组进行分组讨论，并在分组讨论结束后由西北农林科技大学图书馆颜玉怀书记、西安工程大学图书馆张大为常务副馆长、西安建筑科技大学图书馆裴世荷常务副馆长代表各组汇报了分组讨论情况，各组反映的问题有：

会议发言资料通过多种方式发到代表手中；建议下次按学校类型分组讨论；进一步发挥图工委各工作组作用；促成全省高校图书馆资源共建共享平台项目尽快启动；由图工委立项组织对图书馆热点课题开展研究等。

本次会议几个阶段分别由省高校图工委副主任委员李志俊、贾希鸣和孔润年主持。最后由孔润年做了会议总结。

会议期间，与会代表还参观了安康学院图书馆。

会议对承办方安康学院、安康学院图书馆以及各协办方的支持一并表示衷心感谢。

10. 2011年陕西省高等学校图书情报工作会议纪要

2011年陕西省高等学校图书情报工作会议于6月15日—18日在延安大学召开，来自全省69所高校图书馆的领导和有关人员120余人参加了会议。本次会议主题为"发挥高校文化育人主体功能，创新图书馆特色服务"。延安大学胡俊生副校长，省高校图工委副主任委员俞炳丰、苟义选、李志俊、李万社、余健明、孔润年、许文丹出席会议。

6月16日上午，会议隆重开幕。上午的议程包括领导致辞、工作报告、专家报告和特色服务交流。首先，延安大学副校长胡俊生教授致欢迎辞，他对本次会议在延安大学举行、对与会代表的到来表示热情欢迎，并对延安大学及延大图书馆的基本情况做了简要介绍。接着，省高校图工委副主任委员、西安交通大学图书馆馆长俞炳丰教授做了陕西高校图工委2010年工作总结和2011年工作计划的报告，全面总结了2010年陕西高校图工委在换届、资源共建共享、结对帮扶、学术交流、文体活动等方面所做的工作，并对2011年的工作做出具体安排。西安电子科技大学图书馆黄小强副馆长做了赴东北高校考察交流情况的汇报。本次会议特别邀请河南省高校图工委秘书长、郑州大学图书馆馆长崔波教授到会做了题为《文化传承、创新服务——郑州大学开展阅读文化经典、建设书香校园活动的实践与体会》的专家报告，介绍了郑州大学图书馆以科学发展观为指导、以阅读活动为载体，全面开展图书馆管理创新和服务创新的宝贵经验，使大家很受启发。在特色服务与创新服务交流环节，延安大学图书馆曹继春书记做了题为《读者参与管理、共建校园文化——延安大学图书馆参与文化育人的实践与尝试》的交流，介绍了该馆以新馆建设为中心，开展图书馆环境文化、制度文化、管理文化和服务文化建设，为整个学校的大学文化建设做出了突出贡献，其中很多具体做法值得同类高校图书馆学习。6月16日上午的会议由省高校图工委副主任委员、西北工业大学图书馆书记苟文选教授主持。

6月16日下午安排了三个大会发言。西北政法大学图书馆馆长李军教授做了题为《影像读书·沙龙实践探索》的交流报告，该馆将培养学生的终身学习理念作为目的，引导读者将影像阅读与体会阅读相结合，将阅读与思考相结合，将重点阅读与一般阅读相结合，并为此做了大量探索。西北农林科技大学图书馆张波副馆长做了题为《关于在图书馆推进校园文化建设的研究与探索》的经验交流，分享了该馆从加强科学管理、加强资源建设、提高馆员队伍整体业务素质和服务技能、强化大学生自我教育和自我管理、增强内部物质文化环境品味等方面入手，推进图书馆和校园文化建设的做法，很有推广意义。西安翻译学院图书馆康万武馆长做了题为《民办高校图书馆特色服务——以西安翻译学院图书馆为例》的经验交流，介绍了该馆开展特色服务的理论和实践探索，其指导思想、服务内容、工作思路、具体措施和实践体会，对民办高校图书馆很有参考价值。6月16日下午的会议由省高校图工委副主任委员、西安航空技术高等专科学校图书馆许文丹馆长主持。

6月17日上午，首先进行分组讨论，由省高校图工委副主任委员、陕西师范大学图书馆李万社副馆长和图工委常务委员、西安电力高等专科学校图书馆刘强馆长分别召集。分组讨论结束后，两位召集人对各组的讨论内容进行了大会交流。最后，由省高校图工委副主任委员、宝鸡文理学院图书馆馆长孔润年教授从基本情况、会议特色、会议成效三方面进行了大会总结。17日上午的会议由省高校图工委副主任委员、西安理工大学图书馆馆长余健明教授主持。

为庆祝建党90周年，会后组织会议代表参观了延安大学校史馆，杨家岭、枣园、延安革命纪念馆、壶口瀑布和黄帝陵，重温革命先驱的战斗历程，激发了大家的爱国情怀。

本次会议的顺利召开，得到了延安大学和延安大学图书馆的大力支持，也得到了合作单位的支持。

11. 2012年陕西省高等学校图书情报工作会议纪要

2012年陕西省高等学校图书情报工作会议于5月23日—25日在西安临潼召开，来自全省70所高校图书馆的领导和有关人员130余人参加了会议。本次会议的主要议题包括：2011年工作总结、2012年工作安排、2011年陕西省高校图书馆发展状况报告和专家报告。西安工程大学黄翔副校长，陕西省教育厅高教处井浩副处长，省高校图工委副主任委员王元、苟文选、赵建有、李万社、孔润年、许文丹等出席会议。

5月23日上午会议开幕。黄翔副校长代表承办方致欢迎辞，他介绍了西安工程大学的历史沿革、发展现状及图书馆近几年的建设情况，并预祝大会举办成功。井浩副处长在讲话中首先介绍了陕西省教育厅2012年工作要点。2012年是深入贯彻全国、全省教育工作会议精神的关键年，全省教育工作的总体要求是：以全面落实《国家中长期教育改革和发展规划纲要（2010—2020年）》《中共陕西省委、陕西省人民政府关于贯彻〈国家中长期教育改革和发展规划纲要（2010—2020年）〉的实施意见》为主线，按照深化改革、破解难题、转变方式、提升内涵的思路，巩固和发展优势，在若干领域实现新的突破，大力改善教育民生，推动教育强省建设取得新进展，以优异成绩迎接党的十八大的胜利召开。井浩副处长对陕西高校图工委近年来的工作给予了充分肯定，并从以下四个方面对我省高校图书馆的建设和发展提出了希望和要求：（1）合理定位，办出特色；（2）为提升我省高等教育综合实力服务；（3）进一步提升高校图书馆服务功能，更好地为高校科技创新服务；（4）推进全省高校图书馆文献资源共建共享工作。

省高校图工委副主任委员、西安交通大学图书馆馆长王元教授做了陕西高校图工委2011年工作总结和2012年工作计划的报告。他从八个方面总结了2011年省高校图工委的工作：（1）召开了2011年陕西高校图书情报工作会议；（2）开展了全省普通高校图书馆先进集体和先进个人评选工作；（3）举办了陕西高校图书馆"超星杯"第二届乒乓球比赛；（4）举办了信息素质教育、文献编目、统计等三个业务探讨和专业培训活动；（5）深入开展了高校图书馆与县级图书馆结对帮扶活动；（6）举办了庆祝建党90周年和图工委成立30周年系列活动；（7）推动文献资源共建共享取得了新进展；（8）完成数据信息统计工作。

本次会议特邀上海图书馆副馆长、上海市图书馆学会秘书长刘炜研究馆员做了题为《以服务求生存，以技术创未来》的前瞻性报告。报告通过大量的事例，深入浅出地阐述了图书馆行业面临的困境，提出了以信息技术改变图书馆目前的生存现状、图谋长远发展的观点和思路。刘炜的报告精彩且有互动环节，反响热烈，"技术救图"的思路和观点给我省高校各图书馆的馆长们很大的启发和思考，使他们获益匪浅。

省高校图工委副主任委员、西北工业大学图书馆苟文选书记代表省高校图工委做了关于2011年陕西高校图书馆发展状况的报告。报告通过一系列统计数据，对我省高校图书馆的馆舍建设、经费投入、文献资源建设以及服务水平进行了分析和总结。

23日上午的会议由西北工业大学图书馆李铁虎馆长主持。

5月23日下午，进行分组讨论，由陕西师范大学图书馆李万社副馆长、宝鸡文理学院图书馆孔润年馆长、西安航空学院图书馆许文丹馆长三位图工委副主任委员分别召集。分组讨论结束后，由召集人将各组讨论情况做大会交流。本次会议分组讨论的热点主要集中在高校图书馆文献资源建设、队伍建设、图书馆统计、服务创新以及图书馆行业规范的制定等方面。最后，由省高校图工委常委、西安工程大学图书馆常务副馆长张大为研究馆员从基本情况、会议特色、会议成效三方面进行了大会总结。下午的会议由省高校图工委副主任委员、长安大学图书馆馆长赵建有主持。

5月24日上午，全体参会代表参观了西安工程大学临潼校区图书馆。

12. 2013年陕西省高等学校图书情报工作会议纪要

2013年陕西省高等学校图书情报工作会议于5月29日—31日在杨凌召开，来自全省68所高校图书馆的领导和有关人员160余人参加了会议。本次会议的主要议题包括：2012年工作总结、2013年工作安排、2012年陕西省高校图书馆发展状况报告、图书馆管理与服务经验交流。西北农林科技大学张雅林副校长到会并致欢迎词，省高校图工委副主任委员王元、卢朝阳、赵建有、余健明、孔润年、李万社等出席了会议。

省高校图工委副主任委员、西安交通大学图书馆馆长王元教授做了陕西高校图工委2012年工作总结和2013年工作计划的报告，他从八个方面总结了2012年省高校图工委的工作：（1）召开了2012年陕西省高等学校图书情报工作会议；（2）召开了陕西高校图工委成立30周年庆祝大会暨先进表彰大会；（3）举办了陕西高校图书馆"同方杯"第二届羽毛球比赛；（4）面向近两三年来参加工作的图书馆工作人员，举办了入职教育专家报告会；（5）举办了电子资源知识竞赛及信息检索技能比赛；（6）继续做好高校图书馆与县级图书馆结对帮扶工作；组织召开了结对帮扶阶段总结暨经验交流会；（7）加强与省内其他学会、协会的合作，联合举办了一系列学术交流活动；（8）完成数据信息统计工作以及图工委日常工作。

省高校图工委副秘书长、西安交通大学图书馆张惠君研究馆员代表省高校图工委秘书处做了关于2012年陕西高校图书馆发展状况的报告。报告通过一系列统计数据，对我省高校图书馆的馆舍建设、队伍建设、经费投入、文献资源建设、资源利用与服务等进行了分析、探讨和总结。

在图书馆管理与服务交流单元，共有5个图书馆进行了大会交流。西北农林科技大学图书馆周东晓副馆长做了题为《西北农林科技大学图书馆管理与服务创新的实践与探索》的报告，简要介绍了该馆的历史和现状，重点阐述了西北农林科技大学图书馆的发展目标、主要任务、建设思路以及为实现发展目标而开展的一系列工作。西安电子科技大学图书馆黄小强副馆长做了《与读者互动 共建图书馆》的报告，以服务理念为切入点，全面介绍了"与读者互动 共建图书馆"在该馆的实践，包括利用学生志愿者进行图书馆搬迁、读者荐购、阅读推广、走进院系、"助"字系列讲座等，并就如何做好互动、共建给出了切身体会和总结。省高校图工委副主任委员、长安大学图书馆馆长赵建有教授做了题为《高校图书馆学科化环境的构建》的报告，提出了要把图书馆打造成为学校的素质教育基地和国际化交流中心的目标，并结合学校公路交通、国土资源和城乡建设等学科发展的特点，对图书馆空间环境学科化改造进行了设计和构建构想，包括：注重学科特征的展示，注重环境的美化，注重文化的体现，注重馆舍结构和空间的有效利用，注重人文环境的构建，注重同生态文明建设的融合等。西安翻译学院图书馆康万武馆长做了题为《以西安翻译学院图书馆为例，谈谈民办高校图书馆工作的几个问题》的报告，认为：直面现实是做好民办高校图书馆工作的思想基础，目标明确是做好民办高校图书馆工作的重要因素，善于决策、注重方法是实现目标的保障，并对新建本科高校本科教学工作合格评估的若干问题进行了探讨。西安工程大学图书馆谷秀杰博士做了题为《阅读推广的微观与宏观视野》的报告，介绍了阅读推广的内涵、模型、研究热点和困境，并通过问卷调研分析了大学生阅读书目种类和利用资源的类型，指出"培养可持续发展的爱书人"是我们的初衷和目标。上午的会议分别由颜玉怀和李万社主持。

5月30日下午的议程包括分组讨论、大会交流和会议总结。本次会议分三个讨论组，第一组由省高校图工委副主任委员、西安理工大学图书馆余健明馆长召集，第二组由省高校图工委副主任委员、宝鸡文理学院图书馆孔润年馆长召集，第三组由省高校图工委常务委员、陕西工业职业技术学院图书馆冯德虎馆长召集。分组讨论结束后，三位召集人对各组的讨论内容进行了大会交流、汇报。最后，会议主持人、省高校图工委副主任委员、西安电子科技大学图书馆卢朝阳馆长进行了简要的会议总结，宣布会议圆满闭幕。

本次会议的顺利召开，得到了西北农林科技大学、西北农林科技大学图书馆和各合作单位的大力支持。

13. 2014年陕西省高等学校图书情报工作会议纪要

2014年陕西省高等学校图书情报工作会议于4月23日—25日在西安浐灞召开，来自全省73所高校图书馆的领导和有关人员110余人参加了会议。本次会议的主要议题包括：2013年工作回顾、2014年工作安排、专家报告、图书馆管理与服务业务交流。

陕西省教育厅高等教育处何玉麒副处长出席会议并致辞，通报了全省高等教育全面提高质量、内涵发展的工作思路，希望高校图书馆围绕中心、服务大局，围绕教学、服务师生，围绕公益、服务社会，以优质服务赢得发展，为建设高等教育强省贡献力量。

陕西省高等学校图书情报工作委员会副主任委员、西安交通大学图书馆馆长王元教授做工作报告，对图工委2013年工作进行了回顾，通报了2014年工作安排。他从九个方面总结了2013年省高校图工委的工作：（1）召开了2013年陕西省高等学校图书情报工作会议；（2）举办了陕西省图书馆员参考咨询服务案例展示交流活动；（3）举办了2013年陕西高校图书馆新入职人员培训专家报告会；（4）举办了高职高专院校图书馆馆长高级研修班；（5）高校图书馆与县级图书馆结对帮扶工作又有新进展；（6）召开了2013年陕西高校图书馆信息技术应用研讨会；（7）举办了2013年陕西省图书情报界"云雀杯·我的图情中国梦"主题征文比赛活动；（8）举办了陕西省高校图书馆"同方知网杯"第三届羽毛球比赛（B组）；（9）加强与省内其他学会、协会的合作，联合举办了一系列学术交流活动。

特邀专家、上海交通大学图书馆党委书记潘卫研究馆员做了《高校图书馆服务发展现状与趋势解析》的主题报告，对图书馆服务的概念进行了探讨，从基础服务、阅读推广、场所服务、发现服务、用户教育、学科服务、泛在移动、知识服务等方面分析了图书馆服务的现状和发展趋势。

在业务交流环节，共有13个图书馆进行了大会交流，分别为：西北工业大学图书馆李铁虎馆长《嵌入式学科服务的实践与探索》；西北农林科技大学图书馆颜玉怀书记《合校十五年西农图书馆的发展与思考》；西北政法大学图书馆李军馆长《拓展图书馆育人渠道》；延安大学图书馆宋佃锋副馆长《改进服务方便读者八项举措》；陕西师范大学图书馆李万社副馆长《图书馆实施RFID系统的若干思考》；西安电力高等专科学校图书馆刘强馆长《图书馆服务于"教培融合"模式的探讨》；西安工程大学图书馆尹方屏主任《参与 提升 收获——CALIS示范馆建设启示》；长安大学图书馆赵建友馆长《高校图书馆帮扶基层公共图书馆的实践机制研究——以长安大学图书馆为例》；西安交通大学图书馆强自力副馆长《西安交大图书馆特藏建设思考与实践》；西安航空学院图书馆许文丹馆长《西安航空学院资源推广工作交流》；西安音乐学院图书馆刘荣弟馆长《实践探索 创新发展——西安音乐学院特色数据库建设》；西安翻译学院图书馆康万武馆长《西安翻译学院的信息资源建设》；西安欧亚学院图书馆周红副馆长《以"为读者提供优质服务为目标"的创新性图书馆的建设》。

会议期间，与会代表参观了陕西科技大学图书馆。

（三）业务工作与文体活动

1. 关于成立陕西高校图工委有关工作组的通知

各普通高校图书馆：

经2005年4月29日省高校图工委常务委员会讨论决定，原图工委下设的专业委员会改为工作组，并根据需要组建文献资源建设工作组、文献编目工作组、图书馆自动化工作组、读者服务工作组和高职高专工作组。

图工委工作组是承担图工委某一领域工作的专业组织，受图工委委托，在所在领域履行图工委管理和协调的职能，任期与本届图工委相同。

在有关高校图书馆推荐的基础上，省高校图工委常务委员会于2005年6月25日开会通过了新一届图工委各工作组的人员组成。现将工作组组成名单发给各馆，请给予有关工作组工作支持。

附：陕西省高校图工委各工作组成员名单

陕西省高等学校图书情报工作委员会

2005年6月28日

附：陕西省高校图工委各工作组成员名单（各组成员按姓名汉语拼音排序）

文献资源建设工作组成员名单

姓名	单位	职务/职称	备注
张西亚	西安交通大学图书馆	常务副馆长/副研究馆员	组长
田苍林	西北工业大学图书馆	副馆长/研究馆员	副组长
强自力	西安交通大学图书馆	采访中心主任/副研究馆员	副组长
丁金华	西安电子科技大学图书馆	文献建设部主任/馆员	
王长安	陕西理工大学图书馆	副馆长/副研究馆员	
王思哲	延安大学图书馆	副馆长/研究馆员	
薛增旺	陕西师范大学图书馆	文献建设部主任/馆员	
游　红	西北大学图书馆	采编部主任/副研究馆员	
赵　辉	长安大学图书馆	采访部主任/副研究馆员	
周东晓	西北农林科技大学图书馆	主任/副研究馆员	

自动化工作组成员名单

姓名	单位	职务/职称	备注
苟文选	西北工业大学图书馆	馆长/教授	组长
张应祥	西北工业大学图书馆	副馆长/副研究馆员	副组长
闫晓弟	西安交通大学图书馆	网络与信息技术中心主任/副研究馆员	副组长
安　娜	西安财经学院图书馆	自动化部主任/副研究馆员	
陈丽华	西安电子科技大学图书馆	信息系统部主任/馆员	
胡发泉	西安科技大学图书馆	副馆长/副研究馆员	
胡晓疆	长安大学图书馆	技术部主任/馆员	
夏京星	西北大学图书馆	自动化部主任/高级工程师	
谢　原	陕西师范大学图书馆	计算机与信息服务部主任/馆员	
张大为	西安工程科技学院图书馆	副馆长/副研究馆员	
张联社	西北农林科技大学图书馆	副馆长/教授	

读者服务工作组成员名单

姓名	单位	职务/职称	备注
康万武	陕西师范大学图书馆	副馆长/副研究馆员	组长
方小榕	陕西科技大学图书馆	研究馆员	副组长
陈希南	西安交通大学图书馆	参考咨询部主任/副研究馆员	
葛松梅	长安大学图书馆	阅览部主任/馆员	

姓名	单位	职务/职称	备注
霍 赞	西安电子科技大学图书馆	期刊部主任/馆员	
李 明	陕西师范大学图书馆	借阅部主任/馆员	
刘 莎	西北工业大学图书馆	读者服务部主任/副研究馆员	
宁亚玲	西北大学图书馆	流通部主任/馆员	
吴兴春	西安工程科技学院图书馆	信息技术部主任/副研究馆员	
张小宇	西安理工大学图书馆	参考咨询部主任/馆员	
赵慧清	西北农林科技大学图书馆	信息咨询部主任/副研究馆员	

陕西省高校图工委文献编目工作组成员名单

姓名	单位	职务/职称	备注
李志武	西安电子科技大学图书馆	馆长/教授	组长
王学华	西安电子科技大学图书馆	副馆长/副研究馆员	副组长
郭 炜	西安交通大学图书馆	编目中心主任/副研究馆员	副组长
白民民	西安建筑科技大学图书馆	采编部主任/副研究馆员	
曹 臻	西北农林科技大学图书馆	主任/副研究馆员	
冯会勤	西安理工大学图书馆	文献建设部主任/副研究馆员	
姜渭洪	西安科技大学图书馆	副馆长/副研究馆员	
权艳梅	西安石油大学图书馆	副馆长/编审	
孙 岚	西北工业大学图书馆	采编部主任/副研究馆员	
王剑波	长安大学图书馆	编目部主任/馆员	
游 红	西北大学图书馆	采编部主任/副研究馆员	

陕西省高校图工委高职高专工作组成员名单

姓名	单位	职务/职称	备注
王一功	西安航空技术高等专科学校图书馆	馆长/副教授	组长
冯德虎	陕西工业职业技术学院图书馆	馆长/副教授	副组长
李东来	西安欧亚职业学院图书馆	副馆长/副研究馆员	副组长
高启秦	西安翻译职业学院图书馆	馆长	
侯扬善	西安外事职业学院图书馆	馆长/研究馆员	
孟平选	陕西医学高等专科学校图书馆	馆长/馆员	
王芳玲	杨陵职业技术学院图书馆	馆长/副研究馆员	
杨邦俊	西安思源学院图书馆	馆长/研究馆员	
杨昌俊	西安培华学院图书馆	馆长/研究馆员	
姚书超	商洛师范专科学校图书馆	馆长/副研究馆员	
袁素瑛	西安铁路职业技术学院图书馆	馆长/馆员	
赵 珍	西京职业学院图书馆	副馆长	

2. 陕西高校图工委文献资源建设工作组召开第一次会议

2005年9月15日上午，陕西高校图工委文献资源建设工作组第一次会议在西安交通大学图书馆召开。参加会议的有西安交通大学图书馆张西亚、强自力，西北工业大学图书馆孙岚，西安电子科技大学图书馆丁金华，长安大学图书馆赵辉，陕西师范大学图书馆薛增旺，西北农林科技大学图书馆周东晓和西北大学图书馆游红。

会议的内容有四项，张西亚提出了文献资源建设工作组2005～2006年工作计划设想；孙岚介绍了西北工业大学图书馆在文献资源建设中使用招投标方式选择供货商的经验和体会；强自力介绍了教育部高校图工委文献资源建设组"馆藏发展政策编制指南"的进展情况；其他成员分别介绍了各馆文献资源建设方面的最新动态。

经过讨论，会议通过了文献资源建设工作组2005～2006年工作计划。工作计划共分为三个内容：

（1）组织有关数据库的联合采购。包括：中国期刊网、SPRINGER电子期刊数据库、EBSCO全文数据库等。

（2）学习讨论教育部高校图工委制订的《普通高等学校图书馆文献资源发展政策编制指南》，推动几所高校图书馆根据指南的要求编制本馆的文献发展政策，促进我省高校图书馆文献资源建设的规范化发展。

（3）在2005年11月—12月，召开一次全省高校图书馆中文图书采访工作研讨会，交流各馆目前的做法、取得的经验及存在的问题。

3. 陕西高校图工委文献编目工作组召开第一次会议

陕西高校图工委文献编目工作组第一次会议于2005年10月9日上午在西安电子科技大学图书馆召开，参加会议的有省高校图工委秘书长张西亚（西安交通大学图书馆常务副馆长），陕西高校图工委文献编目工作组组长李志武（西安电子科技大学图书馆馆长），副组长王学华、郭炜以及工作组全体成员。

会议首先由张西亚秘书长通报了教育部高校图书情报工作指导委员会二届二次会议以及西部高校图工委秘书长会议精神。会议认为发展西部高校图书馆事业应从以下几方面着手：（1）由于西部的问题不是简单投入就能解决问题的，而且也不可能在短期内有很大的改善，因此要有长期不懈努力的思想准备，要有组织保障。建议在西部两个地区中心已取得成绩的基础上，设立CALIS西部协调委员会，全面协调西部（包括广西和内蒙古）CALIS的建设工作，实现西部高校图书馆的大发展。（2）建立西部详细的图书馆档案数据库，分析西部的现实优势和问题，分析西部的干部和工作的状况、分析西部的文献需求和服务需求，提出解决的办法。干部、人员、条件、需求是我们工作方案的基础。在此基础上，制定CALIS"十一五"西部建设计划。

（3）选择10余所有代表性的图书馆（干部、人员、条件、需求都比较符合要求），作为我们支持和培养的重点学校，这10余所大学图书馆也是西部开展服务的基本依靠对象，也是示范图书馆，是榜样。（4）西部要树立"自信、自立"，"希望援助，但更重要的是自己本身的建设"等思想，树立"外因是通过内因起作用"的思想。让大家理解CALIS"共建、共知、共享"的基本指导原则，不参与建设是不能共享的。（5）西部支持，除必要的设备和技术外，要抓培训，也就是要抓人，抓人的思想，要建立西部的培训系统，大力提高队伍水平。在省图工委的新的工作计划中，首先建立了5个工作小组，分别承担某一专业领域的工作。成立编目工作组，将编目工作从资源建设中分离出来，可以更好地保证编目工作的发展。通过培训、交流、规划、成果评比等工作，提高整个陕西高校编目工作的水平；建立一个地区性的联合目录，为地区性文献的共知、共享做好基础工作。

随后，西安电子科技大学图书馆李志武馆长介绍了文献编目工作组的工作计划草案。包括召开全省高校图书馆中外文图书和期刊的分类编目、系统应用工作研讨会，交流各馆目前的做法、取得的经验及存在的问题；进行一次编目业务培训，定位于基础业务培训，针对近几年来新从事编目业务的工作人员；和CALIS联合编目中心联系，在适当的时候，举办CALIS联合目录三级编目员认证培训班；加强CALIS联合目录宣传，促成中小图书馆团体加入CALIS联合目录等工作。

随后，由西安交通大学图书馆编目中心主任郭炜介绍了CALIS联合编目工作发展的历史、现状和未来工作的重点；由西安理工大学图书馆文献建设部主任冯会勤老师做了专题发言，介绍了西安理工大学图书馆在改换分类法和自动化系统过程中遇到的问题和解决方案，以及由此引申出的思考。

最后，大家就工作计划展开了热烈的讨论，提出了很多非常好的建议。主要包括以下方面：应该经常组织编目员之间的交流活动，包括各种研讨和经验交流，使用相同系统的图书馆之间的协助等；高校对数据的质量要求应该统一，对《中图法》的使用也应该统一，尽量不要增加自己的特色；在图工委的主页上增加交流的平台；在资源整合揭示等方面，进行进一步探讨。以上意见将统一汇总，形成《陕西高校图工委文献编目工作组2005～2006工作计划》。

附：陕西高校图工委文献编目工作组2005～2006工作计划

本工作组是承担图工委在编目领域工作的专业组织，受图工委委托，在编目领域履行图工委管理和协调的职能。为切实实现图工委的工作目标，特制定本工作计划：

1. 由于省高校图工委隶属于高教系统，大多数图书馆为CALIS联合目录的成员馆，因此要督促各图书馆，应根据CALIS的编目规则进行编目，同时尽量减少各馆自己的特殊规定。

2．加强宣传目录的综合作用，强调编目工作的重要地位，引起各方面对数据质量的重视。统一认识，逐渐脱离对书商数据的依赖，让书商做辅助性工作。编目数据的质量控制必须加强。

3．帮助各图书馆根据各自的系统调整工作流程，理顺关系，提高效率，减轻编目员工作压力。

4．在2005年11月召开一次系统应用工作研讨会，交流各馆目前的做法、工作流程，取得的经验及存在的问题。

5．在2006年3月，举办一次编目业务培训，内容主要是分类和主题标引的基本知识。

6．在2006年5月，举办一次编目业务培训，内容主要是机读目录的使用，MARC知识，著录知识。

7．与CALIS联机合作编目中心协调，力争在2006年7月与CALIS联合举办一次中文三级编目员培训。

8．加强CALIS联合目录宣传，促成更多的中小图书馆团体加入CALIS联合目录。

9．在省图工委主页建立一个BBS平台，为省内高校编目员的交流提供便捷的方式。以工作组成员为主，配合其他骨干馆员，进行轮流值班，负责回答和组织讨论。

4. 陕西高校图书馆采访工作研讨会召开

2005年12月9日至10日，由陕西高校图工委文献资源建设工作组举办的陕西高校图书馆采访工作研讨会在长安沣园召开。陕西省48所高校图书馆、6家图书供应商共140余名代表参会。

针对目前采访工作最突出的问题，文献资源建设工作组确立了以中文图书采访为框架，以文献招投标、馆藏建设原则与政策、采访工作实践、发行与传播为主要议题，以推进采访工作规范化与科学化为宗旨的会议内容。会上共有15名代表发言，既有高校图书馆馆员代表，也有书商代表。其中一些代表的发言内容精彩，如"高校图书馆印刷型文献的招投标""图书招标中的价格和对策""高校图书馆招标工作质量探索""《普通高校图书馆藏书发展方针编制指南》综述"等。发言代表们传递的一些新概念、新知识、新模式、新经验，给了与会代表们一定的启发。

这次图书馆采访工作研讨会，不仅为图书馆同行提供了一个交流思想的平台，也为图书馆人与书业人士提供了互动的场所。通过交流与讨论，大家对采访工作面临的问题认识更加明确，例如招投标方面，招标的主体、标的的描述、评标的方式，书商资质的判定等。最后，陕西高校图工委希望各图书馆就以上问题开展进一步的研究。

附：会议代表发言人及发言题目

第一单元　文献招投标

1. 田苍林：高校图书馆印刷文献的招投标

2. 施春山：图书招标中的价格和对策

3. 冯永财：高校图书馆招标工作质量探索

4. 周东晓：大学图书馆馆藏外文期刊建设探讨

第二单元　馆藏建设原则与政策

1. 李文学：网络环境下高校图书馆电子文献资源建设及管理模式

2. 强自力：《普通高校图书馆藏书发展方针编制指南》综述

3. 董亚苑：民办院校图书馆文献采访原则初探

4. 何立军：民办高校图书馆经费保障与馆藏建设之我见

第三单元　采访工作实践

1. 王公尚：确定最佳馆藏复本提高馆藏文献使用效率

2. 黎　娜：利用数据采集器进行图书采访工作情况综述

3. 杨　峰：中文图书采访模式的分析与探索

4. 翟小林：民办高校电子文献选择原则与建设标准

第四单元　发行与传播

1. 问书芳：中文图书供应商评价指标与方法

2. 刘杰森：扩大书源与地方版图书采集

3. 李　晗：图书出版与发行最新趋势分析

5. "CALIS西北地区馆际互借/文献传递工作会议"召开

2006年5月30日，由CALIS西北地区中心、陕西高校图工委主办，西安交通大学图书馆承办的"CALIS 西北地区馆际互借/文献传递工作会议"在西安交通大学图书馆召开。西安交通大学图书馆馆长俞炳丰教授到会并致辞。

来自青海大学、兰州大学、新疆大学、西北工业大学、陕西师范大学、长安大学、青海师范大学等27所高校图书馆的51名代表出席了本次会议。CALIS西北地区中心办公室主任张惠君对CALIS馆际互借/文献传递工作进行了整体介绍，并对开展馆际互借/文献传递工作以来各高校取得的成绩进行了通报；西安交通大学图书馆馆际互借/文献传递工作人员王海艳介绍了CALIS西北地区中心馆际互借/文献传递的服务模式及优惠政策；西安交通大学图书馆馆际互借/文献传递工作人员翟中会对馆际互借系统的使用进行了现场演示。

30日下午，来自西北地区的各CALIS成员馆就应用软件使用中碰到的具体问题进行了讨论，并对文献传递工作的宣传推广以及CALIS相关补贴政策等细节问题进行了具体的探讨。随后参会代表为自己所在单位注册了馆际互借/文献传递账户，地区中心人员对每个账户进行了确认。西安交通大学常务副馆长张西亚对馆际互借/文献传递协议做了详细解释和说明，并做了总结性发言。

本次会议共取得了以下成果：

讨论并通过了西北地区馆际互借/文献传递各项操作规程，制定了费用补贴政策，六月份中心馆对用户馆文献传递费用实行全免政策，2006年7月到12月实行70%的补贴政策。

中心馆与26个图书馆签订了馆际互借/文献传递服务协议，为西北地区全面开展馆际互借/文献传递工作打下了坚实的基础。各成员馆对馆际互借/文献传递服务工作表现出极大的热情，并对CALIS西北地区中心对成员馆的优惠政策感到满意。

6. 陕西高校图工委举办"文献编目业务基础培训班"

2006年6月5日至8日，陕西高校图工委和CALIS西北地区中心在西安电子科技大学图书馆举办编目业务基础培训班，来自全省46所高校图书馆和两家书商的133名学员参加了培训。

本次培训主要课程包括：编目工作基础，编目工作的历史和发展，主题分析方法，分类标引与主题标引基础，《中图法》、汉语主题词表介绍与使用，机读目录基本知识，如何用CNMARC编制图书记录，名称规范基础知识等。

本次培训班的主要目的，是为了提高陕西高校图书馆编目工作水平，培养编目工作后备力量。通过培训，对编目工作的目的、任务、流程建立一个全面的概念，对编目发展历史有所了解，对从事编目工作应具备的基本理论、分类法、主题法进行了比较系统的学习。同时，培训班交流了优化编目流程、提高编目工作效率的方法，促进了高校文献编目界的合作和交流。本次培训的另一个目的，是为CALIS中文编目三级编目员培训工作打基础，使编目员在学习了基本理论后，通过半年左右的实践，巩固基础知识，积累实践经验，提高业务水平，并能顺利通过CALIS中文编目三级编目员考试。

参加培训的学员都非常认真，很多人拷贝了教学课件。对讲课效果普遍反映良好，认为达到了办班的目的。同时纷纷要求多一些这样的培训和学习机会，提高业务素质。

7. 教育部"高职高专图书馆馆长研修班"在西安交通大学图书馆举办

2007年9月19日至24日，由教育部授权、西安交通大学承办的"高职高专图书馆馆长研修班"在西安交大图书馆举行，来自全国41所高职高专院校图书馆的48位学员参加了研修班学习，其中陕西19人、河南4人、湖南4人、浙江4人、山东4人、重庆4人、江苏2人、辽宁2人、广东2人，上海、天津和甘肃各1人。

高职高专图书馆馆长研修班是教育部高等教育司"高等学校青年骨干教师高级研修班"项目的一部分，是加强高等学校图书馆骨干培养的重要举措。针对目前我国高职高专院校图书馆馆长队伍的基本状况，本次研修班的目的在于，使参加培训的馆长对图书馆的核心业务有一个基本了解，对高校图书馆的现状有一个宏观认识，并通过参观交流开阔眼界、增长见识，从而在今后的工作中拓展思路、勇于创新，寻求新形势下高职高专图书馆管理和服务的新模式，促进高职高专图书馆建设发展的规范化和科学化。

教育部高校图书情报工作指导委员会副主任、教育部高教司教学条件处李晓明处长出席开班典礼，结合高职高专图书馆建设详细解读了《普通高校图书馆规程》，对高职高专图书馆发展进行了宏观指导；教育部高校图书情报工作指导委员会副主任兼秘书长、北京大学图书馆副馆长朱强研究馆员做了《中国高等学校图书馆的现状与发展》的专题报告；西安地区有关高校图书馆的专家学者分别就高校图书馆管理、文献资源建设、文献整序、高职高专图书馆建设、图书馆现代化与数字图书馆建设等专题做了专题讲座。研修班还组织学员参观了西安欧亚学院图书馆，来自全国其他省区的图书馆馆长领略了陕西省民办教育取得的成就和高职院校图书馆的办馆水平，他们对欧亚学院图书馆先进的建筑设计、完善的管理措施及人性化的服务模式表示赞赏。研修班采用授课和研讨相结合的方式，取得了预期效果，得到了学员的广泛认可。

通过研修班的学习，学员们普遍认为开阔了视野，使他们掌握了高校图书馆的发展概况、发展规律和普通高校图书馆规程，树立起了现代化图书馆的管理和服务理念，对现代化大学图书馆的文献资源建设、管理手段、服务模式、现代化技术和网络化技术等有了全新的认识。本次研修班为教育部近年来举办的第三个高职高专图书馆馆长研修班，相信通过这一举措，必将进一步推进高职高专图书馆的建设和发展。

8. 陕西省高校图工委"第八届阅览参考学术研讨会"召开

2007年12月11日至12日，陕西高校图工委"第八届阅览参考学术研讨会"在西北农林科技大学举行，来自全省30余所高校图书馆的馆领导、入选论文作者和有关工作人员共90余人出席了会议，西北农林科技大学张雅林副校长、陕西高校图工委张西亚秘书长出席会议。

本次研讨会以"新形势下高校图书馆读者服务在发展模式、社会功能拓展与转换方面的实践与思考"为主题，重点探讨了新形势下高校图书馆读者服务模式发展的特点、功能和系统运行的基本轨迹，促进陕西高校图书情报领域在不同学科、不同专业背景下的图书馆工作者的相互学习、交流与合作。与会代表围绕图书馆管理、信息服务与参考咨询、信息资源开发利用与期刊管理、队伍建设与信息素质教育、读者工作研究等方面，以及读者服务工作中亟待解决的核心问题和高校图书馆普遍关心的热点问题，从理论和实践两个层面，进行了深入和广泛的交流与学术研讨。通过研讨，进一步拓展了图书馆阅览参考工作思路，增强了推进图书馆——读者互动服务的紧迫感和责任感。本次研讨会的另一亮点是，民办院校大胆介入，应征论文在本次研讨会中崭露头角，展示了民办高校图书情报工作的基本现状、特点，令与会代表耳目一新。本次研讨会采用了大会交流、分组讨论，会上会下互动交流的方式，使会议真正成为大家交流思想，切磋经验的盛会，收到预期效果。会议共收到应征论文89篇，最后经由专家对所有论文进行审读和评比，确定一等奖论文8篇，二等奖论文16篇，三等奖论文24篇。大会向论文获奖者颁发了证书。

会议期间参观了西北农林科技大学博物园及高科技农业展览，使与会代表开阔了眼界。最后陕西高校图工委副主任康力武研究员做总结性的发言。他希望与会代表积极开展科学研究，不断提高科研水平，争取出一批较高质量的科研成果；加强馆际间的学术交流，以科研促工作，努力开创高校读者服务工作新局面。并代表陕西高校图工委衷心感谢为本次会议做了大量准备工作的承办方西北农林科技大学图书馆和有关赞助商。会议在热烈、祥和的气氛中闭幕。

9. 陕西高校图书馆馆员培训报告会走进西安外国语大学图书馆

陕西高校图书馆馆员培训报告会（第二场）于2008年6月19日在西安外国语大学图书馆举行，陕西高校图工委秘书长张西亚、副秘书长张惠君及两名专家一行4人到会。

本次报告会的主题为"图书馆读者服务"，参会人员均为西安外国语大学图书馆工作人员，除值班人员外，共43人出席，占图书馆总人数的93.48%。报告会由西安外国语大学图书馆于殿举馆长主持，张西亚秘书长就陕西高校图书馆开展馆员培训的必要性以及培训的方式和安排做了说明。

西安石油大学图书馆于澄洁研究馆员做了题为《图书馆员服务礼仪》的报告，西安交通大学图书馆副研究馆员强自力博士做题为《大学图书馆的读者服务》的报告。参加会议的馆员一致认为，本次培训报告会的选题为图书馆读者服务，切合工作实际，使大家对读者服务的概念更加明晰，对服务方式了解得更加具体，增强了工作的责任心和使命感。专家在培训过程中引经据典，深入浅出，使每位员工都能明确领会报告所表达的含义。员工普遍反映培训活动非常及时，形式灵活，给大家带来了耳目一新的感觉，希望以后能组织更多这样的培训，没有参加培训的值班人员也希望以后能有机会参加这样的报告会。

10. 陕西高校图书馆馆员培训报告会走进咸阳

陕西高校图书馆馆员培训报告会（第三场）于2008年6月20日在陕西工业职业技术学院图书馆举行，来自咸阳地区11所高校图书馆及咸阳市图书馆的140多位代表参加了培训。参会的图书馆有：陕西工业职业技术学院图书馆、陕西中医学院图书馆、西藏民族学院图书馆、咸阳师范学院图书馆、陕西能源职业技术学院图书馆、陕西财经职业技术学院图书馆、陕西邮电职业技术学院图书馆、陕西纺织服装职业技术学院图书馆、陕西服装艺术职业学院图书馆、陕西国际商贸职业学院图书馆、咸阳职业技术学院图书馆、咸阳市图书馆。

陕西工业职业技术学院赵居礼副院长和陕西高校图工委张惠君副秘书长分别致辞。报告会由陕西工业职业技术学院图书馆冯德虎馆长主持。

陕西师范大学图书馆康万武副研究馆员做了题为《当代图书馆的发展态势及我们的工作策略》的报告，指出了当代图书馆发展的六个特点：文献载体多元化、业务工作规范化、工作手段自动化、从业人员专业化、业务骨干学者化、管理工作科学化。在此基础上提出了图书馆的工作策略：明确任务，制定计划，循序渐进。报告认为，当前图书馆面临两大任务，一是建设，包括文献资源建设、数字化建设和专业队伍建设；二是育人，包括服务育人与教书育人。制定计划时要从实际出发，忌不切实际的攀比；注重长远规划与短期计划相结合；规划和计划要有鲜明的时代特征、地域特征、专业特征；要有导向性和可持续发展特征，切忌短期行为；应根据变化了的情况及时修订、不断完善计划。执行计划时要循序渐进，突出重点，先易后难；充分考虑本校人力、物力、财力情况；及时总结经验教训。

西安交通大学图书馆强自力博士做了题为《大学图书馆的读者服务》的报告。强自力博士从如何查找钱学森的一篇文章入手，引出了图书馆读者服务的四个层次：馆藏建设服务、书目访问服务、物理访问服务、参考咨询服务，并通过大量案例深入浅出地讲解了各项服务该如何深入开展。比如图书馆的物理访问，小小的书标如果位置不合适，除了不整齐、读者看起来不舒服外，很可能影响读者使用的便利性和效率。关于书目访问，目标是非常精确地揭示全部馆藏，它要求编目馆员的品质是认真细致和一丝不苟。在报告中，还专门介绍了几位国内外知名的图书馆员和他们的事迹，旨在阐明一个观点，馆员的素质、学识和精神是图书馆做好读者服务工作的重要因素，即便是借助信息技术手段的现代咨询，依然离不开馆员对读者服务工作的热爱，离不开馆员渊博的学识和对文献资源丰富的知识。

11. "陕西高校图书馆网络管理经验交流会"在西北工业大学召开

2008年12月12日，由陕西高校图工委主办、西北工业大学图书馆承办的"陕西高校图书馆网络管理与网络安全经验交流会"在西北工业大学国际会议中心召开，来自全省图书馆界的代表近80人参加了会议，会议由西北工业大学图书馆副馆长刘秋让主持。

会上，长安大学图书馆技术部主任胡晓疆做了《图书馆网络安全及我馆实践》的专题发言，介绍了网络安全的基本概念、常用的安全防护技术，并结合长安大学图书馆网络实践重点介绍了影响网络安全的因素，对高校图书馆的网络管理及安全防护提出了自己的看法。西安交通大学图书馆网络与信息技术中心副主任邴健做了《图书馆网络管理经验介绍》的发言，其内容紧贴图书馆网络管理实际，通过几个具体的实例，介绍了图书馆网络、服务器以及工作用机出故障时的解决方法，并结合西安交大图书馆的实践在网络规划、网络管理方法以及网络管理目标等方面进行了详细阐述。西北工业大学图书馆信息技术部倚海伦做关于《统一威胁管理UTM技术》的专题发言，介绍了在信息安全领域新兴的UTM安全防护技术，并给出了UTM设备在图书馆网络中的具体部署方案。

会议内容理论与实践相结合，拓宽了与会人员的视野，引发了大家对图书馆网络管理及网络安全的积极思考，促进了各馆网络管理工作经验的交流与合作。

12. "陕西高校图书馆统计工作培训会"在西安建筑科技大学召开

由陕西高校图工委主办的图书馆统计工作培训会于2009年1月6日上午在西安建筑科技大学图书馆报告厅举行。来自全省53所高校的86名代表参加了此次培训。陕西高校图工委秘书长、西安交通大学图书馆副馆长张西亚研究馆员等十五位高校图书馆馆长出席了培训会，会议由西安建筑科技大学图书馆常务副馆长裴世荷研究馆员主持。

针对目前高校图书馆统计工作的实际情况，张西亚秘书长做了《如何做好高校图书馆统计工作》的专题发言，西安交通大学图书馆采访中心主任强自力研究馆员做了《"高等学校图书馆数字资源计量指南"解读》的报告，陕西高校图工委副秘书长张惠君副研究馆员做了《高校图书馆事实数据库系统常见问题讨论》的报告。西安理工大学图书馆参考咨询部李志强馆员结合实际工作进行了工作经验交流。

通过此次培训，提高了与会人员对图书馆统计工作重要性的认识，对统计工作中容易产生的误解和问题进行了交流，达成了共识。培训达到了预期目的，取得了圆满成功。

13. 陕西高校图书馆馆员培训报告会走进商洛

陕西高校图书馆馆员培训报告会（第九场）于2009年3月13日在商洛学院报告厅举行，商洛学院图书馆、商洛职业技术学院图书馆以及中共商洛市委党校图书馆、商洛市图书馆、商州区图书馆的120余名馆员参加了本次培训。报告会由商洛学院图书馆李尚民馆长主持。

本次培训报告会共三个专题讲座，西安交通大学图书馆信息咨询部主任、研究馆员强自力博士以《大学图书馆的读者服务》为题，从图书馆馆藏建设服务、书目访问服务、物理访问服务和参考咨询服务四个层面对读者服务的现状、存在的问题进行了阐述，并提出了解决方案；陕西师范大学图书馆副馆长、研究馆员康万武以《论特色馆藏建设》为题，从馆藏特色和特色馆藏、特色馆藏建设、特色馆藏与特色服务三个方面对图书馆特色馆藏建设的重要性进行了论述，指出"特色馆藏建设"是图书馆工作发展的必然趋势；西安石油大学图书馆研究馆员于澄洁以《高校图书馆的参考咨询服务》为题，从参考咨询的概念、模式、发展趋势、工作安排、方法、咨询馆员的素质与能力以及参考咨询实例解答等方面介绍了高校图书馆的参考咨询服务。报告结束后，三位专家还与馆员们进行了互动交流。专家们精彩的报告和耐心的解答，不时得到馆员们热烈的掌声。

与会馆员普遍认为，作为地方院校图书馆和地方公共图书馆的工作人员，平时参加培训学习和交流的机会较少，这次报告会的举办非常必要，选题切合图书馆工作实际，针对性强，三位专家的报告内容丰富，信息量大，使大家受益匪浅。因此，大家也希望今后省高校图工委能提供更多的培训学习和交流的机会。

14. 陕西高校图书馆馆员培训报告会走进西安翻译学院

由陕西高校图工委主办、西安翻译学院图书馆承办的陕西高校图书馆馆员培训报告会（第十场）于2009年3月27日下午在西安翻译学院9号教学楼923T多媒体教室举行，西安翻译学院图书馆、西安欧亚学院图书馆、西京学院图书馆的近百名馆员参加了本次培训。报告会由西安翻译学院图书馆高启秦馆长主持。

本次培训报告会共安排了三个专题讲座。西安交通大学图书馆信息咨询部主任、强自力研究馆员以《信息技术与电子资源的发展及纸本图书的边缘化》为题，从传统图书馆馆藏建设服务、书目检索服务、信息技术与电子资源的发展对图书馆建设的影响等方面对读者服务的现状、存在的问题进行了阐述，并用实例提出了各种问题的解决方案。西安石油大学图书馆于澄洁研究馆员以《高校图书馆的参考咨询服务》为题，从参考咨询的概念、模式、发展趋势、人员的素质与能力、参考咨询的方法及参考咨询实例解答等方面介绍了高校图书馆的参考咨询服务。西安交通大学图书馆耶健副研究馆员以他10多年来积累的丰富实践经验，做了《图书馆网络管理经验介绍》的报告，从计算机硬件的认识与维护、系统安装与维护、图书馆网络管理经验三个方面介绍了在图书馆网络管理中所遇到各种问题的分析、判断和解决方法。

会后，参加培训的几所院校图书馆的馆员们都认为，平时参加培训学习和交流的机会较少，这次报告会的举办非常必要，选题切合图书馆工作的实际，针对性强。三位专家的报告内容丰富，信息量大，尤其是他们想读者所想、急读者所急、全心全意为读者服务，对要解决的问题刨根问底、锲而不舍的敬业精神使大家受到深刻的教育。大家也希望今后省高校图工委能提供更多的培训学习和交流的机会。

15. 陕西高校图书馆馆员培训报告会走进宝鸡

由陕西高校图工委主办、宝鸡市图书馆学会协办、宝鸡文理学院图书馆承办的陕西高校图书馆馆员培训报告会于2009年4月15日下午在宝鸡文理学院新校区图书馆木铎厅举行。来自宝鸡文理学院图书馆，宝鸡市图书馆，市内的渭滨区、金台区、陈仓区图书馆，市委党校和市教育学院图书馆，宝鸡职业技术学院图书馆，陕西省第二商贸学校图书馆的领导和职工共200余人参加了培训会。

会议由宝鸡文理学院图书馆馆长、宝鸡市图书馆学会副理事长、陕西高校图工委副主任委员孔润年教授主持。宝鸡市图书馆学会秘书长张少峰，省高校图工委副秘书长张惠君及专家组成员陕西师范大学图书馆副馆长康力武研究馆员和西安石油大学图书馆于澄洁研究馆员出席会议。康力武和于澄洁两位专家围绕图书馆咨询服务工作的意义、内涵、方法，通过实际案例从不同角度做了精彩讲解，涉及人文知识咨询、科技知识咨询、中文文献咨询、外文文献咨询、纸质文献咨询和电子文献咨询等内容。报告会内容丰富、信息量大，与会人员普遍反映增长了知识，开阔了眼界，受到了启发，明确了进一步提高图书馆读者服务水平的方向和目标。

16. 陕西高校图书馆馆员培训报告会走进空军工程大学电讯工程学院

2009年6月23日，由陕西高校图工委和西安军队院校协作中心图书情报专业组主办的馆员培训报告会在空军工程大学电讯工程学院图书馆举办，来自西安地区十所军队院校的40余位图书馆领导及工作人员参加了本次会议。

这次讲座是西安地区军队院校协作中心及图书情报专业组2009年年度工作计划中的系列活动之一，空军工程大学电讯工程学院训练部吴耀光部长专程到会并致辞。会议由协作中心图书情报专业组组长、第四军医大学图书馆馆长梁蜀忠主持。

第一个专题 "开放存取环境下期刊文献获取模式及资源整合" 由西安交通大学图书馆邵晶副馆长主讲。报告介绍了OPEN ACCESS产生的背景、发展现状和开放存取实现方式，阐述了OA期刊文献和开放获取环境下非OA期刊文献的获取模式，最后对图书馆如何利用OA资源提出思考和建议，并和大家分享了西安交通大学图书馆在OA期刊收集、整合与揭示方面的实践经验。第二个专题 "秩序之美——文献组织的历史与未来"由西安交通大学图书馆编目中心主任郭炜主讲。报告从文献组织工作的发展历史与现状、编目工作在图书馆的作用、文献组织的核心内涵、文献组织工作未来发展的展望等几方面对文献组织工作进行了归纳总结，并简要介绍了机读目录基本知识、文献著录细则等文献组织的基本概念和知识，有助于非专业工作人员建立图书馆学目录学知识体系。协作中心专业组组长、第四军医大学图书馆梁蜀忠馆长做了会议总结。

17. 陕西高校图书馆馆员培训报告会走进榆林

2009年6月27日，陕西高校图书馆馆员培训报告会（第十三场）在榆林学院图书馆会议室举办。报告会由榆林学院图书馆韩占明馆长主持，图书馆51名工作人员参加培训。

本次报告会共有三个专题讲座。强自力博士的《大学图书馆的读者服务》通过典型案例说明了大学图书馆服务的四个层次：馆藏建设服务、书目访问服务、物理访问服务和参考咨询服务，具体内容包括提高选书质量、按需订购、查缺补漏、书目数据质量控制、改进物理访问的途径和措施，学科化参考咨询服务的理念和实践。于澄洁研究馆员的《图书馆员服务礼仪》旨在改善馆员的职业形象，提升馆员的服务意识，促进图书馆服务质量的提高。内容包括：礼仪的概念和作用；图书馆管理人员的职场形象、图书馆管理人员文明礼貌的语言艺术、图书馆管理人员的职业素养、明礼与修德等。强自力博士的《图书馆员的工作、学习、思考和写作》探讨了工作与写作的关系、学习的途径、思考的途径以及图书馆学论文的五种类型，鼓励图书馆员应勤于工作，善于学习，敏于思考，乐于写作。

参加培训的馆员普遍认为，本次培训内容充实、切合实际、例证翔实，既有全省高校图书馆共性的问题，又有各图书馆具体工作中的业务问题。通过此次培训，使全体图书馆工作人员对高校图书馆工作有了更深的了解，为提高图书馆的管理和服务水平，提升馆员的业务素质起到了积极作用。

18. "陕西高校图书馆'超星杯'首届乒乓球比赛"圆满结束

经过主办方半年多的筹备和各高校图书馆的积极准备，"陕西高校图书馆'超星杯'首届乒乓球比赛"在大家的期盼下于2009年11月28日在陕西省体育运动学校如期拉开帷幕。本次比赛为男女混合团体赛，分为女单、男单、女双、男双和男女混双5个项目。赛期为11月28日—29日。比赛由陕西高校图工委主办、西安体育学院图书馆承办。共有来自28个高校图书馆的200余人报名参赛。

28日早8：30，简短的开幕式后，比赛正式开始。本次比赛赛程分为两个阶段，第一阶段为小组循环赛，根据赛前抽签，28个球队分为4个组捉对厮杀，最终A组的榆林学院图书馆、西安外国语大学图书馆、西安文理学院图书馆、西安工程大学图书馆，B组的西安建筑科技大学图书馆、长安大学图书馆、西北农林科技大学图书馆、西安理工大学图书馆，C组的陕西工业职业技术学院图书馆、陕西师范大学图书馆、陕西科技大学图书馆、西北政法大学图书馆，D组的西北大学图书馆、西北工业大学明德学院图书馆、陕西理工学院图书馆、西安电子科技大学图书馆分别获得小组的前四名而进入16强。

29日的比赛为第二阶段淘汰赛，16进8对阵为：A1—C4、D3—B2、C2—A3、B4—D1、C1—A4、B3—D2、A2—C3、D4—B1，经过激烈争夺，榆林学院、长安大学、陕西师范大学、西北大学、西安工程大学、西北工业大学明德学院、西安外国语大学、西安建筑科技大学图书馆进入8强。值得一提的是，西安工程大学图书馆以A组第四的身份战胜C组第一陕西工业职业技术学院图书馆，爆出冷门，上演"黑四"秀。

8进4比赛异常激烈，榆林学院图书馆3：2胜长安大学图书馆、西北大学图书馆3：2胜陕西师范大学图书馆、西北工业大学明德学院图书馆3：0胜西安工程大学图书馆、西安建筑科技大学图书馆3：2胜西安外国语大学图书馆，进入半决赛。半决赛中，榆林学院图书馆胜西北大学图书馆，西安建筑科技大学图书馆胜西北工业大学明德学院图书馆。经过三、四名决赛和冠亚军决赛，最终远道而来的榆林学院图书馆技高一筹，获得冠军，西安建筑科技大学图书馆、西北大学图书馆、西北工业大学明德学院图书馆分获二、三、四名，其余4支进入前8的球队并列第五名。

根据比赛规程，本次比赛还评选了优秀组织奖和体育道德风尚奖，西北工业大学图书馆、西北农林科技大学图书馆等6个单位获优秀组织奖，西安交通大学图书馆、西安电力高等专科学校图书馆等5个单位获体育道德奖。

本次比赛是陕西高校图工委成立以来举办的首次体育赛事，各高校图书馆踊跃报名、积极备战、公平竞赛、热情高涨，承办单位周密组织、细致安排。比赛加强了各高校图书馆之间的交流和沟通，增进了各高校图书馆彼此的友谊，取得了圆满成功！

19. 台湾大学图书馆林光美馆长学术报告会在西安交大图书馆举行

2010年3月4日下午，台湾大学图书馆林光美馆长学术报告会在西安交大图书馆举行，来自省内20多所高校图书馆的近200人参加了会议。

林光美馆长的第一个报告为《台湾大学图书馆在社会网络的角色与涉入》，以台大图书馆实践为例，阐述了在社会网络中图书馆该如何自我定位、发挥作用。

第二个报告题为《学科领航·迈向顶尖——台湾大学图书馆的学科服务》，详细介绍了学科馆员的特质、台大图书馆的学科服务以及学科服务的成绩与挑战。

报告会由西安交通大学图书馆俞炳丰馆长主持，西北工业大学、长安大学等高校图书馆的领导也出席了本次会议。

20. "陕西高校图书馆'同方杯'首届羽毛球比赛"圆满结束

"陕西高校图书馆'同方杯'首届羽毛球比赛"于2010年5月29日在长安大学体育馆拉开帷幕。本次比赛为男女混合团体赛，分为男单、女单、男双、女双和男女混双5个项目。赛期为5月29日—30日。比赛由陕西高校图工委主办、长安大学图书馆承办。共有来自27个高校图书馆的258人报名参赛。

29日早8：30，简短的开幕式后，比赛正式开始。本次比赛赛程分为两个阶段，第一阶段为小组循环赛，根据赛前抽签，27个球队分为8个组捉对厮杀，每组前两名进入第二阶段比赛。最终A组的西安交通大学图书馆、西北政法大学图书馆，B组的西北大学图书馆、西安工程大学图书馆，C组的西安邮电大学图书馆、西安电子科技大学图书馆，D组的西北工业大学图书馆、西安欧亚学院图书馆，E组的陕西科技大学图书馆、西安建筑科技大学图书馆，F组的西安石油大学图书馆、西安工业大学图书馆，G组的西安体育学院图书馆、西北农林科技大学图书馆，H组的长安大学图书馆、西安航空技术高等专科学校图书馆以小组前2名身份进入16强。

30日的比赛为第二阶段淘汰赛，16进8对阵为：A1—B2、H1—G2、D1—C2、E1—F2、E2—F1、D2—C1、H2—G1、A2—B1，经过激烈争夺，西安交通大学、西北农林科技大学、西北工业大学、陕西科技大学、西安石油大学、西安邮电学院、西安体育学院、西北大学图书馆进入8强。

8进4比赛异常激烈，西北农林科技大学图书馆3：2胜西安交通大学图书馆、陕西科技大学图书馆3：2胜西北工业大学图书馆、西安邮电学院图书馆3：2胜西安石油大学图书馆、西安体育学院图书馆3：1胜西北大学图书馆，进入半决赛。半决赛中，陕西科技大学图书馆胜西北农林科技大学图书馆，西安体育学院图书馆胜西安邮电学院图书馆。经过三、四名决赛和冠亚军决赛，最终陕西科技大学图书馆技高一筹，获得冠军，西安体育学院图书馆、西北农林科技大学图书馆、西安邮电学院图书馆分获二、三、四名，其余4支进入前8的球队也经过比赛确定了名次，第五名至第八名分别为：西安交通大学图书馆、西北大学图书馆、西安石油大学图书馆、西北工业大学图书馆。

根据比赛规程，本次比赛还评选了优秀组织奖和体育道德风尚奖，长安大学图书馆、西安建筑科技大学图书馆、延安大学图书馆、西安文理学院图书馆、西安航空技术高等专科学校图书馆、西安音乐学院图书馆等6个单位获优秀组织奖，西安工业大学图书馆、西安工程大学图书馆、西安科技大学图书馆、陕西师范大学图书馆、咸阳师范学院图书馆、西安欧亚学院图书馆等6个单位获体育道德奖。

本次比赛得到了同方知网技术公司的大力支持，各高校图书馆踊跃报名、积极备战、公平竞赛、热情高涨，承办单位长安大学图书馆领导重视、周密组织、细致安排，比赛取得了圆满成功！

21.　"高校图书馆与基层公共图书馆结对帮扶协议签字仪式暨信息交流座谈会"在西安交通大学举行

2010年12月13日上午，由陕西高校图工委和陕西省图书馆学会联合主办的"高校图书馆与基层公共图书馆结对帮扶协议签字仪式暨信息交流座谈会"在西安交通大学图书馆举行。文化厅副厅长蒋惠莉出席会议并讲话。陕西省图书馆学会理事长、陕西省图书馆馆长谢林，省图书馆学会副理事长、高校图工委副主任、西安交通大学图书馆馆长俞炳丰，省图书馆学会副理事长、高校图工委副主任、陕西师范大学图书馆副馆长李万社，高校图工委副主任、西北大学图书馆副馆长贾希鸣，高校图工委副主任、西安理工大学图书馆馆长余健明以及11个帮扶对子22个图书馆的相关负责人出席会议。

会议由谢林理事长主持。在蒋惠莉副厅长讲话之后，俞炳丰馆长代表省图书馆学会和高校图工委讲话；省图书馆学会协作协调委员会介绍了结对帮扶活动的筹备情况。随后，是结对帮扶协议签字仪式，11家高校图书馆和对口帮扶的11家县级图书馆负责人分别走上签字台，在协议书上郑重签字。

这11个帮扶对子是：

西安交通大学图书馆——岐山县图书馆

西安电子科技大学图书馆——西安灞桥区图书馆

西北工业大学图书馆——永寿县图书馆

延安大学图书馆——延川县图书馆

西安理工大学图书馆——铜川耀州区图书馆

陕西师范大学图书馆——石泉县图书馆

西北大学图书馆——洛南县图书馆

陕西理工学院图书馆——城固县图书馆

西安财经学院图书馆——富平县图书馆

西北农林科技大学图书馆——神木县图书馆

榆林学院图书馆——绥德县子洲图书馆

签字仪式结束后，西安电子科技大学图书馆副馆长王庆毅、西安灞桥区图书馆馆长张健分别代表高校图书馆和基层公共图书馆做了简短的表态性发言。

在随后的交流座谈环节，对口双方就各自图书馆的基本情况、基层图书馆的需求信息以及下一步的帮扶重点等进行了充分沟通和交换意见，达成了许多初步的帮扶共识。大部分基层图书馆馆长表示会后还会主动到对口高校图书馆参观、学习，进一步沟通信息；到会的许多高校图书馆负责人也表示会后会尽快安排人员，落实责任，并在短期内组织人员到对口图书馆进行实地调研，以便找准帮扶的切入点，尽快将活动开展起来。

陕西电视台、《陕西日报》等媒体记者应邀到会采访报道。

22. "陕西高校图工委高职高专图书馆2011年年会"召开

"陕西高校图工委高职高专图书馆2011年年会"于2010年12月17日—18日在西安临潼工人疗养院召开。本次会议由陕西高校图工委高职高专工作组主办、西安航空技术高等专科学校图书馆承办，共有23个成员馆的33位代表参加。陕西高校图工委副主任、西安交通大学图书馆俞炳丰馆长及陕西高校图工委张惠君副秘书长出席了会议。

17日的会议由陕西高校图工委常委、高职高专工作组副组长、陕西工业职业技术学院的冯德虎馆长主持。俞炳丰副主任代表图工委讲话，他介绍了陕西高校图书馆，尤其是高职高专图书馆的现状，并宣布了新一届高职高专工作组组成名单。随后，陕西高校图工委副主任、高职高专工作组组长、西安航专图书馆许文丹馆长代表工作组做了工作汇报，她回顾了上一届工作组所开展的工作，提出了本届工作组的工作规划，并就2011年的工作做了具体部署和安排。

本次年会共安排了三个专题报告，分别是西安交通大学图书馆馆长俞炳丰教授的《加强图书馆文化建设，促进图书馆持续发展》、西安石油大学图书馆于澄洁研究馆员的《高等学校图书馆的参考咨询服务》以及第二炮兵工程学院图书馆李东旭的《云计算与LIB2.0》等。上述报告密切围绕图书馆中心工作，兼具学术性和实践性，拓展了各位馆长的视野，对工作带来了启发。

本次年会上工作组还推出了酝酿已久的高职高专图书馆两项集团采购项目，分别是北京爱迪科森教育科技股份有限公司的"网上报告厅联合采购项目"和北京银符信息技术有限公司的"银符考试题库联合采购项目"。工作组希望通过联合采购的方式，降低各馆的采购成本，更好地实施资源建设工作。

18日的会议由陕西高校图工委常委、高职高专工作组副组长、杨凌职业技术学院的樊鸿章馆长主持。与会代表进行了分组讨论，大家就图工委高职高专组的工作、图书馆的管理工作、业务工作等话题展开了热烈的探讨与交流。大家对文献资源共建共享、加强集团采购工作及与本科院校结对子等提出了很好的建议。最后由陕西高校图工委高职高专工作组副组长、西安电力高等专科学校图书馆馆长刘强做了大会总结。

23. "陕西高校图书馆'超星杯'第二届乒乓球比赛"圆满落幕

"陕西高校图书馆'超星杯'第二届乒乓球比赛"于2011年4月16日在西安石油大学体育馆开赛。本次比赛为男女混合团体赛，分为混双、女双、男双、女单和男单5个项目。赛期为4月16日—17日，由陕西高校图工委主办、西安石油大学图书馆承办。共有来自本省30个高校图书馆的300余人报名参赛。

16日早8：30，简短的开幕式后，比赛正式开始。本次比赛赛程分为两个阶段，第一阶段为小组循环赛，第二阶段为交叉淘汰赛。第一阶段比赛结束后，8个小组的16支球队出线，进入下一阶段比赛，分别是：A组的西安建筑科技大学图书馆、西安财经学院图书馆，B组的西安外国语大学图书馆、西藏民族学院图书馆，C组的西安工程大学图书馆、延安大学图书馆，D组的陕西师范大学图书馆、西安文理学院图书馆，E组的陕西工业职业技术学院图书馆、西工大明德学院图书馆，F组的西安石油大学图书馆、西北政法大学图书馆，G组的西北农林科技大学图书馆、长安大学图书馆，H组的西北大学图书馆、西北工业大学图书馆。

第二阶段为交叉淘汰赛，16进8对阵为：西安建筑科技大学图书馆对延安大学图书馆、西安财经学院图书馆对西安工程大学图书馆、西安外国语大学图书馆对西安文理学院图书馆、西藏民族学院图书馆对陕西师范大学图书馆、陕西工业职业技术学院图书馆对长安大学图书馆、西工大明德学院图书馆对西北农林科技大学图书馆、西安石油大学图书馆对西北工业大学图书馆、西北政法大学图书馆对西北大学图书馆，经过激烈争夺，西安建筑科技大学、西安工程大学、西安文理学院、陕西师范大学、陕西工业职业技术学院、西北农林科技大学、西安石油大学、西北大学进入8强。

8进4比赛中，西安建筑科技大学图书馆3：0胜西安文理学院图书馆，陕西师范大学图书馆3：1胜西安工程大学图书馆，陕西工业职业技术学院图书馆3：2胜西安石油大学图书馆，西北农林科技大学图书馆3：2胜西北大学图书馆，进入前四名。四进二比赛异常激烈，陕西工业职业技术学院图书馆3：2胜西安建筑科技大学图书馆，西北农林科技大学图书馆3：2胜陕西师范大学图书馆，进入前两名。

经过决赛阶段的比赛，产生了最终名次。第一名为西北农林科技大学图书馆，第二名为陕西工业职业技术学院图书馆，第三名为陕西师范大学图书馆。第四名至第八名依次为：西安建筑科技大学图书馆、西北大学图书馆、西安石油大学图书馆、西安文理学院图书馆、西安工程大学图书馆。

根据比赛规程，本次比赛还评选了优秀组织奖和体育道德风尚奖。西安交通大学图书馆、西安电子科技大学图书馆、长安大学图书馆、延安大学图书馆、西安音乐学院图书馆、西藏民族学院图书馆等6个单位获优秀组织奖，西北工业大学图书馆、西安理工大学图书馆、西北政法大学图书馆、西安财经学院图书馆、西安体育学院图书馆、陕西服装艺术职业学院图书馆等6个单位获体育道德风尚奖。

通过比赛，加强了各高校图书馆之间的交流和沟通，增进了各高校图书馆彼此的友谊。比赛取得了圆满成功！

24. "陕西高校图书馆《中国图书馆分类法》第五版培训班"在西安电子科技大学举行

2011年5月4日，由陕西高校图工委文献编目工作组和CALIS陕西省中心联合主办的《中国图书馆分类法》第五版培训班在西安电子科技大学北校区图书馆报告厅举行，来自西安、咸阳、宝鸡、渭南、杨凌、延安、汉中、商洛等地的45所高校图书馆共150人参加。西安电子科技大学图书馆黄小强副馆长主持会议，陕西高校图工委张惠君副秘书长到会并致辞。

本次培训由来自西安交通大学图书馆的资深编目员朱超敏、雒虹、张茵和习亚萍主讲，内容包括：《中图法》第五版修订概况；社会科学类修订要点及分类要点；自然科学类修订要点及分类要点；《中图法》标记符号系统和复分表的修订和使用；《中图法》修订、使用及对策等。通过培训，使我省各高校图书馆文献分类、编目人员及时了解了新版修订情况，明白了如何解决新旧版本使用的衔接以及第五版实际应用等问题。学员们普遍反映受益匪浅。

通过本次培训，提高了编目工作人员的从业素质，有助于促进我省高校图书馆编目工作水平的整体提高。

25. "陕西高校图书馆统计工作培训会"在西安理工大学举办

为了使陕西地区高校图书馆尽快适应教育部图工委新版统计报表，做好2010年数据填报工作，陕西高校图工委于2011年5月6日在西安理工大学举办了"陕西高校图书馆统计工作培训会"，来自全省66所高校图书馆的100多人参加了会议。

会上，陕西高校图工委副秘书长张惠君对教育部高校图书馆新版事实数据库的统计项目进行了详细的解读和填报辅导；西安交通大学图书馆馆长助理强自力对高校图书馆数字资源计量标准和如何统计进行了探讨。在交流互动环节，来自西安理工大学图书馆的李志强、长安大学图书馆的陈鹰、西安工程大学的尹方屏分别做了题为《注重统计工作 提高管理水平》《如何做好高校图书馆统计工作》《数据的话语权——统计工作有感》的专题发言。

培训会由图工委副主任、西安航空技术高等专科学校图书馆馆长许文丹主持。承办方西安理工大学图书馆副馆长王浩到会并致辞。

通过本次培训，加深了大家对新版统计报表的认识，统一了填报标准，为2010年数据的填报工作奠定了基础，达到了培训的预期目标。

26. "陕西图书馆界庆祝建党90周年红色经典歌曲演唱会"举行

唱红歌继承革命传统，唱红歌歌颂伟人祖国，在歌声中迈向新的里程。2011年6月23日下午，"陕西图书馆界庆祝建党90周年红色经典歌曲演唱会"在西安图书馆报告厅举行。

主办方陕西省图书馆学会、陕西高校图工委、陕西地区图书馆协作委员会的相关领导出席演唱会。陕西省图书馆学会副理事长、陕西省图书馆党总支书记马民玉首先代表主办方致辞，他在致辞中说，今年，适值中国共产党建党90周年、省图书馆学会和省高校图工委成立30周年，为了表达共同的喜悦之情，今天，我们搭建平台，欢聚一堂，高唱红歌，抒发情感，表达对党的无限忠诚与热爱，传达对图书馆美好未来的无限向往，展示陕西图书馆员的精神风貌，具有特别重要的意义。我们经常探讨学术，谈论服务，强调资源，很少用歌声表达我们的情感。今天，就让我们以传唱红歌的形式，进行一次全新形式的交流与沟通。

演出在优美的歌伴舞《和谐中国》中拉开序幕。整台演出由三个篇章组成。上篇：追忆峥嵘岁月；中篇：歌颂改革开放；下篇：开创美好未来。全省有17个图书馆参与演出，表演形式有独唱、合唱、快板、舞蹈等。整场演出高潮迭起，掌声频传，感人肺腑，催人奋进。最后，台上台下齐唱《没有共产党就没有新中国》，把场内的情绪推向了高潮。

这是进入21世纪以来陕西图书馆界的首次歌曲演唱会。虽然不是专业演出，但是每位参与者倾情的投入、熟悉的面容、优美的歌声都给人以清新、亲切、悦耳之感，让人为之动容，为之感佩，为之振奋。

演出结束后，主办方为每个参演单位颁发了纪念旗。陕西省图书馆学会理事长、陕西省图书馆馆长谢林做总结讲话。

歌声传达心声，歌声凝聚人心。相信陕西的图书馆事业也会伴着这优美的歌声创造出新的精彩！

27. 陕西高校图书馆馆员培训报告会走进咸阳职业技术学院

2011年6月24日下午，陕西高校图书馆馆员培训报告会（第十五场）在咸阳职业技术学院图书馆举行。来自咸阳职业技术学院图书馆、陕西国际商贸学院图书馆、陕西服装工程学院图书馆的领导和部分馆员共50余人参加了培训会。

本次培训报告会共两个专题讲座。西安交通大学图书馆信息咨询部主任、研究馆员强自力博士以《图书馆员的服务意识》为题，用5个发生在身边的小故事告诉大家"什么是服务"？并用梁思庄、李永平、毕树棠等前辈优秀图书馆员服务读者的事例来加深馆员对服务意识的认识。西安工程大学图书馆副研究馆员谷秀洁博士以《图书馆学基础》为题，介绍了图书馆学的概念、特征、类型以及图书馆学的研究对象、内容体系等。

本次培训内容丰富，使与会人员增长了知识，开阔了眼界，对高校图书馆工作有了更深的了解，为提高图书馆的管理和服务水平，提升馆员的业务素质起到了很好的推动作用。

28. "陕西高校图工委成立30周年庆祝大会暨先进表彰大会"召开

2012年1月5日，陕西省高等学校图书情报工作委员会成立30周年庆祝大会暨陕西省高等学校图书馆先进集体先进个人表彰大会在陕西师范大学召开。来自全省62所高校图书馆的馆领导、先进个人代表、特邀嘉宾等近200人参加了会议。陕西省教育厅高教处副处长范永斌及本届省图工委副主任、副秘书长出席了会议，教育部高等学校图书情报工作指导委员会副主任兼秘书长、北京大学图书馆馆长朱强，湖北省高校图工委副主任兼秘书长、武汉大学图书馆馆长燕今伟，陕西省图书馆学会秘书长、陕西省图书馆副馆长徐大平应邀出席了会议。

开幕式上，陕西师范大学图书馆傅绍良馆长代表会议承办单位致欢迎词，陕西省图书馆学会秘书长徐大平副馆长代表省图书馆学会致贺词，陕西高校图工委副主任、西安交通大学图书馆俞炳丰馆长代表省高校图工委做了题为《陕西高校图书馆事业发展回顾》的工作报告，详尽介绍了陕西高校图工委的成立背景、半官半民性质以及从1981年至今七届图工委的组成；回顾了历年来图工委在我省高校图书馆事业发展中所做的工作，包括工作会议、图书馆评估、先进评选、业务培训、资源共享、文化建设，等等；通过几组数据，客观地展示了近六年来我省高校图书馆在经费投入、资源建设等方面的发展状况；并就大家所关心的我省高校图书馆第六次先进评选活动，介绍了评审指标，对通过评审反映出的普遍问题进行了分析通报。

北大朱强馆长做了题为《变化中的美国大学图书馆服务与管理》的报告，通过大量图片，全方位地、生动地介绍了美国多所高校图书馆在服务和管理方面的特色，为与会者提供了可资借鉴的经验。武汉大学燕今伟馆长做了题为《全国高校图工委文献资源建设工作组工作汇报》的报告，介绍了该工作组的定位、工作内容、研究成果和研究成果的推广发布。傅绍良馆长做了题为《高校图书馆与文化传承》的报告，阐述了文化传承的内涵，以及当今网络时代赋予文化传承的新含义，分析了高校图书馆与文化传承之间的关系，提出了高校图书馆应担负的文化传承使命。

本次会议的另一项重要内容是表彰陕西高校图书馆先进集体和先进个人。图工委副主任俞炳丰馆长宣读了陕西高校图工委《关于表彰全省高校图书馆先进集体和先进个人的决定》的文件，与会的各位副主任向先进集体、优秀管理干部和先进个人代表颁发了奖牌和证书。

省高校图工委副主任、西安电子科技大学图书馆郭宝龙馆长进行了会议总结，强调了高校图书馆对于学校教学和科研的重要性，展望了图书馆发展的美好未来。对精心组织本次会议的图工委秘书处、陕西师范大学图书馆及本次会议的协办单位Serials solution、汤森路透集团、北京超星数图信息技术有限公司和杭州联创信息技术有限公司表达了衷心感谢。

29. "陕西高校图书馆'同方杯'第二届羽毛球比赛"在西安交通大学举行

陕西高校图书馆"同方杯"第二届羽毛球比赛于2012年6月9日在西安交通大学体育馆圆满落幕。比赛为男女混合团体赛，分为女双、混双、男双3个项目。本次比赛由陕西高校图工委主办、西安交通大学图书馆承办，共有来自22个图书馆的170多位馆员参赛。

9日上午8：30，简短的开幕式后，比赛正式开始。比赛赛程分为2个阶段，第一阶段为小组循环赛，根据赛前分组抽签，22个球队分为4个组捉对厮杀，每组前2名进入第二阶段比赛。最终A组的陕西科技大学图书馆、西安工程大学图书馆，B组的西北大学图书馆、西安外国语大学图书馆，C组的西北农林科技大学图书馆、长安大学图书馆，D组的西安交通大学图书馆、西安工业大学图书馆分别以小组前2名身份进入8强。

比赛第二阶段为交叉淘汰赛，8进4对阵为：A1—D2、B1—C2、C1—B2、D1—A2，经过激烈争夺，陕西科技大学、长安大学、西北农林科技大学、西安交通大学进入4强。半决赛异常激烈，西安交通大学图书馆2：1西北农林科技大学图书馆、陕西科技大学图书馆2：1长安大学图书馆。经过冠亚军决赛，最终西安交通大学图书馆技高一筹，夺得冠军，陕西科技大学图书馆获亚军，西北农林科技大学图书馆、长安大学图书馆分获三、四名，西北大学图书馆、西安外国语大学图书馆、西安工程大学图书馆、西安工业大学图书馆并列第五名。

根据比赛规程，还评选了优秀组织奖和体育道德风尚奖。西安电子科技大学图书馆、陕西师范大学图书馆、西安理工大学图书馆、西北政法大学图书馆、西安邮电大学图书馆、西安科技大学图书馆、西安欧亚学院图书馆等7个单位获优秀组织奖，西北工业大学图书馆、西安建筑科技大学图书馆、西安财经学院图书馆、西安医学院图书馆、西安体育学院图书馆、西安音乐学院图书馆、西藏民族学院图书馆等7个单位获体育道德风尚奖。

本次比赛得到了同方知网技术公司的大力支持，各高校图书馆踊跃报名、积极备战、公平竞赛、热情高涨，承办单位西安交通大学图书馆领导重视、周密组织、细致安排，比赛取得了圆满成功！

30. 云南高校图书馆一行到陕参观交流

2012年9月18日，来自云南省11所高校的图书馆领导到我省参观交流，访问了陕西师范大学长安校区图书馆和西安交通大学兴庆校区图书馆。

在陕西师范大学图书馆，李万社副馆长陪同客人参观了阅览室、古籍拓片珍藏室、树华电子智源中心等业务部门和位于图书馆内的陕西师范大学博物馆。陕西师大图书馆独具特色的馆舍、珍贵的馆藏给云南同行留下了深刻印象。

在西安交通大学图书馆，陈斌副馆长向客人详尽介绍了西安交大图书馆的历史、发展、资源建设以及管理理念等，并陪同客人参观了自动化部、信息咨询部、流通部等业务部门。

通过此次交流，增进了陕滇两省高校图书馆界的相互了解和友谊，促进了双方的业务交流和服务水平的共同提高。

31. "陕西高校图书馆新入职人员培训会"在西安电子科技大学举办

2012年10月25日，由陕西高校图工委主办，西安电子科技大学图书馆承办的陕西高校图书馆首届新入职人员培训会在西安电子科技大学北校区举行，来自全省高校及公共图书馆50个单位的190余人参加，部分院校图书馆的馆领导带队出席会议。培训会由西安电子科技大学图书馆黄小强副馆长主持，省高校图工委张惠君副秘书长到会并致辞。

本次培训特邀上海图书馆副馆长刘炜博士和西安交通大学图书馆馆长助理强自力博士做专题报告。刘炜博士以两个报告《是该我们图书馆员得瑟了》和《图书馆员作为一种职业》与大家分享交流。第一个报告通过对信息时代种种特征的介绍，阐述了图书馆员在当今时代的重要性：能够帮助人们消除数字鸿沟，安全、有效地使用信息；虽然从互联网获得信息从来没有像现在这么容易，但现在比任何时候都需要信息专家进行收集、存储、分类、评价、聚类和展示信息；图书馆员是读者的挚友，是信息世界的向导；图书馆员的职责是帮助人们访问人类的所有信息。第二个报告从做一个高尚的人为切入点，阐述了图书馆职业的核心价值、图书馆的职业特征、图书馆员职业规范，并与与会者探讨了如何做一个网络时代的图书馆员。

强自力博士做了题为《图书馆职业精神纵横谈》的报告。报告从现实出发，探讨了图书馆员职业定位的失准问题和图书馆发展失衡问题；着重分析了读者服务的内涵；并通过他作为咨询馆员和身边发生的一系列鲜活案例，现身说法说理，号召新员工学习前辈优秀图书馆员服务读者的精神，传承图书馆职业的光荣传统。

报告结束后，专家和学员们进行了热烈的讨论和互动。大家纷纷表示，本次培训会开阔了视野，加深了对图书馆工作重要性的认识，对图书馆员的职业也有了更清晰的定位。培训会取得了预期效果。

32. "陕西高校图书馆参考咨询知识竞赛"总结颁奖会在西安交通大学举行

根据省高校图工委信息素养教育及咨询工作组的工作计划，"陕西高校图书馆参考咨询知识竞赛"以网上答题的方式于2012年11月27日举行。本次活动吸引了省内众多图书馆员的关注，共有49家图书馆报名参赛，251人提交答卷，是我省高校图书馆界活动规模较大、反响较为热烈的一次。这次竞赛平均成绩为75分，最高成绩97分。根据竞赛评奖原则，共评选出15名优秀个人奖。

2012年12月10日，本次竞赛总结颁奖会在西安交通大学图书馆举行。会议由西安电子科技大学图书馆李恩科研究馆员主持。西安交通大学图书馆强自力研究馆员对竞赛答题进行了讲评，西北农林科技大学图书馆颜玉怀书记对本次活动进行了总结。在随后进行的颁奖仪式上，主办方领导为获奖个人颁发了荣誉证书和奖品。至此，陕西高校图书馆参考咨询知识竞赛圆满结束。

此次活动旨在鼓励图书馆员钻研业务、提高服务水平，促进高校图书馆事业的整体发展。参赛人员普遍认为，通过本次竞赛，增加了业务知识，开展了有益的交流，受益匪浅；并希望图工委今后多多举办此类活动。

附：获奖名单

陕西师范大学图书馆	王大盈
西北大学图书馆	付　敏
西北工业大学图书馆	牛　悦
西安理工大学图书馆	李婷婷
西安医学院图书馆	刘　静
西安工程大学图书馆	吴　丹
西安科技大学图书馆	曹雅霞
西安工业大学图书馆	齐晓丽

陕西中医学院图书馆	张伟红
西安欧亚学院图书馆	常丽萍
西北工业大学明德学院图书馆	睢秋菊
咸阳职业技术学院图书馆	马　萍
陕西工业职业技术学院图书馆	王　哲
陕西职业技术学院图书馆	李　娜
宝鸡职业技术学院图书馆	贺建平

33. "高校图书馆与县级图书馆结对帮扶工作阶段总结暨经验交流会"在西安交通大学召开

陕西省高校图书馆与县级图书馆结对帮扶活动于2010年启动。2012年12月13日，在首批结对帮扶图书馆协议签字仪式举行两周年之际，结对帮扶活动阶段性总结和经验交流座谈会在西安交通大学图书馆召开。本次会议由陕西高校图工委和陕西省图书馆学会联合主办，来自省内高校图书馆和公共图书馆的30多位代表出席会议。

在陕西高校图工委副主任、西安交通大学图书馆王元馆长热情洋溢的欢迎辞之后，进行了新结对图书馆协议签字仪式，分别为：西安交大图书馆结对高陵县图书馆、长安大学图书馆结对眉县图书馆、长安大学图书馆结对蓝田县图书馆。省图书馆学会协作协调委员会主任李万社对结对帮扶活动两年来的工作进行了总结；省高校图工委副秘书长张惠君做了题为《对结对帮扶活动的回顾、体会及建议》的发言。各馆代表畅所欲言，对该项活动今后的发展提出了诸多建议。最后，由省图书馆学会副理事长孙艳进行会议总结。

本次会议的召开，及时总结了该项活动开展以来所取得的成绩，分析了不足之处，探讨了今后的工作思路，为结对帮扶的可持续发展提供了借鉴。

34. "陕西高校图书馆'同方杯'第三届羽毛球比赛" 在西安电力高等专科学校举行

为丰富图书馆教职工的业余文体活动，加强高校图书馆之间的了解与交流，"陕西高校图书馆'同方杯'第三届羽毛球比赛"于2013年6月9日在西安电力高等专科学校羽毛球场举行。本次比赛由陕西高校图工委主办、陕西工业职业技术学院和西安电力高等专科学校承办，全省高职高专、独立学院和民办院校图书馆踊跃报名，共有14支参赛队参加了比赛。

赛场上，换上了轻便运动装的馆员，变成了活力四射的运动员，尽显风采，扣杀、劈杀、高远球、吊球等各路球技展现得淋漓尽致；赛场下，喝彩声、加油声、欢呼声此起彼伏。

经过小组循环赛和淘汰赛两轮比赛，杨凌职业技术学院代表队技高一筹、稳定发挥，勇夺本次比赛的冠军。宝鸡职业技术学院代表队获得亚军，西安航空职业技术学院和西安交大城市学院代表队获得并列第三名，其余参赛队获优秀组织奖。

此次比赛为各图书馆搭建了增进友谊的平台，更充分展示了图书馆人积极向上、努力拼搏、同心协力、不断进取的精神风貌。

35. "2013年陕西地区数图新服务应用研讨班"在西北工业大学举办

2013年9月24日，由陕西高校图工委、西北工业大学图书馆与万方数据股份有限公司联合主办的"2013年陕西地区数图新服务应用研讨班"在西北工业大学举办，来自陕西地区近50所大专院校、科研院所图书馆的近300名代表参加了会议。陕西高校图工委秘书长张惠君研究馆员、西北工业大学图书馆馆长李铁虎教授、万方数据公司销售总监张利分别代表主办方致辞。

围绕"研讨数图应用新服务、进入知识服务新时代"的主题，多位专家做了精彩的学术报告，包括：中国人民大学图书馆副馆长宋姬芳的《资源发现助推信息服务》、华中农业大学图书馆数字化部主任余丽清的《知识服务新功能在信息服务中的应用》、南京理工大学经济管理学院信息管理系王曰芬教授的《数字环境下专利信息的智能挖掘与应用》、西北工业大学图书馆副馆长刘秋让的《西北工业大学长安校区图书馆（新馆）建设思路与实践》、中国科学技术信息研究所科研处梁冰的《知识服务时代下国家科技图书文献中心数字图书馆建设》等。

本次研讨班的举办加强了陕西地区高校图书馆的数字化服务意识和管理理念，分享了图书馆行业的新服务、新技术和新应用。

36. "2013陕西高校图书馆新员工入职培训会"在长安大学举办

2013年10月9日上午，由陕西高校图工委主办、长安大学图书馆承办的"2013陕西高校图书馆新员工入职培训会"在长安大学交通大厦举办。来自省内25个高等院校图书馆的72名新馆员报名参加了本次培训。其中，图书馆学情报学背景的11人，文史类背景的15人，理工科背景的15人，其他背景（包括经济类、管理类、艺术类、医药类等）31人。学历层次为博士4人，硕士25人，本科29人，其余14人。长安大学图书馆馆长赵建有教授主持培训会，并代表主办方和承办方致辞。陕西高校图工委副秘书长张惠君研究馆员到会并讲话。

从9月开始，图工委对参加培训的新员工情况进行摸底，根据摸底情况精心确定培训内容并遴选培训专家。本次培训共2个专家报告。西安交通大学图书馆副馆长强自力博士为新馆员做了《图书馆基础知识》的讲座，他通过大量的事例深入浅出地介绍了图书馆各项业务工作的核心内容，并通过实例阐明了图书馆员的核心价值、职业特征和职业规范等。第二炮兵工程大学李东旭副馆长做了题为《一个图书馆员的修养》的讲座，向大家分享了自身成长经历，即：在新环境中尽快获得职业确定感；积极、主动与业界前辈交流、交往；做一个有想法且勇于实践的图书馆员。

37. "陕西省图书馆员参考咨询典型案例展示交流会"在西安工程大学举办

2013年11月14日，由陕西高校图工委主办、西安工程大学图书馆承办的"陕西省图书馆员参考咨询典型案例展示交流会"在西安工程大学图书馆如意报告厅举办。本次活动吸引了省内众多图书馆员的关注，共有52家图书馆的164名馆员报名参加本次会议。其中14家图书馆的47名馆员提交了参赛案例，由专家初审选出36个案例参与现场评比。

西安工程大学图书馆张大为副馆长致欢迎词。西北农林科技大学图书馆颜玉怀书记代表图工委和信息素养教育与咨询工作组回顾了本组工作。比赛分为展示和互动提问两个环节，每个案例8分钟，选手们精心准备，沉着应答。现场观众从案例难度、解决方式、现场宣讲、互动答辩和时间掌控5个方面给选手打分。经过紧张角逐，最终共有24个案例入选优秀案例。陕西高校图工委副秘书长张惠君宣布评奖结果，图工委信息素养教育与咨询工作组委员为获奖者颁发了荣誉证书。此次活动旨在鼓励图书馆员钻研业务、提高服务水平，促进全省图书馆事业的整体发展。

附：获奖名单（排名不分先后）

序号	案例名称	学校	姓名
第一组：找书找文章			
1	由文献传递结合学科服务工作收获的一段忘年之交	西北工业大学	牛 悦
2	查找报纸原文	西安翻译学院	陆 溯
3	查找外文图书	陕西师范大学	王大盈
4	稀有文献资源	西安工业大学	许敬文
5	英文文献查找	西安工业大学	齐晓丽
第二组：事实、数据查询			
6	我国"墓植松柏"习俗的来历及其文献记载	西安翻译学院	康万武
7	图书馆读者咨询的那些事儿	榆林学院	张建娥
第三组：故障诊断与数据库咨询			
8	从数据库故障的解决想到的	西安交通大学	乔亚铭
9	读者借阅历史记录寻回	陕西师范大学	谢 原

序号	案例名称	学校	姓名
第四组：查收查引与科研评价			
10	山寨期刊辨识	西安工程大学	吴　丹
11	浅谈SCI文章的引证文献及被引频次的确认、查全和查准——案例分析	西安交通大学	陈楠楠
12	搭车型数据库	西安交通大学	史淑英
13	SCI收录并引用证明	陕西师范大学	宋丽华
第五组：主题检索与文献统计			
14	学科服务嵌入硕士毕业论文开题与撰写之中	西北工业大学	燕　辉
15	文献缺失查新过程的处理与解决	西安交通大学	雷润玲
16	交叉学科的文献分析	西北工业大学	张　燕 谭　英
17	西北农林科技大学专利分析报告	西北农林科技大学	宋敏霞
18	科研项目全程跟踪	西安翻译学院	谢　珍
第六组：读者教育与宣传推广			
19	研究生文献检索课课程设计	陕西科技大学	刘国俊
20	Safari 电子书培训	西安电子科技大学	刘　仕
21	新生入馆教育	咸阳职业技术学院	冯卫刚
22	为各系读者制定针对性阅读方案	西北工业大学明德学院	睢秋菊
23	文献分析工具Histcite的介绍及使用	陕西科技大学	皇甫晶
24	新浪图书馆微博的管理和推广	西北大学	白莹琦

38. 2013年陕西省图书情报界"云雀杯·我的图情中国梦"主题征文比赛评选结果揭晓

2013年6—9月份，陕西省社会科学信息学会与陕西省高等学校图书情报工作委员会联合主办了2013年陕西省图书情报界"云雀杯·我的图情中国梦"主题征文比赛活动。该项活动得到了全省各类图书馆的重视与馆员同仁的大力支持。截至9月30日，共收到各类题材征文57篇。经10月15日评奖专家委员会评审，共评选出获奖征文24篇，其中：一等奖4篇，二等奖8篇，三等奖12篇。11月19日上午，征文比赛主办方在"陕西省图书情报界中青年学术年会"开幕式上向获奖作者颁发了荣誉证书。

本次主题征文比赛是2013年陕西省图书情报界 "我的中国梦"主题教育系列活动之一。应征作者紧密联系自己的岗位工作，积极展望了图书情报事业的未来前景，深情阐述了自己的图书情报职业理想，有力激发了广大馆员热爱和振兴图书情报事业的责任感与使命感，取得了预期成效。

附："云雀杯·我的图情中国梦"主题征文比赛获奖名单

一等奖		
缘定今生	西安交通大学图书馆	雷润玲
图书馆缘·图书馆梦	陕西科技大学图书馆	惠涓澈
吾生有涯愿无尽——读书·图书馆·梦想	西北大学图书馆	刘 亮
我的图情中国梦	延安大学图书馆	曹雪琦
二等奖		
与书一起飞翔	延长县图书馆	李 燕
我的图情我的梦	洛南县图书馆	王红霞
一个普通图书馆员的梦想	西北工业大学图书馆	关 红
我和图书馆学的那些事	西安航空学院图书馆	张 兴
我的图情中国梦	渭南师范学院图书馆	党大恩 段志西
永远追逐着那缕书香	西京学院图书馆	刘宛珍
我的图情中国梦	西北大学图书馆	车凯龙
让图情与梦齐飞	陕西学前师范学院	朱 蕊
三等奖		
图书情	延长县图书馆	石 蓉
我的"文化共享梦"走在成长的路上	洛南县图书馆	卢丽霞
内化于心，外化于行，聚力实干实现我的工大梦	西北工业大学图书馆	谭 英
我的图书馆情结	榆林学院图书馆	张建娥
图书馆人的中国梦	西安邮电大学图书馆	周秋霞
我的图书馆梦想	陕西学前师范学院	李宜哲
幸福的图书馆生活	商洛职业技术学院图书馆	刘雅萍
我的图情中国梦	安康学院图书馆	段昌华
我的图情我的中国梦	西安建筑科技大学图书馆	赵 蕾
图书馆职业精神	陕西学前师范学院	李 鹏
我的图情中国梦	西安科技大学（临潼校区）建筑与土木工程学院	韦守念
信息化：图书馆的"中国梦"	西安建筑科技大学图书馆	冯 瑞 窦宝仓

39. "2013年陕西高校图书馆信息技术应用研讨会"在西北工业大学召开

11月26日上午，由陕西高校图工委和西北工业大学图书馆共同举办的"2013年陕西高校图书馆信息技术应用研讨会"在西北工业大学正禾宾馆召开，来自全省50余所高校图书馆的领导和专家150多人参加了会议。会议由西北工业大学图书馆馆长李铁虎教授和西安工程大学图书馆馆长张大为研究馆员分别主持。

陕西高校图工委副秘书长张惠君在开幕式上致辞，代表图工委对西工大图书馆作为省高校图工委副主任单位、信息技术应用工作组组长单位所做出的工作成绩给予了肯定，并希望陕西地区高校图书馆信息化建设工作借助信息技术应用研讨会召开的契机更上一层楼。西北工业大学图书馆党总支书记张应祥代表西工大图书馆对代表们的到来表示热烈欢迎，他强调，信息技术的发展给图书馆带来了巨大的机遇及挑战，信息技术在图书馆重大变革与发展中起到了重要作用，希望此次会议能开拓思路、提高信息技术应用水平，进一步推动陕西地区高校图书馆信息化建设的发展。

研讨会共邀请省内高校图书馆信息技术领域的领导和专家做了10个精彩的主题报告。陕西师范大学图书馆副馆长李万社做了题为《图书馆实施RFID系统的若干思考》的报告，从RFID系统的优越性及图书馆RFID系统建设的主要任务和存在的问题等几个方面进行了介绍。西安交通大学图书馆馆长助理闫晓弟的报告为《基于读者服务的技术支持》，就图书馆信息化建设目标及对图书馆信息化建设的建议等方面内容进行了交流和分享。西北工业大学图书馆李铁虎馆长做了《服务型机构知识库的探索与实践》的报告，从机构知识库的发展和特点、存在的问题、对机构库未来的思考及设想四个方面对机构知识库进行了详尽的介绍。第二炮兵工程大学图书馆副馆长李东旭的报告《图书馆体验空间——体感技术应用》通过生动的现场演示，介绍了体感技术这一新技术的发展及其在图书馆应用的前景，引起了与会代表的极大兴趣。西安电子科技大学图书馆数字资源与技术部主任田军、长安大学图书馆技术部主任史敏鸽、西北工业大学图书馆信息技术部主任黄辉分别就《新一代信息技术在西电科大图书馆的应用》《长安大学图书馆服务器虚拟化实施方案》《下一代图书馆服务系统探索》等主题进行了交流和探讨。

此次研讨会的召开加强了我省高校图书馆之间的技术交流，增进了各馆同行的相互了解，得到了与会专家、学者及代表们的一致肯定和好评，对提高我省高校图书馆信息技术的应用水平将起到积极的推动作用。

40.“2013年陕西省高职高专院校图书馆馆长研修班”在西安铁路职业技术学院举行

2013年12月19日，由陕西高校图工委主办、西安铁路职业技术学院图书馆承办的陕西省高职高专院校图书馆馆长研修班在西安铁路职业技术学院举行。来自全省图书馆界部分专家学者、高职高专院校图书馆馆长及业务骨干近60人参加会议。

会上，西安铁路职业技术学院副院长邓耀斌致辞，代表学院对兄弟院校图书馆同仁的到来表示热烈欢迎，并简要介绍了学院办学基本情况和学院图书馆的地位与作用，希望通过此次会议开拓思路、共同探索和推进高职高专院校图书馆的发展。图工委副秘书长张惠君在讲话中衷心感谢西安铁路职业技术学院图书馆为会议承办做出的工作，希望借助研修班的举办，推动我省高职高专院校图书馆的建设发展和提高。西安铁路职业技术学院图书馆馆长袁素瑛和咸阳职业技术学院图书馆馆长李志俊分别主持了上午和下午的会议。

西安邮电大学图书馆副馆长宋德义的报告《从藏书楼到图书馆》引经据典，详细介绍了图书馆的发展过程，强调了图书馆的公共性与开放性。西北大学公共管理学院教授杨玉麟做题为《图书馆职业理念与职业素养》的报告，提出"怎样才能使图书馆真正成为读者心目中的天堂？在这个读者的天堂里，我们如何才能做一个读者心目里的天使？"的问题，引发了大家的思考。西安交通大学副馆长强自力博士将理论与丰富的实践相结合，为大家呈现了《图书馆业务知识概论》的报告。第二炮兵工程大学图书馆李东旭副馆长做了题为《信息技术在图书馆的应用》的报告，向与会者介绍了最新信息技术及其在图书馆的应用，引起与会人员强烈兴趣。西安电子科技大学图书馆黄小强副馆长做了题为《图书馆招投标规范与流程》的报告。与会人员还就高职高专院校图书馆在文献资源建设、信息化建设、馆员学术研究等方面的问题进行了交流和探讨。

此次会议共谋陕西地区高职高专院校图书馆事业科学发展，可谓图林陕军高职高专院校之盛会，对加强陕西省高职高专院校图书馆间的交流与沟通，提升服务、管理和学术水平具有十分重要的现实意义。会议期间，各位专家和代表饶有兴致地参观了西安铁路职业技术学院城轨实训基地。

41. "陕西高校图书馆'超星杯'第三届乒乓球比赛"在西北工业大学举行

由陕西高校图工委主办、西北工业大学图书馆和体育部承办的陕西高校图书馆"超星杯"第三届乒乓球比赛于2014年5月24日在西北工业大学乒乓球馆开赛。本次比赛为A组赛（公办本科院校），共有22个代表队报名参赛。比赛为男女混合团体赛，分为混双、女双、男双、女单和男单5个项目。

24日早晨，简短的开幕式后，比赛正式开始。本次比赛赛程分为两个阶段，第一阶段为小组循环赛，第二阶段为交叉淘汰赛。第一阶段比赛结束后，16支球队进入下一阶段比赛，分别是：A组的西北农林科技大学图书馆、西安交通大学图书馆，B组的陕西师范大学图书馆、咸阳师范学院图书馆，C组的西北政法大学图书馆、西安建筑科技大学图书馆，D组的西北大学图书馆、西安外国语大学图书馆，E组的西安文理学院图书馆、西藏民族学院图书馆，F组的长安大学图书馆、西安工程大学图书馆，G组的西安电子科技大学图书馆、西北工业大学图书馆，西安财经学院图书馆和西安理工大学图书馆通过抽签获得了16进8的参赛资格。

第二阶段为交叉淘汰赛，16进8对阵为：西北农林科技大学图书馆对西安财经学院图书馆、咸阳师范学院图书馆对西安电子科技大学图书馆、西安文理学院图书馆对西安外国语大学图书馆、西安工程大学图书馆对西北政法大学图书馆、西北大学图书馆对西藏民族学院图书馆、西北工业大学图书馆对西安交通大学图书馆、长安大学图书馆对西安建筑科技大学图书馆、西安理工大学图书馆对陕西师范大学图书馆，经过激烈争夺，西北农林科技大学、西安电子科技大学、西安外国语大学、西北政法大学、西北大学、西安交通大学、西安建筑科技大学、陕西师范大学进入8强。

8进4比赛中，西北农林科技大学图书馆3：1胜西安电子科技图书馆、西北政法大学图书馆3：1胜西安外国语大学图书馆、西北大学图书馆3：1胜西安交通大学图书馆、陕西师范大学图书馆3：2胜西安建筑科技大学图书馆，进入前四名。半决赛异常激烈，西北政法大学图书馆3：2胜西北农林科技大学图书馆，陕西师范大学图书馆3：1胜西北大学图书馆，进入决赛。

经过一天的比赛，决出了最终名次。第一名为陕西师范大学图书馆，第二名为西北政法大学图书馆，第三名为西北大学图书馆。第四名至第八名依次为：西北农林科技大学图书馆、西安建筑科技大学图书馆、西安外国语大学图书馆、西安交通大学图书馆、西安电子科技大学图书馆。

根据比赛规程，本次比赛还颁发了优秀组织奖。获得优秀组织奖的代表队为：西北工业大学图书馆、长安大学图书馆、西安理工大学图书馆、西安邮电大学图书馆、西安科技大学图书馆、西安工业大学图书馆、西安财经学院图书馆、咸阳师范学院图书馆、西安医学院图书馆、宝鸡文理学院图书馆、西藏民族学院图书馆和军校图书馆联队。

纵观本次比赛，整体参赛水平比往届有大幅提高，这说明，通过举办本项赛事，带动了大批馆员投身到体育锻炼中，既强健了身体，又活跃了图书馆文化生活。此外，通过比赛，加强了各馆之间的交流和沟通，增进了各高校图书馆彼此的友谊。

42.　"2014陕西高校图书馆新入职人员培训会"在西安欧亚学院举行

由陕西高校图工委主办，西安欧亚学院图书馆承办的"2014陕西高校图书馆新入职人员培训会"于10月20日在西安欧亚学院图书馆举行，来自省内20多所院校的105名新馆员参加了培训。

培训会由西安欧亚学院图书馆周红馆长主持。康万武研究馆员做了题为《一个老图书馆员的心声》的报告，从一个资深老馆员的视角阐述了作为图书馆人的职业自豪感、责任感和专业使命感，与大家分享了他半生图书馆事业的心得体会。强自力研究馆员的报告题为《图书馆专业知识概论》，概括性地介绍了文献学和目录学的基本知识及其对图书馆工作的重要性，最后以"热爱图书馆事业吧，因为它是高尚的事业；钻研图书馆学问吧，因为它广博而又深奥"作为结束语。

与以往入职培训不同，本次培训专门邀请了三位近两年工作的年轻馆员做交流，分别为：西安交通大学图书馆张雪蕾的《我的图书馆之旅》，西北大学图书馆李煜的《快乐工作，健康生活》和西安电子科技大学图书馆林强的《一个菜鸟图书馆员的经验谈》，他们从各自的工作经历出发，分享了自己的成长经验，对新员工尽快适应工作、胜任岗位、完成角色转换有非常实际的借鉴意义。

43."2014年陕西高校图书馆读者服务典型案例展示交流会"在陕西师范大学举办

2014年11月21日，由陕西高校图工委主办、陕西师范大学图书馆承办的2014年陕西高校图书馆读者服务典型案例展示交流会在陕西师范大学雁塔校区崇鋈楼一层学思堂举办。本次活动吸引了省内众多图书馆的关注，共有54家高校图书馆和部分公共图书馆的183名馆员报名参加，其中20家图书馆的47名馆员提交了44个参赛案例。开幕式由陕西高校图工委副秘书长张惠君主持，省高校图工委副主任、陕西师范大学图书馆李万社副馆长代表主办方和承办方致辞。

根据提交案例的内容，比赛分为查收查引及故障、宣传培训、文献传递及找书、咨询解答和其他五个组依次进行。评奖采用专家投票方法，专家组由省高校图工委负责人、读者服务工作组和信息素养教育与咨询工作组的各位组员共同组成，共17位专家，采用实名投票方式，最终评选出24个优秀案例。

西安交通大学图书馆副馆长、信息素养教育与咨询工作组副组长强自力做会议总结并宣布评奖结果，各位评审专家为获奖者颁发了荣誉证书。

此次活动旨在鼓励图书馆员钻研业务、提高服务水平，促进全省图书馆事业的整体发展。参会人员普遍认为，通过本次案例交流活动，增加了业务知识，开展了有益的交流，受益匪浅，并希望省高校图工委今后多多举办此类活动。

附：获奖名单

序号	姓名	单位	案例名称
1	陈楠楠	西安交通大学图书馆	Ei Compendex Web数据库针对署名单位的检索技巧研究
2	宋丽华	陕西师范大学图书馆	交互模式的咨询——基于书信
3	凌　黎 许文华 张智燕	西安交通大学图书馆	模糊需求——目击证人现象
4	宋　蕊	第四军医大学图书馆	莫被用户"误导"——参考咨询服务案例分析
5	杨　薇	西北大学图书馆	有效利用检索与传递平台获取疑难文献
6	张冀湘	西安交通大学图书馆	五府井村名来历
7	于澄洁	西安石油大学图书馆	解答网络咨询，做"知道达人"——"百度知道"解答咨询600例案例分析

序号	姓名	单位	案例名称
8	李婷婷	西安理工大学图书馆	SCI-E、SSCI双检索期刊调查
9	冯会勤	西安理工大学图书馆	我的EI论文去哪儿了？
10	王思敏	西安工程大学图书馆	利用会话ID判断恶意下载
11	成 敏	延安大学西安创新学院图书馆	流通过程中出现的问题及解决办法
12	谢 珍	西安翻译学院图书馆	陕西省首家外资企业是哪家？
13	杨晓亮	宝鸡文理学院图书馆	为"窦娥"同学平冤
14	马晓敏	宝鸡文理学院图书馆	高校图书馆"占座"现象分析
15	张建娥	榆林学院图书馆	点燃读书激情 共建书香校园
16	吴卓茜	西安工程大学图书馆	怎样查找OA的SCI期刊？
17	叶春峰	西安交通大学图书馆	有关核心期刊发表论文的问题
18	周秋霞	西安邮电大学图书馆	大一新生文艺类图书导读
19	罗 绒	西安工程大学图书馆	消失的《经济研究》
20	蔡建康	西安交通大学城市学院图书馆	巧用"读秀"获取"阅读部分"文献
21	陆 溯	西安翻译学院图书馆	如何处理古籍咨询中因不同版本而产生的内容差异问题？
22	黄 涛	西安理工大学图书馆	好书推荐T台秀—— 校园一道靓丽的风景线
23	毛瑞江	西安交通大学图书馆	"中西交流"主题研究性书目查找
24	杜文龙	西安航空学院图书馆	微信服务案例

第四章　各馆历任馆领导（　～2014）

西安交通大学图书馆历任馆领导

历任馆长

姓名	性别	职务	任职年限	备注
谢光华	男	馆长	1951～1954	
赵富鑫	男	馆长	1957～1959，1979～1984	
郭震东	男	馆长	1959～1961	
瞿　钰	男	馆长	1964～1966	
张祉祐	男	馆长	1984～1990	
李人厚	男	馆长	1991.4～1999.3	
周敬恩	男	馆长	1999.3～2003.9	
俞炳丰	男	馆长	2003.9～2012.2	
王　元	男	馆长	2012.1～	

历任副馆长

姓名	性别	职务	任职年限	备注
瞿　渭	男	副馆长	1954～1956	
王　琏	女	副馆长	1965～1966	
邹理生	男	副馆长	1975～1978	
陈美英	女	副馆长	1978～1978	
陈用鹏	男	副馆长	1978～1980	
谷景铭	女	副馆长	1979～1984	
石　方	男	副馆长	1981～1992	
李道仁	男	副馆长	1983～1997.5	
徐亭起	男	副馆长	1983～1988	
董必君	女	副馆长	1988～1990	
崔志正	男	副馆长	1991.1～1997.7	常务副馆长
葛赵青	男	副馆长	1994～1997.3	
张西亚	男	副馆长	1997～2010.11	2003.9～2008.4 任常务副馆长
赵升吨	男	副馆长	1997～1998.4	

姓名	性别	职务	任职年限	备注
周敬恩	男	副馆长	1998.4～1999.3	常务副馆长
顾 刚	男	副馆长	1999.3～2003.11	
袁放建	男	副馆长	2000.5～2003.11	
艾润莲	女	副馆长	2000.5～2003.11	
邵 晶	女	副馆长	2003.11～	
叶春峰	男	副馆长	2003.11～2015	
陈 斌	男	副馆长	2003.11～	
强自力	男	副馆长	2013.5～	

西北工业大学图书馆历任馆领导

历任馆长

姓名	性别	职务	任职年限	备注
王洪涛	男	主任	1938～1947	国立西北工学院图书馆
胡昌来	男	主任	1947～1949.8	同上
游来官	男	馆长	1949.9～1950.2	西北工学院图书馆
蒋一前	男	副馆长（主持工作）	1952～1956 1956～1957	华东航空学院图书馆 西安航空学院图书馆
石 瑞	男	馆长 馆长	1950～1957 1957～1983.8	西北工学院图书馆 西北工业大学图书馆
吴富民	男	馆长	1983.8～1987.9	
刘盛武	男	馆长	1987.9～1990.10	
叶文礼	男	馆长	1990.7～1993.2	
郭学祖	男	馆长	1993.2～1996.3	
张洪才	男	馆长	1996.3～1998.7	
冯建力	男	馆长	1998.7～1999.11	
苟文选	男	馆长	1999.11～2010	
李铁虎	男	馆长	2010.12～	

历任副馆长

姓名	性别	职务	任职年限	备注
蒋一前	男	副馆长	1957.10～1958	
康广德	男	副馆长	1963.3～1978.12	
毕 波	男	副馆长	1978.8～1980	
叶文礼	男	副馆长	1979.12～1990.7	
李尔能	男	副馆长	1983.8～1996.3	

姓名	性别	职务	任职年限	备注
郭学祖	男	副馆长	1990.7～1993.2	
刘德明	男	副馆长	1994.3～1999.6	
王建华	女	副馆长	1994.3～2002.1	
李佐成	男	副馆长	1996.3～1996.12	常务
张启勋	男	副馆长	1998.4～1998.8	常务
祁随元	男	副馆长	1999.6～2002.1	
张应祥	男	副馆长	2002.1～2005.9	
田苍林	男	副馆长	2002.1～2006.12	
刘 莎	女	副馆长	2006.12～2012.10	
刘秋让	男	副馆长	2005.9～2015.7	
戚红梅	女	副馆长	2012.10～	

历任书记、副书记

姓名	性别	职务	任职年限	备注
苏 莹	女	党支部书记	1957.10～1958.1	
刘 旭	男	党支部书记	1958.1～1958.7	
康广德	男	党支部书记	1962～1964	
曹遴举	男	党支部书记	1968～1970	代理
毕 波	男	党支部书记	1973.2～1980	
李峰芝	女	党支部书记	1984.6～1986.4	
陈鉴荣	男	党支部书记	1986.4～1994.3	
刘德明	男	党支部书记	1994.3～1999.6	
祁随元	男	党支部书记	1999.6～2002.1	
苟文选	男	党支部书记	2002～2006.6	
苟文选	男	党总支书记	2006.6～2012.12	
戚红梅	女	党总支副书记	2010.1～	
张应祥	男	党总支书记	2012.12～	

西北农林科技大学图书馆历任馆领导

国立西北农林专科学校图书馆历任馆领导（1999年合校前）

历任馆长

姓名	性别	职务	任职年限	备注
黄连琴	男	主任	1936～1939.4	

国立西北农学院图书馆历任馆领导（1999年合校前）

历任馆长

姓名	性别	职务	任职年限	备注
黄连琴	男	主任	1939.4～1940	
段兆麟	男	主任	1940～1943.8	
闫用九	男	主任	1943.8～1944	
孙秉银	男	主任	1944～1946	
郭亚雄	男	主任	1946～1947	
袁多寿	男	主任	1947～1949	
韩瀛观	男	主任	1949～1949.10	

历任副馆长

姓名	性别	职务	任职年限	备注
范世伟	男	副主任	1947～1949.10	

西北农学院图书馆历任馆领导（1999年合校前）

历任馆长

姓名	性别	职务	任职年限	备注
李天笃	男	主任	1949.10～1950	
范世伟	男	主任	1950～1951	
王振华	男	馆长	1956.3～	副院长兼
徐树基	男	馆长	1964.9～	
王振华	男	主任	1972.10～1973.12	
王振华	男	馆长	1973.12～1974.11	
王振华	男	主任	1974.11～1976.5	
冯友权	男	主任	1976.5～1979.4	
万建忠	男	馆长	1979.4～1981.7	
冯友权	男	馆长	1982.4～1984.11	
黄振声	男	馆长	1984.11～1985.10	

历任副馆长

姓名	性别	职务	任职年限	备注
范世伟	男	副主任	1949.10～1950	
张熙	男	副主任	1952.11～1955	
刘均爱	男	第一副主任	1966～1972.10	
冯友权	男	第二副主任	1966～1972.10	
冯友权	男	第一副主任	1972.10～1973.12	
杨荫华	男	副主任	1972.10～1973.12	
陈度兴	男	副主任	1972.10～1973.12	

姓名	性别	职务	任职年限	备注
陈度兴	男	副馆长	1973.12～1974.11	
陈度兴	男	副主任	1974.11～1979.4	
陈度兴	男	副馆长	1979.4～1985.5	
黄振声	男	副馆长	1983.7～1984.11	
金荣光	男	副馆长	1985.5～1985.10	

西北农业大学图书馆历任馆领导（1999年合校前）

历任馆长

姓名	性别	职务	任职年限	备注
黄振声	男	馆长	1985.10～1987.4	
安战士	男	馆长	1987.4～1988.9	
孙文悦	男	馆长	1988.10～1992.7	
张　波	男	馆长	1992.7～1995.1	
钱小康	男	馆长	1995.1～1999.9	

历任副馆长

姓名	性别	职务	任职年限	备注
金荣光	男	副馆长	1985.10～1987.3	
冯世良	男	副馆长	1987.3～1990.4	
刘翠兰	女	副馆长	1990.4～1997.4	
李润身	男	副馆长	1990.4～1997.4	
刘省泉	女	副馆长	1997.4～2000.7	
冯　风	女	副馆长	1997.4～1999.11	

历任书记、副书记

姓名	性别	职务	任职年限	备注
冯友权	男	直属支部书记	1974.5～1982.7	
陈度兴	男	直属支部副书记	1974.5～1982.7	
陈度兴	男	直属支部书记	1982.7～1985.5	
金荣光	男	直属支部书记	1985.5～1987.3	
冯世良	男	直属支部书记	1987.3～1990.4	
李润身	男	直属支部书记	1990.4～1997.4	
钱小康	男	直属支部书记	1997.4～1999.9	
冯　风	女	直属支部副书记	1997.4～1999.11	

西北林学院图书馆历任馆领导（1999年合校前）

历任馆长

姓名	性别	职务	任职年限	备注
李天笃	男	负责人	1980.10～1984.5	原西北农学院图书馆馆长
刘铭汤	男	馆长	1988.1～1989.3	
周心澄	男	馆长	1989.3～1993.3	
齐福昌	男	馆长	1993.3～1997.1	
雷瑞德	男	馆长	1997.1～1998.5	
杨茂生	男	馆长	1998.5～1999.11	

历任副馆长

姓名	性别	职务	任职年限	备注
刘铭汤	男	副馆长	1984.5～1988.1	
齐福昌	男	副馆长	1989.1～1993.3	
郭向荣	女	副馆长	1993.3～1998.5	
王琨	女	副馆长	1998.5～1999.9	

西北农林科技大学图书馆历任馆领导（1999年合校后）

历任馆长

姓名	性别	职务	任职年限	备注
李栓斌	男	馆长	1999.11～2000.7	西林校区图书馆馆长
邢永华	男	馆长	2000.7～2004.4	
张雅林	男	馆长	2004.5～2010.4	副校长兼
杨改河	男	馆长	2010.4～2013.4	
杨家荣	男	馆长	2013.5～2016.3	

历任副馆长

姓名	性别	职务	任职年限	备注
刘省泉	女	副馆长	1999.9～2000.7	西农校区图书馆副馆长
赵献军	男	副馆长	2000.7～2004.4	正处
党怀斌	男	副馆长	2000.7～2004.4	正处
王琨	女	副馆长	1999.9～2007.6	1999.9·2000.7为西林校区图书馆副馆长
杨新厚	男	副馆长	2000.7～2004.4	
郑少锋	男	常务副馆长	2004.5～2004.10	正处
胥耀平	男	常务副馆长	2004.11～2010.4	正处
张联社	男	副馆长	2004.5～2007.6	
胡宝仓	男	副馆长	2004.5～2007.6	

姓名	性别	职务	任职年限	备注
陈遇春	男	副馆长	2007.6～2008.7	
王云峰	男	副馆长	2007.6～2014.12	
周东晓	男	副馆长	2007.6～2014.12	
颜玉怀	男	副馆长	2010.6～2013.5	
张 波	男	副馆长	2007.6～2017.5	
相建业	男	副馆长	2015.1～	
张会玲	女	副馆长	2015.1～2019.7	

历任书记、副书记

姓名	性别	职务	任职年限	备注
胡安劳	男	党总支书记	2000.7～2004.5	
李金劳	男	党总支书记	2004.5～2007.5	
韩怀礼	男	党总支副书记	2004.5～2007.6	
陈遇春	男	党总支书记	2007.5～2008.7	
魏景刚	男	党总支副书记	2007.6～2009.6	
颜玉怀	男	党总支书记	2009.7～2017.12	
赵运良	男	党总支副书记	2010.6～2017.7	

西安电子科技大学图书馆历任馆领导

历任馆长

姓名	性别	职务	任职年限	备注
赵传璧	男	主任	1949.12	军委工程学校图书馆
庄明夫	男	主任	1953.9	解放军通信工程学院图书馆
李光绳		主任	1957	
常 纹		主任	1957	7948部队图书馆
赵果夫	男	处长	1967～1979.6	西北电讯工程学院图书资料处
邵毅荣	男	馆长	1979.6～1980.4	西北电讯工程学院教务部图书馆
金有巽	男	馆长	1980.8～1980.5	西北电讯工程学院图书馆
杨耆董	男	馆长	1984.4～1996.7	
刘鹏程	男	馆长	1996.7～1997.9	西安电子科技大学图书馆
马玉祥	男	馆长	1997.9～2002.7	
樊来耀	男	馆长	2002.7～2005.6	
李志武	男	馆长	2005.1～2011.7	
郭宝龙	男	馆长	2011.7～2013.1	
卢朝阳	男	馆长	2013.1～	

历任副馆长

姓名	性别	职务	任职年限	备注
赵福来	男	副主任	1949.12	军委工程学校图书馆
卫伯九	男	副处长	1967～1979.6	西北电讯工程学院图书资料处
金有巽	男	副馆长	1979.6～1980.5	西北电讯工程学院教务部图书馆
庄明夫	男	副馆长	1980.5～1986.4	西北电讯工程学院图书馆
李范元	男	副馆长	1980.5～1983.1	
王金檀	男	副馆长	1983.1～1984.11	
刘光明	男	副馆长	1984.4～1988.9	
吴祥熙	男	副馆长	1984.11～1987.4	
张志廉	男	副馆长	1986.4～1989.10	
齐延亭	男	副馆长	1989.10～1992.8	西安电子科技大学图书馆
赖金福	男	副馆长	1989.10～2002.7	
段永和	男	副馆长	1993.6～1997.5	
傅长进	男	副馆长	1997.5～2002.7	
高俊亮	男	副馆长	2002.7～2005.7	
王学华	女	副馆长	2002.7～2008.10	
黄大林	男	副馆长	2005.10～2008.10	
王庆毅	女	副馆长	2008.10～2014.10	
黄小强	男	副馆长	2008.10～	
李文兴	男	副馆长	2014.10～	

陕西师范大学图书馆历任馆领导

历任馆长

姓名	性别	职务	任职年限	备注
高宪斌	男	主任	1953.1～1953.9	
卢宗护	男	主任	1953.9～1954.8	
余葭生	女	负责人	1954.8～1955	
李吟西	男	馆长	1958.9	
贾则复	男	馆长	1978.8～1984.8	
畅广元	男	馆长	1992.12～1995.10	
杨恩成	男	馆长	1995.10～2004.12	
傅绍良	男	馆长	2005.1～	

历任副馆长

姓名	性别	职务	任职年限	备注
曹世民	男	副主任	1953.7～1960.6	

姓名	性别	职务	任职年限	备注
邵 仲	男	副主任	1959～1960.12	
余达夫	男	副馆长	1973～1976	
任 平	男	副馆长	1963.12～1984.8	
王克均	男	副馆长	1981.9～1995.2	1988.4～1995.2 任常务副馆长
任天夫	男	副馆长	1981.9～1984.8	
余葭生	女	副馆长	1984.6～1988.4	
康万武	男	副馆长	1984.6～2009.8	
张富林	男	副馆长	1988.4～1995.10	
杨恩成	男	副馆长	1995.2～1995.10	
杨 萍	女	副馆长	1995.2～2004.6	
姚学军	男	副馆长	1995.10～2004.5	
韩彬梨	男	副馆长	2005.1～2012.8	
李万社	男	副馆长	2007.5～	
吕现斌	男	副馆长	2012.8～	

历任书记、副书记

姓名	性别	职务	任职年限	备注
杨 萍	女	党总支书记	1995.2～2004.6	
马晓雄	男	党总支书记	2004.6～2012.7	
于 伦	男	党总支书记	2012.8～	

长安大学图书馆历任馆领导

西安公路学院图书馆历任馆领导（2000年合校前）

历任馆长

姓名	性别	职务	任职年限	备注
常家准	男	馆长	1958～1965	
张 勇	男	馆长	1965	
张中熙	男	馆长		
刘良湛	男	馆长	1980.1～1990.4	兼
丁绍曾	男	馆长	1990.4～1992.3	兼
张慎良	男	馆长	1992.3～1994.5	
严宝杰	男	馆长	1994.5～1995.4	

历任副馆长

姓名	性别	职务	任职年限	备注
许伯和	男	副馆长	1980～1984.3	
彭树德	男	副馆长	1980～1984.3	
丁绍曾	男	副馆长	1984.3～1990.4	
李东来	男	副馆长	1984.3～1997	
罗兴铭	男	副馆长	1990.4～1991.9	
王怡民	男	副馆长	1991.11～1993.7	
马荣国	男	副馆长	1994.12～1995.4	

西安公路交通大学图书馆历任馆领导（2000年合校前）

历任馆长

姓名	性别	职务	任职年限	备注
严宝杰	男	馆长	1995.4～1999	
胡兆同	男	馆长	1999～2000	

历任副馆长

姓名	性别	职务	任职年限	备注
马荣国	男	副馆长	1995.4～1998	
可彦芳	男	副馆长	1998～2000	

西安地质学院图书馆历任馆领导（2000年合校前）

历任馆长

姓名	性别	职务	任职年限	备注
蔺作文	男	馆长	1984	
雷道平	男	馆长	1987	
祝振良	男	馆长	1990～1992	
彭楚清	男	馆长	1992	
刘冠永	男	馆长		
罗桂昌	男	馆长		学校更名为西安工程学院

历任副馆长

姓名	性别	职务	任职年限	备注
钮振民	男	副馆长	1982～1983	
杨可珍	男	副馆长	1984～1986	
祝振良	男	副馆长	1987～1990	
赵　强	男	副馆长	1987	
刘国秀	女	副馆长	1992～2000	

西北建筑工程学院图书馆历任馆领导（2000年合校前）

历任馆长

姓名	性别	职务	任职年限	备注
王治家	男	馆长		
翁信章	男	馆长		
李　宽	男	馆长		
苟友和	男	馆长		
那荣华	女	馆长		
苏俊华	女	馆长		
陈云龙	男	馆长	1996.6～1999.9	
李志俊	男	馆长	1999.9～2000.6	

长安大学图书馆历任馆领导（2000年合校后）

历任馆长

姓名	性别	职务	任职年限	备注
胡兆同	男	馆长	2000～2003	
沙爱民	男	馆长	2003～2006	
刘来军	男	馆长	2006～2007	
尹冠生	男	馆长	2007～2009	
栗守余	男	馆长	2009～2011	
赵建有	男	馆长	2011～	

历任副馆长

姓名	性别	职务	任职年限	备注
可彦芳	男	副馆长	1998～2000	
罗桂昌	男	副馆长	2000～2003	
李志俊	男	副馆长	2000～2011	
吴引定	男	副馆长	2009～2011	兼
赵建有	男	副馆长	2003～2006	
张春化	男	副馆长	2006～2007	
马巧侠	女	副馆长	2007～	
高进龙	男	副馆长	2011～	

历任书记、副书记

姓名	性别	职务	任职年限	备注
吴引定	男	党总支书记	1997～2011	
朱元祥	男	党总支书记	2011.11～	
崔爱民	男	党总支副书记	2011.11～	

西北大学图书馆历任馆领导

历任馆长

姓名	性别	职务	任职年限	备注
何日章	男	馆长	1937.9～1941	国立西北大学
李永增	男	馆长	1941～1945	
刘子云	男	馆长	1945.10～1947.3	
陈迪光	男	馆长	1949.6～1949.9	
武伯纶	男	馆长	1949.9～1950.3	
汪功力	男	馆长	1949.10～1950.3	
高宪斌	男	馆长	1950.3～1950.8	
王耘庄	男	馆长	1950.8～1953.2	
郝御风	男	馆长	1953.2～1954.3	
水天同	男	馆长	1954.3～1954.9	
梅一芹	女	馆长	1954.9～1958.3	
叶守济	男	馆长	1958.3～1971.11	
杨茂祥	男	馆长	1971.11～1972.4	
张 岗	男	馆长	1972.4～1981.9	
高 杨	男	馆长	1984.11～1987.6	
蒋树铭	男	馆长	1987.6～1990.3	1988年兼图情系主任
范棠川	男	馆长	1990.10～1993.7	
周天游	男	馆长	1993.7～1995.10	
葛承雍	男	馆长	1995.10～2000.12	
张文鹏	男	馆长	2005.6～	

历任副馆长

姓名	性别	职务	任职年限	备注
齐振庸	男	副馆长	1953.7～1954.3	
叶守济	男	副馆长	1954.9～1958.3	
袁世海	男	副馆长	1959.5～1971.10	
朱润宽	男	副馆长	1961.3～1964.8	
郭 沂	男	副馆长	1964.10～1983.7	
阮祁辛	男	副馆长	1973.4～1983.7	
杨茂祥	男	副馆长	1979.9～1981.10	
康 伟	男	副馆长	1983.7～1987.6	
申凤巧	女	副馆长	1983.12～1990.3	
戴南海	男	副馆长	1984.11～1987.6	
刘秉扬	男	副馆长	1987.6～1991.3	

姓名	性别	职务	任职年限	备注
武德运	男	副馆长	1987.6～1998.11	兼图情系副主任
余文学	男	副馆长	1990.3～1995.10	
蒲安娜	女	副馆长	1992.3～1994.10	
王 焕	男	副馆长	1993.9～1996.7	
胡小君	女	副馆长	1995.10～2009.2	2001.1～2005.6 主持工作
雷 震	男	副馆长	1996.7～2009.2	2004.11～2009.2 中国延安干部学院挂职
贾希鸣	男	副馆长	1996.7～	
杨玉麟	男	副馆长	1998.11～2000.12	专职图情系副主任
李延川	男	副馆长	2005.5～2012.8	
刘艳	女	副馆长	2012.11～	

历任书记、副书记

姓名	性别	职务	任职年限	备注
张 岗	男	书记	1979.7～1987	
刘秉扬	男	书记	1987.10～1990.3	
蒲安娜	女	书记	1990.3～1992.3	
武德运	男	书记	1992.3～1992.12	
余文学	男	书记	1992.12～1995.10	
胡小君	女	书记	1995.10～2009.2	
雷 震	男	书记	2009.2～	

西安理工大学图书馆历任馆领导

历任馆长

姓名	性别	职务	任职年限	备注
冬 晖	男	馆长	1980.3～1983.4	
丁玉良	男	馆长	1983.4～1986.7	
张潜曾	男	馆长	1986.5～1992.4	
黄玉美	女	馆长	1995.9～1997.3	
刘发全	男	馆长	1997.3～2000.12	
师俊平	男	馆长	2000.12～2005.4	
傅卫平	男	馆长	2005.5～2007.12	
余健明	男	馆长	2007.12～	

历任副馆长

姓名	性别	职务	任职年限	备注
徐庆元	男	副馆长	1980.3～1986.7	

续表

姓名	性别	职务	任职年限	备注
应明治	男	副馆长	1980.3～1986.7	
彭兆年	男	副馆长	1986.7～1994.7	
吕福玲	女	副馆长	1992.9～1999.5	
王 浩	男	副馆长	1994.7～	
孙 卫	男	副馆长	1999.7～2005.1	
李金刚	男	副馆长	2005.2～2007.12	
胡明星	男	副馆长	2008.1～2011.5	
任 伟	男	副馆长	2011.5～2013.9	
惠爱瑶	女	副馆长	2013.9～	

历任书记、副书记

姓名	性别	职务	任职年限	备注
王 浩	男	书记	2011.5～	

西安建筑科技大学图书馆历任馆领导

历任馆长

姓名	性别	职务	任职年限	备注
杨景海	男	主任	1956.4～1958.5	
刘克智	男	馆长	1958.6～1959.12	
政 华	男	馆长	1960.1～1962.12	
郭玉林	男	馆长	1963.2～1982.2	
李 林	男	馆长	1982.5～1989.6	
姚志礼	男	馆长	1989.6～1994.10	
杨学功	男	馆长	1994.10～1997.1	
刘 林	男	馆长	1997.1～1999.4	
刘加平	男	馆长	1999.4～2012.3	
李安桂	男	馆长	2012.3～	

历任副馆长

姓名	性别	职务	任职年限	备注
姚志礼	男	副馆长	1982.3～1989.6	
于永林	男	副馆长	1987.5～1989.4	
杨学功	男	副馆长	1989.4～1994.9	
裴世荷	男	副馆长	1990.9～2012.3	1999.4～2012.3 任常务副馆长
生 琴	女	副馆长	1994.10～2003.11	

姓名	性别	职务	任职年限	备注
廉康宁	男	副馆长	2003.9～2012.3	
姚小涛	男	副馆长	2007.10～2010.7 2012.3～	
惠雪萍	女	副馆长	2010.7～	
张　波	男	副馆长	2012.3～	常务副馆长

历任书记、副书记

姓名	性别	职务	任职年限	备注
张　波	男	图书馆党总支书记	2014.12～	
姚小涛	男	图书馆党总支副书记	2014.12～	

陕西科技大学图书馆历任馆领导

历任馆长

姓名	性别	职务	任职年限	备注
王桂田	男	负责人	1958～1960	
郭锦元	男	主任	1960～1967	
张殿士	男	代主任	1968～1970	
王　良	男	主任	1972～1974	
孟志高	男	主任	1974～1980	
杨治中	男	馆长	1982～1985	
刘位育	男	馆长	1985～1989	
李国林	男	馆长	1989～1992	
张申平	女	馆长	1992～1994	
陈万榜	男	馆长	1994～1997	
高东强	男	馆长	2003～2010	
王志杰	男	馆长	2010～	

历任副馆长

姓名	性别	职务	任职年限	备注
刘德仁	男	副主任	1974～1980	
王　良	男	副馆长	1980～1982	
李国林	男	副馆长	1985～1989	
张申平	女	副馆长	1989～1992	
邓　滨	女	副馆长	1992～2006	
惠晓秋	女	副馆长	1997～2003	
张文林	男	副馆长	2006～2011	
郑　勇	女	副馆长		
李　宁	男	副馆长		

西安科技大学图书馆历任馆领导

历任馆长

姓名	性别	职务	任职年限	备注
高 桐	男	馆长	1992.1～1995.1	
王廷满	男	馆长	1995.9～2007.5	
王生全	男	馆长	2007.7～2014.4	
赵晓光	男	馆长	2014.4～	

历任副馆长

姓名	性别	职务	任职年限	备注
段鸿道	男	副馆长	1989.9～1995.9	
吕爱芳	女	副馆长	1998.7～2005.7	
王廷满	男	副馆长	1995.1～1995.9	
姜渭洪	女	副馆长	2002.7～2008.12	
胡发泉	男	副馆长	1998.7～2008.2	
陈昭娥	女	副馆长	2009.11～2010.12	
冯永财	男	副馆长	2008.12～	
张治红	男	副馆长	2011.4～	

历任书记、副书记

姓名	性别	职务	任职年限	备注
胡发泉	男	书记	2006.6～2008.2	
张永和	男	书记	2008.2～2009.11	

西安石油大学图书馆历任馆领导

历任馆长

姓名	性别	职务	任职年限	备注
李发忠	男	馆长	1984.11～1988.6	西安石油学院
武国英	男	馆长	1988.6～1993.6	同上
刘树信	男	馆长	1993.2～1994.11	同上
谢 锟	男	馆长	1994.11～1997.6	同上
侯扬善	男	馆长	2000.9～2003.1	同上
汉泽西	男	馆长	2003.1～2008.12	2003.5更名为西安石油大学
谭成仟	男	馆长	2010.1～	

历任副馆长

姓名	性别	职务	任职年限	备注
李发忠	男	副馆长	1982.10～1984.11	主持工作
张景河	男	副馆长	1984.11～1988.6	

姓名	性别	职务	任职年限	备注
许延浪	男	副馆长	1994.11～1997.6	
侯扬善	男	副馆长	1997.6～2000.9	主持工作
于澄洁	男	副馆长	2000.9～2003.1	
权艳梅	女	副馆长	2003.1～2005.8	
樊长军	男	副馆长	2006.4～	
马行天	男	副馆长	2008.12～2010.5	主持工作
张　馨	男	副馆长	2010.5～	

延安大学图书馆历任馆领导

历任馆长

姓名	性别	职务	任职年限	备注
冯生昌	男	馆长	1959.10～1961.6	
郭汝成	男	馆长	1961.6～1964.11	
王树森	男	馆长	1964.11～1965.7	
牛振华	男	馆长	1965.7～1985.6	
马志昌	男	馆长	1985.6～1987.9	
牛振华	男	馆长	1987.9～1991.1	
付　剑	男	馆长	1991.4～1999.4	
赵振峰	男	馆长	2003.1～2011.9	
曹继春	男	馆长	2011.9～2013.10	
徐长玉	男	馆长	2013.10～	

历任副馆长

姓名	性别	职务	任职年限	备注
樊生壁	男	副馆长	1985.6～1991.1	
王玉富	男	副馆长	1991.1～1996.8	
韩素梅	女	副馆长	1991.1～1996.8	
赵振峰	男	常务副馆长	1999.4～2002.12	
王思哲	男	副馆长	1999.4～2011.9	
贾翠玲	女	副馆长	2011.9～	
刘百宁	男	副馆长	2013.10～	
宋佃锋	男	副馆长	2013.10～	

历任书记、副书记

姓名	性别	职务	任职年限	备注
牛振华	男	书记	1985.6～1987.9	

姓名	性别	职务	任职年限	备注
刘平安	男	副书记	1986.9～1987.9	
樊生壁	男	党总支副书记	1987.9～1991.1	
牛振华	男	书记	1991.1～1991.4	
付 剑	男	书记	1991.4～1999.4	
张文慧	女	书记	1999.4～2002.6	
邹远朝	男	书记	2003.1～2004.2	
曹继春	男	书记	2005.4～2011.9	
刘百宁	男	书记	2011.9～2013.10	
王延凤	女	副书记	2011.9～2013.10	

西安工业大学图书馆历任馆领导

历任馆长

姓名	性别	职务	任职年限	备注
杨秉琪	男	馆长	1963～1966	
孔庆山	男	馆长	1978.8～1983.7	
赵文尉	男	馆长	1983.8～1985.2	
詹立人	男	馆长	1985.3～1990.1	
刘康群	男	馆长	1992.4～1997.3	
顾召兰	女	馆长	1997.4～2005.4	
郭承运	男	馆长	2005.5～	

历任副馆长

姓名	性别	职务	任职年限	备注
李光琳	男	副馆长	1983.8～1989.12	
刘康群	男	副馆长	1990.1～1992.4	主持工作
顾召兰	女	副馆长	1995.9～1997.3	
郭俊仓	男	副馆长	2003.4～	
史延峰	男	副馆长	2011.12～	

西安工程大学图书馆历任馆领导

历任馆长

姓名	性别	职务	任职年限	备注
王肇秦	男	主任（馆长）	1980.1～1985.1	
仝 涛	男	馆长	1993.3～1999.7	
权建林	男	馆长	1999.10～2004.4	

姓名	性别	职务	任职年限	备注
成爱武	女	馆长	2007.5～2011.5	

历任副馆长

姓名	性别	职务	任职年限	备注
盛启舜	男	副馆长	1984.5～1988.7	
仝 涛	男	副馆长	1984.5～1993.3	1988.7～1993.3主持工作
王永福	男	副馆长	1986.11～1990.12	
杨建国	男	副馆长	1990.12～1993.3	
荆大安	女	副馆长	1992.3～1993.3	
张大为	男	副馆长	1993.3～	2005.1～2007.5主持工作 2011.5～任常务副馆长
万振江	男	副馆长	2004.3～2004.12	主持工作
谷秀洁	女	副馆长	2014.7～	

西安外国语大学图书馆历任馆领导

历任馆长

姓名	性别	职务	任职年限	备注
李萃麟	男	馆长	1979.1～1984.3	
刘 健	男	馆长	1984.3～1987.9	
陆 栋	男	馆长	1990.10～1998.7	
周世范	男	馆长	2001.3～2003.3	
于殿举	男	馆长	2003.1～2010.3	
张卫国	男	馆长	2013.12～	

历任副馆长

姓名	性别	职务	任职年限	备注
范玉柱	男	副馆长	1979.7～1981.5	
祝尧仁	男	副馆长	1982.5～1985.11	
初中元	男	副馆长	1985.5～1997.9	
刘正怀	男	副馆长	1988.6～2001.3	
李文学	女	副馆长	1999.2～2006.6	
张卫国	男	副馆长	2007.4～2013.12	
王洪琛	男	副馆长	2010.5～2012.12	
高建斌	男	副馆长	2013.5～	
谭立军	男	副馆长	2013～	

历任书记、副书记

姓名	性别	职务	任职年限	备注
高建斌	男	副书记	2013.6～	

西北政法大学图书馆历任馆领导

历任馆长

姓名	性别	职务	任职年限	备注
范　山	男	馆长	1980.5～1983.10	
陈美英	女	馆长	1983.10～1984.7	
郭文赞	男	馆长	1984.7～1992.7	
王玉蝉	女	馆长	1992.7～2005.5	
马龙超	男	馆长	2005.5～2007.11	
李　军	女	馆长	2007.11～	

历任副馆长

姓名	性别	职务	任职年限	备注
陈美英	女	副馆长	1978.8～1983.10	
王玉蝉	女	副馆长	1983.11～1992.7	
王金祥	男	副馆长	1984.7～1996.10	
马龙超	男	副馆长	1994.2～2005.5	
皮兴兰	女	副馆长	2000.4～2005.4	
党桂兰	女	副馆长	2000.4～2001.4	
李　军	女	副馆长	2005.5～2007.11	
赵庆菊	女	副馆长	2005.5～	

西安邮电大学图书馆历任馆领导

历任馆长

姓名	性别	职务	任职年限	备注
陈金生	男	馆长	1991～1997	
吴鹏飞	男	馆长	1997～2004	
吕建平	男	馆长	2009～	

历任副馆长

姓名	性别	职务	任职年限	备注
吴　靖	男	副馆长	1997～2009	
宋德义	男	副馆长	2002～	
吴新星	男	副馆长	2013～	兼

历任书记、副书记

姓名	性别	职务	任职年限	备注
吴新星	男	机关二总支书记	2013～	图书馆归机关二总支

西安财经学院图书馆历任馆领导

历任馆长

姓名	性别	职务	任职年限	备注
梁根堂	男	馆长	2002.3～2003.4	
史智忠	男	馆长	2003.4～2006.11	
刘兴海	男	馆长	2006.11～2009.12	
杨太康	男	馆长	2009.12～	

历任副馆长

姓名	性别	职务	任职年限	备注
胡晓萍	女	副馆长	1994.3～2004.11	
杨邦俊	男	副馆长	2002.3～2003.12	
张治国	男	副馆长	2003.5～2006.11	
王凤霞	女	副馆长	2004.12～2005.12	
陈文爱	女	副馆长	2005.6～	
安　娜	女	副馆长	2005.6～	
郭秦茂	男	副馆长	2009.12～	

历任书记、副书记

姓名	性别	职务	任职年限	备注
胡晓萍	女	总支书记	2004.12～2009.12	
陈文爱	女	总支书记	2009.12～	

西安音乐学院图书馆历任馆领导

历任馆长

姓名	性别	职务	任职年限	备注
张仲伏	男	馆长	1983.7～1988.9	
张希乾	男	馆长	1990.3～1995.12	
栾世孝	男	馆长	1998.1～1999.12	
杨　舵	男	馆长	2000.12～2008.11	
刘荣弟	男	馆长	2008.12～	

历任副馆长

姓名	性别	职务	任职年限	备注
吴凤阳	男	副馆长	1982.3～1991.12	
李雄飞	男	副馆长	1982.3～1983.9	
庞竹莲	女	副馆长	1994.7～1999.6	
马　波	男	副馆长	2007.1～	

西安美术学院图书馆历任馆领导

历任馆长

姓名	性别	职务	任职年限	备注
段言令	男	图书馆负责人	1949～1954	
李敬慈	男	图书馆负责人	1954～1958	
马克明	男	图书馆负责人	1958～1961	
孙登年	男	图书馆负责人	1961～1977 1980～1981	
王崇人	男	馆长	1982～1983	教务处长兼任图书馆馆长
何克加	女	馆长	1984～1994	
刘保申	男	馆长	1995～2001.8	
张立宪	男	馆长	2001.9～2009.12	
赵　农	男	馆长	2010.1～2013.1	史论系主任兼任图书馆馆长
张　凌	女	馆长	2013.2～	

历任副馆长

姓名	性别	职务	任职年限	备注
何克加	女	副馆长	1981～1984	
李百战	男	副馆长	1995～2006	
孙团结	男	副馆长	2004.10～2007.1	
应一平	男	副馆长	2007.6～2014.7	

陕西中医学院图书馆历任馆领导

历任馆长

姓名	性别	职务	任职年限	备注
杨　绥	男	馆长	1980～1984	
邢玉瑞	男	馆长	2003～	

历任副馆长

姓名	性别	职务	任职年限	备注
孟宪敏	女	副馆长	1972～1980	

姓名	性别	职务	任职年限	备注
张明昭	男	副馆长	1984～1997	
李宝英	女	副馆长	1997～2000	
邢玉瑞	男	副馆长	2000～2003	

历任书记、副书记

姓名	性别	职务	任职年限	备注
康兴军	男	书记	2004～2007	

陕西理工学院图书馆历任馆领导

历任馆长

姓名	性别	职务	任职年限	备注
郭兴超	男	馆长	2004.7～2008.1	
王长安	男	馆长	2011.10～	

历任副馆长

姓名	性别	职务	任职年限	备注
郭兴超	男	副馆长	2001.1～2004.7	主持工作
王晋生	女	副馆长	2001.1～2002.2	
王长安	男	副馆长	2001.1～2011.10	2007.1～2011.10 主持工作
刘艳明	女	副馆长	2004.9～2006.5	
张忠义	男	副馆长	2006.11～2012.10	
张民权	男	副馆长	2014.6～	
史鸿武	男	副馆长	2014.7～	

历任书记、副书记

姓名	性别	职务	任职年限	备注
王长安	男	副书记	2001.1～2006.6	主持工作
王长安	男	书记	2006.6～2011.10	
张忠义	男	副书记	2011.10～2012.10	主持工作
王长安	男	书记	2012.11～2014.7	
史鸿武	男	书记	2014.7～	

西安医学院图书馆历任馆领导

历任馆长

姓名	性别	职务	任职年限	备注
马桂珍	女	馆长	1979.3～1991.3	
刘效宏	女	馆长	1991.4～1999.6	
孟平选	男	馆长	1999.7～2007.4	
徐 曦	男	馆长	2010.11～2013.11	
陈 蓁	女	馆长	2013.11～	

历任副馆长

姓名	性别	职务	任职年限	备注
徐 曦	男	副馆长	2007.5～2010.11	
姬乃占	男	副馆长	2014.7～	

西安文理学院图书馆历任馆领导

历任馆长

姓名	性别	职务	任职年限	备注
钱亦珠	女	馆长	2003～2007	
赵精兵	男	馆长	2007～	

历任副馆长

姓名	性别	职务	任职年限	备注
李秀敏	女	副馆长	2003～2007	
刘卫利	男	副馆长	2007～	

历任书记、副书记

姓名	性别	职务	任职年限	备注
李秀敏	女	总支书记	2003～2010	
尚生贵	男	总支书记	2012～	

宝鸡文理学院图书馆历任馆领导

历任馆长

姓名	性别	职务	任职年限	备注
康怀远	男	馆 长	1994～2002.9	
孔润年	男	馆 长	2002.9～2014.4	
张伟峰	男	馆 长	2014.4～	

历任副馆长

姓名	性别	职务	任职年限	备注
于锡南	男	副馆长	1992～2001	
刘 薇	女	副馆长	1996～2004	
刘崇学	男	副馆长	2003.11～2014.9	
王远库	男	副馆长	2014.4～	
刘林魁	男	副馆长	2014.9～	

咸阳师范学院图书馆历任馆领导

历任馆长

姓名	性别	职务	任职年限	备注
祁允中	男	馆长	1994.11～1997.10	
雷依群	男	馆长	2002～2005.7	
王 立	男	馆长	2005.7～2012.10	
宇文高峰	男	馆长	2012.10～	

历任副馆长

姓名	性别	职务	任职年限	备注
程志兴	男	副馆长	1984.6～1993.6	
孟广黎	男	副馆长	1986.9～2002.6	
樊生壁	男	副馆长	1990.8～1999.3	
孙俊杰	男	副馆长	1990.9～1994.11	
张 迪	男	副馆长	1997.10～2002.6	
康俊松	男	副馆长	1997.10～2002.6	
吴晓燕	女	副馆长	2005.7～2008.1	
王 荣	女	副馆长	2008.6～	

历任书记、副书记

姓名	性别	职务	任职年限	备注
闫大奎	男	书记	1998.10～2002.7	
张 迪	男	副书记	1998.10～2002.7	

渭南师范学院图书馆历任馆领导

历任馆长

姓名	性别	职务	任职年限	备注
史载文	女	馆长	1979～1982	
殷和平	女	馆长	1982～1985	

姓名	性别	职务	任职年限	备注
侯继先	男	馆长	1985.4～1987.6	
刘志涛	男	馆长	1987.6～1998.12	
李先文	男	馆长	1998.12～2003.9	
王炳社	男	馆长	2003.9～2007.11	
党大恩	男	馆长	2007.11～	

历任副馆长

姓名	性别	职务	任职年限	备注
张茂忠	男	副馆长	1992～1997	
赵怀忠	男	副馆长	1998.6～	
凌朝栋	男	副馆长	1998.6～2001.5	
曹张全	男	副馆长	2001.5～2007.11	
张怀俊	男	副馆长	2007.11～2011.4	
曹书生	男	副馆长	2011.4～2014.2	
袁红梅	女	副馆长	2011.4～	
李纪民	男	副馆长	2014.4～	

榆林学院图书馆历任馆领导

历任馆长

姓名	性别	职务	任职年限	备注
马树昌	男	馆长	1990～1996	
王瑞斌	男	馆长	1996～2003	
韩占明	男	馆长	2005～2012	
殷长庆	男	馆长	2013～	

历任副馆长

姓名	性别	职务	任职年限	备注
慕明山	男	副馆长	1981～1997	
殷长庆	男	副馆长	1997～2013	
张建娥	女	副馆长	2005～	
刘满平	男	副馆长	2013～	

历任书记、副书记

姓名	性别	职务	任职年限	备注
马树昌	男	书记	1990～1997	

姓名	性别	职务	任职年限	备注
殷长庆	男	书记	1997～2013	
李绥安	男	书记	2013～	

安康学院图书馆历任馆领导

历任馆长

姓名	性别	职务	任职年限	备注
李俊德	男	馆长	1987.5～1990.5	
胡　波	男	馆长	1995.2～2005.7	
何道利	男	馆长	2008.7～	

历任副馆长

姓名	性别	职务	任职年限	备注
李俊德	男	副馆长	1984.6～1987.5	主持工作
胡　波	男	副馆长	1990.9～1995.2	主持工作
何道利	男	副馆长	1997.7～2008.7	2005.7～2008.7主持工作
柳　林	女	副馆长	2008.7～	

商洛学院图书馆历任馆领导

历任馆长

姓名	性别	职务	任职年限	备注
牛树林	男	馆长	1985.1～1988.10	
贺本明	男	馆长	1988.10～1991.1	
李宽民	男	馆长	1991.1～1994.5	
姚书超	男	馆长	1998.10～2006.3	
李尚民	男	馆长	2006.3～	

历任副馆长

姓名	性别	职务	任职年限	备注
李军庄	男	副馆长	1991.1～1995.3	
樊兴权	男	副馆长	1994.5～1998.10	
张亚强	男	副馆长	2001.9～2006.3	
王思根	男	副馆长	2006.10～	

西安航空学院图书馆历任馆领导

历任馆长

姓名	性别	职务	任职年限	备注
王一功	男	馆长	2003～2007	
许文丹	女	馆长	2009～	

历任副馆长

姓名	性别	职务	仼职年限	备注
许文丹	女	副馆长	2006～2009	
刘文哲	女	副馆长	2012～	

历任书记、副书记

姓名	性别	职务	任职年限	备注
王一功	男	党支部书记	2003～2007	
邵春兰	女	党支部书记	2008～2009	
孙兆元	男	党支部书记	2009～2011	
张瑞民	男	党支部书记	2012～	

陕西学前师范学院图书馆历任馆领导

历任馆长

姓名	性别	职务	任职年限	备注
高云光	男	馆长	1989～1996	
张仪民	男	馆长	1997～1998	
雷淑霞	女	馆长	1999～2006	
贺继康	男	馆长	2009～	

历任副馆长

姓名	性别	职务	任职年限	备注
华心诚	男	副馆长	1979～1985	主持工作
蒋新华	女	副馆长	1985～1988	主持工作
张仪民	男	副馆长	1988～1997	
杨耀光	男	副馆长	1989～1996	
陆 琦	男	副馆长	1996～1998	
雷淑霞	女	副馆长	1996～1999	
刘世峰	男	副馆长	1999～2010	
刘锋俊	男	副馆长	1999～2002	
贺继康	男	副馆长	2006～2009	主持工作
熊 伟	男	副馆长	2013～2014	

注：2012年以前学院为陕西教育学院，2012年教育部批准改制为陕西学前师范学院。

西藏民族学院图书馆历任馆领导

历任馆长

姓名	性别	职务	任职年限	备注
叶志宝	男	主任	1960～1963.12	图书馆隶属教务处
纵　伟	男	主任	1966～1978	同上
黄良玉	男	主任	1977～1979.5	同上
丁培萱	男	主任	1979～1984	同上
付景翼	男	馆长	1984.4～1985.10	
陈明理	男	馆长	1985.10～1996.9	
方文彬	男	馆长	1999.7～2001.6	
王铁斌	男	馆长	2001.7～2012.12	
孔繁秀	女	馆长	2013.1～	

历任副馆长

姓名	性别	职务	任职年限	备注
马婉玉	女	副馆长	1985.4～1991.3	
吕桂珍	女	副馆长	1993.5～1994.11	
王铁斌	男	副馆长	1995.4～2001.7	
齐立平	男	副馆长	1999.8～2001.6	
孔繁秀	女	副馆长	2005.5～2012.12	
岳凤芝	女	副馆长	2013.1～	

历任书记、副书记

姓名	性别	职务	任职年限	备注
谢法海	男	书记	1984.5～1985.4	
陈子明	男	书记	1992.9～2004.12	
罗林禄	男	书记	2005.3～2010.4	
李军定	男	书记	2010.5～2012.12	
徐　明	男	书记	2013.1～	

西安培华学院图书馆历任馆领导

历任馆长

姓名	性别	职务	任职年限	备注
张军学	男	馆长	1998	
杨开发	男	馆长	1999	
杨昌俊	男	馆长	2004.8～2008.11	
吴晓燕	女	馆长	2008.11～	

历任副馆长

姓名	性别	职务	任职年限	备注
张新吉	男	副馆长	2006.3～	

历任书记、副书记

姓名	性别	职务	任职年限	备注
吴晓燕	女	支部书记	2008.11～	

西安翻译学院图书馆历任馆领导

历任馆长

姓名	性别	职务	任职年限	备注
贾西山	男	馆长	1995.1～1996.6	
史长春	男	馆长	1996.7～1998.10	
王新民	男	馆长	1999.2～2001.4	
高启秦	女	馆长	2001.10～2009.6	
康万武	男	馆长	2009.7～2014.6	
裴世荷	男	馆长	2014.6～	

历任副馆长

姓名	性别	职务	任职年限	备注
刘怡兰	女	副馆长	2000.3～2001.9	
赵玉芬	女	副馆长	2003.9～2009.5	
高启秦	女	副馆长	2009.7～2011.11	
裴世荷	男	副馆长	2012.8～2014.6	
侯永兴	男	副馆长	2014.10～	

西安外事学院图书馆历任馆领导

历任馆长

姓名	性别	职务	任职年限	备注
张慧娟	女	馆长	2001	
赵沵镒	男	馆长	1997· 2002	
侯杨善	男	馆长	2003～2006	
张福汉	男	馆长	2006～2007	
李若驰	男	馆长	2008～2009	
王 冠	男	馆长	2010～2011	
李若驰	男	馆长	2012～2014	
王云峰	男	馆长	2014～	

历任副馆长

姓名	性别	职务	任职年限	备注
韩晓琰	女	副馆长	2003～2007	
张慧娟	女	副馆长	2003～	
韩 筠	女	副馆长	2005～	
董延生	男	副馆长	2008～2013	
任 涛	男	副馆长	2013～	

西安欧亚学院图书馆历任馆领导

历任馆长

姓名	性别	职务	任职年限	备注
马玉祥	男	馆长	2004.2～2009.9	

历任副馆长

姓名	性别	职务	任职年限	备注
李东来	男	副馆长	1997.8～2005.9	
黎 熙	男	副馆长	2005.9～2011.7	2009.9～2011.7 主持工作
周 红	女	副馆长	2009.2～	2011.7～2014.3 主持工作
岳华龙	男	副馆长	2014.3～	

西京学院图书馆历任馆领导

历任馆长

姓名	性别	职务	任职年限	备注
赵 珍	女	馆长	2003.1～2005.9	
张淑玲	女	馆长	2005.1～2008.5	
赵 珍	女	馆长	2008.8～2013.5	
杜艳丽	女	馆长	2013.6～	

历任副馆长

姓名	性别	职务	任职年限	备注
赵玉芬	女	副馆长	2002	
宋 波	男	副馆长	2005.7～2007.6	

西安思源学院图书馆历任馆领导

历任馆长

姓名	性别	职务	任职年限	备注
杨邦俊	男	馆长	2002.9～	

历任副馆长

姓名	性别	职务	任职年限	备注
曾 文	男	副馆长	2010.4～2012.12	
杨林超	男	副馆长	2013.1～	

陕西国际商贸学院图书馆历任馆领导

历任馆长

姓名	性别	职务	任职年限	备注
李国林	男	馆长	2001～2005.10	
仝延辉	男	馆长	2006.7～2011.11	
张方鹏	男	馆长	2011.12～	

陕西服装工程学院图书馆历任馆领导

历任馆长

姓名	性别	职务	任职年限	备注
杨锦溪	女	馆长	2003.9～2010.12	
张晓萨	男	馆长	2011.3～	

历任副馆长

姓名	性别	职务	任职年限	备注
王学华	女	副馆长	2008.3～2010.7	
罗杜娟	女	副馆长	2012.9～	

西安交通工程学院图书馆历任馆领导

历任馆长

姓名	性别	职务	任职年限	备注
韩晓琰	女	馆长	2008.1～2011.10	
张文民	男	馆长	2011.11～	

西安电力高等专科学校图书馆历任馆领导

历任馆长

姓名	性别	职务	任职年限	备注
田效先	男	馆长	1993.1～1993.12	
赵廷贤	男	馆长	1993.12～1997.10	
卜元华	男	馆长	1999.4～2006.3	
刘晓燕	女	馆长	2006.3～2008.7	
刘　强	男	馆长	2008.7～	

历任副馆长

姓名	性别	职务	任职年限	备注
刘晓燕	女	副馆长	1997.10～2006.3	
蔡　虹	女	副馆长	2006.3～2012.10	
孙　敬	女	副馆长	2012.10～	

杨凌职业技术学院图书馆历任馆领导

历任馆长

姓名	性别	职务	任职年限	备注
王芳玲	女	馆长	1999～2006	
赵建民	男	馆长	2006～2008	
樊鸿章	男	馆长	2008～2012	
钱拴提	男	主任	2012～2013	
袁军儒	男	主任	2014～	

历任副馆长

姓名	性别	职务	任职年限	备注
田建平	男	副馆长	1999～	
王放虎	男	副馆长	1999～	
吴小凤	女	副馆长	2006～	

西安航空职业技术学院图书馆历任馆领导

历任馆长

姓名	性别	职务	任职年限	备注
邢桂云	女	馆长	1976～1988	
张志诚	男	馆长	1988～2004	
吴　沛	男	馆长	2004～2012	
侯会喜	男	馆长	2012～	

陕西国防工业职业技术学院图书馆历任馆领导

历任馆长

姓名	性别	职务	任职年限	备注
王丕成	男	馆长	1981.7～1984.1	
牛爱云	女	馆长	1984.1～1987.1	
孔繁荣	女	馆长	1987.1～1990.10	
郑忻福	男	馆长	1990.10～1995.2	
郭护林	男	馆长	1995.2～1996.11	兼教学机关党支部书记
陈明俊	男	馆长	1996.11～2000.1	兼教学机关党支部书记
惠晓钟	男	馆长	2000.1～2002.1	
刘敏涵	男	信息处处长	2002.1～2004.6	兼教学机关党支部书记
刘敏涵	男	院长助理兼图书信息处处长	2004.6～2006.1	兼教学机关党支部书记
仝荣才	男	图书信息处处长	2012.1～2014.8	兼信息党支部书记
仝荣才	男	图书馆馆长	2014.8～	兼教学服务党总支书记

注：2002年图书馆与电教中心合并成立信息处；2004年图书馆与电教网络中心合并成立图书信息处。2014年图书馆重新独立设置。

历任副馆长

姓名	性别	职务	任职年限	备注
靳红雨	男	信息处副处长	2002.1～2004.6	
孟繁增	男	图书信息处副处长	2004.6～2009.1	2006.1～2009.1主持工作
仝荣才	男	图书信息处副处长	2009.9～2012.1	主持工作、兼信息党支部书记
严长远	男	图书信息处副处长	2007.3～2012.1	
郭立文	男	图书信息处副处长	2012.1～2014.8	

陕西交通职业技术学院图书馆历任馆领导

历任馆长

姓名	性别	职务	任职年限	备注
周长生	男	馆长	1987～1992	
张广超	男	馆长	1992～2010	
陈继勇	男	馆长（正处）	2012～	

历任副馆长

姓名	性别	职务	任职年限	备注
朱巧民	女	副馆长	2001～2005	
陈继勇	男	副馆长（副处）	2011～2012	主持工作
张广超	男	副馆长（副处）	2011～	

陕西铁路工程职业技术学院图书馆历任馆领导

历任馆长

姓名	性别	职务	任职年限	备注
安　宁	男	馆长	1997.10～1998.9	
和玉萍	女	馆长	1998.9～2004.3	
朱建民	男	馆长	2004.3～2006.5	
刘艳明	女	馆长	2006.5～2011.6	
宋世良	男	馆长	2011.6～	

西安铁路职业技术学院图书馆历任馆领导

历任馆长

姓名	性别	职务	任职年限	备注
姚世芳	女	主任	1972～1979 1986～1987.12	西安铁路运输学校
高海泉	男	主任	1988.1～1990	同上
武官墩	男	主任	1991～1992.12	同上
田和平	男	主任	1993.1～1994.12	同上
袁素瑛	女	主任	1995.1～2007.12	2005年合并更名为西安铁路职业技术学院
袁素瑛	女	馆长	2010.1～	

历任副馆长

姓名	性别	职务	任职年限	备注
袁素瑛	女	副馆长	2008.1～2009.12	

宝鸡职业技术学院图书馆历任馆领导

历任馆长

姓名	性别	职务	任职年限	备注
贾　赫	男	馆长	2007～	

历任副馆长

姓名	性别	职务	任职年限	备注
王发平	男	副馆长	2007～	

咸阳职业技术学院图书馆历任馆领导

历任馆长

姓名	性别	职务	任职年限	备注
薛亚娥	女	馆长	2009～2010	

续表

姓名	性别	职务	任职年限	备注
赵玉芬	女	馆长	2010～2011	
李志俊	男	馆长	2012～2014	

历任副馆长

姓名	性别	职务	任职年限	备注
赵玉芬	女	副馆长	2009～2010	

历任书记、副书记

姓名	性别	职务	任职年限	备注
马 力	男	书记	2011～2013	

商洛职业技术学院图书馆历任馆领导

历任馆长

姓名	性别	职务	任职年限	备注
薛月莉	女	馆长	2005～2010	
张 维	女	馆长	2010～	

历任副馆长

姓名	性别	职务	任职年限	备注
张 维	女	副馆长	2005～2010	

西安汽车科技学院图书馆历任馆领导

历任馆长

姓名	性别	职务	任职年限	备注
黄玉姝	女	馆长	2008～2014	

西安交通大学城市学院图书馆历任馆领导

历任馆长

姓名	性别	职务	任职年限	备注
李道仁	男	馆长	2004～2013	
叶春峰	男	馆长	2013～	

历任副馆长

姓名	性别	职务	任职年限	备注
张 勇	男	副馆长	2010.3～	常务

西北大学现代学院图书馆历任馆领导

历任馆长

姓名	性别	职务	任职年限	备注
李志慧	男	馆长	2005.10.14～2010.8	
杨昌俊	男	馆长	2010.9.10～2014.12	
康万武	男	馆长	2014.12～	

历任副馆长

姓名	性别	职务	任职年限	备注
张芳梅	女	副馆长	2014.12～	

西安科技大学高新学院图书馆历任馆领导

姓名	性别	职务	任职年限	备注
姜渭洪	女	馆长	2008.12～	

第五章　高级专业技术人员简介

一、正高级职称

王立，男，汉族，1960年8月生。陕西师范大学理学学士，2002年12月任教授。2005年6月至2012年10月任咸阳师范学院图书馆馆长。

王长安，男，汉族，1964年10月生。陕西理工学院理学学士。1988年7月起，在陕西理工学院图书馆工作，从事过流通、阅览、信息咨询、文献检索教学等工作。历任办公室副主任、主任、党总支副书记、书记、副馆长、馆长。2007年12月任研究馆员。

王志杰，男，汉族，1959年8月生。西北轻工业学院制浆造纸工程学士，西北轻工业学院制浆造纸工程硕士。1982年1月起，在陕西科技大学造纸教研室任教，历任助教、讲师、副教授，2001年11月任教授。曾任陕西科技大学造纸工程学院院长。2010年6月，任陕西科技大学图书馆馆长。

王芳，女，汉族，1963年12月生。陕西理工学院工学学士。1987年7月起，在陕西理工学院图书馆工作，从事过图书流通、期刊阅览、信息咨询、文献资源建设以及文献检索课的教学等工作。历任阅览部副主任、采编部主任。2007年12月任研究馆员。

王思哲，男，汉族，1956年2月生。延安大学理学学士。1982年7月起，在延安大学图书馆工作，从事过文献资源建设、中外文图书编目、书目数据库建设等工作。历任采访部主任、编目部主任、办公室主任、副馆长。2004年10月任研究馆员。

王胜利，男，汉族，1963年4月生。北京大学图书馆学（信息管理）函授毕业，文学学士。1988年起，在西安邮电大学图书馆工作，从事过文献资源建设、流通阅览等工作。历任采编部主任、流通部主任。2010年12月任研究馆员。

王爱霞，女，汉族，1965年4月生。1985年毕业于西安外国语大学外语专业，后取得西北政法大学法律硕士学位。1986年7月起，在西北政法大学图书馆工作，从事过信息咨询、文献资源建设、文献采访、文献编目等工作。2011年12月任研究馆员。

王浩，男，汉族，1961年4月生。1983年毕业于西安理工大学水利工程专业。1983年起，在西安理工大学图书馆工作，先后担任过采编部副主任、情报部主任。

1994年任图书馆副馆长。2011年起，任图书馆党总支书记。2005年12月任研究馆员。

孔润年，男，汉族，1956年2月生。陕西师范大学政教系本科毕业，宝鸡文理学院政法系教师，2001年12月任教授。2002年9月至2005年6月，任宝鸡文理学院图书馆副馆长（主持工作）兼党支部书记。2005年7月至2014年4月，任宝鸡文理学院图书馆馆长兼党支部书记。

孔繁秀，女，藏族，1964年4月生。西藏民族学院历史学学士。1988年7月起，在西藏民族学院图书馆工作，从事过流通、阅览、参考咨询、信息开发、文献资源建设等工作。历任流通部主任、文献服务部主任、信息开发部主任。2005年5月任图书馆副馆长，2013年1月任图书馆馆长。2010年9月任研究馆员。

卢朝阳，男，汉族，1963年10月生。毕业于西安电子科技大学，1990年获博士学位。1997年任西安电子科技大学教授，1998年任博士生导师，2013年起，任西安电子科技大学图书馆馆长。

叶春峰，男，汉族，1955年2月生。中国科学技术信息研究所硕士研究生学历。1981年1月起在原西安医科大学图书馆工作，历任科室主任，支部书记，副馆长。2000年起，在西安交通大学图书馆工作，历任西安交通大学图书馆医学分馆副馆长、西安交通大学图书馆副馆长、图书馆党总支书记。2003年任研究馆员。

田苍林，男，汉族，1959年3月生。北京大学图书馆学学士。1981年2月起，在西北工业大学图书馆工作，从事过文献资源建设、信息咨询、行政管理等工作。历任图书馆办公室主任、副馆长。2001年12月任研究馆员。

成东娥，女，汉族，1963年12月生。四川大学图书馆学学士。1988年7月起，在陕西学前师范学院图书馆工作，从事过流通、阅览、信息咨询等工作。历任图书馆流通部主任、陕西学前师范学院学术委员、图书文献与信息传播研究所常务副所长。2010年12月任研究馆员。

朱晓琴，女，汉族，1969年3月生。1994年7月起，在商洛学院图书馆工作，从事过流通、阅览、信息维护、文献资源建设、编目等工作。历任流通阅览部副主任、信息咨询部主任。2013年12月任研究馆员。

任福珍，女，汉族，1956年11月生。延安大学化学学士，1982年在绥德师范学校任化学教师，1985年3月起，在延安大学图书馆工作。从事过信息咨询、流通阅览、图书编目等工作。历任情报部主任、文献部主任、编目部主任。2003年12月任研究馆员。

刘凤华，女，汉族，1954年6月生。1978年12月毕业于西北农学院农作物栽培专业。1984年9月至2009年6月在商洛学院图书馆工作，从事过流通、阅览、文献资源建设等工作。2007年12月任研究馆员。

刘林魁，男，汉族，1972年4月生。西北大学中国古代文学专业博士毕业。2014年9月任宝鸡文理学院图书馆副馆长。2014年12月任教授。

刘强，男，汉族，1959年5月生。空军第二高射炮兵学院计算机专业学士。1999年12月任教授，2008年7月起，任西安电力高等专科学校图书馆馆长。

刘静，女，汉族，1965年5月生。武汉大学图书馆学毕业，本科学历。1988年12月起，在西安医学院图书馆工作，从事过流通、图书编目、期刊采访、信息咨询等工作，担任期刊部主任。2012年12月任研究馆员。

闫晓弟，男，汉族，1963年8月生。西安交通大学图书情报学学士，香港理工大学信息管理硕士。1985年7月起，在西安交通大学图书馆工作，从事过期刊管理、信息咨询、自动化等工作。历任信息咨询部副主任、信息技术部主任、馆长助理。2014年12月任研究馆员。

宇文高峰，男，汉族，1963年3月生。西北大学理学学士。2006年12月任编审。2012年10月起，任咸阳师范学院图书馆馆长。

安娜，女，汉族，1966年1月生。西安基础大学图书馆专业大专毕业，武汉大学图书馆学专业函授本科毕业，获文学学士学位，香港公开大学教育学硕士学位。1987年7月起，在西安统计学院图书馆、西安财经学院图书馆工作，从事过图书分类、信息咨询、流通阅览等工作。历任信息咨询部副主任、信息技术部主任、副馆长。2007年12月任研究馆员。

杜香莉，女，汉族，1963年11月生。西北林学院林学系毕业。1987年起，在西北林学院图书馆、西北农林科技大学图书馆工作。先后从事期刊管理、情报服务、数据库研建、文献检索课教学、科技查新、参考咨询等工作。曾任信息部副主任、借阅二部副主任、读者培训教育部主任。2008年12月任研究馆员。

李力，男，汉族，1965年生。西安交通大学图书情报专业大专毕业，陕西科技大学管理工程专业本科毕业。1986年7月起，在陕西科技大学图书馆工作，从事过流通、期刊管理、读者阅读辅导、外文期刊分编等工作。2013年12月任研究馆员。

李宁，男，汉族，1962年8月生。陕西科技大学皮革工程专业工学学士。2011年11月起，在陕西科技大学图书馆工作，担任副馆长，主管图书馆流通阅览工作。2007年12月评聘为编审。

李百战，男，1957年生。2002年任一级美术师（正高级职称）。1995年至2006年任西安美术学院图书馆副馆长。

李安桂，男，汉族，1963年9月生。山东建筑大学暖通专业工学学士，西安建筑科技大学暖通专业工学硕士，西安交通大学制冷与低温工程专业工学博士。1987年起，在西安建筑科技大学工作，1998年12月任教授。2012年4月起，任西安建筑科技大学图书馆馆长。

李军，女，汉族，1964年8月生。1986年7月毕业于西北政法学院法律系，后取得法律硕士学位。1986年7月起，在西北政法学院任教，2008年12月任教授。2005年5月，任西北政法大学图书馆副馆长，2007年11月任馆长。

李志武，男，1967年生。1995年在西安电子科技大学获得博士学位，2002年任教授。2005年1月至2011年7月任西安电子科技大学图书馆馆长。

李其圣，男，汉族，1954年8月生。陕西机械学院机械制造工艺及设备专业毕业。1982年5月起在西北农学院图书馆工作，曾任缩微视听组副主任、技术部主任、数字化部主任、系统部主任、系统保障部主任。2001年12月任西北农林科技大学图书馆研究馆员。

李尚民，男，汉族，1959年12月生。1982年1月毕业于西安体育学院体育教育专业，学士。2004年9月至2006年7月参加西北大学行政管理学专业硕士研究生课程进修。2006年3月起，任商洛学院图书馆馆长兼党支部书记。2009年12月任研究馆员。

李洪斌，男，汉族，1945年10月生。陕西工业大学河川枢纽及水电站建筑（五年制）本科毕业，北京大学图书馆学系函授专科（三年制）毕业。1975年11月起在西北农学院图书馆工作，曾任流通阅览组主任、技术服务部主任、采编部主任、流通部主任、技术部主任、科技信息服务部主任。2002年12月任西北农林科技大学图书馆研究馆员。

李恩科，男，汉族，1959年12月生。1981年1月毕业于西北电讯工程学院实验技术专修科，1988年7月毕业于中国科学技术情报研究所情报研究班，1998年获西安电子科技大学专业工学硕士学位，2008年获西安电子科技大学工学博士学位。1981年1月至2013年5月在西安电子科技大学图书馆工作，历任情报资料室主任、信息咨询部主任。2010年12月任研究馆员。

李铁虎，男，汉族，1959年1月生。湖南大学化学学士、武汉科技大学材料学硕士、西北工业大学材料学博士、西北工业大学航空宇航技术博士后。1997年12月任教授，1998年12月任博士生导师。2010年12月起，任西北工业大学图书馆馆长。

李雅，女，汉族，1961年9月生。石河子大学农业经济管理毕业，2009年西北农林科技大学硕士研究生毕业，获硕士学位。毕业后在西北农林科技图书馆工作，从事过流通、阅览、科研成果转化、竞争情报、图书馆管理工作。2013年12月任研究馆员。

李强，男，汉族，1962年5月生。陕西师范大学政治教育专业成教本科学历。1986年3月起，在安康学院图书馆工作，从事过流通、阅览、参考咨询、文献资源建设等工作，历任流通部主任。2012年12月任研究馆员。

　　杨太康，男，汉族，1964年10月生。历史学硕士。教授，硕士研究生导师。2002年至2006年任西安财经学院经济学院经济系主任，2006年11月至2009年12月任西安财经学院经济学院副院长，2009年12月起，任西安财经学院图书馆馆长。

　　杨昌俊，男，汉族，1944年6月生。武汉大学图书馆学专业毕业。1974年9月至2002年在陕西省图书馆工作，从事过图书流通、参考咨询与业务管理工作，历任业务办主任、陕西省图书馆副馆长。2003年至2007年任西安培华学院图书馆馆长，2008年，任西安外事学院图书馆文献研究室主任，2009年任西安联合学院经济管理学院院长，2010年9月至2014年11月，任西北大学现代学院图书馆馆长，2014年12月任西北大学现代学院档案室主任。2003年12月任研究馆员。

　　时冬梅，女，汉族，1965年1月生。1992年起，在商洛学院图书馆工作，从事过流通、阅览、文献资源建设等工作。2006年任采编部主任，2010年12月任研究馆员。

　　吴晓燕，女，汉族，1955年9月生。汉语言文学本科，图书馆学专科。1979年9月至2010年9月在咸阳师范学院图书馆工作，历任期刊部主任、办公室主任、副馆长、党支部书记。2008年11月起，在西安培华学院图书馆工作，任馆长、党支部书记。2002年12月任研究馆员。

　　吴淑玲，女，汉族，1953年2月生。西北大学数学系本科毕业。1982年9月至2009年在陕西科技大学图书馆工作，从事过流通、阅览、文献资源建设等工作。历任流通部主任、阅览部主任。2006年12月任研究馆员。

　　余健明，男，汉族，1956年10月生。陕西机械学院工业企业电气化与自动化专业毕业，学士学位。西安理工大学教授，先后任教研室主任、自动化学院副院长、院党委书记。2007年12月起，任西安理工大学图书馆馆长。

　　应一平，男，汉族，1957年7月生。西安美术学院国画系硕士。任《西北美术》主编。2007年至2014年任西安美术学院图书馆副馆长，2014年12月任教授。

　　张大为，男，1956年8月生。1982年毕业于西北工业大学材料科学与工程系，2004年北京师范大学"高等教育管理"硕士研究生班毕业。1986年起在西北纺织工学院图书馆工作。从事过情报服务、文献检索课教学工作，历任图书馆情报部主任、副馆长、常务副馆长。2008年任西安工程大学图书馆研究馆员。

　　张文鹏，男，汉族，1958年8月生。1983年毕业于陕西师范大学数学系，1983年至1988年在山东大学基础数学专业攻读硕士、博士学位。1991年任西北大学数学系教授，博士生导师。2005年6月任西北大学图书馆馆长。

　　张方鹏，男，汉族，1957年4月生。1982年毕业于陕西师范大学汉语言文学系，文学学士。1982年至1988年在西安矿业学院任教，1988年调入陕西省新闻出版局三秦出版社从事编辑工作，创办深圳古书林文化发展有限责任公司，任总经理。2007年1

月任编审。2011年12月起，任陕西国际商贸学院图书馆馆长。

张立宪，男，1954年8月生。毕业于西安美术学院，1997年中央美院油画研修班。历任西安美术学院附中副校长，西安美术学院创研室主任。2001年至2010年任西安美术学院图书馆馆长。2002年任教授，硕士研究生导师。

张伟峰，男，汉族，1961年8月生。西安交通大学管理学博士毕业。宝鸡文理学院教授，硕士研究生导师。2014年4月任宝鸡文理学院图书馆馆长。

张纶，女，汉族，1946年10月生。西北农学院农化系本科毕业。1981年4月起在西北农学院图书馆工作，曾任图书馆期刊组主任、期刊部主任。2001年12月任西北农林科技大学图书馆研究馆员。

张建娥，女，汉族，1963年8月生。大学本科学历。1983年9月起，在榆林学院图书馆工作，从事过流通、阅览、信息咨询、文献资源建设等工作。历任办公室主任、采编部主任、副馆长。2013年12月任研究馆员。

张凌，女，汉族，1959年10月生。毕业于西安美术学院版画系，文学学士。2007年11月任教授，硕士研究生导师。曾任西安美术学院版画系副主任，2013年2月，任西安美术学院图书馆馆长。

张梅，女，汉族，1964年4月生，中共党员。北京大学（函授专升本）图书馆学（信息管理）专业，文学学士。1987年11月起，在西安文理学院图书馆工作，从事过期刊管理、文献检索课教学、文献编目、文献资源建设等工作。历任期刊部负责人、文献编目部主任、文献建设部主任。2011年12月任研究馆员。

张惠君，女，汉族，1964年10月生。1987年华东师范大学图书馆学情报学系本科毕业，2002年获西安交通大学计算机软件与理论专业工学硕士学位。1987年起，在西安交通大学图书馆工作，从事过流通、编目、自动化等工作。历任信息技术部副主任、CALIS西北地区中心办公室主任、陕西高校图工委副秘书长、馆长助理。2012年12月任研究馆员。

陈泉，女，汉族，1963年8月生。西北大学图书馆学专业毕业。1985年7月起，在西安科技大学图书馆工作，从事过流通、阅览、期刊阅览、信息咨询、文献检索课教学等工作。历任流通阅览部副主任、期刊阅览部主任、信息咨询部主任。2010年12月任研究馆员。

陈桂荣，女，汉族，1954年8月生。西安外国语学院德语专业毕业。1977年起在西北农学院图书馆工作，曾任图书馆业务秘书、专业分馆负责人。2005年12月任西北农林科技大学图书馆研究馆员。

邵晶，女，汉族，1962年1月生。西安交通大学计算机与科学技术专业硕士。1986年12月起，在西安交通大学图书馆工作，从事过采访、信息咨询、期刊管理、图书馆网络化、自动化、数字化等工作。历任期刊部主任、采访中心主任、信息咨询部主任、副馆长。2005年12月任研究馆员。

苗彦霞，女，汉族，1963年8月生。学士学位。2006年任中药学教授。2014年调至陕西中医学院图书馆工作，从事学科信息咨询、古籍管理与整理研究工作。

岳凤芝，女，汉族，1962年6月生。西藏民族学院语文系汉语言文学学士。1984年7月起，在西藏民族学院图书馆工作，从事过文献资源建设、流通阅览、电子阅览、信息咨询等工作。历任参考咨询部主任、信息技术部主任、信息咨询中心主任，2013年1月任图书馆副馆长。2013年5月任研究馆员。

周育红，女，汉族，1969年10月生。陕西科技大学管理工程学士，西北大学经济管理学硕士。1991年7月起在西北轻工业学院图书馆工作，从事过流通、阅览、信息咨询、文献资源建设等工作。历任信息咨询部主任、办公室主任。2012年12月任陕西科技大学图书馆研究馆员。

单亚莉，女，汉族，1963年3月生。武汉大学图书馆学学士。1985年起，在西安音乐学院图书馆工作，从事过流通、采访、编目等工作。2012年12月任研究馆员。

赵农，男，汉族，1962年7月生。1987年毕业于中央工艺美术学院史论系，获文学学士学位。2002年任教授。曾任西安美术学院史论系主任，兼任西安美术学院图书馆馆长。

赵怀忠，男，汉族，1958年9月生。西北大学汉语言文学专业毕业。1983年7月起，在渭南师范学院图书馆工作，从事过流通、阅览、信息咨询、文献资源建设等工作。历任期刊部主任、办公室主任、馆长助理、副馆长。2010年12月任研究馆员。

赵晓光，男，汉族，1965年4月生。西北农林科技大学农学博士。西安科技大学教授，博士生导师。2014年4月任西安科技大学图书馆馆长。

赵雁碧，男，汉族，1950年9月生。西北工业大学空气动力学学士。1983年3月起，在西北工业大学图书馆工作，从事过文献资源建设、期刊管理、情报研究、信息咨询、科技查新、信息检索课教学等工作。历任图书馆期刊部主任、情报部主任、陕西省高校图工委副秘书长。2006年5月任研究馆员。

胡小君，女，汉族，1955年8月生。1978年毕业于西北大学历史系，曾先后在历史系、组织部、人事处、外语系从事管理工作。1995年10月任西北大学图书馆直属党支部书记兼副馆长。2001年至2005年主持图书馆行政工作，2009年2月任图书馆直属党支部调研员。2006年5月任研究员。

柳胜国，男，汉族，1958年5月生。武汉大学图书馆学专业大学毕业。1981年起，在宝鸡文理学院图书馆工作，从事过流通、阅览、期刊阅览、文献资源建设、信息技术、自动化管理等工作。历任期刊部、流通部、采编部、信息技术部主任。2006

年12月任研究馆员。

侯会喜，男，汉族，1961年3月生。西北工业大学材料科学与工程专业学士，西安理工大学机械工程专业硕士。2008年12月任教授。2012年3月任西安航空职业技术学院图书馆馆长。

袁红梅，女，汉族，1968年4月生。兰州大学图书情报学理学学士。1991年6月起，在渭南师范学院图书馆工作，从事过流通、阅览、信息咨询、文献资源建设等工作。历任文献建设部主任、副馆长。2014年12月任研究馆员。

袁素瑛，女，汉族，1965年8月生。北京大学文学学士，陕西师范大学理学硕士。1987年9月至1993年12月在西安铁路运输学校图书馆工作，从事流通、采编、资料室工作，1994年1月任西安铁路运输学校图书馆主任，2008年1月至2009年12月任西安铁路职业技术学院图书馆副馆长，2010年1月任馆长。2012年12月任研究馆员。

党大恩，男，汉族，1960年10月生。西北大学汉语言文学专业毕业。曾任渭南师范学院学报编辑部主任、常务副主编。2007年11月起，任渭南师范学院图书馆馆长，兼任《渭南师范学院学报》副主编、机关二总支书记等职务。2003年12月任编审。

徐长玉，男，1964年10月生。教授，硕士研究生导师。先后毕业于延安大学、四川大学和西北大学，获学士、硕士和博士学位。历任延安大学政法学院副院长、经济管理学院副院长、财经学院常务副院长、社会科学处处长。2013年10月任延安大学图书馆馆长。

郭宝龙，男，汉族，博士生导师。分别于1984年、1988年、1995年在西安电子科技大学通信与电子系统学科获学士、硕士和博士学位。1998年任教授。2011年7月至2013年1月任西安电子科技大学图书馆馆长。

郭承运，男，汉族，1959年1月生。南京理工大学理学学士，哈尔滨工业大学工业管理工程研究生班毕业。2001年1月任教授。2005年5月起，任西安工业学院图书馆馆长。

郭俊仓，男，汉族，1963年11月生，中共党员。1985年西安工业学院金属材料及热处理专业毕业留校任教。2002年12月任编审。2003年5月起任西安工业学院图书馆副馆长。先后分管流通部、阅览部、网络技术部和学科学术服务部。

曹力佳，男，汉族，1956年12月生。1982年毕业于陕西师范大学，获学士学位。1986年12月起，在西北轻工业学院图书馆工作，从事过流通、阅览、期刊分编等工作。2011年12月任陕西科技大学图书馆研究馆员。

康万武，男，汉族，1949年7月生。武汉大学图书馆学学士。1975年12月至2009年7月在陕西师范大学图书馆工作，从事过读者服务、古籍整理等业务工作及"文献检索与利用"等课程的教学。1984年6月至2009年7月任陕西师范大学图书馆副馆长。

2007年12月任研究馆员。2009年7月起至2014年6月任西安翻译学院图书馆馆长。

梁转琴，女，汉族，1962年2月生。西北大学汉语言文学专业毕业。1983年7月起，在渭南师范学院图书馆工作，从事过流通、阅览、信息咨询、文献资源建设等工作。历任流通部主任、办公室主任、图书馆党支部书记。2013年12月任研究馆员。

景月亲，女，汉族，1967年11月生。兰州大学图书馆学学士。1991年7月起，在西安音乐学院图书馆工作，从事过流通、阅览、信息咨询、文献资源建设、"音乐文献检索"教学等工作。2011年12月任研究馆员。2013年为音乐文献学方向硕士研究生导师。

鲁丽丽，女，汉族，1958年4月生。陕西师范大学教育学学士。在咸阳师范学院图书馆工作，从事过图书采访、分类编目、流通借阅、期刊管理、读者教育、宣传报道、网站建设和信息咨询等工作，历任流通部、情报部、期刊部及信息部主任。2011年12月任研究馆员。

强自力，男，汉族，1965年3月生。宝鸡师范学院历史教育专业毕业，陕西师范大学历史文献学硕士，北京大学情报学博士。1995年7月起，在西安交通大学图书馆工作，从事过信息咨询、文献资源建设等工作。历任信息咨询部主任、采访中心主任、馆长助理、副馆长。2008年12月任研究馆员。

雷润玲，女，汉族，1957年3月生。北京大学文学学士（信息管理专业）。1981年1月至2000年4月在原陕西财经学院图书馆工作。2000年4月起，在西安交通大学图书馆工作，从事过流通、阅览、内刊编辑、信息咨询、科技查新、学科馆员等工作。曾任陕西财经学院图书馆情报部主任、西安交通大学图书馆西区信息咨询部主任。2013年12月任研究馆员。

雷淑霞，女，汉族，1956年8月生。陕西师范大学物理学本科，北京师范大学教育经济管理硕士研究生学历。1982年2月起在陕西教育学院图书馆工作，历任情报资料室主任、阅览部主任、副馆长、馆长，兼图书馆党支部书记。2002年12月任研究馆员。2013年9月起，在西安培华学院图书馆工作，任图书馆办公室主任兼信息化部主管。

雷霈，男，汉族，1964年3月生。华东师范大学图书馆学情报学系毕业，学士学位。1987年起，在西北大学图书馆工作，先后在办公室、流典部、咨询部、期刊部工作。历任《西北高校图书馆》副主编、馆长助理、副馆长、中国延安干部学院办公厅图书信息中心主任（挂职）、图书馆直属党支部书记。2003年12月任研究馆员。

裴世荷，男，汉族，1952年12月生。西安冶金建筑学院选矿专业本科，兰州大学图书馆学专业进修，香港公开大学教育学硕士。1981年5月起在西安冶金建筑学院图书馆工作，从事过文献资源建设、信息咨询、文献管理、情报教学等工作。历任馆长助理、副馆长、常务副馆长。2008年12月任西安建筑科技大学图书馆研究馆员。2012年8月至2014年6月任西安翻译学院图书馆副馆长，2014年6月任馆长。

樊来耀，男，教授，1946年12月生。毕业于西安电子科技大学，1996年任教授。2002年至2005年任西安电子科技大学图书馆馆长。

樊鸿章，男，汉族，1962年7月生。西北农林科技大学林学学士。2008年12月至2012年9月，任杨凌职业技术学院图书馆馆长，2012年9月起，任杨凌职业技术学院图书与信息中心副主任。2009年12月任教授。

二、副高级职称

姓名	性别	出生年月	工作单位	任副高时间
丁金华	女	1968.11	西安电子科技大学图书馆	2006.1
于文宏	男	1967.12	西藏民族学院图书馆	2013.5
马光华	男	1960.3	西北大学图书馆	2003.1
马行天	男	1966.12	西安石油大学图书馆	2001.12
马佳立	女	1971.11	榆林学院图书馆	2013.12
马春梅	女	1969.10	延安大学图书馆	2007.12
马凌云	女	1969.10	西藏民族学院图书馆	2008.7
马 燕	女	1963.7	西安石油大学图书馆	2004.12
王公尚	男	1960.9	西北大学图书馆	2011.1
王文哲	女	1976.8	西安外国语大学图书馆	2010.12
王 兰	女	1966.6	陕西理工学院图书馆	2006.12
王民学	男	1957.11	陕西中医学院图书馆	2007.12
王同江	男	1970.7	渭南师范学院图书馆	2011.12
王庆民	男	1959.11	西北政法大学图书馆	2007.12
王庆毅	女	1965.4	西安电子科技大学档案馆	2002
王 红	女	1966.11	西安航空职业技术学院图书馆	2014.12
王红英	女	1968.10	西安铁路职业技术学院图书馆	2011.12
王远库	男	1964.3	宝鸡文理学院图书馆	2002.12
王 芹	女	1975.2	西北农林科技大学图书馆	2014.1
王秀琴	女	1969.5	西安财经学院图书馆	2007.12
王 沛	女	1968.10	西安美术学院图书馆	2010.12
王若冰	女	1964.6	西安财经学院图书馆	2005.12
王若琳	女	1972.10	西北工业大学图书馆	2009.12
王明惠	女	1964.10	西安外国语大学图书馆	2008.12
王放虎	男	1957.10	杨凌职业技术学院图书与信息中心	2008.12
王育菁	女	1968.12	西安财经学院图书馆	2006.12
王建平	男	1969.10	西安建筑科技大学图书馆	2007.12

姓名	性别	出生年月	工作单位	任副高时间
王春香	女	1960.2	西北大学图书馆	2006.12
王春香	女	1972.11	西北农林科技大学图书馆	2009.12
王春燕	女	1963.2	咸阳师范学院图书馆	2008.12
王　玲	女	1962.2	西安石油大学图书馆	2005.12
王茜蓉	女	1963.1	西安电力高等专科学校图书馆	2005.12
王　荣	女	1962.3	咸阳师范学院图书馆	2005.12
王思根	男	1961.7	商洛学院图书馆	2005.12
王晋月	女	1972.10	商洛学院图书馆	2011.1
王　峰	男	1970.2	西藏民族学院图书馆	2008.7
王　琨	女	1964.11	西北农林科技大学图书馆	2001.12
王敬斌	男	1965.10	陕西理工学院图书馆	2002.1
王颖洁	女	1978.1	西安外国语大学图书馆	2012.12
王新玲	女	1966.10	陕西科技大学图书馆	2003.12
王稳琴	女	1978.10	西安建筑科技大学图书馆	2014.12
干慧莹	女	1965.5	西北农林科技大学图书馆	2005.12
王　嬿	女	1967.8	西北大学图书馆	2004.1
井　水	男	1980.10	西安财经学院图书馆	2013.12
扎拉嘎呼	女	1973.5	长安大学图书馆	2009.12
牛海云	女	1957.7	西安电子科技大学图书馆	2006.1
文玉萍	女	1971.5	延安大学图书馆	2005.12
尹方屏	女	1969.4	西安工程大学图书馆	2006
邓　玲	女	1962.9	西藏民族学院图书馆	2002.7
艾学涛	男	1964.2	陕西科技大学图书馆	2006.12
石迎春	女	1958.1	西安电子科技大学图书馆	2002.1
田向阳	男	1974.1	陕西师范大学图书馆	2010.12
田　军	男	1963.3	西安电子科技大学图书馆	2002.1
史延峰	男	1963.4	西安工业大学图书馆	2002.5
史建荣	男	1960.1	西安交通大学图书馆	2013.1
史敏鸽	女	1970.4	长安大学图书馆	2006.12
付　航	男	1959.2	长安大学图书馆	2008.12
付爱琴	女	1952.12	西北农林科技大学图书馆	2001.12
白君礼	男	1962.11	西北农林科技大学图书馆	2004.12
仝荣才	男	1964.11	陕西国防工业职业技术学院图书馆	2003.1
冯永财	男	1972.10	西安科技大学大学图书馆	2011.12
冯会勤	女	1965.1	西安理工大学图书馆	2003.12
冯婷安	女	1962.11	长安大学图书馆	2008.11
宁沛林	男	1975.11	西藏民族学院图书馆	2013.5

姓名	性别	出生年月	工作单位	任副高时间
邢 祁	女	1959.1	西安石油大学图书馆	2004.12
成全之	男	1959.7	杨凌职业技术学院图书与信息中心	2003.12
成定荣	男	1962.2	西安医学院图书馆	2013.12
师俏梅	女	1970.4	西北工业大学图书馆	2005.4
吕文利	女	1966.6	西安外国语大学图书馆	2004.12
吕雪莉	女	1963.11	西安医学院图书馆	2006.11
朱秋贤	女	1964.7	西安音乐学院图书馆	2006.10
朱超敏	女	1964.11	西安交通大学图书馆	2007.9
任亚洲	男	1964.3	西安电力高等专科学校图书馆	2005.12
任 伟	男	1979.5	西安电子科技大学图书馆	2014.1
任兴洲	男	1961.8	渭南师范学院图书馆	2005.12
任杏莉	女	1968.9	商洛学院图书馆	2011.1
任越英	女	1960.10	西安医学院图书馆	2005.10
刘小红	女	1966.9	西安建筑科技大学图书馆	2002.10
刘小莉	女	1968.11	西北农林科技大学图书馆	2004.01
刘凤琴	女	1972.2	咸阳师范学院图书馆	2012.12
刘文学	男	1963.1	渭南师范学院图书馆	2006.12
刘文哲	女	1974.9	西安航空学院图书馆	2010.12
刘亚玲	女	1974.12	西北政法大学图书馆	2013.12
刘百宁	女	1965.12	延安大学图书馆	2002.10
刘 华	女	1971.5	西安航空职业技术学院图书馆	2014.12
刘 会	女	1968.8	渭南师范学院图书馆	2009.12
刘江萍	女	1971.6	西安音乐学院图书馆	2013.12
刘 红	女	1960.2	西北大学图书馆	2014.1
刘秀兰	女	1963.1	宝鸡文理学院图书馆	2005.12
刘国俊	男	1980.4	陕西科技大学图书馆	2012.12
刘宝云	女	1962.8	渭南师范学院图书馆	2007.12
刘 亮	男	1974.11	西北大学图书馆	2012.1
刘 勇	男	1970.8	商洛学院图书馆	2011.12
刘圆圆	女	1974.6	西北工业大学图书馆	2014.9
刘雪飞	女	1979.5	长安大学图书馆	2013.12
刘雪梅	女	1964.7	延安大学图书馆	2007.12
刘曼丽	女	1955.9	西北大学图书馆	2003.1
刘淑霞	女	1966.6	西北农林科技大学图书馆	2008.11
刘 雯	女	1972.4	西安交通大学图书馆	2014.1
刘雅萍	女	1969.11	商洛职业技术学院图书馆	2014.12
刘满平	男	1972.8	榆林学院图书馆	2010.12

姓名	性别	出生年月	工作单位	任副高时间
刘 擎	女	1965.9	西北政法大学图书馆	2009.12
齐维轩	男	1958.3	西安邮电大学图书馆	2004.12
闫瑞萍	女	1965.5	西安交通大学图书馆	2007.9
关 红	女	1968.1	西北工业大学图书馆	2006.10
汤雅童	女	1961.4	渭南师范学院图书馆	2007.12
安舒畅	男	1965.1	宝鸡文理学院图书馆	2008.12
许文华	女	1957.1	西安交通大学图书馆	2004.5
许红梅	女	1966.11	西北政法大学图书馆	2007.12
许 湖	女	1972.6	西安财经学院图书馆	2012.12
孙团结	男	1954.5	西安美术学院图书馆	2001.1
孙安玲	女	1965.10	陕西学前师范学院图书馆	2008.12
孙 茜	女	1976.5	陕西师范大学图书馆	2014.12
孙 洁	女	1958.4	延安大学图书馆	2003.12
孙 敬	女	1970.11	西安电力高等专科学校图书馆	2006.12
孙翠琴	女	1968.11	渭南师范学院图书馆	2007.12
纪绍平	女	1965.8	陕西理工学院图书馆	2006.12
苏玉芹	女	1964.9	陕西师范大学图书馆	2008.12
苏婉莹	女	1969.6	西安交通大学图书馆	2008.7
杜西红	女	1964.6	西北政法大学图书馆	2008.12
杜砚如	女	1966.3	西安建筑科技大学图书馆	2007.12
李小鸽	女	1965.3	西安建筑科技大学图书馆	2005.12
李 子	男	1971.4	西藏民族学院图书馆	2011.7
李文兴	男	1965.2	西安电子科技大学图书馆	2002.7
李文谯	女	1963.3	西北大学图书馆	2006.12
李亚青	女	1977.7	商洛学院图书馆	2013.12
李迁廷	男	1967.5	西安交通大学图书馆	2005.12
李延川	男	1960.11	西北大学图书馆	2001.11
李旭芬	女	1979.9	长安大学图书馆	2014.12
李纪民	男	1964.11	渭南师范学院图书馆	2002.12
李均宏	男	1972.5	长安大学图书馆	2012.12
李宗平	男	1964.8	商洛学院图书馆	2009.12
李 彦	女	1962.10	陕西科技大学图书馆	2002.12
李 津	女	1957.6	西安石油大学图书馆	2001.12
李栓民	男	1968.8	商洛学院图书馆	2012.12
李笔浪	女	1966.5	西北大学图书馆	2001.1
李 娟	女	1970.10	西安交通大学图书馆	2007.09
李雪丽	女	1967.11	陕西学前师范学院图书馆	2008.12

姓名	性别	出生年月	工作单位	任副高时间
李 敏	女	1964.6	陕西学前师范学院图书馆	2004.12
李 清	女	1966.7	西安石油大学图书馆	2008.12
李智敏	男	1961.9	咸阳师范学院图书馆	2006.12
李 雷	女	1978.10	西安医学院图书馆	2014.12
李新萍	女	1957.10	西安石油大学图书馆	2007.12
李歌维	女	1970.5	榆林学院图书馆	2008.12
李慧卿	女	1965.6	延安大学图书馆	2004.12
杨延铮	男	1972.1	西北工业大学图书馆	2014.10
杨军宁	女	1954.11	西安石油大学图书馆	2006.12
杨丽莲	女	1964.9	西藏民族学院图书馆	2008.7
杨 峰	男	1968.7	西安交通大学图书馆	2005.12
杨爱玲	女	1976.10	陕西科技大学图书馆	2013.12
杨雪绒	女	1973.11	西安建筑科技大学图书馆	2012.12
杨 颖	女	1974.1	陕西科技大学图书馆	2011.12
来雪玲	女	1965.1	西北政法大学图书馆	2004.12
连宇江	男	1973.9	西安石油大学图书馆	2010.12
肖小勃	男	1970.11	西安交通大学图书馆	2005.12
吴小凤	女	1968.2	杨凌职业技术学院图书与信息中心	2009.12
吴玉玲	女	1971.9	渭南师范学院图书馆	2011.12
吴 旻	女	1978.1	西北大学图书馆	2013.1
吴 鸿	女	1960.4	西安建筑科技大学图书馆	2002.12
员立亭	男	1979.11	商洛学院图书馆	2013.12
邱 萍	女	1974.3	西安交通大学图书馆	2012.2
何美珍	女	1960.11	西安电子科技大学图书馆	2003.12
何道利	男	1963.2	安康学院图书馆	2010.12
余阳玲	女	1966.11	西北农林科技大学图书馆	2009.12
谷秀洁	女	1972.8	西安工程大学图书馆	2009
沈平德	男	1963.10	陕西科技大学图书馆	2001.11
沈 思	女	1972.1	西安科技大学大学图书馆	2010.12
宋 力	女	1973.4	陕西理工学院图书馆	2008.12
宋文军	女	1962.6	陕西理工学院图书馆	2004.12
宋世良	男	1958.12	陕西铁路工程职业技术学院图书馆	2003.12
宋佃锋	男	1965.12	延安大学图书馆	2000.12
张小宇	女	1970.5	西安理工大学图书馆	2009.7
张小曼	女	1966.8	西安交通大学图书馆	2008.7
张小霞	女	1979.1	西安医学院图书馆	2013.12
张 凡	女	1965.2	陕西师范大学图书馆	2008.12

姓名	性别	出生年月	工作单位	任副高时间
张广超	男	1960.8	陕西交通职业技术学院图书馆	2003.1
张卫国	男	1964.2	西安外国语大学图书馆	2002.12
张文民	男	1956.6	西安交通工程学院图书馆	2000.12
张玉瑛	女	1955.1	西安交通大学城市学院图书馆	2013.7
张占芳	女	1963.3	渭南师范学院图书馆	2006.12
张永梅	女	1970.4	长安大学图书馆	2010.12
张 刚	男	1968.12	安康学院图书馆	2005.12
张红莉	女	1967.11	西安电力高等专科学校图书馆	2004.12
张芳宁	女	1980.9	长安大学图书馆	2011.12
张芳娟	女	1964.11	渭南师范学院图书馆	2008.12
张芳梅	女	1959.5	西北大学图书馆	2005.1
张丽娜	女	1964.1	渭南师范学院图书馆	2005.12
张丽萍	女	1964.7	西安航空学院图书馆	2008.12
张若蓉	女	1976.4	西藏民族学院图书馆	2013.10
张林治	男	1954.11	西安电子科技大学图书馆	2003.12
张 岩	男	1965.1	陕西师范大学美术学院	2002.7
张承节	女	1969.1	西安理工大学图书馆	2008.1
张春芹	女	1959.12	西安电子科技大学图书馆	2008.1
张 玲	女	1971.11	榆林学院图书馆	2009.12
张 茵	女	1972.10	西安交通大学图书馆	2012.2
张秋生	男	1958.9	西安科技大学大学图书馆	2011.12
张 姝	女	1978.2	长安大学图书馆	2012.12
张艳华	女	1964.2	西安邮电大学图书馆	2006.12
张晓君	女	1967.4	榆林学院图书馆	2009.12
张晓艳	女	1970.1	西安工程大学图书馆	2011
张晓萨	男	1956.8	陕西服装工程学院图书馆	2005.11
张 峰	男	1976.5	西安科技大学大学图书馆	2014.12
张效智	男	1957.2	西北大学现代学院图书馆	2010.7
张润梅	女	1970.9	西安财经学院图书馆	2008.12
张 萍	女	1961.3	西北大学现代学院图书馆	2006.12
张 敏	女	1964.7	陕西学前师范学院图书馆	2003.12
张 维	女	1971.6	商洛职业技术学院图书馆	2009.12
张 淼	女	1971.7	西藏民族学院图书馆	2009.6
张智燕	女	1964.6	西安交通大学图书馆	2011.9
张新吉	男	1977.10	西安培华学院图书馆	2013.4
张新玲	女	1968.12	陕西中医学院图书馆	2009.12
张 静	女	1975.6	西安交通大学图书馆	2010.3

姓名	性别	出生年月	工作单位	任副高时间
张 馨	女	1974.8	西安石油大学图书馆	2009.12
陆 地	女	1963.12	西安财经学院图书馆	2004.11
陈文爱	女	1963.12	西安财经学院图书馆	2003.12
陈克敏	女	1964.11	陕西交通职业技术学院图书馆	2006.12
陈丽华	男	1962.2	西安电子科技大学图书馆	2007.6
陈希南	男	1963.11	西安交通大学图书馆	2002.8
陈 波	女	1962.6	杨凌职业技术学院图书与信息中心	2008.12
陈玲玲	女	1964.1	渭南师范学院图书馆	2004.12
陈艳茹	女	1967.4	西安建筑科技大学图书馆	2004.12
陈 莅	女	1962.9	西安电力高等专科学校图书馆	2005.12
陈海龙	男	1964.7	长安大学图书馆	2004.12
陈 斌	男	1965.8	西安交通大学图书馆	2002.8
陈蓉莉	女	1962.2	杨凌职业技术学院图书与信息中心	2012.12
陈 鹏	男	1970.1	西安外国语大学图书馆	2008.12
陈 鹰	男	1969.6	长安大学图书馆	2009.12
邵晓阳	女	1955.10	西安交通大学图书馆	2001.6
武立新	女	1966.10	西北工业大学图书馆	2009.12
耶 健	男	1973.2	西安交通大学图书馆	2008.7
林 辉	女	1970.10	西北工业大学图书馆	2012.9
畅朝霞	女	1964.2	西安工程大学图书馆	2008
呼德福	男	1955.12	西安音乐学院图书馆	2003.10
罗广玲	女	1961.6	长安大学图书馆	2005.12
罗红彬	女	1966.10	西北农林科技大学图书馆	2008.11
周卫妮	女	1976.8	陕西理工学院图书馆	2012.12
周 琴	女	1970.2	西安交通大学图书馆	2007.9
郑怀远	女	1965.3	长安大学图书馆	2004.12
郑 勇	女	1964.12	陕西科技大学图书馆	2011.12
房瑜红	女	1966.10	陕西科技大学图书馆	2007.12
屈亚文	女	1969.12	陕西学前师范学院图书馆	2011.12
孟小衍	女	1962.2	西安交通大学图书馆	2004.5
孟春全	男	1957.7	西安科技大学大学图书馆	2008.12
赵玉梅	女	1959.4	西安电子科技大学图书馆	2011.1
赵庆菊	女	1964.10	西北政法大学图书馆	2001.12
赵志刚	男	1964.8	西安交通大学图书馆	2014.1
赵 启	男	1957.10	咸阳师范学院图书馆	2006.11
赵 昕	女	1963.10	西北工业大学图书馆	2001.1
赵建侠	女	1970.7	西安航空职业技术学院图书馆	2008.12

姓名	性别	出生年月	工作单位	任副高时间
赵晓红	女	1968.1	西藏民族学院图书馆	2013.5
赵　辉	男	1961.5	长安大学图书馆	2004.12
赵　霞	女	1968.5	西北政法大学图书馆	2011.12
郝天侠	女	1974.5	西北工业大学图书馆	2010.11
郝亚玲	女	1961.11	宝鸡文理学院图书馆	2002.12
郝翠萍	女	1968.4	延安大学图书馆	2006.12
胡晓疆	男	1967.10	长安大学图书馆	2006.12
胡　渊	女	1972.6	陕西师范大学图书馆	2011.12
南兴良	男	1964.5	西安建筑科技大学图书馆	2008.12
柳　林	女	1968.1	安康学院图书馆	2005.11
思　娜	女	1956.11	延安大学图书馆	2002.12
钟云志	男	1971.10	西北农林科技大学图书馆	2006.12
钟　龙	男	1959.9	西安建筑科技大学图书馆	2011.12
钟继青	男	1961.5	宝鸡文理学院图书馆	2005.12
段志西	男	1964.11	渭南师范学院图书馆	2002.12
段昌华	男	1969.11	安康学院图书馆	2007.12
段美丽	女	1966.7	西安外国语大学图书馆	2006.12
侯荣理	男	1967.9	西安石油大学图书馆	2007.12
侯宽其	男	1957.2	长安大学图书馆	2013.12
昝芳霞	女	1963.5	西北农林科技大学图书馆	2003.12
闻福曙	女	1952.2	西北农林科技大学图书馆	2003.12
姜蔚丽	女	1974.7	咸阳师范学院图书馆	2013.12
宦咏梅	女	1970.5	安康学院图书馆	2012.12
祝红艺	女	1972.11	西北农林科技大学图书馆	2013.1
姚小涛	男	1966.10	西安建筑科技大学图书馆	2004.12
姚书超	男	1955.3	商洛学院图书馆	2001.12
姚立会	女	1965.4	西北农林科技大学图书馆	2001.12
姚　彤	男	1963.6	西安铁路职业技术学院图书馆	2012.12
贺秀英	女	1964.9	西安科技大学大学图书馆	2011.12
袁　玫	女	1963.5	西安交通大学图书馆	2013.1
耿雪凤	女	1973.9	西安财经学院图书馆	2006.12
贾宇群	女	1970.8	西北工业大学图书馆	2009.12
贾丽霞	女	1965.9	西北农林科技大学图书馆	2016.4
贾希鸣	男	1965.3	西北大学图书馆	2001.1
贾　波	男	1956.1	西安工程大学图书馆	2008
贾炳会	男	1954.1	商洛学院图书馆	2001.12
贾翠玲	女	1966.11	延安大学图书馆	2005.12

姓名	性别	出生年月	工作单位	任副高时间
徐卫江	女	1958.8	西安电子科技大学图书馆	2006.12
徐东明	男	1971.2	西藏民族学院图书馆	2008.7
徐纲红	女	1958.12	西安理工大学图书馆	2001.12
徐 明	男	1961.8	西藏民族学院图书馆	2005.10
徐煜翃	女	1967.10	西北工业大学图书馆	2003.10
殷长庆	男	1963.8	榆林学院图书馆	2012.12
高云燕	女	1963.10	西安科技大学大学图书馆	2012.12
高文莉	女	1968.8	西安交通大学图书馆	2004.5
高麦杏	女	1966.10	宝鸡职业技术学院图书馆	2012.12
高坐仓	男	1960.8	西安交通大学图书馆	2004.5
高建斌	男	1963.5	西安外国语大学图书馆	2005.11
高随成	男	1962.1	延安大学图书馆	2006.6
郭永建	男	1971.1	西北工业大学图书馆	2006.10
郭延会	女	1965.10	延安大学图书馆	2005.12
郭 虹	女	1966.12	西北农林科技大学图书馆	2009.12
郭秦茂	男	1963.12	西安财经学院图书馆	2005.12
郭 梅	女	1968.4	西安电力高等专科学校图书馆	2009.12
郭锦芳	女	1955.7	商洛学院图书馆	2003.12
郭 嘉	男	1969.11	陕西科技大学图书馆	2008.12
陶相荣	男	1962.8	陕西学前师范学院图书馆	2008.12
姬乃占	男	1962.2	西安医学院图书馆	2003.12
黄大林	男	1971.12	西安电子科技大学图书馆	2006
黄小强	男	1966.11	西安电子科技大学图书馆	2003.1
黄幼菲	女	1965.4	西安铁路职业技术学院图书馆	2010.12
黄 群	女	1960.8	陕西学前师范学院图书馆	2004.12
曹 沛	女	1966.4	西安医学院图书馆	2010.12
曹 虹	女	1962.6	长安大学图书馆	2003.12
曹雪琦	女	1973.12	延安大学图书馆	2011.12
曹媛媛	女	1981.1	长安大学图书馆	2014.12
戚红梅	女	1969.8	西北工业大学图书馆	2008.12
常 勇	女	1959.8	陕西师范大学图书馆	2009.12
崔红雁	女	1968.11	西北政法大学图书馆	2009.12
康文梅	女	1968.7	延安大学图书馆	2010.12
康延兴	男	1970.4	西安电子科技大学图书馆	2005.1
谌章俊	男	1959.7	宝鸡文理学院图书馆	2004.12
葛郁葱	女	1968.4	西安交通大学图书馆	2004.5
董宇昭	女	1968.7	陕西理工学院图书馆	2007.12

续表

姓名	性别	出生年月	工作单位	任副高时间
蒋林宙	女	1961.8	陕西科技大学图书馆	2003.12
韩小亚	女	1973.3	咸阳师范学院图书馆	2011.12
韩小莉	女	1956.11	西安电子科技大学图书馆	2012.1
惠涓澈	女	1974.10	陕西科技大学图书馆	2009.12
惠雪萍	女	1965.9	西安建筑科技大学图书馆	2003.11
程宏利	男	1968.4	陕西科技大学图书馆	2004.12
程荣芳	女	1977.11	陕西理工学院图书馆	2013.12
程海涛	女	1967.10	长安大学图书馆	2002.12
程雪艳	女	1975.6	西北政法大学图书馆	2013.11
鲁玉妙	女	1963.8	西北农林科技大学图书馆	2003.11
谢彦卯	男	1965.6	西北大学图书馆	2008.1
谢锐	女	1962.5	西北大学图书馆	2014.1
雷会珠	女	1964.5	西北农林科技大学图书馆	2008.11
蔡勤	女	1964.11	西安交通大学图书馆	2005.12
蔺焕萍	女	1977.4	陕西中医学院图书馆	2013.12
雒虹	女	1967.6	西安交通大学图书馆	2007.9
翟美珠	女	1955.12	西安交通大学图书馆	2001.6
樊红侠	女	1971.9	西安建筑科技大学图书馆	2010.12
樊秋妮	女	1964.9	西安航空学院图书馆	2014.12
樊晓峰	男	1966.5	西安外国语大学图书馆	2008.11
黎红	女	1954.3	西安交通大学图书馆	2001.6
薛金玲	女	1967.1	西安石油大学图书馆	2004.12
冀月芹	女	1964.3	陕西学前师范学院图书馆	2008.12
戴小芹	女	1966.3	西北大学图书馆	2010.1
鞠建伟	男	1970.6	西北农林科技大学图书馆	2005.12
魏青山	男	1974.6	西安交通大学图书馆	2012.2
魏鑫	女	1962.7	渭南师范学院图书馆	2011.12

第六章　我的图书馆回忆

我的采购工作回忆

陕西师范大学图书馆　任天夫

我叫任天夫，1923年生人。讨过饭，当过兵。1953年开始在陕西师专的前身陕西省中学师资培训班任图书管理员，之后一直从事图书采购工作。1981年5月被任命为陕西师范大学图书馆副馆长，仍然负责图书采购。谁承想，这40年风风雨雨和图书打交道的日子，成就了我人生中的最大亮点。

我的采购图书工作，大体可分为陕西师院时期、陕西师大初期和改革开放之后三个阶段。现在仅就能记得的，讲几件事情与同人一起分享。

陕西师院时期：这一阶段主要配合教学，根据教学计划和教学大纲，采购了大量教学参考资料。同时，收集到一大批"五四时期"和20世纪30年代的原版图书和报刊，如蔡元培、李大钊等主编的《新生活》，陈独秀、鲁迅、胡适等主编的《新青年》，毛泽东主编的《湘江评论》和"左联"出版的《文学月报》《文学导报》等等，还有一大批作家如徐志摩、殷夫、郁达夫、瞿秋白等的作品。这些原版书当时还能搜寻到，现在就根本找不到了，特别是全套的。买这些刊物当时也有不同意见。陕西师范学院、西安师范学院合校后，当时主持工作的郭琦副校长对这些东西特别感兴趣，这成了我走近郭琦和郭琦重视采购工作的机缘，更是后来我们都从工作岗位退下来，成为好朋友的重要基础和良好开端。

《新刊国朝二百家名贤文粹》也是这一时期买到的，虽然只有六页，却是宋庆元三年（1197年）的刻本，又是一种很特别的蝴蝶装，是当时图书馆收藏的唯一的一本宋版书，在全国也只有北京图书馆、上海图书馆、北大图书馆和我们馆四家共藏一部（都不全），极为稀有，极为珍贵，很有学术和收藏价值。现在是按页论价，我当时只用了10元钱。外行说10元钱买6页书，太不把钱当事了，懂版本学的专家说它是国宝，是"无价宝"。

陕西师大初期：1960年两院合并成立陕西师大，正是三年困难时期，也是批判"封、资、修""帝王将相、才子佳人"，抓意识形态领域阶级斗争的风声越刮越烈的时候。不仅经费紧张，而且采购范围受到很大限制。思想上必须特别谨慎，行动上更要格外小心。幸亏领导郭琦有眼光、爱文化、重传统、懂教育，在工作上给予支持，在经费上给以保证，才得以挖掘到一些有收藏价值的东西。

《陕西名胜古迹图》是从西安城里竹笆市一个摆地摊的主家手里淘到的。主家不懂，只按一般旧书的价格卖给了我。这是一本比较全面地记载陕西名胜古迹的图志，很难得，也很有价值。

包括《四美图》在内的由北京荣宝斋和上海朵云轩出版印刊的水印画，全部收藏馆内。《四美图》的地轴是玉石的，极为罕见。这是"文革"中被造反派批斗、攻击我宣扬封、资、修的"罪证"之一，也是郭琦的"罪证"。其实早在购买时就受到老馆长的批评，说我们不是美术院校，又没有美术系，经费这么紧张，买这些古董干啥。郭琦知道我受批评后，鼓励我不用理，该买还继续买。没有他的支持，我还真抵挡不了。其实，我当时并没有想到，几十年后师大还真的设立了美术学院国画系，只觉得一个大图书馆，应当收藏有价值的古籍。

馆藏唐代碑帖是西安古旧书店一位工作人员从一个小孩手里收购的。古旧书店未经销过此品，对价值也拿不准，派人请碑林博物馆研究员、著名文物收藏家段绍嘉先生鉴定，段认为是些值钱货。古旧书店用40元买下，转手250元卖给我们，还是看在熟人的面上。如果能整理出版，既对社会有贡献又很有学术价值。

改革开放以后，"禁书"逐步开放，一切工作恢复正常，几乎停顿了10年的图书采购工作也随之步入正轨，特别是党的十一届三中全会以后，我的采购生涯更是进入了一个"黄金时期"。我亲身感受到：第一，领导重视。李绵书记也和当年的郭琦副校长一样，十分重视图书馆的建设，非常重视图书馆在办好一流大学中的地位。第二，学校改为部属大学，经费相对充足，和省属简直不可同日而语。第三，人们普遍开始重视抢救、继承、发扬传统文化工作。这是经过"文革"的严重破坏后，人们重要的思想收获。在搜集收购文物过程中，我奔东府，走西府，下汉中，与乡村、城镇的普通百姓广泛交流，得知"文革"中红卫兵扫"四旧"已将大量珍贵文物抄去烧毁。许多民间收藏家怕运动中挨整，也将自己珍藏了几代很有价值的文物偷偷地毁掉。我意识到这些被毁的文物之外一定还有不少无价之宝，于是下决心立即采取措施，搜集散失在民间的瑰宝，使之得以保留、传承和弘扬。每碰到卖家，我就大力宣讲师大这一高等学府对保存文物资料很重视，使之心悦诚服，都乐意和我校打交道。那时，我尽管年近花甲，但整天都泡在紧张繁忙的采购活动中，打听、搜寻、查看、辨认，讨价还价、多次上门、不停下乡，我恨不能一下子把"文革"中的损失弥补回来，真到了废寝忘食、乐此不疲，不知老之将至的精神状态了。这一阶段采购到的真品可真是不少。我不由得惊叹，真不敢相信，经过"文革"横扫"四旧"，天底下竟然还会有这么丰富的藏品。

瓦书，我校图书馆的镇馆之宝，国家的顶级文物。这是那时我从三学街紧邻文庙的段绍嘉的后代的手里买到的。段绍嘉已去世，我无数次登门造访，经过反复讨价还价，总共花了38,500元买了下来。"瓦书"的收藏，很快传到校外。省文化局知道了，正儿八经地给学校下了红头文件，要把"瓦书"上调，收藏到有关文物部门。这下可给馆里领导出了个大难题，不给吧，上级命令违抗不得；给吧，又不舍得。后来一位馆领导给教育部有关部门电话请示。答复：任何部门都不能给。要复印，也得部里批准。从此，"瓦书"才得稳藏于馆内。

《受其堂文集》是一部很有价值的古版本书，刊行面世数量很少，极为难得。我们馆虽藏有一部，但其中却缺少了好几页，且是较重要的部分。1978年前后，得知东府大荔县有一位王先生，家中收藏有大量古书字画等。我前后几次跑大荔，下朝邑，又找到王先生的家里。开始王先生不肯露底，后见我三番五次软磨硬缠，确有诚意，又说到他熟悉的李绵书记，师范大学又有他不少学生，才松一口气。他再三斟酌，反复考虑，估计能卖上好价钱，而且他辛苦多年，投入资金，担当风险收藏的宝贝看来会有一个好归宿。这时，他便捡不贵重的东西，一件两件慢慢亮出了家底，但要价偏高。王先生是一位中学教师，擅长历史，有很丰富的收藏知识和经验，应该说是一位合格的古籍收藏家。他的东西大都是亲自搜集保管，花了不少心血，不像那些破落户的后代处理现成的家当，"崽卖爷田心不疼"。他不仅要卖出高价，盖房子给儿子成家，而且心疼每一件东西，哪件值钱，哪件不值钱，他心明似镜。在论质定价，讨价还价中，他往往打出留一手、绕圈子的障眼法，给你布下迷魂阵。但卖家漫天要价，买家就地还价，这是市场上的常规。你要价再高，我不急不躁。经过一番艰难的口水战，主家终于抛出了50,000元的总估价。我说，不着边际，无法还价。一边说一边起身，准备提包走人。他看我有走的架势，落到8000元。看到有松动，我又坐下来说，"一口价，五折！"我很干脆、肯定。估计主家没有想到我会给这么高的价，他答应4000元成交。我又说，4000元快成半个"万元户"了，你不怕别人眼红？他想了半天觉得有道理，最后实收3950元。

这次在王家得到的一大批古籍，其中最贵重的就是李因笃《受其堂文集》手抄本。手抄本的价值，在于它可以补全刊行本的缺失，使其成为一部完整的学术专著。李因笃是明末清初学术思想界有名的"关中三李"之一。兰州大学有一位赵俪生教授，得知陕西师大馆藏该手抄本时，曾经亲自上门要求复印，当时的任馆长没有答应。此外有清代的两个大扇子，画有《红楼梦》的潇湘馆，金粉黑底，非常讲究，也很有价值。还收藏了历史上很有名的赵执信墨迹两本。赵执信是山东省琅琊人，山东省文物部门曾派人要求复印，馆里只答应给复印了前后两张，对方作为回报，寄赠了一本《赵执信传略》。《芦雁图》一大本，是清代大画家边守民的真迹，非常漂亮，也很稀有，很难得。

我的朋友中，不少人对丰富师大的馆藏文物做出了无私的奉献。我的国文老师是范紫东，他的儿子范仲武就曾将范紫东的书法、绘画作品及著作《范紫东戏剧集》《关西方言钩沉》等捐赠给师大图书馆，并出示其珍藏的《董其昌墨迹》一本，被我馆收购。大荔县的高维岳捐赠两页精美的屏风（上面镶有象牙雕刻的董其昌书法）及一尊墨海。蓝田县的阎秉初（其父阎甘园是明末清初著名的教育家、戏剧家、收藏家）捐赠珍藏的汉魏佛像人头、汉代大罐、唐代墓志石等文物（见《陕西日报》专题报道）。我馆还购得明末清初山西著名的思想家、医学家、书画家傅山的不少墨宝。这些收藏品都十分珍贵。

我离休后，陕西师范大学图书馆于1993年6月1日举办了一次馆藏古籍字画精品展，其目的是弘扬祖国优秀的传统文化，向校内外读者深度展示馆藏文献，以促进校园文化建设和艺术教育事业发展。共展出部分古籍善本、古今名人字画以及珍贵文物100余件。其中包括：宋刻本《新刊国朝二百家名贤文粹》、元刻《纂图互助南华真经》《诗地理考》等稀有善本。唐伯虎、文徵明、张端图、米万钟、郑板桥等书画墨宝。西周编钟、战国秦封宗邑瓦书等珍贵文物。这里面大部分都是我在采购生涯里收集到的。这次展览中，省上来了不少领导和文化名人，时任省委宣传部部长、我校校友王巨才参观后，还单独与我合影留念，肯定我多年的采购工作，说："任老师有眼光，看得远，多年辛劳，为学校收购了大量宝物。"

此后不久，新一届领导编辑出版了一本由陕西师范大学出版社出版的非常精美的《中国名书画选》。其中相当一部分都是经我的手采购的。这本画册在国内外产生了强烈反响。

回顾几十年的采购生涯，我感到问心无愧。虽有"出五关"的战绩，但也有"走麦城"的失误，有时把赝品当真迹买了回来，那些赝品固然相当珍贵，但毕竟是赝品。也有被古董商蒙了高价的时候。教训是深刻的，借此机会告诉读者，以志不忘。希望后辈图书馆人能秉承师大图书馆的优秀传统，在图书馆采访的工作中谨记文化传承之重任，让图书馆精神发扬光大。

我的图书馆回忆

西安美术学院图书馆　孙登年

"人间正道是沧桑"，1949年5月我随西北人民艺术学校第二部由山西临汾到西安，在这60余载春秋岁月中，我经历了、参与了、见证了西安美术学院从无到有、从小到大的变迁历程。

我要说的故事实话实说如下：梅一芹局长（院长）在古今名画收购过程功不可没。我院图书馆所珍藏的古今名画之多，居全国八大美术院校之首，这是建校以来历届院领导的重视和图书馆的工作人员认真执行所取得的硕果。

例如，1962年，我在图书馆工作时，有一天郑乃珖老师告诉我，他画的工笔花鸟画10幅已裱好，每幅100元，拟卖给图书馆。那时我感到有些价高，因为我们在古旧书店收购的画品一般在十五六元到三四十元之间，我便将此事汇报请示主管领导梅一芹局长（原陕西省高教局副局长到校待任命）。他告诉我，为了丰富图书馆收藏和今后教学需要，"买"。我就按他的指示付给郑老师一千元，买下这些作品。

又如，1963年梅一芹在主管全院工作时（刘蒙天院长抽调省文化局参加社教，党委书记陈士斌带雕塑系师生到省阶教馆搞阶教展览），10月下旬的一天，他告诉我全院经费尚结余数万元，全部给图书馆，用于收购古今名画原作。同时让我做出计划，后经他决定，让当时我院驰名全国的青年画家刘文西老师带领图书馆的吕安维赴北京、天津、上海、南京、苏州、杭州六地收购，历时两个多月，收购了大批古今名人作品，为丰富图书馆的收藏打下深厚基础，为教学和科研提供了珍品宝库。

综上所述，在图书馆古今名画原作收购中，决策人院领导梅一芹局长（院长）高瞻远瞩、远见卓识、英明决策，功不可没。执行人刘文西老师是画坛高手，独具慧眼，审视画品、择优选购，功不可没。图书馆的吕安维同志也功不可没。这些画品在"文革"后是不能见到的，也是很难再收购到的，可以说是千金难买。

"文革"中图书馆书画未受损的原因值得一说。"文革"中，某日，省报登有省某大学图书馆烧书事件的报道，当时馆内有人向我建议我馆也烧书。我对他说，图书馆还有藏书的任务，我们不能随便处理……最后他同意我的观点，再未坚持烧书之事。这也是我院图书馆的图书、画册和古今名画保存完整，未受损失的原因之一。"文革"中造反派虽对有的老师的书画进行查抄、烧毁，但从未查抄我院图书馆，这也是图书馆书画保存完整未受损失的主要原因。

"文革"中后期，我院与音乐学院分校，图书馆从小寨回迁时，我和军宣队负责同志在音乐学院负责组织装车回运，兴国寺校内画库由张勇、秦洁负责接收，书库由文蕙兰负责接收。回迁从始至终，依序进行，正常运转，未发生意外事故。搬迁完后，经过整理上架，向师生出借阅览，为教学和科研服务。

西安公路学院图书馆的历史记忆

长安大学图书馆 李东来

1958年，西安公路学院成立，第一任图书馆办公室主任（当时图书馆称图书室）是常家准教授，学校专业教师，能直接阅读西文图书，自编教材，很敬业。西安公路学院成立后，院领导认为图书馆馆长要由一位有学问的知名教授担任，确定常家准教授筹建图书馆。常教授在交通部西安汽车机械学校图书室的基础上，经过努力，制定了一套科学管理办法，使图书馆在1958年9月开学不久正式对外开放。

常家准教授自学图书馆方面知识，参考1957年出版的中小型图书馆图书分类法，又结合西安公路学院未来专业发展，参照"人大分类法"制订了"西安公路学院图书馆图书分类法"。书次号也是常教授想出来的，用汉语拼音代号法，对俄语、英语、日语图书如何取书次号都有规定，方便分编图书的科学管理，这个方法一直沿用到1998年。在图书期刊资料财产管理方面，从建馆初期便制定了科学有效的管理办法，采买文献资料时需填写三联单，每批买的书，采购签字，验收签字，分编签字，书库收到签字，二联单有分类统计：社科马列毛主席著作、文艺小说、公路、汽车等，每批、每月、每年、历年累计，加工入库后，馆长签字，才能报销。采编是图书馆的核心工作，要保证服务工作有序进行。

常家准教授对工作兢兢业业，早上班，晚下班，以身作则，对工作要求严格，关心职工生活，没有一点官架子，受到职工爱戴。1963年5月，我到图书馆工作，那时还是一个对图书馆了解很少的青年，但也亲身感受到常教授的敬业精神和宽厚胸怀。1964年11月至1965年我参加社教运动，回校后得知常教授受到不公正待遇，被错划右派，免职，在图书馆劳动改造，后病故。

1965年以后，组织派张勇同志负责图书馆工作，张勇病故后，调张中熙同志负责图书馆工作，由教务处领导，属科级单位。在我的记忆中，1980年左右，图书馆升为处级单位，许伯和同志成为图书馆第一任专职党支部书记，公路系彭树德教授任图书馆副馆长。1984年2月，他们全部离任，现在已经去世。刘良湛多年兼任图书馆馆长。

1984～1997年，同我一起主持图书馆工作的馆长有：原基础部主任丁绍曾教授、基础部教师罗兴铭教授、汽车系教师张慎良教授、公路系教师严宝杰教授、公路系教师胡兆同教授。在我任图书馆副馆长期间，同教授馆长们的合作是愉快的，我负责图书馆业务管理，他们放手支持图书馆民主管理改革，我尊重教授们的意见，馆内重大活动措施均征得他们同意再执行。由于馆领导班子团结一致，一心一意搞工作，图书馆工作受到全院师生的欢迎和院领导的认可，主要有：

一、图书管理改革

1984年，国家各项改革刚刚起步，有的企业开始实行聘任制，打破"铁饭碗"旧有管理模式，调动职工积极性。图书馆长期处于干好干坏一个样状态，尤其高校图书馆人员组成，有一半以上人员是因为各种原因到图书馆工作的，女同志占多数，上班织毛衣、说闲话、串岗现象比较普遍，个别人搬弄是非，搞不团结，经常迟到早退，对外服务窗口不能准时开门，有时还提前关门，师生很有意见。在这种情况下，如何调动工作人员积极性，加强劳动纪律，提高服务质量，团结一致把图书馆工作搞上去，成为我们新领导班子的首要任务。经过调查摸底，征求大多数人意见后，我同丁绍曾副馆长研究对策，取得共识，准备参考企业管理改革试点经验，提出图书馆实行聘任制初步方案，经报主管院长同意后，召开全馆职工大会，宣布图书馆试行聘任制。

具体做法：首先由馆长聘任部室主任，再由部室主任提出聘任本部室工作人员，发聘书，聘期一年，报馆长备案，未聘人员交馆办待聘做临时工作，此项工作一个月内完成。当时宣布全馆试行聘任制后，引起馆内很大震动，有的人整夜睡不着，担心落聘丢人，平时表现不够好的同志，暗下决心改正缺点，好好工作。第一阶段发聘书后，有三人落聘，交馆办安排临时工作，好好反思自己为什么落聘。经半个月考查，都有进步，取得部室主任认可，发了聘书。通过试行聘任制，全馆工作人员积极性调动起来了，初步改变干好干坏一个样的局面，实行上班签到制度，服务窗口大多提前开门，不敢提前关门，图书馆面貌发生较大改变。

为了让部室主任以上干部用好权、管理好本部室工作，图书馆健全部门工会工作，实行民主管理，建立职工大会制度。经过准备得到院工会同意后，1984年12月下旬，在图书馆开展民主评议干部活动，背靠背民主评议部室主任、馆长工作，此举加强了员工的主人翁意识，进一步调动了全馆人员的工作热情，服务质量得到了师生好评，院领导也对图书馆工作比较满意。

当时，西北五省（区）高校图书馆协作委员会出了一份报纸《西北高校图书馆通讯》，发行西北五省（区）高校图书馆。在1985年5月15日和10月15日两次头版头条位置发布消息，报道西安公路学院图书馆试行聘任制和抓紧管理改革，提高服务质量，西安公路学院图书馆一年取得十一项成果。西安公路学院图书馆管理改革走在陕西甚至西北地区高校图书馆管理改革的前面。我和丁绍曾副馆长合写的《高校图书馆管理改革初探——我馆试行聘任制情况》的文章在《高校图书馆工作》1986年第1期上发表后，引起全国高校图书馆界的关注，仅1986年就有20多所高校图书馆组织有关人员前来参观考察，交流经验体会，共同提高。

在院领导的关心支持下，图书馆领导班子和谐相处，上下一条心，努力搞好本职工作，图书馆服务水平不断提升，受到全院师生员工欢迎，得到领导认可。1986年12月，西安公路学院图书馆第一次被评为陕西省高校图书情报资料先进集体，我被评为陕西省高校图书馆优秀管理干部。1990年和1994年西安公路学院图书馆又连续两次被陕西省教委授予"陕西省高校图书情报资料工作先进集体"荣誉称号。

二、负责图书馆部门工会工作情况

1984年11月5日，图书馆召开全体职工大会，以无记名投票方式选举我、陈宁等五人为图书馆第四届部门工会委员会委员，推选我为部门工会主席，报院工会批准以下文件方式给予确认。直到1995年换届选举，我主动提出兼职过多，不再参与部门工会领导。在我连续负责图书馆部门工会工作期间，主要工作有：

1985年1月3日，组织部门工会小组民主评议干部，由小组长主持会议，采取背靠背方式对部室主任、馆长进行评议，展开批评，每个会员可以大胆发表意见，发挥工会民主监督作用。1985年12月，响应院工会号召，图书馆开展优质服务，建设文明单位活动，工作人员佩戴号码牌，接受读者监督，全馆人员积极投入活动中，受到师生欢迎。为把基层工会工作民主管理制度化，图书馆准备建立教职工大会制度，报院工会同意后，图书馆于1988年11月2日召开首届教职工大会，院工会主席李顺和出席大会并致贺词，会上丁绍曾副馆长做《图书馆工作报告》并提请会议审议，经表决通过《图书馆聘任制工作条例》《图书馆劳动争议调解小组实施暂行办法》《图书馆奖金发放办法》等，民主选举产生图书馆劳动争议领导小组成员，独立解决聘任制中出现的问题。1988年11月20日，《西安公路学院报》报道图书馆召开首届教职工大会的消息。1988年12月5日，《西北高校图书馆通讯》第40期头版头条报道了西安公路学院图书馆加强民主管理，建立教职工大会制度的消息。1986～1991年，图书馆部门工会连续被院工会评为年度先进集体。1993年11月，经院工会评选报陕西省教育工会，我被授予"陕西省教育工会工作先进个人"称号，获荣誉证书和奖励。

三、负责编辑图书馆编年史

1984年3月，我担任图书馆副馆长后，想把图书馆每年发生的大事，各部门统计基本数字记录在册，便于积累资料供若干年后查询。我和丁绍曾副馆长商量取得共识，决定从1984年起，每年编辑出版一本《西安公路学院图书馆编年史》，相当于图书馆年鉴，我主要负责编辑，丁绍曾副馆长在创刊号上写序言，请当时主管教学的刘良湛副院长兼图书馆馆长题写刊名。经馆务会议研究决定成立馆史编写组，丁绍曾教授任组长，我为副组长，聘请馆办主任周成珂为副组长，各部室主任为编委成员，负责本部门一年的工作总结，上报基本统计数字，要求部室主任平时注意积累记录，每年12月31日为基本数字的截止日期，元月10日前各部室主任必须把上报的基本统计数字报馆办汇总，我主要写图书馆一年的大事记、组织机构设置、人员名单，最后统稿，交馆办出版分发。创刊号《西安公路学院图书馆编年史》（1984年）在1985年元月底出版。主要栏目有：大事记，机构设置（截至当年12月31日的图书馆机构、负责人及成员名单），对外服务（借书、阅览人册次、开放时间等），图书馆经费使用情况，光荣榜（当年被评为馆一级以上先进个人、先进集体事迹），情报专业等。《图书馆编年史》出版后，分送主管院长、档案室与图书馆有关职能处室，各系部以及图书馆工作人员。1991年10月31日，张登良副院长在全院档案工作会上讲话中指出：图书馆从1984年起每年编辑出版图书馆编年史很有意义，值得其他部门学习。1984～1997年共编辑出版《西安公路学院图书馆编年史》14本。1990年，我撰写论文《浅谈图书馆编年史》发表在《图书馆理论与实践》刊物上。

千禧年西安电子科技大学图书馆的建设与发展

西安电子科技大学图书馆　马玉祥

1997年9月至2002年9月，本人担任西安电子科技大学图书馆馆长，同时兼任西安电子科技大学校园网建设项目专家组组长。在这五年时间里主要做了两项工作，一是协同基建处，完成了西安电子科技大学逸夫图书馆基础设施建设，二是完成图书馆信息集成网络系统建设。

一、图书馆大楼基础设施建设

图书馆大楼项目从1997年12月由中国电子工程设计院编制可行性报告，1998年3月得到电子工业部电子计〔1998〕238号文件批准立项。图书馆计划总面积为17,868平方米，经过我们多次与电子部和西安市规划局沟通协商，调整后总建筑面积为18,985平方米，增加了1000平方米有效使用面积，并使图书馆大楼整体结构更加雄伟壮观。主楼地面以上11层，地下1层，建筑高度47.85米；裙楼二栋，分别为3层、4层。计划总投资2997万元人民币，其中：中央预算内（"211工程"专项资金）投资2500万元人民币，学校自筹497万元人民币。调整后总投资3747万元人民币，其中：中央预算内投资2500万元人民币，学校自筹557万元人民币，邵逸夫先生捐赠650万港币（约合人民币690万元）。由于邵逸夫先生捐赠650万港币，将新图书馆命名为西安电子科技大学逸夫图书馆。

图书馆大楼工程由中国电子工程设计研究院设计，桩基工程由陕西地质工程总公司承担，主体工程由中国建筑第八工程局第一建筑公司承建。委托江苏塞华建设监理公司监理施工全过程，邀请陕西省西安市质量监督站监督工程质量。图书馆大楼工程是我校"211工程"标志性建筑，从上级主管部门到校领导都非常重视。江苏赛华监理公司、学校基建处和图书馆齐心协力，科学管理，严把质量、工期、造价、安全关。工程的关键部位昼夜值班，监查施工质量。每月工程进度报表经过监理、基建处和图书馆有关人员一道把关，每道工序经过验收合格，方支付工程进度款。基建处领导经常组织人员检查现场安全，杜绝事故隐患。图书馆大楼于1999年11月18日破土动工，2000年5月完成桩基工程，2000年11月17日主体封顶。经过陕西省西安市质监站验收，质量等级评为优良。图书馆大楼工程很快进入装修和安装阶段，2001年10月19日举行新图书馆落成典礼，由欧阳文老院长、涂益杰书记等亲自剪彩。

二、图书馆信息集成网络系统的建设

世纪之交是千年更替的重要历史时刻，我国提出加强现代化信息基础设施建设，加速发展信息产业，积极发展信息服务业特别是网络服务业。同时，跨入21世纪，传统意义上的图书馆将向数字图书馆、虚拟图书馆转变。现代信息技术不仅带来了图书馆工作环境与服务手段的转型，同时也使图书馆发生形与质的转变。特别是我校逸夫图书馆即将落成，这使我校几代领导集体和师生员工的热切期盼将成为现实，为我校的发展历史将记下重重的一笔，这也是历史给我们提供了一个前所未有的机遇。我们应该抓住这个机遇，将学校标志性建筑的逸夫图书馆建设成学校的现代化信息存储、加工、传播基地。为此，逸夫图书馆在计算机网络系统、数字化图书馆系统、图书馆集成管理系统、家具设备等都应有一定水准。

（一）概况

新图书馆一期工程建设面积近1.9万平方米，可藏书150～200万册，阅览座位1600个，每天可接待读者3200人次，其建设规模在教育部所属高校中位居中、上等水平。新图书馆计算机网络系统与数字化建设应采用先进的数字图书馆技术，使之与信息科学技术为主体的西安电子科技大学相适应，具有先进管理水平的数字图书馆和大型文献信息中心。

（二）目标

按照我校的发展规划和学校领导指示精神，新图书馆应适应"国内一流大学"的需求，并充分发挥以信息科学技术为主体的学校特色。

（三）建设内容

图书馆由传统型向现代化迈进过程中，可分为三个阶段：

1．自动化管理阶段：我国始于20世纪80年代，主要是替换原有手工工作和业务流程，加强管理、提高工作效率，处理信息内容为书目信息和管理信息等。

2．单一的数字化图书馆阶段：我国始于20世纪90年代，某一图书馆将所有的文献信息实行集成管理，深入到文献的信息的内容层次，处理的信息已不仅仅是书目、期刊与会议论文目录，还可以是全文信息、图像、话音与影视等多媒体信息，这些信息都是经数字化处理，应用计算机网络系统不受时间、空间限制地实现信息存储、加工和传播。它是信息基础设施建设的重要组成部分，是图书馆建设发展十分重要的阶段。

3．联合数字化图书馆：我国始于本世纪末，一个地区、某一领域，或一个国家，甚至全球"集成一个虚拟图书馆"，通过网络系统将各个分离的数字化图书馆链接起来，提供统一规范、协调有序的信息服务，如联合编目、馆际互借、OPAC系统服务、远程教育、信息资源共享等，它是一个部门、一个国家综合实力的象征，是图书馆建设发展永恒的主题。

我们按联合数字化图书馆的模式进行建设，总体框架如图1所示。

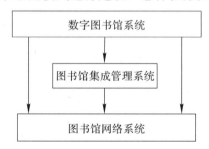

图1 总体框架

（1）图书馆网络系统

构建一个高性能的计算机网络，为图书馆集成管理系统和数字图书馆系统提供一个高速、高宽带、可靠、先进的网络传输平台。

（2）图书馆集成管理系统

实现图书馆现有业务的自动化管理，即实现图书、期刊的采访、编目、流通、阅览、公共查询等的计算机管理。

（3）数字图书馆系统

实现传统纸介质文献的数字化，通过Internet为用户提供服务。

三、结语

本人1959年8月至1965年2月在西安电子科技大学自动控制系学习，毕业后留校任教，从事教学和科研工作40多年。在图书馆工作仅有短暂的五年时间，但感觉非常值得回忆和留念，回顾和总结图书馆的工作也是非常有意义的，特写此文感谢图书馆同人的支持和厚爱。祝愿西安电子科技大学图书馆事业更加辉煌，祝愿我国数字图书馆的发展冲向世界前列！

附录1：工程建设大事记（1999年11月18日～2001年10月19日）

1. 1997年11月，立项论证。

2. 1998年1月，编制《西安电子科技大学图书馆大楼工程项目可行性研究报告》，确定为"211工程"的基础设施建设的主干工程。

3. 1998年3月9日，电子计〔1998〕238号批复可行性研究报告。

4. 1998年5月，北京等地考察。

5. 1998年9月，签订工程设计合同〔1997中电设037〕。

6. 1998年9月25日，西安市城市规划设计研究院提供控制性规划总图（第184号）。

7. 1999年1月，赴香港考察各大学图书馆建设。

8. 1999年4月24日，提出《西安电子科技大学图书馆大楼委托设计任务书》。

9. 1999年11月18日，破土动工，11月20日举行奠基典礼。

10. 2000年11月17日，主体封顶，11月19日举行封顶仪式。

11. 2001年9月27日，图书馆馆领导、馆办主任参加学校基建处组织的图书馆初步验收。

12. 2001年10月9日，学校组织中建八局、基建处、国资处、图书馆等对工程进行验收，并举行交钥匙仪式。

13. 2001年10月17日，图书馆接受全部钥匙，并提交有关施工问题的备忘录。

14. 2001年10月19日，举行新图书馆落成典礼，由欧阳文老院长、涂益杰书记等亲自剪彩。

15. 2001年11月15日，开放学生自习室。

16. 2001年11月30日，开放学生阅览室、期刊阅览室、报纸文艺刊阅览室。

17. 2001年12月15日，除流通外，新图书馆对全校师生员工开放。

18. 2002年3月，初新图书馆将全面对外开放。

附录2：信息集成网络系统（简称新系统）建设大事记（2001年5月～2001年11月）

1. 2000年5月，向教育部汇报，并进行新系统调研。

2. 2000年7月，调研新系统综合布线，确定1000多个信息点。

3. 2000年10月～12月，全面调研国产研发单位北邮创讯、南京汇文、深圳ILAS等的用户单位，如成电、西工大、西邮、深大等。

4. 2000年12月8日，图书馆提交新系统与办公家具设备经费预算报告。

5．2001年2月23日，国资处确定新图书馆设备购置时间表。

6．2001年3月10日，国资处组织专家组评审。

7．2001年3月20日，傅丰林副校长指示调研美国INNOPAC系统，并交给图书馆一份Innovative公司3月16日的报价单，图书馆立即到西安交通大学深入调研和学习。

8．2001年3月21日，图书馆提交美国INNOPAC系统调研情况汇报。

9．2001年3月28日，图书馆提交新系统的实施计划建议。

10．2001年4月10日，图书馆提交信息集成网络系统配置建议。

11．2001年5月24日，图书馆提交新系统功能需求。

12．2001年5月26日，国资处下发图书馆自动化管理系统购置议标文件。

13．2001年6月15日，国外三家公司（INNOPAC、SIRSI、Horizon）提交投标书。

14．2001年6月20日，国资处组织专家与用户代表对国外三家公司的投标书评议并进行投票，投票结果顺序为INNOPAC、SIRSI、Horizon。

15．2001年7月27日至8月30日，与Innovative公司商务谈判。

16．2001年8月29日，新系统服务器、交换机等主要设备开始招标、评标。

17．2001年10月26日，与北京中联（国际）电脑有限公司签订合同（60天到货）。

18．2001年11月7日，与Innovative公司签订INNOPAC系统合同（45天到货）。

19．2001年11月15日，开始对其余近340万元的设备等进行招标。

陕西省普通高等学校图书馆馆长代表团访台纪事

西北工业大学图书馆　苟文选

2000年，陕西省高校图工委组成以教育厅高教处处长为团长的陕西省高校图书馆馆长代表团，对香港大学、香港科技大学、浸会大学等8所大学图书馆进行了交流访问，使参访的馆长们开阔了眼界，增长了见识，更新了观念，提高了服务意识，大家受益匪浅。对图书馆的工作起到了很好的促进作用。

2008年，陕西省高校图工委在安排年度工作时，将组团出国或出境访问提到议事日程。经多方联系和请示，在征得省教育厅同意后，决定组团参加"2009台湾地区学术电子信息资源联盟研讨会"，该联盟是为协助台湾地区各学术研究机构顺利引进国外最新信息，共享数字图书馆资源，并获得最佳之产品及服务，由科技政策研究与信息中心特邀集相关单位，共同组成的"台湾地区学术电子信息资源共享联盟"。英文全名为"CONsortium on Core Electronic Resources in Taiwan"，简称"CONCERT"。各专科以上学校、研究单位及非营利机构均可参加。台湾学术电子信息资源共享联盟（CONCERT）到2009年已届满11周年，当年度援例举办研讨会，时间定于2009年

11月11日至12日两天，在台湾大学应用力学研究所国际会议厅举办。研讨会的主题为"如何在全球金融危机中持续提供优质的研究资源"，邀请部分知名图书信息界专家学者就此重要议题分享新知卓见。专家学者有淡江大学黄鸿珠馆长、中兴大学詹丽萍馆长、美国耶鲁大学图书馆副馆长Ann Okerson女士、印度科学院图书馆馆长Srinivasan Venkadesan 博士、美国Hill顾问公司Cindy Hill女士及内地部分图书信息专家。讲者论坛部分邀请政治大学图书信息与档案学研究所杨美华教授及飞资得信息公司温达茂知识长共同主持。

为了促进两岸大学图书馆界的学术交流，了解台湾地区乃至世界上一流大学图书馆在数字图书馆建设，资源共建共享，大学图书馆服务方式、内容及向社区服务等方面的情况，陕西省高校图工委代表团一行13人，应台湾师范大学图书资讯学研究所教授兼图书馆馆长陈昭珍的邀请，于2009年11月18日至25日对台湾地区进行了访问。由于相关手续完成较晚，访问行程顺延一周，错过了"电子资源联盟研讨会"。代表团对台湾师范大学、台湾大学、铭传大学、淡江大学、交通大学等5所大学图书馆和桃园图书馆进行了访问及学术交流。参观访问所到图书馆，均受到图书馆的高度重视和热情接待，并就关心的资源共建共享、读者服务、纸质与数字资源的比例、对社区的开放、自助借还等问题进行了交流和研讨。

始建于1928年的台湾大学图书馆，于1986年7月规划施工，1998年11月正式落成启用。新馆集中校总区34所院/系单位图书馆及资料室的分散式服务，提供集中典藏空间，解决了读者以往分散式时奔波于各馆间查询之辛劳，并提供了多元化、专业化、高效化的服务，采取延长开放时间、增加借阅册数与借期、提供更多的电子参考工具与电子全文期刊的措施。启用岛内首创的随选资讯系统，进行特藏资料数字化工作及举办艺术品展览等。除总馆外，还有法律暨社会科学院、医学院2个图书分馆，数学、物理、化学、大气、海洋、生化及图书资讯等7个系所图书室。总馆提供各项读者服务、集中处理各馆藏单位的书刊采访、编目及行政管理事宜。

台湾大学图书馆设馆长（University Librarian），并设图书馆委员会（Library Committee），该委员会由各学院推派教授及学生代表组成。每学期召开一次会议以协助图书馆业务的开展，这同内地各校设立的学校图书馆工作委员会相类似。

台湾大学图书馆设9个组（相当内地的部或室），采访组（Acquisitions Department），办理图书资料的采访、征集、交换、赠送、财产管理、购书经费的执行与控制等业务。期刊组（Serials Department），办理期刊报纸的采访、装订等业务。编目组（Bibliographic Services Department），办理图书资料分类、编目、加工、书目资料库的维护等业务。阅览组（Readers Services Department），即读者服务组，办理典藏、阅读、读者服务、学科服务、流通等业务。特藏组（Special Collections

Department），办理中外文善本资料、线装书、地区研究资料、校史、专藏文库等的征集、典藏、编订及阅览事宜。视听服务组（Multimedia Service Department），办理视听资料的征集、视听器材的管理、多媒体服务中心读者服务等业务。推广服务组（Reference & Extension Services Department），办理读者利用教育、参考服务、馆际合作，安排参观访问导览等业务。系统资讯组（Information Technology & Services Department），即内地的技术部或自动化部，办理自动化系统与网络设备的管理和维护工作。台大图书馆从1993年应用INNOPAC图书馆自动化系统。行政组（Administration Department），办理预算编列、财产管理、馆舍安全清洁、公文收发等业务，即内地办公室之功能。另设法律暨社会科学院图书分馆（Law & Social Sciences Library）和医学院图书分馆（Medical Library）。

至2008年10月，图书馆馆藏330万册/件，期刊10,700余种，电子资料库460余种，电子书85万余种，电子期刊3.2万余种，报纸近30种。其特色是从2004年起开始系统征集网络免费且具学术价值的资讯，并征集到免费电子书5万余种，免费电子期刊4500种，学术资源网2.3万个及台湾网站典藏库3700余个网站等。

馆藏书刊资料以开架式陈列，供读者利用。读者可将一般图书借出，报、刊、特藏等则在馆内阅读。提供电子邮件通知（E-mail Notice）到期、预约等服务，全校总馆、各分馆、各图书室实现通还服务。

凡本校未收藏资料，通过馆际合作服务向国内外图书馆申请复印或借阅，岛内有文献传递服务系统（Nationwide Document Delivery Service），通过OCLC、RapidILL、大英图书馆文献服务中心等国外其他单位，取得岛内未收藏文献，岛内100余所大专院校签订图书互借协议，读者从本馆借出该单位核发的借书证前往他馆借书。这一点没有香港、南京等直接互借方便。

台大的服务特色是顺应国外大学"Learning Commons"概念，设立"学习开放空间"，是一个可以自由轻声讨论的空间，包括提供个别学习咨询活动的咨询小间；集体商讨与相关活动的会议室；公开播放原创视觉作品的投影区；学生轻松阅读、上网搜寻资料、三两人聚集讨论的小型读书会、课业讨论等的沙发区。

淡江大学图书馆（TamKang University Library）设立于1950年，为纪念首任董事长居正先生建校之勋绩，以其字"觉生"命名。目前在淡水校园设有总馆、钟灵分馆、兰阳校园设有兰阳校园图书馆和台北校园分馆。新总馆于1995年2月开工，1996年9月竣工启用。在9层2.4万平方米的图书馆内，提供2591个阅览座席，备有1400个网络接点和无线网络环境。并设有校史区和欧盟咨讯中心（The European Info Centre）。现有馆藏112.7万余册，纸质电子期刊共5.3万种，非书资料（多媒体资料）14余万件，电子图书171万余种。研究小间84间，讨论室14间，自习室24小时开放。

淡江大学图书馆总馆全楼采用开放式空间，光线充足。观音山、大屯山、淡水河、台湾海峡美景环绕四周，无论远眺近览，每一个角落都自成一幅图画。整个大厅形成通透的特性，使馆内外、楼上下结成一体，向读者宣示：没有围墙的图书馆。提醒读者善用馆内外资源；符合现代图书资讯系统"透通"（Transparency）之特性，启发读者"鉴往思来，固本致远"的观念。营造虚拟典藏，实际取用网络化资源的情境，培养学术无界的国际宏观视野。鼓励善用电脑化资源，少用纸张，以减少砍伐树木，保留大地绿意。

淡江大学图书馆的组织架构是校长、副校长领导下的图书馆委员会，具体由馆长、副馆长、助理负责，下设5个组，即数位资讯组（7人），非书资源组（7人），参考服务组（7人），典藏阅览组（9人），采编组（11人）。45位全职馆员中98%为学士以上，博硕士学位占40%。年经费约1.1亿新台币。

图书馆的品质政策为：贴心（倾听顾客的声音），知新（馆员持续汲取新知），精进（永远有改善的空间）。图书馆的经营理念为：结合资讯科技与网络，创造节省顾客时间的图书资讯应用环境。

图书馆设有图书资讯指导室，进行各种培训，指导读者应用数字资源。9层楼中各层都设有电子资源检索区，以方便读者随时查阅，馆内设有24小时自习室，但其效率、管理方面都存在一定的问题。

淡江大学图书馆的两个亮点：其一是供读者快乐阅读的"阅活区"，定义为"发现、阅读、分享"。该空间可以是讲座，若干人的座谈交流，为读者提供了开放、舒适的研习环境，动静兼顾的研习空间。其二是无障碍资源室（金点一号），该室有自主研发、美国制造、中英文兼用、供盲生用阅读机，只要将一页书放入一扫描系统中，计算机就会发出朗朗的读书声。

铭传大学图书馆遵循办学三大任务：教学、研究与推广服务。紧密配合教学、研究与推广，做好支持与服务的工作。大学图书馆是实现探求真理、推广知识与陶冶心性为目的的机构，它是知识的泉源也是教育的心脏。1980年学校改制为学院，图书馆向现代化大学图书馆的目标迈进，遂将全馆迁至商学馆大楼，改为图书馆大楼，并增设期刊合订本阅览室于逸仙堂的教师研究室旁，以利师生研究。同时，在硬软件设备上力求充实，引进新科技之管理办法，扩大服务范围，使本馆能配合师生学术需求，提供更完善之信息服务。

1994年3月桃园校区成立时，设立了"桃园校区图书馆"，专为商业设计系师生服务。以服务应用中文系、应用日文系、应用英语系、观光系、商业设计系、产品设计系及空间设计系等师生研究需求。1998年10月，在桃园校区兴建一座七层图书馆大楼，这是一座现代化、智能型图书馆大楼，以新科技、新观念和全方位来服务士林、桃园两校区的师生，真正发挥知识宝库和大学心脏的功能。

该校较具特色的学院为观光学院及设计学院，观光学院的藏书包括餐饮管理、旅馆管理、旅游休憩、自然生态资源等。设计学院则包括不同时代、不同地区、不同风格的各种绘画、艺术设计、建筑作品。这些书籍多购自日、英、美、法、德、荷等国，借阅率向来是全馆最高的。

该馆编制有采编组、阅览组、信息组和桃园分馆。采编组负责承办全校图书期刊之采购、验收、登录、书目建档、分类编目、新书目录编制与通报。阅览组负责图书数据之阅览流通、参考咨询、读者利用指导、推广活动和馆际合作服务。信息组负责图书信息系统之维护与管理、信息检索服务、视听服务、在职馆员与新进人员计算机作业训练及馆内计算机设备与网络的维护工作。该馆2007年经费7629万新台币，其中纸质书刊4550万，电子数据库2739万。

台湾新竹交通大学图书馆馆舍历经四个不同的馆舍建筑，第一次是目前在博爱校区的学生活动中心，第二个馆舍是博爱校区的图书馆，第三个为光复校区的旧图书馆。自从扩迁至光复校区之后，由于师生人数不断增加，研究教学资源不断增长，图书馆再度由于馆舍面积不足，于1992年通过新馆预算，着手进行第四座新图书馆建筑的设计规划与建造工程，因该校杰出校友股之浩学长（浩然为其名号）事业有成，回馈母校，对学弟妹的提携不遗余力，为了感谢并纪念他对本校的贡献，遂以其号为新馆命名为"浩然图书信息中心"。该中心共斥资9亿新台币，为一地上八层地下一层的建筑物，总共面积约有9700余坪（1坪约合3.3平方米），1200个阅览座位，为一栋科技性、艺术性、休闲性兼备的多功能图书馆。在馆藏方面，浩然新馆可藏书150万册、期刊1万种、视听数据10万件，在设计上，可满足未来30年的需求。该馆总藏书52.7万册，期刊总藏量52.1万册，现订期刊3190种，全文电子期刊9580种，电子资源数据库217种。2009年10月接待读者83,779人次，借还图书78,066册。

该馆四大发展理念：（1）数字化图书馆的落实：引进或自行发展完整的数字化图书资源，成为亚太地区的数据库中心。（2）馆际间资源共享的充分发挥：争取支持，成立图书馆资源共享联盟（Resource-Sharing Library Consortium），节省各图书馆重复购置硬设备管理和维修人力的费用。（3）改良图书馆信息服务：借由因特网的发达，让使用者能以最快的速度取得最新的信息，以弥补传统图书馆信息服务的不足。（4）从事数字图书馆相关研究：完善的数字图书馆牵涉的问题相当广泛，除了数据组织整理的冲击之外，相关的技术如中文检索、数据挖矿（Data Mining）等都是非常值得深入探讨的课题。

台湾师范大学图书馆的前身是台湾省立师范学院，创立于1936年6月，同时设立图书馆，配合校务的发展，1975年，增建理学院分馆。1980年，兴建半圆形八层楼之总馆新馆舍，1991年理学院分馆七层楼之新馆落成启用。

服务形态从传统被动之书刊陈列、借阅，至目前主动之信息供应、传递，媒体形式由印刷数据到声光动画之多媒体、电子媒体，服务内涵从本馆实体馆藏联结全球计算机网络资源。本馆运用图书信息知识管理专业，历年推广各项服务，协助读者掌握信息，促进终身学习，期与知识潮流同步并进，发挥社会教育之意义与功能。以"使用者供需导向"为图书馆服务理念，采购图书数据配合学术研究、加强馆际合作—文献传递服务、提供馆际互借服务、引进电子资源提供信息检索、结合学校资源营造艺文空间、重视读者意见、理性沟通、良性互动、组织重整再造、发挥服务效能等。现阶段以整合校内图书资源、改善网络资源、营造数字学习空间、建置数字学习资源、建立知识加值环境、推动知识服务为主要重点，进行全方位之兴革与发展。

该馆组织编制系按本校组织规程第九条第七项之依据设立，"掌理图书信息之搜集、采录、编目、阅览、典藏、图籍信息服务、校史经营及其他馆务事项。设采编、典阅、期刊、系统信息、推广服务、校史经营六组。置馆长一人、置副馆长一人、置秘书一人，各组各置组长一人，并视需要置职员若干人。图书馆得视需要设分馆，置主任一人，并视需要置职员若干人"。

馆藏图书共136万册。其中特藏有1949年拨存之"国立"东北大学图书13,762册，特藏有颇多善本，弥足珍贵。非书资料共116万册，包括中外文期刊、报纸、地图、幻灯片、微缩单片、微缩卷片、投影片、小册子、图片、博硕论文、录音带、录像带、激光唱片、光盘、滚动条、综合组件、磁带及磁盘、电子资源等。年借还图书共70万册次。

通过实地参观、交流座谈、读者恳谈等形式，使馆长们对台湾地区图书馆的发展现状、馆藏结构、服务模式诸方面有了进一步了解，并有以下体会和借鉴：

1．充足的经费。图书馆赖以生存的条件是丰富的馆藏资源，而丰富的资源则有赖于经费支持。台湾大学图书馆年经费7亿新台币，而名不见经传的淡江大学图书馆也达到了1.1亿新台币。这就满足了图书馆丰富纸质馆藏，引进海量电子资源，为学校教学、科研提供有力支撑的条件。

2．舒适、恬静、具有个性化的阅读环境。台湾各大学图书馆阅读环境都十分舒适，各处都备有沙发，环境优美，有供几十个人的公共区，有四五个人的小讨论区，开放自办的多媒体阅读，有个人使用的单体VCD＆CD、观赏区、阅活区、动静区，内容各取所需，包括各种电视剧，但均使用无线耳机，互不影响，开放恬静的阅读环境，真正实现了"悦读"。充分彰显个性，自由探索研究新方向，各馆都设有研究小区，供考研、博士做论文用，最长可用一学期。

3．细微、周到的服务。馆员以良好的修养，高雅的言谈举止，耐心地接待每一位读者，回答读者遇到的每一个问题。同时，于细微处见精神，例如：计算机查目后旁边摆放的纸签和笔，借书处备有不同读者、不同类型图书还书的日期号码机，纸质期刊转为电子期刊后标注并告知网址，各馆各层明晰的导引标识。"图书馆永远没有满意的服务"的理念，促使馆员们不断发现问题，明白服务永无止境。

4. 资讯"驾照"，万里通航；科学海洋，自由翱翔。各馆都有完善的指导室，以指导读者查询，应用图书资讯，方便取得行驶资讯高速公路的新"驾照"，以悠游于浩瀚的资讯之海，获取学科发展动向，借鉴他人研究成果，不断探索科学前缘。同时灌输使用者资讯环保的观念，维持资讯高速公路的畅通。

5. 图书馆建筑应以实用为主。台湾地区的馆舍建设起步早，建设中积累了很多经验。一般建设周期较长，设计、基建和图书馆馆员充分沟通、配合。图书馆建筑不刻意追求宏伟奇异的外观造型，把实用放在第一位。同时体现以人为本，大空间布局，同时有许多1—2人的研究小间，把最好的空间留给读者。休闲空间多，每个馆都有无障碍通道。

6. 加强集团采购，实现资源共建共享。不断上涨的书刊资料价格是困扰两岸图书馆界的一个共性问题，尽管台湾的图书馆资源经费投入比内地大，他们也在组织联盟或者集团采购，以降低成本。

7. 注重信息新技术的应用。台湾的图书馆充分应用计算机、信息技术等新科技传递知识和信息，很注重非书资料的收藏，非纸张印刷的各种资料比重增大，视听和多媒体占了较大的空间，这应该与独立设置多媒体视听组有关。

在台期间，代表团受到访问的各个图书馆的热情接待，同行们从资源建设、资源共享、读者服务、图书馆管理、公众服务等方面进行了全面的交流，并认真回答了我们的各种提问，为我们更好地办好图书馆，规划好"十二五"图书馆的发展，提供了有益的借鉴。另外，中华图书馆学会、两岸交流基金会设宴招待了代表团，这些交流、研讨，增进了两岸同人的相互了解，增加了同行间的友谊，有利于共同促进中华民族的伟大复兴。

附：陕西省普通高等学校图书馆馆长代表团成员名单

1. 陕西省高校图书情报工作委员会副主任、西北工业大学图书馆馆长 苟文选教授；

2. 陕西省高校图书情报工作委员会副主任、西安理工大学图书馆馆长 余建明教授；

3. 西安交通大学图书馆副馆长 陈斌副研究馆员；

4. 西北农林科技大学图书馆副馆长 张波农艺师；

5. 西安电子科技大学图书馆副馆长 黄小强副研究馆员；

6. 陕西科技大学图书馆副馆长 张文林副教授；

7．西安建筑科技大学图书馆常务副馆长 裴世荷研究馆员；

8．西安工程大学图书馆常务副馆长 张大为研究馆员；

9．延安大学图书馆馆长 赵振峰教授；

10．陕西中医学院图书馆馆长 邢玉瑞教授；

11．榆林学院图书馆馆长 韩占明副研究馆员；

12．咸阳师范学院图书馆馆长 王立教授；

13．陕西工业职业技术学院图书馆馆长 冯德虎副教授。

从业抒怀——我的梦

西安交通大学图书馆　叶春峰

"让流浪的足迹在荒漠里写下永久的回忆，飘来飘去的笔迹是深藏的激情你的心语。前尘后世轮回中谁在声音里徘徊，痴情笑我凡俗的人世终难解的关怀……"一直很喜欢《追梦人》这首歌，可以说我的人生就是不断追逐并实现一个个梦想的过程。

我的父辈世代务农。作为一个农家子弟，对于知识的渴求使我从小就有一个上人学的梦想。但由于时代的原因，高中毕业后我没有能够进入大学，而是参加了工作。一时间，上大学的梦想似乎渐渐离我远去。"人之为学有难易乎?学之，则难者亦易矣；不学，则易者亦难矣。" 抱着这样的信念，我想方设法在工作的间隙挤出时间来学习，也曾因为一边走路一边背诵中医书籍《汤头歌诀》而掉进水渠。"文革"之后，国家终于恢复高考制度，我也于1978年有幸考入西安医科大学。当时由于各高等院校缺少专业技术人员，几乎每个学校都招收了一个实验技术大专班。西医也不例外，我们实验技术管理专修专科共有59人。第一年全班在一起上基础课，第二年分专业，有计算机、电子仪器维修、化学分析、图书情报等专业。图书情报班共有9个名额，因为一直喜欢读书，我毫不犹豫地选择了图书情报专业。在校学习期间，有机会浏览了图书馆无数的图书期刊文献，渐渐沉迷于知识和信息的海洋，于是便有了人生的第二个梦想——毕业后在图书馆工作。

毕业时，学校图书馆还真有一个名额，但图书情报班共有9人，我就在第一时间赶紧报了名。后来知道实际上也就只有我一人报了这个岗位，应该说没有什么问题了，但很快学校却通知我到教务处上班。我感到很奇怪，于是找了人事处、教务处和图书馆的领导询问。各部门领导的答复让人感到意外，几乎都一致说，因为我各方面比较优秀，才能被选中到学校教务处。那个时候，相比图书馆这样的清水衙门，教务处的职位异常抢手。但我偏偏是不知利害，像着了魔似地要去图书馆。最后我终于如愿以偿，到图书馆上班了。现在想想，如果再给我一次重新选择的机会，我还是会选择图书馆。

到图书馆上班后，分配我的工作是期刊部的现刊阅览室。当时西安医科大学图书馆共有2000多种现刊，1000多种中文，1000多种外文。由于当时我国有个光华出版社，主要业务是影印国外图书和期刊，所以我国当时外文刊的价格很低，每馆订购的外文刊较多。直到20世纪90年代中期，我国签署了世界版权公约，该出版社就更名了。光华出版社西安分社的一个主要任务就是影印生物医学期刊，影印后的母本交原西安医科大学图书馆，所以图书馆外文刊很多。中文期刊管理还较容易。但这1000多种外文期刊刚接手，还是有些难度的。

当时的社会服务不比现在，期刊部有一件重要工作是用三轮车将期刊从小寨邮局拉回。因为图书馆女同志多，我当时算得上年轻力壮，这件事自然就是我的。一年四季，寒来暑往，不论刮风还是下雨，这件工作是决不能耽误的。期刊拉回后再拆包、登到、上架，并为读者提供阅览服务。由于在校期间学习了英语，其中约七八百种英文期刊基本不成问题，有一些不认识的医学名词术语查一下字典也就好了。但问题是，还有约300种俄文、200种日文和为数不多的德、法文期刊。

不懂外语的话，首先登到就不容易。尽管日语有一些刊名是汉字，但碰到刊名是假名的也较麻烦。俄文也不好办，虽然中学也算是学了一点，但毕竟时间过去了多年，30多个字母都忘记得差不多了。对德、法文以前没有接触过，甚至经常和英文期刊分不清，登到、上架以及为读者提供阅览都会有较大困难。

怎么办？不懂就学！"书山有路勤为径，学海无涯苦作舟。"好在图书馆各方面的书都有，除英语外，俄、日、德、法语什么都学。多年下来，为了学外语，虽然用坏了多个砖块式和双卡式录音机，但外语水平确实提高不少，做这项工作已经能得心应手。

在这期间，有件小事值得一提。有一天，我正在埋头学外语，馆长突然走到我跟前，看见我手里拿的是外语书，他好像见了UFO一样惊恐地说："你怎么能看外语书呢？你知道不知道党组织正在考察你，准备发展你入党。"不等我说话，他又带着非常关心的语气说："我书架上有的是马列著作、毛选四卷、两报一刊（《人民日报》《光明日报》《红旗》杂志），你可随便拿，注意，就是不能学外语。"我无语。这位老馆长是抗日时期的老革命，也是一个好人，但我对他当时说的话至今也不太明白。而今他已过耄耋之年，身体也算康健，经常在校园还碰见，我偶然也曾产生过想和老领导聊聊的冲动，问明当时他说不能学外语的原因，但每次我还是忍住了，过去了就过去了，没必要再管是什么原因。

本着抛砖引玉的想法，我结合学习和工作写下我学术生涯的第一篇文章"浅谈图书馆工作人员学习外语的特点"，在《高校情报工作》1983年第2期上发表。现在看来那篇文章是比较简单的，然而"九层之台，起于累土"，这毕竟是我研究事业的第一步。

1981年5月，我有机会参加了陕西省高校图工委举办的一个参考咨询学习班，地点在西北农林科技大学。虽然过去了30多年，但有几位老师当时讲课的情境现在还依然历历在目：谢天吉老师给我的印象是对英语运用的熟练程度就像汉语一样，马国庆老师对工具书的使用简直到了炉火纯青的地步，金有巽老师解答咨询时，其知识水平已经到了无所不能的境地。我对他们佩服得五体投地，当时我就又有了一个梦想，下定决心向他们学习，做一个优秀的图书馆员。

于是我就发愤苦读，像海绵吸水般贪婪地获取各方面的知识，包括图书馆学、医学、外语、计算机等各专业。读了两年，总觉得自己这样自学的知识不系统。"人非生而知之者，孰能无惑？惑而不从师，其为惑也，终不解矣。"我想如果能上个研究生并有名师指点，学术上才能有所突破。

由于当时高中毕业后耽误了多年，自己年龄偏大，又有工作，最理想的是希望能上个在职的，但那时图书情报专业的硕士点本身就很少，能招在职的就更少，于是只好报考国家统招。自己原本是两年大专，大部分时间是在学基础课，图书情报专业知识基础薄弱，想报考研究生，要补的课很多。我查找了我国有关部门出的《研究生招生简章》得知，我想报考的专业其应试科目为：英语、政治、高等数学、算法语言和程序设计、科技文献检索、综合共六门。针对这六门考试，我需认真学习几十本书，于是我就根据每本书的难易程度定了严格的学习计划。当时为了实施这个计划，确实下了功夫，几乎牺牲了所有业余时间，基本上是住在图书馆，每天休息四五个小时，把一切可以利用的时间全部用在学习上，真可称得上是早上闻鸡起舞，晚上悬梁刺股。

功夫不负有心人，1985年我考上了航天工业部第二研究院情报学研究生。当时，航天部系统有些专业的研究生需要委托别的单位培养，我们情报学专业就由中国科学技术信息研究所（当时称中国科学技术情报研究所）培养。由于"文革"，当时的中情所在北京化工大学院内，专业课大多是中情所的老师上，有些公共课和化工大学的研究生一起上，还有几门经济学的课在北京大学上。

基础课上完后，我的毕业论文是在蔡董导师的指导下撰写的。蔡老师是航天部二院二一零研究所的研究员，是我国资深的情报学专家，真可谓上知天文，下晓地理，博览古今，学贯中西。先不说其丰富的自然科学知识与人文社科知识、图书情报专业知识以及优秀的文笔，仅其外语水平就令人难以想象。当时航天部二一零研究所职称考试，共有五门外语试题，分别为英、法、德、俄、日。其中前四门的命题和阅卷都由他一人完成。实际上老先生的日语也是很不错的，只是因为单位有一位老师是日语科班出身，日语试题交这位老师，不然的话，这项工作也是由他完成。若不是蔡老先生的师德和学问都是首屈一指，单位怎么说也不会将如此重要的工作委托于老先生一人。

蔡老先生让我做的论文题目是《军工技术转民用研究》。为了获得第一手的资料，我几乎跑遍了西安的军工单位进行调研。老先生对我写的论文反复修改，连一个标点符号都不马虎。读研的三年，除了图书情报等方面知识的系统提升外，更重要的是我学习了蔡老先生做人做事的风骨。多少年过去了，回想起老师的音容笑貌，回忆起跟随老师学习的日子，深感师恩如山。

经过三年寒窗，我于1988年拿到了中国科学技术信息研究所的情报学硕士文凭。毕业时，本来还有一些其他很好的选择，但原单位图书馆闫宗林馆长和任惠民校长对我很重视，多次找我谈话希望我继续为母校效力，经过反复思考，还是决定回上学前的单位——西安医科大学图书馆。

出乎意料的是，在我报到后回到图书馆上班的第一天，几个我认为比较合适的科室都不愿接收我。他们的理由很简单：因为我是研究生毕业，他们科室的工作都是服务性的，没什么可研究的。

我百思不得其解，四年前，也就是我上研究生的前一年，图书馆科室班子换届，全馆民意测验，推荐我的人最多，最后由学校红头文件任命我为科室主任，并因为在图书馆的工作出色而光荣入党。现在研究生毕业了，科室主任丢了无所谓，怎么这就一下子连合适的工作都没有了，真是咄咄怪事。

峰回路转，多半年过去后，有一天馆长找我，说国内有几个医科大学图书馆引进了美国的Medline光盘数据库，用得都不错，我们馆也想开展此项文献检索服务。很快，我们通过中图公司订购了Medline光盘及驱动器，我馆订购的是美国Cambridge公司的，其操作手册全是英文，我在最短的时间掌握了操作手册的全部内容，并能为学校师生提供检索。刚开始只有我一个光杆司令和一台电脑，由于用得很多，没过多长时间，我就教会了图书馆的好几位同志，检索室由原来的单枪匹马不断壮大，发展为有六台检索用计算机，联接了局域网，初具规模。不久信息检索室又经批准成为国家卫生部西北地区第一个医药卫生查新站，我也被学校任命为图书馆副馆长，主管业务。虽然我担任了副馆长，但我一直都没有脱离业务工作，办公桌在检索室，除为全校的教师和医生提供文献检索外，还独立讲授全校研究生的"医学信息检索与利用"课。

百尺竿头更进一步，1986年卫生部和日本财团合作启动了为期十年的笹川医学奖学金项目。由日本财团提供奖学金，我国每年派遣100名医药卫生领域人员到日本进修学习，"机会总是偏爱有准备的头脑。"1994年我有幸考取，获得去日本进修一年的机会，在日本北里大学图书馆和信息中心进修图书馆管理和计算机情报。在1995年的春天，我第一次看到了当时我国和发达国家之间的差距，对我最震撼的有三件事：

一是马路上一辆辆飞奔的汽车，二是东京层层叠叠、四通八达的地铁，三是无处不在的现代化信息网络。我在日本想得最多的就是，我们何时在这三个方面能赶上日本。如今这些在中国也已经司空见惯，可见我国发展的速度有多么快。

我在北里大学信息中心的指导老师是池田教授，比我大7岁，刚好与我的胞兄同庚，从第一次相见，他给我的感觉简直就像我的大哥。他是一个和蔼可亲，为人谦逊的好老师。池田先生对我的学习制订了严格的计划，包括多门课程的听讲及每周图书馆管理与服务工作的实践。人半年时间过去了，收获颇丰，除在北里大学图书馆和信息中心的学习和工作外，我还发表了五篇文章（三篇英文，两篇日文），这让池田先生非常满意。

在我国，各个单位每到年底大多要在一起聚会，初衷体现在"迎"上，正式一点的要挂上横幅，写上"迎春会"，透着祥和喜庆，寄托着对未来美好的祝愿。在日本，人们到年底也要办这样的会，但却称作"忘年会"，重点在"忘"字上，顾名思义，就是把过去一年里的不快、纠结、烦恼、辛劳、冤屈、失意、不顺等负面情绪在欢乐的干杯声中一忘了之。往者不可谏，来者犹可追，过去的就过去了，事到如今不是已经没有办法改变了吗？与其纠结过去自寻烦恼，不如期待新年来临重新开始。

在日本各个教研室，教授自然而然就是本单位的主任。在这个忘年会上，池田教授首先致辞并对我大为褒奖，意思大致是：我这个中国学生，学习刻苦，英语和日语出色，在这么短的时间做出了这么多的成绩，是他以前带过的几个外国留学生所不能比的，并让他的研究生们向我学习。当时他刚讲完也倒没事，但到酒过三巡，一位年轻人走来，略带醉意地问我："刚才池田先生夸你，说你这好那好，我要问你，你有汽车吗？你有驾照吗？"我略一思考，马上答道："在我们中国，像我这样的身份一般是不需自己开车的，公事学校派车，私事出门有出租，自己开车既费心又劳累。"那人无语，只得悻悻退去。在那个年代，我国大多数高校确实也都有这样的文件，处级干部有事打电话让学校车队派车，尽管当时的情况是各学校车辆少，规定形同虚设，经常是不容易要到车的，但我还是很郑重其事地说了以上的话。

当时，我国对出国人员回国要求很严，希望学习期满不要拖延，我结束学业后一天也没拖延，按时回国，心里想着回国好好干，回报祖国和母校对自己的培养。

但回国后让我第二次碰上了想不到的事，副馆长没有了，支部书记也没了（我当时对这些还真都不是很在意），最让人不能容忍的是，我又被闲置起来，原来的信息检索室不让我进，研究生文献检索教学课不让我带。我去找校长，校长的回答令人啼笑皆非，他说他知道我是一个好人，图书馆有人不让我干工作，我就什么工作都不用干，但他以校长的名誉和身份保证，我只要每天来图书馆，工资奖金任何人是不能少你一分钱的。然而著书岂为稻粱谋，我当时还算比较年轻（42岁），一心想以平生所学报效祖国。时间稍一长，陕西图书馆界有人知道了我的处境，一位是西北大学的武德运老先生，他骑着一辆旧自行车，亲自来到西医图书馆，要我到他们图书馆去工作；一位是西安石油学院的谢馆长，他也希望我到他馆去工作。我想着无论到哪个馆，只要有事可干，不虚度光阴就好。我去找校长，结果碰壁了，他说："你哪里也不能去，你是人才，即使暂时不用，迟早还是要重用的。"我也没办法，总是闲着也不是个事，我就给日本的池田先生写了封信，他马上联系了中国卫生部和日中医学会，让我以笹川奖学金特别研究员的身份，第二次东渡扶桑。

笹川奖学金特别研究员的时间也是一年，转眼即逝，池田先生语重心长地对我讲，他的博士点批准了，接着说，如果我愿意的话可以继续读他的博士。但我微笑着拒绝了，我想我背井离乡来日本学习，目的还是为我国的图书馆发展尽绵薄之力。没想到的是，这次回国后得到的通知更让人吃惊。有两人先后找我谈话，给我安排了"更好"的工作——学校计算机中心主任。第一个找我谈话的是学校领导，先专门给我强调计算机中心主任是正处，并说如愿意去的话，按照留学回国人员的条件，马上可给我晋升研究员，条件好像很诱人。我当时婉言拒绝，我说我学的是图书馆专业，做了这么多年图书馆工作，只有图书馆最适合我，我也最适合图书馆。对第二个谈话的人，我就没有客气，说我是决不会离开图书馆的。

时过境迁，否极泰来。教育部决定原西安交通大学、西安医科大学、陕西财经学院三校合并。再也没有人要强迫我离开我心爱的图书馆工作了，我又能继续我的图书馆生涯了。时间过得真快，转眼间与交大合校已15年了，我又在图书馆工作了15年，不断地向我的梦想迈进——为成为一名优秀的图书馆员而努力。

合校后，我首先提出要成立图书馆专业硕士点，得到图书馆各位同人和学校有关部门的支持，主要由我来完成申报材料的准备。后来发现，申报一个硕士点的材料准备是一个工作量很大、极麻烦的事情。单是要填写国务院学位委员会《申请硕士学位授予权学科、专业简况表》这件事，表格就有几十页，要有大量的数据支持。国家设计的这个表有一个自动计数功能，到最后提交时，显示我已修改过28次，再经专家评审等程序，最后总算如愿以偿，根据教育部《学位〔2006〕3号》文件，经国务院学位委员会第二十二次会议批准，第十批博士和硕士学位授权学科、专业名单已经公布，西安交通大学图书馆申报的图书馆学专业硕士学位点授权顺利获批。到目前为止，我馆硕士点共培养研究生18名，还有多名在读。

由于我对图书馆工作的执着和热爱以及领导和同志们的认可，这15年来我先后担任过西安交通大学医学图书馆副馆长、西安交通大学图书馆副馆长，并兼任西安交通大学图书馆第二党支部书记，图书馆党总支书记。除了党政工作管理，还有文献检索教学、图书馆硕士点的研究生教育，文献检索、参考咨询等业务工作。

在图书馆已经工作35年了，回顾这些年的工作，几乎是在图书馆的什么岗位上都干过，从期刊、流通、情报到杂志编辑（原西安医科大学图书馆办有两种国家正式刊物，一是《医药与保健》，一是《国外医学——医学地理学》），从手工检索工具的使用到计算机文献检索，从本科生文献检索教学到研究生培养，主讲过留学生、研究生、本科生、七年制学生的"医学信息检索课"等课程，主编和参编教材、字典等11本。在科研方面，主持和参与的大小项目也有20多个。在有关专业杂志及学术会议上共发表译文、论文100多篇。其中10篇是用英、日文撰写（7篇发表于国外期刊，3篇为国际学术会议宣读论文）。有14篇分别获中国图书馆学会、陕西省科协、省人事厅、陕西省高校情报委员会等有关单位的优秀论文奖，其中，《医学信息检索与利用》获2007西安交通大学第十届优秀教材二等奖及陕西省教育厅人文社会科学成果奖。

其间我先后担任的学术职务和社会兼职有：

1. 国家自然科学基金委管理学部评审专家

2. 国家社会科学基金项目评审专家

3. 卫生部医学情报专家管理委员会委员

4. 教育部学位与研究生教育专家

5. 教育部中国高校人文社会科学研究优秀成果奖评审专家

6. 中华医学会医学信息学分会常委

7. 世界健康学会中国地区讲师

8. 陕西省医学图书情报学会主任

9. 全国医学文献教学研究会常务理事

10. 陕西省社会科学信息学会理事、学术委员会副主任

11. 陕西省图书馆学会协调委员会副主任

12. 陕西省科技情报学会理事、情报学会学术委员会主任

13. 《医学信息》杂志社编委

14. 《医学信息学》杂志编委

15. 《中华医学图书情报杂志》编委

如今我已过花甲之年，在图书馆工作35年中的甜酸苦辣，如人饮水，冷暖自知。老骥伏枥，志在千里，目前我仍在西安交大城市学院担任图书馆馆长，还在继续追寻我的梦想。梦想不是浮躁，而是沉淀和积累，只有拼出来的美丽，没有等出来的辉煌。如今我的梦想是，通过每一个图书馆人的努力，使我国人均图书阅读量的世界排名能大幅度上升，使我国的国民素质进一步提高。

因为图书是人类社会进步的阶梯。

检索神技是这样炼成的
——在陕西师范大学图书馆文献检索室工作的日子

西安石油大学图书馆　于澄洁

笔者在陕西师范大学图书馆工作了15年，其中11年是在文献检索室度过的。在信息检索服务和文献检索课教学过程中，先后攻克了美国《化学文摘》（Chemical Abstracts，简称CA）、英国《世界专利索引》（World Patent Index，简称WPI）、英国《科学文摘》（Science Abstracts，简称SA）、美国《数学评论》（Mathematics Reviews，简称MR）、美国《生物学文摘》（Biological Abstracts，简称BA）、美国《科学引文索引》（Science Citation Index，简称SCI）、苏联《文摘杂志》（Реферативныйжурнал，简称РЖ）等大型传统检索工具，练就了熟练的检索技能。本文将回顾这段艰苦而快乐的工作经历。

一、光荣使命

1986年5月，当我还在安徽大学"全国高校图书馆专业干部进修班"学习尚未结束时，接到康万武副馆长的一封信，通知我下学期给化学系本科四年级开设《化学文献检索》课程，当时又喜又忧。喜的是我一直希望从事参考咨询工作，终于要如愿以偿了，忧的是我的英语水平实在是"Very Poor"——一穷二白，这浩如烟海且神秘莫测的美国《化学文摘》如何拿得下来？

新的工作无疑对我是一个巨大的挑战。这项任务不仅是我个人第一次上讲台，重要的是陕西师大图书馆有史以来为理科专业第一次开设文献检索课程，如果搞砸了，后果将很严重。但是，挑战更是机遇！如果不敢面对，我今生将无缘大学讲台，所以我不假思索、义无反顾地承担了这一艰巨任务。

从安徽大学回来的当天，儿子出生了，我既要照顾新生儿和产妇，又要准备第一次上讲台的教案。备课任务如何完成？只有拼了！用现在的话来说，"敢拼才会赢"！白天时间不足，晚上加班，平时时间不够，节假日接着干，无论如何要在开课前拿出讲义并且通过图书馆领导和化学系领导的审查。我相信，"功夫不负有心人"，"只要功夫深，铁杵磨成针"。从此，图书馆的文献检索室成了我夜以继日攻读的场所，有时晚上11点才回家，惹得门卫小伙很不高兴，后来他看到我晚上加班是"常态"，慢慢也就习惯了。

二、在情报服务实践中学习提高

我在备课过程中发现，当时的文献检索教材中的检索实例大部分比较简单而且过时，还有一些实例不太真实，许多教材都是互相转抄，以讹传讹。这些检索实例在课堂上不能取得良好的授课效果。我认为教师只有亲自参与情报服务，实地操作、发现问题、解决问题，这样的检索实例在课堂上讲授才会有声有色。于是，我主动与化学系、生物系、物理系、数学系、声学研究所的科研人员联系，为他们提供检索咨询服务。我检索过的大型研究课题有房喻教授课题组的"油菜籽饼粕脱毒制取蛋白饲料""菜籽饼粕脱毒液中菲汀的回收和肌醇的制备"，章竹君教授课题组的"化学发光免疫分析""生物发光分析"，刘谦光教授课题组的"从红豆杉中提取紫杉醇"，王喆之教授课题组的"红豆杉温室扦插育苗试验研究"，冯汉桥教授课题组的"非标准分析"，高子明教授课题组的"从麦角甾醇制备维生素D_2""从胆甾醇制备7-去氢胆甾醇"，等等。这些课题需要检索的时间跨度大，部分课题一直追溯到20世纪30年代。在这几十年的发展过程中，各种检索工具的结构发生了多次变化，因此每个课题的检索策略也需要进行多次调整。

20世纪80年代初期，由于图书馆馆舍紧张，部分检索工具刊被分散到各系资料室保存。CA在化学系资料室，美国《数学评论》在数学系资料室。1984年，图书馆6000平方米的新书库投入使用后，新到馆的检索工具刊义全在图书馆存放。为了便于进行系统地检索服务，我多次与各系领导联系，并做通各系资料室同人的工作，把存放在系资料室的检索工具刊全部收归到图书馆文献检索室。

经过大大小小100多个检索课题的实践，我对CA、英国《科学文摘》、美国《生物学文摘》、MR、美国《科学引文索引》、英国《世界专利索引》、美国《政府报告通报及索引》（Government Report Announcements & Index，简称GRA&I）、美国《国际博士论文文摘》（Dissertation Abstracts International，简称DAI）、苏联《文摘杂志》等国内外的检索工具从陌生恐惧到逐渐了解，对它们的收录范围、结构编排、检索途径从初步掌握到了如指掌。这正应了一句老话："世上无难事，只要肯登攀。"

三、攻克CA

化学文献检索课程的重点在CA，难点也在CA。CA历史悠久，收录文献类型齐全，索引系统完备，既有期索引，又有卷索引和累积索引。期索引有关键词索引（Keyword Index）、作者索引（Author Index）和专利索引（Patent Index）；卷索引有普通主题索引（General Subject Index）、化学物质索引（Chemical Substance Index）、分子式索引（Formula Index）、环系索引（Index of Ring System）、作者索引以及专利索引；累积索引与卷索引相同，同期出版索引指南（Index Guide）和资料来源索引（Chemical Abstracts Service Source Index）；另外单独出版登记号手册（Registry Number Handbook）。而这些索引中，化学物质索引、分子式索引以及环系索引的难度是最大的。

各种索引与文摘的关系见图2。

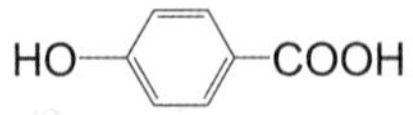

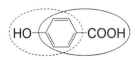

图2　美国《化学文摘》索引系统示意图

（一）化学物质索引的规则

化学物质索引的主标题是按照化学物质系统命名的英文字母顺序排列的，其难点主要在于有机化合物的名称如何确定。有机化合物如果含有多个官能团（基团），要遵循下列优先顺序：-COOH，-SO$_3$H，-COOR，-COX，-CONH$_2$，-CN，-CHO，-CO（R），-OH，-NH$_2$，-OR，C≡C，C=C，-R。当一种化合物含有两个以上官能团时，排在前面的官能团作为母体，排在后面的官能团就是取代基。例如，对羟基苯甲酸（见图3），中间是个苯环，左边的取代基为羟基（-OH），右边的取代基为羧基（-COOH）。由于羧基的优先顺序在前，羟基的优先顺序在后，因此它的母体结构为苯甲酸（实线椭圆范围内部分），而羟基为取代基。如果以苯酚（虚线椭圆范围内部分）为母体，那就错了。

图3　对羟基苯甲酸的结构式

在同一母体结构之下，按照取代基的字母顺序排列。我们国家对化合物的汉语命名，取代基的排列顺序是按照取代基的位次排列的，与CA中的不同。例如，2-硝基-4-甲砜基苯甲酸（见图4），其英文名称为2-Nitro-4-methylsulfonylbenzoic acid。而在CA"化学物质索引"中的名称为"Benzoic acid，4-methylsulfonyl-2-nitro"，原因是"硝基（-nitro）"的首字母为N，"甲砜基（-methylsulfonyl）"的首字母为M。

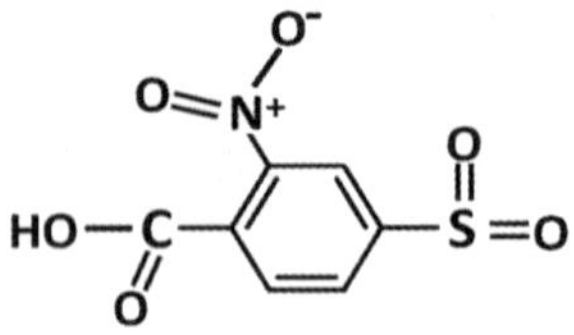

图4　2-硝基-4-甲砜基苯甲酸的结构式

明白了这个道理之后，就可以在卷帙浩繁的化学物质索引中轻松地找到我们需要检索的化合物。

（二）分子式索引的规则

CA的分子式索引是按照Hill分子式排列的，其规则是：碳元素排第一，氢第二，其他元素按英文字母顺序排列。例如我们通常书写硫酸的分子式为H_2SO_4，而其Hill分子式是H_2O_4S。碳酸钙（$CaCO_3$）的Hill分子式为$CCaO_3$。例如，要检索图5的化合物，其Hill分子式为$C_{10}H_{11}NO_2$。由于大分子有机化合物的同分异构体较多，必须按照系统命名规则先确定其母体和取代基。该物质的母体部分为苯甲酸（图中虚线内部分），邻位上的丙烯基氨基为取代基。以$C_{10}H_{11}NO_2$在分子式索引中检索到该物质的系统命名为"Benzoic acid，2-（2-Propenylamino）-"，即"2-（2-丙烯基氨基）-苯甲酸"。

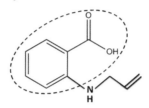

图5　2-（2-丙烯基氨基）-苯甲酸

（三）环系索引与其他索引联合检索

有许多化合物"长相"独特，用一般的方法很难找到。有一次，师大化学系的李安祥老师拿来一个奇怪的化合物结构式（见图6），我反复琢磨，反复试验，用环系索引和分子式索引、化学物质索引相结合，费了九牛二虎之力才查到了该物质的系统命名和相关资料。这个化合物的名称叫作"Tricyclo [8，2，2，2^{4,7}] hexadeca—4，6，10，12，13，15—hexaene"（三环 [8，2，2，2^{4,7}] 十六碳-4，6，10，12，13，15-六烯）（方括号内是"桥原子"数）。关于这个化合物的检索过程，本人在"CA检索技巧举要"（发表于《大学图书情报学刊》1998年第4期）一文中有详细叙述，不再赘述。

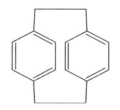

图6　一种奇怪的化合物

在CA中，有些文献是从苏联的《文摘杂志》、美国《国际博士论文文摘》、《政府报告通报及索引》中转载的，由于版权的限制，只有题录，没有摘要。要浏览这些文献的摘要时，必须根据CA提供的文献线索转查РЖ、DAI、GRA&I。转查DAI和GRA&I比较容易，它们都是用英文出版的。而转查РЖ则有语言转换的问题，有些人名和期刊名称需要用《俄文字母与拉丁字母对照表》逐个字母进行对译。例如，一位作者的英文姓名为Peter Kostur，而在Р Ж中的姓名为ПетерКостур。

四、掌握WPI

在专利检索工具中，英国德温特公司（Derwent Publications Ltd.）出版的专利索引体系（以WPI为代表）具有报道国家广、专业面全、出版迅速、检索途径多、文种单一等优点，在世界上各种专利文献检索工具中占有重要的地位。

（一）掌握WPI的难点：

一是德温特出版物体系庞杂，让人眼花缭乱。中图公司的《外国报刊目录》中报道了68种，有按国家报道的"分国本"（20多个分册），有按分类报道的"分类本"（20多个分册），另有多种其他的辅助工具。我们使用的主要是"分类本"，分类本中有《题录周报》和《文摘周报》。二是独特的德温特分类体系，不同于国际专利分类体系（IPC），它把所有的技术领域分为P1—P8、Q1—Q7、S—X、A—M等30多个类目。三是每一种索引都有独特的作用和独特的检索方法，不同于普通的文摘索引。例如"专利权人索引"中的专利权人全部用4个字母的代码。四是《题录周报》和《文摘周报》既可单独使用，也可结合使用。五是专利文献的概念多，初学者不好掌握。六是专利文献的分类体系独特，以功能为主，功能与应用相结合，不同于知识分类。

（二）德温特出版物的体系

1.《题录周报》 即WPI，每周出版一次，报道各国专利文献的题录，没有文摘。每期4个分册，其内容是：

P分册：一般技术（Section P：General），包括农业、轻工、医药、一般加工工艺与设备、光学、摄影等；

Q分册：机械（Section Q：Mechanical），包括运输、建筑、机械工程、机械零件、动力机械、照明、加热等；

R分册：电气（Section R：Electrical），包括仪器仪表、计算机和自动控制、测试技术、电工和电子元器件、电力工程和通讯等；

CH分册：化工（Section CH：Chemical），包括一般化学、化工、聚合物、药品、农药、食品、化妆品、洗涤剂、纺织、造纸、印刷、涂层、石油、燃料、原子能、爆炸物、耐火材料、冶金等；

每个分册均有4种索引：专利权人索引、国际专利分类索引、登记号索引和专利号索引。

还有一种WPI《优先案索引》（WPI priority concordance）。它把机械、电气、化工、一般综合在一起，在《题录周报》以外单独印行，每周出版一期。

2.《文摘周报》 共有三个系列22个分册，每周出版一次。名为索引，实为文摘。

（1）《一般与机械专利索引》（General & Mechanical Patents Index，简称GMPI）。包括4个分册：P1—P3，P4—P8，Q1—Q4，Q5—Q7。分别与WPI的P分册和Q分册的类目相对应，用于专门检索一般技术和机械方面的专利文献。

（2）《电气专利索引》（Electrical Patent Index，简称EPI）。包括6个分册，分别用英文字母S、T、U、V、W、X来表示，分别与WPI的R分册的类目相对应，用于专门检索电气电子方面的专利文献。

（3）《化学专利索引》（Chemical Patents Index，简称CPI）。包括12个分册，分别用英文字母A—M来表示，与WPI的CH分册的类目相对应，用于专门检索化学化工和冶金文献的专利文献。

以上各分册均有三个索引：专利权人索引、登记号索引、专利号索引。

（三）攻克难关

经过若干课题的实践，我逐渐掌握了WPI、CPI、EPI和G&MPI的检索方法，并形成了一套程式化的检索套路——"六步法"：

第一步，分析课题，确定关键词；

第二步，在《国际专利分类技术用语索引》中查找，初步获得专利分类号；

第三步，在《国际专利分类表》（IPC）相应分册中核对，获得确切的专利分类号；

第四步，在WPI的"国际专利分类索引"中检索，获得专利文献号；

第五步，在同卷同期的CPI（或EPI、G&MPI）中浏览专利文摘；

第六步，凭专利文献号获取专利说明书原文。

五、发挥SCI的作用

美国《科学引文索引》是按照科学论文之间的引证关系编制的一种检索工具，它不仅用于课题检索，而且是科学研究成果评价的一项重要依据。但是，在20多年前，师大图书馆的SCI几乎无人问津，原因之一是那时很少有人知道它的作用，原因之二是SCI全部是用大写英文字母编排的，许多人对大写字母的英语单词有些心理障碍。

（一）SCI的结构

SCI是双月刊，每年6期，每期有引文索引（Citation Index）、来源索引（Source Index）和轮排主题索引（Permuterm Subject Index）。

引文索引分为著者引文索引（Citation Index）、无名氏引文索引（Citation Index-Anonymous）和专利引文索引（Citation Index-Patent）；来源索引分为团体索引（Corporate Index）、来源索引（Source Index）以及来源出版物目录（List of Source Publications）；团体索引又分为地理部分（Geographic Section）和机构部分

（Organization Section）。

（二）SCI检索难点

"引文索引"按被引作者姓名排列，一般是姓在前名在后，姓用全称名用缩写。但美国的编辑显然对中国作者的姓和名搞不清楚，只是简单地按照西方人的姓名书写方式操作，把姓名最后一个词汇当作姓，把前面的词汇当作名，这样就有些不伦不类了。例如，章竹君教授的英文名为"Zhang Zhujun"，在SCI中就成了"ZHUJUN Z"；林书玉教授的英文名为"Lin Shuyu"，在SCI中却成了"SHUYU L"。这就给检索带来一些麻烦。另外，同名同姓的作者，或者虽不同名但姓和名字的首字母相同的，也都放在同一方式的姓名之下，混在一起，不好区分。

"团体索引"的"地理部分"按照"国家－省（市）－机构名称－作者姓名－文献出处"的次序排列，"中国"被写成"PEOPLES R CHINA"，机构名称中的词汇大部分用缩写。"来源出版物目录"中的期刊名称全部用缩写，而且连同空格在内被限制在11个字符之内。例如《国际化学动力学杂志》（International Journal of Chemical Kinetics）的缩写为"INT J CH K"。

（三）发挥SCI的作用

为了发挥SCI的作用，我选择师大教师中当时最有名气的王国俊校长和章竹君教授作为试点，把他们的论文在SCI中被他人引用的情况检索并打印出来，分别送给王校长和章老师。章老师非常高兴，并在学校做了宣传，过后就有不少老师到图书馆文献检索室来查找自己的论文被SCI收录和被他人引用的情况。几年之后，师大加大了对SCI收录论文的奖励力度，全校教师高水平论文数量大幅度上升，这从一个侧面证明了SCI对科研工作的促进作用。

六、为完成《物理文献检索》教学——学习SA

随着我在师大讲授文献检索课程的名声日益叫响，物理系的寇培林老师、声学研究所的张福成老师找到我，要我给他们的研究生开设物理文献检索课程。于是，我不得不下功夫研究英国《科学文摘》。

SA当时有三个分册：A辑《物理学文摘》（Physical Abstracts，简称PA）；B辑《电气电子学文摘》（Electrical and Electronics Abstracts，简称EEA）；C辑《计算机与控制文摘》（Computer and Control Abstracts，简称CCA）。随后又出版了第四个分册D辑《信息技术》（Information Technology，简称IT）和第五个分册E辑《生产制造工程》（Manufacturing and Production Engineering，简称MPE）。当然，我首先从PA开始学习。

（一）PA的结构

PA为半月刊，每半年出版一套"半年度累积索引"，每四年出版一套"多年度累积索引"。

半月刊本每期的内容有：分类目次表（Classification and Contents）、主题指南（Subject Guide）、正文（Abstract Section）、著者索引（Author Index）、辅助索引（Subsidiary Index）。

辅助索引包括：参考文献目录索引（Bibliography Index）、图书索引（Book Index）、会议索引（Conference Index）、团体著者索引（Corporate Author Index）和引用期刊刊名增补目录（Supplementary List of Journals）。

半年度累积索引包括：主题索引（Subject Index）、著者索引（Author Index）、引用期刊目录（List of Journals and Other Serial Sources），以及参考文献目录索引、图书索引、会议索引和团体著者索引。

多年度累积索引基本上是半年度累积索引的累积本。

为配合半年度和多年度主题索引的检索，SA配有一个《INSPEC叙词表》（INSPEC thesaurus）

（二）PA（EEA、CCA）的难点

PA检索的关键是要选准主题词和分类号。如果逐期查找文摘，则需要在"主题指南"中找到相关的分类号，再从"分类目次表"中找到该类目在正文中的页码，再到正文中找到相关的文献线索。例如，检索"受激喇曼散射"方面的文献，先从"主题指南"中找到"Stimulated Raman Scattering"，知道这一课题的分类号为"4265C"，再从"分类目次表"中查找到4265C类的类名为"Stimulated Raman, Brillouin and Rayleigh Scattering; parametric oscillations and harmonic generation"（受激喇曼、布里渊和瑞利散射，参数振荡与谐波发生）以及所在的页码，再到正文中找到相关的文献线索。

如果利用半年度累积索引或多年度累积索引进行检索，则需要在《INSPEC叙词表》中先找到相应的规范的主题词，再到"主题索引"中查找文摘。例如，检索"超声波无损探伤"（Ultrasonic flaw detection）在叙词表中的规范主题词为"Ultrasonic materials detection"（超声波材料检验）。又如，"超导临界温度"（Superconducting critical temperature）的规范主题词为"Superconducting transition temperature"（超导转换温度）。

掌握了这些规律之后，PA、EEA、CCA以及IT均可顺利进行检索。

七、学习生物分类知识——熟悉BA

王喆之教授的"南方红豆杉温室扦插育苗试验研究"课题所用的检索工具是BA。BA每一期附有"题内关键词索引"（又称"上下文关键词索引"），这是很独特的一种索引形式，但用起来不如"类属索引"（Generic Index）和"生物分类索引"（Biosystematic Index）方便。

对于非生物专业人员来说，生物分类知识犹如有机化学系统命名一样的复杂。但作为图书馆的情报服务人员，则必须探索生物分类知识，首先要了解生物学的"界、门、纲、目、科、属、种"分类层次。例如"红豆杉"属于植物界—种子植物门—裸子植物亚门—松杉纲—红豆杉目—红豆杉科—红豆杉属—红豆杉（种）。

由于国外研究南方红豆杉（Taxus mairei）的资料比较少，需要扩大到欧洲红豆杉（Taxus baccata）、加拿大红豆杉（Taxus canadensis）、日本红豆杉（Taxus cuspidata）、曼地亚红豆杉（Taxus media）、中国红豆杉（Taxus chinensis）、喜马拉雅红豆杉（Taxus fauna）、太平洋红豆杉（Taxus brevifolia）、西藏红豆杉（Taxus wallichiana）、佛罗里达紫衫（Taxus floridana），等等。

早期的文献比较少，只需要在Taxus（红豆杉属）之下检索即可。

当年给王喆之教授检索资料时正值暑假，图书馆的复印室无人上班，王教授从校外借了一台复印机，我帮他从吴家坟抬到图书馆，近两百斤的重量，五六百米的路程，还要上几层楼，真快要累趴了。

八、几点体会

（一）图书馆的服务工作是神圣的

每当完成一件高难度的检索任务时，那种成就感和收获的快乐真是难以言表，在师大图书馆文献检索室的10多年，我经常沉浸在这样的欢乐之中。有时候，我们看似一个简单的点拨，就会节约读者大量的时间。

1993年，新疆石油学院的贾生华教授在陕西师大化学系做访问学者，要检索"臭氧的化学发光分析"相关资料，他采用从CA期刊本中直接检索的方法，辛苦一个星期毫无结果。我了解他的需求之后告诉他，应当从CA的化学物质索引中先找到臭氧（Ozone），再到副标题"分析"（Analysis）之下的说明语中查找"化学发光"（Chemiluminescence），他按照我的方法再次检索，半天之内得到满意结果。

1991年10月，师大声学研究所的高子明教授委托我帮他检索"从麦角甾醇制备维生素D_2"相关资料。我从开始检索到复印结果，花了不到一个星期的时间。而他在此之前委托陕西省科技信息研究所通过国际联机检索系统查资料，每次的费用至少也要几百元，从填写委托单到最终拿到资料，最快也得二十天时间（从美国邮寄），而在我这里只需要出复印费即可。高老师高兴地说："于老师，你比计算机还快！"

（二）樱桃好吃树难栽，不下苦功花不开

要做好参考咨询，必须要有解答咨询的功底，这个功底不是三天两后晌就能成就的，必须循序渐进、日积月累。CA、BA、SA、WPI、SCI、MR，等等，堆在书架上像一座座城堡和迷宫，神秘莫测。但是只要钻进去了，搞清楚了，就会感到奇妙无比。

（三）在工作中奉献，在奉献中成长

有人说，图书馆人是给他人做嫁衣裳的，辛苦的是自己，风光的是别人。我觉得，我本人从对参考咨询一无所知到敢于面对一切复杂咨询问题，靠的是"在工作中奉献，在奉献中成长"。我非常感谢师大的老师们对我的信任，他们把课题交给我，我才有机会去实践、去锻炼，才有可能提高检索水平。我的成就不是用金钱收入来衡量的，读者一句赞赏的话、一句感谢的话，就是我最大的收获。也有人认为图书馆职业是很轻松舒适的，也的确有不少人在图书馆舒适地工作了几十年。但我认为，这不仅虚度了自己的青春年华，也浪费了"图书馆员"这个神圣的职业和工作岗位。

1995年教师节，我荣获"陕西师范大学优秀教学成果奖"，这是我的图书馆生涯中最令我自豪的奖励，"台上一分钟，台下十年功"，我感悟至深！

我的图书馆情结

西安电子科技大学图书馆　徐卫江

前两年我到厦门开会，期间抽了一天时间自己到集美半岛转。从鳌园（嘉庚公园）出来，随意找了一条僻静的林荫小道信步漫游，忽然看见路边一座建筑物被高大的树木遮掩着，它安安静静地耸立在那儿，仔细一瞧是集美图书馆，不禁哑然失笑，图书馆好像神灵一般在冥冥之中召唤我去走近它，看来这辈子是离不开图书馆了。

我与图书馆的渊源最早可以追溯到中学时代，即20世纪70年代中期。那时的中学，课业荒芜、书籍匮乏。父亲看我实在无书可读，就说学院图书馆最近整理出一些旧书可以借阅，并极力推荐《钢铁是怎样炼成的》这本书，说它写得如何好，文字翻译得又如何优美。就这样，我第一次踏进图书馆，而这本书也是我第一次接触的外国小说。我确实被里面所描述的故事情节吸引了，还摘抄过精彩的段落背诵："人最宝贵的是生命，生命对于每个人只有一次……"若干年后我到俄罗斯旅游，在莫斯科著名的新圣女公墓内奥斯特罗夫斯基的墓碑前，默默地长久注视着这位我看过的第一本外国小说中保尔的原型。巧的是，我在圣彼得堡下榻的饭店前，耸立着一个高大的人物雕像，问导游，说是车尔尼雪夫斯基，他的作品《怎么办》也是我在图书馆借阅过的。从此我不时地到图书馆借书看，其间看了不少苏联小说，也由此落下了俄罗斯情结，当然这些都是后话。

到中学毕业时，就要面临上山下乡当知青了，那时提出的口号是"广阔天地，大有作为"。我到农村能有什么作为呢？听说乡下缺电少煤，沼气池在农村很有用，沼气是什么东西，我不十分清楚，那就到图书馆看看。当时图书馆的五楼有一些内部资料，终于找到一本油印资料，上面有关于沼气池的详细介绍及图例，我如获至宝，那时没有复印机，我经常在下午没课时就到图书馆去抄、画这本资料，用了将近一个月的时间工工整整地抄写完，后来还带到了农村，可是并没有用上，遗憾的是那个手抄本我也没有保留下来，现在想起来很可惜。我在抄写过程中接触的几位老师给予我的帮助至今难忘。金有巽老师听说我要找沼气方面的资料，介绍我到图书馆五楼期刊资料室看看。任培义老师看我在那儿不停地抄写，经常主动过来询问我需要什么，提供过墨水、橡皮、尺子等。其他值班老师知道我是中学生并没有借书证，也允许我出入图书馆资料室。我想他们是在爱护一个爱看书的读者，他们对普通读者的热情态度一直温暖着我。当时偌大的阅览室没有几个人，但是这些老师都在悄无声息地忙碌着，绝没有交头接耳闲聊天，他们严肃、认真的工作态度也是我后来从事图书馆工作学习的榜样。

一次，我弟弟谈到他对图书馆任培义老师的惦记，说他小时候有段时间迷上了集邮，又苦于没有邮票来源，听说图书馆有不少信封上有邮票，就兴冲冲地和同学们跑到图书馆寻找旧信封，正好碰到任老师，说明来意后，任老师把他们领到期刊室，那里存放着一大堆信封，任老师让他们挑选剪下邮票，还与他们商量，以后可以利用课余来帮忙拆剪信封，回报是邮票归他们，他们都高兴地答应了，干了很长一段时间，他觉得图书馆的老师好亲切。后来他到外地求学期间，在学校图书馆见到老师，尤其是女老师，都会倍感亲切，他会主动与她们攀谈，有时还帮助整理书架，用现在的话说，这是图书馆人的正能量影响和感染了他人。

我对图书馆既好奇又向往。几年后我被招进图书馆工作，感觉像做梦一样，亲人、朋友都说我有份好工作，有好长一段时间，我都沉浸在这种人生的大欢喜里。一晃我在图书馆干了30余年，从事过借阅、检索、采访、查新等工作，始终没有离开过图书馆。不管干哪项工作，以当年前辈们对我那份耐心和热情的态度，将读者需求放在首位，耐心而热情地对待读者。我想图书馆不仅要有丰富的图书、电子资源，还要有人文关怀的氛围，让读者感到温暖，对社会能够产生正能量。

尽管当今网络、电视都很发达，现在我还会经常到图书馆借书，仍然喜欢阅读纸质书刊，每天都要看几页书，不然这一天就像缺点儿什么似的。能安静地捧本书看，是我一天当中最轻松和享受的时候。可以说我是图书馆人，图书馆就是我的精神家园。

图书馆工作30年的一点感悟

陕西学前师范学院图书馆　黄　群

光阴似箭，岁月如梭。一转眼，我在图书馆已度过了30个春秋。30年来，我以牢固的图书馆员职业思想，默默地耕耘在陕西学前师范学院这片土地上。30年来，我踏踏实实地去干好每一件事，在平凡的岗位上一步一个脚印地踏实工作，不断总结经验，努力把本职工作干好、做精。

陕西学前师范学院（原陕西教育学院）图书馆成立于1978年，由最初的五、六间房子（包括办公、阅览）到1988年建立的第一栋图书馆楼（建筑面积3800平方米），再到现在的图书馆大楼（总建筑面积达到2.5万平方米）。我馆现有图书借阅室、报刊阅览室及电子阅览室共13个，阅览座位1600个，读者使用的检索阅览机120台。各类藏书量由原来的几万册到现今的200万册（包括纸质、电子），取得这些成绩和我们馆领导及广大馆员的努力工作是分不开的。我馆现已形成以学前教育为特色、文理相结合、纸质文献和电子文献兼顾的多学科、师范类的综合藏书体系。我馆始终坚持"服务读者，以书育人"的办馆宗旨，在为教学科研服务的过程中建立起了"精诚敬业、务实求新"的优良馆风，形成了"读书治学、明理修德"的馆训。我经历了传统图书馆的手工编目管理到现代图书馆信息自动化管理的过程，图书馆员的服务理念由"以书为本"，逐步向"以人为本"转变，在资源建设和读者服务方面也取得丰硕成果。

1985年是我跨入我院图书馆工作的第一年，从此我的命运就和它紧紧地联系在一起。几十年来，我一直在图书馆工作，先后在采编部、流通部、阅览室等部门工作，尤其在教师阅览室工作近20年，为我校广大教师提供各种服务。在闭架服务时期，我们整日穿梭在书库与读者之间，为读者找书。我们编制了卡片式目录，共计6套，每一套都是我们亲自手写的，按书名、著者、分类排列，一张一张插在目录盒里，供读者查阅。虽然现在看起来，那时的工作未免太缺乏现代化理念，但那时的工作情景，却是美好的回忆。毕竟，社会是在循序渐进地向前进步，图书馆也是这样，正是有图书馆人多年的努力，才给图书馆事业的发展打下了坚实的基础，迎来了今天逐步走向现代化图书馆的大好形势。

几十年来，我所工作的岗位是变化的，但有一点是始终不变的，我热爱图书馆事业的心不变，全心全意地为读者服务的理念不变。在高校图书馆工作，我和学校老师、同学们打了几十年的交道。我总是热情为读者服务，耐心回答读者的咨询，帮助读者查找他们所需要的信息资料，积极配合馆里的"精品工作"做好新书宣传工作；还指导读者正确使用图书目录，努力当好"第二课堂"的老师。高校图书馆的读者服务部门，是为学校教学和科研服务的窗口。每一个馆员自身的形象，就代表图书馆的形象。

"路漫漫其修远兮，吾将上下而求索。"回顾几十年来的工作实践，我深深感到，虽然有时感到辛苦劳累，但更多的感受是欢乐和幸福，我热爱这项工作！我为从事高校图书馆工作而感到自豪。今后我会继续做好本职工作，不断提高业务水平，更好地为广大师生服务。

念良师营造和谐，忆往事再创佳绩

——回忆西安美术学院图书馆梁善俗老师

西安美术学院图书馆　孙团结

梁善俗老师已经离开我们快10年了，1978～1994年，他在西安美术学院图书馆工作期间，给我们留下了宝贵的精神财富，当我们忆及西安美术学院图书馆发展历程时，不能不想到他。

1981年1月，我被分配到西安美术学院图书馆采编室工作，有幸跟梁善俗老师共事了7年。他笃实率真的秉性，敬业之精神，顾全大局的情怀，为我们所营造的和谐氛围等，至今令我难以忘怀。

那年，图书馆新分来好几个年轻人，梁老师跨越年龄的鸿沟，跟年轻人交心交朋友，总以宽容的态度对待年轻人，以自己的人生经历教育年轻人，言传身教，关心并呵护年轻人。对待工作上的问题他总以商量的口吻，在思想及行为方式上率先垂范，与年轻人保持着很融洽的关系。

梁老师上班从不迟到早退，进了采编室，便脚手不闲。那时候，图书馆的目录卡片是用钢板蜡纸刻出来的，然后手工印制。他50多岁了，并不在我们年轻人面前摆资格，耍架子，脏活累活从不推让，自己刻蜡纸，自己印制卡片，自己排卡片目录，经常手被蜡油染红，还时常沾在脸上，像个活关公。

那时，图书馆的目录分为公务目录和读者目录，每种图书需印制五套目录，题名目录，著者目录印制两套，一套留采编室作为查重等公务用，一套随图书送至流通库建立读者查询目录体系，再制作一套出版者目录送交流通库，作为读者查询目录。梁老师负责画库图书的分类、著录、标引、排卡、查重，从图书的分类到排公务目录，送画库图书及目录卡片，中间要经六道手续，他一丝不苟，孜孜不倦，默默工作，毫不马虎。

搬书运书是体力活，他并不指手画脚只让年轻人干，每到给流通书库送书时，他都抢在前头，跟年轻人一起干。50多岁的人了，罹患腰椎间盘突出症，经常腰疼，有时候搬书上台阶，他会疼得满头大汗，可他咬咬牙坚持着，从不叫苦，不喊累，工作热情高于年轻人，干力气活丝毫不逊色于年轻人。

令我没齿难忘的是梁老师在生活上对我的关心。那年，我刚分配到美院，在工资关系尚未办妥，需要生活费的时候，他跑到财务科给我借钱。婚后我过着两地分居的日子，每到周末，他就主动操心我回家的事，说："你离家远，要走就早点走，晚了车就不好乘了，农村娃朴实，平时踏踏实实地工作，周末早走会儿关系不大，这里有我盯着。"他的话充满关怀，让我感觉很温暖。

他从多方面关心年轻同志，包括婚姻家庭生活，甚至穿针引线，给年轻同志做红娘。跟梁老师在一起，有他的关心和帮助，年轻人在图书馆工作的心情是愉快的。

他对别人那么关心照顾，却对自己的事儿不管不顾。老伴原是西安航校的学生，三年困难时期，国家动员她回了家。党的十一届三中全会后落实政策，给予安置，别人劝他跑一跑，找找相关部门，把老伴的问题解决了。他却说："我没时间，这么多年都过来了，就那样儿了。"怎么说他都不去活动，不找相关部门。他对自个儿的事从来就这样，多少人都说他冥顽不化，太固执，还有人戏谑他为不识时务者。由于他的不积极，老伴工作的事一直未能落实，本该成为国家职工，享受国家职工的各项福利待遇，却沦落为家属，过无保障的日子。

在对待子女的问题上他亦如此，孩子上学就业的事儿他不管，还说要靠孩子自己，他们自身强了，什么问题都能解决，还说他不会为孩子的事求人。按他的资历和水平，职称问题本该早就解决了，而他却说自己不行，让别人上吧！几次机会他连名都不报，将名额拱手让给别人。他就是这样的一个人，把利益和荣誉让给别人，自己却默默奉献，一无所图。

梁老师本是西安美院附中的语文老师，1957年被划为"右派"后，下放到学院印刷厂接受劳动改造，由于他的"死不悔改"，随后被下放回农村。在30年的岁月里，他牧过马、养过牛、垦过荒、造过田、育过泡桐、栽过杨、还育过粮种嫁接过桃。在那段日子里，他脚踩黄泥巴，与板车为伴，拉土拽粪，卖薯卖粮。上百公斤重的车子三十度的坡，他那敦实的身子没有示过弱。垒巨石扛大包，他那股子牛劲儿从不向后缩。他说他那30年的"牢狱"生活是命里注定的，人都有遭遇逆风腥雨的时候，都有被冤屈和不公正对待的时候，生命的哲学本来如此，不能怨天尤人。

说起那30年来，他显得轻描淡写，很坦然。他说："经历也是财富，人不能只停留在过去的岁月里，要向前看。"话是这么说的，难道那段日子对他的身心没有摧残？难道那段日子与他日后的病情无关？

梁老师对工作一丝不苟，不为名利所扰，不为欲念所困，坦坦荡荡做人，兢兢业业干事。跟他在一起工作的时候，他才恢复公职不久，已是知天命的人了，岁月的沧桑染白了他的双鬓，曾经的磨砺，让他的思想变得深邃。传统文化孕育了他的道德情操，红色经典培养了他的人文情愫。看了电影《牧马人》后，他说他的遭遇与电影里的主人公的遭遇如出一辙，甚至有过之而无不及。

梁老师于2003年7月离开人间，他走了，而他的朴实，他的耿直，他的豁达，他的光明磊落，他的公而忘私……成了我们取之不尽用之不竭的精神财富。

我和梁老师在一起工作了7年，从思维和行为方式上受到过他的影响，养成了认认真真的工作态度，扎扎实实的工作作风，勤勉高涨的工作热情，细心严谨的工作方式。

从2007年9月始，我在专业一库做借阅工作已经7年。由于历史的原因，我们专业一库至今实行闭架借阅，书柜是可摇动的密集型档案柜。地方小，柜子装得满，死沉死沉的，每取一本书都需摇动柜子，只要一上班，只要读者来借书，就要摇动柜子，很费力气。之前在专业一库工作过的同志有亲身体验，每当提到专业一库的工作时，都会挽起袖管，说自己右胳膊粗，左胳膊细，是摇柜子摇出来的。我干了7年，同样有这样的体验和深刻感受，读者多了，摇柜子摇个不停，常常有胳膊腿疼或腰疼的时候，往往会出现厌倦情绪。每当这时我就会想起梁善俗老师，便咬咬牙坚持住，这样七年如一日地干下去。

在专业一库工作的7年时间，我几乎没请过假，私事都放在下班后或节假日，就连儿子结婚这种大事，我也安排在暑假，尽可能地不影响工作。每周要盯两个夜班，我从不马虎。上班一般都提前到岗，按时下班，不迟到不早退。肯钻研业务，创造出多种服务方式，比如：电话预约借还图书或提醒还书日期，网上预约借还图书或提醒还书日期，见面顺告预约或催还图书，让读者捎话预约或催还图书。我尽可能地做到为图书馆负责，为读者负责，这些方式保障了图书资料的正常运转，提高了读者对图书馆服务的满意率。

7年来，对待每一位读者我都热情备至，主动热情地招呼。读者来借书，我尽最大努力满足他们的需要，不厌其烦地给他们拿书。闭架借阅，读者从检索机里所检索到的图书信息很有限，他们拿来索书条，我们给读者拿书，拿来一看往往跟读者所想象的大相径庭，不是他们想要的。且不说这样加大了我们的劳动量，关键是读者拿不到他们想要的图书，我们的文献服务质量会大打折扣。每当这时，我便问明他们的借书要求，比方你是哪个专业的？几年级的？开设什么课程？哪位老师代你们的课等。毕竟我们所掌握的图书内容、资料信息和图书状态比读者要多得多，唯有掌握了他们真正的文献需求，才会有的放矢地为他们服务，拿来他们真正想要的图书资料。读者很满意我的服务，说老师知道我们想要什么，拿的书比我们想象的还要好，信息量还要大。

从事专业流通工作以来，我经常会想，对于图书馆来说，读者就是上帝，满足读者文献需求是图书馆的办馆宗旨，我要将专业一库办成读者之家。这些理念的树立源于图书馆办馆宗旨，也源于梁老师等老一辈图书馆工作者的行为规范和谆谆教诲。我经常会想，作为图书馆流通馆员，直接服务于教学科研，服务于读者，我们要为读者着想，尽最大努力满足读者的文献需求。

馆员的劳动成果是通过读者体现的，价值实现靠的是读者，你做好了，你的价值就能体现出来，读者会记住你一辈子的。馆员每天接触的就是读者，对读者要说话和气，要有韧劲和耐心，以自己的行为感化和感动读者，创造和谐气氛，做到宾至如归。7年来，我很少跟读者发生口角和大的矛盾，为满足读者文献需求付出了自己的心血和劳动，我的工作业绩得到了读者的肯定和赞扬，读者也把我作为他们的良师益友，愿意跟我交流与沟通。我们的服务对象是全院师生，他们都有着较高的人文和专业素质，在与读者的沟通和交流中互相学习，取长补短，读者通过跟馆员的交流提高人文和专业素质，馆员从中也会学到很多专业知识，人文和专业素质得以提高。

人与人的和谐，是和谐社会的根本，和谐社会靠大家，靠各条战线各个部门的共同努力。高校图书馆是个小环境，更是一个大环境，馆员自身潜移默化的影响不可小视。和谐需要人们相处时有包容性、理解性，和谐需要多替别人着想，和谐需要善意的批评和自我批评，和谐需要吃苦和吃亏精神。

跟梁老师相处7年，正因为梁老师的为人处世态度，他的吃苦耐劳，他的遵纪守时，他的善于关心爱护别人，他的无私无畏不计较个人得失，他的淡泊名利，"一根筋"工作的态度等，我们才有了一个和谐的小环境。从事流通库工作以来，我把从梁老师那儿获得的精神营养运用于我的工作，运用于专业流通一库，应该说也创造了一个和谐的小环境。7年来毕业了多少大学生？相信这小环境会影响到大社会，会在全国乃至世界各地生根开花结果。

图书馆就是这样，好的作风，好的工作态度，好的工作经验，需要一代又一代图书馆人传承下去，再通过读者扩散出去，其影响力是不可小觑的。

如今西安美院图书馆有了很大的发展，图书资料由30年前的10多万册增加到了50多万册，服务对象由30年前的数百人增加至近万人，馆舍面积和工作人员数量比30年前翻了一番多，实现了自动化管理，基本实现了开架借阅。工作环境、工作方式有了较大的改变，但老一代图书馆人的敬业精神，扎实作风，勤勉态度没有变，还要继续发扬光大。

我愿把老一辈图书馆人的接力棒传下去，使西美图书馆在新的历史时期再创辉煌，再夺佳绩。

我与宝鸡文理学院图书馆共成长

宝鸡文理学院图书馆　郝亚玲

光阴似箭，日月如梭，一转眼，我已在图书馆度过了30多个春秋，到了快退休的年龄。1980年9月，我怀揣着儿时的梦想和对大学的憧憬，来到了位于炎帝故里、周秦文化发祥地的陕西省第二大工业城市宝鸡，踏进了位于长寿山下的宝鸡师范学院的校门，成为一名在当时令许多同学羡慕的大学生。1980年大学录取率只有3%，那时的大学不交学费，师范类还发生活费，毕业后国家包分配，大学生被称为天之骄子，我从这里开始了我美好的大学生活，羡慕吧！

凤翔枣子河的世外桃源

报到的当晚，我们就被大轿子车拉到了位于凤翔县城以北15公里处的枣子河。枣子河横亘在我们宿舍楼和教学楼的中间，是一条不宽的河流，清澈见底。这里山清水秀，夏天雨季来临，河水会涨得满满的，冬天下雪，从山坡到河道，再到厂房、家属楼，整个会被大雪覆盖，白雪皑皑。枣子河深夜偶有狼的嚎叫声，班主任老师叮咛大家晚上不要外出。枣子河从20世纪60年代开始，603研究所的801工程在这里开始建设，修建了十几年，在未建成的情况下工程停止建设，603研究所搬到了现在的阎良，也就是现在的阎良飞机制造厂，留给这里的只有绵延五六里的在当时是高大上的楼房和非常高大宽敞明亮的车间。其中部分楼房就变成了我们的图书馆、宿舍、教室和实验室，上体育课都是在高大宽敞明亮的厂房内，不会雨淋日晒。这一年的生活简单充实，简直可说是世外桃源了。

当时的图书馆和阅览室在一起有两个大教室，面积100多平方米，只有几排书架，几千册书，图书大多都是小说，专业书很少，还有同学们都喜欢看的《读者文摘》《青年文摘》《大学时代》等期刊。记得放寒假时每人可借三本小说回家，大家好开心，借书时都快把书架挤倒了，因为当时狼多肉少呀，晚了就借不到了。枣子河畔我快乐！

二公里半的长寿山下

一年后，即1981年9月，我们又搬到了位于宝鸡市长寿山下的宝鸡师范学院，其前身是陕西师大宝鸡分校。这个校址以前是宝鸡市的重点中学，叫长寿中学，出了不少名人，在这里我度过了大学后三年的生活。一进校门映入眼帘的就是在80年代也算是比较高大上的大礼堂了，学校的重要活动就在这举行，刘晓庆还在这里开过演唱会呢，同行的还有潘冬子的扮演者祝新运，我们也算有眼福了！学校楼房很少，几乎都是平房，当时学校虽小，但学习生活却很方便，固定教室，固定座位。这时图书馆已经有两个大教室那么大，还有几万册的图书了。我第一次看到了目录柜，看到那么多的书，好兴奋！当时是闭架借阅，借阅处只是一个小小的窗口，但不知如何才能借到自己想要的书，请教老师和师姐后才明白，工作人员也会针对我们的年级及专业实际推荐一些适合的图书，若感到推荐的书不合适，老师们会不厌其烦多次给我们找书，直到满意为止。期刊阅览室就在大礼堂的前半部，期刊也不是很多，不到100种，是闭架押证借阅，上班借，可拿回教室看，当班下班时就要还回，否则就要挨批。这里也是我最爱去的地方之一，当时的许多老师后来变成了同事。当时学校团委只有一台彩色电视机，周末才开，要站在凳子上才能看到。那时没有电话，家里、同学之间基本都是写信交流。图书馆那时是我学习生活中很重要的一部分，特别是阅览室。我是那里的常客，尽管图书不多，馆舍简陋，不能和重点大学的图书馆相提并论，但长寿山下宝鸡师范学院的图书馆还是给我留下了非常深刻、美好的印象和记忆。长寿山下我难忘！

石坝河的渭水河畔

1984年7月12日，在我的人生中是非常重要且难忘的一天，结束了四年的大学生活，告别了朝夕相处的好同学，每个人都拿到了自己的毕业派遣证即将奔赴新的工作岗位。因为当时是计划经济，大学毕业国家包分配，所以我以全班综合评分第二的成绩幸运地留校工作。我感谢共产党！感谢培养我的老师和母校！我小心翼翼地拿着派遣证在7月12日从长寿山下的二公里半坐车来到石坝河校区的校人事处报到，走上了既期待又陌生的新工作岗位，从一名大学生变成了一名老师。

在1984年，长寿山下是当时的老校区，石坝河是当时宝鸡师范学院的新校区，也就是我们现在的老校区，学校的办公机关也都在这里。图书馆楼正在建设中，图书馆书库和各个阅览室集中在教学楼的一楼和二楼两层，已经是功能相对健全的图书馆了，图书和期刊的馆藏数量得到极大丰富，服务手段也不断完善。1992年经原国家教委批准，与1958年新设立的宝鸡大学合并，宝鸡师范学院更名为宝鸡文理学院。同年我校的第一个图书馆楼竣工建成，也就是现在老校区的图书馆，藏书已达到10多万册，工作人员30多人，组织机构有：办公室、采编部、流通部、期刊部和情报部，有18个工作点。同年我幸运地被派往大连理工大学的图书情报班进修学习，1993年回来时已经在新馆办公了。那时还没有计算机管理，图书分类、编目、检索、借阅等全部都是手工操作，和现在图书的自动化管理就是天壤之别。特别是采编部，分编一种书时，工作环节相当多，分类卡、书标和借书卡等均要用尖尖的钢笔先在蜡纸上刻好，然后用油墨和小滚子印刷成卡片、书标及借书卡，才能用糨糊完成书标、借书袋的粘贴，各种卡片目录的排列，最后典藏移交多个环节。在老校区我们当年用过的目录柜还在，看着一张张亲手做出的卡片，一切都显得那么亲切，现在已经成了宝贝文物了。

1996年，我校图书馆开始应用DOS版图书馆自动化管理系统，初步实现了图书编目和流通的自动化。 2000年，全馆开始计算机自动化管理的回溯建库工作，也就是把以前手工编目的书全部录入到计算机数据库中，为完成全面的自动化管理做好了前期的准备。那项工作量非常大，周末常常全馆加班，历时半年左右。2002年学院下拨专款，对自动化系统进行了更新，采用了深圳图书馆研制的比较先进的图书馆自动化管理系统（ILAS II），并建立了电子文献检索室，提高了图书馆采访、编目、流通、阅览和参考咨询的自动化水平，使图书自动化管理进入了一个新的里程。石坝河我亲力亲为！

高新一号的高大上

伴随高校改革的春风，建设千亩校园，万人大学，2005年，我们搬到了高新大道一号宝鸡文理学院东校区。东校区地处宝鸡国家高新技术产业开发区，南靠秦岭，北临渭河，依山傍水，环境宜人，占地面积1100多亩，有20,000多名在校学生。一进花园式校园的大门，目之所及，便是宁静、气势宏伟的图书馆大楼。东校区图书馆已是学校的标志性建筑，现新老校区两个图书馆总面积达3.21万平方米。

近年来，随着学校的较快发展及申硕成功，图书馆也在不断发展壮大，文献资源越来越丰富，目前纸质藏书183.19万册，电子图书31.5万册，基本形成了文史哲、理工管以及教育艺术兼备的藏书体系，还特藏有《四库全书》《古今图书集成》和民国时期著名的《申报》《大公报》合订本，还有陕西各县区县志以及部分线装书，每年订购印刷型报刊1100多种。

图书馆现设采编部、流通部、阅览部、技术部、办公室、参考咨询室和文献检索室，为读者开放业务点19个，为读者提供3000多个阅览座位，每年外借图书量最高达43万册。图书馆现有在岗职工65人，其中正高职3人、副高职6人、中级职称14人，具有本科以上学历40人，其中研究生9人。2013年对ILAS系统进行了升级，中心机房现有服务器4台、磁盘阵列2台、交换机7台，订购了7个数据库，这些数据库极大地丰富了馆藏，也拓宽了信息服务空间。现在不论是软件还是硬件都已经是省内相对领先的现代化图书馆，可以和许多重点院校的图书馆相媲美。

服务是图书馆的灵魂和永恒的主题，书山筑路，学海扬帆。宝鸡文理学院图书馆正以良好的文献信息服务平台，为我校老师的教学科研助力！为莘莘学子博览群书、获取信息添力！愿老师同学们在这里度过美好的学习时光！我珍惜在这里工作时的美好时光，我喜欢这里静雅的学习环境和浓浓的学习气氛，我爱这里的一切！

岁月如歌
——我与读者服务工作

西安音乐学院图书馆 单亚莉

光阴荏苒，时光如梭，转眼间，我在西安音乐学院图书馆工作已经整整30年了。从事音乐资料流通工作26年。30年的图书馆工作，虽然期间有过彷徨、动摇甚至有过调离的冲动，但是在周围默默奉献的老师们的影响带动下，我渐渐爱上了图书馆，爱上了这份平凡的工作，并且在这平凡的工作岗位上收获了许多许多……

1985年7月，我从西安音乐学院音乐教育系毕业留校后，怀着兴奋的心情走进了图书馆，从事音乐资料流通工作。原本以为在图书馆有大量时间可以阅读书籍，有大块时间能够学习进修，然而事与愿违，实际与我心目中的图书馆工作大相径庭。当时，图书馆正值搬迁前夕的内部整理阶段，一方面要保证流通工作正常进行，另外还必须见缝插针地整理乐谱图书资料，十分繁忙，工作环境也不是想象的那么优美，因为馆舍陈旧，书架和图书上沾满了灰尘……而这时，我周围的大多数同学纷纷步入了音乐教师行列，他们或是站在讲台上给学生们传道授业解惑，或是组织课外兴趣小组与学生们唱歌跳舞。而我却在图书馆从事着枯燥、单调、繁忙且又脏又累的流通和乐谱资料整理工作，心里有些失落。所以一段时间里难以进入工作状态，盘算着调离图书馆。恰在这时，前任馆长张仲伏老师似乎察觉到了我的"活思想"，语重心长地教导我要安心工作，要向其他老师学习，干一行爱一行，要在音乐资料流通岗位上高标准要求自己，鼓励我用过硬的专业知识做好读者的服务工作。他还给我讲述了中央音乐学院图书馆从事流通的一位同行，踏实工作、勤学苦练，对馆藏了如指掌、对乐谱流通工作极其熟练，做出了突出成绩，在业内传为佳话，赢得了师生的赞誉……

随着时间的推移，我对图书馆工作有了新的认识，明确了工作方向，树立了学习榜样，对流通工作从漫不经心地应付差事到充满自信并逐渐喜欢上这份工作。我认识到，把看似简单的乐谱资料的流通做到让师生满意，并不是一件容易的事情，其主要原因是：

首先，书名著录方式须手工检索。乐谱、曲集相对于其他专业文献而言，由于受其篇幅限制，除歌剧、交响乐等大部头乐谱以单行本形式出版外，其余文献几乎皆为结集出版，尤其是歌曲和器乐作品，而这部分作品恰恰是流通率较高的"主力军"。一部曲集，少则由几首、几十首，多则几百首甚至上千首乐曲组成。长期以来，我馆在乐谱文献著录方面采用书名著录的方式，没有对曲集进行分析著录，因此曲集中的具体曲目无法显示。

其次，原文乐谱多且多语种混杂。经过多年积累，我馆乐谱文献中原文版乐谱资

463

料居多，其涉及的文种复杂多样，有英、德、意、法、俄、西班牙、日语等多语种，有时一部作品的标题、责任者、歌词、附注等涉及多种语言，多语种混杂的形式比比皆是，所以流通人员必须具备一定的外文知识。

再次，读者以一首作品为检索单元、闭架管理。在音乐专业院校，从事演唱、演奏专业的读者对乐谱的需求非常具体，他们到图书馆借阅乐谱资料，通常直接以一首乐曲的曲名，或是某作曲家的某首作品为需求对象，甚至有时读者只能提供出作品的旋律片段，无法提供曲名及曲作者。另外，我馆对音乐资料一直采用闭架管理模式。这样读者需要借阅某首乐曲时，只能是工作人员凭借记忆和经验，通过浏览曲集的目录页，一首一首地手工逐册翻检。

另外音乐作品，一曲多名、同名异曲、同曲异调、同曲的配器、编配伴奏者不同、曲名翻译不统一等等现象屡见不鲜。

记得刚参加工作那段时间，由于不熟悉馆藏，对乐谱流通业务不了解，经常为找一首乐曲一趟趟地往返书库，读者着急，而我更是急得满头大汗，结果也未必能如读者所愿。要准确、快速地查检出读者需要的曲目，流通人员必须对馆藏胸有成竹，必须具备过硬的专业知识，必须记忆大量的曲目信息。为此我经常随时留心收集在流通中遇到的各种问题，对照馆藏有针对性地查找资料。为了加深对乐曲信息的记忆，有计划地对照馆藏乐谱目录欣赏古典、浪漫等各时期各流派作品，了解曲作者生平事迹、创作背景，了解有关专业课教学计划，提前熟悉馆藏。在一边工作一边自学的同时，还先后跟随音乐教育系、作曲系在校生旁听了音乐欣赏、中外音乐史、音乐专业英语等课程。搜集师生音乐会节目单，了解表演曲目，对照馆藏加深记忆。通过这些举措学习、熟记了许多作品，努力做到迅速为读者找出所需要的乐曲。工作中时常会遇到有读者对所借阅的曲名模棱两可，这时我会从曲作家等方面帮其分析，协助其查检出需要的资料，有些读者不确定曲名信息，只要哼唱旋律我也时常可以迅速准确地为其找出相对应的乐谱。

多年的资料流通工作，我积累了较为丰富的流通经验，养成了处处留意收集曲目信息的习惯，无论是欣赏音乐会，还是看电视、听广播、读书看报，随时注意记录搜集相关信息，一方面积累流通工作经验，另一方面可及时反馈于采访人员，为补充馆藏提供依据。

通过学习、实践，我的业务水平不断提高，对流通工作产生了浓厚兴趣，将乐谱资料的借、还工作做得得心应手。每当看到读者通过我的劳动拿着需要的乐谱资料时，作为图书馆人的成就感、自豪感油然而生。已故前院长刘大冬教授曾说："你是音乐资料室的'活字典'。"当然这是句玩笑话，但也是对我的流通工作的充分肯定，对我继续努力用心工作的鼓励。我曾经给自己的要求是，对馆藏资源力求了如指掌，对读者需求力争有求必应。

2000年以后，随着音乐书谱类图书市场的极大繁荣，中文版乐谱以及引进的外文版乐谱资料数量和品种日渐繁多，同时伴随着我院教学规模的扩大，对外教学交流活动频繁开展，师生举办音乐会、大师课所选用的曲目越来越丰富，各专业用于教学和赏析的曲目较前有了大幅度增加，师生检索曲目多种多样，流通量激增。以往依靠经验、凭借记忆作品信息进行手工检索曲谱的服务模式，已经远不能满足师生的需求。丰富的馆藏资源与手工检索曲目之间的矛盾日渐凸显。一方面守着丰富的馆藏资源，而另一方面凭借自己有限的记忆和经验的手工检索模式，已经难以满足师生对乐曲需求的多样性。出借台前经常是人头攒动，往往为检索一首曲目，我们不得不数次往返书库，不得不在一部部曲集中大海捞针般一首首翻检，费时费力检索结果却难以保证，导致拒借率居高不下，经常有师生因检索不到所需要的曲目，不得已改变教学计划。

在这种情况下，我们决定编制曲目索引，缓解曲目检索难、拒借率高的问题。2000年末，我和音乐资料室的一位老师一起从零开始，在音乐专业领域乐曲索引编制可学习借鉴的经验有限的情况下，我们边干边学，虚心向同行请教，因陋就简，利用繁忙的流通间隙，采取粘贴式方法（复印曲集目录，按照曲名音序粘贴在一起），尝试手工编制了日常师生需求量大的声乐、钢琴专业曲目索引。在此基础上总结编制经验，统计分析各专业乐谱流通情况，调查研究不同专业读者检索需求，逐步完善扩大索引款目，又先后编制了多个专业的曲名索引，这些索引以音序排列，根据表演专业特点，标引的侧重点也不尽相同。其中标引项目有曲名、曲作者、编者、出处、页码、馆藏索书号等10余项，其目的是有效揭示馆藏，方便师生检索。几年下来，我们先后手工编制了书本式的《馆藏中/外声乐教学曲目带钢琴伴奏谱索引》、《中/外歌剧曲目索引》、《中/外钢琴曲目索引》、《中/外小提琴曲目索引》、电子琴、手风琴曲目索引等十册2万余条。这些索引选题针对性强，服务对象明确，大大提高了馆藏乐谱文献利用率，检全率、检准率和工作效率大幅提高，是当时流通工作的好帮手，受到了师生好评。时任副院长罗艺峰教授为这部分书本式索引做了题为"入门须检索，读乐有引导"的序言，对我们乐谱索引编制工作给予了较高评价。

随着2005年我馆办公条件的改善，我们尝试将上述书本式的曲目索引电子化，就是在这些书本式曲目索引的基础上，研究探讨曲目索引工作既要符合索引编制原理，还要兼顾音乐专业院校读者的检索需求。这项工作将先前手工编制的教学曲目重新标引、规范著录，扩大检索项目，以满足不同专业读者的检索需求。先后编制了"Word版"和"Excel版"的声乐、钢琴、小提琴、手风琴等曲目索引，工作效率及作品的检准检全率较书本式索引有了进一步提高。虽然今天看来这些电子版索引还存在一些问题，有些专业的索引款目设置还不尽全面，但在当时流通工作中它们发挥了很大作用，是检索相关曲目的主要检索工具。截至目前，电子版的钢琴、小提琴、手风琴等专业的曲目索引还依然在流通窗口发挥着作用，受到师生们的欢迎。

随着编制曲目索引工作的深入开展，2003年，我申请加入了中国索引学会，在这个学术团体中，开阔了眼界增长了见识，对乐谱索引工作热情更高。一次，在中国索引学会主办的《中国索引》上看到了情报专家张琪玉先生的"现代的索引就是数据库"一文后深受启发，认识到流通工作不能仅满足于编制索引，不能满足于帮助师生查找一首首曲目，而是要借助电子计算机及其网络信息环境，建立教学曲目数据库，这样可以深层次地揭示馆藏资源，为读者提供更为便捷的文献服务。经过分析统计，我们选取日常流通中利用率最高，检索时附加条件多的带钢琴伴奏谱的声乐曲目为范本，研究探讨乐谱数据库建设问题。2008年，我主持申报了陕西省教育厅专项科研计划项目——《带钢琴伴奏谱声乐教学曲目数据库研究与开发》（课题编号：08JK141），获得了立项。

这个数据库以馆藏资源为文献源，收录了馆藏自20世纪30年代至2008年70余年间不同时期、不同版本、不同地域、不同演唱形式的带钢琴伴奏的曲目。曲目类型涉及艺术歌曲，群众歌曲，中外各声部独唱、合唱，影视插曲，歌剧选曲，古代歌曲等多种形式、多种体裁的歌曲，针对音乐教育专业读者的需求特点，还收录了部分少儿歌曲。

在曲目著录方面，将歌曲曲名、调、词/曲作者、伴奏编配、译配者、曲集编者、出处、版本、演唱形式、演唱声部、ISBN号、索书号等20余项进行著录，几乎将全部著录项目设为检索途径，把具有独立检索意义和虽然不具检索意义但对检索曲目具有重要描述意义的项目（如"调"）统一标注，其意图在于满足用户不同层面的检索需求，而且方便工作人员管理。在著录的规范化方面，参照国家标准，为实现网络环境下乐谱文献资源共享奠定了基础。

目前，数据库收录了11,000余首带钢琴伴奏的声乐教学曲，随着入藏书谱资料的增加，数据量会不断更新。另外数据库具有简单和高级检索功能，在功能设置、索引编排、检索功能上力求能够最大限度地满足音乐专业用户乐谱检索需求。2009年10月正式投入使用以来，从根本上解决了建馆以来手工检索曲目费时费力、检准检全率低的矛盾，为读者提供了高效、便捷的检索工具，在全国音乐院校图书馆率先实现了声乐文献集曲目检索、音频欣赏浏览与乐谱全文下载为一体的多媒体检索服务。值得一提的是，数据库还具备强大的扩展功能。可以借助已经搭建好的系统平台，进行钢琴、小提琴等专业曲目的子库建设。2010年4月该数据库已经通过科研部门鉴定，获得了专家高度赞赏，被誉为"开启乐谱文献宝库的金钥匙"。

在建设带钢琴伴奏谱声乐教学曲目数据库过程中，虽然期间遇到了许多问题，几经修改，但是我学到了许多知识，积累了许多经验。近年来我又先后作为项目负责人和项目组成员，主持参与了院级和省图学会的三项有关特色数据库建设与研究的课题；2010年底，为配合学院声乐系排演歌剧《唐璜》，我和另一位同事主动请缨，承担了建设歌剧《唐璜》专题数据库工作。这些工作在深层次揭示馆藏资源的基础上，为师生提供了方便快捷的检索服务。

多年来，我在进行日常流通工作的同时，加强图书馆理论知识的学习，理论联系实际，先后在《图书馆建设》《图书馆工作与研究》《图书情报研究》《中国索引》等刊物上发表文章，结合工作实际，研究探讨相关专业问题，其中《音乐乐谱文献资源建设初探》在"陕西省图书馆学会第六次科学讨论会"征文活动中获得二等奖；《从乐谱分类排架谈〈中图法〉（第五版）歌曲及戏剧类目的设置》在陕西省图书馆学会第九次学术成果评奖中荣获二等奖；《音乐文献信息资源共建共享的实现途径》在"西北五省（区）图书馆第九次科学讨论会"征文评选活动中荣获了三等奖。另外，我根据索引学理论，结合乐谱索引编制和数据库建设实践撰写的《乐谱索引及其数据库建设》在"2012年中国索引学会年会暨学术研讨会"上交流宣讲，受到了与会者的广泛关注。

近年来我只是在读者服务岗位上做了自己应该做的工作，却得到了领导和同事们的赞许，多次在年终考评中获得优秀等级。2012年1月被授予"陕西省高等院校图书馆2006～2011年度先进个人"的光荣称号。

岁月如歌，弹指一挥间。26年的读者服务工作，我从踏出校门不谙世事的懵懂青年，从不安心图书馆读者服务工作的年轻馆员，到现在年过半百对图书馆工作情有独钟的研究馆员，一路走来，如果说我在工作中取得了一些成绩，那么也是周围甘于寂寞甘当绿叶的老师们关心帮助的结果。近四年来我调入采访编目工作岗位，虽然不是在流通窗口直接为师生提供服务，但是我会在"后台"一如既往地间接做好服务工作，做好采访编目工作，尽职尽责地为读者服务。我喜欢图书馆这份平凡的工作，热爱图书馆这份默默无闻的工作。

在知识服务中体现价值

陕西学前师范学院图书馆 成东娥

我于1988年7月毕业于四川大学图书情报学系图书馆专业，获文学学士学位。大学四年，接受了正规、严格的图书馆学理论知识学习和技能训练，打下了扎实的基础，分配到陕西学前师范学院图书馆工作27年，积累了丰富的实践经验。现任民进陕西学前师范学院总支委员会副主任委员，学院学术委员，图书馆研究馆员。从上大学起，我和图书馆就结下了不解之缘，在图书馆工作近30年，我对这份工作从了解、喜欢到热爱，"图书馆"就是我的工作，我的职业，我的事业。

图书馆工作是平凡的，我与图书馆，从何说起呢？"何不从那次救火说起"，同事的提议，引起了我的共鸣。我的思绪回到了2002年的3月26日，那天晚上9点多钟，我下班吃过晚饭后，由于不舒服正在休息，被同事急促的叫起，跑到图书馆，打开二楼书库的门，看到熊熊大火的一刹那，我就像遭到电击，一股像电流的东西从脚底直冲向头顶，但我很快镇定下来，奔向书库，拿出灭火器，组织人员灭火。我一方面组织灭火，一方面派人去通知保卫科，同时在别人开灯的时候，我意识到危险加以制止。当时书库浓烟滚滚，加之灭火器喷出来的干粉，呛得人呼吸困难，我就脱下自己的外套，用水打湿，和其他同志轮流捂住嘴，去灭火，一直坚持到底，为了保护国家的财产尽了一份力。事后看到起火处塌下来的屋顶，我不免有些后怕，但当时确实不曾有怕的想法，只想着赶紧灭火，不再让它蔓延到其他地方。至今，我也不后悔我当时的所作所为。在关键时刻能挺身而出，这也是一个人应该具备的素质，尽管由于救火给我带来了一段不堪回首的生活。

就是那像电流一样从脚底冲向头顶的东西，事实上是由于突然受到惊吓出现的自主神经功能紊乱。在接下来的日子里，先是由于吸入了烟及灭火器的干粉，嗓子一直发炎，接下来神经紊乱症状越来越厉害，情绪低落，内心焦虑，晚上无法入眠，给工作生活造成极大困难。上班时，办公室响起的电话也会把我吓一跳，我得时不时地走到大门处张望，有时在家正做饭，我得扔下手中的活，出去转转缓解一下焦虑的情绪。尽管如此，除了去医院，我仍坚持，并努力做好各项工作。

那段时间里，我内心失去宁静，来来回回穿梭于西安六七所医院，见了医生又恐惧又满怀希望，想起那段日子，至今依然无法平静。"苦难是人生的老师"，这一磨难虽然给我造成伤害并留下了后遗症，但是我变得更加坚强，对人生有了更深的领悟，对事业有了更执着的追求。

图书馆是用知识进行服务的机构，服务是图书馆一切工作的出发点和归宿点，以知识服务全院师生，在服务中体现人生价值，是我的追求。图书馆是窗口部门，工作人员的服务态度、一言一行代表着图书馆和学院，增强服务意识、提高服务质量、开拓服务领域有重要的意义。在图书馆业务培训中，我就"图书馆、图书馆员、图书馆服务"这一主题做了专题讲座，指出图书馆员只有同时具备职业精神和信息能力，才是合格的图书馆员。职业精神体现在图书馆服务中，就是要以人为本地对待读者。尽管由于每天面对众多的读者，不停地借借还还，容易产生厌倦情绪，但应该牢记"读者第一、服务至上"的宗旨，采取换位思考的方法，舒缓情绪，力争做到服务态度好。我自己以身作则，在工作中，我能以读者为本，尊重教职工，热爱学生，与读者建立平等、友好的关系，为人师表，以自己的言行来影响和教育学生。我能利用各种形式，开展文明服务，服务态度好，服务态度优。为人找书，了解读者阅读需求，千方百计地的满足他们的要求，为有需求的教工及学生推荐新书、好书。如有的读者需要借某一专题书，我能准确地找到该类图书推荐给读者，获得了读者的好评。

在发挥图书馆教育职能中，我以教师的角色开展用户教育。承担信息检索课教学任务六年，对学生利用图书馆学习进行指导，耐心解决读者的问题，提高他们的信息素质，帮助他们更好地利用图书馆。向读者推荐基础性、前沿性、动态性、情趣性的书籍，辅导他们学会利用卡片目录等检索工具，尤其是利用计算机检索等。如在图书馆新系统刚启用时，有读者对图书馆检索系统不知如何使用，我就主动向他们讲述操作方法，使读者对图书馆乃至学院都会有一种新鲜的感受。

积极进行科学研究。随着图书馆自动化水平的提高和业务工作的不断开展，我深深感到，原有的知识已适应不了工作的需要，必须不断学习。我们的工作性质是一天八个小时的事务性工作，回到家还有一堆家务，但我尽可能抽时间学习专业知识，提高理论水平并结合实际工作，开展科学研究，已发表论文近20篇，担任副主编出版教材2部。

担任图书馆流通部主任职务近20年，我工作积极，认真负责，带领本部门的同志，较好地完成了各项工作任务。

作为我们这一级管理者，给群众起带动作用是完成工作任务最基本的保证，所以要求同志们做到的，我首先做到，并要做好。2006年8月底，图书馆二楼目录厅扩建为书库，大量的图书要从老库搬到新库，还要按类整齐排列，且不能影响正常借阅，工作量大、任务重、时间紧，说真的，暑假一想起开学后还要完成这项工作，我都有压力。在接到馆领导"只给三天时间"的任务后，我带领流通部的同志，不怕苦、不怕累，从上班直干到下班，甚至顾不上喝水，如期完成了2万余册图书的搬运、排放工作，获得了学院主管领导的好评。

2011年12月26日，教育部专家来我院进行设置评估，最终我院以高票改制成功，从成人本科改制成普通本科院校。在这次改制评估中，图书馆作为重点评估单位，经历了从12月10日开始跨校区搬迁，到12月16日最后一批图书安全抵达，标志着我院图书馆主体搬迁工作超常规完成。我作为搬迁的组织者，协助馆长做好搬迁工作。制订了搬迁计划，并负责落实。2011年暑假，我们对雁塔校区所有馆藏进行了下架、打包等工作。总计打包17,000余件。在历时7天的搬迁过程中，我带领大家克服了严寒天气带来的影响，承受着寒冷、灰尘、异味等种种困难条件造成的不适，不辞劳累加班加点，终于将40多万册图书从雁塔校区成功搬迁至长安校区新图书馆大楼。

我付出过，也收获了成果，在这二十七的职业生涯中，我年终考核获优秀四次，获院级三育人先进个人一次；获院级优秀科研成果奖三次，获省图书馆学会优秀科研成果一次；1996年被评为馆员，2001年被评为副研究馆员，2010年被评为研究馆员。

沉浸在图书馆这个知识的海洋里近30年，已使我无法不喜欢它。"就像一个针头线脑，嵌进这古今一脉的文明锦缎之中；像一滴春雨朝露，融在了这条科学与知识的金光大道"，以"文明锦缎"和"科学与知识"为平台，努力工作，展现自我，在服务全院师生中体现自我价值，是我的毕生追求。

平凡的岗位，美丽的职业

——我的图书馆工作回忆

陕西科技大学图书馆 李 力

法国文学家托马斯·布朗有段名言："你无法延长生命的长度，却可以把握它的宽度；无法预知生命的外延，却可以丰富它的内涵。"几百年来，这句话引发了多少人对人生意义和生命价值的思考，激励了无数人对自己钟爱的事业奋斗终生。这句话也一直激励着我，使我在图书馆平凡的岗位上默默地奉献着，散发着光和热，使我在图书馆工作中努力地扩展生命的宽度，丰富生命的内涵。

我1986年7月起在陕西科技大学（原名为西北轻工业学院）图书馆工作，学校位于美丽的咸阳，我是学图书情报专业的，在图书馆工作专业对口，开始时在图书馆科技书库工作，负责科技图书的借阅、上架及管理工作。当时馆舍旧、面积小、条件差，但我工作尽心尽职，发挥着自己的专业特长，热心为读者服务。1987年，陕西科技大学新图书馆建成，图书馆从旧馆搬迁到新馆，条件好了许多，旧馆位于陕西科技大学北区，新馆位于陕西科技大学南区，搬迁图书馆我们费了九牛二虎之力。我在新馆的二楼科技、社科借书处工作，后来也在还书处工作过，新馆的书库总共为6层，图书馆在科技图书和社会科学图书借书处设立了一个借阅台，这里的工作人员要负责2、3、4层书库图书外借、归还图书和新书上架、整架以及目录卡片的组织等工作，经常是为一个读者取书要跑2、3和4层书库，一天下来筋疲力尽，腿酸腰痛，有时为了满足一个读者的借书要求，我要跑几趟的2、3和4层书库，等到读者借到了想要的图书，我已是气喘吁吁，甚至满头大汗，读者满怀歉意地说老师辛苦你了，我微笑地说没关系，这是我应该做的，"读者第一，服务至上"是我的职业信条，只要读者满意我就高兴。每到一批新书，我都热情给读者推荐，非常受读者欢迎，我还积极给学生读者介绍一些名人传记等励志图书，帮助学生形成正确的人生观、价值观，增强学生克服困难的信心和勇气。后来，我轮换到文学借书处，负责中文文学图书和外文图书的外借、上架和管理等工作。1998年12月，我到中文期刊阅览室工作，负责期刊的管理和读者的阅读辅导工作。我能够把新到的期刊及时上架，保证了新到期刊及时和读者见面，做到经常整架，保证了期刊在期刊架上的正确位置，有利于读者阅览，提高了期刊的利用率。我认真热情地解答读者的各种提问，积极从事参考咨询工作，保持室内环境整洁，为读者创造了一个优美的阅览和学习环境，使读者高兴而来，满意而归。

学校为了发展的需要，在西安建了新校区，当然，在西安新校区也建新图书馆。学校决定2005级新生在西安校区生活、学习，但2005年，西安校区新馆还没有建成交工，学校只好决定把教学楼A座的1层和2层作为临时图书馆。于是，我们又把咸阳校区图书馆的图书资料及设备搬往西安校区的临时图书馆。这项工作包括图书资料打包、把打包好的图书资料往车上搬等，到达西安后又要把打包图书资料及设备搬到指定的房间，最后是把打包图书资料拆包、上架和整理排序，非常辛苦和烦琐。在搬迁工作中，我积极肯干，迎着困难上，我经常说的一句话是："我来干"，一天工作下来浑身酸痛，连说话的劲都没有了，心里盼着搬迁完成后好好歇歇，有的同事在搬迁中累得都住院了，也毫无怨言。2009年，西安新馆建成并装修完毕，投入使用，我和同事们一道，又把图书资料和设备从临时图书馆搬到新图书馆，又花了九牛二虎之力，完成搬迁。新图书馆非常漂亮，空间比较大，条件非常好，为读者服务的设施也比较完善，是一座现代化的图书馆，是陕西科技大学的标志性建筑，是陕西科技大学的信息中心，为教学和科研提供信息支撑。在新图书馆，我在检索工具书室工作，负责外文检索刊（包括CA、EI、FEA等）、中文检索刊、中文工具书（包括年鉴、百科全书、手册、国家标准等）的管理、读者辅导和参考咨询工作，还有外文期刊的分编、中文期刊保存本的管理。虽然工作内容多，但我非常热爱自己的工作，也自然认真负责，只要读者问到我的问题，我都耐心地回答，使读者满意。我热心地进行读者的辅导工作，教会读者信息的检索方法，帮助读者制定检索策略，经常得到读者的赞扬。我在为读者服务的过程中，和读者亲切交谈，了解读者的需求动向，为读者提供个性化服务。有的读者来图书馆根本就不太清楚要什么资料，我就问清楚读者来图书馆的意图，最近在研究什么内容，在哪方面遇到了问题，然后提供有针对性的信息服务，解决读者的燃眉之急。我还虚心听取读者的意见和建议，及时发现工作中的问题，改进服务方式，丰富服务手段，提高服务质量。我深深知道图书馆的发展以读者的需求为基础，满足读者的需求是图书馆立足社会的根本，是图书馆员义不容辞的责任，是图书馆"用户第一，服务至上"永恒价值的具体体现。图书馆的工作只有融入读者需求的整个过程中，只有和读者的需求过程紧密结合，才能有旺盛和持久的生命力。数字环境对图书馆的服务提出了挑战，要求图书馆员更新知识结构，学习新技术在图书馆的应用，我就通过自学、参加各种培训和研讨会等方式提高自己的知识水平和新技术的应用能力，更好地为读者服务。为了提高自己的业务水平和学术水平，我结合工作实际，积极从事图书馆学、情报学的理论与实践研究工作，撰写了学术论文数篇，在核心期刊等刊物上公开发表，有一部分学术论文获奖。

在陕西科技大学图书馆工作以来，我参加了图书馆的三次大搬迁，可以说是历经辛苦。我参加了从咸阳校区老馆到咸阳校区新馆，从咸阳校区新馆到西安校区临时馆，从西安校区临时馆到西安校区新馆的搬迁，最后是苦尽甘来，因为图书馆条件越来越好，为读者服务的软硬件设施比较齐全，我对图书馆的感情非常深厚，可以说是难以言表，图书馆是我又一个家。

我是学图书情报专业的，我热爱自己的职业，默默地为之奋斗。在人们价值取向多元化的今天，很多图书馆员由于在图书馆工作社会地位不高、收入少而产生不满情绪，因此离职现象多有发生，我没有受这种现象的影响，坚定地热爱这份平凡的工作。因为我认为图书馆在社会信息交流、传递科学信息、提高国民科学文化水平、进行思想政治教育等方面都有重大作用。图书馆员应该有正确的人生观、职业观和价值观，应该有崇高的职业理想和信念，图书馆工作是对社会承担责任和义务，是平凡而伟大的工作。

图书馆职业在外人眼里是极其普通和平凡的，甚至被人瞧不起，然而我认为图书馆工作虽然平凡，但平凡之中孕育着伟大和美丽，图书馆承担着保存文献资料和传播科学文化知识的重任。时光飞逝，岁月如梭，我从一个怀揣梦想的年轻图书馆员变成了一名老图书馆员，在平凡的岗位上迎来了一届又一届的新生，送走了一届又一届的毕业生，在平凡的岗位上默默地奉献着，发着自己的光和热，照亮了读者前进的路，使读者在图书馆知识的海洋中充实并完善了自己，获得了自己所需的信息，也掌握了获取信息的方法和技能，这对学生读者今后的学习、工作、科研、创新和生活帮助很大。

以上是我的图书馆工作回忆，比较简单，很普通平常，但点点滴滴都表达了我对图书馆事业、图书馆工作和读者深厚的爱。平凡的岗位，美丽的职业，今后我要在平凡的图书馆岗位上继续努力，不断学习，勇于进取，提高信息服务的质量，为图书馆事业的发展尽自己的一份力。

我与图书馆的无限情缘

宝鸡文理学院图书馆　赵百鸣

无须任何强迫，对一条蚯蚓来说，湿润松软的土壤就是它最理想的家园。同样，诗人艾青却用这样的诗句表达了自己的情怀，"为什么我的眼里常含泪水，因为我对这土地爱得深沉"。而对于我，让我最喜欢或让我最爱的，莫过于我们的图书馆，因为在我的心目中，图书馆是最神圣、最令人向往的地方。

不是吗？古今中外不知多少名人和图书馆结下了不解之缘。一提到马克思，恐怕好多人会立即想到"马克思的脚印"。是啊，那是马克思长年累月用脚不知不觉在水泥地面上磨出来的，可见他当年读书的用功。大英博物馆里的图书馆也因为有了这样的脚印而名扬天下。还有早年的毛泽东，为了探求真理、寻找中国的出路，去北京大学图书馆当了一名助理员，通过每天管理和阅读报刊，不仅获取了很多有益的知识，同时也结识了李大钊等不少名流学者，对今后的人生发展起到了良好的铺垫作用。中外历史上，图书馆这块沃土不知培育了多少著名人物啊！

我是2004年正式进入宝鸡文理学院图书馆的，一眨眼，在图书馆已经工作了十个年头了。十年啊，人生有几个十年？说起来，我与图书馆的关系岂止十年？

我是1985年参加工作的，当时还是个20岁的毛头小伙子，是学校的一名小小的打字员。打字室这个地方就像一个沸腾的小湖，一天到晚忙忙碌碌的，要打的文件、材料比较多。人家知道，文件这种形式总给人一种公事公办的感觉，是不允许掺杂任何个人感情色彩的，久而久之就会使人感到枯燥和乏味，这时候，对于爱好文学的人来说，图书馆就成了魂牵梦绕、心向往之的地方。

于是很自然地，在一天的工作结束之后，每当夕阳西下，每当吃完晚饭，只要没什么紧要事儿，我都会怀着无比激动的心情，拿着一个很大很厚的硬皮笔记本，迫不及待地向图书馆阅览室奔去，在明亮的灯光下找个位子，找来自己喜欢的报纸杂志，一头扎进知识的海洋，如饥似渴地咀嚼、品味，并不时做些笔记。这时候，白天工作生活上的烦恼也就忘得一干二净了。随着阅读的持续和深入，心头也渐渐变得亮堂起来。就这样，晚上去阅览室看书学习成了我雷打不动的一种习惯。现在看来，它对我工作生活的促进，抑或是个人素质的提高，都起到了非同小可的作用。在这个手机互联网时代，我劝我们的大学生们，珍惜这来之不易的大好时光，体谅父母辛苦赚钱供养你们上大学的不易，少上点网，少玩点手机，把时间尽量用在阅读和学习上，养成习惯，这对你们将来走向社会，对你们今后的人生，都将起到意想不到的良好作用。在这点上，请大家记住贵州大学校长郑强寄语毕业生的几句话，他说："我希望，哪一天在长安街的地铁里，大家都在做刷屏的低头族时，有一两个在静静阅读的人是贵人的你们。"我也就想，这"一两个在静静阅读的人"为什么就不能是宝鸡文理学院的你们呢？当然，我们也不必太悲观，学生中不是没有读书的种子，每当我看见那个坐在阅览室靠窗的位子上手捧厚厚的纸页发黄的《资本论》在读的学生时，我的心里就充满了无限的喜悦。我想，也许在将来的某一天，一些著名人物很有可能就出在这些学生们中间。

记得1987年的一个晚上，我在阅览室的一本刊物上读到了苏联作家谢·沃罗宁的《忠告》一文，写的是教育年轻作家如何观察生活、如何做笔记以及如何利用这些笔记的内容，这对于正在文学道路上苦苦探寻的我来说，真是如获至宝，于是便全文抄了下来。说是全文，其实只是文章的前半部分，因为文章很长，两部分合起来有十多页，当时杂志是分两次刊载的，也由于种种原因，此后我再也没有看到文章的后半部分，但心里一直挂念着这件事。可要使这篇长文能够合璧，找到它的后半部分，其难度是相当大的。因为当年只顾着抓紧时间抄写文章，疏忽了刊载它的刊物名称，只知道是1987年的杂志，具体是什么杂志，时间长了，根本记不起来。

世界上的事情真是说多奇妙就有多奇妙，也许是和这位作家有缘，也许是上天在冥冥之中的某种安排，在过了22年后，2009年5月31日下午，我终于在新校区图书馆5楼过刊室的《苏联文学》上找到了这篇文章的后半部分，一看是1987年第3期，哎呀，当时那种激动兴奋的心情真是无以言表，赶快把它拿去复印了下来。22年啊，心中的一块石头终于落到了地上，岂不幸乎？1996年，我获得了"宝鸡名牌"标志设计大赛一等奖，1999年，我的中篇小说《雀起雀落》发表在陕西省作家协会主办的《新大陆》杂志上。这些成绩的取得都与在图书馆的努力分不开。

现在，我已是图书馆的一名正式员工，每天无论寒暑，按时上班下班，从不迟到早退。特别在老校区图书馆，尤其在晴朗的日子，每当踏进图书馆的大门，但见一道道金色的阳光从圆顶上的玻璃洒落下来，使我对未来充满了无限的向往。宁静的夜晚，当我透过它看到天上闪烁的星星，耳边仿佛听到了来自宇宙深处的问候。每每这个时候，我都会在心里默默地对自己说："啊，图书馆，你永远是我心中最神圣的地方！"我爱图书馆，所以对我来说，爱岗敬业绝对不是一个挂在嘴上的抽象概念。在尽力做好本职工作的前提下，认真看书学习做笔记的习惯没有改变。我觉得，与我们这些图书馆的"常住户"相比，一届一届的大学生们则很像一茬茬韭菜，来去匆匆，显得很短暂，我们这些"守园子"的，一定要为学生们做好表率，维护好图书馆的整洁、安宁与神圣，这应当是我们每个图书馆人化进骨子里的自觉意识和行动，因为它不仅关乎图书馆的形象，更关乎我们整个学院的形象。

看今朝，我们国家在世界上的地位日益提高，令人振奋。再看看我们图书馆，自从今年下半年新一届领导班子上任后，对图书馆进行了前所未有的改革，数据库建设、学术交流、职工学习等各项工作搞得风生水起，充满了无限的生机与活力，自然赢得了学院上下特别是莘莘学子的高度肯定。我作为团结奋进的图书馆大家庭中的一员，感到无比自豪！

上面所写这些，只是我与图书馆关系中的一鳞半爪，要说的话其实很多很多。我想，即便是以后退休了，我与图书馆的关系也是不会中断的，因为我与图书馆的情缘是无限的……

我是老师

西安美术学院　侯越秀

儿时，我的梦想就是当一名人民教师。原因有两个，其一是受人尊敬，其二源于长辈给我起的小名婉婉。说起我的小名，还有一段小插曲，我原不叫婉婉，叫苑苑，有艺术之意，因我父亲是搞艺术的。他从小酷爱绘画，我出生那阵子，我父亲在省城西安上班，母亲住乡下老家。父母分居两地，那时书信是我父母联系的唯一办法。听长辈说我到一岁才上的户口，出生好长时间没有名字，住乡下的老妈要在省城工作的老爸给我起一个名字，于是我父亲给我起名"苑苑"，有艺术的意思。老妈完小毕业，不认识这个"苑"字，就拿着老爸写给她的信，去问村里有文化的教书先生，这个白字老先生，竟然将"苑苑"误读成了"婉婉"。几个月后，我父亲回家见到我时，婉婉这个小名已在村里叫出名，于是将错就错，家里人索性叫我婉婉。后来我懂事了，便一门心思想，将来我一定要上大学，当一个名副其实的老师，最起码不会把字念错。高中毕业那年，我高考落榜了，心想，这下与教师无缘了！后来，却竟然阴差阳错地在大学图书馆当了30年的老师，今年五月我光荣退休了。

自1986年参加工作以来，我一直在西安美术学院图书馆从事图书管理工作。期间我做过图书馆流通部的读者服务工作，也做过技术部的中文图书分类编目工作。由于30年的从业经历，我的工作态度和作风被图书馆同人认可，多次被评为图书馆先进工作者。我的工作是从美术专业流通库借阅开始起步的，工作前10年做的是美术专业图书的借还服务工作。流通部门的工作是图书馆对外服务的窗口，每天都与很多读者打交道，稍不注意就会引起读者不满。面对称自己为老师的读者，开始工作时有点不适应，心想这么容易就有人叫我老师，于是暗中鼓劲，既然有人叫我老师，就得像个老师样，总不能让人家大学生瞧不起我。于是利用工作之余，坚持学习，通过我的努力，不但顺利拿下了汉语言文学专业专科和美术设计专业本科两个学历，而且我的工作能力和生活能力也有很大的提升。其中的酸甜苦辣只有自己清楚。干图书馆工作，伸缩性很大，一个好的图书馆工作者，要了解自己所在图书馆的馆藏，还要能耐得住寂寞，要有强烈的责任感，才能利用自己已有的知识将工作做得游刃有余，才能让读者心服口服。1996年下半年由于我的努力及工作的需要，馆领导将我从流通部调入图书馆编目部，从事中文图书分类编目工作。

如果说我在流通部门做具体借还工作，那么到了编目部我还要做的是一些更具体更细致的分类编目工作。西安美院图书馆编目工作是西美图书馆馆藏建设中最基本、最重要的一项业务工作，是文献流通的基础。编目工作是多工种、多人协作的综合性工作，比较琐碎复杂，技术含量相对高。西安美院图书馆不像其他大学图书馆，馆小人少，那时候新书到馆编目程序也很繁杂。验收、登到、分类、做图书款目（在蜡纸上刻版），然后油印成卡片，等油墨干后将图书卡片归类，分成读者目录和公务目录两套目录卡片。读者目录主要供读者来馆借书查阅馆藏用，公务目录是为了工作方便，专供图书馆工作人员使用。再分别排卡，全是纯粹的手工作业，那时还没有电脑，就连打字机都算奢侈品。图书加工和现在差不多。由于在技术部编目工作20年的职业习惯，现在每当我拿起一本书，头脑便会不自觉地给它归类。说心里话，我觉得图书馆工作就是做人梯，是专给读者提供服务，专供他人踩着向上走的一种神圣的职业。做人梯既然是一种职业，就自有做人梯的乐趣。我刚参加工作那会，西安美院图书馆经费少，全部实行闭架借书，读者来馆借书，先在图书馆的目录厅中的读者目录体系中找到自己需要的书后，将卡上的索书号和书名、著者写在纸条上，交给我们图书馆工作人员，工作人员依据读者提供的图书信息去库房找书，不但费时费力，而且拒借率很高，更谈不上数字化、网络化。从2003年9月开始，西安美院图书馆开始采用北邮"现代电子化图书馆信息网络系统"软件，建立了图书馆内局域网。2004年，全馆同人利用暑假休息时间加班加点，对馆藏数十余万册图书进行回溯建库，实现了西安美院图书馆图书自动化管理。作为这段历史的见证人，我亲眼看见并参与了西安美院图书馆从传统手工检索到计算机网络检索两个阶段的工作，深感荣幸。2006年，我院图书馆自建"馆藏历代绘画作品数据库""馆藏文物特色数据库""民间艺术品特色数据库"等9个特色数据库。2007年，又将原来的书库和画库扩大为文学库、社科库、专业一库、专业二库，除专业一库外，各库实现开架借阅服务模式，为2007年国家教育部本科教学水平评估打好了基础，使国家教委在西安美院的评估工作顺利通过。2014年上半年，在张凌馆长的领导下，西安美院图书馆全馆同人上下一条心，经过半年的装修改造，在专业一库实现了开架服务的同时，将原来的专业二库分为两个库，专业二库和专业三库，加上原来的美术专业阅览室和报刊阅览室，馆舍面貌焕然一新。装修后的西安美院新图书馆无论在馆舍、资源、服务、管理，还是网络化、数字化等方面都上了一个新的台阶。现在可以24小时使用网络技术手段为读者提供全方位服务，实现了藏、借阅、咨询一体化的开放式管理服务模式。实现了西安美院图书馆全馆开架借阅的大流通服务方式。全馆只有一个出入口，设立门禁制度，馆内所有书库阅览实现全部开架，在馆内显要位置的一楼大厅建立出纳台，供读者借还图书。读者进馆后不用存包，就可以随心所欲地进入自己想去的地方，挑选自己需要的图书进行阅览或者借出。读者到馆一卡就可以乘兴而来，满意而归，这样不但方便了来馆读者，而且提高了文献资源的利用率，还全面地提升了图书馆在学校的形象。

今日西安美院图书馆的辉煌，记录着图书馆人70年来的足迹，凝聚着几代西安美院图书馆人的奋斗史。在我从业的30年中，先后与王崇人、何克家、刘保申、张立宪、赵农、张凌6个正馆长，80多位同事共事。印象最深的是西安美院现任图书馆馆长张凌，勇于进取，善于开拓，敢想敢干，使图书馆发生了翻天覆地的变化。最难忘的是西安美院图书馆两位敬业的前辈，让我认识到了人生的艰辛和努力，一个是文慧兰老前辈，另一个是李长荣老师。文老师头脑清晰、工作负责、一丝不苟，干活动作麻利，始终给人的感觉是平易近人。李老师爱岗敬业，多年来一直默默无闻地做着保管西安美院700多件古代字画的工作，可谓细致入微、万无一失，让人敬畏。他们一心扑在工作上，从不计较个人得失，是我学习的榜样。回想起这30年的工作，让人欣慰让人心酸，欣慰的是在西安美术学院图书馆参加工作，实现了我儿时的梦想，做了一名老师。在工作中，竟然有读者老师长老师短地称呼我，不管咋样，这也算是圆了我的老师梦吧。欣慰的是我这一辈子活得简单，幸福快乐，与世无争。

我喜欢图书馆工作，如今我虽然已退休，却依然在图书馆工作中发挥着余热。图书馆工作就意味着奉献，伟人出于平凡，在图书馆平凡的工作岗位上我尽力地干着。每当听到读者称呼我老师时，每当我看到自己分编的图书文献任由学生借还，每当看到来图书馆的学生高兴而来满意而归，我感到由衷地满足和快乐。

图书馆：我无怨无悔的选择

宝鸡文理学院图书馆 李 伟

选择一种职业，成就一种梦想，充实一种生活。从业30年来，从一个懵懂的青年到现在步入中年，图书馆是我无怨无悔的选择。图书馆工作平凡、平实，不可能做出惊天动地的大事，但是，正像一位哲人所说的，人不一定使自己伟大，但可以使自己高尚。海尔总裁张瑞敏说，把平凡的事情做好就是不平凡，把简单的事情做好就是不简单。伟大是由名垂青史的伟业做支撑，非人人能及，高尚是由良好的品德、美好的心灵、崇高的精神、高尚的情操做依托，只要你愿意，人人都可做到。

我所工作的单位是宝鸡文理学院，在我工作之初叫宝鸡师范学院，其专业设置以师范类为主，图书馆临时设在教学楼的一层和二层，面积有3500平方米。1993年，馆藏面积达7000平方米的图书馆大楼建好并投入使用，图书馆各个部室的分设也更加专业化，有古籍室、社会科学书库、自然科学书库、文学书库、外文书库、样本书库、社科文献资料室、理工文献资料室、期刊报纸室、过刊室、各个系归并到图书馆的资料室，还有大面积的自习室，学生的借阅学习环境得到了较大的改善。1996年，宝鸡师范学院和宝鸡大学合并了，并有了新的校名：宝鸡文理学院。随着两校的合并，图书馆又增加了大量的新合并专业的图书资料。随着学校的发展和不断扩招，专业和院系也不断增加，学校的校舍已经不能满足更多的同学学习和生活了，图书馆也显得不够用了。学校根据发展的需要，在东高新开发区新建了占地面积达800亩的宝鸡文理学院新校区，2005年新校区更高更大更加漂亮的九层25,000平方米的图书馆大楼建成了，图书馆的馆藏面积由原来的7000平方米增加至32,000平方米，同时增加了7个大的书库，两个电子阅览室和文献检索室，阅览座位也增加到了3600个，藏书量也由最初的十几万册增加到现在的197万册，开放时间也由原来的每周5天8小时工作制延长为现在的每周7天，从早到晚全天连续开放，每周开放时间达到83.5个小时。新馆的建成使用无论从环境的改善，还是藏书量的丰富上，都为同学们提供了更好的借阅学习条件。

我于1986年从宝鸡师范学院图书情报班毕业后，来到图书馆工作至今。30年来，我参加了图书馆的每一次大型搬迁，尤其是1993年从教学楼搬迁至老校区图书馆和2005年从老校区图书馆搬迁到新校区图书馆，每次搬迁的图书都在几十万册以上。图书馆搬迁是个浩大的工程，每次都是全馆人员一起上阵，整个书库划片，任务包干，两人一组，合作有序地取书、打包、搬运、再次拆包、排架、上架，全体人员都是汗流浃背的一场大干，加班加点地完成任务，每次我都会被图书馆人不怕苦不怕累的精神感动。

参加工作第一年我被分到图书采访编目部做中文图书著录工作。新到馆的每一种图书都要经过拆包、上架、画线、盖章、打号、查重、分类、著录、印目录、印书标、贴书标、抽样本、核对后才算加工完成，再经过典藏室典藏之后交到流通部，才开始流通借阅见到读者。我当时的著录是手工刻写蜡版的，每天都有定额的工作任务，每小时刻写八种新书目录，每一种新书目录带一张书袋里插的小卡片目录。办公室的刘秀兰老师是位工作非常严谨的前辈，她是负责查重工作的，由于她在采编部工作的时间比较长，对图书加工的每个环节都很熟悉，我刚开始搞著录时总有些地方出错误，她就耐心地给我指出来并教我，蜡版著录坐的时间长了会颈椎疼，刘老师经常在课间休息的时候帮我按摩，我从刘老师身上学到了对待工作应该有的认真负责的敬业精神和态度。

做了一年的著录工作后，我被调到期刊阅览室工作，期刊阅览室的工作是轮流倒班，早中晚都对读者开放的。当时的阅览室一共有1035种期刊，副本量基本都是3本，每天都有新到馆的期刊，一上班就是登录、编号、整理、上架新期刊，还要不断整架，下架过期的期刊并按顺序排列好放到阅览架的夹层里，以方便读者查阅最新的期刊和过期的期刊。读者很多，每天阅览室从早到晚都是座无虚席。坐在阅览室里，眼前都是各种各样的期刊，阅览室的工作也方便了自己阅览学习，利用工作空闲时间我也阅读了大量的期刊，获得了很多知识，还做了很多期刊资料的文献摘录卡片供读者查阅。利用我在期刊阅览室的工作之便我还在报社做了兼职，专门为报社提供从期刊上摘录下的最新文摘信息。

1989年，我调到了流通部做图书流通闭架借阅工作，每天的工作任务都是上书袋、上书、跑库找书、借书、还书，工作简单重复，忙的时候跑一天库脚都是肿的，那真的是累。1997年，我调到了图书馆新建立的第一个计算机借还图书的开架借阅综合书库，使用的是深圳大学图书馆研制的图书馆管理集成系统。2000年，图书馆建立了新的开架借阅书库：社会科学书库和自然科学书库，使用的是深圳图书馆研制的ILASⅡ图书馆管理系统，感受了计算机图书管理系统给工作人员和读者双方面带来的方便快捷，经历了图书馆由传统的人工闭架借阅到计算机开架借阅的飞跃性发展，认识到科技发展的力量和重大作用。开架借阅后，读者可根据需要自行进库选书。我尝试性地招聘了一批大学生图书管理员，利用课余时间帮助整理图书，并教他们学习图书的分类、排列、上架和帮助读者查找图书，组织读者批量借书，我给每个管理员增加了借书权限，满足他们的借书需求，给他们提供这个简单的工作机会的同时也锻炼了他们的工作能力。

我在流通部工作已经26年了，有时候自己也在想为什么会留在流通部工作这么多年而依旧很喜欢流通这份工作，我想这应该感谢我最初来到流通部上班时的部长任密迎老师。任老师是个老黄牛式的领导，做人做事都很认真，也是个热心肠的人，同事遇到困难她都会出主意想办法，主动给予帮助。我跟任老师在一起工作了10年，她对我的影响很大，她经常对我们年轻人说：做人要把心放正，做人一定要善良，做工作不要怕吃亏，做什么工作都是做，只要你踏踏实实的，一定能把工作做好。她和周围人的关系都处理得很融洽，她拿真心对待我们，我们也愿意给她说自己心里的话。在她的熏陶下我慢慢喜欢上了流通这个工作，喜欢上了为读者服务，我认为只要你喜欢这个工作，你就能快乐的工作。所以在后来几次馆里面调整岗位的时候我都选择了继续留在流通部工作。

做流通工作已经26年了，这些年来我除了做好大学生读者服务工作以外，还坚持为老师的教学科研提供文献服务。如，宏科作家的文学创作、何志虎教授的国家科研项目的研究等，由于他们需要的文献资料多，借阅时间长，我就给馆长说明情况，经馆长同意，对他们增加了借书权限，延长了借书时间，方便并满足了他们学习研究的需求。像这样的服务还有马平川老师的文学评论工作等等，也参与了王磊教授的"大学生文学素质教育"的图书服务工作，每次新到了图书我都主动联系他们前来借阅，尽快地让他们看到新的文献资料。为了更好地为读者服务，通过学习，不断加强自身的业务素质和文化修养，在为读者和教学科研提供更好服务的同时，也在工作中充分体现了自己的自我价值。

图书馆是一个安静的学习场所，我参加了馆里每年都会组织的新生进馆培训，让他们了解图书馆规章制度，使他们有秩序地进馆学习，做一个文明的读者，并教会他们如何查找借阅图书文献，如何使用数据库，让他们学会在这如海洋般的知识宝库里自由地获取知识，利用丰富的图书资源，很好地为自己的学习服务，为自身的提高服务，把自己打造成为一个对周围人有用的人，对社会有用的人，为毕业后找到一份满意的工作奠定一个好的基础。

　　我喜欢和大学生交朋友，了解他们的思想活动和阅读兴趣，经常会让大学生给我推荐图书，我会跟着他们的推荐去看，了解书中的内容，也能让自己和他们有共同的认识和话题，更好地为大学生这个群体服务。我喜欢和大学生聊天，他们年轻，思想活跃，积极向上，对事物有着美好的向往和热情，他们也带动了我，和他们在一起我很快乐，是他们的活力带动着我保持着年轻的心态，保持着对读者服务工作的热情，我也很感激他们带给了我快乐，我喜欢读者服务这个工作，为读者服务的过程中我是快乐的。每个人都希望自己有美好的存在感，大学生是个群体，也是一个个独立的个体，即便他们还是个学生，他们也强烈希望能被身边人尊重，能被老师肯定，我们对读者提供了热情耐心的服务，他们也会以同样的态度对待我们，他们毕竟是学生，学生是单纯的，也是热情的。这些年来我交了很多大学生朋友，有的已经毕业多年，我们依然保持着联系，他们回到宝鸡的时候也会来学校看望我。被人记得是一件幸福的事。

　　送人玫瑰，手有余香，给人微笑，自己舒畅。我想，图书馆不但是文献传递中心、知识共享中心，也是传递微笑、传递温暖、传递真诚、传递善心、传递友爱、传递正能量的家园。

　　为了促进校园的阅读氛围，鼓励大学生走进图书馆，参与图书馆管理，我组建并成立了老校区读者协会来参与图书馆的读者管理工作，让读者协会协助我一同来管理自习室。并制定了读者协会的宗旨："以书会友，服务读者，完善自我"，还制定了各部门的工作职责和自习室管理规章制度。读者协会很快投入了工作，和这些学生一同工作中，不难看出他们的积极性很高，服务图书馆服务读者的热情也很高，每天晚上我带领协会的干事们到每个自习室做宣传，告诉同学们文明入馆，不得占座位，进馆后不得大声喧哗。下晚自习后对每个自习室遗留物品进行清理，仅用了一周时间，占座位的现象就被彻底治理好了。

　　为了让新生尽快了解图书馆，在新生报到期间，我带领着协会的干事们举办迎新生活动。宣传"勤思勤读"的思想，使更多的新同学充分了解图书馆，吸引更多同学多读书，让新同学们认识到读书的重要意义。读者协会充分发挥图书馆与读者的桥梁作用，于2014年10月31日成功举办了以"我爱阅读，我爱图书馆"为主题的新会员见面座谈会。让新会员了解图书馆，了解读者协会和为广大读者服务的意义。鼓励大家积极交流，互相分享读书心得。读者协会的工作得到了图书馆三位馆长的肯定和大力支持，三位馆长结合他们的人生经历以平实的语言对会员们进行教导，鼓励会员们在读书过程中要有批判精神，要真正用心去读，这样才能有所收获。更加激发了新会员对图书阅读的浓厚兴趣和对读者服务工作的热情，展现出了爱读书人的奉献精神，强化了会员们的团队意识，努力将读者协会打造成学习、社交、能力提升的平台。协会还定期举办读书沙龙活动，加强正能量宣传，引导大学生爱读书、读好书，好好读书,学会智慧地思考。

一年来我带领读者协会的会员们除了认真做好日常工作外,还组织了以下活动:

2014年10月31日带领读者协会举办了以"我爱阅读,我爱图书馆"为主题的新会员见面座谈会。2014年11月18日,带领读者协会举办了以"敞开心扉,心系图书馆"为主题的座谈会,邀请学院计算机学习中心李老师就大学生进入校园后的困惑来会与学生交流。2014年12月7日,特邀优秀青年评论家马平川老师做客老校区读者协会,以"让未来的你感谢今天的自己"为主题与学生们座谈交流。2015年4月24日,带领读者协会举办了以"最是书香能致远"为主题的世界读书日宣传活动。2015年6月14日,带领读者协会全体会员去宝鸡福乐老年护理院做义工,尽自己绵薄之力组织为孤寡老人献爱心活动。6月18日至19日,带领读者协会和校青志联、安置办共同联合组织了毕业生爱心捐书活动。

在我的组织下读者协会在图书馆网完成了读者好书推荐工作,他们每个人把自己读过的好书整理出来以简练的语言推荐给其他同学,我觉得这是件很好很有意义的事情,能够在阅读上帮助到其他同学。另外还组织读者协会会员积极参加图书馆举办的超星杯"我与图书馆"征文活动,有8位会员的文章获奖。

在读者协会的管理方面,我真诚对待每一位读者协会的会员。在生活上,就像关心我自己的孩子一样关心我们的会员,主动和会员们聊天交流,让他们感受到虽然自己离家在外上学,但却同样有老师关心爱护,让他们感受到父母一样的温暖。同时教育会员们必须要懂得感恩,学会感恩,让他们知道今天能到这里来上大学,不光是自己学习上的努力,还有父母家人的共同努力和帮助,让他们知道感恩父母,感恩社会,感恩身边曾经帮助过他们的人,教会他们一定要学会珍惜,珍惜自己身边的人和事,珍惜现在的学习机会,给自己的人生尽可能少留下些遗憾,不然错过了真的就错过了。我经常带领会员们搞些工作以外的活动,如聚餐,K歌,到操场聚堆聊天,帮助并教育他们学会及时排解自己的负面情绪和压力,让他们轻轻松松地学习和工作。鼓励他们在读者协会交到志趣相投的朋友。让他们学到在课堂上无法学到的东西,这样既增加了读者协会的凝聚力,也让他们乐意开开心心地留在读者协会工作。

虽然他们已经十八九岁了,可是在家里基本上都是父母照顾着长大的孩子,来到我们读者协会面对工作他们的经验基本是零,所以我就要教给他们工作方法,培养他们的工作热情和耐心,还要跟进并检查工作的完成情况,并及时给予他们鼓励和肯定,让他们做完了工作有成就感,这样才能更好地激发他们的工作积极性。都说孩子的成绩是鼓励出来的,我们读者协会的会员也是一样需要鼓励,才会使他们更加有自信有干劲地做好读者协会的工作,做好读者服务工作。让他们通过在协会的工作给自己锻炼出面对工作时应该有的态度,积极性、主动性、耐心、责任心以及团队意识和团队精神，这些可贵的工作品质会帮助到他们后面的找工作，会让他们受用一生的。

读者协会的工作又让我收获了很多大学生朋友，今年刚开学我的腿生病的时候，他们很多人来我家里看望我，帮我搞卫生，有的同学还帮我买饭，打开水，经常吃饭时间就会有同学打电话问我："老师你吃什么饭，我给你买好送家里去"，他们为我做的都是我的孩子应该做而因为工作离家远又做不了的，他们就像我的孩子一样关心我照顾我，他们让我感动，也让我感到很温暖，连我的爱人都说读者协会的会员们特别棒，我从心里谢谢他们。

图书馆的工作和藏书为我提供了阅读的方便，利用图书馆丰富的文献资源，我经常看一些感兴趣的图书，我随着孩子的成长同步阅读了馆藏的子女教育方面的书籍，从这些阅读中我知道了孩子不同年龄段所出现的各种现象的原因，学会了怎样针对这些现象去正确引导孩子，疏通孩子的思想，帮助孩子排解负面因素带给孩子的不良情绪。读书让我丰富了自己，也帮助孩子快乐成长，还养成了孩子爱读书的好习惯。2005年10月份，孩子去新加坡学习，作为妈妈的我既高兴孩子能有这样的学习机会，又担心孩子只有15岁，小小年纪离开父母一个人在国外学习生活，如果遇到不顺心的事情时该怎么办？为了能让孩子自己及时排解心理困扰，保持乐观积极的心态，我送了孩子两本卡耐基著的《人性的弱点》和《人性的优点》，这两本书我觉得挺好，对我的帮助也挺大。戴尔·卡耐基被称作人类心理大师，他的书帮助很多人解决了心理上的困扰，也引导带动了很多人为实现自我价值乐观积极地努力。孩子从这两本书中受益匪浅。

从事图书馆职业，可以方便地读书，多多地思考，有益于工作，有益于生活。读书，可听先贤之言，识前车之鉴。书是良友，书是财富，书更是食粮。美丽的诗歌，优美的散文，跌宕的小说，抑或是专著研究、书法绘画，能让你看懂这个世界，更加冷静而深入地思考。以书为友，抚平的是浮躁的心灵，开阔的是迷惘的眼界。我们要与图书馆交朋友，与书交朋友，腹有诗书气自华。读书是一种精神，一种力量，更是快乐有趣的生活与工作。所以，选择图书馆工作，我无怨无悔！

梦与缘：我的图书馆情结

宝鸡文理学院图书馆　许　娟

"好事流芳千古，良书播惠九州"，这是郭沫若先生访问现存最古老的藏书阁天一阁时的由衷赞叹。人类从脱离鸿蒙，穿过远古，走到现代，一直没有停止追求文明、进步和卓越的脚步，而图书馆作为人类文明的产物和传承载体，也在人类发展的长河中不动声色地演绎着自己的历史，见证沧海桑田的变化，促进着社会的进步。可以说，一个地方、一个民族、一个国家的文明发展程度，看它的图书馆建设就是最好的诠释。对一个人来说，图书馆更是捕捉人类文明的密码，从幼稚走向成熟，从无知走向睿智的圣殿。

我对图书馆最初始的认知，来自于一则关于马克思的图书馆轶事。话说在我们小时候，老师会经常苦口婆心地灌输我们刻苦努力与成功的必然关联，作文练习也经常以此类内容为命题，于是名人故事便成了最好的例证被反复运用，而有关世界伟人马克思的故事史是毫无疑义地成为佐证之首而被我们熟知。据传载，马克思还是个中学生时，就非常喜爱读书，在柏林大学时，读书达到了疯狂的地步，无论是巴黎、曼彻斯特、伦敦……马克思总是见到图书馆就钻。在伦敦居住时，他每天像上班一样，从早上9点直到晚上7点，准时到图书馆阅览室去看书，研究大量文献和珍贵资料。由于他每次去看书总是坐在固定的座位上，日子久了，在他看书的座位下面的地毯上，摩擦出两条长长的足印，从而成为马克思当年在此刻苦研究学问的历史见证。因了这样的佐证典范，图书馆——那似乎是与理想有关，能让梦想插上翅膀的朦胧认知，懵懵懂懂中在我幼小的心灵里扎下了根。

然而，那时候，我们的物质生活还很贫乏，学校设施也很简陋，别说图书馆，就是图书室在我们整个市都是很少有的。我们对图书馆的轮廓想象，也就停留在市新华书店的样子上：一间还算宽敞明亮的大厅，摆满了大大小小、五颜六色的书。就是这样，除了城里的孩子，村里上学的孩子几乎都没去转过，因为进城都很少的，所以大家除了那几本课本，只偶尔会有一些连环画册，争相传阅，爱不释手。我还算比较幸运，因为妈妈是我们小学的老师，曾经带我去过一两次，那种好奇、欣喜，至今想起还觉激动。妈妈也算是出身书香之家，外公本是民国秀才出身的老教师，他在世的时候，晚上总会有三五好友围坐一起，沏一壶茶，说东周聊三国，妈妈则坐在一旁静静地听。这种岁月熏陶出了妈妈的一点文学情怀，她每年除了给我订阅《少年文艺》《少年科学画报》《世界知识画报》之外，还会订阅一些别的农村家庭或许都不知道的《大众电影》《电影文学》《昆仑》《青春》等，这些刊物对生活在当时比较闭塞的农村的我来说，无疑是打开了一个极为广阔新奇、充满魅力的世界。一刊在手，便是一场精神的盛宴，心灵的旅程，在这里我迷上了那神秘英俊的长腿叔叔，听到了妈妈对陈白露的无限叹息，迷惑于堂吉诃德的滑稽执着。逝水流年，童年已远，但那些陪伴我童年的刊物，却宛如那暗夜中的小橘灯，使我感到温暖、快乐。坐拥书城，穿越上下五千年，遍览大千世界的梦想也在不知不觉间破土萌芽。

时光在飞逝，社会在进步。初中我到市区上学的时候，各种卖学习辅导材料和出租小说的小店开始出现。常常在周末或节假日，我急火火地去租上几本心仪的小说，不管不顾地看起来，为那些疯玩疯闹的岁月增加了几许乐趣。但那些江湖恩怨、爱恨情仇的市井小说，一时猎奇尚可，时间长了却是不能满足那颗求知若渴、追寻世界的心。一晃到了高中，我也从一个幼稚单纯的疯丫头，变成一个多愁善感、担忧未来的大姑娘。20世纪90年代初，农村那种平淡保守的平静已然被打破，走出农村走向城市成了每个人的梦想，我那个追寻世界的梦想也愈加强烈。考大学无疑成为唯一的途径，可当时的高考录取率很低，大家形容当时的高考是"千军万马过独木桥"。从高二文理分科开始，高考的压力就像一座无形的大山突然间压了过来，让大家难以喘气，到处弥漫的是令人窒息的灰色低气压，让人难受得无所适从。这时，学校宣布开放成立不久的图书室。这个消息对于身陷彷徨、无助和忧虑的我，不啻为惊天的好消息。就像走在茫茫沙漠中的人看到了清泉，只要一有时间，我便一头扎进图书室，在书籍的世界里尽情徜徉，忘记了一切压力和烦恼。不同于时下那些充满矫情、无病呻吟、哗众取宠的文章或杂志，在那些年，几乎所有刊物的内容和文风都是求真务实、积极向上、充满阳光的，不仅给了我迎难而上、顽强拼搏的勇气，而且大大扩充了我的知识视野，提高了文学积累和理解能力。记得高三时老师让写一篇励志性的作文，我就充分发挥了自己平时读书积累的文学知识，谈古论今，旁征博引，如"焚膏油以继晷，恒兀兀以穷年"之类，本是一些熟读经史的老学者才熟知的名言警句，却被我熟练用在了作文里。这篇文章几乎被我们语文老师用代表好词好句的红色波浪线画满，而且他还把这些句子中生僻的字注上拼音，并让班里所有的同学传阅。班里的同学传阅的时候，除了艳羡，还有一些不可思议，因为好多同学在感觉华美之余，竟然发现有些句子通过前后文能判断大体意思，单独拿出来自己根本不明白具体的含义，老师不标拼音的话，自己甚至读不出来。老实说，这确实让我的虚荣心得到了极大的满足，但更重要的是大大提高了我问鼎高考的信心。皇天不负有心人，终于在那年流火的七月，我以713分，全市文科第二的高分考入大学，我仿佛已经看见梦想的翅膀在向我招手！

教师之家出身的我，义无反顾地选择了师大。当身披礼仪带、笑靥如花地给我们做新生入学参观的地环系师姐把我们领到图书馆门前的那一刹那，我的心仿佛漏跳了一拍。首先映入眼帘的便是那块写着"图书馆"三个字的牌匾，古香古色的靛蓝底子，鎏金的书写大字，隽秀、古朴，却光华逼人。再看整座建筑，庄严静谧却不失华美，古香古色充满了古典韵味，世间的一切浮躁叫嚣，在这里仿佛都得到了沉淀，化身为空灵。那一刻，我身心俱颤，原来几多春秋，自己一直寻寻觅觅、魂牵梦萦，想要捕捉却难企及，以致常常怅然若失的感觉，为的就是这一刻的满足和震撼！这不正是我梦中的雅典娜神殿？在以后的四年内，我常常在图书馆一泡就是半天。每每带着惬意的书香离开时，走在幽深、曲折、高低回环的走廊，总有一种淡淡的温馨，柔柔的思绪。特别是那"丁香空结雨中愁"的雨天，抑或漫天飞雪的冬夜，叫一两个好友，拿一两本杂志，围坐一张桌子，一杯开水暖手，偶尔互相低语，虽比不得文人雅士的青梅煮酒、茶香袅袅，倒也别有意境、无比温暖。和煦的春天，坐在图书馆门前的石椅上，轻轻地闭上眼睛，感受的是鸟语花香，升腾的是未来的蓝图。炎炎的夏日，坐在图书馆内老式扇窗口，偶尔有风吹过，因了卜面"水帘洞"的喷泉瀑布带有丝丝湿气，似乎还夹杂一点点尘土的气息，又有那郁郁葱葱，几乎覆盖了整个图书馆的爬山虎，张着可爱的爪子从外面探进头来，心头不禁一阵沁脾的清凉。经常去图书馆，久而久之，跟图书馆的有些老师也熟悉了，不再像刚开始那样胆怯和羞涩，有时也会询问老师一些事情，他们总是温柔和蔼地认真解释，非常暖人，一种不甚明了的情愫依稀暗生。终于在一个午后，手捧一本毕淑敏的书在阅览室细品，读到心有戚戚处，不觉有些失神的时候，无意中视线聚焦在离窗户不远的书架旁整理书架的女老师身上，她正抬起头微踮脚尖，在书架上码书，一缕阳光刚好透过外面的树梢，斜斜地投射在她的身上，拉长了她身后的影子，在金色的光晕里，朦朦胧胧，形成一幅非常美好的画面。画面中的老师，看起来是那么圣洁、祥和，分外炫目。我突然有一个想法，如果我像这位老师一样，做一个整天与书香墨迹呼吸相伴的图书管理员，是不是也会是这般的优雅和从容？这一刻，我的梦想终于破茧成蝶、幻化成形，在心里葳蕤成了一棵参天大树：做一名优秀的图书管理员！然万事万物皆讲缘法，机缘未到，梦想只能是梦想。到毕业不得不说再见的时候，除了用镜头把这座见证了我青春与成长的殿堂定格成记忆的永恒，就只能是留恋再留恋，不舍再不舍！

毕业后的生活，奔波劳累，辛苦无助，每天像个陀螺般转个不停，还常常要遭到各种冷遇和白眼，慢慢地体会到人情世故，越来越怀念学校的日子，想念那些和蔼慈祥的老师。整天与时间打仗，根本没有看书的精力和闲情，心里越发觉得洪荒。经历了一番挫折，在一个心情低落的下午，不由自主地就走到了师大图书馆门前，看着一个个学弟学妹青春张扬的脸，再看看自己的一脸灰败，更加暗自神伤。或许是命运，让我与图书馆的缘分开始接启。就在这时，当年那位让我明白什么是知性美的女老师，碰巧下班出来，她依然是那么沉静温婉。我下意识地走上前去打招呼，老师愣了一秒便认出了我，看我状态不好，还跟我聊了好多，具体的也记不大清了，但她最后一句话："我一直觉得你是个有梦想的人，只要跟随你的心，永不放弃，什么时候都不会晚！"这句话一下子点醒了梦中人，是的，什么时候我开始忽略了我的梦想？于是，我沉下心来认真考虑后准备考研。在离考研满打满算不足四个月的时间内，付出了难以想象的艰辛，以消瘦十斤，一个冬天嘴里的水泡都没下去的代价终于考上了研究生，拿到通知书的那一刻，我的眼前浮现的是图书馆老师的身影！

研究生毕业的时候联系工作，我欣然接受了图书馆的岗位。有些同学朋友替我惋惜，觉得我应该想办法去当代课老师或辅导员，工作相对自由，待遇也更好些，却不知这正是我心仪已久的事情。也有人对我的想法报以不解，我在心里淡然笑之："子非鱼，焉知鱼之乐哉？"

如愿以偿地做了一名图书管理员后，除却了多少年对这份工作的神秘感后，本想做一名平凡、淡泊却含蓄睿智的学者，却不想在日复一日的重复性劳动和柴米油盐的计较中违背了初衷，变得冷漠和平庸。直到今年，我们图书馆从领导到同事，上下一心，准备好好整治一番，重塑图书馆的崭新面貌，我回头看时，才发现自己已经偏离了原来的轨道。特别是这学期由我们亲自带领新生，进行入馆教育，站在学生队列旁，看着那一张张年轻稚气，充满好奇、探究，又有点腼腆的面孔，我的脑子里切换出多年前自己入学参观的画面，心里有种说不出的酸酸的感觉。人生轮回，在成长的路上，我们谁不需要老师、亲人、朋友的帮助、扶持和引导？自己如此，这些学生同样如此，一种前所未有的责任感油然而生。图书馆作为大学的标志性建筑，不仅代表着文明与智慧，也标志着成熟与进步，它以包容含蓄的姿态，见证了一代又一代人的成长，培养了一个又一个人才。我们作为图书馆的工作人员，代表着图书馆的整体形象，肩负着传播人类文明的使命，不忘初心，服务学生，服务社会才是我们最根本的责任。

从懵懂、彷徨、清醒，到圆梦，我与图书馆的情缘相随相伴，再难割舍。而我的梦却仍继续，我要把我的梦融化进那一个个正在成长的大学生的梦里，为他们的成长尽上一份绵薄之力，让他们在前进的路上多一丝温暖，少一份无助，从而为我们伟大的中国梦造就更多的人才！

第七章 图书馆基本情况统计

2001年陕西高校图书馆基本情况统计数据

序号	单位名称	馆舍条件		在编职工（人）	经费情况（元）		馆藏（册）				服务状况		
		馆舍面积（m²）	读者座位（席）		年度总经费	文献资源购置费	中文纸质图书累积量	外文纸质图书累积量	年购中文纸质图书	年购外文纸质图书	读者人数（人）	周开馆时间（小时）	文献外借（册/次）
1	西安交通大学图书馆	36500	3299	183	12311463	7422436	2088154	579928	45697	2060	51627	92	533696
2	西北工业大学图书馆	21000	1100	80	7036772	3618828	705149	283697	29006	354	33042	98	657314
3	西北农林科技大学图书馆	20773	1428	119	2505562	2013493	1037294	174049	29088	194	22072	80	607981
4	西安电子科技大学图书馆	18500	1286	75	2200000	2081768	598048	229834	18997	914	18900	80	173856
5	陕西师范大学图书馆	13700	677	79	1987140	1828570	1703339	160946	40761	907	13488	70	354595
6	长安大学图书馆	16813	1895	136	2710000	1826104	966265	143542	30423	557	20753	86	317360
7	西北大学图书馆	15131	1500	65	2000000	1971530	1185500	235658	28146	282	18574	76	208000
8	西安理工大学图书馆	13100	1291	65	1650000	1400000	418130	110228	33189	1209	22458	103	235944
9	西安建筑科技大学图书馆	12700	1150	80	1429000	1350000	991710	150456	19418	1492	18230	90	126672
10	延安大学图书馆	8000	360	45	600000	481954	360000	55000	10000	0	11417	62	201340
11	西安工业学院图书馆	5255	902	40	1500000	1350000	326666	19258	43025	0	13700	76	313200
12	西安科技学院图书馆	7200	685	51	2337209	1383331	513555	37133	41422	0	10144	72	196609

续表

序号	单位名称	馆舍条件		在编职工（人）	经费情况（元）		馆藏（册）				读者人数（人）	服务状况	
		馆舍面积（m²）	读者座位（席）		年度总经费	文献资源购置费	中文纸质图书累积量	外文纸质图书累积量	年购中文纸质图书	年购外文纸质图书		周开馆时间（小时）	文献外借（册/次）
13	西安石油学院图书馆	6980	496	43	700000	688951	427869	38507	15543	0	9789	90	227260
14	西北轻工业学院图书馆	5200	600	40	903300	503771	385573	51228	9598	0		72.5	110000
15	西安工程科技学院图书馆	11744	564	41	690000	550067	253063	22181	12000	0	9381	72.5	
16	陕西工学院图书馆	2912	400	31	470000	294695	303660	42307	10805	0	5404	70	97460
17	西安邮电学院图书馆	5271	620	32	1175000	853439	281825	17576	33655	178	7691	74	199864
18	陕西中医学院图书馆	2800	310	26	250000	257201	289003	1131	4209	0	3752	72	48160
19	西安外国语学院图书馆	4400	463	41	550000	392856	144939	166488	5869	2172	6365	72	15200
20	西北政法学院图书馆	6400	530	65	1561200	1512126	627201	16132	25918	119	9267	60	
21	西安音乐学院图书馆	3714	104	16	220000	178420	149277	16553	1541	18	3306	50	96720
22	西安美术学院图书馆	3500	120	16	130000	110000	170000	13000	2210	120	3461	55	66000
23	西安体育学院图书馆	4780	448	24	257879	257226	214512	6078	5189	8	4909	70	86375
24	宝鸡文理学院图书馆	7000	660	39	600000	615728	528374	12659	20204	245	8322	70	
25	咸阳师范学院图书馆	6300	450	39	360000	201313	279519	10002	3700	0	82576	71	129774
26	渭南师范学院图书馆	7189	448	50	550000	476860	245756	10550	8840	2089	5937	72	67743
27	汉中师范学院图书馆	6320	452	34	287760	182944	336780	16487	5754	0	5501	70	267000
28	西安统计学院图书馆	3400	720	41	500000	410563	142478	2126	8671	4	7020	78	384694
29	陕西经贸学院图书馆	8363	682	57	295185	278528	435960	11503	3453	0	7020	40	384694
30	西安联合大学图书馆	1600	206	22	921509	253941	273819	9961	3633	337	4028	50	43800
31	西藏民族学院图书馆	4400	160	31	280000	250300	373000	10000	3453	0	3790	72	80991
32	西安航空技术高等专科学校图书馆	1200	126	12	570000	107000	151641	2025	2560	0	3808	57.5	

续表

序号	单位名称	馆舍条件		在编职工（人）	经费情况（元）		馆藏（册）				服务状况		
		馆舍面积（m²）	读者座位（席）		年度总经费	文献资源购置费	中文纸质图书累积量	外文纸质图书累积量	年购中文纸质图书	年购外文纸质图书	读者人数（人）	周开馆时间（小时）	文献外借（册/次）
33	西安电力高等专科学校图书馆	2850	152	9	115000	114833	254661	5920	1849	0	974	48	24097
34	陕西医学高等专科学校图书馆	1073	160	11	200000	200000	71238	52	5467	52	4553	80	35
35	安康师范专科学校图书馆	1000	300	12	158221	258221	141844	683	2844	120	3000	60	135000
36	商洛师范专科学校图书馆	2794	186	14	60000	60000	116362	423	0	0	3051	48	
37	榆林高等专科学校图书馆	750	200	26	995998	641898	166932	2091	24616	0	3953	72	64800

2002年陕西高校图书馆基本情况统计数据

序号	单位名称	馆舍条件		在编职工（人）	经费情况（元）		馆藏（册）				服务状况		
		馆舍面积（m²）	读者座位（席）		年度总经费	文献资源购置费	中文纸质图书累积量	外文纸质图书累积量	年购中文纸质图书	年购外文纸质图书	读者人数（人）	周开馆时间（小时）	文献外借（册/次）
1	西安交通大学图书馆	39830	3299	183	16358234	14660000	1365755	364507	72670	3018	40536	82.5	640536
2	西北工业大学图书馆	21000	1100	79	10531520	8292667	633518	505733	42740	1922	26392	84	1089325
3	西北农林科技大学图书馆	20773	1428	113	3119595	2826426	1070768	172861	33484	454	23547	70	556412
4	西安电子科技大学图书馆	19200	1110	61	4610000	2985207	617545	230599	18579	765	25531	72	162503
5	陕西师范大学图书馆	13700	887	80	5610000	3422454	1761755	162980	58446	2034	13708	71	390641
6	长安大学图书馆	16813	1945	142	4405048	1345693	1088711	155411	29496	1111	25811	76	357491
7	西北大学图书馆	15131	1620	69	5700000	3893700	1214460	235940	36405	193	17122	76	251346
8	西安理工大学图书馆	13500	1451	65	2121000	1701723	476525	109292	39730	797	22202	103	458928
9	西安建筑科技大学图书馆	12700	1700	79	3815595	3001835	898557	133175	54011	1197	21300	95	170000
10	陕西科技大学图书馆	5200	600	39	2376000	934476	651811	66310	13881	3	13626	72.5	170000

续表

序号	单位名称	馆舍条件			经费情况（元）		馆藏（册）				服务状况		
		馆舍面积（m²）	读者座位（席）	在编职工（人）	年度总经费	文献资源购置费	中文纸质图书累积量	外文纸质图书累积量	年购中文纸质图书	年购外文纸质图书	读者人数（人）	周开馆时间（小时）	文献外借（册/次）
11	延安大学图书馆	8000	360	45	120000	436000	370000	55400	5000	435	11500	62	300000
12	西安石油学院图书馆	6980	846	47	1200000	762772	371431	51745	51965	183	11986	90	316959
13	西安科技学院图书馆	23700	1956	64	7506944	2947342	709239	51144	77201	772	13219	72	288072
14	西安工业学院图书馆	5255	1082	41	2850000	2660147	490717	21965	64626	608	13289	82.5	386856
15	西安工程科技学院图书馆	11744	1067	46	1340000	1539963	354072	22788	40000	435	12727	72.5	218386
16	西安外国语学院图书馆	8400	306	39	900000	450000	149000	169000	5000	3000	6560	72	15000
17	西北政法学院图书馆	6400	530	60	1870000	1579695	649000	168000	21793	267	11439	60	
18	西安邮电学院图书馆	5271	620	31	2451696	2323479	463040	18324	181215	748	8853	74	7084
19	陕西中医学院图书馆	2800	320	26	300000	276849	294477	11309	5474	178	3909	72	66517
20	陕西理工学院图书馆	12000	1532	64	718000	443102	712874	58794	11322	0	11596	72	243424
21	西安财经学院图书馆	10600	12585	100	1537480	1508000	614034	14724	32247	173	17124	70	
22	西安音乐学院图书馆	3714	166	15	161800	117728	170050	16800	1718	47	4100	50	185000
23	西安美术学院图书馆	3680	200	25	1610000	1200000	266050	46950	9738	6492	5680	64	25580
24	西安体育学院图书馆	4780	448	23	338614	325961	156289	4177	7381	18	5860	55	191776
25	宝鸡文理学院图书馆	7000	660	39	1740000	743000	522570	11659	14233	0	10530	72	
26	咸阳师范学院图书馆	6300	720	45	387356	360030	356848	10253	6850	251	4015	71	125121
27	渭南师范学院图书馆	7189	448	49	555000	562240	334125		13555	0	7315	72	324963
28	西安联合大学图书馆	16000	206	23	2042774	1155240	305678	9961	31859	0	5319	50	122863
29	西藏民族学院图书馆	4400	160	34	339000	248000	396000	10000	3800	0	4700	72	120000
30	西安航空技术高等专科学校图书馆	1200	126	12	150000	124105	139097	2025	2340	0	4302	57	

序号	单位名称	馆舍条件		在编职工（人）	经费情况（元）		馆藏（册）				服务状况		
		馆舍面积（m²）	读者座位（席）		年度总经费	文献资源购置费	中文纸质图书累积量	外文纸质图书累积量	年购中文纸质图书	年购外文纸质图书	读者人数（人）	周开馆时间（小时）	文献外借（册/次）
31	西安电力高等专科学校图书馆	2850	152	9	113656	113656	261038	6049	2251	0	1172	64	53889
32	陕西医学高等专科学校图书馆	8300	552	13	877000	221500	187425	6952	4349	58	7000	75	
33	榆林高等专科学校图书馆	12800	680	29	1349885	1349885	290510	2091	53460	0	5069	91	56800
34	安康师范专科学校图书馆	3000	300	14	180000	133880	144985	680	3141	0	3500	60	62000
35	商洛师范专科学校图书馆	2794	186	14	325000	55000	118665	423	2406	0	3829	40	
36	陕西工业职业技术学院图书馆	960	240	20	230000	220000	113082	15787	7564	20	7500	80	
37	陕西职业技术学院图书馆	2800	380	12	600000	430000	60000	0	11000	0	2700	71	45000
38	陕西交通职业技术学院图书馆	3300	660	9	1273920	170629	97007	129	4693	0	1987	60	
39	陕西能源职业技术学院图书馆	6850	428	19	1126980		251530	17777			6350	48	
40	陕西财经职业技术学院图书馆	3400	260	13	300000	450000	170000	0	13000	0		70	
41	西安培华女子大学图书馆	1450	142	9	2055621	1668408	197911	1600	158348	600	3195	56	64070
42	西安翻译职业学院图书馆	5200	1372	42	7077339	257324	696018	10497	555492	4271	21140	80	
43	西安欧亚职业学院图书馆	3000	300	17	2290000	700000	147000	337	35000	0	17624	50	109000
44	西安铁路职业技术学院图书馆	7233	776	27	89700	34640	346117	6171	7930	0	7667	68	99500

2003年陕西高校图书馆基本情况统计数据

序号	单位名称	馆舍条件		在编职工（人）	经费情况（元）		馆藏（册）				服务状况		
		馆舍面积（m²）	读者座位（席）		年度总经费	文献资源购置费	中文纸质图书累积量	外文纸质图书累积量	年购中文纸质图书	年购外文纸质图书	读者人数（人）	周开馆时间（小时）	文献外借（册/次）
1	西安交通大学图书馆	36394	2312	174	16300000	14747173	1426123	370101	68174	3220	43209	82.5	841564

续表

序号	单位名称	馆舍条件		在编职工（人）	经费情况（元）		馆藏（册）				读者人数（人）	服务状况	
		馆舍面积（m²）	读者座位（席）		年度总经费	文献资源购置费	中文纸质图书累积量	外文纸质图书累积量	年购中文纸质图书	年购外文纸质图书		周开馆时间（小时）	文献外借（册/次）
2	西北工业大学图书馆	2100	852	79	12964091	9242968	686881	288721	53067	2183	26030	84	1105312
3	西北农林科技大学图书馆	30000	2428	112	5719757	4932022	1117602	173125	45850	206	24800	72	516472
4	西安电子科技大学图书馆	19200	1110	65	6730000	5037409	639773	175511	31892	1447	22693	68.5	283231
5	陕西师范大学图书馆	13700	1327	83	9390000	4972722	1805248	164310	43493	1330	16261	71	387837
6	长安大学图书馆	17793	2065	146	6150000	3821264	1148024	156376	59313	759	26289	76	437581
7	西北大学图书馆	17256	1820	68	7170000	4806297	1261746	236133	69062	379	21979	75	289801
8	西安理工大学图书馆	13500	1451	68	2900000	2963085	512262	109736	35737	444	23472	103	307261
9	西安建筑科技大学图书馆	12700	1700	73	4256508	3501644	1091390	155144	164699	1312	21464	95	286060
10	陕西科技大学图书馆	5200		41	1946000	1925125	682063	66419	30252	109	14458		233663
11	西安科技大学图书馆	23700	2307	66	3068974	2438128	809152	54100	48085	874	14209	84	386268
12	西安石油大学图书馆	13480	930	48	1750000	1526289	407261	50779	29964	894	19329	90	273138
13	延安大学图书馆	8000	360	45	3500000	2525703	729254	66078	65134	0	5047	74	272510
14	西安工业学院图书馆	5255	1800	42	3500000	3137620	567130	22329	78167	364	16622	82.5	396542
15	西安外国语学院图书馆	8400	720	42	920000	1342203	223500	201700	9030	6962	8020	73	120000
16	西北政法学院图书馆	34200	1900	66	3548100	2363588	773410	17351	42855	249	13648	72	90
17	西安邮电学院图书馆	5271	620	32	739000	626085	484419	18439	21379	115	11093	74	25370
18	陕西中医学院图书馆	2800		27	400000	395582	302445	11309	7968	4956	4956	72	80936
19	陕西理工学院图书馆	12000	1824	61	578292	397387	621317	59217	6898	0	15983	72	266620
20	西安财经学院图书馆	13000	2283	94	2170000	1438000	583561	210000	42716	472	19880	70	
21	西安音乐学院图书馆	3714	166	15	227053	140899	178050	16900	1098	0	4800	50	188500
22	西安美术学院图书馆	3680	200	27	1300000	1247112	276080	47850	5800	56717	5860	64	26778
23	西安体育学院图书馆	4600	370	27	1779888	501762	169335	4231	12693	12	6075	70	173519

续表

序号	单位名称	馆舍条件		在编职工（人）	经费情况（元）		馆藏（册）				服务状况		
		馆舍面积（m²）	读者座位（席）		年度总经费	文献资源购置费	中文纸质图书累积量	外文纸质图书累积量	年购中文纸质图书	年购外文纸质图书	读者人数（人）	周开馆时间（小时）	文献外借（册/次）
24	西安文理学院图书馆	16000	206	23	509855	418441	311933	10621	6260	660	5273	50	57684
25	宝鸡文理学院图书馆	7000	660	38	700000	607182	528505	11755	10935	96	11624	75	273511
26	咸阳师范学院图书馆	6300	776	46	795361	699361	374880	10541	18032	288	7727	71	178054
27	渭南师范学院图书馆	13179	608	49	619000	604000	1336795	1986	14497	351	12586	72	224306
28	榆林学院图书馆	12800	456	42	800000	564229	300978	2091	10468	0	6542	72	65280
29	西藏民族学院图书馆	4400	160	34	780000	300000	402000	20000	6000	0	5600	72	140000
30	西安培华学院图书馆	2600	386	11	3403251	3296275	467460	2600	270000	1000	5885	80	
31	西安航空技术高等专科学校图书馆	1200	126	12	194000	164469	143716	3731	3869	1001	5995	57	55870
32	西安电力高等专科学校图书馆	2850	152	9	125049	125049	262706	6049	1668	0	1198	64	
33	陕西医学高等专科学校图书馆	8300	552	13	517633	494045	196357	7147			3052	84	
34	商洛师范专科学校图书馆	2794	186	16	825000	630000	138508	2400	2180	2000	4333	40	
35	安康师范专科学校图书馆	3000	300	15	194950	169750	149329	2420	4344	0	4264	60	64700
36	陕西工业职业技术学院图书馆	960	120	20	520000	350000	284000	13000	10000	500	8000	80	
37	杨凌职业技术学院图书馆	11800	1560	34	350000	497825	464062	0	13164	0	8445	74	349241
38	陕西职业技术学院图书馆	2800	280	13	280000	172000	135000	0	6200	0	3800	64	36559
39	陕西交通职业技术学院图书馆	3300	660	13	1100000	196021	106000	129	8963	0	4500	70	
40	陕西能源职业技术学院图书馆	6850	428	19	200000	200000	261570	35777	2050	0	6350	48	
41	陕西财经职业技术学院图书馆	3400	260	13	300000	300000	180000	0	13000	0	3300	70	
42	西安外事职业学院图书馆	22334	1040	68	4840474	2339165	941160	2224	217440	2224	12688	98	361246
43	西安思源职业学院图书馆	2000	300	20	1000000	800000	206000	3200	46000	0	3300	70	

续表

序号	单位名称	馆舍条件		在编职工（人）	经费情况（元）		馆藏（册）				服务状况		
		馆舍面积（m²）	读者座位（席）		年度总经费	文献资源购置费	中文纸质图书累积量	外文纸质图书累积量	年购中文纸质图书	年购外文纸质图书	读者人数（人）	周开馆时间（小时）	文献外借（册/次）
44	西安高新科技学院图书馆	1840	500	8	500000	430000	89000	11000	10000	1500	8000	30	
45	陕西国际商贸职业学院图书馆	2000	200	14	400000	167717	120000	4992	1500	0	5200	72.5	
46	西安铁路运输学校图书馆	2737	449	8	164739	113387	174336	3161	2387	10	5030	57	46277

2004年陕西高校图书馆基本情况统计数据

序号	单位名称	馆舍条件		在编职工（人）	经费情况（元）		馆藏（册）				服务状况		
		馆舍面积（m²）	读者座位（席）		年度总经费	文献资源购置费	中文纸质图书累积量	外文纸质图书累积量	年购中文纸质图书	年购外文纸质图书	读者人数（人）	周开馆时间（小时）	文献外借（册/次）
1	西安交通大学图书馆	36394	2312	170	16850000	15490000	1514303	374845	81549	3053	43153	82.5	880106
2	西北工业大学图书馆	21000	852	77	15251930	8255812	774739	290775	80630	1270	28237	84	852786
3	西北农林科技大学图书馆	36411	1586	132	11245440	7682925	1192230	174240	74628	1115	26959	76	301000
4	西安电子科技大学图书馆	21525	1405	65	7700000	6223545	879229	175756	82654	2178	25204	101	39005
5	陕西师范大学图书馆	13700	1327	84	7700000	6957866	1954389	167461	149141	3151	20136	71	1171736
6	长安大学图书馆	17793	2161	149	7150000	4031537	120420	156554	56656	976	27730	76	343098
7	西北大学图书馆	17256	1820	66	7163000	5203885	1331689	236633	59028	1234	23431	75	335631
8	西安理工大学图书馆	13500	1451	71	3150000	2489261	673072	184644	37954	908	25573	88	375070
9	西安建筑科技大学图书馆	17780	2286	76	6649735	6460390	1327933	154228	260054	1514	23876	98	380113
10	陕西科技大学图书馆	5200	480	42	2061500	1839996	731191	66499	49128	80	16093	76	322828
11	西安科技大学图书馆	22820	2441	75	3373384	3540376	1047744	55371	49127	1967	16864	84	375667

续表

序号	单位名称	馆舍条件		在编职工（人）	经费情况（元）		馆藏（册）				服务状况		
		馆舍面积（m²）	读者座位（席）		年度总经费	文献资源购置费	中文纸质图书累积量	外文纸质图书累积量	年购中文纸质图书	年购外文纸质图书	读者人数（人）	周开馆时间（小时）	文献外借（册/次）
12	西安石油大学图书馆	13480	930	46	2227500	2520228	450987	51133	36811	1163	19892	90	248394
13	延安大学图书馆	8000	360	45	2190000	1757648	773735	66078	44481	0	12271	74	474177
14	西安工业学院图书馆	5255	1582	41	3821480	437793	971080	22826	105382	533	18289	82.5	436856
15	西安工程科技学院图书馆	11744	1157	45	2212232	1957520	590862	106249	63000	319	17247	72.5	270000
16	西安外国语学院图书馆	15000	1582	44	2390600	2390600	304552	346448	19757	7572	9393	73	208154
17	西北政法学院图书馆	34400	2700	72	6649877	3204345	793465	17704	98326	163	14379	72	
18	西安邮电学院图书馆	5271	700	32	4138860	1927755	544591	18990	60172	551	13195	72	103925
19	陕西中医学院图书馆	12538	1188	27	4635000	1029688	373049	11737	70604	428	6535	77	212666
20	陕西理工学院图书馆	12000	2170	59	917600	885397	653247	59217	31930	0	18605	98	362862
21	西安财经学院图书馆	14000	3200	94	2103072	1720955	793238	14450	80042	159	20518	76	
22	西安美术学院图书馆	3628	266	17	1100000	427851			2686	504	6600	70	34000
23	西安体育学院图书馆	6780	342	28	3132435	78504	206246	20919	25241	18	6834	70	66018
24	西安文理学院图书馆	16000	326	34	100000	838649	395277	8980	18574	1100	9381	58	170000
25	宝鸡文理学院图书馆	7000	660	41	1014736	918545	552381	12304	166104	549	14393	75	246842
26	咸阳师范学院图书馆	6300	466	54	1841480	880940	398493	11560	23613	1019	11422	71	219060
27	渭南师范学院图书馆	12360	1325	50	3346000	3000000	1385272	5360	158000	2000	12922	72	465892
28	榆林学院图书馆	12800	522	55	874318	766338	546864	2091	27767	1603	8169	72	66840
29	西藏民族学院图书馆	4400	170	37	870000	847339	458000	20000	40000	0	7800	72	152000
30	西安培华学院图书馆	1600	476	17	2200000	1649885	584306	3600	117000	2000	9854	80	154811
31	西安航空技术高等专科学校图书馆	1200	176	12	325000	314350	222193	39000	10120	0	7995	72	
32	西安电力高等专科学校图书馆	2850	152	9	151046	151046	265358	6049	2650	0	1715	64	58174

续表

序号	单位名称	馆舍条件		在编职工（人）	经费情况（元）		馆藏（册）				服务状况		
		馆舍面积（m²）	读者座位（席）		年度总经费	文献资源购置费	中文纸质图书累积量	外文纸质图书累积量	年购中文纸质图书	年购外文纸质图书	读者人数（人）	周开馆时间（小时）	文献外借（册/次）
33	陕西医学高等专科学校图书馆	8300	1204	15	5277661	3655968	211021	7390	14664	243	5285	84	15019
34	商洛师范专科学校图书馆	2794	96	22	2680000	1815000	356000	81000	79675	1250	5038	48	
35	安康师范专科学校图书馆	5500	550	27	1944638	1616796	269633	2600	89985	0	4883	61	86000
36	陕西工业职业技术学院图书馆	980	150	20	210000	197000	126136	13100	7512	48	10000	76	26092
37	杨凌职业技术学院图书馆	11800	1560	32	504012	431205	477298	0	13236	0	9820	74	629210
38	陕西职业技术学院图书馆	2800	280	17	392647	232076	121408	0	20553	0	4000	66	43037
39	西安航空职业技术学院图书馆	6800	400	14	1300000	1000000	170000	0	50000	0	8744	75	
40	陕西财经职业技术学院图书馆	3400	260	12	480000	479800	176000	3000	12000	0	3595	70	
41	陕西国防工业职业技术学院图书馆	8868	500	18	610000	450000	161000	2000	13800	0	7600	48	
42	陕西交通职业技术学院图书馆	3300	660	13	350000	219591	117090	129	11090	0	4550	70	
43	西安铁路职业技术学院图书馆	4807	839	15	276329	232929	182773	3161	3937	0	7610	58	46277
44	西安翻译职业学院图书馆	30000	2994	66	5000000	5237430	731000	55000	110000	5000	33000	87	290000
45	西安外事职业学院图书馆	22334	1350	45	4100957	3947605	1062274	3406	121114	1182	31693	101	836758
46	西安欧亚职业学院图书馆	6000	450	26	2700000	2138571	623000	317	185937	0	21150	72	203982
47	西京职业学院图书馆	10516	1080	21	2593165	2333270	54129	10937	74264	10924	30000	70	166993
48	西安思源职业学院图书馆	2000	300	20	1800000	1629950	246000	3200	140000	0	12000	70	360000
49	陕西国际商贸职业学院图书馆	4000	200	17	500000	471930	135000	0	17131	0	7277	72.5	0
50	陕西服装艺术职业学院图书馆	2000	320	16	2850000	1900706	150000	0	125000	0	4048	72	150000
51	西安交通大学城市学院图书馆	1602	256	6	900000	634438	75371		75371	0	1200	73.5	8891

2005年陕西高校图书馆基本情况统计数据

序号	单位名称	馆舍条件		在编职工（人）	经费情况（元）		馆藏（册）				服务状况		
		馆舍面积（m²）	读者座位（席）		年度总经费	文献资源购置费	中文纸质图书累积量	外文纸质图书累积量	年购中文纸质图书	年购外文纸质图书	读者人数（人）	周开馆时间（小时）	文献外借（册/次）
1	西安交通大学图书馆	36394	2259	164	18202743	17090000	1839773	379094	82273	2137	41591	82.5	922077
2	西北工业大学图书馆	21000	697	74	11339034	9985337	871530	292868	92546	1823	29085	84	1233599
3	西北农林科技大学图书馆	32866	2388	142	13200323	7122896	1267091	177092	74861	2852	25784	76	500000
4	西安电子科技大学图书馆	21888	2375	62	11670000	11150000	1007673	178134	215805	2378	27723	88	398516
5	陕西师范大学图书馆	57578	2903	89	7400000	6100000	2080501	170860	125912	3399	21916	85	1558571
6	长安大学图书馆	17336	2334	147	10250000	10686206	1731948	159027	323734	4139	29929	80	731441
7	西北大学图书馆	25131	2058	66	6331100	4692399	1394760	237867	54474	615	22726	75	352328
8	西安理工大学图书馆	27574	2887	71	7878500	3900661	813650	147477	95949	908	24947	97	433812
9	西安建筑科技大学图书馆	17605	2234	77	17723903	12132256	1724768	158839	369893	5844	25227	95	562623
10	陕西科技大学图书馆	5200	730	42	4980000	3882138	890607	66859	125761	655	5485	76	846000
11	西安科技大学图书馆	22820	2717	75	3281169	3193951	1514588	56854	51889	347	19917	84	370607
12	西安石油大学图书馆	13480	980	46	2380000	2534639	520577	51812	52746	47	19167	90	248584
13	延安大学图书馆	8000	540	45	5600000	4674581	1166010	66574	114951	496	14113	74	391520
14	西安工业学院图书馆	4350	917	40	2758088	2758088	1008235	23587	69350	438	19024	87.5	200000
15	西安工程科技学院图书馆	14744	1294	45	1998768	1998768	714617	106576	64948	327	18176	72.5	398489
16	西安外国语学院图书馆	15000	1678	41	1320000	1320000	345597	341743	14717	16882	9684	73	214796
17	西北政法学院图书馆	34400	2656	74	2402395	2199185	1351714	18288	65755	165	16800	72	1034875
18	西安邮电学院图书馆	28427	1200	29	4100000	3977489	800583	19459	273827	469	15180	75.5	380247
19	陕西中医学院图书馆	12538	1268	30	2878000	1794886	491311	14188	118262	2451	7362	90	150846
20	陕西理工学院图书馆	12000	2310	53	2368840	2026991	748231	59217	94927	0	19580	98	410226

续表

序号	单位名称	馆舍条件		在编职工（人）	经费情况（元）		馆藏（册）				服务状况		
		馆舍面积（m²）	读者座位（席）		年度总经费	文献资源购置费	中文纸质图书累积量	外文纸质图书累积量	年购中文纸质图书	年购外文纸质图书	读者人数（人）	周开馆时间（小时）	文献外借（册/次）
21	西安财经学院图书馆	14000	3388	91	3673659	3329803	972908	15775	179670	1325	20843	76	228663
22	西安美术学院图书馆	3628	300	17	800000	800000	182000	41000	70000	402	6700	72	24085
23	西安体育学院图书馆	6780	318	27	2632926	2182666	351210	6254	60884	72	7728	71	282938
24	西安文理学院图书馆	16000	418	32	3802661	3802661	712000	9516	151808	243	8700	69	225435
25	宝鸡文理学院图书馆	32000	1682	59	4636288	2955370	708823	13004	365442	700	16763	75	500
26	咸阳师范学院图书馆	6300	1029	45	1973600	1855600	570000	13400	98500	1900	12800	71	410000
27	渭南师范学院图书馆	30089	1522	50	5707000	5680000	1399077	7228	57037	3000	14417	72	820337
28	榆林学院图书馆	12800	514	21	1500000	1280619	585131	2091	38267	0	9000	72	154270
29	西藏民族学院图书馆	4268	340	35	1300000	935061	511200	10000	104719	200	8793	72	
30	西安培华学院图书馆	3130	614	19	4191350	3841432	637955	4200	60100	733	14962	80	193354
31	西安翻译学院图书馆	30000	4436	77	3150000	2970000	900000	30000	60345	1556	33000	90	340000
32	西安外事学院图书馆	22334	1535	51	783300	733074	1072330	3841	10056	988	35868	101	1058731
33	西安欧亚学院图书馆	6000	661	31	2700000	1031282	623000	317	151000	0	21755	72	202340
34	西京学院图书馆	18516	1380	25	2300000	1703000	589213	10937	47921	0	30000	70	122445
35	西安电力高等专科学校图书馆	3950	410	18	357243	187243	349578	6049	4415	0	2977	78	61474
36	陕西医学高等专科学校图书馆	8300	1346	17	4800000	4554842	548959	12916	237938	1581	5469	84	116169
37	安康师范专科学校图书馆	1630	1470	33	1533640	1320993	587296	2600	9500	0	5175	65	101000
38	商洛师范专科学校图书馆	2794	224	32	1650000	575982	439000	41000	2278	0	5688	49	111342
39	陕西工业职业技术学院图书馆	13000	1488	24	2240000	979584	329480	9401	21783	0	10377	76	36433
40	杨凌职业技术学院图书馆	11800	1610	31	1110695	653316	498061	0	20763	0	11409	74	11763
41	陕西职业技术学院图书馆	2800	380	17	354168	304710	174413	0	20354	0	5869	69	30073

续表

序号	单位名称	馆舍条件		在编职工（人）	经费情况（元）		馆藏（册）				读者人数（人）	服务状况	
		馆舍面积（m²）	读者座位（席）		年度总经费	文献资源购置费	中文纸质图书累积量	外文纸质图书累积量	年购中文纸质图书	年购外文纸质图书		周开馆时间（小时）	文献外借（册/次）
42	陕西国防工业职业技术学院图书馆	8868	548	17	1100000	816000	218000	7800	44000	0	8335	80.5	40390
43	陕西交通职业技术学院图书馆	3133	600	12	1060000	880335	259830	129	23200	0	4955	70.5	
44	西安思源职业学院图书馆	2000	410	25	1800000	1345843	94500.0	5000	100000	1200	18000	70	380000
45	陕西国际商贸职业学院图书馆	4200	160	20	400000	322892	135000	0	17605	0	9395	72.5	55865
46	陕西服装艺术职业学院图书馆	2000	368	16	658487	651769	377236	0	27236	0	5128	72	86231
47	陕西三资职业学院图书馆	950	200	7	159000	132000	101000	0	10000	0	2250	40	31000
48	西安铁路职业技术学院图书馆	5165	832	18	585025	241448	319852	7141	6612	3	3074	98	75299
49	西安交通大学城市学院图书馆	3204	512	7	810000	710000	111326	0	35955	0	2334	73.5	17666
50	西北工业大学明德学院图书馆	15800	1438	23	805451	615412	142155	910	17122	0	8480	76	305482

2006年陕西高校图书馆基本情况统计数据

序号	单位名称	馆舍条件		在编职工（人）	经费情况（元）		馆藏（册）				读者人数（人）	服务状况	
		馆舍面积（m²）	读者座位（席）		年度总经费	文献资源购置费	中文纸质图书累积量	外文纸质图书累积量	年购中文纸质图书	年购外文纸质图书		周开馆时间（小时）	文献外借（册/次）
1	西安交通大学图书馆	36394	2866	165	16797017	15667075	2476516	598656	67930	2360	41596	83	883260
2	西北工业大学图书馆	22000	1991	77	11486118	10900719	952234	295520	89382	2652	29524	84	901589
3	西北农林科技大学图书馆	32866	2050	144	7006000	6511210	1290849	178221	23758	1129	29952	92	396279
4	西安电子科技大学图书馆	27228	4604	65	11792150	8832873	1098726	179897	89471	1801	28616	88	457107
5	陕西师范大学图书馆	57578	3254	91	7790000		2204180	172581	123879	1721	40033	98	385985

序号	单位名称	馆舍条件		在编职工（人）	经费情况（元）		馆藏（册）				服务状况		
		馆舍面积（m²）	读者座位（席）		年度总经费	文献资源购置费	中文纸质图书累积量	外文纸质图书累积量	年购中文纸质图书	年购外文纸质图书	读者人数（人）	周开馆时间（小时）	文献外借（册/次）
6	长安大学图书馆	45319	4392	145	10310000	9222278	2045137	148670	249020	5294	41113	93.1	644168
7	西北大学图书馆	25054	2330	67	4866600	4884662	1648402	238881	46583	399	28013	75	210735
8	西安理工大学图书馆	30839	4849	63	4220000	3650745	1199006	147912	95468	552	23968	97	769548
9	西安建筑科技大学图书馆	17605	2632	79	4604561	4504678	1751241	159868	77541	1029	30572	95	890157
10	陕西科技大学图书馆	5200	620	47	4692700	4624700	998383	68156	146694	856	19526	84	567000
11	西安科技大学图书馆	22820	2834	74	3247000	3233999	1211968	58490	41965	1636	21319	84	377380
12	西安石油大学图书馆	13480	1395	46	4180000	3700000	629558	52720	139761	4	17071	90	298059
13	延安大学图书馆	8040	972	48	5106803	5065563	740900	32155	117560	0	12565	74	491088
14	西安工业大学图书馆	42350	3541	41	3986452	2554857	970542	24329	95212	742	14200	93	
15	西安工程大学图书馆	15794	1294	47	3885660	3856928	747272	106801	91655	225	19305	72.5	391989
16	西安外国语大学图书馆	34000	2700	50	1320000	1300000	301824	350474	26067	8731	10836	78	231784
17	西北政法大学图书馆	34400	2808	69	3358168	3249652	1001000	18970	99989	682	5840	94	408433
18	西安邮电学院图书馆	28427	1770	30	3019900	2912963	1158875	19742	290012	283	16025	79.5	612139
19	陕西中医学院图书馆	12538	1368	26	1166892	921327	536244	14166	26783	828	7267	72	226782
20	陕西理工学院图书馆	20100	3755	53	2446280	2329327	877480	59217	97690	0	19812	98	794439
21	西安财经学院图书馆	14000	2453	89	2046800	1886554	1092602	16213	118965	438	20839	72	298179
22	西安音乐学院图书馆	3094	260	15	203130	176130	181884	28214	1790	0	3518	70	50190
23	西安美术学院图书馆	3628	260	17	2180000	2000000	264990	185010	136593	3010	6486	70	29271
24	西安体育学院图书馆	6351	686	30	1737861	1692161	445283	7708	38893	1454	5843	84	138961
25	西安文理学院图书馆	16000	988	38	2968000	2968000	659000	9113	93758	0	8000	69	256750

续表

序号	单位名称	馆舍条件		在编职工（人）	经费情况（元）		馆藏（册）				服务状况		
		馆舍面积（m²）	读者座位（席）		年度总经费	文献资源购置费	中文纸质图书累积量	外文纸质图书累积量	年购中文纸质图书	年购外文纸质图书	读者人数（人）	周开馆时间（小时）	文献外借（册/次）
26	宝鸡文理学院图书馆	32200	3212	51	2878272	2501791	179485	13404	760407	400	18140	75	
27	安康学院图书馆	16300	1560	37	608734	555549	602396	2600	15000	0	5840	71	112000
28	商洛学院图书馆	3100	450	31	905916	885916	259761	624	26670	0	5498	98	133680
29	咸阳师范学院图书馆	7333	1335	43	6094050	7114876	791231	16000	227093	2651	12960	87	
30	渭南师范学院图书馆	30381	2870	50	1407000	1555049	1245640	54360	58740	1260	15326	98	860529
31	西安医学院图书馆	8300	1346	18	2031507	2164747	583286	13452	79051	536	5469	84	934
32	西藏民族学院图书馆	14821	1992	36	4326000	4410284	673735	4100	221831	100	8793	72	
33	西安培华学院图书馆	8272.56	2795	23	2398098	2300518	484819	2492	76102	0	16196	73.5	206731
34	西安翻译学院图书馆	23190	5054	82	2254726	1472848	674567	33260	64291	3100	29378	86.5	508227
35	西安欧亚学院图书馆	18328	3500	41	6344800	3531500	772000	0	140000	0	14333	75	200000
36	西安外事学院图书馆	23160	5602	56	1435352	1453270	853525	4550	38584	709	30165	101	956069
37	西京学院图书馆	19149	3266	20	1773059	1144559	622538	10937	33398	0	26000	73.5	491153
38	西安航空技术高等专科学校图书馆	12268	1347	15	2000000	1893800	306185	0	69817	0	9172	70	
39	西安电力高等专科学校图书馆	3950	760	17	369670	366670	355627	6049	8637	0	4000	78	125525
40	杨凌职业技术学院图书馆	11800	1796	33	606000	523221	554526		16465	0	11801	74	
41	陕西职业技术学院图书馆	5600	440	9	610580	586352	110285	0	13075	0	5900	76	47381
42	陕西国防工业职业技术学院图书馆	15914	1216	18	938900	918900	245000	7000	24000	200	8800	77	135000
43	陕西交通职业技术学院图书馆	3133	660	12	362893	381493	150832	129	10073	0	4371	70.5	59023
44	陕西能源职业技术学院图书馆	6850	428	17	298349	273349	251000	9400	8244	300	9100	40	7532
45	西安铁路职业技术学院图书馆	5170	1226	18	300105	272428	326575	3161	4865	0	10102	70	170188

续表

序号	单位名称	馆舍条件		在编职工（人）	经费情况（元）		馆藏（册）				读者人数（人）	服务状况	
		馆舍面积（m²）	读者座位（席）		年度总经费	文献资源购置费	中文纸质图书累积量	外文纸质图书累积量	年购中文纸质图书	年购外文纸质图书		周开馆时间（小时）	文献外借（册/次）
46	陕西邮电职业技术学院图书馆	1414	570	8	835000	505000	100000		20000	0	3694	70	
47	陕西国际商贸职业学院图书馆	4900	1082	20	1642880	1200400	140000	0	73000	0	8296	70	
48	西安思源职业学院图书馆	20740	1680	40	1891032	1691032	578263	0	124459	0	13961	70	460000
49	西安交通大学城市学院图书馆	3204	512	9	1270660	724000	191221		34590	0	3887	73.5	49741
50	西北工业大学明德学院图书馆	15800	1500	25	376668	198610	158148	1470	15993	560	6854	76	260050

2007年陕西高校图书馆基本情况统计数据

序号	单位名称	馆舍条件		在编职工（人）	经费情况（元）		馆藏（册）				读者人数（人）	服务状况	
		馆舍面积（m²）	读者座位（席）		年度总经费	文献资源购置费	中文纸质图书累积量	外文纸质图书累积量	年购中文纸质图书	年购外文纸质图书		周开馆时间（小时）	文献外借（册/次）
1	西安交通大学图书馆	36394	2866	163	16561882	15400838	2568694	601717	90144	2576	39721	93	971099
2	西北工业大学图书馆	28400	2385	77	9039818	8726846	1047257	297781	84486	2261	29560	102	996309
3	西北农林科技大学图书馆	32866	2400	140	8600000	6855200	1313055	180266	22206	2045	7500	92	598479
4	西安电子科技大学图书馆	27228	4604	62	7524100	7068829	1161936	181586	63210	1689	31240	88	701742
5	陕西师范大学图书馆	57578	3152	95	7790000	7666317	2298805	176685	94625	4104	40033	98	385985
6	长安大学图书馆	45319	5650	140	4645000	4073371	1769821	149129	89951	1610	42129	93	701000
7	西北大学图书馆	25054	2330	66	6417965	5395600	1731149	239324	77295	443	25899	75	448839
8	西安理工大学图书馆	30839	4849	58	4615800	4384913	1259060	148354	60054	442	23941	97	569798

续表

序号	单位名称	馆舍条件		在编职工（人）	经费情况（元）		馆藏（册）				读者人数（人）	服务状况	
		馆舍面积（m²）	读者座位（席）		年度总经费	文献资源购置费	中文纸质图书累积量	外文纸质图书累积量	年购中文纸质图书	年购外文纸质图书		周开馆时间（小时）	文献外借（册/次）
9	西安建筑科技大学图书馆	17605	2632	79	3680000	3514275	1803079	160343	56787	694	26910	95	1007013
10	陕西科技大学图书馆	5200	694	47	5124800	3141956	1062725	68566	32342	410	18177	98	571168
11	西安科技大学图书馆	22820	2834	71	3255768	3199348	1251053	59864	28034	1374	21622	96	372963
12	西安石油大学图书馆	13480	1395	46	3880000	3891212	777357	52739	149785	19	19222	90	359469
13	延安大学图书馆	42348	1454	45	4142460	3730535	860328	32180	119428	25	13541	75	462943
14	西安工业大学图书馆	42350	4298	43	1200000	1489598	1146880	39792	176338	479	16165	87	471433
15	西安工程大学图书馆	33337	3102	47	4079927	3862874	851713	109004	104593	2203	20449	90	403806
16	西安外国语大学图书馆	34000	2700	50	1320000	1495048	323928	353628	22104	3154	15621	78	252716
17	西北政法大学图书馆	34400	2903	64	2285133	2160451	1067805	19669	66805	271	17799	94	601775
18	西安邮电学院图书馆	28427	1770	30	1488635	1445818	1193661	20135	34786	393	16263	80	466280
19	陕西中医学院图书馆	12538	1368	26	820310	457808	549412	14645	13168	479	8395	72	289002
20	西安理工学院图书馆	20100	3404	54	4734100	4023403	1002370	59217	114820	0	20086	98	551350
21	西安财经学院图书馆	39000	2784	90	3032600	2747496	1209260	16414	111268	201	19533	98	256900
22	西安音乐学院图书馆	3094	260	13	137096	117796	182998	28214	1317	0	3410	70	53193
23	西安美术学院图书馆	8668	1150	18	2735000	4094916	404117	9916	136766	5510	6979	76	229288
24	西安体育学院图书馆	6531	685	30	1639366	2997991	469408	8006	24125	298	6022	84	132097
25	西安医学院图书馆	32000	2400	23	738399	759052	600738	13526	17452	74	6460	79	64782
26	西安文理学院图书馆	16000	1058	37	4010000	4010000	743000	9993	85000	0	10000	79	354308
27	宝鸡文理学院图书馆	32200	3212	55	1512835	1451022	1723465	13604	3780	200	18531	75	420720
28	渭南师范学院图书馆	30381	2870	45	1387000	1545000	1503820	56180	58180	1820	15430	98	843155
29	榆林学院图书馆	12800	1546	22	3852821	3732821	699739	2091	70508	0	10640	72	436194

序号	单位名称	馆舍条件		在编职工（人）	经费情况（元）		馆藏（册）				服务状况		
		馆舍面积（m²）	读者座位（席）		年度总经费	文献资源购置费	中文纸质图书累积量	外文纸质图书累积量	年购中文纸质图书	年购外文纸质图书	读者人数（人）	周开馆时间（小时）	文献外借（册/次）
30	安康学院图书馆	16300	1740	39	1415381	1387425	640467	2600	38071	0	6630	75	116198
31	商洛学院图书馆	14960	1300	32	808000	723141	275938	3459	16177	2835	5990	98	150560
32	西藏民族学院图书馆	14821	1992	34	727174	690058	690606	4100	16871	0	11519	72	281204
33	西安培华学院图书馆	82723	3085	27	2029397	792653	495287	11068	10468	8576	22799	74	202538
34	西安翻译学院图书馆	25190	5054	78	1793843	1497971	708017	65957	30306	1385	29920	90	364558
35	西安外事学院图书馆	24080	5602	57	2881262	2400590	1275192	4891	157114	433	29030	101	960328
36	西安欧亚学院图书馆	18328	3500	36	2400000	2000000	852000	0	80000	0	22393	98	205330
37	西京学院图书馆	19149	3266	20	4771319	4255387	770355	11773	147817	836	30000	74	472454
38	西安航空技术高等专科学校图书馆	11768	1347	17	1840000	1030800	313582	0	7397	0	9739	80	211061
39	西安电力高等专科学校图书馆	3950	760	17	513126	510126	298749	6049	13993	0	4586	78	139518
40	杨凌职业技术学院图书馆	11800	1796	29	756000	1583703	535380	0	20854	0	12820	74	176832
41	陕西工业职业技术学院图书馆	13000	1944	31	1282000	1262760	248282	9966	57095	13	13052	90	277706
42	陕西职业技术学院图书馆	7000	640	9	434789	329289	118057	0	7772	0	7500	76	55897
43	陕西财经职业技术学院图书馆	3220	260	12	924399	919309	200000	6000	24491	0	4980	71	151250
44	陕西交通职业技术学院图书馆	3133	660	12	464890	404710	158853	129	8021	0	4596	71	58916
45	陕西能源职业技术学院图书馆	4390	722	20	676791	796811	116000	0	0	0	9072	70	295262
46	陕西铁路工程职业技术学院图书馆	11836	1568	13	1073449	1047821	0	0	58342	0	6600	78	158845
47	西安铁路职业技术学院图书馆	5170	896	17	769439	743263	281476	3161	4629	0	10734	70	66847
48	陕西邮电职业技术学院图书馆	2803	990	13	920000	813000	119876	0	35832	0	4600	70	25331
49	陕西国际商贸职业学院图书馆	24000	1514	22	1742000	1848000	522000	18000	170000	0	9841	70	480000
50	陕西服装艺术职业学院图书馆	12500	1800	29	2815800	2800000	487306	0	150000	0	8008	74	159395
51	西安交通大学城市学院图书馆	3204	654	16	1312800	903000	227243	523	36545	0	5732	87	94305

2008年陕西高校图书馆基本情况统计数据

序号	单位名称	馆舍条件		在编职工（人）	经费情况（元）		馆藏（册）				服务状况		
		馆舍面积（m²）	读者座位（席）		年度总经费	文献资源购置费	中文纸质图书累积量	外文纸质图书累积量	年购中文纸质图书	年购外文纸质图书	读者人数（人）	周开馆时间（小时）	文献外借（册/次）
1	西安交通大学图书馆	36394	3024	161	22384171	21066808	265~126	604544	91837	2981	51719	93	872625
2	西北工业大学图书馆	28400	2385	74	9989166	9673296	1131851	300295	83990	2516	27023	101.5	902697
3	西北农林科技大学图书馆	32866	2400	137	10767350	10700000	1342800	180266	29745	896	7256	92	630345
4	西安电子科技大学图书馆	27228	4604	62	7353375	6769987	1213517	183873	51581	2287	32541	84.5	726891
5	陕西师范大学图书馆	57578	3264	88	7637764	7637764	2391320	179410	92515	2725	38416	98	385000
6	长安大学图书馆	44012	5650	139	5424000	475000	1811729	151995	41908	2866	43592	93	718600
7	西北大学图书馆	25054	2330	65	5723600	5591300	1788165	239489	55446	165	26186	75	422509
8	西安理工大学图书馆	30839	4829	53	4725000	4465000	1305499	149103	46439	749	24377	97	539089
9	西安建筑科技大学图书馆	18603	2632	79	3860000	3700000	1783917	161936	27446	808	25832	95	729155
10	陕西科技大学图书馆	34600	1655	42	3900000	3686274	1098342	69136	37617	570	28318	98	347566
11	西安科技大学图书馆	22820	2834	71	3795787	3702987	1336069	60148	55016	284	29995	96	347152
12	西安石油大学图书馆	15980	1395	46	1630000	1550000	842595	52740	30178	1	20229	98	299990
13	延安大学图书馆	8327	1454	51	1706597	1511116	923792	32180	60646	1245	16048	105	425017
14	西安工业大学图书馆	47672	4157	40	1557109	1105763	1257498	23217	3135	454	18660	89	348435
15	西安工程大学图书馆	33337	3132	47	2243239	1637677	910791	109203	59279	119	22375	90	396767
16	西安外国语大学图书馆	42000	3002	57	1525000	1500000	346366	355201	22438	1573	16281	78	435998
17	西北政法大学图书馆	34400	2908	64	2400225	2314952	1084162	20261	16357	592	17799	94	510045
18	西安邮电学院图书馆	28427	1770	29	1509900	1400000	1194224	20318	32911	183	16353	79.5	612139
19	陕西中医学院图书馆	12538	1368	26	1020500	982000	607940	15308	17521	663	9473	80	328649

续表

序号	单位名称	馆舍条件		在编职工（人）	经费情况（元）		馆藏（册）				服务状况		
		馆舍面积（m²）	读者座位（席）		年度总经费	文献资源购置费	中文纸质图书累积量	外文纸质图书累积量	年购中文纸质图书	年购外文纸质图书	读者人数（人）	周开馆时间（小时）	文献外借（册/次）
20	陕西理工学院图书馆	20021	3404	51	2024200	2000000	1045326	59217	42956	0	20258	98	338342
21	西安财经学院图书馆	39000	1506	90	2042100	2000000	1021105	15981	59385	615	13434	98	256900
22	西安音乐学院图书馆	3094	260	13	200827	173827	183276	28647	228	433	3400	50	89275
23	西安美术学院图书馆	8668	1150	17	1505000	1480000	420897	10827	16780	911	7318	76	183775
24	西安体育学院图书馆	6531	686	32	1133351	1041627	497539	8345	28131	339	8258	84	245954
25	西安医学院图书馆	32000	2400	24	651051	636510	647647	15362	41633	1836	12503	92	138081
26	西安文理学院图书馆	16000	1058	34	2887839	2000000	813000	10303	77000	0	12000	79	193038
27	宝鸡文理学院图书馆	32200	3212	52	2011070	1986424	1742478	14266	19013	662	18650	75	308332
28	咸阳师范学院图书馆	7333	1353	41	1280000	1200000	876428	20719	19343	0	12983	101.5	432999
29	渭南师范学院图书馆	30381	2870	44	1408000	1380000	1551216	73784	62468	2532	15720	98	832500
30	榆林学院图书馆	12800	1546	22	3120000	3000000	772821	2091	73082	0	13609	98	574988
31	安康学院图书馆	14500	1860	36	1283575	1241468	727075	5930	86570	3330	8720	83	127158
32	商洛学院图书馆	14960	1300	37	2889260	2861260	634671	3609	69380	150	6690	91	183650
33	西藏民族学院图书馆	14821	1992	34	700007	614872	773982	5224	6799	0	11877	72	267103
34	西安培华学院图书馆	8272	3085	28	4887912	4866584	613780	29481	118493	18413	27545	73.5	305000
35	西安翻译学院图书馆	25190	5054	83	5133156	5065613	1443755	85545	735738	19588	31500	97.5	349824
36	西安外事学院图书馆	24080	5602	60	1411606	1401516	1314603	5649	34520	778	28419	101	981090
37	西安欧亚学院图书馆	18328	3500	36	2340000	2000000	953000	0	83000	0	23863	98	228912
38	西京学院图书馆	19148	3266	24	4866842	4093642	902921	11773	132557	0	31000	73.5	462754
39	西安思源学院图书馆	20740	1680	34	2520000	2400000	835542	0	149013	0	15561	94	430754
40	陕西国际商贸学院图书馆	24000	1412	17	892290	749000	322305	305	22500	0	10000	80	

续表

序号	单位名称	馆舍条件		在编职工（人）	经费情况（元）		馆藏（册）				服务状况		
		馆舍面积（m²）	读者座位（席）		年度总经费	文献资源购置费	中文纸质图书累积量	外文纸质图书累积量	年购中文纸质图书	年购外文纸质图书	读者人数（人）	周开馆时间（小时）	文献外借（册/次）
41	西安航空技术高等专科学校图书馆	11768	1347	21	2120000	1600000	385579	4132	75580	4132	14682	80	51000
42	西安电力高等专科学校图书馆	4158	760	20	521936	503936	249667	6049	14892	0	5181	70	290069
43	杨凌职业技术学院图书馆	11800	1796	27	862000	845000	575439	0	38059	0	17190	74	197844
44	陕西工业职业技术学院图书馆	13000	1944	33	1437500	1400000	339752	10093	79777	126	12555	98	193976
45	陕西工业职业技术学院图书馆	7000	643	9	353907	348638	13497	0	13440	0	7075	76	50709
46	陕西国防工业职业技术学院图书馆	15914	1266	12	700416	680416	280300	7000	18604	0	10000	77	2100
47	陕西交通职业技术学院图书馆	3133	660	11	964500	948300	351227	129	37623	0	6105	70.5	59430
48	陕西能源职业技术学院图书馆	7447	890	19	921840	691196	253442	0	848650	0	8600	70	124170
49	陕西铁路工程职业技术学院	11836	2062	13	728181	696340	249952	0	0	0	8056	76	81172
50	西安铁路职业技术学院图书馆	5170	946	17	288611	244796	292538	3161	9371	0	10059	73.5	106231
51	陕西邮电职业技术学院图书馆	2635	742	9	528000	400000	139326	0	13201	0	4759	70	70000
52	陕西纺织服装职业技术学院图书馆	2380	455	9	562000	550000	119081	0	20800	0	5300	86	186180
53	陕西服装艺术职业学院图书馆	12500	1800	29	4229940	4203160	621648	62	134344	62	8745	86	225738
54	西安科技商贸职业学院图书馆	3446	870	8	398427	398000	23409	0	54116	0	5000	78	23022
55	陕西教育学院图书馆	3800	460	29	350642	330642	361821	5984	15790	0	8314	84	62068
56	西安交通大学城市学院图书馆	3204	654	16	980000	836000	246092	850	18849	327	6713	86.5	129082
57	西北工业大学明德学院图书馆	15800	1950	24	1113049	845913	201975	2516	40091	1046	6758	80.5	120552

2009年陕西高校图书馆基本情况统计数据

序号	单位名称	馆舍条件		在编职工（人）	经费情况（元）		馆藏（册）				服务状况		
		馆舍面积（m²）	读者座位（席）		年度总经费	文献资源购置费	中文纸质图书累积量	外文纸质图书累积量	年购中文纸质图书	年购外文纸质图书	读者人数（人）	周开馆时间（小时）	文献外借（册/次）
1	西安交通大学图书馆	36394	3077	159	17059172	15764241	2752664	607031	86787	2221	50845	93	787947
2	西北工业大学图书馆	28400	2385	73	10312648	9973203	1215135	302604	80315	2309	26964	101.5	812797
3	西北农林科技大学图书馆	32104	2500	139	9468000	6936288	1400508	182067	57708	905	39403	98	531000
4	西安电子科技大学图书馆	61140	4604	63	7380254	6489928	1283650	185873	70133	2000	33541	85.5	621284
5	陕西师范大学图书馆	57578	3264	88	10516465	10537356	2476539	182166	85219	2756	33714	98	736271
6	长安大学图书馆	44012	5650	132	5740200	4745972	1811729	151995	49675	2725	30514	93.5	690530
7	西北大学图书馆	25054	2330	67	7073700	6393976	1840089	239489	52377	0	30500	75	383722
8	西安理工大学图书馆	30839	4829	54	4510000	4436275	1343118	149783	37619	680	25090	97	431621
9	西安建筑科技大学图书馆	18603	2632	76	4190000	4141989	1833555	162785	48175	849	25932	93	726096
10	陕西科技大学图书馆	34600	2269	45	5218156	4687576	1151606	69725	53264	589	30813	98	474763
11	西安科技大学图书馆	22820	2871	69	3646000	3569662	1251728	61079	51380	931	23015	96	335485
12	西安石油大学图书馆	15980	1312	47	2480000	2298604	904627	52740	58035	0	20229	98	238419
13	延安大学图书馆	36448	6092	59	2330584	1512276	928594	33641	7802	1416	17032	101.5	261746
14	西安工业大学图书馆	47672	4167	41	1666800	1219193	1264704	23217	2656	219	19200	89	277360
15	西安工程大学图书馆	33337	3102	48	2329842	2141042	952367	109422	41476	276	27457	90	353480
16	西安外国语大学图书馆	42000	3002	57	1840000	1807253	369469	355477	23103	276	17491	78	351182
17	西北政法大学图书馆	34400	2908	57	2021943	1917045	1133281	20911	49119	650	17492	94	414089
18	西安邮电学院图书馆	28427	1568	27	1733000	1651836	1227362	20367	33131	232	17229	79.5	460710
19	陕西中医学院图书馆	12538	1378	26	997780	1465872	627129	15332	19189	24	9674	80	154071
20	陕西理工学院图书馆	20021	3404	48	1541800	1556849	1061995	59217	16660	0	20292	98	374840

续表

序号	单位名称	馆舍条件		在编职工（人）	经费情况（元）		馆藏（册）				读者人数（人）	服务状况	
		馆舍面积（m²）	读者座位（席）		年度总经费	文献资源购置费	中文纸质图书累积量	外文纸质图书累积量	年购中文纸质图书	年购外文纸质图书		周开馆时间（小时）	文献外借（册/次）
21	西安财经学院图书馆	39000	1506	81	2047500	3233548	1084154	17023	63049	1042	14756	98	256900
22	西安音乐学院图书馆	2448	241	13	99929	201973	184534	28676	1258	29	3369	70	76510
23	西安美术学院图书馆	8668	1150	17	825000	517518	428847	11236	7950	409	7882	76	279922
24	西安体育学院图书馆	6531	686	32	1311453	1240703	521567	8694	24028	349	5895	84	105998
25	西安医学院图书馆	32000	2400	26	835188	743284	658180	17552	10533	2190	14971	91	138081
26	西安文理学院图书馆	16000	1140	33	2076000	2150206	946000	10303	61268	0	12000	79	179836
27	宝鸡文理学院图书馆	32200	3212	50	1796500	1777974	1745478	14266	3000	0	18850	80	305998
28	咸阳师范学院图书馆	7333	1353	45	990000	1117383	1075409	24463	18411	156	13427	101.5	340241
29	渭南师范学院图书馆	30381	2870	44	1478000	1642000	1603477	80523	57261	6739	15736	98	845230
30	榆林学院图书馆	12800	1546	22	6120100	2793498	772321	2091	73082	0	15609	98	574988
31	安康学院图书馆	14500	1810	36	1425762	1342962	760484	7760	33409	1830	9035	99	139268
32	商洛学院图书馆	14960	1300	35	1458170	1373640	671537	3729	36860	120	7223	91	196300
33	西藏民族学院图书馆	14821	1992	33	980699	937042	808982	6648	27154	474	11928	72	322510
34	西安培华学院图书馆	8272	3085	26	8171139	795184	629748	29481	15301	0	28277	85.5	303634
35	西安翻译学院图书馆	25190	6025	85	1480359	1477050	1539556	61475	81732	8436	27994	97.5	460995
36	西安外事学院图书馆	24080	5602	44	1059257	1207974	1336008	6187	21405	538	29829	101.5	970020
37	西安欧亚学院图书馆	18328	3500	36	2330000	2446500	1153100	4000	75100	4000	22821	98	236801
38	西京学院图书馆	19149	3266	25	4703642	4317720	902921	11773	150000	0	31000	73.5	572734
39	西安思源学院图书馆	20740	1600	29	1467443	991943	854473	0	18931	0	15500	94	410000
40	陕西国际商贸学院图书馆	24000	1300	17	2854904	2620377	394632	2000	63889	300	7924	76	189689
41	西安航空技术高等专科学校图书馆	11768	1347	24	1034065	1004065	411070	4241	20250	0	18904	80	129130

续表

序号	单位名称	馆舍条件		在编职工（人）	经费情况（元）		馆藏（册）				服务状况		
		馆舍面积（m²）	读者座位（席）		年度总经费	文献资源购置费	中文纸质图书累积量	外文纸质图书累积量	年购中文纸质图书	年购外文纸质图书	读者人数（人）	周开馆时间（小时）	文献外借（册/次）
42	西安电力高等专科学校图书馆	4158	760	20	426698	409998	257372	6049	7705	0	5227	70	290069
43	杨凌职业技术学院图书馆	11800	1796	26	862000	1273000	608432	0	34993	0	16840	74	194607
44	陕西工业职业技术学院图书馆	13000	1944	30	1785000	1793103	386655	10093	50362	0	14419	98	318816
45	陕西职业技术学院图书馆	7000	640	9	356547	341224	141159	0	9662	0	8245	76	55831
46	陕西财经职业技术学院图书馆	3200	260	12	709100	878000	257000	1000	30313	1000	7000	71.5	87500
47	陕西国防工业职业技术学院图书馆	15914	1266	12	1047237	1166433	303753	7000	27161	0	11000	77	2100
48	陕西交通职业技术学院图书馆	3133	660	11	431763	417011	361239	129	10012	0	7220	70.5	53710
49	陕西能源职业技术学院图书馆	7447	890	23	257495	272548	351439	4000	11063	0	11037	70	201223
50	陕西铁路工程职业技术学院图书馆	11836	2062	14	844018	816737	270546	0	28655	0	8922	76	78142
51	西安铁路职业技术学院图书馆	5170	958	18	844018	812653	307579	3161	14977	0	10519	73.5	90118
52	陕西青年职业学院图书馆	3737	1034	13	618301	610000	222192	0	23356	0	0	72.25	69885
53	商洛职业技术学院图书馆	1520	535	16	437743	423542	171000	1319	7382	1319	4300	71	89983
54	西安服装艺术职业学院图书馆	12500	1800	29	906790	890030	639734	62	18048	0	8900	86	258807
55	西安科技商贸职业学院图书馆	3446	870	13	241796	238296	993725	0	16200	0	6428	78	48282
56	陕西教育学院图书馆	6800	950	32	1412486	1380486	468819	6418	50027	311	8454	84	62068
57	西安交通大学城市学院图书馆	3204	654	16	902000	845000	290870	1210	43928	350	7694	86.5	125714
58	西北工业大学明德学院图书馆	15800	2850	28	902087	716547	235411	2516	33436	0	7660	80.5	126335
59	西安财经学院行知学院图书馆	2226	397	9	128760	1530226	130179	0	30960	0	5121	77	41693

2010年陕西高校图书馆基本情况统计数据

序号	单位名称	馆舍条件		在编职工（人）	经费情况（元）		馆藏（册）				服务状况		
		馆舍面积（m²）	读者座位（席）		年度总经费	文献资源购置费	中文纸质图书累积量	外文纸质图书累积量	年购中文纸质图书	年购外文纸质图书	读者人数（人）	周开馆时间（小时）	文献外借（册/次）
1	西安交通大学图书馆	36394	3077	153	19391602	17658966	2850903	609747	97972	2043	44137	93	664641
2	西北工业大学图书馆	28400	2385	71	16095286	9727988	1299783	305203	84330	2599	27107	84	858193
3	西北农林科技大学图书馆	32104	2500	138	10404300	9897600	1440232	183330	39162	1263	32788	98	260000
4	西安电子科技大学图书馆	61140	5275	60	13074138	8522226	1355048	187557	71398	1684	34864	85.5	670144
5	陕西师范大学图书馆	57578	3264	85	8902859	7308745	2518982	182547	42443	381	27652	98	590650
6	长安大学图书馆	44372	5650	122	5533955	5102127	1866215	154090	54486	2095	40688	98	494655
7	西北大学图书馆	25054	2330	76	4875427	4259802	1892981	239578	52892	89	31757	75	415864
8	西安理工大学图书馆	30078	4829	55	4952109	4691523	1464918	150095	46394	502	24527	97	379389
9	西安建筑科技大学图书馆	18603	2632	79	4280717	3994956	1466544	145885	54965	508	28886	93	290902
10	陕西科技大学图书馆	34600	2259	47	5467286	4251097	935505	70151	42738	426	5878	98	351430
11	西安科技大学图书馆	22820	2763	71	4352007	3910109	1078602	61438	58183	359	22078	96	278529
12	西安石油大学图书馆	15980	1453	43	2547120	2310925	971431	54476	62479	373	20696	98	270161
13	延安大学图书馆	36448	6052	58	5093767	1412145	926477	33771	11079	0	15879	101.5	304601
14	西安工业大学图书馆	47672	4167	42	1621015	1258957	1277854	23217	10439	0	19303	89	239100
15	西安工程大学图书馆	33337	3202	48	2690540	2515159	994065	109422	41698	0	24887	90	298770
16	西安外国语大学图书馆	42000	3002	53	1271734	1231734	380533	365123	10857	9646	20797	72	291287
17	西北政法大学图书馆	34400	2609	55	2063062	1841631	1175676	21653	42395	742	18291	94	142823
18	西安邮电学院图书馆	28612	2347	27	2955583	2386041	1276347	19308	36373	435	18037	91	758175
19	陕西中医学院图书馆	12538	1378	26	1228944	1177444	660626	15602	18165	270	9867	80	188506

续表

序号	单位名称	馆舍条件		在编职工（人）	经费情况（元）		馆藏（册）				服务状况		
		馆舍面积（m²）	读者座位（席）		年度总经费	文献资源购置费	中文纸质图书累积量	外文纸质图书累积量	年购中文纸质图书	年购外文纸质图书	读者人数（人）	周开馆时间（小时）	文献外借（册/次）
20	陕西理工学院图书馆	20021	3404	48	2829162	2000000	1087631	59217	25636	0	20395	98	356463
21	西安财经学院图书馆	32052	1812	74	2034365	2000265	1130897	17023	46743	0	16204	98	256900
22	西安音乐学院图书馆	2448	241	13	875511	464920	180595	29076	7808	400	3369	70	13200
23	西安美术学院图书馆	8668	1150	16	948881	874539	433068	12211	4221	975	7427	98	215381
24	西安医学院图书馆	32000	2846	24	1912189	1384961	685685	18401	27505	849	18433	82	148532
25	西安文理学院图书馆	16000	1140	37	2244636	2162068	1018800	0	45553	230	12991	91	168720
26	宝鸡文理学院图书馆	32200	3196	49	3538869	3357063	1767915	15639	22437	1373	19985	105	262091
27	咸阳师范学院图书馆	7333	1353	43	691042	611042	1153185	24736	16642	273	13803	101.5	183873
28	渭南师范学院图书馆	30381	2870	41	1569250	1511149	1562117	80675	47226	186	17885	98	832364
29	榆林学院图书馆	12800	1546	21	3333200	3120000	782281	2091	75890	0	15600	98	574988
30	安康学院图书馆	14500	1810	39	1488319	1296950	798604	9440	38120	1680	9918	83	165659
31	商洛学院图书馆	14960	1300	32	1097355	989939	695749	3755	24212	26	8521	91	224340
32	西藏民族学院图书馆	14821	1992	31	1399472	1206302	899363	4100	17626	0	10915	98	358160
33	西安培华学院图书馆	8272	3085	26	2234087	2196287	697302	29481	67554	0	27215	85.8	281928
34	西安翻译学院图书馆	25190	6029	56	1483180	1038980	1640984	68816	67196	5364	22033	98	344080
35	西安外事学院图书馆	24080	5602	45	2036930	1985229	1377569	7437	41561	1250	32061	101.5	394109
36	西安欧亚学院图书馆	18328	3500	34	4802590	3419783	1247297	6559	94197	2559	20895	92.5	229043
37	西京学院图书馆	17204	2828	40	6947258	6017258	1117525	15047	77980	2258	27871	73.5	887806
38	西安思源学院图书馆	20740	1600	28	1780000	1630000	890637	0	42600	0	15406	94	420000

续表

序号	单位名称	馆舍条件		在编职工（人）	经费情况（元）		馆藏（册）				读者人数（人）	服务状况	
		馆舍面积（m²）	读者座位（席）		年度总经费	文献资源购置费	中文纸质图书累积量	外文纸质图书累积量	年购中文纸质图书	年购外文纸质图书		周开馆时间（小时）	文献外借（册/次）
39	陕西国际商贸学院图书馆	24000	1300	19	3250000	2750000	484956	4822	109451	1000	8510	110	238936
40	西安航空技术高等专科学校图书馆	12218	1304	27	2841111	2803786	730636	7469	129566	3228	11103	80	93087
41	西安电力高等专科学校图书馆	3000	760	20	427290	425027	263307	6049	9935	0	4660	72	156886
42	陕西工业职业技术学院图书馆	13000	1944	37	1560782	1403486	583007	10087	42686	30	15554	98	342431
43	陕西职业技术学院图书馆	7000	640	10	700134	656486	163605	0	19214	0	8797	76	56237
44	陕西财经职业技术学院图书馆	3200	260	11	829000	819000	295784	1000	36491	1000	7000	71.5	87500
45	陕西交通职业技术学院图书馆	4797	770	15	538956	509368	461876	129	14103	0	7413	70.5	53930
46	陕西能源职业技术学院图书馆	7447	890	23	408212	348476	371364	4000	19925	0	10121	70	155573
47	陕西铁路工程职业技术学院图书馆	11836	1824	14	1078259	1069695	312400	0	41854	0	10103	76	103267
48	西安铁路职业技术学院图书馆	5170	958	15	803659	776228	350761	3161	16397	0	9372	73.5	82445
49	西安青年职业学院图书馆	4133	1019	15	654112	609380	243737	0	21545	0	6291	72	49529
50	西安邮电职业技术学院图书馆	2053	530	8	409470	409470	176654	0	11814	0	70	76306	
51	咸阳职业技术学院图书馆	20558	2000	15	2629226	2394000	357158	1402	84258	1326	100.5	53872	
52	渭南职业技术学院图书馆	2794.4	312	16	581000	480000	385000	0	68000	0	74	32685	
53	商洛职业技术学院图书馆	1693	470	29	407612	275530	116814	0	16371	0	5466	70	81863
54	西安服装艺术职业学院图书馆	12500	1800	14	1292386	1269366	669739	62	29981	0	8420	86	233481
55	西安科技商贸职业学院图书馆	3446	870	12	334765	331266	293725	0	20000	0	9546	78	88568
56	陕西教育学院图书馆	6800	900	33	1303844	1300745	543048	6754	78694	336	7562	72	62068
57	西安交通大学城市学院图书馆	3440	766	18	842633	836633	261187	1713	41962	504	8873	86.5	111587

续表

序号	单位名称	馆舍条件		在编职工（人）	经费情况（元）		馆藏（册）				服务状况		
		馆舍面积（m²）	读者座位（席）		年度总经费	文献资源购置费	中文纸质图书累积量	外文纸质图书累积量	年购中文纸质图书	年购外文纸质图书	读者人数（人）	周开馆时间（小时）	文献外借（册/次）
58	西北大学现代学院图书馆	23400	720	21	994410	994410	312249	4440	23515	3325	74	126992	
59	西安财经学院行知学院图书馆	2226	397	9	1201268	1186490	161980	0	21526	0	6052	77.5	36007
60	西北工业大学明德学院图书馆	15800	3424	29	1560211	1264577	286840	4116	51429	1600	8862	80.5	122162
61	西安科技大学高新学院图书馆	1432	386	11	1097228	971500	155371	0	31292	0	94	80723	

2011年陕西高校图书馆基本情况统计数据

序号	单位名称	馆舍条件		在编职工（人）	经费情况（元）		馆藏（册）				服务状况		
		馆舍面积（m²）	读者座位（席）		年度总经费	文献资源购置费	中文纸质图书累积量	外文纸质图书累积量	年购中文纸质图书	年购外文纸质图书	读者人数（人）	周开馆时间（小时）	文献外借（册/次）
1	西安交通大学图书馆	36394	400	150	23886203	20362786	2941005	612576	64588	1369	44369	93.0	624117
2	西北工业大学图书馆	28400	2385	72	14025874	125949190	1384688	308355	83436	2964	28246	84.0	556736
3	西北农林科技大学图书馆	32104	2500	136	11145674	8680385	1484948	183757	44716	427	33375	98.0	250000
4	西安电子科技大学图书馆	61140	5450	63	8402071	6988071	1444611	189492	89563	1935	33562	86.0	692545
5	陕西师范大学图书馆	57578	3264	85	12988799	10126262	2614098	183496	94167	949	27652	98.0	590650
6	长安大学图书馆	44372	6030	120	5833671	5399938	1912696	155242	46481	1152	34408	105.0	393066
7	西北大学图书馆	29245	2800	70	14667422	6664152	1946271	239698	53290	120	30302	78.0	389000
8	西安理工大学图书馆	30078	4829	53	5159610	4905847	1506100	150557	40950	482	26034	97.0	306475
9	西安建筑科技大学图书馆	18603	2632	81	6280752	4875159	1517243	146390	52327	505	30456	93.0	270861
10	陕西科技大学图书馆	34600	2259	45	4746421	3913742	1066458	70328	30427	177	24785	98.0	330588

续表

序号	单位名称	馆舍条件		在编职工(人)	经费情况(元)		馆藏(册)				服务状况		
		馆舍面积(m²)	读者座位(席)		年度总经费	文献资源购置费	中文纸质图书累积量	外文纸质图书累积量	年购中文纸质图书	年购外文纸质图书	读者人数(人)	周开馆时间(小时)	文献外借(册/次)
11	西安科技大学图书馆	24155	870	70	5534122	4565609	1227586	62502	79224	1064	23986	98.0	293416
12	西安石油大学图书馆	8980	1453	43	3145387	2948572	1034936	55122	63505	646	24032	98.0	190974
13	延安大学图书馆	36448	6092	59	6441494	1722391	959733	33771	15883	0	15706	101.5	212416
14	西安工业大学图书馆	47672	4167	49	2423946	1883627	1312681	23217	13757	0	22909	84.0	209058
15	西安工程大学图书馆	33337	3202	47	3106510	2957267	1022571	109422	28056	221	28997	90.0	261370
16	西安外国语大学图书馆	42000	3002	51	2052587	2004587	389397	367419	8864	2296	20760	72.0	230289
17	西北政法大学图书馆	34400	2609	55	2537908	2363683	1213422	21653	37746	0	17150	94.0	142193
18	西安邮电学院图书馆	28712	2494	27	4991220	3421897	1373744	19763	97397	455	19082	91.0	746433
19	陕西中医学院图书馆	12538	1488	23	2167607	1224960	686909	17100	26283	677	9950	80.0	198245
20	陕西理工学院图书馆	26900	5400	53	3991892	2252508	1133030	59217	41881	0	21936	98.0	405980
21	西安财经学院图书馆	32052	1896	73	2427268	2381949	1174665	17023	43768	0	17584	98.0	384855
22	西安音乐学院图书馆	2448	24.	16	393502	313461	271733	120000	10000	1900	5114	70.0	38977
23	西安美术学院图书馆	8668	1150	17	959483	661708	438687	2627	5619	416	7762	98.0	151384
24	西安体育学院图书馆	6351	686	31	1799370	1705727	482566	9156	29043	204	6680	84	90313
25	西安医学院图书馆	32000	2846	25	1864952	1773498	717842	20144	32157	1743	18046	82.0	120434
26	西安文理学院图书馆	16000	1230	37	1769129	16391240	1055460	10303	36660	0	14200	105.0	145173
27	宝鸡文理学院图书馆	32200	3676	52	4416176	3809241	1787992	16484	20077	845	21024	105.0	215982
28	咸阳师范学院图书馆	32323	1500	41	1295675	1180648	1136566	30610	17697	472	15288	101.5	153267
29	渭南师范学院图书馆	30681	2870	46	1199039	1141066	1583287	30854	21121	179	18166	98.0	840162
30	榆林学院图书馆	12800	15-6	20	4216493	4216493	856728	2091	84907	0	14130	98.0	152361

续表

序号	单位名称	馆舍条件		在编职工（人）	经费情况（元）		馆藏（册）				服务状况		
		馆舍面积（m²）	读者座位（席）		年度总经费	文献资源购置费	中文纸质图书累积量	外文纸质图书累积量	年购中文纸质图书	年购外文纸质图书	读者人数（人）	周开馆时间（小时）	文献外借（册/次）
31	安康学院图书馆	14500	1810	31	1735579	954276	831639	10605	35709	1165	10598	83.0	151122
32	商洛学院图书馆	14960	1668	31	1565473	1447863	728695	3755	32873	0	8809	91.0	232630
33	西藏民族学院图书馆	14821	1992	31	1272122	1135122	958518	7751	19979	0	10047	105.0	255817
34	西安培华学院图书馆	8273	3085	26	1893733	1859162	762501	29481	65199	0	23300	85.8	318037
35	西安翻译学院图书馆	25190	6029	57	1814033	1388989	1729564	70336	65084	1520	19322	98.0	242980
36	西安外事学院图书馆	24080	5602	47	2341587	2327488	1428203	7743	50634	306	23142	101.5	350865
37	西安欧亚学院图书馆	18328	3500	30	3710548	3186717	1329478	7732	82181	1173	22308	92.5	211933
38	西京学院图书馆	17204	4220	40	1599959	909958	1146141	16065	33078	1018	29833	73.5	185177
39	西安思源学院图书馆	20740	1600	28	1148881	996881	909174	0	18537	0	14845	94.0	382600
40	陕西国际商贸学院图书馆	24000	1300	19	1885900	1626000	552177	4823	93378	2000	12166	110.0	339546
41	陕西服装工程学院图书馆	12500	1800	19	1137628	1021861	670834	62	22895	0	7949	86.0	245611
42	西安航空技术高等专科学校图书馆	18818	1545	28	3112272	2933576	880519	11096	149883	3627	11930	80.0	47923
43	西安电力高等专科学校图书馆	3000	760	20	400074	387381	276739	6049	9432	0	4971	72.0	150748
44	杨凌职业技术学院图书馆	11809	1796	24	1530000	1470000	674239	0	38025	0	16524	74.0	22869
45	陕西工业职业技术学院图书馆	13000	1944	35	1652809	1468689	683754	10087	48433	28	16508	98.0	264016
46	陕西职业技术学院图书馆	7000	640	10	531362	519283	176815	0	13234	0	9438	76.0	54466
47	西安航空职业技术学院图书馆	6852	910	16	560000	560000	326059	0	17674	0	10034	74.0	60000
48	陕西财经职业技术学院图书馆	3200	260	11	829000	819000	309384	1000	17063	1000	7000	71.5	87500
49	陕西国防工业职业技术学院图书馆	16060	1800	12	854870	854870	345665	2122	20470	0	10033	72.0	179159
50	陕西交通职业技术学院图书馆	4797	770	15	663849	583014	476899	129	15023	0	8217	70.5	54970

续表

序号	单位名称	馆舍条件			经费情况（元）		馆藏（册）				服务状况		
		馆舍面积（m²）	读者座位（席）	在编职工（人）	年度总经费	文献资源购置费	中文纸质图书累积量	外文纸质图书累积量	年购中文纸质图书	年购外文纸质图书	读者人数（人）	周开馆时间（小时）	文献外借（册/次）
51	陕西能源职业技术学院图书馆	7447	890	25	563312	516052	383104	4000	11740	0	10970	70.0	31327
52	陕西铁路工程职业技术学院图书馆	11836	1768	13	1256949	1229385	360174	0	48064	0	11575	76.0	115897
53	西安铁路职业技术学院图书馆	5170	958	16	520341	477941	362216	3161	13254	0	9591	73.5	70228
54	陕西青年职业学院图书馆	4133	1019	15	674736	612908	263708	0	19971	0	7046	72.0	40150
55	延安职业技术学院图书馆	4700	1200	27	690600	638000	301774	0	20038	0	7985	60	160000
56	商洛职业技术学院图书馆	20000	1652	27	3320000	2100000	277556	0	137555	0	5489	70.0	128233
57	西安科技商贸职业学院图书馆	20717	870	11	402060	388060	305752	0	10000	0	8628	80.0	80006
58	陕西教育学院图书馆	28800	1804	33	3598469	3580469	575103	6754	108665	74	7000	72.0	5900
59	西安交通大学城市学院图书馆	4347	2714	18	1394883	771633	440000	2912	24372	0	10995	86.5	111263
60	西北大学现代学院图书馆	23440	1146	25	2608854	2223758	560745	4083	199917	0	8484	75	164996
61	西安财经学院行知学院图书馆	3340	400	10	2282565	2171416	228226	0	63027	0	7069	87.0	36390
62	西北工业大学明德学院图书馆	15800	3152	29	1334548	1228877	329775	5724	42935	1608	10778	80.5	110791
63	西安科技大学高新学院图书馆	1673	2875	10	2398775	2302193	226881	0	74793	0	13006	94.0	104098

2012年陕西高校图书馆基本情况统计数据

序号	单位名称	馆舍条件			经费情况（元）		馆藏（册）				服务状况		
		馆舍面积（m²）	读者座位（席）	在编职工（人）	年度总经费	文献资源购置费	中文纸质图书累积量	外文纸质图书累积量	年购中文纸质图书	年购外文纸质图书	读者人数（人）	周开馆时间（小时）	文献外借（册/次）
1	西安交通大学图书馆	36394	2932	147	25753848	21806808	3035326	615505	122369	1428	44647	93.0	564266
2	西北工业大学图书馆	22000	2385	70	14784403	13532998	1466909	313038	79385	3405	28314	84.0	520245

续表

序号	单位名称	馆舍条件		在编职工（人）	经费情况（元）		馆藏（册）					服务状况		
		馆舍面积（m²)	读者座位（席）		年度总经费	文献资源购置费	中文纸质图书累积量	外文纸质图书累积量	年购中文纸质图书	年购外文纸质图书	读者人数（人）	周开馆时间（小时）	文献外借（册/次）
3	西北农林科技大学图书馆	32104	2964	133	11829110	8032269	1545872	184664	60924	907	33533	98.0	300000
4	西安电子科技大学图书馆	61140	5450	64	12233170	11137003	1905849	200892	71238	1400	34825	86.0	617170
5	陕西师范大学图书馆	57578	3353	84	11865256	10896256	2709564	184904	95466	1408	33825	98.0	809106
6	长安大学图书馆	54372	6510	115	8955315	6692559	1954484	157035	41788	1793	37778	105.0	303913
7	西北大学图书馆	57161	3334	69	9419416	9058347	1991977	240377	45706	679	28095	86.0	313929
8	西安理工大学图书馆	30078	4820	54	5696070	5350910	1540914	151050	34814	473	26948	97.0	570437
9	西安建筑科技大学图书馆	19733	2243	82	5952980	4963991	1558515	146530	41272	140	32948	93.0	250914
10	陕西科技大学图书馆	34600	2361	47	5867172	4630172	1096466	70517	30008	189	26173	98.0	344788
11	西安科技大学图书馆	23700	2740	67	5734938	5556637	1309281	63241	73277	739	25316	98.0	293791
12	西安石油大学图书馆	53980	1996	40	5140183	3521347	1108864	55607	73928	485	24041	98.0	195945
13	延安大学图书馆	36448	6092	56	1865838	1721775	1014653	34242	29526	471	20637	101.5	205812
14	西安工业大学图书馆	47672	5013	49	3069997	1779615	1335889	23217	22419	0	27027	91.0	161055
15	西安工程大学图书馆	33337	3704	49	9668368	4728368	1082843	109802	60272	380	29372	90.0	208692
16	西安外国语大学图书馆	42000	4202	49	1836477	1752710	404250	347038	14853	6619	20846	72.0	188762
17	西北政法大学图书馆	34400	2609	55	2284133	2021952	1247751	22050	34329	397	17830	94.0	278000
18	西安邮电大学图书馆	28427	2548	27	2996725	2795433	1373570	19934	36954	170	17832	98.0	355027
19	陕西中医学院图书馆	12538	1488	20	2481186	1785936	716585	17376	29676	276	9997	80.0	198520
20	陕西理工学院图书馆	26900	5400	49	2057291	2005441	1174979	59217	35473	0	22582	98	195035
21	西安财经学院图书馆	36541	2958	74	2648662	2603642	1421035	17289	110433	116	13417	98.0	46389
22	西安音乐学院图书馆	2448	241	16	440000	351404	244373		2194	0	5230	70.0	39860
23	西安美术学院图书馆	4468	1150	17	1141287	945020	443369	13425	4682	798	8074	98.0	74342

续表

序号	单位名称	馆舍条件		在编职工（人）	经费情况（元）		馆藏（册）				服务状况		
		馆舍面积（m²）	读者座位（席）		年度总经费	文献资源购置费	中文纸质图书累积量	外文纸质图书累积量	年购中文纸质图书	年购外文纸质图书	读者人数（人）	周开馆时间（小时）	文献外借（册/次）
24	西安体育学院图书馆	6351	686	29	1248628	1156855	506356	21487	25982	6672	6814	84.0	95672
25	西安医学院图书馆	32000	2846	25	2715772	2460493	754228	20359	46386	215	17829	82.0	101653
26	西安文理学院图书馆	16000	1230	47	1881529	1796529	1313061	10303	35338	0	15714	98.0	159600
27	宝鸡文理学院图书馆	32200	39·6	53	2495169	2381604	1805642	16947	17650	463	22958	105.0	268772
28	咸阳师范学院图书馆	24990	108	41	1152131	1038466	1145068	30794	9502	0	16721	101.2	142817
29	渭南师范学院图书馆	30681	2870	45	1416176	1356532	1613604	82572	37854	159	18550	98.0	831710
30	榆林学院图书馆	12800	1546	20	2657130	2607130	921139	2091	51459	0	13671	98.0	125138
31	安康学院图书馆	15100	2048	28	1533620	1201385	817782	10905	39765	300	11610	83.0	107367
32	商洛学院图书馆	15860	1668	27	1587441	1442061	756716	3755	38102	0	10205	91.0	255542
33	西安航空学院图书馆	18818	1545	28	2181572	2112625	920094	11096	39575	0	13797	80.0	154934
34	陕西学前师范学院图书馆	25000	1804	35	1444946	1402946	687069	6754	66422	0	9000	78.0	114000
35	西藏民族学院图书馆	14821	1863	34	1379582	1292292	1003484	8423	34979	0	11234	98.0	113934
36	西安培华学院图书馆	25780	4038	27	1872588	1560925	830751	29481	66995	0	24105	108.0	328458
37	西安翻译学院图书馆	25083	6029	63	1679226	1590256	1813279	71726	88715	1390	21248	95.5	186514
38	西安外事学院图书馆	24080	5602	47	2844815	2825205	1433343	8470	57552	3058	26225	101.0	380129
39	西安欧亚学院图书馆	18328	3300	33	4764613	4018978	1422823	8662	91345	930	22956	92.5	236611
40	西京学院图书馆	17204	4220	34	3222975	3186758	1205143	16091	54160	0	25152	73.5	108907
41	陕西国际商贸学院图书馆	24000	900	18	1427250	1300000	624000	0	45200	2000	16506	110.0	189979
42	陕西服装工程学院图书馆	12500	1800	19	1206407	1173610	675032	62	23644	0	7791	86.0	234560
43	西安电力高等专科学校图书馆	3000	760	19	379896	370067	675895	6049	9156	0	4690	72.0	139506
44	杨凌职业技术学院图书馆	13125	1560	25	1606000	1566000	756239	0	32000	0	18292	74.0	77508

续表

序号	单位名称	馆舍条件		在编职工（人）	经费情况（元）		馆藏（册）				读者人数（人）	服务状况	
		馆舍面积（m²）	读者座位（席）		年度总经费	文献资源购置费	中文纸质图书累积量	外文纸质图书累积量	年购中文纸质图书	年购外文纸质图书		周开馆时间（小时）	文献外借（册/次）
45	陕西工业职业技术学院图书馆	13000	2060	34	1735366	1467147	722896	10137	41706	50	24482	98.0	250456
46	陕西职业技术学院图书馆	7000	640	23	526960	467888	217698	0	10000	0	9926	76.0	42327
47	西安航空职业技术学院图书馆	6852	726	22	643000	600000	326059	22	33293	0	3512	72.0	113775
48	陕西财经职业技术学院图书馆	3200	260	11	780000	770000	340435	1000	32102	0	8416	71.5	187963
49	陕西国防工业职业技术学院图书馆	28876	1800	11	1331872	1316638	374912	2176	28377	54	11008	72.0	176365
50	陕西交通职业技术学院图书馆	4797	770	15	684270	638299	493825	129	17055	0	8902	70.5	55020
51	陕西能源职业技术学院图书馆	7447	890	23	565810	496130	401447	4000	18343	0	14275	70.0	59151
52	陕西铁路工程职业技术学院图书馆	11836	1768	13	979546	950146	386134	0	38318	0	11678	76.0	121055
53	西安铁路职业技术学院图书馆	5170	958	15	880304	815628	341537	3161	7481	0	11918	73.5	57743
54	陕西邮电职业技术学院图书馆	2803	530	7	243346	222885	191721	0	6422	0	4816	77.0	70241
55	陕西青年职业学院图书馆	4134	1019	15	781706	773596	288956	0	19750	0	8103	72.0	39121
56	咸阳职业技术学院图书馆	20558	2000	19	2241690	1990400	501315	0	67848	0	14613	101.5	172300
57	延安职业技术学院图书馆	4700	1200	27	2518088	2473588	342630	0	10456	0	8270	60.0	16000
58	商洛职业技术学院图书馆	20000	1652	29	996000	900000	309556	0	31200	0	5703	71.0	128543
59	西安科技商贸职业学院图书馆	1200	1048	15	1126940	389640	313752	0	10000	0	8000	80.0	10890
60	西安交通大学城市学院图书馆	4347	1106	18	870146	869746	520000	3233	18667	196	11529	94.5	104963
61	西安财经学院行知学院图书馆	5068	675	8	2919540	2400500	291348	0	76350	0	8323	88.0	196717
62	延安大学西安创新学院图书馆	3080	688	21	1395800	1395800	180120	0	25804	0	8898	76.0	43935
63	西北工业大学明德学院图书馆	15800	2988	31	1751939	1346315	379545	5967	49770	243	12169	80.5	104570
64	西安科技大学高新学院图书馆	600	470	14	2598068	2424905	321195	0	102415	0	14539	94.0	104181

2013年陕西高校图书馆基本情况统计数据

序号	单位名称	馆舍条件		在编职工(人)	经费情况(元)		馆藏(册)				服务状况		
		馆舍面积(m²)	读者座位(席)		年度总经费	文献资源购置费	中文纸质图书累积量	外文纸质图书累积量	年购中文纸质图书	年购外文纸质图书	读者人数(人)	周开馆时间(小时)	文献外借(册/次)
1	西安交通大学图书馆	36394	2907	138	21519780	18588371	3125421	617845	98529	1207	45024	93.0	516465
2	西北工业大学图书馆	46161	3146	68	21060116	17089378	1543448	317070	79034	2511	28480	89.0	479630
3	西北农林科技大学图书馆	32104	2964	133	17710520	13767092	1595252	185614	50380	950	33533	98.0	369463
4	西安电子科技大学图书馆	61140	5650	57	14341724	11103119	1993744	201991	87895	1099	36759	86.0	520490
5	陕西师范大学图书馆	57578	3353	79	16504602	15298297	2873035	194561	163471	9657	35092	98.0	737200
6	长安大学图书馆	54372	6530	108	12283448	8291115	2063368	159219	108884	2148	37222	105.0	233814
7	西北大学图书馆	52661	3490	68	10558475	10233657	2044089	240686	52112	309	28459	101.5	286737
8	西安理工大学图书馆	30608	4829	52	5993562	5698892	1712929	151448	38291	398	31512	97.0	513667
9	西安建筑科技大学图书馆	21483	3416	82	6671941	6275430	1750951	146847	55589	317	38619	93.0	238285
10	陕西科技大学图书馆	34600	2259	46	8544797	6321592	1119320	70560	22672	43	20960	98.0	303341
11	西安科技大学图书馆	23700	2740	64	6066061	5806123	1393123	65192	78701	1951	25347	98.0	307584
12	西安石油大学图书馆	53980	2316	39	6578981	3699745	1131782	56190	72918	583	22994	98.0	223190
13	延安大学图书馆	36448	6092	50	1796798	1671015	1041191	34242	26538	0	16687	111.5	174513
14	西安工业大学图书馆	47672	5013	48	2948677	2647559	1402843	23217	66954	0	23235	91.0	133889
15	西安工程大学图书馆	33337	3704	52	5823637	4953532	1299166	111290	47644	488	28009	90.0	201907
16	西安外国语大学图书馆	42000	4540	51	6089024	6014224	415017	315059	21055	5654	21125	72.0	213170
17	西北政法大学图书馆	34400	2772	55	2168113	2037082	1281120	22490	33369	440	19229	94.0	122350
18	西安邮电大学图书馆	28427	4160	29	4414365	3529237	1432201	20718	47904	964	18274	98.0	274261
19	陕西中医学院图书馆	12538	1488	20	2549952	2148196	709282	17687	32697	311	16030	80.0	173586
20	陕西理工学院图书馆	30300	5400	49	2270274	2213057	1211550	59217	36571	0	20576	98.0	144308
21	西安财经学院图书馆	36542	2958	68	2400660	2400660	1468076	17474	41152	178	28155	98.0	196717

续表

序号	单位名称	馆舍条件		在编职工（人）	经费情况（元）		馆藏（册）				服务状况		
		馆舍面积（m²）	读者座位（席）		年度总经费	文献资源购置费	中文纸质图书累积量	外文纸质图书累积量	年购中文纸质图书	年购外文纸质图书	读者人数（人）	周开馆时间（小时）	文献外借（册/次）
22	西安音乐学院图书馆	2448	206	18	587481	419519	255694		2744	0	3309	77.0	30848
23	西安美术学院图书馆	4468	1150	17	1725387	1502947	446950	14400	3581	975	8085	98.0	142255
24	西安体育学院图书馆	6351		29	1341048	1341048	537739	21697	31383	210	6814	84.0	118437
25	西安医学院图书馆	32000	4046	25	5660906	3853720	840256	20555	76028	196	16279	96.0	92544
26	西安文理学院图书馆	16000	1230	46	2085874	1762994	1367077	10303	54016	0	14639	98.0	101416
27	宝鸡文理学院图书馆	32200	3916	53	2209633	2146362	1814969	17006	9327	59	23730	105.0	196000
28	咸阳师范学院图书馆	24990	2008	46	2009823	1863319	1167821	31559	21753	765	17470	101.5	148412
29	渭南师范学院图书馆	30681	2870	42	2537136	2456850	1657389	82789	38240	217	18461	98.0	312751
30	安康学院图书馆	15100	2048	28	1944153	1862451	864394	10905	46612	0	11905	83.0	106712
31	商洛学院图书馆	15860	2316	28	3021058	1343923	810244	3756	38531	0	10929	91.0	228907
32	西安航空学院图书馆	18818	2309	28	1999192	1937702	979515	11096	59421	0	15341	90.0	77201
33	陕西学前师范学院图书馆	25000	2000	41	3440000	3395000	826002	6754	126341	0	13005	98.0	197848
34	西藏民族学院图书馆	14821	1863	39	2298209	2124920	1065142	38706	18649	856	11719	98.0	120275
35	西安培华学院图书馆	25780	5154	24	6479757	6282141	1188342	29481	306950	0	23998	108.5	292021
36	西安翻译学院图书馆	25083	6029	63	4609790	3512984	1903070	72957	84791	1231	22633	95.5	188673
37	西安外事学院图书馆	34942	5799	47	3829470	3710100	1566296	8470	85953	0	26005	101.5	320312
38	西安欧亚学院图书馆	15700	3500	32	4795679	3930460	1502838	10912	82015	2250	23783	92.5	281143
39	西京学院图书馆	19149	3266	34	6164135	5763764	1161645	16489	104900	398	25241	94.5	84885
40	西安思源学院图书馆	20740	1800	28	1397998	996998	958702	0	24915	0	14868	84.0	215000
41	陕西国际商贸学院图书馆	21300	900	20	2603395	2206400	714370	4832	113000	2200	15218	90.0	126957
42	陕西服装工程学院图书馆	12500	1000	14	1096559	1079843	626456	62	24132	0	8312	86.0	237568

续表

序号	单位名称	馆舍条件		在编职工（人）	经费情况（元）		馆藏（册）				服务状况		
		馆舍面积（㎡）	读者座位（席）		年度总经费	文献资源购置费	中文纸质图书累积量	外文纸质图书累积量	年购中文纸质图书	年购外文纸质图书	读者人数（人）	周开馆时间（小时/周）	文献外借（册/次）
43	西安电力高等专科学校图书馆	3000	760	19	320377	313331	292961	6049	7066	0	4056	72.0	131912
44	杨凌职业技术学院图书馆	13125	1719	31	1653000	1584857	845021	0	44132	0	19648	74.0	99341
45	陕西工业职业技术学院图书馆	13000	2060	32	1888145	1575929	1109113	10187	38273	50	19926	98.0	200956
46	陕西职业技术学院图书馆	7000	652	10	810801	530983	228297	0	10584	0	8915	76.0	46525
47	陕西国防工业职业技术学院图书馆	28876	1300	13	1033439	1019996	405956	2176	31044	0	11680	72.0	59903
48	陕西交通职业技术学院图书馆	4797	1022	20	1035155	687034	511865	129	18040	0	9138	70.5	56310
49	陕西能源职业技术学院图书馆	7447	890	22	487045	452805	506463	0	11016	0	11373	70.0	30246
50	陕西铁路工程职业技术学院图书馆	12954	1890	11	1582383	1404673	459854	0	53217	0	13290	86.0	133271
51	西安铁路职业技术学院图书馆	5170	958	14	1372427	1162623	356826	3161	14274	0	12918	73.5	52916
52	陕西邮电职业技术学院图书馆	2053	530	7	135313	135313	19666	0	2392	0	5572	70.0	74732
53	陕西青年职业学院图书馆	4134	1019	12	920793	775619	306444	0	17488	0	9188	72.0	76000
54	宝鸡职业技术学院图书馆	8676	2500	20	621000	550000	508917	0	10217	0	15206	70.0	160000
55	咸阳职业技术学院图书馆	20558	2000	18	1725120	1250000	587012	1232	67842	1232	14756	101.5	84771
56	商洛职业技术学院图书馆	20000	1652	26	331419	271419	295983	0	15748	0	6300	71.0	46688
57	西安科技商贸职业学院图书馆	29736	1500	18	7289149	6707690	485000	0	200000	0	4948	76.0	16500
58	西安交通大学城市学院图书馆	4347	1106	18	887078	878705	580000	3436	16723	203	11880	94.5	91791
59	西北大学现代学院图书馆	23440	1346	25	4031311	4017898	366000	5000	113	0	10625	76.5	95755
60	西安财经学院行知学院图书馆	5068	900	8	5650855	5025526	411952	0	120875	0	9112	78.0	23115
61	西北工业大学明德学院图书馆	15800	2452	32	1999087	1481643	430517	5967	95927	0	12228	80.5	99544
62	西安科技大学高新学院图书馆	13000	1000	21	3942916	3495356	424425	0	102249	0	13425	86.0	97472
63	西安工业大学北方信息工程学院	26443	1168	2	1435084	1400000	315918	0	36316	0	9902	84.0	26271
64	延安大学西安创新学院图书馆	3000	688	20	1891312	1698012	221090	0	38296	0	9101	76.0	48905

2014年陕西高校图书馆基本情况统计数据

序号	单位名称	馆舍条件		在编职工（人）	经费情况（元）		馆藏（册）				读者人数（人）	服务状况	
		馆舍面积（m²）	读者座位（席）		年度总经费	文献资源购置费	中文纸质图书累积量	外文纸质图书累积量	年购中文纸质图书	年购外文纸质图书		周开馆时间（小时）	文献外借（册/次）
1	西安交通大学图书馆	36394	2733	136	27930403	25372650	3214366	620989	95593	1388	46054	93.0	506613
2	西北工业大学图书馆	46161	3890	67	29507168	18602403	1597813	320532	44532	3455	29503	96.0	455736
3	西北农林科技大学图书馆	32104	2964	134	17744494	14027859	1646327	186146	50075	532	33792	98.0	486264
4	西安电子科技大学图书馆	59700	5650	56	13412230	9834230	2082722	202993	88978	1002	37109	88.0	478525
5	陕西师范大学图书馆	57578	3353	75	19075119	12492948	2978299	196390	105264	1829	36537	98.0	610816
6	长安大学图书馆	54372	6530	107	15052084	10435115	2196214	162089	132846	2870	38463	105.0	174017
7	西北大学图书馆	52661	3389	67	8857454	7591500	2086829	241895	42740	1209	28742	101.5	250000
8	西安理工大学图书馆	30608	5057	66	7100272	6806861	1757216	151853	44297	405	29248	97.0	429463
9	西安建筑科技大学图书馆	21483	5924	76	8046658	7593286	1688961	147294	74857	447	39842	93.0	217040
10	陕西科技大学图书馆	34600	2263	52	9618289	8080708	1157004	70779	36014	219	26830	98.0	254126
11	西安科技大学图书馆	23700	2740	64	6774907	6354355	1478758	66324	84579	1132	25513	98.0	320823
12	西安石油大学图书馆	53980	2724	35	6291093	3716250	1252005	56480	70223	290	21507	98.0	182883
13	延安大学图书馆	36448	6092	47	2630940	2506224	1196264	34242	51805	0	16656	111.5	175282
14	西安工业大学图书馆	47672	5013	49	4992742	4384821	1457793	23217	59474	0	23691	91.0	132745
15	西安工程大学图书馆	33337	4688	54	6376107	5606407	1261318	111462	52152	172	27784	90.0	192986
16	西安外国语大学图书馆	42000	4540	51	5928095	5820658	436367	319784	21350	4725	25619	72.0	95408
17	西北政法大学图书馆	34400	2772	51	2461326	2312137	1312111	23059	30991	569	20790	101.0	204020
18	西安邮电大学图书馆	31125	4160	28	4851770	4717896	1582907	20984	150706	266	18740	98.0	234979
19	陕西中医学院图书馆	12538	1640	20	2806291	2426641	784775	17898	35493	211	13899	80.0	206566
20	陕西理工学院图书馆	30300	5400	48	5794977	3876409	2273448	59633	63132	416	26294	98.0	130827

续表

序号	单位名称	馆舍条件		在编职工（人）	经费情况（元）		馆藏（册）				服务状况		
		馆舍面积（m²）	读者座位（席）		年度总经费	文献资源购置费	中文纸质图书累积量	外文纸质图书累积量	年购中文纸质图书	年购外文纸质图书	读者人数（人）	周开馆时间（小时）	文献外借（册/次）
21	西安财经学院图书馆	41517	2958	65	2978297	2965488	1518514	17474	50438	0	22063	90.0	223465
22	西安音乐学院图书馆	2448	206	15	509508	389960	302797	21700	2058	130	4622	77.0	21458
23	西安美术学院图书馆	12815	1150	17	2852686	1946373	450260	16353	3310	1953	7888	98.0	92657
24	西安体育学院图书馆	6351	686	29	1555410	1462658	564412	21697	26673	0	6814	84.0	108563
25	西安医学院图书馆	32000	4046	32	11297036	5425490	932364	20964	92108	409	17043	96.0	126583
26	西安文理学院图书馆	16000	1886	46	2594774	2131894	1426277	10303	59200	0	14652	98.0	101416
27	宝鸡文理学院图书馆	32200	4059	54	5158777	3936372	1863441	24873	31466	7867	23167	108.5	100192
28	咸阳师范学院图书馆	24990	1584	45	4912961	4651241	1220466	32244	64426	685	17360	101.5	133267
29	渭南师范学院图书馆	30681	2870	41	4613331	4486902	1724659	84519	62970	6030	18131	98.0	239903
30	榆林学院图书馆	12800	1546	19	3614400	3500000	942268	2091	58371	0	14891	101.5	106123
31	安康学院图书馆	15100	2048	27	1708501	1614875	912956	10905	48562	0	12955	83.0	96311
32	商洛学院图书馆	15860	2316	30	2274464	1977121	850576	3756	39966	0	10995	91.0	127759
33	西安航空学院图书馆	18818	2709	25	3300000	3165447	1072646	11096	93131	0	15554	90.0	115938
34	陕西学前师范学院图书馆	25000	2000	44	3839577	3774577	931250	6915	104778	161	14206	98.0	224488
35	西藏民族学院图书馆	14821	1454	42	3499518	2145993	1074413	13063	28608	276	11674	98.0	98351
36	西安培华学院图书馆	25780	5396	24	4238444	4130944	1318458	29481	130709	0	23228	108.5	277054
37	西安翻译学院图书馆	25083	6029	56	3431545	3332717	1991993	74263	88923	1306	23315	95.5	192535
38	西安外事学院图书馆	28976	4936	46	2280022	2254493	1608698	8470	33932	0	24789	101.5	280683
39	西安欧亚学院图书馆	15700	3500	32	5114414	4160692	1570344	11570	67521	658	22823	92.5	283394
40	西京学院图书馆	34980	2893	33	7829102	5901532	1334808	16499	93267	10	25097	98.0	92403
41	西安思源学院图书馆	20740	2630	33	4077452	2678720	1001344	0	57842	0	15599	84.0	315800

续表

序号	单位名称	馆舍条件		在编职工（人）	经费情况（元）		馆藏（册）				服务状况		
		馆舍面积（m²）	读者座位（席）		年度总经费	文献资源购置费	中文纸质图书累积量	外文纸质图书累积量	年购中文纸质图书	年购外文纸质图书	读者人数（人）	周开馆时间（小时）	文献外借（册/次）
42	陕西国际商贸学院图书馆	21300	979	20	3719105	3080600	775197	6452	58000	1620	14032	90.0	303341
43	陕西服装工程学院图书馆	12500	1000	14	1938587	1757949	533567	62	25169	0	9275	76.0	206472
44	西安交通工程学院图书馆	29736	1500	18	1114328	911533	504154	32	16526	32	6224	80.0	32358
45	西安电力高等专科学校图书馆	3000	760	20	191986	191986	304012	6049	4551	0	3348	72.0	88817
46	杨凌职业技术学院图书馆	13125	1745	33	2488090	2436391	880300	0	43709	0	20042	74.0	70653
47	陕西工业职业技术学院图书馆	13000	2000	30	1939164	1709864	1109113	10187	41422	50	19374	98.0	158025
48	陕西职业技术学院图书馆	7000	652	13	756090	731000	242698	0	13133	0	8458	76.0	63082
49	西安航空职业技术学院图书馆	6852	653	22	1145000	1130000	385000	0	35000	0	11638	74.0	46676
50	陕西财经职业技术学院图书馆	3200	546	11	841147	790000	370000	0	11428	0	9653	80.0	533840
51	陕西国防工业职业技术学院图书馆	28876	1260	10	1101632	1044927	432691	2176	26727	0	13030	68.0	47104
52	陕西交通职业技术学院图书馆	4797	770	15	1045114	978617	532571	129	20706	0	11469	70.5	57013
53	陕西能源职业技术学院图书馆	7447	890	26	437298	437298	424022	0	7559	0	11475	70.0	21103
54	陕西铁路工程职业技术学院图书馆	13954	2130	11	2002972	1687749	506562	0	43357	0	13584	86.0	135385
55	西安铁路职业技术学院图书馆	5170	922	13	1466206	1315137	367839	3161	10987	0	13774	73.5	55069
56	陕西邮电职业技术学院图书馆	2053	530	9	110187	108187	204716	0	1247	0	5309	70.0	74732
57	陕西青年职业学院图书馆	4134	1019	12	631997	609225	326920	0	20476	0	8193	72.0	71600
58	宝鸡职业技术学院图书馆	8676	2500	17	614000	540000	533287	0	14180	0	15206	70.0	160000
59	咸阳职业技术学院图书馆	20558	2776	16	747469	555659	640245	2555	38967	0	11548	101.5	72466
60	延安职业技术学院图书馆		1036	27	3546455	216905	277308	0	1678	0	9485	65.0	16000
61	商洛职业技术学院图书馆	20000	1652	26	324296	277710	296989	0	280	0	6891	71.0	32000
62	榆林职业技术学院图书馆	1980	104	5	2598374	2315740	110286	0	58913	0	4745	50.0	12790

续表

序号	单位名称	馆舍条件		在编职工（人）	经费情况（元）		馆藏（册）					服务状况		
		馆舍面积（m²）	读者座位（席）		年度总经费	文献资源购置费	中文纸质图书累积量	外文纸质图书累积量	年购中文纸质图书	年购外文纸质图书	读者人数（人）	周开馆时间（小时）	文献外借（册/次）
63	西安医学高等专科学校图书馆	18483	1600	1	4998082	911672	832000	26000	29573	427	6498	77.0	3592
64	西安交通大学城市学院图书馆	4347	1106	19	910510	878554	701174	3830	20585	381	11417	94.5	73477
65	西北大学现代学院图书馆	23440	1346	27	3535238	3519825	958287	5000	92287	0	12510	76.5	74604
66	西安财经学院行知学院图书馆	5068	900	8	3431305	3392002	502416	0	81401	0	9097	80.0	43856
67	西北工业大学明德学院图书馆	15800	2462	33	2164668	1658558	480520	6140	50003	173	11865	80.5	78569
68	西安科技大学高新学院图书馆	13000	1030	19	1726970	1668693	485256	5921	60831	253	14117	90.0	81723
69	延安大学西安创新学院图书馆	3250	688	19	2033440	2033440	258056	806	40453	0	8211	87.0	37520

2001年1月5日，"2000年陕西省高等学校图书情报工作会议"在杨凌召开。

2002年1月4日，"2001年陕西省高校图书情报工作会议暨庆祝陕西高校图工委成立20周年、陕西省高校图书馆先进表彰大会"在西安电子科技大学召开。

2003年1月22日，"2002年陕西省高等学校图书情报工作会议"在西安召开。

2003年12月27日，"2003年陕西省高等学校图书情报工作会议"在西安召开。

2005年3月29日，"2005年陕西省高等学校图书情报工作会议"在西安邮电学院召开。

2006年3月30日，"2006年陕西省高等学校图书情报工作会议"在宝鸡召开。

二零零七年陕西省高等学校图书情报工作会议全体代表合影

2007年6月21日于榆林

热烈欢迎陕西省高校图书馆长莅临我院检查指导

2007年6月21日，"2007年陕西省高等学校图书情报工作会议"在榆林召开。

2008 年陕西省高校图书情报工作会议代表留念

2008年4月17日，"2008年陕西省高等学校图书情报工作会议"在汉中召开。

2009年5月21日，"2009年陕西省高等学校图书情报工作会议"在商洛召开。

2010年6月10日，"2010年陕西省高等学校图书情报工作会议"在安康召开。

2011年6月16日，"2011年陕西省高等学校图书情报工作会议"在延安大学召开。

2012年5月24日，"2012年陕西省高等学校图书情报工作会议"在临潼召开。

2013年5月30日，"2013年陕西省高等学校图书情报工作会议"在杨凌召开。

2014年4月23—25日，"2014年陕西省高等学校图书情报工作会议"在西安浐灞召开。

2012年1月5日，"陕西高校图工委成立30周年庆祝大会暨先进表彰大会"在陕西师范大学召开。

2012年10月25日，首届"陕西高校图书馆新入职人员培训会"在西安电子科技大学举行。